国際裁判管轄の理論と実務

－新設規定をめぐる裁判例・学説の検討と解釈－

編集代表　小林　秀之（一橋大学名誉教授・弁護士）

編集委員　原　　強　（上智大学大学院法学研究科教授・弁護士）
　　　　　薮口　康夫（青山学院大学大学院法務研究科教授）
　　　　　村上　正子（名古屋大学大学院法学研究科教授）

新日本法規

は　し　が　き

　本書は、国際裁判管轄及びそれに関連する諸問題について、現時点での「決定版」と評価される本となることを目指して編集執筆された。

　国際裁判管轄は、近時益々隆盛を見ている国際取引において最重要な問題である。裁判例も国際取引紛争の増加に伴い急増し、一大判例群を形成している。もはや立法的規制による統一基準なしには混乱が避けられない事態に陥り、平成23年に民事訴訟法改正の形で国際裁判管轄立法がなされた。国内土地管轄規定の前に、理論的にも国内土地管轄に先行する問題であることを明確にしつつ、民事訴訟法3条の2から3条の12までのほか、国際民事保全（民事保全法11条）など関連する問題について立法的整備がなされた。

　しかし、国際裁判管轄をめぐる諸問題を理解するためには、新設された国際裁判管轄規定の解釈だけでなく、立法以前及び立法以後の裁判例や学説の検討も必要不可欠となってくる。これらの必要を全て満たす文献は、残念ながらこれまで出版されていない。

　本書は、このような現状に鑑み、国際民事訴訟法を専攻する学者と国際取引に精通した弁護士、更には著名な国際私法学者の協力も得て、トータルに国際裁判管轄に関する諸問題を検討したものである。このような共編著では、枚数制限のため十分に論じ切れないことも多いが、内容最優先で執筆をお願いしたので、各項目ごとに国際裁判管轄全体まで見通した力作になっている。まさに、一本一本がまとまった国際民事訴訟法の大論文になっている観がある。

　もちろん、本書全体の内容的統一を保つため、編集委員間による打合せを数多く重ねただけでなく、全執筆者による編集会議も繰り返し行った。地方からわざわざ何回も上京して編集会議に参加してくれた

執筆者がいるだけでなく、執筆者全員で全員の原稿を細部まで検討することまで行った。学界や実務の中心となって活躍している執筆者にとって相当な負担であったと危惧するが、お陰で素晴らしい「決定版」になったと信じる次第である。

　本書が成るにあたっては、70周年記念出版ということで全面的に協力してくれた新日本法規出版株式会社と編集担当の山本元氏の献身的な協力抜きにしては語ることはできない。執筆者全員を代表して感謝の気持ちを伝えたい。

　私事で恐縮であるが、今年3月に長年勤めた一橋大学を定年退官し、前任校の上智大学と合わせると約40年間の研究生活に一区切りをつけた（なお、今年10月からは、SBI大学院大学でふたたび教鞭を執る予定である）。その記念すべき時期に編集代表として本書を出版できたことは望外の喜びである。

　　　　　　平成29年9月本書全体の校正刷を見ながら　小林　秀之

編 集 者 略 歴

編集代表

小林　秀之　　一橋大学名誉教授・弁護士

略　　　歴　1952年　　　　　石川県金沢市に生まれる

1973年　　　　　司法試験合格

1974年　　　　　東京大学法学部卒業、第28期司法修習生

1976年　　　　　司法修習修了、東京大学法学部助手

1979年〜2004年　上智大学で教鞭を執る（1989年から教授）

1982年〜1983年　イエール大学ロースクール客員研究員

1983年　　　　　ミシガン大学ロースクール客員研究員

1991年〜1993年　国民生活審議会委員

2004年〜2017年　一橋大学大学院国際企業戦略研究科教授

2008年〜現在　　ブレークモア法律事務所パートナー

2017年10月〜　　SBI大学院大学教授

主要著書　　『国際取引紛争〔第3版〕』（弘文堂、2003年）

『国際民事訴訟法』（弘文堂、2009年）

『新証拠法〔第2版〕』（弘文堂、2003年）

『新法学講義　民事訴訟法』（悠々社、2012年）

『判例講義　民事訴訟法〔第3版〕』（悠々社、2016年）

『新民事訴訟法の要点』（新日本法規出版、1996年）

『Ｑ＆Ａ　平成16年4月1日施行民事訴訟法の要点−計画審
理の推進と証拠収集手続の拡充など』（新日本法規出版、
2004年）

『新会社法と会社訴訟の実務』（新日本法規出版、2006年）

編集委員

原　　　強　　上智大学大学院法学研究科教授・弁護士

略　　歴　1957年　　　　群馬県高崎市に生まれる

　　　　　1981年　　　　上智大学法学部卒業

　　　　　1986年　　　　上智大学大学院法学研究科博士後期課程
　　　　　　　　　　　　単位取得退学、上智大学法学部助手

　　　　　1988年〜2001年　札幌学院大学で教鞭を執る（1994年から
　　　　　　　　　　　　教授）

　　　　　1996年〜1997年　カリフォルニア大学ロースクール客員研
　　　　　　　　　　　　究員

　　　　　1999年〜2004年　明治学院大学法学部教授

　　　　　2004年〜現在　　現職

主要著書　『Ｑ＆Ａ　平成16年4月1日施行民事訴訟法の要点—計画審
　　　　　　理の推進と証拠収集手続の拡充など』（新日本法規出版、
　　　　　　2004年）
　　　　　『新会社法と会社訴訟の実務』（新日本法規出版、2006年）
　　　　　『新・論点講義シリーズ9　民事訴訟法』（弘文堂、2011年）
　　　　　『やさしい民事訴訟法』（法学書院、2014年）

薮口　康夫　　青山学院大学大学院法務研究科教授

略　　歴　1986年　　　　上智大学法学部法律学科卒業

　　　　　1989年　　　　上智大学大学院法学研究科博士前期課程
　　　　　　　　　　　　修了（法学修士）

　　　　　1993年　　　　上智大学大学院法学研究科博士後期課程
　　　　　　　　　　　　単位取得退学

　　　　　1995年　　　　岩手大学人文社会科学部で教鞭を執る
　　　　　　　　　　　　（1997年から助教授）

	2004年	東北学院大学大学院法務研究科教授
	2007年	大宮法科大学院大学教授
	2012年～現在	現職

主要著書　『新民事訴訟法の解説』（新日本法規出版、1997年）

　　　　　『Ｑ＆Ａ　平成16年4月1日施行民事訴訟法の要点－計画審
　　　　　理の推進と証拠収集手続の拡充など』（新日本法規出版、
　　　　　2004年）

　　　　　『新法学講義　民事訴訟法』（悠々社、2012年）

　　　　　『ロースクール演習　民事訴訟法』（法学書院、2015年）

村上　正子　　名古屋大学大学院法学研究科教授

略　　歴	1992年	上智大学法学部国際関係法学科卒業
	1998年	一橋大学大学院法学研究科博士後期課程修了
	1998年	博士（法学）（一橋大学）
	1999年～2016年	筑波大学で教鞭を執る
	2016年～現在	現職

主要著書　『Ｑ＆Ａ　平成16年4月1日施行民事訴訟法の要点－計画審
　　　　　理の推進と証拠収集手続の拡充など』（新日本法規出版、
　　　　　2004年）

　　　　　『国際民事訴訟法』（弘文堂、2009年）

　　　　　『民事訴訟法』（有斐閣、2014年）

　　　　　『手続からみた子の引渡し・面会交流』（弘文堂、2015年）

執筆者一覧 （五十音順）

※所属・肩書は平成29年9月現在

安 達 栄 司 （立教大学大学院法務研究科教授・弁護士）

小 田 敬 美 （愛媛大学大学院法文学研究科教授）

河 村 基 予 （日本大学大学院法務研究科准教授）

小 林 秀 之 （一橋大学名誉教授・弁護士）

齋 藤 善 人 （鹿児島大学法文学部教授）

田 頭 章 一 （上智大学大学院法学研究科教授）

田 中 成 志 （弁護士）

田 村 陽 子 （筑波大学ビジネス科学研究科法曹専攻教授）

芳 賀 雅 顯 （慶應義塾大学大学院法務研究科教授）

畑 　 宏 樹 （明治学院大学法学部教授）

浜 辺 陽一郎 （青山学院大学大学院法務研究科教授・弁護士）

早 川 吉 尚 （立教大学法学部教授・弁護士）

原 　 　 強 （上智大学大学院法学研究科教授・弁護士）

古 田 啓 昌 （弁護士）

村 上 正 子 （名古屋大学大学院法学研究科教授）

薮 口 康 夫 （青山学院大学大学院法務研究科教授）

山 田 明 美 （広島修道大学法学部准教授）

渡 部 美由紀 （名古屋大学大学院法学研究科教授）

本書の構成と利用の仕方

　本書は、国際裁判管轄を体系的かつ徹底した形で詳しく解説した決定版に成ることを目指している。平成23年に成立した国際裁判管轄規定（主に民事訴訟法3条の2から3条の12と民事保全法11条で規定）により国際財産管轄規定と国際民事保全規定が立法化されているが、これらの規定の詳細な解釈だけでなく、それ以前の判例法の形成や立法過程、関連する国際訴訟競合、外国判決の承認・執行、国際仲裁、国際倒産に至るまで詳しく解説した。これにとどまらず、横断的に紛争類型ごとに、国際契約、国際不法行為、国際消費者紛争、国際労働紛争、国際知財紛争など各々の紛争類型と国際裁判管轄との関係を説明した。

　本書の構成は、前半で総論と国際裁判管轄規定の解釈や学説・判例を、後半で横断的な解説と関連問題を取り扱った。このため本書の編成としても、第1章で総論（意義、立法過程、全体像）を、第2章で国際裁判管轄規定（民事訴訟法3条の2以下）の解釈論を、第3章で横断的な紛争類型ごとの国際取引実務を、第4章で関連問題（外国判決の承認・執行、国際訴訟競合、主権免除、国際仲裁、国際倒産、国際民事保全）を論じている。重複はあるが、縦糸と横糸のごとく織り込まれ、国際裁判管轄の問題を深く広く掘り下げている。また、各々の問題を具体的に論じ読者に具体的に理解してもらえるよう、各項目ごとにリーディング裁判例を素材にした設例とその解説を設け、読者が実際に知識を活用できるように工夫した。

　本書の利用方法としては、このような本書の構成や特徴を十分理解したうえ、次のように利用してほしい。

　最初に設例を読み、具体的にどのような事例で具体的に国際裁判管

轄が問題となるかを理解してほしい。設例の解説は、その項目の最後（場合によっては項目の途中）に示してあるが、あわせて、従来の国際裁判管轄規定に至るまでの裁判例・学説を紹介・検討し、それらの延長線上ないし集大成として平成23年改正による国際裁判管轄規定が生まれたことを説明している。国際裁判管轄規定の誕生につながらなかった事項については、裁判例・学説の検討からその理由を探っている。

　国際裁判管轄規定の解釈（主に第2章）では、条文成立時の議論と成立後の裁判例・学説の紹介・検討を中心に説明している。各執筆者の意見が色濃く反映されているが、全体での検討会を何回も重ねているため、本書全体では一貫した論調で解説する方針で執筆され、客観性も保持されていると自負している。この中核部分を読めば、わが国の最新かつ最先端の議論が理解できるはずである。平成23年改正を全面的に詳説することにより、改正法以後の新たな国際裁判管轄理論の方向性も示している。

　設例の解説では、これらの議論・検討を踏まえて、具体的な結論を示している。同時に有名な裁判例に素材を求めているから、裁判例の判示部分も紹介しつつ、具体的解決の妥当性も検証している。本書の利用にあたっては、このような構成を十分理解したうえで利用していただければ最適な理解が得られるはずである。

略　語　表

＜法令の表記＞

　根拠となる法令の略語は次のとおりである（〔　〕は本文中の略語を示す。）。

民訴〔民訴法〕	民事訴訟法	〔独占禁止法〕	私的独占の禁止及び公正取引の確保に関する法律
民訴規	民事訴訟規則	特許	特許法
民保	民事保全法	破産	破産法
一般法人	一般社団法人及び一般財団法人に関する法律	不登	不動産登記法
会更	会社更生法	法適用	法の適用に関する通則法
会社	会社法	民	民法
家事規	家事事件手続規則	民再	民事再生法
家審規	〔旧〕家事審判規則	民執	民事執行法
憲〔憲法〕	日本国憲法	民調	民事調停法
裁	裁判所法	労基	労働基準法
商	商法	労組	労働組合法
承認援助〔承認援助法〕	外国倒産処理手続の承認援助に関する法律	労契	労働契約法
仲裁	仲裁法	労派遣	労働者派遣事業の適正な運営の確保及び派遣労働者の保護等に関する法律

＜判例等の表記＞

　根拠となる判例の略記例及び判例出典・雑誌の略称は次のとおりである。

　最高裁判所平成28年3月10日判決、最高裁判所民事判例集70巻3号846頁＝最判平28・3・10民集70・3・846

家月	家庭裁判月報	判タ	判例タイムズ
下民	下級裁判所民事裁判例集	法教	法学教室
金判	金融・商事判例	法時	法律時報
高民	高等裁判所民事判例集	法セ	法学セミナー
ジュリ	ジュリスト	民集	最高裁判所（大審院）民事判例集
新聞	法律新聞		
曹時	法曹時報	民録	大審院民事判決録
知財集	知的財産権関係民事・行政裁判例集	労判	労働判例
		労民	労働関係民事裁判例集
判時	判例時報		

参考文献一覧

注 「＊」で示したものは、本文中で使用した略称である。

1 書 籍

三ケ月章『民事訴訟法』（有斐閣、1959）

貿易実務講座刊行会編『貿易実務講座(8)』（有斐閣、1962）

兼子一『新修民事訴訟法体系〔増訂版〕』（酒井書店、1965）

鈴木忠一＝三ケ月章監修『実務民事訴訟講座(6)』（日本評論社、1971）

折茂豊『国際私法（各論）〔新版〕』（有斐閣、1972）

西山俊彦『保全処分概論』（一粒社、1972）

池原季雄『国際私法（総論)』（有斐閣、1973）

岩野徹ほか編『注解強制執行法(1)岩松三郎先生喜寿記念』（第一法規出版、1974）

菊井維大＝村松俊夫『全訂民事訴訟法Ⅰ』（日本評論社、1978）

鈴木忠一＝三ケ月章監修『新・実務民事訴訟講座1判決手続通論』（日本評論社、1981）

鈴木忠一＝三ケ月章監修『新・実務民事訴訟講座7国際民事訴訟・会社訴訟』（日本評論社、1982）

三ケ月章ほか編『新版・民事訴訟法演習1（判決手続1)』（有斐閣、1983）

鈴木忠一＝三ケ月章編『注解民事執行法(1)』（第一法規出版、1984）

鈴木忠一＝三ケ月章編『注解民事執行法(6)』（第一法規出版、1984）

新堂幸司『講座民事訴訟(4)』（弘文堂、1985）

遠藤浩ほか監修『現代契約法大系〔第9巻〕』（有斐閣、1985）

Schüze, Deutsches Internationales Zivilprozeßrecht（1985）

石黒一憲『現代国際私法［上]』（東京大学出版会、1986）

兼子一ほか『条解民事訴訟法〔初版〕』（弘文堂、1986）

澤木敬郎＝青山善充編『国際民事訴訟法の理論』（有斐閣、1987）

小林秀之『国際取引紛争』（弘文堂、1987）

Restatement of the Foreign Relations Law（3rd ed. 1987）

元木伸＝細川清編『裁判実務大系10』（青林書院、1989）

山崎潮『新民事保全法の解説』（金融財政事情研究会、1990）

三宅弘人ほか編『民事保全法の理論と実務　上』（ぎょうせい、1990）

小林秀之『製造物責任訴訟』（弘文堂、1990）

新堂幸司＝小島武司編集『注釈民事訴訟法(1)』（有斐閣、1991）

中野貞一郎ほか編『民事手続法学の革新　三ケ月章先生古稀祝賀　上』（有斐閣、1991）

斎藤秀夫ほか編著『注解民事訴訟法(5)〔第2版〕』（第一法規出版、1991）

貝瀬幸雄『国際化社会の民事訴訟』（信山社、1993）

山本草二『国際法〔新版〕』（有斐閣、1994）

石川明＝小島武司編『国際民事訴訟法』（青林書院、1994）

竹内康二『国際倒産法の構築と展望』（成文堂、1994）

新堂幸司ほか編『判例民事訴訟法の理論　中野貞一郎先生古稀祝賀　下』（有斐閣、1995）

石黒一憲『国際民事訴訟法』（新世社、1996）

澤木敬郎＝秌場準一編『国際私法の争点〔新版〕』（有斐閣、1996）

鈴木正裕＝青山善充編『注釈民事訴訟法(4)』（有斐閣、1997）

古田啓昌『国際訴訟競合』（信山社、1997）

法曹会編『最高裁判所判例解説民事篇平成8年度（上）』（法曹会、1999）

原井龍一郎先生古稀祝賀論文集刊行委員会『改革期の民事手続法』（法律文化社、2000）

安達栄司『国際民事訴訟法の展開―国際裁判管轄と外国判決承認の法理』（成文堂、2000）

法曹会編『最高裁判所判例解説民事篇平成9年度（下）』（法曹会、2000）

法曹会編『最高裁判所判例解説民事篇平成10年度（上)』（法曹会、2001）

深山卓也編著『新しい国際倒産法制―外国倒産承認援助法等の逐条解説＆一問一答』（金融財政事情研究会、2001）

福永有利ほか編『民事訴訟法の史的展開―鈴木正裕先生古稀祝賀』（有斐閣、2002）

高桑昭＝道垣内正人編『新・裁判実務大系3　国際民事訴訟法（財産法関係)』（青林書院、2002）

山本和彦『国際倒産法制』（商事法務、2002）

三宅省三ほか編『注解民事訴訟法（Ⅰ）』（青林書院、2002）

大場正成先生喜寿記念論文集刊行会編『特許侵害裁判の潮流　大場正成先生喜寿記念』（発明協会、2002）

近藤昌昭ほか『仲裁法コンメンタール』（商事法務、2003）

法曹会編『最高裁判所判例解説民事篇平成13年度（下）』（法曹会、2004）

近藤昌昭＝齊藤友嘉『司法制度改革概説2　知的財産関係二法／労働審判法』（商事法務、2004）

山田鐐一『国際私法〔第3版〕』（有斐閣、2004）

Kegel/Schurig, Internationales Privatrecht, 9. Aufl. 2004

大江忠ほか編『手続裁量とその規律―理論と実務の架橋をめざして』（有斐閣、2005）

法曹会編『最高裁判所判例解説民事篇平成14年度（上）』（法曹会、2005）

法曹会編『最高裁判所判例解説民事篇平成14年度（下）』（法曹会、2005）

齋藤彰編著『国際取引紛争における当事者自治の進展』（法律文化社、2005）

Rolf A. Schütze, Die Notzuständigkeit im deutschen Recht im Festschrift für Walter H. Rechberger zum 60. Geburtstag（Springer Wien New York, 2005）

秋山幹男ほか『コンメンタール民事訴訟法Ⅱ〔第2版〕』（日本評論社、2006）

神前禎『解説　法の適用に関する通則法―新しい国際私法』（弘文堂、2006）

小島武司=高桑昭編『注釈と論点　仲裁法』（青林書院、2007）

木棚照一ほか『国際私法概論〔第5版〕』（有斐閣、2007）

浜辺陽一郎『ロースクール実務家教授による英文国際取引契約書の書き方第1巻（改訂版）』（ILS出版、2007）

菅野和夫ほか『労働審判制度―基本趣旨と法令解説〔第2版〕』（弘文堂、2007）

竹下守夫編集代表『大コンメンタール破産法』（青林書院、2007）

法曹会編『最高裁判所判例解説民事篇平成18年度（下）』（法曹会、2007）

中野貞一郎ほか編『新民事訴訟法講義〔第2版補訂2版〕』（有斐閣、2008）

Cheshire/North/Fawcett, Private International Law（14th ed. 2008）

Raphael, The Anti-Suit Injunction（2008）

Stein/Jonas/Roth, ZPO, 22. Aufl. 2008

小林秀之＝村上正子『国際民事訴訟法』（弘文堂、2009）

石川明ほか編『ボーダーレス社会と法―オスカー・ハルトヴィーク先生追悼』（信山社、2009）

飛澤知行編著『逐条解説　対外国民事裁判権法：わが国の主権免除法制について』（商事法務、2009）

Redfern/Hunter, International Arbitration (5th ed. 2009)

日本弁護士連合会消費者問題対策委員会編『コンメンタール消費者契約法〔第2版〕』（商事法務、2010）

秋山幹男ほか『コンメンタール民事訴訟法Ⅳ』（日本評論社、2010）

才口千晴＝伊藤眞監修『新注釈民事再生法　上〔第2版〕』（金融財政事情研究会、2010）

Hay/Borchers/Symeonides, Conflict of Laws (5th ed. 2010)

Rosenberg/Schwab/Gottwald, Zivilprozessrecht, 17. Aufl.2010

Weintraub, Commentary on the Conflict of Laws (6th ed. 2010)

兼子一ほか『条解民事訴訟法〔第2版〕』（弘文堂、2011）
　　＊条解

現代民事判例研究会編『民事判例Ⅱ―2010年後期』（日本評論社、2011）

新堂幸司『新民事訴訟法〔第5版〕』（弘文堂、2011）

高桑昭『国際民事訴訟法・国際私法論集』（東信堂、2011）

Felix/Whitten, American Conflicts Law (6th ed. 2011)

山川隆一『労働紛争処理法』（弘文堂、2012）

賀集唱ほか編『基本法コンメンタール民事訴訟法1〔第3版追補版〕』（日本評論社、2012）
　　＊基本法コンメ

賀集唱ほか編『基本法コンメンタール民事訴訟法2〔第3版追補版〕』（日本評論社、2012）

佐藤達文＝小林康彦編著『一問一答平成23年民事訴訟法等改正―国際裁判管轄法制の整備』（商事法務、2012）
　　＊一問一答

澤木敬郎＝道垣内正人『国際私法入門〔第7版〕』（有斐閣、2012）

古田啓昌『国際民事訴訟法入門』（日本評論社、2012）

横山潤『国際私法』（三省堂、2012）

法務大臣官房司法法制部編『ドイツ民事訴訟法典－2011年12月22日現在』（法曹会、2012）

松岡博編『国際関係私法入門－国際私法・国際民事手続法・国際取引法〔第3版〕』（有斐閣、2012）

本間靖規ほか『国際民事手続法〔第2版〕』（有斐閣、2012）

西谷敏ほか編『新基本法コンメンタール労働基準法・労働契約法』（日本評論社、2012）

日本国際経済法学会編『国際経済法講座Ⅱ－取引・財産・手続』（法律文化社、2012）

菅野和夫『労働法〔第10版〕』（弘文堂、2012）

Bean/Parry/Bruns, Injunctions (11th ed. 2012)

Dicey/Morris/Collins, The Conflict of Laws (15th ed. 2012)

Garnett, Substance and Procedure in Private International Law (2012)

石川明ほか編『ＥＵの国際民事訴訟法(Ⅱ)』（信山社、2013）

笠井正俊＝越山和広編『新・コンメンタール民事訴訟法〔第2版〕』（日本評論社、2013）
　　＊新コンメ

最高裁判所事務総局行政局監修『労働審判手続に関する執務資料（改訂版)』（法曹会、2013）

最高裁判所事務総局民事局監修『国際民事事件手続ハンドブック』（法曹会、2013）

伊藤眞ほか編『石川正先生古稀記念論文集　経済社会の法と役割』（商事法務、2013）

新堂幸司監修『実務民事訴訟講座〔第3期〕第6巻－上訴・再審・少額訴訟と国際民事訴訟』（日本評論社、2013）

Nagel/Gottwald, Internationales Zivilprozessrecht, 7. Aufl. 2013

Zuckerman on Civil Procedure (3rd ed. 2013)

秋山幹男ほか『コンメンタール民事訴訟法Ⅰ〔第2版追補版〕』（日本評論社、2014）
　　＊秋山コンメ

安西明子ほか『民事訴訟法』（有斐閣、2014）

中西康ほか『国際私法』（有斐閣、2014）

中村達也『国際取引紛争―紛争解決の基本ルール―』（成文堂、2014）

伊藤眞『民事訴訟法〔第4版補訂版〕』（有斐閣、2014）

浜辺陽一郎『経営力アップのための企業法務入門』（東洋経済新報社、2014）

小島武司＝猪股孝史『仲裁法』（日本評論社、2014）

小出邦夫『逐条解説　法の適用に関する通則法（増補版）』（商事法務、2014）

Born, International Commercial Arbitration (2nd ed. 2014)

Schack, Internationales Zivilverfahrensrecht, 6. Aufl.2014

松本博之＝上野泰男『民事訴訟法〔第8版〕』（弘文堂、2015）

高橋宏志ほか編『民事手続の現代的使命―伊藤眞先生古稀祝賀論文集』（有斐閣、2015）

野村美明ほか編『ケーススタディー国際関係私法』（有斐閣、2015）

山本和彦＝山田文『ＡＤＲ仲裁法〔第2版〕』（日本評論社、2015）

高田裕成ほか編『注釈民事訴訟法第5巻』（有斐閣、2015）

浜辺陽一郎『スピード解説　民法＜債権法＞改正がわかる本』（東洋経済新報社、2015）

松岡博＝高杉直『国際関係私法講義〔改題補訂版〕』（法律文化社、2015）

Geimer, Internationales Zivilprozessrecht, 7. Auf.2015

櫻田嘉章ほか編著『演習国際私法　ＣＡＳＥ30』（有斐閣、2016）

髙部眞規子『実務詳説特許関係訴訟〔第3版〕』（きんざい、2016）

伊藤眞『民事訴訟法〔第5版〕』（有斐閣、2016）

Blackstone's Civil Practice 2016

Morris/McClean/Abou-Nigm, The Conflict of Laws (9th ed. 2016)

2　雑誌記事

広瀬善男「国際法上の国家の裁判権免除に関する研究」国際法外交雑誌63巻3号（1964）

喜多川篤典「渉外判例研究」ジュリスト349号（1966）

谷川久「判批」ジュリスト350号（1966）

藤田泰弘「日本裁判官の国際協調性過剰(3)」判例タイムズ246号（1970）

林順碧「商事判例研究」ジュリスト460号（1970）

川上太郎「専属的裁判管轄約款の効力」判例タイムズ256号（1971）

江川英文「外国判決承認の要件としての裁判管轄権」国際法外交雑誌41巻4号（1972）

川上太郎「外国裁判所の国際的裁判管轄」民商法雑誌66巻6号（1972）

澤木敬郎「渉外判例研究」ジュリスト516号（1972）

溜池良夫「判批」鴻常夫編『海事判例百選〔増補〕（別冊ジュリストNo.42)』（1973）

矢吹徹雄「判批」判例タイムズ333号（1976）

石黒一憲「判批」ジュリスト616号（1976）

山本敬三「アメリカ法におけるフォーラム・ノン・コンヴェニエンスの法理」民商法雑誌74巻5号（1976）

高桑昭「内国判決と抵触する外国判決の承認の可否－大阪地判昭52・12・22をめぐって」ＮＢＬ155号（1978）

川又良也「外国法の証明」澤木敬郎編『国際私法の争点』ジュリスト増刊（1980）

砂川恵伸「外国法の不明」澤木敬郎編『国際私法の争点』ジュリスト増刊（1980）

江泉芳信「アメリカ合衆国におけるフォーラム・ノン・コンヴェニエンスの法理とその国際的適用」青山法学論集21巻3＝4号（1980）

Hill, A Policy Analysis of the American Law of Foreign State Immunity, 50 Fordham L. Rev. (1981)

塩崎勤「判批」ジュリスト758号（1982）

小林秀之「国際裁判管轄とマレーシア航空事件判決」法学セミナー324号（1982）

小林秀之「裁判権の免除」新堂幸司＝青山善充編『民事訴訟法判例百選〔第2版〕（別冊ジュリストNo.76)』（1982）

小林秀之「外国判決の承認・執行についての一考察－米国判決を例として（国際民事訴訟法の諸問題－1－)」判例タイムズ467号（1982）

野村美明「アメリカにおける州裁判管轄権理論の最近の動向」阪大法学122号（1982）

松岡博「国際取引における裁判管轄」阪大法学124号（1982）

道垣内正人「国際的訴訟競合（5・完)」法学協会雑誌100巻4号（1983）

平覚「米国主権免除法における『商業活動』概念」商大論集（神戸商科大学）35巻6号（1984）

道垣内正人「イタリアから連れ去られた子の人身保護請求事件」法律のひろば38巻5号（1985）

片野三郎「訴訟要件の審理順序(2)」愛知大学法経論集法律篇108号（1985）

中野俊一郎「外国未確定裁判の執行〔1〕」国際商事法務13巻9号（1985）

中野俊一郎「外国未確定裁判の執行〔4・完〕」国際商事法務13巻12号（1985）

渡辺惺之「判例解説」池原季雄＝早田芳郎編『渉外判例百選〔第2版〕（別冊ジュリストNo.87）』（1986）

中野俊一郎「渉外判例研究」ジュリスト857号（1986）

渡辺惺之「判批」昭和61年度重要判例解説（ジュリスト887号）（1987）

櫻田嘉章「判批」判例評論341号（判例時報1231号）（1987）

竹下守夫「判例からみた国際裁判管轄」ＮＢＬ386号（1987）

海老沢美広「航空機事故と国際的訴訟競合」ジュリスト898号（1987）

神前禎「判批」ジュリスト943号（1989）

佐野寛「判批」平成元年度重要判例解説（ジュリスト957号）（1990）

渡辺惺之「国際訴訟」ジュリスト971号（1991）

Gary Jay Greener, The Commercial Exception to Foreign Sovereign Immunity: To Be Immune or Not to Be Immune? That Is the Question A Look at the International Law Commission's Draft Articles on Jurisdictional Immunities of States and Their Property, 15 Loy. L.A. Int'l & Comp. L.J. (1992)

中村也寸志「不作為を命ずる仮処分命令と国際裁判管轄」判例タイムズ798号（1993）

徳田和幸「管轄に対する当事者支配とその規制」ジュリスト1028号（1993）

小林秀之「国際訴訟競合（下）－国際裁判管轄と外国判決承認との連続性」ＮＢＬ526号（1993）

内藤潤「国際的訴訟競合（下）」ＮＢＬ528号（1993）

酒井一「国際的二重起訴に関する解釈論的考察」判例タイムズ829号（1994）

安達栄司「国際裁判管轄と特段の事情の考慮」早稲田大学大学院法研論集70号（1994）

藤田泰弘「『国際的裁判管轄』法規とその比較法的研究」判例タイムズ856号（1994）

中西康「外国判決の承認執行におけるrevision au fondの禁止について（4・完）」法学論叢136巻1号（1994）

小田滋＝岩沢雄司「裁判権免除(1)」池原季雄＝早田芳郎編『渉外判例百選〔第3版〕（別冊ジュリストNo.133)』(1995)

高桑昭「判例批評」ジュリスト1078号（1995)

中野俊一郎「国際応訴管轄と外国判決の承認」神戸法学雑誌46巻2号（1996)

森勇「国際的応訴管轄をめぐる諸問題(1)(2)」獨協法学43号（1996)・44号（1997)

竹下守夫「権利保護の拒絶の回避と国際裁判管轄」駿河台法学10巻2号（1997)

道垣内正人「判批」ジュリスト1133号（1998)

海老沢美広「判批」平成9年度重要判例解説（ジュリスト1135号）(1998)

中野俊一郎「判批」法学教室213号（1998)

竹下守夫＝村上正子「国際裁判管轄と特段の事情－最高裁平成9年11月11日判決の検討－」判例タイムズ979号（1998)

山本和彦「判批」民商法雑誌119巻2号（1998)

山本和彦「判批」平成10年度重要判例解説（ジュリスト1157号）(1999)

山田鐐一「渉外事件に関する最近の最高裁判決につき思う」ジュリスト1159号（1999)

中野俊一郎「国際裁判管轄の決定における例外的処理の判断枠組み」民事訴訟雑誌45号（1999)

ラインホルト・ガイマー（勅使川原和彦訳）「『国際教育』か効果的な被告の保護か？－国際的承認管轄に関する若干の考察－」早稲田大学外国民事訴訟法研究会編『ヨーロッパにおける民事訴訟法理論の諸相』（早稲田大学、1999)

芳賀雅顕「外国判決承認要件としての国際裁判管轄－間接管轄の基本姿勢と鏡像理論をめぐって－」法律論叢72巻5号（2000)

高桑昭「渉外判例研究」ジュリスト1173号（2000)

小林秀之「国際法と国際民事訴訟法の交錯－総論」法律時報72巻3号（2000)

村上正子「主権免除について」法律時報72巻3号（2000)

原強「国家の主権免除－横田基地訴訟鑑定書を中心として」法律時報72巻3号（2000)

中谷和弘「国際法の観点から見た主権免除」法律時報72巻3号（2000)

林潤「『外国を相手方とする民事事件に関する応訴意思の有無等の照会について』と題する通達の廃止について」民事法情報167号（2000)

小田敬美「司法における情報化と民事訴訟手続の未来―新たな技術的訴訟改革の方向性と問題点」民事訴訟雑誌47号（2001）

村上正子「判批」法学教室257号（2002）

芳賀雅顯「米国判決の承認と国際裁判管轄―いわゆる不統一法国の間接管轄―」法律論叢74巻6号（2002）

小林秀之「本件判批」判例評論518号（判例時報1773号）（2002）

臼杵知史「外国国家の裁判権免除」平成13年度重要判例解説（ジュリスト1224号）（2002）

木棚照一「判批」私法判例リマークス25号（2002）

多喜寛「国際的二重起訴（国際的訴訟競合）に関する覚書」法学新報109巻3号（2002）

横田守弘「最新判例演習室　憲法　基地騒音公害訴訟と米国に対する民事裁判権の免除（最二小判2002.4.12）」法学セミナー571号（2002）

水島朋則「不法行為訴訟における国際法上の外国国家免除(1)」法学論叢151巻6号（2002）

水島朋則「不法行為訴訟における国際法上の外国国家免除（2・完）」法学論叢152巻3号（2002）

信森毅博「中央銀行からみた主権免除法制整備の必要性」ＮＢＬ753号（2003）

高桑昭「外国国家の主権的行為と民事裁判権の免除」民商法雑誌127巻6号（2003）

広部和也「時の判例　外国国家（駐留米軍）に対する裁判権免除（最判平14・4・12）」法学教室269号（2003）

薬師寺公夫「在日米軍の飛行訓練と裁判権免除」平成14年度重要判例解説（ジュリスト1246号）（2003）

安達栄司「判批」ジュリスト1250号（2003）

松井章浩「国際法上の国家財産に対する強制執行からの免除」立命館法学2003年4号

横溝大「判例批評　アメリカ合衆国に対してなされた横田基地における軍用機の夜間発着に関する差止め及び損害賠償請求の可否」法学協会雑誌120巻5号（2003）

森下哲朗「商事判例研究　平成14年度(1)債券購入業者による外国国家等に対する訴訟の可否―東京地裁平成12.11.30判決　東京高裁平成14.3.29判決」ジュリスト1261号（2004）

早川吉尚「本件判批」民商法雑誌131巻3号（2004）

多喜寛「執行免除に関する最近の諸外国の裁判例の動向」国際法外交雑誌103巻4号（2005）

平覚「外国の州の裁判権免除」平成17年度重要判例解説（ジュリスト1313号）（2006）

中西康「判批」私法判例リマークス33号（2006）

櫻田嘉章「米国ジョージア州港湾局の日本代表部職員の解雇による解雇無効確認等請求訴訟について、外国国家に対する主権免除の場合に当たるとしながら、制限免除主義に基づいて、雇用契約は本来主権的行為に属さないとして、主権免除を認めず、また、送達も法廷地法によるものとした事例（東京地裁平成17.9.29中間判決)」Lexis判例速報10号（2006）

水島朋則「主権免除－最高裁2006年7月21日判決までとこれから」ジュリスト1321号（2006）

和知麻里亜「外国国家の私法的行為に対する民事裁判権－最二判平成18.7.21を巡って」金融・商事判例1254号（2006）

安達栄司「ＥＣの国際倒産手続法（2000年ＥＣ倒産手続規則）における管轄権恒定の原則」国際商事法務34巻8号（2006）

高桑昭「渉外判例研究（第533回）外国国家の民事裁判権免除特権の制限と放棄－最二小判平成18.7.21」ジュリスト1326号（2007）

山田中正「国連国家免除条約」国際法外交雑誌105巻4号（2007）

中野俊一郎「外国判決承認要件としての国際裁判管轄」CDAMSディスカッションペーパー（神戸大学、2007）

林道晴「民事法判例研究 1. 外国国家の私法的・業務管理的な行為と民事裁判権の免除（消極）2. 外国国家の私法的・業務管理的な行為の決定基準 3. 外国国家の民事裁判権の免除からの放棄の方法－最二判平成18.7.21本誌〔金融・商事判例〕本号〔1259号〕56頁」金融・商事判例1259号（2007）

小寺彰「最新判例批評（［2007］61）国家の裁判権免除に関する制限免除主義の採用（最二判［平成］18.7.21)」判例評論582号（判例時報1968号）（2007）

古田啓昌「二重起訴の禁止と訴訟係属の時期－知的財産高等裁判所平成19年4月11日決定の紹介を兼ねて－」法学セミナー634号（2007）

道垣内正人「判例批評 外国国家が享受する民事裁判権免除に対する制限［平成18.7.21]」私法判例リマークス36号（2008）

河野俊行＝早川吉尚＝高畑洋文「国際裁判管轄に関する判例の機能的分析－「特段の事情」を中心として」ＮＢＬ890号（2008）

水島朋則「国際法規則としての主権免除の展開と免除範囲との関係について」国際法外交雑誌107巻3号（2008）

山田恒久「国際訴訟競合規制の可否に関する一考察」獨協法学77号（2008）

横山潤「総論的考察－立法の方向性から緊急管轄まで－」国際私法年報10号（2009）

安達栄司「合意、応訴、反訴および併合による国際裁判管轄」国際私法年報10号（2009）

河野真理子「国家免除における制限免除の存立基盤」国際私法年報10号（2009）

坂巻静佳「契約における国家の同意にもとづく裁判権免除の否定」国際法外交雑誌108巻1号（2009）

西脇英司＝米山朋宏「第171回国会成立主要ビジネス関連新法　外国等に対する我が国の民事裁判権に関する法律（対外国民事裁判権法）の概要－外国を当事者とする民事裁判手続の規律等」ＮＢＬ908号（2009）

村上正子「外国等に対する我が国の民事裁判権に関する法律（対外国民事裁判権法）」ジュリスト1385号（2009）

高橋宏志ほか「座談会　国際裁判管轄に関する立法の意義」ジュリスト1386号（2009）

早川吉尚「判例における『特段の事情』の機能と国際裁判管轄立法」ジュリスト1386号（2009）

神前禎「消費者契約および労働関係の訴えに関する国際裁判管轄」ジュリスト1386号（2009）

道垣内正人「外国等に対する我が国の民事裁判権」ジュリスト1387号（2009）

高桑昭「わが国における外国等に対する民事裁判権の免除」成蹊法学71号（2009）

河野正憲「本件判例研究」判例タイムズ1320号（2010）

道垣内正人「特許権をめぐる国際私法上の問題」知財管理60巻6号（2010）

野村秀敏「民事判例研究（第41回）米国ジョージア州港湾局極東代表部職員の不当解雇を理由とする地位確認・賃金支払を求める訴訟と裁判権免除〔最高裁第二小法廷平成21.10.16判決〕」法律のひろば63巻6号（2010）

倉地康弘「時の判例 米国の州によって同州港湾局の我が国における事務所の現地職員として雇用され、解雇された者が、雇用契約上の権利を有する地位にあることの確認及び解雇後の賃金の支払を求めて提起した訴訟につき、同州は我が国の民事裁判権から免除されるとした原審の判断に違法があるとされた事例［最高裁平成21.10.16第二小法廷判決］」ジュリスト1404号（2010）

中野俊一郎「対外国民事裁判権法について」JCAジャーナル57巻10号（2010）

片山英二ほか「日米にまたがる麻布建物（株）にみる―承認援助手続と国際並行倒産」事業再生と債権管理127号（2010）

松井章浩「国連国家免除条約における執行免除規則の新たな形成」立命館法学2010年5・6号

清水節「特許権侵害訴訟における国際裁判管轄」Law & Technology50号（2011）

道垣内正人「日本の新しい国際裁判管轄立法について」国際私法年報12号（2011）

横溝大「判例批評 米国の州を当事者とする雇用関係紛争と民事裁判権［平成21.10.16第二小法廷判決］」民商法雑誌144巻3号（2011）

中西康「判批」平成22年度重要判例解説（ジュリスト1420号）（2011）

横溝大「国際裁判管轄法制の整備―民事訴訟法及び民事保全法の一部を改正する法律」ジュリスト1430号（2011）

ペーター・フーバー＝ジェニイファー・アントモ（小田司訳）「国際裁判管轄の合意と新ハーグ管轄合意条約」日本法学77巻3号（2011）

早川吉尚ほか「座談会 国際裁判管轄ルールの法令化に当たって」日本弁護士連合会国際裁判管轄規則の法令化に関する検討会議編『新しい国際裁判管轄法制―実務家の視点から―』別冊ＮＢＬ138号（2012）

武藤佳昭「被告の住所、営業所所在地等による管轄権」日本弁護士連合会国際裁判管轄規則の法令化に関する検討会議編『新しい国際裁判管轄法制―実務家の視点から―』別冊ＮＢＬ138号（2012）

井出直樹「消費者契約に関する訴え」日本弁護士連合会国際裁判管轄規則の法令化に関する検討会議編『新しい国際裁判管轄法制―実務家の視点から―』別冊ＮＢＬ138号（2012）

牛嶋龍之介「労働関係に関する訴え」日本弁護士連合会国際裁判管轄規則の法令化に関する検討会議編『新しい国際裁判管轄法制―実務家の視点から―』別冊ＮＢＬ138号（2012）

増田晋＝牛嶋龍之介＝古田啓昌「国際裁判管轄に関する一般的規律」日本弁護士連合会国際裁判管轄規則の法令化に関する検討会編『新しい国際裁判管轄法制－実務家の視点から－』別冊ＮＢＬ138号（2012）

青山善充「新しい国際裁判管轄法について」明治大学法科大学院論集10号（2012）

髙部眞規子＝大野聖二「渉外事件のあるべき解決方法」パテント65巻3号（2012）

佐藤達文「新たに整備された国際裁判管轄法制と従前の裁判例」ＮＢＬ975号（2012）

手塚裕之「「消費者契約に関する訴え」への影響」Business Law Journal 50号（2012）

古田啓昌「「労働関係に関する訴え」への影響」Business Law Journal 50号（2012）

青山善充ほか「第46回シンポジウム　国際裁判管轄　民事訴訟法改正をうけて」ノモス30号（2012）

櫻田嘉章＝道垣内正人編『国際私法判例百選〔第2版〕（別冊ジュリストNo.210)』（2012）
　＊百選

横溝大「国際専属管轄」名古屋大学法政論集245号（2012）

野村秀敏「財産混同による倒産手続の拡張と国際倒産管轄権」国際商事法務40巻9号（2012）

伊藤眞ほか「座談会　民事訴訟手続における裁判実務の動向と検討　第4回」判例タイムズ1386号（2013）

加藤紫帆「判批」ジュリスト1462号（2014）

中西康「新しい国際裁判管轄規定に対する総論的評価」国際私法年報15号（2014）

森下哲朗「新しい国際裁判管轄ルール：営業所所在地・事業活動管轄、債務履行地管轄を中心に」国際私法年報15号（2014）

申美穂「法の適用に関する通則法における特許権侵害」特許研究57号（2014）

岡野祐子「判批」平成25年度重要判例解説（ジュリスト1466号）（2014）

越山和広「管轄原因事実の証明－国際裁判管轄を中心に」龍谷法学46巻4号（2014）

手塚裕之「特集1　国際裁判管轄立法の意義と課題（承前）国際裁判管轄立法・実務からの評価」国際私法年報16号（2015）

道垣内正人「判批」平成26年度重要判例解説（ジュリスト1479号）（2015）

中野俊一郎「判批」平成26年度重要判例解説（ジュリスト1479号）（2015）

種村佑介「判批」平成26年度重要判例解説（ジュリスト1479号）（2015）

中西康「判批」民商法雑誌152巻2号（2015）

中村知里「判批」ジュリスト1482号（2015）

島田まどか「不法行為事件等の国際裁判管轄」道垣内正人＝古田啓昌編『実務に効く国際ビジネス判例精選』ジュリスト増刊（2015）

牛嶋龍之介「消費者・労働事件の国際裁判管轄」道垣内正人＝古田啓昌編『実務に効く国際ビジネス判例精選』ジュリスト増刊（2015）

内藤順也＝松尾剛行「国際訴訟競合」道垣内正人＝古田啓昌編『実務に効く国際ビジネス判例精選』ジュリスト増刊（2015）

廣瀬孝「判解」法曹時報67巻9号（2015）

横溝大「渉外判例研究」ジュリスト1487号（2015）

申美穂「判批」平成27年度重要判例解説（ジュリスト1492号）（2016）

中村恭＝柵木澄子「国際的な知財紛争の解決について」パテント69巻6号（2016）

堀田次郎＝葛西功洋「グローバル化の中で裁判所が直面する課題①－国際倒産事件の現状と裁判所が直面する課題－」法の支配181号（2016）

若林弘樹＝田中良「消費者との間の国際的専属管轄合意に関する訴訟」ジュリスト1493号（2016）

榎本一久＝寺原真希子「労働事件における国際裁判管轄条項の有効性について」ジュリスト1493号（2016）

遠藤元一「排除的管轄合意を無効としたアップル・島野訴訟中間判決」ＮＢＬ1073号（2016）

「特集　スラップ訴訟」法学セミナー741号（2016）

内野宗揮「講演　人事訴訟事件及び家事事件の国際裁判管轄法制の整備について」戸籍時報特別増刊号746号（2016）

橋本陽子「個別的労働関係における労働者－横浜南労基署長（旭紙業）事件」村中孝史＝荒木尚志編『労働判例百選〔第9版〕（別冊ジュリストNo.230)』（2016）

多田望「ハーグ判決プロジェクト2016年条約予備草案について：間接管轄を中心に」国際公共政策研究21巻1号（大阪大学、2016）

安達栄司「判批」金融・商事判例1507号（2017）

村上正子「判批」JCAジャーナル64巻1号（2017）

原強「国際裁判管轄における特別の事情による訴え却下」民事訴訟雑誌63号（2017）

安達栄司「外国の差止命令判決の執行可能性と不法行為地管轄（間接管轄）の審査」判例秘書ジャーナルHJ100007（2017）

目　次

第1章　総　論

			ページ
1	国際裁判管轄の意義と国際取引への影響……………	小林　秀之	3
2	国際裁判管轄の立法過程…………………………	村上　正子	17
3	わが国の国際裁判管轄規定の全体像……………………	原　　　強	48

第2章　国際裁判管轄規定の解釈論

1	被告の住所等による管轄……………………………	畑　　宏樹	97
2	契約上の債務に関する訴え等の管轄……………	田村　陽子	106
3	不法行為に関する管轄…………………………	薮口　康夫	127
4	相続事件等に関する管轄………………………	村上　正子	144
5	消費者契約及び労働関係の訴えに関する管轄…………	小田　敬美	148
6	管轄の専属、併合請求や反訴の管轄、中間確認の訴えの管轄…………………	齋藤　善人	175
7	管轄に関する合意と応訴による管轄…………………	渡部美由紀	193
8	特別の事情による訴えの却下………………………	河村　基予	210
9	管轄専属の適用除外、職権証拠調べ、管轄の標準時………………………	山田　明美	231
10	上告理由………………………………………	畑　　宏樹	251

第3章　国際裁判管轄と国際取引実務

1	国際裁判管轄と国際契約…………………………	古田　啓昌	257
2	国際裁判管轄と国際的な財産紛争………………	古田　啓昌	270
3	国際裁判管轄と国際不法行為……………………	浜辺陽一郎	282
4	国際裁判管轄と国際消費者紛争…………………	早川　吉尚	299
5	国際裁判管轄と国際労働紛争……………………	早川　吉尚	314
6	国際裁判管轄と国際知財紛争……………………	田中　成志	326

第4章　国際裁判管轄と国際民事司法手続

1　外国判決の承認執行における国際裁判管轄……………安達　栄司　347
2　国際裁判管轄と国際訴訟競合………………………………芳賀　雅顯　365
3　主権免除と国際裁判管轄……………………………………原　　　強　389
4　国際裁判管轄と国際仲裁……………………………………早川　吉尚　431
5　国際倒産管轄…………………………………………………田頭　章一　448
6　国際民事保全（管轄・審理・執行）………………………小林　秀之　459

索　引

○事項索引………………………………………………………………………485
○判例年次索引…………………………………………………………………494

第 1 章

総 論

2

1 国際裁判管轄の意義と国際取引への影響

小林秀之

Ⅰ．国際裁判管轄の意義

Ⅱ．国際裁判管轄が問題となる事例

Ⅲ．国際取引における国際裁判管轄の重要性

Ⅳ．国際裁判管轄と国内土地管轄の差異

Ⅴ．国際裁判管轄規定の成立（国際裁判管轄立法）－予測可能性と法的安定性

Ⅵ．「特段の事情」から「特別の事情」へ－守備範囲の縮小

Ⅶ．国際裁判管轄における個別的要素

Ⅷ．国際裁判管轄を左右する具体的事情－設例の検討

Ⅰ．国際裁判管轄の意義

国際裁判管轄は、国際的にどこの国の裁判所が裁判権（管轄）を有するかという問題であり、わが国の裁判所の中でどこの裁判所が担当するかという国内管轄とは質的にも実際的にも大きく異なる。

わが国の裁判所が国際裁判管轄を有することになれば、わが国の裁判システムを利用して紛争を解決できる。国際的な紛争事件でわが国の裁判所に国際裁判管轄があれば、わが国の地方裁判所に訴状を提出し、わが国の地方裁判所の法廷でわが国の裁判官が審理する。訴訟書類は全て日本語で作成され（国際送達が必要な場合は相手国の言語による翻訳添付が求められる）、日本人の弁護士に依頼して事件処理できる。適用される法律（準拠法）も、わが国の国際私法（「法の適用に関する通則法」）によって定まる。

もし、わが国の裁判所に国際裁判管轄がないか、何らかの別の事情で相手国裁判所に訴え、又は訴えられた場合、状況は一変する。相手国の裁判システムを利用するしかなく、どこの裁判所かも相手国の法律によって決まる。英米法系諸国であれば、陪審によって裁判されることもある。使用言語も、

相手国の言語であり、日本語で訴訟書類を作成することはできない。相手国の弁護士に依頼しなければ事件処理もできず、相手国の弁護士との通信も通常は日本語ではない（相手国言語か英語が普通）。適用される法律も、相手国の国際私法で決まるから、わが国の裁判所に訴えた場合と適用される法律（準拠法）そのものが異なることも珍しくない。適用される法律が異なれば当然結論が異なってくるし、同一であっても裁判システムの差異から結論が異なってくることもある。

　訴訟法などの手続法は、法廷地のある国の法律（法廷地法）によるのが、国際的原則になっているから（「手続は法廷地法によるの原則（lex fori）」）、手続も結論も大きく異なるのはむしろ当然のことと言えよう。

　このように、国際的な紛争を解決するにあたって国際裁判管轄が最も重要であると言って過言でない。

　国内管轄の場合には様相を異にし、国際裁判管轄のような問題は起こらない。わが国の裁判所はどこに行ってもほぼ同質であるし（裁判官も全国を転勤しており、裁判官のレベルや理解力もほぼ同一である）、適用される法律も日本の法律であり、全国津々浦々同一の法的保護が与えられるように仕組まれている（もちろん、実際的には東京か離島かで裁判所設備等で差異が若干あるが、建前上は全国どこでも同一の裁判を受ける権利を保障しようとしている）。使用される言語も日本語であり、日本の弁護士に事件処理を依頼できる。利用すべき裁判所を間違えても、正しい管轄を有する裁判所に移送してもらえる（国内土地管轄につき、民訴16条以下参照）。

　これに対して、国際裁判管轄では移送の制度はないので、わが国の裁判所がわが国には国際裁判管轄はなく、A国に国際裁判管轄があると考えても、A国へ移送はできないし、A国に国際裁判管轄があると判断したわが国の裁判所の判決は、A国裁判所を拘束しない（国内管轄では、移送判断は移送された裁判所を拘束する（民訴22条））。

　国際取引では、紛争が一旦生じれば国際裁判管轄によってどこの国の裁判所で裁判されるか決まるため、国際裁判管轄は極めて重要である。わが国に国際裁判管轄があれば、日本人や日本企業はわが国の裁判所で救済が受けられることになり、極めて楽になるだけでなく有利になるのが通常である。国際契約を結ぶ際も、国際裁判管轄条項（規定）をどのように定めるか、わが国にするか、相手国にするか、あるいは第三国にするかをめぐって争われ、

当事者の利害が対立する。国際裁判管轄条項は、国際契約締結にあたって最も注意を要する条項であると言って過言でない。国際裁判管轄の重要性については、国際民事訴訟法のテキストも、こぞって指摘しているところである（例えば、小林秀之＝村上正子『国際民事訴訟法』第1章（3頁）（弘文堂、2009）参照）。

Ⅱ．国際裁判管轄が問題となる事例

「本書の構成と利用の仕方」で述べたように、本書の第2章以下の各項目は、最初にリーディング判例を素材にした設例を設け、その項目の最後（場合によっては項目の途中）で設例の解説をしている。第1章は総論なので本来は設例は設けないこととしているが、本項目は国際裁判管轄の意義を具体的に示す意味で、以下のような設例を設け、最後にその解説を行うこととする。

設 例

故Aは日本人ビジネスマンで、妻X₁と子X₂、X₃がいる典型的なサラリーマンで、名古屋市に居住していた。Aは、会社の命令でM国へ海外出張することになり、東京からM国の首都K市までM国の代表的国際航空会社（ナショナルフラッグ）であるM航空により渡航した。その航空券は、わが国の旅行代理店がM航空の東京支店を通じて購入してくれたものである。

Aは、K市でのビジネスを終えた後、K市でM航空のK市からP市（M国第2の都市で有名な観光地）までの国内路線の航空券を購入し、国内線に搭乗したところ、途中でハイジャックに出遭い航空機は海上に墜落し乗員・乗客は全員死亡した。

Aの遺族X₁らは、M航空を相手取り、居住地を管轄する名古屋地方裁判所に損害賠償請求の訴えを提起した。名古屋地方裁判所の国際裁判管轄は認められるか。

1　AがM国K市からP市までの国内路線の航空券をK市で購入したか、M航空の東京支店で購入したかで結論は異なるか。（旅行代理店がM航空の東京支店から購入したか否かでも異なるか。）

2　M航空が、M国の国内航空会社でわが国に営業所を有していない場合は結論が異なるか。

3　事故原因の証拠が全てM国に集中しており、わが国とM国との間に
　　は正式の国交はなく、国際司法共助も利用できない場合は結論が異な
　　るか。

　上記の設例は、国際裁判管轄をめぐる議論の出発点となり、リーディング
ケースであることを誰もが認めるマレーシア航空事件（最判昭56・10・16民集35・
7・1224）（詳細は**第1章2**を参照）を素材としており、個別具体的な事情が結
論に大きく影響することを考えてもらうため、できるだけ具体的な設例とし
た。有名な事件であるだけに、立法化された国際裁判管轄規定で明快に解決
されていると思いがちであるが、必ずしもそうではなく、今なお考えさせら
れるポイントが幾つもあることが、最後の解説（Ⅷ.）を読めば分かるだろう。
以下では、裁判例や学説の紹介検討や、国際裁判管轄規定の細かい解釈論は
あえて行わず、個別的な事情が異なれば結論が異なり、国際裁判管轄は一筋
縄では解決しにくい問題であることを示したいと思う。

Ⅲ．国際取引における国際裁判管轄の重要性

　今回の国際裁判管轄立法を指示した法制審議会に対する諮問第86号は、「経
済取引の国際化等に対する観点から、国際裁判管轄を規律するための法整備
を行う必要がある」としている。経済のグローバル化が進み、国際取引が日
常的に活発化している現在では予測可能性と法的安定性を求める声が高ま
り、国際裁判管轄立法へとつながったと言ってよい。

　これまでの説明から、国際裁判管轄の重要性と国際取引への影響はある程
度理解していただけたと思う。日常生活も経済のグローバル化に巻き込ま
れ、毎日食べている食料品や毎日着ている衣料品もその多くが外国から来て
いる現実を前にすれば、国際裁判管轄は重要であり国際取引のコントロール
のため必要であると感じられたであろう。

　しかも、国際裁判管轄の意義や重要性は、「裁判を受ける権利」（憲32条）や
司法的救済の可否といったかなり根本的な問題に関係している。わが国の国
際裁判管轄が認められなければ、わが国の裁判は訴え却下になり司法的救済
は受けられなくなる。その意味で憲法上の「裁判を受ける権利」にまで関係
してくる。国内管轄の問題であれば、わが国のどこの裁判所が担当するかと

いう問題にすぎず、わが国の裁判所による司法的救済は保障されている。

設問の素材となったマレーシア航空事件でもわが国の国際裁判管轄が否定されれば、訴え却下となり、わが国での司法的救済の途は閉ざされる。マレーシア（設例ではM国）に行って司法的救済を受ければよいと言っても、同国で司法的救済が受けられるかは、同国で裁判を提起してみないと分からない。また、本案審理になればほぼその見通しがつくため（本件でいえば故Aに落度はなくハイジャックを許したM航空に責任があることは間違いない）、国際裁判管轄の有無が決定的な争点となることもある。実際にもマレーシア航空事件では、国際裁判管轄が認められ控訴審に差し戻された後すぐに、和解が成立している。似たような例を挙げれば、台湾に国際裁判管轄がありわが国には国際裁判管轄がないとしてわが国での訴えを却下した遠東航空機事件（東京地判昭61・6・20判時1196・87）の後、原告の大半は訴訟継続をあきらめ、台湾の裁判所にも行っていない。一部の原告は東京高裁に控訴したが、少額の和解金で訴訟終了となった。国際裁判管轄が紛争解決の帰趨を決めた一例と言えるだろう。

Ⅳ. 国際裁判管轄と国内土地管轄の差異

国際裁判管轄と国内管轄、特に国内土地管轄との概念的差異は、ここまで読まれた読者であればほぼ想像がつくだろう。設例で言えば、わが国で裁判できるか、司法的救済が受けられるかが国際裁判管轄の問題であり、わが国に国際裁判管轄があることが決まった後に、どこの国内裁判所が取り扱うのか（東京地裁なのか名古屋地裁なのか）が、国内土地管轄の問題である。

一見すると、両者の概念的差異は明白のように見えるが、実際的な差異はそれほど明白ではなかった。というのは、従来は（平成23年改正前の民訴法は）国際裁判管轄規定は存在せず、裁判例の大半は（マレーシア航空事件最高裁判決も含め）、国内土地管轄の規定から国際裁判管轄の存在を推知する逆推知説に立っていたからである。つまり、国内土地管轄の総和がわが国の国際裁判管轄になるという逆転した議論により、国際裁判管轄を決定するに近くなっていた。もちろん、国際裁判管轄があることが決まってから国内土地管轄がどこかが決まるのであり、理論はおかしいけれども国内土地管轄規定が国際裁判管轄の手がかり（それ以上に類推）になっていたからである。もっとも、裁判例はその後発展し、「特段の事情」という条理（当事者間の公

平、裁判の適正・迅速）によって修正する修正逆推知説に移行していった。

平成23年改正による国際裁判管轄の成立により、国際裁判管轄は国内土地管轄に先行し、概念的に全く別個のものであることが明確化された。

V. 国際裁判管轄規定の成立（国際裁判管轄立法）—予測可能性と法的安定性

平成23年改正により、国際裁判管轄規定が成立した。国際裁判管轄立法と言ってもよいが、単行法ではなく、民訴法改正の形式を採用した。国内土地管轄の前に国際裁判管轄規定を挿入する形を採っているため、まずわが国の国際裁判管轄が確認された後に国内土地管轄を決定するというプロセスが明確にされている。国内土地管轄とは別個の基準により、国際裁判管轄が決定されることも、条文の形で明示しているとも言える。

国際裁判管轄規定が明文化されることにより、国際的な経済活動に伴う民事紛争解決にとって予測可能性と法的安定性が大幅に増加することが、平成23年改正の立法趣旨であることは衆目の一致するところである。また、国内土地管轄からの逆推知では、不適切な場合もあり、従来議論の対象になってきたが、そのような問題も解決される。

以下、具体的な例を挙げよう。

国内土地管轄の原則的な管轄原因（裁判籍）は、被告の住所地であり、現在の被告の住所地が不明な場合は、最後の住所地が管轄原因となる（民訴4条2項）。しかし、外国人の場合、日本を離れどこか別の国に移住しても、わが国に最後の住所地（わが国における）は、常に存在する。それは、わが国に一旦住所を有していた外国人は、その後わが国とは全く関係を有しなくなっても、常にわが国の国際裁判管轄に服することになる（逆推知説の問題例①）。

次に、財産所在地（民訴5条4号）を理由に、国内土地管轄が認められ、逆推知により国際裁判管轄が肯定されるとすると、わが国にわずかの財産を有するだけで、常にわが国の国際裁判管轄に服することになる（逆推知説の問題例②）。極端な例として、成田空港に荷物、例えば傘を置き忘れた外国人はその後わが国の国際裁判管轄に服することになるのはいかにもおかしいと思われる。

不法行為地による国内土地管轄（民訴5条9号）にしても、加害行為地だけでなく結果発生地も含まれるため、わが国で製造された製品が海外で転々流通

し、予想もしない外国で使用され事故があった場合、その外国の国際裁判管轄に服するのはいかにもおかしい。逆に、わが国で使用されるとは予想されていなかった外国製品が転々流通の末、わが国で事故を起こした場合に逆推知説によりわが国の国際裁判管轄が認められるのは、無理がある（逆推知説の問題例③）。

　本項目の設例で考えても、外国企業がわが国に支店を有しているからといって、国内土地管轄（民訴4条5項）により、逆推知から世界中のいかなる事件についてもわが国が国際裁判管轄を有するのは無理がある（逆推知説の問題例④）。そのため、平成23年改正により国際裁判管轄規定が誕生し、これらの逆推知説の問題例についても、修正が図られた。

　逆推知説の問題例①の最後の住所地については、改正民訴法3条の2第1項は、本文かっこ書で明確に「（日本国内に最後に住所を有していた後に外国に住所を有していたときを除く。）」としており、前述のような問題例を排除している。

　逆推知説の問題例②のわずか（名目的）な財産所在地については、改正民訴法3条の3第3号は、本文かっこ書で明確に「（その財産の価額が著しく低いときを除く。）」としており、前述のような差押可能財産の価値が著しく低い場合を排除している。

　逆推知説の問題例③の予見できない結果発生地については、改正民訴法3条の3第8号かっこ書は、明確に「（外国で行われた加害行為の結果が日本国内で発生した場合において、日本国内におけるその結果の発生が通常予見することのできないものであったときを除く。）」としており、問題例を排除している。この点について、国内土地管轄でも同様の問題が起こり得るが、国内土地管轄では民訴法17条の裁量移送に基づき、具体的な事情を考慮して、加害行為地を管轄する別の国内裁判所に事件を裁量移送すれば、当事者間の衡平を図ることができる（一問一答70頁）。

　逆推知説の問題例④については、改正民訴法3条の3第4号は、明確に「事務所又は営業所を有する者に対する訴えでその事務所又は営業所における業務に関するもの」と規定し、日本支店の業務との関連性を要求しており、この「支店の業務との関連性」を具体的な業務との関連性と解すると、マレーシア航空事件最高裁判決が今回の国際裁判管轄規定により変更されたかが問題となってくる。立法関係者は、マレーシア航空事件最高裁判決の一般的説明

は変更されるが、消費者契約等の個別的な理由により、わが国の国際裁判管轄ありとの結論は維持できると考えている（一問一答31頁以下）。重要な問題なので、後記Ⅶ．の国際裁判管轄における個別的要素のところで詳説する。

　予測可能性や法的安定性の観点からは、今回の国際裁判管轄立法は高く評価されるし、逆推知説と対立する考え方であり国際的な裁判管轄権の配分と考え国際調和を重視する管轄配分説の立場にも、十分配慮していると言える。

　近時の通説になりつつあった修正逆推知説をそのまま立法化したものと評価すべきかについては、国内土地管轄とは異なる基準を定立している点は上述のとおりであるし、修正逆推知説で大きな役割を果たしていた「特段の事情」が「特別の事情」に変わっただけでなく、守備範囲が縮小したことは注目に値する。「特別の事情」の内容としては、「事案の性質、応訴による被告の負担の程度、証拠の所在地その他の事情」（民訴3条の9）を考慮して、「特別の事情」があるかを判断するわけで、「特段の事情」法理と内容が大きく変わってきたわけではない。

　しかし、従来の「特段の事情」法理よりは、「特別の事情」のほうが守備範囲が狭くなり、一般条項による修正が減少するため、予測可能性や法的安定性が増したことは十分評価すべきである。以下で改めて詳しく検討しよう。

Ⅵ．「特段の事情」から「特別の事情」へ—守備範囲の縮小

　従来の考え方（修正逆推知説）では、逆推知される国内土地管轄に国際的配慮が欠けている面があったため問題が生じ、「特段の事情」による修正が必要になった。しかし、国内土地管轄規定が平成8年改正以前の民訴法（以下「大正民訴法」という。）制定時において国際裁判管轄的な機能を果たすことを立法関係者は全く考慮していなかったわけではない。大正期においては、国際交通の発達が不十分であり、未発達の国際交通を前提とすると、わが国の国民が外国商人を訴えられなくなることに対する懸念から、なるべく広く国内土地管轄規定を定めた。つまり、国内土地管轄規定自体が、国際裁判管轄の機能を有していた（二重機能理論）。この二重機能理論は、わが国でも一定の支持を集めていたし、逆推知説が、幾つかの問題点がありながらも、一定程度国際裁判管轄の基準として機能したことをも説明する。

　しかし、二重機能理論に立ち、大正期の未発達の国際交通を前提とし、悪質な外国商人にだまされた日本国民の救済という視点から、大正民訴法の国

内土地管轄（現行民訴法の国内土地管轄規定とほぼ同一）を国際裁判管轄にそのまま適用すると、若干広すぎたことは否めない。このため、「特段の事情」による制限は、いわば当然のごとく必要になったのである。この「特段の事情」法理をわが国で最初に唱えたのが筆者であり、マレーシア航空事件の最高裁判決の理論的問題点として、その判例評釈の中で展開した。

　マレーシア航空事件以降の下級審裁判例において、国内土地管轄の逆推知を制限する一般法理として、「特段の事情」法理は定着していった。そして、ファミリー事件（ドイツ車預託金事件）（最判平9・11・11民集51・10・4055）において、最高裁も「特段の事情」法理を承認した。本判例における「特段の事情」は、「当事者間の公平や裁判の適用・迅速」とされ、最高裁は、当事者間の契約はドイツ国内で締結され、同国内における種々の業務を委託することを目的とするものであること、被告が20年以上にわたり同国内に生活上及び営業上の本拠を置いていること、被告の防御のための証拠も同国内に集中していることなどを考慮すべき事情とした。

　改正民訴法3条の9は、「特別の事情」の考慮事情や特別の事情の内容として、上記の裁判例や最高裁判決とほぼ同内容を規定している。問題なのは、内容が同一であるとしても、「特段の事情」法理と3条の9の「特別の事情」とでは守備範囲が違うことである（後者の方がだいぶ狭い）。

　従来の「特段の事情」法理は、一般法理であって国内土地管轄と並ぶ地位を占めていた。しかも、かなりの裁判例は、ファミリー事件最高裁判決も含め、国内土地管轄の判断を留保し、「特段の事情」の判断を先行させていた。このため、国際裁判管轄の有無が一般条項である「特段の事情」の判断で決まるという事態を招き、予測可能性や法的安定性を著しく害する面があった。国際裁判管轄規定が成立したことにより、原則的には国際裁判管轄規定が国際裁判管轄決定の基準となってくる。「特別の事情」は、内容的には従来の「特段の事情」法理と同一であるが、守備範囲が大幅に減縮されることになった。

　改正民訴法3条の9は、「特別の事情」による訴え却下の前提として「訴えについて日本の裁判所が管轄権を有することとなる場合」を要件としており、まさに上記のような予測可能性と法的安定性の視点から、「特別の事情」は例外的に発動されることを明らかにしている。立法関係者も、日本の裁判所に管轄権が認められるか否かについての判断をすることなく、特段の事情（特

別の事情と同一）があるとして訴えを却下することについては、当事者の予測可能性を害するとの批判が従前からあったことを指摘している（一問一答158頁）。

Ⅶ. 国際裁判管轄における個別的要素

　わが国の国際裁判管轄は、個別的要素の影響が非常に大きい。比較としてアメリカを見てみると、被告が「最小限の関連（minimum contact）」を有しているか否かが憲法上の要請（アメリカ合衆国憲法第14修正の適正手続（due process）条項に由来する）としてあるため、管轄立法の規定が第一時的には基準となるが、最終的には「最小限の関連」の有無という一般条項によって国際裁判管轄の有無が決まる。

　これに対して、わが国の国際裁判管轄の考え方は、個別的要素に大きく依拠している。一般的な管轄原因として外国人被告の住所地や支店所在地があるが、前述したように日本国内の「最後の住所地」は外国人が外国に住所を有するときは管轄原因にならず、支店所在地を理由とする国際裁判管轄は支店における業務に限定される。それら以外の特別な管轄原因は数多く、不法行為地（結果発生が予測できない場合を除く）、財産所在地（差押可能財産の価額が著しく低い場合を除く）、契約の債務履行地、不動産所在地など、多数にのぼる。

　更に、国際裁判管轄原因として、従来国内土地管轄にもなかった概念であるが、消費者契約や労働関係による管轄をＥＵのブリュッセル条約等にならって認めている。すなわち、改正民訴法3条の4は、消費者の住所が日本国内にあるときに、わが国の国際裁判管轄を認めている。また、労働関係については労働契約における労働提供地が日本国内にあるときに、わが国の国際裁判管轄を認める。

　このように、わが国の国際裁判管轄は、多数の個別的要素（事情）により管轄原因が生じるため、個別的要素が少し変わると、国際裁判管轄の有無も変わってくる。

　わが国の国際裁判管轄が個別的要素によって結論が大きく変わることは、後述するように本項目の設例で個別的事情を少し変えただけで結論が異なってくることからも明らかである。設例の素材となった有名なマレーシア航空事件が実は個別的要素（個別的事情）の変化によって結論が変わり、国際裁

第1章　1　国際裁判管轄の意義と国際取引への影響　　13

判管轄によって一律の結論に至るわけではないことに注目する必要がある。

　マレーシア航空事件は、国際裁判管轄については当事者間の公平、裁判の適正・迅速を期するという理念により条理に従って決定すると述べ、管轄配分説への配慮を示した。しかし、具体的な結論を導く解決論としては逆推知説に立ち、被告が日本における代表者を定め日本国内に営業所を有することから、民訴法4条5項（当時は大正民訴法4条2項）の逆推知によりわが国の裁判所が国際裁判管轄を有するとした。

　しかし、今回の国際裁判管轄規定は、日本国内にある事業所又は営業所を理由として国際裁判管轄を認めるには、「事務所又は営業所における業務に関するもの」であることを要求している（民訴3条の3第4号）。

　このため、航空券の購入をマレーシア航空の東京支店から購入したか否かが、決め手になってくる。事故があったマレーシアのクアラルンプールからペナンまでの国内路線の航空券を、マレーシア航空の東京支店から購入せず、クアラルンプール市内で購入していたのが実際の事案であったため、東京にある「営業所における業務に関するもの」でないことになる。

　しかし、マレーシア航空事件の事案で、原告らに対するわが国の国際裁判管轄を認めずわが国の司法的救済を拒否することは、原告らがマレーシア裁判所に訴えることが可能であるとしても、あまりにも酷である。数十にも上るマレーシア航空事件の判例評釈の大多数は、最高裁の判示する理論構成に対して、議論はあるものの、わが国の裁判所が国際裁判管轄を有するという結論自体は支持している。

　現在の国際裁判管轄規定の下で同様の結論を導く解釈手段としては、消費者契約を理由にすることが考えられる。消費者契約（マレーシア航空の国内路線の航空券購入）締結時のAの住所は日本国内にあり、X_1らが訴え提起した時点の住所も日本国内にあったからである。立法関係者も、消費者契約に関する訴えとして改正民訴法3条の4第1項に基づき、わが国の裁判所の国際裁判管轄が認められる可能性が高いとしている（一問一答33頁）。もう一つの考え方としては、東京にある「営業所の業務に関するもの」を抽象的に解し、実際の業務を東京の営業所が行っていなくても、その業務の範囲内であればよいとする解釈手法である。一般的には抽象的に「営業所の業務」を解すると、ほとんどの場合がわが国にある営業所の業務として可能であったとして範囲が広がりすぎるおそれがある。しかし、マレーシア航空事件のように旅

行代理店を通して航空券を購入しているような航空会社に関する事案では、例外的に抽象的に解しても、航空会社側の予測を大きく裏切らないのではないだろうか。わが国に営業所を有している航空会社としては、わが国の国民を広く営業対象とし、わが国にある営業所の業務の範囲内であれば、わが国での訴訟に対応することもそれほど困難ではなく、国際的航空会社として応訴の負担も大きくないと言えるだろう（国際路線については、国際航空運送についてのある規則の統一に関する条約（モントリオール条約）33条がほぼ同様の考え方に立っている）。

　なお、相手国に事故原因の証拠が集中している場合、どのように証拠調べを行うか不安に思う読者もいるかもしれない。このような国際的な証拠調べの必要性については、相手国と国交がある限り、国際条約や二国間条約あるいは司法共助取り決めにより、国際司法共助として対応可能である。例外的に国交がないため国際司法共助が不可能な場合は、改正民訴法3条の9の考慮すべき「証拠の所在地その他の事情」に該当し、「特別の事情」による訴えの却下ということもあり得よう（日本と国交がない台湾の事案につき、遠東航空機事件参照）。

Ⅷ. 国際裁判管轄を左右する具体的事情―設例の検討

　既に述べたように、本項目の設例は、いまだに国際裁判管轄のリーディングケースであるマレーシア航空事件を基にしている。しかし、本書の最初の項目である本項目は、マレーシア航空事件自体の検討を目的にしているのではなく、国際裁判管轄の特徴、特に個別的要素の重要性を理解してもらうため、個別的事情を少しずつ変えると結論が各々異なってくることを体感してもらうことを目的にしている。マレーシア航空事件の詳細な検討は、**第2章1及び第3章1**を参照してほしい。

　マレーシア航空事件当時は、逆推知説の基礎となる国内土地管轄はわが国にあるマレーシア航空の支店の存在を根拠にして、国際裁判管轄を推知していた。しかし、現在の国際裁判管轄規定は、わが国にある「事務所又は営業所における業務に関する」訴えに限定している（民訴3条の3第4号）。小問1においてM航空東京支店からAがM国の国内路線の航空券を購入していればよいが、AがM国K市で購入したならば、国際裁判管轄の存在は否定的になりそうである。しかし、航空券の販売がどの場所かでそれほどに差異が生じることが正当化されるのであろうか。M航空の東京支店でもM国の国内路線の航

空券を販売していたならば、一般的には東京支店の「業務に関する」ものとは言えないのだろうか。M国K市で購入する際も、通常は東京支店が、販売した東京からM国K市までの国際航空券に接続させて取り扱うことも多いはずである。また、M航空としても、東京支店もM国の国内路線の航空券を取り扱っている以上、M国内で国内路線の航空券を買った日本人乗客に日本で訴えられてもそれほど予見可能性を侵害されることにはならないだろう。

しかし、立法関係者は、「業務に関する」を具体的に考え、東京支店からAが国内路線の航空券を購入していなければならないとし、それによってX₁ら遺族への保護が欠ける場合には、消費者契約で保護すればよいと考えていたようである。確かにAのK市での航空券の購入は消費者契約にあたるから、消費者契約締結時のAの住所はわが国にあるし、X₁らの訴え提起時の住所もわが国にあるから、本件のわが国の国際裁判管轄は消費者契約によって基礎付けられ、X₁らの保護に欠けることはなさそうである。

他方で、国内路線の航空券はAのビジネスのためであり、費用もAの勤務先の会社が負担していた場合、消費者契約ではないとされたらどうであろうか。この場合は、M航空の東京支店を差押可能財産とみなし、財産所在地を理由とする国際裁判管轄を認めることを考えるべきだろう（民訴3条の3第3号）。小問1の場合は、M航空にわが国で応訴を強いることになっても、M航空の国際航空としての業務の性質、東京支店による応訴可能性の高さ、損害に関する証拠はわが国に主に存在し、事故原因についての証拠も必要であれば国際司法共助によって入手可能であること、X₁らにM国での訴訟提起を強いることの困難性等を考慮すると「特別の事情」（民訴3条の9）による訴え却下の可能性はあまりないだろう。

小問2でも、小問1の場合に比べて、M航空が国際航空会社でないため国際裁判管轄が認められる可能性は減少するが、個別的事情によって国際裁判管轄が認められる可能性はかなり存在する。M航空がその国内路線の航空券をわが国で（他の航空会社や旅行代理店を通して）販売していたら、「日本における業務に関する」として（民訴3条の3第5号）、国際裁判管轄が肯定される。M航空がわが国に資産価値のある（著しく価値が低くない）財産を所有していれば、同様に国際裁判管轄が肯定される可能性が高い。これに対して、消費者契約だけを理由とする場合には、M航空はわが国における業務もなく、財産もない以上、わが国でわざわざ応訴する負担はかなりのものになるだろう

から、「特別の事情」によって訴えを却下できるかの判断は微妙なところだろう。

　小問3は、遠東航空機事件に類似する。しかし、もう少し個別的事情も考慮する必要があろう。遠東航空機事件の場合は、事故原因が不明で（台北空港離陸直後に墜落）、国際司法共助ができないと事故原因が究明できなかった事情があった。本設例のように事故原因がハイジャックであるならば、M航空の責任は明らかであり、損害に関する証拠は主に日本に存在する。X_1らにM国に行って訴訟追行せよというのはかなり無理がある（遠東航空機事件の場合は日本人原告団は集団だった）。M航空が国際航空であり、支店などの応訴できる拠点をわが国に有している場合は、応訴負担の問題は減少するが、国内航空会社でわが国にあまり関係を有しない場合は、その応訴負担が問題となろう。

2 国際裁判管轄の立法過程

村上正子

Ⅰ．はじめに
Ⅱ．判例法理の発展
Ⅲ．法制化（改正）までの経緯
Ⅳ．立法に影響を与えた視座
Ⅴ．立法過程における議論
Ⅵ．人事訴訟事件及び家事事件の国際裁判管轄法制の整備
Ⅶ．おわりに

Ⅰ．はじめに

　わが国で国際裁判管轄について明文のルールを作るにあたっては、それまで判例・学説によって積み重ねられてきた法理を前提として、様々な観点から法制化のための議論が尽くされ、具体的かつ詳細な管轄ルールが作られた。

　以下では、まず、立法の前提となった判例法理の展開とその到達点を整理する[1]。そして立法に至る経緯を概観したうえで、立法過程の議論において示された様々な視座を確認し、それがどのように法制化に影響を与えたかを簡単にまとめる[2]。最後に、平成23年の民訴法改正では対象外とされた、人事訴訟事件及び家事事件の国際裁判管轄法制の整備の概要をみることとする。

＜注＞
(1)　従来の判例法理については、中西康「国際裁判管轄―財産事件」新堂幸司監修『実務民事訴訟講座〔第3期〕第6巻―上訴・再審・少額訴訟と国際民事訴訟』（日本評論社、2013）307頁以下、小林秀之＝村上正子『国際民事訴訟法』（弘文堂、2009）39頁以下を参照。
(2)　法制審議会国際裁判管轄法制部会の各会議議事録については、法務省ウェブサイト（http://www.moj.go.jp/shingi1/shingi_kokusaihousei_index.html、(2017.09.15)）を参照。

II. 判例法理の発展

1 第一期 特段の事情論の誕生からその類型化へ

(1) マレーシア航空事件

マレーシア航空事件判決（最判昭56・10・16民集35・7・1224）は、国際取引紛争に関する国際裁判管轄についての初めての最高裁判決であり、かつ、一般論を論じたことから、その理論構成や結論の当否をめぐって多くの議論がなされた[3]。

最高裁は次のように判示して我が国の国際裁判管轄を認めた。

「…本来国の裁判権はその主権の一作用としてされるものであり、裁判権の及ぶ範囲は原則として主権の及ぶ範囲と同一であるから、被告が外国に本店を有する外国法人である場合はその法人が進んで服する場合のほか日本の裁判権は及ばないのが原則である。しかしながら、その例外として、わが国の領土の一部である土地に対する事件その他被告がわが国となんらかの法的関連を有する事件については、被告の国籍、所在のいかんを問わず、その者をわが国の裁判権に服させるのを相当とする場合のあることも否定し難いところである。そして、この例外的扱いの範囲については、この点に関する国際裁判管轄を直接規定する法規もなく、また、よるべき条約も一般に承認された明確な国際法上の原則もいまだ確立していない現状の下においては、当事者間の公平、裁判の適正・迅速を期するという理念により条理にしたがつて決定するのが相当であり、わが民訴法の国内の土地管轄に関する規定、たとえば、被告の居所（〔旧〕民訴法2条〔現4条2項〕）、法人その他の団体の事務所又は営業所（同4条〔現4条4項以下〕）、義務履行地（同5条〔現5条1号〕）、被告の財産所在地（同8条〔現5条4号〕）、不法行為地（同15条〔現5条9号〕）、その他民訴法の規定する裁判籍のいずれかがわが国内にあるときは、これらに関する訴訟事件につき、被告をわが国の裁判権に服させるのが右条理に適うものというべきである。」

このマレーシア航空事件判決以前は、国際裁判管轄については大きく二つの考え方が対立していた。すなわち、日本の国内土地管轄の規定から国際裁判管轄を推知し、土地管轄が認められれば国際裁判管轄もあるとする逆推知説[4]と、国際裁判管轄を、渉外民事事件をどの国で裁判するのが適切かという国際的規模での土地管轄の配分として考え、直接の規定がない以上は、当事者間の公平、裁判の適正・迅速等の条理を考慮して決定すべきであるとい

第1章　2　国際裁判管轄の立法過程　　19

う管轄配分説[5]である。管轄配分説によれば、国内土地管轄の規定は管轄の
配分として一応の合理性があるので参考にし、条理によって修正しつつ適用
することになる。マレーシア航空事件判決は、判旨の前半は管轄配分説に、
後半は逆推知説によっていて、どちらを重視するかでその意義は大きく異な
ってくるといえるが、この判決が与えた最も大きなインパクトは、やはり後
半部分、すなわち国際裁判管轄の基準として、民訴法の国内土地管轄の規定
をそのまま適用するという点であろう。確かに、国内土地管轄の規定も、最
高裁が前半部分で掲げている「当事者間の公平、裁判の適正・迅速を期する
という理念」によって定められていることは疑いないが、この理念の具体的
な適用は、国際裁判管轄と国内管轄とでは当然異なってくるはずであり、そ
の点でこの判決は国際的配慮に欠けるとの批判を免れない。そして後述する
ように、この点が以後の国際裁判管轄の法制化の中心論点となってくるので
ある。

　ただ、具体的な事案解決の妥当性という観点からは、最高裁判決の結論は
正当化できる。すなわち、事故はマレーシア航空の国内路線で起きているが、
マレーシア航空自体は国際航空会社であり、その営業所所在地国での提訴の
可能性は、業務の国際的性質から覚悟すべきことであること、この事案では
事故原因がはっきりしていた（ハイジャック）ため、裁判所の審理の中心は
損害賠償額にあり、そのためには被害者の逸失利益に関する証拠所在地であ
る日本の裁判所で審理することが適切であったこと、国際航空会社は国際路
線については、契約締結地が外国であっても、乗客の住所地に支店（estab-
lishment）があれば、そこに国際裁判管轄を認めることが国際条約[6]で定め
られており、国内路線についても同様に解してもそれほど不公平を生じない
こと、当事者間の訴訟追行能力のアンバランスを考えると、日本の裁判所で
の審理を認める方が公平であったといえる[7]。

（2）　その後の下級審判例

　マレーシア航空事件判決以後の下級審判例は、最高裁判決が前半で条理、
すなわち当事者間の公平、裁判の適正・迅速を期するという理念を強調して
いることから、国内土地管轄の民訴法の規定を一応の目安として適用するが、
「当事者間の公平、裁判の適正・迅速」という理念に反する「特段の事情」
がある場合には、国内土地管轄の規定を適用することは許されないと判示し
たという解釈を前提として、判例法理を確立していった[8]。すなわち、マレ

ーシア航空事件判決が示したとおり、国内土地管轄の規定を適用して国際裁判管轄の有無を判断するが、その適用の結果日本の国際裁判管轄が広くなりすぎる等の不都合が生じる場合には、特段の事情の考慮により調整し、場合によっては国際裁判管轄を否定するというものである。これは、マレーシア航空事件判決が示した理念的原則を個々の事件に適用し、これを具体化・実質化する機能を、特段の事情という判断枠組みが担うことを意味する(9)。この判断枠組みにおいては、マレーシア航空事件判決を一般化することの問題点であった国際的配慮の欠如、あるいは国際裁判管轄における事案ごとの個別の事情を、特段の事情の中で考慮して、最終的に妥当な解決を図っていくことが可能であり、下級審レベルではこの判例理論が徐々に定着していったのである。

　判例理論が定着し、判断枠組みが確立していくと、今度は、特段の事情の下どのような要素を考慮していくかという、特段の事情の類型化が問題となっていく。というのも、特段の事情の中で裁判官が自由に利益衡量を行い判断することができるとすると、法的安定性・予測可能性が害され、裁判官の恣意に流される危険がある。「特段の事情」がマジックワードになり、全体として国際裁判管轄のルールを不明確にしてしまうことにもなるため、この類型化の作業が不可欠となる。

　もともと、特段の事情という判断枠組みにおいていかなる事情を考慮すべきかは、特段の事情の機能をいかに解するかによって異なり得る。特段の事情をあくまで例外的事例を救済するための安全弁と解するのであれば、そこで考慮すべき事情は、ルール制定の際の類型的利益衡量の段階で全く考慮に入れられていなかった事情、及び、その段階で前提とされていたにもかかわらず具体的事案ではその前提と異なっている事情であり、原則である国内土地管轄規定の適用結果と逆方向に働くものとされる(10)。しかし、この考え方は国際裁判管轄に即した類型的利益衡量をしたうえでルールを制定している場合にあてはまるものであり、国内土地管轄の適用を原則としている場合には、国際裁判管轄に即した利益衡量を含めた条理の実質化の機能は、特段の事情が担うと解すべきであろう。

　既に述べたように、当事者間の公平、裁判の適正・迅速という理念は、国内土地管轄の場合にも当然参照されているものであるが、そこでの考慮要素は国際裁判管轄の場合とは異なるはずであるし、そもそもこの理念は全ての

裁判にあてはまる抽象的なものであり、より具体的な要素に分解する作業が必要となる[11]。

　当事者間の公平という観点は、原告の便宜と被告の便宜の二つの要素に分解できるが、準備期間もあり、管轄選択権を有する原告の便宜よりも、原告の選択した法廷地での応訴を強いられる被告の便宜をより重視するべきことは当然である。しかし他方、原告が事実上当該法廷地でしか訴訟追行できず、国際裁判管轄を否定することが原告に訴訟を断念させることにつながる場合もある。例えば、竹中工務店タイ駐在員事件（東京地中間判昭54・3・20判時925・78）は、タイの首都バンコクで日本法人の現地駐在員である日本人社員が車に同乗していた日本人に重傷を負わせたという事故について、日本に帰国した被害者が、バンコクに残っていた加害者の現地駐在員を被告として、東京地裁に提訴したという事案である。東京地裁は、審理の便宜、原告の不利益、被告の不利益の三つを総合的に考慮して、国際裁判管轄の有無を判断した。審理の便宜としては、損害額算定に関する証拠が日本にあり、タイに存在する証拠については国際司法共助により利用が可能であること、原告の不利益としては、禁治産宣告を受け日本の病院に入院中であるため外国での訴訟追行が困難であること、被告の不利益としては、日本での訴訟追行になんら困難がないことなどを認定して、日本の裁判所の国際裁判管轄を肯定した。

　裁判の適正という観点からは、重要な証拠方法の利用可能性や当事者（主に被告）が十分な訴訟活動を行えるかという要素が考慮される。ただ、重要な証拠方法が外国にあっても、国際司法共助を利用することは可能であるし、被告が日本に営業所等の拠点を有していることは、日本での十分な訴訟活動を可能ならしめるといえる。台湾で起きた飛行機事故をめぐって遺族が日本で提訴した遠東航空機事件（東京地判昭61・6・20判時1196・87）では、重要な証拠が台湾にあったが、日本と台湾との間に国交がないために国際司法共助が利用できないことから、日本の国際裁判管轄が否定された。

　裁判の迅速の観点からは、証拠方法が日本にあれば、直接日本で証拠調べができるということに加えて、目的物や財産が日本に所在していれば権利の実現が早くできるという点が挙げられる。

　さらに、上記全ての観点に関係しているものとして、他の国際裁判管轄を有する国と比較して、日本が少なくとも不適切な法廷地でないことも、一つの重要な考慮要素とされている。具体的には、二つの国で訴訟手続が進行し

ている場合に、どちらの法廷地が審理に適しているかが、日本の国際裁判管轄を認めるかどうかの重要な決め手になることもある。例えば、グリーンラインズ事件（東京地判昭59・2・15判時1135・70）では、日本に被告の事務所があり国内土地管轄は認められる事案であったが、カリフォルニア州の裁判所でも既に訴訟が係属しており、外国法人同士の争いで日本との関係も極めて薄く、証拠収集や当事者の訴訟活動の観点からカリフォルニア州の裁判所の方が便宜であるとして、特段の事情を肯定し日本の国際裁判管轄を否定した。

　以上みてきたように、国際裁判管轄の判例法理は、特段の事情による具体的な利益衡量のあり方を下級審判例及び学説が模索していくという形で展開され、発展していった。そして、次に述べるファミリー事件判決によって、判例法理の発展は新たな局面を迎えることになる。

2　第二期　特段の事情の類型化から管轄原因の類型化へ

(1)　ファミリー事件（ドイツ車預託金事件）判決

　ファミリー事件（ドイツ車預託金事件）判決（最判平9・11・11民集51・10・4055）は、マレーシア航空事件判決以後の下級審判例によって確立された特段の事情論という判断枠組みを、最高裁として初めて採用したものである。最高裁は国際裁判管轄に関する一般論並びにその本件への適用として、次のように述べた。

　「被告が我が国に住所を有しない場合であっても、我が国と法的関連を有する事件について我が国の国際裁判管轄を肯定すべき場合のあることは、否定し得ないところであるが、どのような場合に我が国の国際裁判管轄を肯定すべきかについては、国際的に承認された一般的な準則が存在せず、国際的慣習法の成熟も十分ではないため、当事者間の公平や裁判の適正・迅速の理念により条理に従って決定するのが相当である（最高裁昭和55年（オ）第130号同56年10月16日第二小法廷判決・民集35巻7号1224頁、最高裁平成5年（オ）第764号同8年6月24日第二小法廷判決・民集50巻7号1451頁参照）。そして、我が国の民訴法の規定する裁判籍のいずれかが我が国内にあるときは、原則として、我が国の裁判所に提起された訴訟事件につき、被告を我が国の裁判権に服させるのが相当であるが、我が国で裁判を行うことが当事者間の公平、裁判の適正・迅速を期するという理念に反する特段の事情があると認められる場合には、我が国の国際裁判管轄を否定すべきである。

　これを本件についてみると、上告会社は、本件契約の効力についての準拠

法は日本法であり、本訴請求に係る預託金返還債務の履行地は債権者が住所を有する我が国内にあるとして、義務履行地としての我が国の国際裁判管轄を肯定すべき旨を主張するが、前記事実関係によれば、本件契約は、ドイツ連邦共和国内で締結され、被上告人に同国内における種々の業務を委託することを目的とするものであり、本件契約において我が国内の地を債務の履行場所とすること又は準拠法を日本法とすることが明示的に合意されていたわけではないから、本件契約上の債務の履行を求める訴えが我が国の裁判所に提起されることは、被上告人の予測の範囲を超えるものといわざるを得ない。また、被上告人は、20年以上にわたり、ドイツ連邦共和国内に生活上及び営業上の本拠を置いており、被上告人が同国内の業者から自動車を買い付け、その代金を支払った経緯に関する書類など被上告人の防御のための証拠方法も、同国内に集中している。他方、上告会社は同国から自動車等を輸入していた業者であるから、同国の裁判所に訴訟を提起させることが上告会社に過大な負担を課することになるともいえない。右の事情を考慮すれば、我が国の裁判所において本件訴訟に応訴することを被上告人に強いることは、当事者間の公平、裁判の適正・迅速を期するという理念に反するものというべきであり、本件契約の効力についての準拠法が日本法であるか否かにかかわらず、本件については、我が国の国際裁判管轄を否定すべき特段の事情があるということができる。」

(2) ファミリー事件（ドイツ車預託金事件）判決の評価

本判決が特段の事情の枠内で考慮した要素は、①本件契約においてわが国内の地を債務の履行場所とすること又は準拠法を日本法とすることが明示的に合意されていないことから、本件契約上の債務の履行請求訴訟がわが国の裁判所に提起されることは、被告の予測の範囲を超えること、②被告は20年以上にわたってドイツ国内に生活上・営業上の本拠を置いていること、③本件契約上の業務の経緯に関する書類等、その防御のための証拠方法がドイツ国内（被告の住所地国内）に集中していること、④ドイツ（被告の住所地国）における訴訟提起が原告に過大な負担を課すことにはならないこと、である。これらの要素は従来の下級審判例や学説においても考慮されていたものであり、それによってなされた特段の事情の類型化もあわせて、本判決によって認められたものと評価できる。

しかし他方で本判決は、そもそも民訴法の規定する裁判籍のいずれかがわ

が国内にあるのか、具体的にはXの主張する義務履行地に基づいてわが国の管轄を肯定できるか否かを確定せずに、事案の具体的事情を全て特段の事情の枠内で検討している。この点については、判旨の述べる一般論とその具体的適用との間に齟齬があるとして厳しく批判するものが多い[12]。特に特段の事情の判断に対しては、裁判官の裁量による利益衡量が判断の大部分を占め、その判断基準が恣意的になり管轄判断の予測可能性を失わせ、原告の管轄選択権が不当に侵害されるとの批判があった。確かに、本判決が特段の事情として考慮した上記①の履行場所や準拠法についての事情は、本来は義務履行地管轄を認めることができるかどうかの際に考慮されるべきものであり、義務履行地を管轄原因とする国際裁判管轄がいかなる場合に認められるかについて、かねてより議論が錯綜していたことに鑑みれば、その解釈を明らかにすることが上告裁判所としての最高裁に期待されていたことは否定できず、その点が本判決の評価を分けるところであろう。

　本判決は、国際裁判管轄の有無を判断する一般ルールとして特段の事情論を採用したという点で、その後の判例実務にとって重要な意義を有すると同時に、かねてより指摘されていた特段の事情論の問題点を浮き彫りにすることとなった。そしてこのことが、本判決以降の国際裁判管轄をめぐる議論の行方を、特段の事情の下で考慮すべき要素の類型から、管轄原因ごとの類型化へと明確に方向付けた。具体的には、個々の管轄規定ごとに国際裁判管轄に適用する際に必要な修正をあらかじめしたうえで、個別具体的な事案の特殊性から生じる不都合を特段の事情で微調整するという方向である。さらにそれが国際裁判管轄の法制化への動きにつながったといえる。

＜注＞
(3)　マレーシア航空事件判決についての評釈や論評は多数に上るが、差しあたり、小林＝村上・前掲注(1)41頁の注(7)を参照。
(4)　兼子一『新修民事訴訟法体系〔増訂版〕』(酒井書店、1965)66頁など。
(5)　池原季雄「国際裁判管轄権」鈴木忠一＝三ケ月章監修『新・実務民事訴訟講座1判決手続通論』(日本評論社、1981)16頁など。
(6)　「国際航空運送についてのある規則の統一に関する条約」、いわゆるワルソー条約のグアテマラ議定書による改正28条2項。ただし日本はこれを批准していない。
(7)　調査官解説が指摘しているように、本件事案との関係で最高裁判決の射程

距離を考える必要がある。塩崎勤「判批」ジュリ758号87頁（1982）。

(8)　マレーシア航空事件判決以後の下級審判例の流れについては、小林＝村上・前掲注(1)44頁以下を参照。また、マレーシア航空事件判決以後の下級審判例を、特段の事情に関する判断を中心として分析したものとして、河野俊行＝早川吉尚＝高畑洋文「国際裁判管轄に関する判例の機能的分析ー「特段の事情」を中心として」ＮＢＬ890号72頁以下（2008）、原強「国際裁判管轄における特別の事情による訴え却下」民事訴訟雑誌63号18頁以下（2017）がある。

(9)　竹下守夫＝村上正子「国際裁判管轄と特段の事情ー最高裁平成9年11月11日判決の検討ー」判タ979号19頁以下（1998）参照。

(10)　新堂幸司＝小島武司編集『注釈民事訴訟法(1)』（有斐閣、1991）105頁以下〔道垣内正人執筆〕。

(11)　小林＝村上・前掲注(1)45頁以下参照。

(12)　道垣内正人「判批」ジュリ1133号213頁以下（1998）、中野俊一郎「判批」法教213号124頁以下（1998）等。

Ⅲ．法制化（改正）までの経緯

　Ⅱ．で述べたように、わが国における国際裁判管轄のルールは判例の積み重ねによって発展してきたが、当事者の予測可能性及び法的安定性を担保するためには国際裁判管轄のルールを法律で明確に定めることが望ましいとされ、法制の整備の必要性は、平成8年の民訴法改正の時点で既に指摘されていた。立法作業は平成2年7月から、法制審議会民事訴訟法部会において始められ、①国際裁判管轄に関する規定を新たに設けるものとする考え方、②国際訴訟競合について一定の要件の下に国内訴訟を中止することができるものとする考え方の二つが、国際民事訴訟に関する検討事項として掲げられた。しかし、民訴法の全面改正を限られた時間の中で進めている中で、多数の論点のある国際裁判管轄について成案を得ることが困難であったこと、及び平成4年当時、アメリカの提案によりハーグ国際私法会議において国際裁判管轄や外国判決の承認執行に関する包括的な条約を作成する作業の開始が予定されていたことから、その動向を見守るのが適当であると判断され、最終的には立法は見送られた[13]。加えて、当時は判例法理はいまだ発展途上にあり、判例法理を前提とした法制化には時期尚早であったことも一因といえるであろう。

　その点からいえば、平成9年のファミリー事件（ドイツ車預託金事件）判決

で、最高裁が特段の事情を採用し、Ⅱ．で述べたように、その後個々の管轄原因の類型化に関する議論が進み、下級審判決が相当数積み重なってきたことにより、最初の法改正を断念してから12年の年月を経て再び立法化の機運が高まってきたのは当然の流れだったと言える[14]。

＜注＞
(13)　一問一答6頁以下、青山善充「新しい国際裁判管轄法について」明治大学法科大学院論集10号349頁（2012）参照。
(14)　立法の推進力となったそれ以外の事情については、青山・前掲注(13)350頁参照。

Ⅳ．立法に影響を与えた視座

1　立法の必要性

国際裁判管轄の法制化にあたり、最も重視されたのは、法的安定性及び予測可能性である[15]。立法担当者によれば、判例が示してきたのは一般的な準則にすぎず、個々の訴えの類型に即して国際裁判管轄の判断基準を示しているわけではなく、判例の示した準則のみでは、必ずしも明確性、法的安定性及び当事者の予測可能性を十分に担保することができないことから、国際裁判管轄に関する具体的な規律を定める必要性が指摘されてきた（一問一答3頁）[16]。立法化作業にあたってもこれが基本的な目的であったことは疑いない。しかし、法制審議会における議論や立法前後の文献等を分析すると、予測可能性と一言で言っても、いかなる立場からみた予測可能性なのかによって議論の方向性は異なってくるし、それ以外にも多くの観点が立法過程の議論において示され、立法の方向性、すなわちわが国の法制度のあり方としてどのような規律が望ましいかを左右していることが分かる。ここでは、立法にあたって考慮された様々な要素を整理することで、立法の方向性がどのように考えられていたかを確認してみる。

2　理念的原則

マレーシア航空事件判決、そしてこれを引用したファミリー事件（ドイツ車預託金事件）判決は、わが国の国際裁判管轄の有無を、当事者間の公平、裁判の適正・迅速の理念により条理に従って決定するという理念的原則を宣明した。国際裁判管轄の分配の基準に関する学説は多岐に分かれるが、この点については大きな異論はないと思われる[17]。

国際裁判管轄は、単に渉外的な訴訟事件における本案審理開始の前提条件というにとどまらず、この種の事件の本案判決の結論及び各当事者に対する手続権の保障にとって決定的に重要な役割を果たしている。渉外事件において、いずれの国の裁判所で本案の審理・裁判がなされるかによって、訴訟追行上の便宜や負担すべき費用はもちろん、手続権の保障の程度、陪審審理などの審理方式や構造等の事情が大きく異なる。国際裁判管轄の帰趨いかんでは、原告が訴えの提起や訴訟追行を断念せざるを得ない場合もあり、また、被告が応訴に耐えられない事態に追い込まれることもあり得る。このような事情に鑑みれば、国際裁判管轄の配分は、憲法32条及び市民的及び政治的権利に関する国際規約（いわゆる国際人権B規約）14条の定める裁判を受ける権利の保障を実質的に左右する問題であるといえ、わが国の国際裁判管轄の有無も、両当事者それぞれの裁判を受ける権利（適正・迅速な裁判を含む）を公平に保障し得るように定められなければならない[18]。国際裁判管轄についての従前の判例が一貫して掲げてきた当事者間の公平、裁判の適正・迅速という理念的原則は、ここにその根拠を有するものと考えるべきであり、それは法制化にあたっても変わらず妥当するものである。

なお、この理念的原則をより具体化した立法の方向性として考えられるのは、相反する二つの視点である[19]。一つは、できるだけ管轄ルールを柔軟に定立し、解釈・適用において管轄を広く提供していくという、原告の管轄選択権を広く認める視点である。この考え方は、消費者や労働者、日本人や日本企業、特に中小企業に対して、広く日本での裁判を受ける権利を保障するという方向に向かう。しかし、この場合には事後的な修正の必要性が増し、国内の場合であれば移送という手段によって調整するところ、国際裁判管轄の場合には、特段の事情によって管轄を抑制するということになる。今一つは特段の事情による修正をできるだけ避け、次に述べる予測可能性ないし法令の明確化を図る見地から、管轄をあらかじめ抑制し、過剰管轄を防止するという視点である。

3 予測可能性

予測可能性の確保は、特段の事情論に対する最大の批判であった。すなわち、従来の判例の枠組みでは、特段の事情の枠内で、当該事案固有の例外的事情への対処だけではなく、国内土地管轄の転用による管轄の有無の判断に用いた管轄原因が不適切に広く管轄を認めた場合に対処するため、本来であ

れば国際裁判管轄ルール定立の際に要件として一般化できるような事情まで
もが考慮に入れられていた。これが特段の事情の判断の肥大化につながり、
ルールとしての明確性を欠き、法的安定性を害し、予測可能性を損なってい
るという批判である[20]。それではここでいう予測可能性とはいかなるもの
であろうか。

　抽象的には、日本において原告が訴えを提起できる条件と被告が応訴すべ
き条件とが一般的・抽象的に明確にされることであるが、より具体的には、
誰のどのような場面についての予測可能性なのかを考える必要がある。この
点について、大企業と中小企業や個人とでは予測可能性の意味が異なってく
ることを指摘する見解もある。すなわち、外国の大企業はどのような場合に
日本で訴えられるのかを、また、日本の大企業はどのような場合に日本で訴
えることができるのかを主に念頭において、それぞれ日本法の内容を検討し、
契約や組織上の必要な手当てを行い、結果の予測がつけば弁護士からも適切
なアドバイスを期待できるかもしれない。しかし、事前に日本の国際裁判管
轄法制を検討する機会など殆どない日本の中小企業や個人にとっては、いざ
訴訟が必要となった場合には日本で訴えることができるはず、というのが通
常の期待である。このような当事者にとっては、ルールを当てはめた結果が
事前に予測可能であることよりも、一般人や一般の企業人が通常予測結果と
ルールを当てはめた結果が大きく違わないという意味での予測可能性の方が
重要ではないか、という指摘である[21]。

4　法的安定性

　法制化にあたっては、立法の必要性がかねてから指摘されていたことは冒
頭（Ⅳ．1）で既に述べたが、他方で、特段の事情論という判例法理によって
得られた結論自体の妥当性は大方の支持を得られていたとされ[22]、判例法
理としては一定の評価を得ていたともいえる。それでもなお制定法という形
でルールを明確化することが必要なのは、判例法理の場合には常に判例変更
の可能性がある点が挙げられている。すなわち、最高裁判所の判決という形
でなされる判例変更は、事前に全く察知ができず、かつ従前の案件にも遡及
的に適用されてしまうという点で安定性に欠けるが、ルールが立法化されれ
ば、それが変更される場合は法改正という形で、ルール変更に至る議論や経
緯が外部に明らかになるうえに、経過措置が定められ、原則として遡及適用
は制限されることから、法的安定性が確保されることになる[23]。

今一つ法的安定性との関係で指摘すべきは、条文の文言についてである。今回の法制化においては、従前は特段の事情の中で考慮されていた国際的配慮については、個別の管轄原因の規定でできるだけ要件化することが目指された。その際、規定の趣旨に合致した文言（用語）を選択するにあたっては、管轄の有無という訴訟の入口段階での争いはできるだけ回避するために、その定義について議論の余地のある用語は用いないこと、そして他の関連法規と用語を統一することに配慮されている。

5　従前の判例との整合性・連続性

今回の法制化は、特段の事情論という判断枠組みによって国際裁判管轄の有無を判断していた判例法理の問題点を踏まえてのものであるが、かといって判例を全く変更することを意図しているわけではない。このことは、従来の判例の結論自体の妥当性は大方の支持を得ているという点からも明らかであり、判例の大枠ないし方向性自体は踏襲し、判例がこれまで積み上げてきた理論を前提としたうえで、法制化を考えるものである[24]。

従前の判例との整合性という観点で、最も問題となるのが、判例法理で示された特段の事情という判断枠組みをどのように立法化に反映させるかという点であり、特段の事情論をどのように評価するかによって、その考え方は大きく異なり得る。従前の判例が採用してきた特段の事情論に対しては、肥大化によってあらゆる要素が特段の事情の判断の中に取り込まれ、法的安定性を欠く状況になっているという批判がなされていることは既に述べたとおりである。そして立法にあたって従前の判例を前提とするとなると、特段の事情という例外を認めることを前提とした議論となり、せっかく望ましい管轄原因を定めたとしても、結局実質的には特段の事情の枠組みを用いて管轄原因以外の部分で国際裁判管轄の有無が決定されるという予測可能性・透明性という点で問題がある判断手法が残存してしまい、何のために立法がなされたのか分からないといった事態に至るのではないかという懸念が示されていた[25]。

確かに、国際裁判管轄の判断基準が明確で、予測可能性が確保されることが望ましいことは疑いないし、立法によって国内土地管轄とは異なる、国際裁判管轄固有の利益衡量をしたうえで個々の管轄原因が定められたとすれば、特段の事情の機能は、これまでの条理の実質化から、事案の特殊性を考慮した例外的事例の救済のための安全弁に変化することが予想される。しか

し、他方で、国際裁判管轄の問題は、当事者の裁判を受ける権利の保障に関わるものであり、具体的妥当性の追求は欠かせない。国際裁判管轄の有無は、適用される法令、言語や代理人、訴訟に要する費用、勝敗の予測等、多くの事項を左右し得るものであり、そのような重要な意味をもつ国際裁判管轄については、具体的妥当性の確保の要請は国内裁判管轄に比べて遥かに大きいとされる[26]。その意味で、多くの判例・学説によって築き上げられてきた特段の事情論は、法的安定性・予測可能性と具体的妥当性の両方に配慮した、現時点で到達し得るベストの手段であり、最高裁によっても支持された以上は、立法化に際しても基本的にこれを前提としつつ、足りない点を補うという方向が妥当といえる[27]。

6 国際条約・他国法との関連

立法にあたっては、国際条約や他国の立法との関連性にも配慮する必要がある。従前の判例は、国内土地管轄の適用を原則としており、国際裁判管轄にそのまま適用すると過剰管轄とみなされる、すなわち国際裁判管轄の範囲が広くなりすぎることが専ら問題とされてきた。しかし、その逆もあり得るのであり、国内土地管轄で認められていない管轄原因が、国際的には広く認められている場合もある。それが国際的に承認された一般的な準則となっていたり、日本と法文化的又は経済的に関連の深い多くの国で広く承認されているルール上の裁判籍があれば、それらも考慮することが望ましい[28]。

7 国内関連法との整合性・バランス

近時わが国では、国際裁判管轄法制と関連する、国際民事紛争解決のための一連の法整備が行われてきた。今回の法制化にあたっては、これらの関連立法との整合性やバランスにも配慮した議論がされている。具体的には、平成15年に全面改正された「仲裁法」(平成15年法律138号)、平成18年に法例(明治31年法律10号)を全面的に改正した「法の適用に関する通則法」(平成18年法律78号)、平成11年の民事再生法(平成11年法律225号)における規定の整備を皮切りに始まった国際倒産に関する一連の立法の中でも、特に平成12年に成立した「外国倒産処理手続の承認援助に関する法律」(平成12年法律129号)等である。

8 間接管轄との関係

外国判決の承認・執行の要件である「法令又は条約により外国裁判所の裁判権が認められること」(民訴118条1号)、いわゆる間接管轄の要件を満たすか

どうかは、承認国である日本の国際裁判管轄の規定を適用した場合に、その事件について当該外国裁判所が国際裁判管轄を有すると認められるかどうかによると解するのが通説である[29]。したがって、国際裁判管轄に関する規定をどのように定めるかを決める際には、間接管轄の判断基準として機能することにも配慮する必要がある。個々の管轄原因について、日本の裁判管轄を広く認めれば、外国判決の承認・執行の際にも同様に間接管轄を広く認めることにつながる。

＜注＞

(15) 中西康「新しい国際裁判管轄規定に対する総論的評価」国際私法年報15号5頁以下（2014）参照。

(16) 横山潤「総論的考察－立法の方向性から緊急管轄まで－」国際私法年報10号3頁以下（2009）参照。

(17) 道垣内・前掲注(10)99頁参照。また、この理念の内容が具体的に意味するところについての分析は、高橋宏志「国際裁判管轄」澤木敬郎＝青山善充編『国際民事訴訟法の理論』（有斐閣、1987）32頁参照。ただし、国際裁判管轄ルールの理念はこれにとどまらず、国家主権の観点も考慮しなければ、専属管轄を根拠付けることはできないと指摘するものとして、道垣内正人「日本の新しい国際裁判管轄立法について」国際私法年報12号189頁（2011）。

(18) 竹下＝村上・前掲注(9)22頁。

(19) 早川吉尚ほか「座談会 国際裁判管轄ルールの法令化に当たって」日本弁護士連合会国際裁判管轄規則の法令化に関する検討会議編『新しい国際裁判管轄法制－実務家の視点から－』別冊ＮＢＬ138号3頁〔鈴木五十三発言〕（2012）。青山善充ほか「第46回シンポジウム 国際裁判管轄 民事訴訟法改正をうけて」ノモス30号121頁以下〔酒井一発言〕（2012）も参照。

(20) 中西・前掲注(1)309頁、道垣内・前掲注(12)213頁、中野・前掲注(12)124頁、海老沢美広「判批」平成9年度重要判例解説（ジュリ1135号）288頁（1998）など。

(21) 森下哲朗「新しい国際裁判管轄ルール：営業所所在地・事業活動管轄、債務履行地管轄を中心に」国際私法年報15号31頁（2014）。

(22) 早川ほか・前掲注(19)5頁〔手塚裕之発言〕。

(23) 早川ほか・前掲注(19)6頁〔古田啓昌発言〕、法制審議会国際裁判管轄法制部会（以下、「法制審議会」という。）第1回会議議事録も参照。また、日本は判例法国ではないにもかかわらず、国際裁判管轄のルールは条文がなく、最高裁の判決に基づく条理で判断しているという説明は、外国との関係で違和

感を持たれると指摘するものとして、高橋宏志ほか「座談会　国際裁判管轄に関する立法の意義」ジュリ1386号7頁以下〔手塚裕之発言〕（2009）も参照。

(24)　もちろん、明文規定ができたことにより、判例の枠組みに依拠して出された従前の結論が変わったり、又は結論は変わらずとも説明のロジックが変わることは当然にあり得るものではある。早川ほか・前掲注(19)7頁〔小林康彦発言〕。なお、従前の裁判例を今回の改正と対比させ、今後の裁判実務に及ぼす影響を考察するものとして、佐藤達文「新たに整備された国際裁判管轄法制と従前の裁判例」ＮＢＬ975号19頁（2012）がある。

(25)　早川吉尚「判例における『特段の事情』の機能と国際裁判管轄立法」ジュリ1386号22頁以下（2009）。

(26)　森下・前掲注(21)31頁以下。管轄が訴訟の入口の問題であることから、迅速に解決されるべきという見方に対しては、時間と費用をかけてでも争うべき価値が国際裁判管轄にあることも事実であり、国内管轄と同列に、迅速な解決の必要性を過度に強調すべきではないとする。

(27)　高橋ほか・前掲注(23)8頁〔手塚裕之発言〕、21頁〔山本和彦発言〕も参照。ただしこれに対しては、立法過程における議論の進め方として、別の方法もあったという指摘もある。すなわち、まず、個々の管轄原因ごとに要件と、例外的な個別調整の必要性を検討し、もし全ての管轄原因について個別的調整があるのであれば、総則的規定として全体について個別調整を可能とする一般規定を置くが、そうでないならば個別調整が必要とされる管轄原因に関してのみ規定を置くという進め方である。この方法は、法の適用に関する通則法制定時に一般例外条項を設けるか否かを検討した際にとられたものと同じとされる。中西・前掲注(15)12頁以下参照。

(28)　竹下＝村上・前掲注(9)24頁。横山・前掲注(16)7頁。

(29)　中野俊一郎「外国判決の執行」新堂幸司監修『実務民事訴訟講座〔第3期〕第6巻－上訴・再審・少額訴訟と国際民事訴訟』（日本評論社、2013）446頁。

Ｖ．立法過程における議論

以下では、個別の論点についての立法過程における議論をⅣ．で示した視座との関係を中心に概観するが、個々の規定の運用や詳細な解釈については、本章の３及び第２章以降の各論に譲るものとする。

1　財産所在地

財産所在地もまた、国内土地管轄の規定をそのまま適用した場合には過剰管轄となるとされていた。そこで、対象を国内よりも狭くして、金銭の支払

を目的とする給付訴訟に限定したうえで、どこまで財産所在地管轄を認めるかが議論された。日本で債務名義を得る必要性という国内債権者の保護という観点からすると、差押可能な財産が国内にあることを要件とすることが考えられる。ただその場合は過剰管轄になりかねないし、それが間接管轄に跳ね返ってくることにもなるので、何かしらの限定をかける必要がある。具体的には、①外国裁判所が財産管轄のみによった場合にはその判決を承認の対象としないという規律をすることで、財産管轄のみに基づく日本の判決も承認の対象にしなくても構わないということを間接的に宣言する、②仮差押えを要件とする、などが検討された。①の規律は、国際倒産の場合には国内破産管轄は財産所在地管轄を認めているが、外国の倒産手続について国内で承認援助する場合には、財産管轄による承認を否定することで、逆に財産管轄のみに基づく国内倒産手続も外国では承認を求めない趣旨であることを参考にしたものである（その限りで承認管轄と間接管轄が一致しないことになる）[30]。

　ポイントは、国内財産に対する執行可能性を広く確保しつつ、過剰管轄であるという批判をいかにかわすかという点にあり、国際流通性のない判決を、日本にいる債権者保護のために認めるべき場合もあるとの意見も示されていた[31]。しかし、この規律によると、結局は判決の効力が日本にある財産に限定されることになるが、管轄原因によって判決の効力が違ってくると裁判所の対応が難しくなるという問題点が指摘された[32]。また、②の仮差押えを要件とする規律の場合、保全の必要性が認められないおそれもあるし、結局執行の段階では仮差押えをした財産を超えて他の財産にも強制執行ができるとなると、やはり過剰管轄の批判を受けることになる[33]。

　その後どの提案についてもコンセンサスが得られないなか、要綱案（第1次案）において、現行法（民訴法3条の3第3号）の「財産の価額が著しく低いときを除く」という限定を付す提案がされた。これは、過剰管轄となるような事案の典型をただし書で排除し、できるだけ直接管轄の中で条文化できる要件は明記するべきであるという考え方に立つものである。この場合の財産の価額は絶対的基準であって、請求額との均衡を要求する客観的な基準ではない。均衡自体を要件とすると、請求額が非常に大きい場合には、相当額の財産があるにもかかわらず、価額の均衡で管轄が否定されてしまうことにもなりかねないからである[34]。

2 不法行為地

ここでの基本的な考え方は、加害行為地か結果発生地のいずれかが国内にあれば管轄を認めるが、結果発生地だけが国内にあって、かつ、その結果の発生が通常予見できない場合には、ただし書の規律で管轄を否定する、というものであり、その点には大方のコンセンサスがあった。そのうえでどのような規律にするかが議論されたが、その際には法の適用に関する通則法17条との整合性が主張された[35]。すなわち、当初の提案では損害発生地という用語が使われていたが、損害という、定義が確立していない（例えば二次的・派生的経済損害が含まれるかどうかについては国内でも争いがある）用語で管轄を規律するのは妥当ではないが、通則法17条で採用された結果発生の予見可用性は、同条の適用・解釈を通してそれなりに鍛えられた概念であり、法的安定性に資するという指摘である[36]。

3 合意管轄

合意管轄については、外国裁判所を専属管轄と合意している場合に、他の管轄原因を主張して日本で提訴し合意の効力を争う場合が実務では主に問題となるとされ、このような合意の有効要件をどのように考えるかが、チサダネ号事件判決（最判昭50・11・28民集29・10・1554）が示した準則をどこまで踏襲するかを中心に、議論された。すなわち、①指定された外国に管轄があることを必要とするか、②当該外国と事件との関連性を必要とするか、③合意を否定する著しい不合理はどの範囲かであり、このうち①と③が上記チサダネ号事件判決で示された合意の有効性の要件である。

考え方の視点として、一方で、管轄合意も仲裁合意と同様に、基本的に合意した以上はそれを尊重するべきだという考えがあり、他方で、管轄合意は仲裁合意とは異なり、中立性という点でも手続の均一性という点でも、一方当事者に有利になることが多いという指摘がある。消費者ではなくても立場に差があることもあるため、合意の有効性については、上記③のチサダネ号事件判決の基準である「甚だしく不合理で公序法に違反するとき」は、国際水準と比べて狭すぎることから、再検討する必要があるとの意見もあった[37]。

最終的には、上記③の要件は立法的に明文化することが難しいこと、日本法に照らして公序法に反する場合には合意の有効性が否定されるので、特段の規律を置く必要はないことなどから、解釈に委ねられることとなった。た

だこれに対しては、一部のみ要件が明文化され、それ以外は要件とされていないにもかかわらず、なぜ最判ルールが依然として維持されるのかが説明できないのではないかという批判もあった[38]。

4　労働関係に関する訴え

労働関係に関する訴えについて、当初の案では、個別労働関係民事紛争を対象とする事前の国際裁判管轄に関する合意は一律無効とする案が提案されていたが、これに対しては、特に実務家サイドからの批判が強く、一定の合理性がある管轄合意については有効と考えるべきではないかという指摘がされていた[39]。これについては仲裁法との整合性が根拠として示された。すなわち、仲裁法改正の際にも、労働協約で仲裁に関する規定があった場合について議論されたが、必ずしもその協約で全部担保できるのかという点が問題とされ、その結果、個別労働紛争の場合は紛争が生じた後の合意があれば有効だが、そうでない場合は無効となったことが示された[40]。これに対しては、仲裁合意を無効にしたのは消費者契約に比べて労働仲裁の基盤が弱かったからであり、将来的には日本でも労働仲裁の基盤が整えば労働契約における仲裁合意も有効にすることも想定して、仲裁法附則において当分の間の措置とされているのに対して、管轄の場合は恒久的な措置として無効にしようとするので、それはやはり行き過ぎではないかという指摘があった[41]。

さらに、事業主が労働者を提訴するとき、労務提供地も管轄原因にしておくべきではないか、中間試案の規定によると、労働者の転居先によって管轄合意の有効性が変わってくるという立法は実務に対する影響がかなり大きく、国内土地管轄としては有効であるが国際の場合は無効というのはバランスを失しているといえ、今のままでは労働者の保護に寄り過ぎではないかという指摘もあった[42]。

いずれにせよ、労働者も労働契約の形態も多様であって、一律に労働者のアクセス可能な国で訴訟を行えるようにすることが、場合によっては事業主との衡平に反する場合もあり得る。また、労働契約に該当しないような雇用契約の使用人の保護も考える必要がある。例えば、家事使用人等は労働基準法上の労働者ではないが、今後渉外性を帯びる可能性はあることが指摘され[43]、職種によっては外国人労働者の参入が広く認められているものも増えており、今後さらに解釈が必要とされることが予想される。

5　個別事案における調整－特別の事情による訴えの却下

　国際裁判管轄固有の管轄原因を立法したとしてもなお、事案の個別具体的な事情によっては修正する必要性はあるという点について、法制審議会ではほぼ異論がなく、一定の要件の下で日本の国際裁判管轄を否定できるような一般的な規律を設けることとなった[44]。問題は、どのような事情を考慮すべきか、あるいはすべきではないか、考慮要素をどこまで具体的に条文化するかであり、以下では議論の経過を概観する。

　最初に提案されたのは平成9年最判の判示事項を参照した文言であった。これに対して、法制審議会第5回会議で、そもそも単純に平成9年判決の文言を条文化しただけでは、せっかく立法して明確化・透明化しようとしている趣旨を損なうことになるとの指摘があり、限定的な適用を確保するために民訴法17条の文言を用いることが提案された[45]。他方で、民訴法17条の文言にはない、裁判の適正という観点は、国際的な局面では不可欠であるという指摘[46]、さらには当事者間の衡平、裁判の適正・迅速は単なる考慮要素を方向付ける指針にとどまらず、理念を示したものであるから、明文化するべきであるとの指摘もあった[47]。

　このような意見を踏まえ、中間試案の段階では、従来の裁判例における考慮要素を明文化する形で、事案の性質（請求の内容、契約地、事故発生地など）を加え、民訴法17条、消費者契約法44条等の文言を参照し、当事者間に関する事情と証拠の所在についてそれぞれ具体的な考慮要素を掲げた規定が提案された。すなわち、「事案の性質、当事者及び尋問を受けるべき証人の住所、使用すべき検証物の所在地その他の事情を考慮して、当事者間の衡平を害し、適正かつ迅速な審理の実現を妨げることとなる特別の事情があると認めるとき」という文言である。

　その後要綱案（第2次試案）では、「考慮すべき具体的事情について、『事案の性質、当事者及び尋問を受けるべき証人の住所、使用すべき検証物の所在地その他の事情』に代え、『事案の性質、当事者及び尋問を受けるべき証人の住所、応訴することによる被告の負担の程度その他の事情』とすることも考えられるが、どうか」という提案がされた[48]。これについては、証拠調べの便宜を想定した文言にするのであれば、「取り調べるべき証拠の所在」など、提案の文言よりももう少し膨らませた方がよいのではないかという意見[49]、被告の応訴の負担は考慮要素の順序として事案の性質の次にあってもよいの

ではないかという意見(50)を踏まえて、最終的な要綱案で、「事案の性質、応訴による被告の負担の程度、証拠の所在地その他の事情を考慮して」という現行法（民訴法3条の9）の文言が提案されたのである。

　その他、一般的な規律に加えて、特別の事情を認めて訴えを却下する場合の要件が議論された。すなわち、当該事件について外国の裁判所が管轄を有していることを独自の要件とする甲案と、独自の要件とすることなく、特段の事情の要素として考慮する乙案が提案されていた。この点については、当事者が「一筆書く」、すなわち、管轄があるとされる外国裁判所での応訴を書面で確約するなど、運用で十分対応可能であり、独自の要件とするとかえって手続が重くなるなどの指摘があった(51)。また、訴訟手続の中止については、期日は追って指定という運用の方が、裁判所が状況を把握できてより実益がある、中止の手続を設けた場合の解除の要件を設定するのが難しい等の強い反対意見が裁判所側から示された(52)。結局、最終的には、特別の事情を認めて訴えを却下する場合の要件は特に設けられず、これまでの実務の運用で対応することとなった。

　今回の改正で、民訴法3条の9が設けられたことについては賛否両論ある。特に、国内土地管轄の規定を出発点とすることで生じる不都合を調整する必要があるという、特段の事情論の登場に至る経緯からすると、国際的要素を考慮したうえで管轄原因を定めた今回の立法において、なぜ特別の事情による却下の規定を設ける必要があるのかについては、厳しい批判もあろう(53)。他方でこの規定に何らかの意味を認める立場によれば、立法技術上の観点から、規定の形式的適用だけで全ての事案においてすべからく妥当な結論を導くような規定を作ることは不可能であり(54)、特別の事情による却下は、一般的な管轄規則によることが不適切な事件において、事件の特性に応じた微調整を図る手段として位置付けられ、裁判所の裁量を広く認めるフォーラム・ノン・コンヴィニエンスの法理とは異なり、日本の国際裁判管轄を否定すべき特別の事情があると裁判所が積極的に認める場合に限って適用されるべきであるとされる（条解72頁）(55)。

　以上みてきたように、今後の民訴法3条の9の適用・解釈が、今回の改正の評価を決定付けるといっても過言ではなく、特別の事情による却下がごく例外的なやむを得ない場合に限定されるものであること、そして考慮される要素も従前の特段の事情論におけるそれとは異なり、あるいは限定されるもの

であることを、常に意識する必要があろう。

6 明文化されなかった規律

今回の改正では、かねてから議論のあった緊急管轄や国際訴訟競合の規定は設けられなかった。

緊急管轄とは、日本の裁判所が管轄権を有しない場合であっても、事案の具体的な事情に照らし、これを否定すると裁判の拒否にあたるようなときは、例外的に日本の管轄権を認めることをいう[56]。日本ではこれまで、正面から緊急管轄を認めた裁判例はないが、人事に関する訴えについて、最高裁平成8年6月24日判決（民集50巻7号1451頁）が、「管轄の有無の判断に当たっては、応訴を余儀なくされることによる被告の不利益に配慮すべきことはもちろんであるが、他方、原告が被告の住所地国に離婚請求訴訟を提起することにつき法律上又は事実上の障害があるかどうか及びその程度をも考慮し、離婚を求める原告の権利の保護に欠けることのないよう留意しなければならない」として、被告が日本に住所を有していない事案で日本の国際裁判管轄を認めている[57]。これは、日本の裁判所に提訴する以外に婚姻解消の手段のないことを重視して、日本の国際裁判管轄を認めたという意味で、緊急管轄の考え方と相通ずるところが多いとされている[58]。

しかし、緊急管轄については、中間試案の段階で「規律を設ける必要性の有無、規律を設けるとした場合の具体的な規律の内容について、なお検討する」と後注で示されるにとどまり、最終的には、管轄原因をかなり広く認めている以上はそれほど必要性がないこと、わざわざ規定を設けなくても必要な場合には救済可能なことなどから、特別の規律を置くまでもないとされた。

国際訴訟競合については、規律の必要性や要件のあり方が議論されたが、中間試案に対する各界からの意見においても、要件として挙げられていた承認予測の困難性や、中止の手続の規律のあり方等を理由に規律を設けることに反対する意見が多かった。最終的には、①判決の矛盾抵触を避けるため、外国の裁判所の審理状況を見守るのが適切な場合には、期日の間隔を調整するなどして柔軟に対応すれば足りるのではないか、②中止の要件の判断基準があいまいになり得る上、不服申立手段を設けないのであれば、現在の実務の運用と変わりがなく、あえて規定を設ける必要がない、などの点が考慮され、特段の規定は設けないこととされた[59]。

国際訴訟競合については、実際に競合訴訟が係属している国によって規律

第1章　2　国際裁判管轄の立法過程　　39

のあり方が異なり得ることから、様々な国を想定して要件を設定しようとすると、かえって焦点が絞り切れず、一般的に適用し得る明文の規定を設けることには限界があったことが指摘されている。この問題は特定国があって初めて規律が可能となるものであり、特定国との二国間条約で対応することが望ましいとされる[60]。また、従前の裁判例の多くのように、現行法の下で、外国訴訟係属が先行することを特別の事情の一つとして考慮することができるかどうかについては、否定的に解する立場も有力である[61]。

＜注＞
(30)　法制審議会第2回、第6回会議議事録参照。
(31)　法制審議会第2回会議議事録36頁〔山本弘発言〕。反対意見は同・37頁〔青山善充発言〕。
(32)　法制審議会第6回会議議事録40頁〔古田啓昌発言〕。
(33)　高橋ほか・前掲注(23)13頁〔山本和彦発言〕。
(34)　法制審議会第13回会議議事録17頁〔佐藤達文発言〕。
(35)　法制審議会第3回会議議事録5頁以下〔横山潤発言〕。
(36)　同上・6頁〔山本克己発言〕。
(37)　同上・31頁以下〔手塚裕之発言〕。
(38)　それを維持すること自体に対する批判というよりも、明確性や透明性という点を問題にしての意見である。
(39)　法制審議会第4回会議議事録29頁〔古田啓昌発言〕。
(40)　同上・29頁以下〔長谷川裕子発言〕参照。
(41)　同上・32頁〔古田啓昌発言〕。
(42)　同上・33頁〔古田啓昌発言〕。
(43)　同上・39頁〔山本弘発言、高橋宏志発言〕。
(44)　法制審議会第1回会議議事録13頁以下参照。
(45)　法制審議会第5回会議議事録12頁〔道垣内正人発言〕。
(46)　同上・13頁〔古田啓昌発言〕。
(47)　同上・14頁〔横山潤発言〕。
(48)　法制審議会第15回会議配布資料25参照。
(49)　法制審議会第15回会議議事録21頁〔山本弘発言〕。
(50)　同上・21頁〔山本克己発言〕。
(51)　法制審議会第5回会議議事録16頁〔手塚裕之発言、松下淳一発言〕。
(52)　同上・17頁以下〔朝倉佳秀発言〕。
(53)　横溝大「国際裁判管轄法制の整備－民事訴訟法及び民事保全法の一部を改正する法律」ジュリ1430号43頁（2011）、青山ほか・前掲注(19)138頁〔渡辺惺

之発言〕。確かに、民訴法3条の9が設けられたことにより、日本の国際裁判管轄を争う被告は、必ず特別の事情による却下を主張してくることが予想され、そうなると、個別の管轄原因が認められても、結局特別の事情なしと認められなければ日本の国際裁判管轄が認められないことになり、そのままでは立法の意義が損なわれるという批判は当然ともいえよう。

(54)　青山ほか・前掲注(19)121頁以下〔酒井発言〕、中西・前掲注(15)13頁は、国内立法として個別調整を完全に排除するほどに管轄原因を絞り込むことは必ずしも適切とはいえないとする。

(55)　民訴法3条の9とフォーラム・ノン・コンヴィニエンスの法理の違いについては、中西・前掲注(15)16頁以下、高橋ほか・前掲注(23)9頁以下〔高橋宏志発言〕参照。したがって、民訴法3条の9の文言にかかわらず、特別の事情があると認めたときは、訴えを却下しなければならないと解される。民訴法17条による移送をして、裁量規範ではなく権限規範とする考え方について、山本和彦「17条移送」大江忠ほか編『手続裁量とその規律―理論と実務の架橋をめざして』（有斐閣、2005）75頁以下参照。

(56)　緊急管轄については、横山・前掲注(16)12頁以下参照。

(57)　本判決については、小林＝村上・前掲注(1)173頁以下、及びそこに挙げられている文献を参照。

(58)　山本郁夫「判例解説」法曹会編『最高裁判所判例解説民事篇平成8年度(上)』（法曹会、1999）475頁（注18）。また、竹下守夫「権利保護の拒絶の回避と国際裁判管轄」駿河台法学10巻2号63頁以下（1997）も参照。なお、改正前の特段の事情論は、例外的に国際裁判管轄を肯定することも認めていた。例えば、東京地裁昭和62年6月1日中間判決（判時1261号105頁）。

(59)　一問一答174頁以下、特に177頁。また、道垣内・前掲注(17)203頁以下も参照。

(60)　法制審議会第16回会議議事録9頁〔横山潤発言〕。

(61)　条解72頁以下は、外国で訴訟が係属していることだけでは、日本の裁判所が裁判権を行使することを自制する理由とはならないこと、訴訟競合の規律が設けられなかったということは、外国における訴訟係属それ自体を斟酌することは想定されていないと理解することなどを理由に、外国訴訟係属が先行することを特別の事情として斟酌し、日本に国際裁判管轄を認めるかどうかの判断要素とするべきではないとする。これに対して従前の裁判例と同様に特別の事情の要素として、外国の裁判所に同一又は関連する訴訟が係属することを考慮することは妨げられないとするのは、佐藤・前掲注(24)27頁。

第1章　2　国際裁判管轄の立法過程　　41

Ⅵ．人事訴訟事件及び家事事件の国際裁判管轄法制の整備

1　立法の経緯

　国際離婚など渉外的要素のある人事訴訟事件、非訟事件、民事調停事件、家事事件の国際裁判管轄法制の整備は、平成26年4月から平成27年9月までの間、法制審議会の国際裁判管轄法制（人事訴訟事件及び家事事件関係）部会で検討され、要綱案がとりまとめられた。これに基づき、平成28年2月26日に「人事訴訟法等の一部を改正する法律案」が第190回通常国会に提出され、現在審議中である[62]。以下では、立法に関する議論のうち、離婚の訴えの国際裁判管轄を中心とするいくつかの主要な規定を概説する。

2　離婚の訴えの国際裁判管轄

　離婚関係事件の国際裁判管轄を考えるにあたり、基本となる最高裁判決は以下の二つである。一つは、最高裁大法廷昭和39年3月25日判決（民集18巻3号486頁）であり、そこでは、被告住所地管轄を原則としつつ、例外的に、原告が遺棄された場合、被告が行方不明である場合その他これに準ずる場合には、原告の住所地に管轄を認める、という準則が示された。今一つは、最高裁平成8年6月24日判決（民集50巻7号1451頁）であり、応訴を余儀なくされる被告の不利益に配慮するとともに、離婚を求める原告の権利保護にも留意する必要があるとし、「原告が被告の住所地国に離婚請求訴訟を提起することにつき法律上又は事実上の障害があるかどうか及びその程度」を考慮すると判示した。

　中間試案の段階では、以下の二つの案が示されていた。すなわち、甲案は、上記昭和39年大法廷判決を踏まえて、身分関係の当事者である被告の住所地を基本的な管轄原因としたうえで、原告の救済必要性も考慮し、一定の要件の下で原告の住所地にも管轄を認めるものである。これに対して乙案は、被告の裁判を受ける権利（防御権）の保障と原告の裁判を受ける権利の保障を同列に位置付け、身分関係の当事者である被告の住所地と原告の住所地の双方を基本的な管轄原因とする。甲案によれば、身分関係の当事者である原告は、国籍や最後の共通の住所などが日本にない限りは、自らが日本に住所を有していても日本の裁判所で裁判をすることはできないが、乙案によれば、原告は、特別の事情による却下がされる例外的な場合を除き、自らが住所を有する日本の裁判所で裁判ができることになる。この場合被告は、原告の住所がある国での裁判を強制されることになり、外国判決の承認における間接

管轄の要件を通じて、外国の裁判所での応訴を余儀なくされる。

　議論のポイントは、①被告の手続保障、応訴の負担を考え、被告の住所地を原則とするとして、そのうえで、日本との関連性（当事者の国籍、婚姻住所地）、原告の権利保護をどこまで考慮するか、②昭和39年大法廷判決や平成8年最判との整合性という視点から、緊急管轄を認めるとして、遺棄や行方不明を具体的に例示すべきか、③そもそも緊急管轄を認める必要性があるか、あるとしてどこまで認めるかであった。その後議論を重ね、最終的には、被告の住所地（人事訴訟法改正案3条の2第1号）が日本にある場合、当事者の双方が日本国籍を有する場合（同条5号）[63]に加えて、一定の要件の下で原告の住所地にも管轄が認められている。すなわち、当事者が最後の共通の住所を日本国内に有していたとき（同条6号）[64]、及び被告が行方不明であるとき、被告の住所がある国においてされた確定した離婚判決が日本国で効力を有しないときその他の日本の裁判所が審理及び裁判をすることが当事者間の衡平を図り、又は適正かつ迅速な審理の実現を確保することとなる特別の事情があると認められるとき（同条7号）である[65]。

　特に上記7号は、昭和39年大法廷判決及び平成8年最判で示された規範ないしは指導理念をできる限り条文化したもので[66]、一種緊急管轄的な要素を含む規定になっているが[67]、この規定があるからといってそれ以外の解釈による緊急管轄を排除するという趣旨ではない[68]。そして、行方不明という文言については、その認定が困難であり解釈上の議論が予想されるという懸念が示されていたことから、要件ではなくあくまで例示にとどめている。ただし、理念的原則を明文化したことにより、相当程度裁判所に裁量の余地が認められ、今後の解釈に委ねられた部分が多いことが予想される。例えば、相互の保証がない場合など明らかに当該外国の裁判が承認されないことが分かっている場合には、確定判決がなくても、さらには訴えを提起するまでもなくこの要件に該当すると考えられるし、離婚ができない国や認知の制度がない国の場合も同様に考えられる。また、被告が原告の住所地で裁判をすることに同意している場合なども含み得る[69]。

　また、従来から問題になっていた、日本の裁判所が離婚関係・婚姻関係事件について国際裁判管轄を有するときは、未成年の子の住所が日本になくても、当該子の監護又は親権に関する審判事件についても国際裁判管轄を有するかどうかという点については、子が日本にいない、すなわち子の監護の管

轄原因が認められない場合に、離婚に引き寄せて管轄を認めることに対して
かなり強い反対意見があり、子の利益に適うことを要件として明文化すると
いう意見も一時有力に主張されていた(70)。しかし、子の利益をめぐって管
轄の有無の審理が長期化・複雑化し、当事者にとっても審理をする裁判所に
とっても、メリットよりはデメリットの方が多く、特別の事情による却下で
対応すれば足りるとの理由から、日本の裁判所が離婚事件について国際裁判
管轄を有する場合には、子の所在にかかわらず当該子の監護又は親権に関す
る審判事件についても国際裁判管轄を有するとされた(人事訴訟法改正案3条の4
第1項)。その結果、本条に基づいて子が日本にいないのに下された子の監護に
関する判断は、外国で承認されない可能性もあり、また、子が所在する国で
は別途同一事項について裁判がなされ、二つの矛盾する判断がなされること
になるが、それは実務では少なくないという点には留意する必要がある(71)。

3　特別の事情による訴えの却下

　身分関係事件についても、財産関係事件についての民訴法3条の9と同様に、
特別の事情による訴えの却下の規定が設けられている。すなわち、「裁判所
は、訴えについて日本の裁判所が管轄権を有することとなる場合においても、
事案の性質、応訴による被告の負担の程度、証拠の所在地、当該訴えに係る
身分関係の当事者間の成年に達しない子の利益その他の事情を考慮して、日
本の裁判所が審理及び裁判をすることが当事者間の衡平を害し、又は適正か
つ迅速な審理の実現を妨げることとなる特別の事情があると認めるときは、
その訴えの全部又は一部を却下することができる」(人事訴訟法改正案3条の
5)(72)。この条文の下でどのような場合が特別の事情として判断されるかに
ついては、今後の解釈に委ねられている部分が大きいが、例えば、外国で当
該事件の手続が現に行われている、あるいは既に外国の裁判が終わっている
ような場合で日本の裁判所の判断が承認される可能性が極めて低いというに
とどまらず、まだ外国ではそういう手続は行われていないものの、もし行わ
れたら日本の判断は承認されないのではないかという主張をどの程度考慮す
るのか、などが今後は議論されることになる。

4　家事事件手続法及び民事執行法の改正について

　家事事件についても、個々の事件類型ごとに管轄原因が個別に規律されて
いるが、それに加えて、外国裁判所の家事事件についての確定した裁判の効
力についても新たな規定が設けられている。これまで、外国裁判所の家事事

件についての確定した裁判の承認・執行を直接規律する規定はなく、民訴法118条の要件がどこまであてはまるのかが議論されていた[73]。家事事件手続法に新たに設けられる規定では、外国裁判所の家事事件についての確定した裁判については、その性質に反しない限り、民訴法118条の規定を準用するものとして、承認に係る規律が明らかにされている（家事事件手続法改正案79条の2）。また、外国家事事件裁判の執行については、民事執行法の一部改正により、外国家事事件裁判に基づいてわが国で強制執行をする場合には、執行判決を求める訴えを提起するべきことを明らかにし（民執改正案22条6号）、その訴えについては、家事事件における裁判に係るものにあっては家庭裁判所が、それ以外のものにあっては地方裁判所が管轄するものとしている（民執改正案24条1項）。ただし、各国の裁判手続に係る法制度が様々であり、執行判決請求訴訟の対象となる外国裁判が家事事件かどうか、判断が難しい場合もある。そこで、当事者の便宜等にも配慮し、当該訴えを提起された地方裁判所及び家庭裁判所は、上述の規定によれば管轄違いとなる場合であっても、相当と認めるときは、申立て又は職権で、当該訴えに係る訴訟の全部又は一部について自ら審理及び判断をすることができるとしている（民執改正案24条2項・3項）。

5　緊急管轄や訴訟競合の規律について

　緊急管轄については、中間試案の段階では、「日本において訴えを提起し又は申立てをする以外に原告又は申立人の審理及び裁判を受ける権利を実現することが著しく困難であり、かつ、その訴え又は申立てが日本に関連があるとき」という要件の下で緊急管轄を認める甲案と、特に規律を設けないとする乙案の二つの案が提案されていた。しかし、財産関係事件の国際裁判管轄法制では設けられなかった規律が、身分関係だけに認められる決定的な理由がなかったこと[74]、管轄を広めに規定すれば極めて例外的にしか発動されないものであり、あえて明文の規定を設けなくても解釈で十分対応できるのではないか[75]、適切な要件を設けるのが難しいなどの意見から、最終的には一般的な規律は設けられず、人事に係る訴えについての管轄権の一つ（人事訴訟法改正案3条の2第7号）として条文化されるにとどまった。

　また、訴え（申立て）の競合については、承認予測可能性があることを要件として、一定の期間手続を中止することができ、その決定に対して当事者は即時抗告ができるとする甲案と、特に規律を設けない乙案の二つが、中間

第1章　2　国際裁判管轄の立法過程　　45

試案では提案されていた。これについては、身分関係の国際的調和という観点からは矛盾する判断が併存するのは当事者に多大な影響を及ぼし、規律する必要性は高いという指摘がある一方で、緊急管轄と同様に、特別の規定を設けなかった財産関係事件の法制との平仄、承認の見込みを見極めるのが困難であることなど、規定を置くことによるメリットよりもデメリットの方が大きいことなどを理由に、最終的には規律は設けられなかった。

＜注＞

(62)　詳しい立法の経緯については、内野宗揮「講演　人事訴訟事件及び家事事件の国際裁判管轄法制の整備について」戸籍時報特別増刊号746号1頁以下（2016）参照。また、法律案については、ＨＰから入手できる（http://www.moj.go.jp/content/001177561.pdf、（2017.09.15））。

(63)　日本の国籍を有する者の身分関係については、伝統的に、我が国として関心を有すべきものと考えられていることや、日本の国籍を有する者は、日本に近親者の住所等がある蓋然性があるなど日本との関連性を有するものと考えられること、当事者双方にとっても公平な管轄原因であると考えらえることなどが根拠として挙げられる。内野・前掲注(62)12頁。

(64)　離婚の訴えの場合、その訴訟での離婚原因に係る主張においては、当該訴えに至るまでの具体的な事情、当該夫婦の日常生活上のやりとり、もめごと、家計の負担状況などの経済活動に関わる事情など訴訟で用いられることが考えられる証拠は共通の住所地にあると考えられ、原告の住所地とあわせて日本との関連性が認められると評価できる。内野・前掲注(62)15頁。

(65)　なおこれらの規定は、離婚訴訟を含む人事に関する訴え全てを対象としていることから、条文の文言もそれに対応している。

(66)　内野・前掲注(62)17頁。

(67)　ただし、あくまで緊急管轄一般ではなく、原告住所地管轄を被告との関係で認めるべき場合という切り口で条文化されている。法制審議会国際裁判管轄法制（人事訴訟事件及び家事事件関係）部会（以下、「法制審議会」という。）第18回会議議事録8頁〔高田裕成発言〕。

(68)　内野・前掲注(62)19頁。

(69)　法制審議会第18回会議議事録6～7頁〔池田綾子発言〕。

(70)　1996年の「親責任及び子の保護措置についての管轄権、準拠法、承認、執行及び協力に関する条約（ハーグ子の保護条約)」10条やＥＵのブリュッセルⅡbis規則12条参照。また、離婚する当事者間に未成年の子がいる場合には、当該離婚訴訟の判決をする裁判所が、その後の子の監護等の問題についても

審理及び判断することができるものとしておくのが、子の利益にも適うとする意見も少なからずあった。内野・前掲注(62)25頁。

(71)　法制審議会第16回会議議事録28頁〔大谷美紀子発言〕。

(72)　身分関係の当事者である成年に達しない子の利益は例示の中に含まれていないが、これは当事者間の衡平や適正の中で考慮されることになる。法制審議会では、特別の事情による訴えの却下の規定は設けることを前提として、具体的な要件（文言）をどのようにするべきかが議論された。例えば、子の利益を要件として明文化すると、それにからめていろいろな主張が出てきてしまうのではないかという懸念が示され、むしろ考慮要素として挙げるべきかという意見があり、最終的に改正案のような規定になった。

(73)　ここでは、管轄の標準時の規定は特別の本規定にも及ぶのかが問題となり、特別の事情による却下については標準時後の事情（例えば子どもが途中でいなくなったなど）も考慮できるとする考え方と、訴え提起又は審判の申立時の事情でなければならないとする考え方とで議論が分かれ、立法後の解釈に委ねられることとなる。法制審議会第16回会議議事録50頁〔近江弘行発言〕。

(74)　確かに、個人の生活の基盤たる基本的身分関係に関わることだから、より救済の必要性は高いという指摘はあった。

(75)　条理の解釈として正義衡平の理念から、事案の具体的な事情に照らし、日本の裁判所の管轄権を否定すると裁判の拒否にあたるようなときには例外的に管轄権を認めることもあり得る。内野・前掲注(62)19頁。これに対しては、解釈によって認めることができるのになぜ条文にできないのかという疑問も、法制審議会においては示されていた。

VII.　おわりに

　財産関係事件の国際裁判管轄について法制審議会の議論をみると、特段の事情論による調整を初めから前提として議論を進めたことにより、要件の絞り込みを途中であきらめるなど、個々の管轄原因ごとに適切な要件の設定の努力が足りない場合もあり、この点で予測可能性の確保という立法目的が十分には達成されなかったという指摘もある[76]。しかし、時間的制限のある中で、実際に法を適用して管轄の有無を判断する裁判所の立場や、具体的妥当性も予測可能性と同程度、さらにはそれ以上重視する実務の要請など、様々な立場に目配りしたうえで、現段階での可能な限りの立法だったのではないか。今後個別の管轄原因についてのより詳細な検討が、判例や学説によって

なされることにより、民訴法3条の9の評価や運用も変わってくるのであり[77]、これを出発点として国際裁判管轄の法理がさらに発展していくことが望まれる。

<注>
(76) 中西・前掲注(15)7頁、横溝・前掲注(53)42頁以下。
(77) 中西・前掲注(15)18頁。原・前掲注(8)1頁以下も参照。

3　わが国の国際裁判管轄規定の全体像

原　　　強

Ⅰ．はじめに
Ⅱ．国際裁判管轄規定とその内容－国内土地管轄との比較
Ⅲ．「特別の事情」による訴えの却下
Ⅳ．結びに代えて

Ⅰ．はじめに

　高速度交通機関や通信機構が飛躍的発展を遂げた現代にあっては、企業活動のみならず個人の活動も国内にとどまらず、海外にまで及ぶことは決して珍しいことではなく、海外にまで及ばないとしても海外の企業や個人と接点を持つことは、むしろ日常的な光景であるといえる。わが国の企業が海外市場に進出していることはもちろん、海外の企業もわが国の市場に進出し活発に企業活動を展開している。海外の企業によるわが国市場への進出により、わが国の消費者は、わが国の企業の製品を購入するのと同様の感覚で海外の企業の製品を気軽に購入することができるし、海外の消費者も、自国企業の製品と同様の感覚でわが国の企業の製品を購入することができる。また、企業が世界的な規模で企業活動を展開するにあたり、必然的にわが国の労働者を雇用し、あるいは外国の労働者を雇用することになる。

　このような企業及び個人のボーダーレスともいうべき活動は、不可避的に国際取引紛争や国際的不法行為紛争を発生させることになる。

　しかし、国際取引紛争や国際的不法行為紛争に巻き込まれると、例えば、わが国の消費者が日本企業の製品を購入するのと同様の気軽さで外国企業の製品を購入していた紛争発生前の状況から一変し、困難な紛争解決手続上の問題に直面することになる。消費者は、国際取引紛争や国際的不法行為紛争につき話合いによって解決できる場合はまだよいとしても、裁判によって紛争解決を求めなければならない場合には、最初にいずれの国の裁判所に紛争解決を求めて訴えを提起すればよいかという国際裁判管轄の問題に遭遇する

ことになる[1]。

　紛争当事者にとって、国際裁判管轄の問題は、国内土地管轄の場合とは比較にならないほどの厄介な問題として重く圧しかかってくる。それは、一つには、国際裁判管轄ルールが、各国の立法や解釈に委ねられていることもあって、複数の国の裁判所が同一の国際的な拡がりをもつ民事紛争について裁判管轄権を行使すること（国際裁判管轄の積極的抵触）もあれば、いずれの国も他国の裁判所によって裁判されるべきであるとして国際裁判管轄権の行使を差し控えること（国際裁判管轄の消極的抵触）もあることから生じる。

　国内土地管轄の場合には、わが国に裁判管轄権があることを前提に、わが国において地理的に配置された裁判所のうちのいずれの裁判所において裁判が行われるかという問題にとどまり、訴えに訴訟要件さえ備わっていれば、国内のいずれかの裁判所が必ず裁判をしてくれる。そのうえ、当事者が誤って管轄権のない裁判所に訴えを提起しても、裁判所により管轄権のある裁判所に移送され（民訴16条1項参照）、訴え提起による時効中断の効果（民149条）を保持することができる。しかしながら、国際裁判管轄の場合には、いずれの国に訴えを提起すればよいのか必ずしも明確でないばかりか、訴えを提起しても、法廷地国が、国際裁判管轄権を行使できないと判断すれば却下され、請求権が時効により消滅しあるいは出訴制限にかかってしまい、実体法上の権利を失う、あるいは手続法上出訴できなくなってしまうという事態に出くわすこともないとはいえない[2]。このように紛争当事者にとっては、国際裁判管轄は、権利実現のための入り口ともいうべきものであるにもかかわらず、国際裁判管轄の判断を誤るようなことがあれば、実体法上の権利を失いかねない深刻な事態を招来しかねない手続上の問題なのである[3]。端的にいえば、国際裁判管轄は、訴訟手続という時間的に幅のあるプロセスの入り口の手続上の問題ではあるものの、実体法上の権利に直結する重要な問題であるといえる。

　しかしながら、平成23年の民事訴訟法及び民事保全法の一部を改正する法律（平成23年法律第36号）（以下「平成23年改正民訴法」という。また、同法による改正を「平成23年民訴法改正」という）により、ようやく民訴法に現代社会に適合した国際裁判管轄の規定[4]が設けられる以前は、最高裁判例及び下級審裁判例により形成された国際裁判管轄ルールにより対応することが求められていたのである。最高裁は、まずマレーシア航空事件判決（最判昭56・

10・16民集35・7・1224）により、国際裁判管轄は原則として国内土地管轄規定に依拠して判断されるべきとの立場を明らかにした。次に、最高裁は、ファミリー事件（ドイツ車預託金事件）判決（最判平9・11・11民集51・10・4055）により、マレーシア航空事件判決後に下級審裁判所において展開された「我が国で裁判を行うことが当事者間の公平、裁判の適正・迅速を期するという理念に反する特段の事情があると認められる場合には、我が国の国際裁判管轄を否定すべきである」との立場を採用するに至った。

　このように、判例理論により展開されたわが国の国際裁判管轄ルールは、いわゆる「特段の事情」アプローチ説の立場として確立されることとなったが、個別事案ごとの調整を図ることができるルールとして一般に支持を得た[5]ものの、「特段の事情」が肥大化して法的明確性や予測可能性に欠けるとの批判[6]を浴びせられた。そもそも、あくまで国内の地理的な配分に関する国内土地管轄規定に依拠して国際裁判管轄を判断するとなると、国内にとどまらない地球規模での地理的遠隔や訴訟手続を含めた法制度の違いなどを踏まえた国際的な配慮に欠けるきらいがあるばかりか、国内土地管轄規定は移送制度による調整を前提に緩やかに管轄を認める建前が取られており、移送ができない国際裁判管轄にあっては過剰管轄という結果を生ぜしめることは夙に指摘されていたところであった。裁判実務は、国内土地管轄規定に依拠して国際裁判管轄を判断することから生じる過剰管轄という不都合を回避するため、「特段の事情」による調整という手法を編み出したものであるが、国内土地管轄との違いに配慮した国際裁判管轄に関する規定の立法化が求められたことは自然の成り行きであったといえる。

　平成23年民訴法改正により、現代社会に適合的な国際裁判管轄規定が設けられることになったが、国際裁判管轄規定を設けるにあたり、使用言語、法制度、訴訟手続などが異なる遠隔の地での応訴や提訴を強いることになりかねないことにおいて国内土地管轄の場面とは異なった配慮が必要であることが意識されたことはいうまでもない。平成23年民訴法改正においては、従来、国際裁判管轄の規定が存在しないもとで、積み重ねられてきた実際の事案における解決事例[7]や学説上の議論を踏まえて、国内土地管轄の規律によるよりも国際裁判管轄が認められる場合を制限する形の規定（民訴3条の2、3条の3及び3条の6）のみならず、国内土地管轄の規律には見られない消費者及び労働者保護の観点を全面的に打ち出す規定（民訴3条の4）が設けられた。

第1章　3　わが国の国際裁判管轄規定の全体像　　51

　また、平成23年民訴法改正により、国際裁判管轄の合意に関する規定（民訴3条の7）も設けられ、その方式や効力を明確にするとともに、特定の属性を有する当事者間の合意については、その効力を制限する規律を設けた。さらに、国際裁判管轄に関する諸規定が国内土地管轄との違いを考慮して定められたといっても、抽象化された類型的事例を前提として原告と被告の相克する利益の調整をするものにすぎず、具体的な事例における全ての多様な国際民事訴訟事件における利益調整を規定上行うことは困難であることから、いわば調整弁として民訴法3条の9において、「特別の事情」により訴えを却下することができる旨の規定も設けられた。

　以下では、主として、国際裁判管轄規定につき、国内土地管轄規定と異なった規律を行っているものにつき、平成23年民訴法改正以前において最高裁及び下級審裁判所において展開された「特段の事情」アプローチ説の立場と対比しつつ概観し、国際裁判管轄ルールの全体像を見ることにする。

　なお、個々の国際裁判管轄の規定については、**第2章**における各論稿において詳述されているので各論稿も併せて参照されたい。

＜注＞
- (1)　従来、わが国の民事裁判権の限界は、人的制約としての外国主権免除と物的制約としての国際裁判管轄によって画されるものであると解されてきた（兼子一『新修民事訴訟法体系〔増訂版〕』（酒井書店、1965）65頁以下、三ケ月章『民事訴訟法』（有斐閣、1959）244頁以下、新堂幸司『新民事訴訟法〔第5版〕』（弘文堂、2011）91頁以下など）。斎藤秀夫ほか編著『注解民事訴訟法(5)〔第2版〕』（第一法規出版、1991）438頁以下〔山本和彦執筆〕参照。）。なお、訴え却下を求める理由として、外国主権免除の主張と国際裁判管轄がないとの主張がなされた場合には、一問一答19頁によれば、裁判所はどちらを先に取り上げて判断することもできるという。そもそもわが国に国際裁判管轄権がなければ、外国国家等であろうと私人であろうと、わが国の裁判権に服することはないのだから、理論的には、まず国際裁判管轄の有無を判断し、わが国に国際裁判管轄があるとの判断をしてから、外国国家等であることにより主権免除を受けることができる事案なのかにつき判断するということになるようにも思われる。しかし、国際裁判管轄があろうとなかろうと、外国主権免除が認められれば、訴え却下という結論をもたらすことができる以上、訴訟経済的観点から、実務的には、裁判所はどちらを先に取り上げて判断しても実際上の不都合はないといえる。

(2) 東京高裁平成12年12月20日判決（金判1133号24頁〔記念金貨事件〕）は、国際裁判管轄の判断の誤りにより、時効や除斥期間により権利を喪失するリスクに備えて準拠法や国際裁判管轄につき事前に合意をしておく必要性を明確に説いている。

(3) 小島武司「国際裁判管轄」新堂幸司ほか編『判例民事訴訟法の理論　中野貞一郎先生古稀祝賀　下』（有斐閣、1995）388頁以下は、国際民事訴訟の実務にあっては、国際裁判管轄の所在をめぐる争いが、当事者間の和解を睨んでの主戦場となることが少なくないとされ、時として、国際裁判管轄問題の帰趨いかんにより当事者にとっての正義のアクセス及び手続保障が決せられるという。

(4) 当初は、わが国の民訴法には国際裁判管轄の規定が存在しないものとの前提のもと国際裁判管轄につき議論されていた（池原季雄＝平塚真「渉外訴訟における裁判管轄」鈴木忠一＝三ケ月章監修『実務民事訴訟講座(6)』（日本評論社、1971）10頁、最判昭56・10・16民集35・7・1224〔マレーシア航空事件〕）。しかし、その後、明治の立法者は、民訴法上の土地管轄規定に国内土地管轄と国際裁判管轄を同時に決定する機能を持たせることを予定していたことが明らかにされることとなった（石黒一憲『現代国際私法［上］』（東京大学出版会、1986）259頁以下、藤田泰弘「『国際的裁判管轄』法規とその比較法的研究」判タ856号11頁以下（1994）。また、最判平9・11・11民集51・10・4055〔ファミリー事件〕、孝橋宏「判例解説」法曹会編『最高裁判所判例解説民事篇平成9年度（下）』（法曹会、2000）1334頁以下も参照）。

(5) 竹下守夫「判例からみた国際裁判管轄」ＮＢＬ386号32頁（1987）、小林秀之「国際裁判管轄とマレーシア航空事件判決」法セ324号23頁以下（1982）、小島・前掲注(3)421頁以下など参照。

(6) 道垣内正人「判例批評」ジュリ1133号214頁以下（1998）、海老沢美広「判例批評」平成9年度重要判例解説（ジュリ1135号）290頁（1998）、山田鐐一「渉外事件に関する最近の最高裁判決につき思う」ジュリ1159号133頁以下（1999）など参照。

(7) なお、早川吉尚ほか「座談会　国際裁判管轄ルールの法令化に当たって」日本弁護士連合会国際裁判管轄規則の法令化に関する検討会議編『新しい国際裁判管轄法制―実務家の視点から―』別冊ＮＢＬ138号7頁〔小林康彦発言〕（2012）は、国際裁判管轄規定の立案にあたって、最高裁判例の事案についてその結論を変更する意図はなかったものの、判例の枠組みに依拠していた従前の説明とはロジックが変わることが予想され、下級審裁判例の事案も含めて結論が変わるものもあるかもしれないという。

Ⅱ．国際裁判管轄規定とその内容－国内土地管轄との比較

1　被告の住所等による管轄権

(1)　自然人に対する訴えの管轄権

民訴法3条の2第1項は、「裁判所は、人に対する訴えについて、その住所が日本国内にあるとき、住所がない場合又は住所が知れない場合にはその居所が日本国内にあるとき、居所がない場合又は居所が知れない場合には訴えの提起前に日本国内に住所を有していたとき（日本国内に最後に住所を有していた後に外国に住所を有していたときを除く。）は、管轄権を有する。」と規定する。

国内土地管轄の規定によると、特定の事件と管轄地との関わりとは無関係に認められる被告の普通裁判籍として、被告の住所地、住所がない場合には居所、居所も知れない場合には、最後の住所地と定められている（民訴4条1項・2項）。このように被告の住所地等が被告の普通裁判籍と定められているのは、原告による不当な提訴を防止するとともに、応訴を強制される被告の訴訟追行の便宜を図ることが公平にかなうという考えなどに基づくものであり、「原告は被告の法廷に従う」との考えは普遍的なものであると考えられてきた[8]。

平成23年民訴法改正は、国際裁判管轄規定も、国内土地管轄規定同様、特定の事件と管轄地国との関わりとは無関係に、被告の住所地国、住所がない場合には居所国、居所も知れない場合には、最後の住所地国に管轄を認めるものと定めた。しかしながら、国際裁判管轄規定においては、国内土地管轄の場合と異なり、括弧書で、「日本国内に最後に住所を有していた後に外国に住所を有していたときを除く」との文言を加え、原告による提訴前の時点で被告が外国に住所を有していれば、わが国の国際裁判管轄権は否定されることが明確にされた。

平成23年民訴法改正以前より、国内土地管轄規定に依拠して国際裁判管轄を判断するとなると、一度でも日本に住所を有した者は、日本に住所を有したこと以外にわが国と何らの関連を持たず、例えば、自国に帰国するなどして、外国に住所があることが明らかであるときでも、日本に最後の住所地を有したことになり、生涯にわたりわが国の裁判所の裁判権に服することを強いられることになって不都合であることが指摘されていた[9]。被告の住所地等が被告の普通裁判籍と定められている理由の一つとして挙げられる応訴

を強制される被告の訴訟追行の便宜を図ることが公平にかなうという考え
は、被告が海外に住所を有する場合にはより一層強調されることになること
はいうまでもない。このような問題意識を踏まえて、国際裁判管轄規定を設
けるにあたり、括弧書ではあるが、「日本国内に最後に住所を有していた後に
外国に住所を有していたときを除く」と明確に規定し、一度でも、日本に住
所を有した者が、過去において日本に住所を有したことだけを理由として、
わが国の裁判所の裁判権に服することを強いられることがないように配慮し
たものである[10]。

　ただし、住所も居所も知れず、わが国に最後の住所を有していたことを管
轄原因として訴えが提起され、訴状の送達が公示送達によって行われる場合、
被告が訴状の送達を受け、訴え提起前に「日本国内に最後に住所を有してい
た後に外国に住所を有していた」こと等を明らかにして国際裁判管轄につき
本案前の抗弁を提出するということは通常ほとんど考えられないことも指摘
されている[11]。公示送達による場合には、受送達者が実際に裁判所の掲示
板を見て送達書類を受け取ることはおよそ考えられないので、一度でも日本
に住所を有した者が、過去において日本に住所を有したことだけを理由とし
て、わが国の裁判所の裁判権に服することを強いられることがないように配
慮して括弧書が設けられた趣旨も失われてしまうように思われる。このよう
な結果を避けるために、「特別の事情」による訴え却下（民訴3条の9）の手法を
用いることも考えられるが、「特別の事情」による訴え却下については慎重で
あることが求められるべきことはいうまでもない。被告保護の観点が必要で
あることはいうまでもないが、民訴法3条の2がわざわざ住所も居所も知れな
い場合には、わが国に最後の住所を有していたことを管轄原因として認め、
原告が裁判を通して権利の実現を図ることを可能にしようとした趣旨を害す
ることになりかねない[12]。原告としても、安易に「特別の事情」により訴え
が却下されることになると、訴訟手続を通して権利を実現する機会を奪われ
てしまうことになる。日本における滞在が一時的なものにすぎず、また、職
業に従事していたわけでもないような場合には、特別の事情があると判断さ
れることもあり得ようが、「特別の事情」を理由に訴えを却下することには慎
重を要するものと解される[13]。

　(2)　法人その他の社団又は財団に対する訴えの管轄権
　民訴法3条の2第3項は、「裁判所は、法人その他の社団又は財団に対する訴

第1章　3　わが国の国際裁判管轄規定の全体像　　55

えについて、その主たる事務所又は営業所が日本国内にあるとき、事務所若しくは営業所がない場合又はその所在地が知れない場合には代表者その他の主たる業務担当者の住所が日本国内にあるときは、管轄権を有する。」と規定する。

　国内土地管轄の規定によると、「法人その他の社団又は財団の普通裁判籍は、その主たる事務所又は営業所により、事務所又は営業所がないときは代表者その他の主たる業務担当者の住所により定まる。」（民訴4条4項）と定められ、さらに次項において「外国の社団又は財団の普通裁判籍は、前項の規定にかかわらず、日本における主たる事務所又は営業所により、日本国内に事務所又は営業所がないときは日本における代表者その他の主たる業務担当者の住所により定まる。」（民訴4条5項）と定められている。

　そこで、平成23年民訴法改正前における民訴法の国内土地管轄（裁判籍）のいずれかがわが国にあるときはわが国の国際裁判管轄を認めることが相当であるとのマレーシア航空事件判決によれば、外国の社団又は財団にあっては、主たる事務所又は営業所が日本国内になくても、日本国内に事務所又は営業所があれば、その主たるものの住所、あるいは日本国内に事務所又は営業所がなければ日本における代表者その他の主たる業務担当者の住所があれば、わが国の国際裁判管轄が認められるものとされることになる。実際、最高裁は、マレーシア航空事件判決において、国内土地管轄に関する民訴法4条5項に依拠して、マレーシア航空は「マレーシア連邦会社法に準拠して設立され、同連邦国内に本店を有する会社であるが」、「日本における代表者と定め、東京都港区…に営業所を有するというのであるから」、「外国に本店を有する外国法人であっても」、わが国の裁判権に服させるのが相当であると判示したのである。

　しかし、国際裁判管轄を国内土地管轄規定に依拠して判断しようとする場合、民訴法4条5項の適用にあたっては、民訴法5条5号との関係から、日本にある営業所等の業務に限るべきであるとの見解が従来から強く主張されていた[14]。確かに、日本にある営業所等の業務による限定がなされないとすると、外国法人であっても、日本に事務所又は営業所を有する限り、事件の内容如何にかかわらず、全ての民事紛争につき、わが国の国際裁判管轄が認められ応訴しなければならないという不都合な事態を招くことになってしまう[15]。

　これらの従来の議論を踏まえ、国際裁判管轄に関する被告の住所等による

管轄権に関する民訴法3条の2においては、国内土地管轄に関する民訴法4条5項に相当する規定を設けなかったものである。すなわち、民訴法3条の2第3項のもとでは、法人その他の社団又は財団に対する訴えについては、その主たる事務所又は営業所が日本国内にない限り、たとえ日本国内に事務所又は営業所があっても、それを管轄原因として国際裁判管轄が認められることはないことを明らかにしたのである。法人その他の社団又は財団の主たる事務所又は営業所が外国にある限り、日本国内における代表者その他の主たる業務担当者の住所が日本国内にあっても、わが国には国際裁判管轄が認められないことも明らかにされた。

　民訴法3条の2第3項のもとでは、最高裁が、マレーシア航空事件判決において、わが国の国際裁判管轄権を肯定した理由として挙げた、「日本における代表者と定め、東京都港区…に営業所を有する」ことは、国際裁判管轄権を認める理由とはなり得ず、他の管轄原因が存在しなければ、わが国の裁判所はマレーシア航空事件につき国際裁判管轄権を行使することができないことになる。マレーシア航空事件においては、被害者がマレーシア国内で航空券の発券を受けており、後述する民訴法3条の3第4号にいう「事務所又は営業所を有する者に対する訴えでその事務所又は営業所における業務に関するもの」で「当該事務所又は営業所が日本国内にあるとき」にあたらず、また、民訴法3条の3第5号にいう「日本において事業を行う者（日本において取引を継続してする外国会社（会社法（平成17年法律第86号）第2条第2号に規定する外国会社をいう。）を含む。）に対する訴え」で「当該訴えがその者の日本における業務に関するものであるとき」にもあたらない。

　もちろん、マレーシア航空事件は、損害賠償請求という金銭の支払を求める訴えであり、マレーシア航空がわが国に営業所を有しており、一定程度の資産を有していたのであれば、後述する財産権上の訴えに関する民訴法3条の3第3号にいう「訴えが金銭の支払を請求するものである場合には差し押さえることができる被告の財産が日本国内にあるとき（その財産の価額が著しく低いときを除く。）」にあたるものとして、わが国の裁判所の国際裁判管轄が認められる余地がある。また、民訴法3条の3第8号にいう「不法行為に関する訴え」として、「不法行為があった地が日本国内にあるとき（外国で行われた加害行為の結果が日本国内で発生した場合において、日本国内におけるその結果の発生が通常予見することのできないものであったときを除く。）」に

あたるとして、わが国の裁判所の国際裁判管轄が認められる余地がある。さらに、旅客運送契約が消費者契約にあたる場合には、後述する民訴法3条の4第1項により、「消費者と事業者との間で締結される契約に関する消費者からの事業者に対する訴え」として、訴えの提起の時における消費者（の遺族）の住所が日本国内にあるものとして、わが国の裁判所に提起することができる余地がある[16][17]。

2 契約上の債務に関する訴え等の管轄権

(1) 契約上の債務に関する訴え等の管轄権〔債務の履行地〕

民訴法3条の3第1号は、「契約上の債務の履行の請求を目的とする訴え又は契約上の債務に関して行われた事務管理若しくは生じた不当利得に係る請求、契約上の債務の不履行による損害賠償の請求その他契約上の債務に関する請求を目的とする訴え」については、「契約において定められた当該債務の履行地が日本国内にあるとき、又は契約において選択された地の法によれば当該債務の履行地が日本国内にあるとき。」にわが国の国際裁判管轄が認められると規定する。

国内土地管轄に関する民訴法5条1号によれば、財産権上の訴えについては、「義務履行地」に管轄が認められると規定されている。そもそも、国内土地管轄の場合であっても、義務履行地に管轄を認めることについては、持参債務の原則（民484条）により義務履行地が常に債権者の住所地となり、被告の住所地に管轄を認めていることと矛盾することになるとの批判的な考えが主張されていた[18]。例えば、不法行為に基づく損害賠償請求の義務履行地は、持参債務の原則により、被害者の住所地であるとされ、被害者である原告は、一般に義務履行地たる自らの住所地を管轄する裁判所に損害賠償請求の訴えを提起することから、結局、「原告は被告の法廷に従う」との原則のもと被告の住所地に普通裁判籍を認めたことの意義が失われてしまうというのである。特に不法行為の場合に、義務履行地を管轄する裁判所に訴えを提起することが許されるとすると、加害者たる被告は、想定しない場所での応訴を余儀なくされることになりかねない[19]。

しかし、当事者間で契約において債務の履行地を明示的又は黙示的に定めた場合[20]には、紛争になった場合も含めて、当事者は、債務の履行地において解決されるべきことを期待し、また、予期していることから、被告となるべき者にその地での応訴を要求しても不当ではなく、裁判管轄を認める合理

性があると考えられる[21]。

そこで、国際裁判管轄規定を設けるにあたり、契約上の債務の履行そのものを求める場合はもちろん、契約上の債務に関する請求（例えば、債務不履行を理由に契約を解除し給付済みの目的物返還を求める訴えや債務不履行を理由とする損害賠償請求の訴えなど）を求める場合についても、契約において定められた債務の履行地が日本国内にある場合には、わが国に国際裁判管轄権が認められるものと定められることになった[22]。

このように、国際裁判管轄については、債務の履行地は、契約上の債務に関する請求等の場合であって、かつ、契約において定められた当該債務の履行地が日本国内にあるとき、又は契約において選択された地の法によれば当該債務の履行地が日本国内にあるときに限り、国際裁判管轄が認められることにして、国内土地管轄においては、契約上の債務に関する請求等に限定されることなく、財産権上の訴えであれば、義務履行地に管轄が認められるとの定めとは異なる取扱いにした[23]。

なお、金銭債務は、通常、送金等の方法により履行されるものであるが、その履行地は観念的なものであって、特に国際取引の場合には金銭債務であるとの理由のみで、その履行地に国際裁判管轄が認められるとすると、それ以外には何らの関係を持たない国における応訴を被告に強いることになることから、金銭債務については義務履行地に国際裁判管轄を認めるべきではないとの考えも主張されてきた[24]。下級審裁判例には、例えば、金銭消費貸借における貸付金に対する弁済や契約において生じる金銭債権の支払につき、当事者間において、わが国内の銀行支店における債権者名義の口座への振込みやわが国を振込送金の受領地とする合意がなされている場合には、わが国を義務履行地と解して国際裁判管轄を認めるものがあるが、合意のほかに管轄を肯定するその他の事情が認められる事案に関するものである[25]。

(2) 財産権上の訴えの管轄〔財産等所在地〕

民訴法3条の3第3号は、「財産権上の訴え」については、「請求の目的が日本国内にあるとき、又は当該訴えが金銭の支払を請求するものである場合には差し押さえることができる被告の財産が日本国内にあるとき（その財産の価額が著しく低いときを除く。）。」にわが国の国際裁判管轄を認めると規定する。

国内土地管轄に関する民訴法5条4号によれば、「日本国内に住所（法人にあ

っては、事務所又は営業所。以下この号において同じ。）がない者又は住所が知れない者に対する財産権上の訴え」については、「請求若しくはその担保の目的又は差し押さえることができる被告の財産の所在地」に管轄が認められると規定されている。

民訴法3条の3第3号は、財産権上の訴えについて、国内土地管轄に関する民訴法5条4号の規律と異なり、被告が日本に住所を有すると否とにかかわらず、請求の目的が日本国内にあるときや当該訴えが金銭の支払を請求するものである場合には差し押さえることができる被告の財産が日本国内にあるときには、日本の裁判所に提起することができる旨を定めたものである。国内土地管轄の場合、普通裁判籍による管轄が認められる場合には、あえて特別裁判籍たる財産等所在地による管轄を認めなくても、債務名義を得て強制執行することは特段不都合ではない。しかし、国際裁判管轄の場合には、被告の住所等による管轄権が認められないことも少なくはなく、債権者が日本国内において強制執行を行う便宜を考慮する必要があるためである[26][27]。

一般的に、請求の目的が日本国内にあれば、わが国において紛争解決が図られることが被告の予期に反するということはないといえる。また、訴えが金銭の支払を請求するものである場合には、債権者としては、一般に、わが国に差し押さえることができる被告の財産があれば、当該財産を引当てとする強制執行を期待するものであり、強制執行を行うため必要な債務名義たる確定判決をわが国で取得できるようにすることが債権者の便宜にかなうことはいうまでもない。

国内土地管轄に関する民訴法5条4号によると、差し押さえることができる被告の財産の多寡にかかわらず、その所在地に管轄が認められる建前となっているが、国際裁判管轄に関する民訴法3条の3第3号においては、括弧書で「その財産の価額が著しく低いときを除く」との適用除外規定が設けられている。これは、特段の事情アプローチ説のもとにおいて、わずかな価値しかない財産が日本国内にあるような場合には、たまたまわが国に財産が存在するにすぎないことも多く、過剰なる管轄を認めてしまうことになりかねないことが指摘されていた[28]ことを受けたものである。

「財産の価額が著しく低い」とはいかなる場合を指すかについては、訴訟における請求額との均衡の観点から判断されるべきであるとの考え方も示されている[29]。しかし、上記のように、債権者は、債務者被告の財産が日本に

あれば、当該財産を引当てとする強制執行を期待するものであり、強制執行を行うための債務名義たる確定判決の取得につきわが国で行うことが便宜であることから管轄権が認められた趣旨に鑑みれば、強制執行しても債権の回収が見込めないような場合を指すものと解すべきことになろう[30]。

なお、国内土地管轄に関する規定（民訴5条4号）によると、担保の目的の所在地に管轄があると定められているものの、国際裁判管轄規定においては、担保の目的について定めるところがない。これは、担保権の実行にあたっては、訴えを提起して債務名義を得る必要がない（民執181条1項・189条・190条1項・193条1項参照）ことのほか、例えば、保証人が日本国内にいるだけで、海外の主債務者がわが国の国際裁判管轄に服することになるのは被告とされる主債務者の予期に反することになりかねないからであると説明されている[31]。

(3) 日本において事業を行う者に対する訴えの管轄権

民訴法3条の3第5号は、「日本において事業を行う者（日本において取引を継続してする外国会社（会社法（平成17年法律第86号）第2条第2号に規定する外国会社をいう。）を含む。）に対する訴え」については、「当該訴えがその者の日本における業務に関するものであるとき」にわが国の裁判所に提起することができると定めている。

事務所又は営業所がある場合には管轄が認められると規定する国内裁判管轄に関する民訴法5条5号の規定を受けて、民訴法3条の3第4号は、「事務所又は営業所を有する者に対する訴えでその事務所又は営業所における業務に関するもの」については、「当該事務所又は営業所が日本国内にあるとき」にわが国の裁判所に訴えを提起することができると定めるとともに、民訴法3条の3第5号は、平成14年の商法改正により外国会社の営業所の設置義務が廃止されたことにともない、営業所を持たずに、わが国において事業を行うことも可能になった（会社817条1項）ことから、日本国内に事務所や営業所を持たずに、日本において事業を行う者に対する訴えに関する管轄につき定めたものである。

民訴法3条の3第4号は、あくまで日本国内に事務所又は営業所がある場合に適用されるものであり、営業所を持たずに、わが国において事業を行う者に対する訴えに関しては適用されないことはいうまでもない。民訴法3条の3第4号は、わが国に営業所を持つ場合にのみ適用になるものであることから、外国会社がわが国において業務を行っているにもかかわらず、わが国に営業所を持たない場合には、訴えがわが国における業務に関するものであっても、

第1章　3　わが国の国際裁判管轄規定の全体像　　61

わが国の裁判所に国際裁判管轄が認めらないという不都合な事態が生じる。たとえ日本国内に事務所や営業所を有していないとしても、訴えがわが国における業務に関するものである限り、わが国の裁判所に提起できるものとすることが、当事者の期待はもちろん証拠の存在などから見ても当事者間の公平、裁判の適正・迅速に資するといえることから民訴法3条の3第5号が設けられたのである[32]。

　民訴法3条の3第5号の「日本における業務」という場合の業務は、民訴法3条の3第4号にいう「事務所又は営業所を有する者に対する訴えでその事務所又は営業所における業務」と同様、訴えにおいて原告より主張されている被告の個別特定の業務行為が日本国内で実際に行われるべきものであることを要するものと解されている[33]。被告の個別特定の業務行為自体が日本国外で行われた場合には、当該業務行為が属する業務種別や類型にあたる業務が日本でも提供されているということでは裁判管轄権を認めるには不十分であると考えられている[34]。

　ところで、現代社会において不可避的に生じる問題として、外国の事業者が日本国内に事務所や営業所を設置することなく、日本からアクセスすることができるインターネット上のウェブサイトを開設し、日本の法人や個人に対し製品等を売却したような場合に、当該代金の支払や購入製品の引渡しに関する訴えにつき、わが国において事業を行う者のわが国における業務に関するものとして、わが国の国際裁判管轄が認められるかという問題がある。この問題については、当該ウェブサイトが日本語で記載されているか、ウェブサイトを通じて日本から申込みができるか、購入した製品の日本への送付が可能か、当該事業者と日本の法人又は個人の取引実績などの事情を考慮して、当該事業者が、わが国において業務を行う者に該当し、かつ訴えがその者の日本における業務に関するものであるかどうかから判断すべきであるとされる[35]。

　ところで、民訴法3条の3第5号は、同4号とは異なり、事業者が、わが国内に事務所や営業所を持とうが持つまいが適用になるものである。したがって、わが国内に事務所や営業所を設置して事業を行う者の日本における業務に関する訴えである限り、民訴法3条の3第4号によって国際裁判管轄が認められるほか、同5号によっても国際裁判管轄が認められることとなる[36]。

　なお、民訴法3条の3第5号によって、管轄が認められた場合の具体的な国内

土地管轄については、わが国において取引を継続的に行おうとする外国会社は、少なくとも一人は日本に住所を有する日本における代表者を定めなければならず（会社817条1項）、被告が外国の社団又は財団で日本における代表者の住所がある場合には、普通裁判籍（民訴4条5項）のほか、義務履行地（民訴5条1号）、財産所在地（同4号）等の規定の適用により決せられることになる。国内土地管轄が定まらない場合については、民訴法10条の2により、最高裁判所規則で定める地を管轄する裁判所の管轄に属するものと定められている（民訴規6条の2）。

(4)　不法行為に関する訴えの管轄〔不法行為地〕

民訴法3条の3第8号は、「不法行為に関する訴え」につき、「不法行為があった地が日本国内にあるとき（外国で行われた加害行為の結果が日本国内で発生した場合において、日本国内におけるその結果の発生が通常予見することのできないものであったときを除く。）。」にわが国の裁判所に提起することができると定めている。

国内土地管轄に関する民訴法5条9号によれば、「不法行為に関する訴え」については、「不法行為があった地」に管轄が認められると定められている[37]。このように、不法行為地に裁判管轄が認められるのは、不法行為地には一般に証拠が存在することから証拠収集ができ、適正かつ迅速な裁判の実現を図ることができるとともに、不法行為の被害者が被害を受けたうえに不便な地での裁判を強いられることのないよう被害者を保護すべく便宜を図るべきとの考慮からであると説明される[38]。

一般に、不法行為があった地には、例えば、欠陥製品により負傷した消費者が損害賠償を求める訴えを提起する事案においては、欠陥製品であると主張される製品の設計・製造が行われた地である加害行為地のみならず、消費者が当該欠陥製品を使用して負傷した地である損害発生地（結果発生地）も含むと解されている[39][40]。しかし、国際裁判管轄の場面で損害発生地（結果発生地）に無制限に国際裁判管轄を認めると、被告にとっては全く予期しなかった地での応訴を強いられることになる。例えば、国内市場にのみ製品を供給している国内製造業者が製造した製品が、たまたま海外の地に渡り、当該製品を使用した消費者が負傷したような場合に、損害発生地（結果発生地）であるとして海外の地において、国内製造業者が応訴を強いられることは予期に反し、酷な結果を強いることになることも考えられる。

第1章　3　わが国の国際裁判管轄規定の全体像　63

　そこで、国際裁判管轄に関する民訴法3条の3第8号は、国内土地管轄に関する民訴法5条9号では特段制限されていない不法行為地による管轄原因につき、括弧書で「外国で行われた加害行為の結果が日本国内で発生した場合において、日本国内におけるその結果の発生が通常予見することのできないものであったときを除く」ものとして被害者が便宜な法廷地において救済を受けることができる利益と加害者の予期せぬ地での応訴を強要されない利益との調整を図った(41)。もちろん、民訴法3条の3第8号括弧書の管轄除外の定めがなくても、加害者において「日本国内におけるその結果の発生が通常予見することのできないものであった」場合には、「特別の事情」(民訴3条の9)により、わが国の国際裁判管轄を否定することもできると考えられる。しかし、定型的にわが国の国際裁判管轄が及び得ない場合については、これを明確化しておくことが、予測可能性及び法的安定性の観点から望ましいとの考えにより括弧書が設けられたものである(42)。

　ところで、「日本国内におけるその結果の発生が通常予見することのできないもの」であったかどうかについては、加害行為者の主観的事情から判断するのではなく、「加害行為者及び加害行為の性質、態様、被害発生の状況等、当該不法行為に関する事情を総合して、客観的・類型的に判断される」と説明されている(43)。人の行動も、物品の流れもボーダーレスの現代社会にあっては、特に加害行為者が国際的な物流に関わっている企業であるような場合には、「日本国内におけるその結果の発生が通常予見することのできないもの」といえる場面は限られたものになるようにも思われる。

3　消費者契約及び労働関係に関する訴えの管轄権

(1)　消費者契約に関する訴えの管轄

　民訴法3条の4第1項は、消費者からの事業者に対する消費者契約に関する訴えの管轄について、「消費者(個人(事業として又は事業のために契約の当事者となる場合におけるものを除く。)をいう。以下同じ。)と事業者(法人その他の社団又は財団及び事業として又は事業のために契約の当事者となる場合における個人をいう。以下同じ。)との間で締結される契約(労働契約を除く。以下「消費者契約」という。)に関する消費者からの事業者に対する訴えは、訴えの提起の時又は消費者契約の締結の時における消費者の住所が日本国内にあるときは、日本の裁判所に提起することができる。」と規定する。また、民訴法3条の4第3項は、事業者からの消費者に対する訴えにつき、「消

費者契約に関する事業者からの消費者に対する訴え…については、前条の規定は、適用しない。」と規定する。

国内土地管轄規定には、消費者契約に関する訴えについての管轄権につき特段の定めをするものは見当たらない[44]。しかし、平成23年民訴法改正により国際裁判管轄規定を設けるにあたり、消費者を保護するために、消費者契約に関する訴えの管轄権（民訴3条の4第1項・3項）につき特則を定める規定が設けられたのである。

消費者契約に関する訴えの管轄につき特則が設けられた理由は、消費者にとって使用言語、法制度や訴訟制度が異なる外国で提訴し、あるいは応訴することは困難であり、しかも、国際裁判管轄の場面では、国内土地管轄の場合と異なり、移送により当事者間の衡平を図ることができないなどの事情があるからである。一般的にいって、消費者と事業者との間には情報の質量や経済力において著しい格差があり、一消費者が、仮に住所地以外の国で事業者を相手取り訴えを提起し、あるいは事業者の訴えに応訴しなければならないとすると、経済力に劣る消費者は事実上訴訟によって権利の実現を図ることを断念することになったり、あるいは事業者からの請求につき十分な防御をすることができず敗訴することになったりしてしまうことになりかねないことは容易に想像ができる。

消費者は、民訴法3条の4第1項により、消費者契約に関する訴えを提起するにあたり、民訴法3条の2及び同3条の3によって認められる場合に加えて、訴えの提起の時又は消費者契約の締結の時における自らの住所が日本国内にあるときは、わが国の裁判所に消費者契約に関する訴えを提起することができる。例えば、事業者の住所等や営業所等所在地（民訴3条の2）や、契約において定められた債務の履行地（民訴3条の3第1号）が日本国内になくても、消費者は、訴えの提起の時又は消費者契約の締結の時に日本国内に住所を自らが有していれば、わが国の裁判所に消費者契約に関する訴えを提起することができることになった。

これに対して、事業者からの消費者に対する訴えについては、民訴法3条の4第3項により、同3条の3の規定の適用が排除されているため、事業者は、後述する付加的管轄合意がある場合や消費者の応訴により管轄が認められる場合のほかは、消費者の住所等がある国（民訴3条の2第1項）にしか訴えを提起することができないことになった。例えば、事業者は、消費者の住所等が日本

第1章　3　わが国の国際裁判管轄規定の全体像　　65

国内にある限り、たとえ契約において定められた債務の履行地（民訴3条の3第1号）が海外にあっても、わが国に国際裁判管轄が認められ、債務の履行地のある外国の裁判所に訴えを提起することは許されない。

　もちろん、国際裁判管轄は各国が自らの法令や解釈に基づき独自に判断するものであり、民訴法3条の4第3項は、事業者が、契約において定められた債務の履行地であるとして、消費者の住所等がある国とは異なる外国の裁判所に消費者契約に関する訴えを提起した場合に、外国の裁判所が国際裁判管轄を認めて審理判断し判決を下すことを妨げるものではないことはいうまでもない。

　しかしながら、そのような外国判決は、わが国における外国判決の承認執行の段階において、間接的国際裁判管轄を欠くものとして承認執行が否定されることになる。外国判決の承認執行要件を定める民訴法118条1号は、その要件の一つとして、「法令又は条約により外国裁判所の裁判権が認められること」と定めている。最高裁によると、平成23年民訴法改正以前の判決ではあるが、「『法令又は条約により外国裁判所の裁判権が認められること』とは、我が国の国際民訴法の原則から見て、当該外国裁判所の属する国（以下「判決国」という。）がその事件につき国際裁判管轄（間接的一般管轄）を有すると積極的に認められることをいうものと解される。そして、どのような場合に判決国が国際裁判管轄を有するかについては、これを直接に規定した法令がなく、よるべき条約や明確な国際法上の原則もいまだ確立されていないことからすれば、当事者間の公平、裁判の適正・迅速を期するという理念により、条理に従って決定するのが相当である。具体的には、基本的に我が国の民訴法の定める土地管轄に関する規定に準拠しつつ、個々の事案における具体的事情に即して、当該外国判決を我が国が承認するのが適当か否かという観点から、条理に照らして判決国に国際裁判管轄が存在するか否かを判断すべきものである。」との判断が示されていた[(45)]。

　平成23年民訴法改正により国際裁判管轄規定が設けられた現在、間接的国際裁判管轄も、民訴法3条の4第3項を含む国際裁判管轄規定に従って判断されるものと解されることから、事業者が、契約において定められた債務の履行地であるとして、消費者の住所等がある国とは異なる外国の裁判所に消費者契約に関する訴えを提起し、仮に裁判管轄が認められ判決が下されても、わが国では、間接的国際裁判管轄の要件を満たさないものとして、承認執行

される余地はなく、結果的に民訴法3条の4第3項の立法の際の消費者を保護すべきとの配慮が確保されることになるものと解される。

　また、民訴法3条の7第5項は、国際裁判管轄合意について、「将来において生ずる消費者契約に関する紛争を対象とする第1項の合意は、次に掲げる場合に限り、その効力を有する。一　消費者契約の締結の時において消費者が住所を有していた国の裁判所に訴えを提起することができる旨の合意（その国の裁判所にのみ訴えを提起することができる旨の合意については、次号に掲げる場合を除き、その国以外の国の裁判所にも訴えを提起することを妨げない旨の合意とみなす。）であるとき。二　消費者が当該合意に基づき合意された国の裁判所に訴えを提起したとき、又は事業者が日本若しくは外国の裁判所に訴えを提起した場合において、消費者が当該合意を援用したとき。」と定め、その効力を制限する規定を設けている。このように国際裁判管轄合意につき制限を設けたのは、消費者と事業者との間の国際裁判管轄合意を無制限に認めると、上記の規律を変更し事業者に有利な国際裁判管轄の取決めを許すことになり、消費者保護のためにわざわざ特則を設けた趣旨が簡単に没却されることになりかねないからである[46]。これにより、例えば、消費者契約時、日本在住の消費者が海外の事業者との間で、海外の地を管轄地とする管轄合意を取り交わしても、消費者が自ら合意された外国の裁判所に訴えを提起するか、事業者による合意された外国の裁判所への訴え提起につき管轄合意を援用しない限り、管轄合意は効力を持たないため、消費者が民訴法3条の4第1項に基づき海外の事業者を日本の裁判所に訴えた場合、海外の事業者は管轄合意があるとの本案前の抗弁を提出しても認められないことになる。しかし、消費者契約時、日本在住の消費者が事業者と日本を管轄地とする管轄合意を取り交わしていた場合、管轄合意は付加的管轄合意として有効であるので（民訴3条の7第5項1号）、訴えが提起された時点において消費者が海外に移り住んでいたとしても、事業者は、わが国の裁判所に消費者を相手取って訴えを提起することができることになる。

　なお、消費者が管轄合意に基づき合意された国の裁判所に訴えを提起したとき、又は事業者が日本若しくは外国の裁判所に訴えを提起した場合において、消費者が当該管轄合意を援用したときは、管轄合意の効力を制限してまで消費者を保護しなければならない必要性は認められないから、国際裁判管轄の合意は有効であると定められている（民訴3条の7第5項2号）。例えば、消費

者契約時に海外在住の消費者が、日本の事業者との間で、日本を管轄地とする管轄合意を取り交わした場合であっても、自ら当該合意に基づきわが国の裁判所に訴えを提起したときは、管轄合意は有効なものとして扱われる。また、消費者契約時に海外在住の消費者が、日本の事業者との間で、日本を管轄地とする管轄合意を取り交わした場合であっても、事業者が、当該管轄合意に基づきわが国の裁判所に訴えを提起した場合に、消費者が当該合意を援用したときも管轄合意は有効なものとして扱われることはいうまでもない。

　既に述べたように消費者からの事業者に対する訴えについては、訴えの提起の時又は消費者契約の締結の時における消費者の住所が日本国内にあるときは、わが国の裁判所に提起することができることとしたのは、実際に、消費者が日本国内に住所を有するにもかかわらず、わが国以外の裁判所に訴えを提起しなければならないものとすると、使用言語、法制度、訴訟手続の異なる地での訴訟追行を強いることになり、情報の質量、経済力などの大きな格差のために、事実上裁判により権利の実現を図ることを断念せざるを得なくなることに配慮したものである。しかし、これにより、事業者は、消費者が契約締結後に住所を移動する場合には、消費者との契約締結時には予測し得ない地において応訴し、あるいは提訴することを強いられ、自らの活動拠点におけるのとは異なる使用言語、法制度、訴訟手続に晒されることになることを意味する。しかも、一般に、事業者と消費者とを比較すると、情報の質量、経済力等において、大きな格差があるといっても、実際には事業者といえども零細業者も少なくなく、およそ海外での活動が考えられないような企業も多数存在するのであり、国際的な拡がりを持つ民事紛争という視点から見ても情報の質量、経済力等において消費者とあまり大差がない場合もある。そのような場合には、民訴法3条の9の「特別の事情」による訴え却下により、わが国の国際裁判管轄が否定されることもあり得るものと解される。

　(2)　労働関係に関する訴えの管轄

　民訴法3条の4第2項は、「労働契約の存否その他の労働関係に関する事項について個々の労働者と事業主との間に生じた民事に関する紛争（以下「個別労働関係民事紛争」という。）に関する労働者からの事業主に対する訴えは、個別労働関係民事紛争に係る労働契約における労務の提供の地（その地が定まっていない場合にあっては、労働者を雇い入れた事業所の所在地）が日本国内にあるときは、日本の裁判所に提起することができる。」と定める。また、

民訴法3条の4第3項は、個別労働関係民事紛争に関する事業主からの労働者に対する訴えにつき、事業者からの消費者に対する訴えと同様、「個別労働関係民事紛争に関する事業主からの労働者に対する訴えについては、前条の規定は、適用しない。」と規定する。

国内土地管轄規定には、消費者契約に関する訴え同様、労働関係に関する訴えについての管轄権につき特段の定めをするものは見当たらない。しかし、平成23年民訴法改正により国際裁判管轄規定が設けられるにあたり、消費者同様、労働者を保護するために、労働関係に関する訴えの管轄権につき特則を定める規定が設けられたのである。

労働関係に関する訴えの管轄につき特則が設けられた理由は、一般に、労働者が使用言語、法制度や訴訟制度が異なる外国での提訴あるいは応訴が困難であり、しかも、国際裁判管轄の場面では、国内土地管轄の場合と異なり、移送により当事者間の衡平を図ることができないなどの事情があるからである。一般的にいって、労働者と事業主との間には情報の質量や経済力において著しい格差があり、一般の国際裁判管轄の規定により処理され、一労働者が、事業主の主たる事務所又は営業所がある国において事業主を相手取り訴えを提起し、あるいは事業主の訴えに応訴しなければならないとすると、経済力に劣る労働者は事実上訴訟によって権利の実現を図ることを断念することになったり、あるいは事業者からの請求につき十分な防御をすることができず敗訴することになったりしてしまうことになりかねないといえる。

労働者は、事業主に対して個別労働関係民事紛争に関する訴えを提起するにあたり、民訴法3条の4第2項により、民訴法3条の2及び同3条の3によって認められる場合に加えて、個別労働関係民事紛争に係る労働契約における労務の提供の地（その地が定まっていない場合にあっては、労働者を雇い入れた事業所の所在地）が日本国内にあるときは、わが国の裁判所に提起することができることになった。しかも、事業主が労働者に対して提訴する場合には、民訴法3条の4第3項により、同3条の3の適用が排除されるものとすることによって、労働者の住所地を管轄する裁判所にのみ提訴できるものとしている。

ところで、民訴法3条の4第2項は、消費者契約における消費者同様、労働者は、一般に、事業主と比べて情報の質量、交渉力、経済力において弱者の立場に立つことから、労働者保護の観点から特則を認めたものであるが、労務の提供の地（その地が定まっていない場合にあっては、労働者を雇い入れた

第1章 3 わが国の国際裁判管轄規定の全体像 69

事業所の所在地）がわが国にあるときに限り、わが国の裁判所に訴えを提起
できるものとし、消費者の場合と異なり、訴え提起時や契約締結時の労働者
の住所地国に管轄を認めなかった。これは、一般に、労働者にとって、労務
の提供の地（その地が定まっていない場合にあっては、労働者を雇い入れた
事業所の所在地）であれば、訴え提起にもさしたる支障がなく、証拠も存在
するものと考えられるうえ、事業主にも予測に反した地での応訴を強いると
いうことにならないからである[47]。

　これに対して、事業主からの労働者に対する訴えについては、民訴法3条の
4第3項により、同3条の3の規定の適用が排除されているため、事業主は、後
述する付加的管轄合意がある場合や労働者の応訴により管轄が認められる場
合のほかは、労働者の住所等（民訴3条の2第1項）にしか訴えが提起できない。
事業主は、労働者の住所等が日本国内にない限り、例えば契約において定め
られた債務の履行地（民訴3条の3第1号）が日本国内にあっても、わが国の裁判
所に訴えを提起することは許されない。また、事業主は、労働者の住所等が
日本国内にある限り、たとえ労働契約において定められた債務の履行地が海
外にあっても、わが国に国際裁判管轄が認められ、債務の履行地のある外国
の裁判所に訴えを提起することは許されない[48]。

　もちろん、国際裁判管轄は各国により自らの法令や解釈に基づき独自に判
断されるものであり、民訴法3条の4第3項は、事業主が、契約において定めら
れた債務の履行地であるとして、労働者の住所等がある国とは異なる外国の
裁判所に個別労働関係民事紛争に関する訴えを提起した場合に、外国の裁判
所が国際裁判管轄を認めて審理判断し判決を下すことを妨げるものではない
ことはいうまでもない。しかしながら、そのような外国判決は、わが国にお
ける外国判決の承認執行の段階において、間接的国際裁判管轄を欠くものと
して承認執行が否定されることになることは、前述した消費者契約の場合と
同様である。

　ところで、民訴法3条の7第6項は、国際裁判管轄合意に関し、労働者保護の
観点から、将来において生ずる個別労働関係民事紛争を対象とするものであ
り、「労働契約の終了の時にされた合意であって、その時における労務の提供
の地がある国の裁判所に訴えを提起することができる旨を定めたもの（その
国の裁判所にのみ訴えを提起することができる旨の合意については、次号に
掲げる場合を除き、その国以外の国の裁判所にも訴えを提起することを妨げ

ない旨の合意とみなす。）であるとき」に限ってその効力を認めるものとされている。また、「労働者が当該合意に基づき合意された国の裁判所に訴えを提起したとき、又は事業主が日本若しくは外国の裁判所に訴えを提起した場合において、労働者が当該合意を援用したとき」も有効であると考えられている[49]。

一般に、労働者と事業主との交渉力や経済力に鑑みると、労働者と事業主との間の国際裁判管轄合意につき無制約に許容するとなると、事業主が労働者に対する訴えにつき、労働者の住所地国にのみ国際裁判管轄を認めて、労働者を保護しようとした民訴法3条の4第3項の趣旨が簡単に覆されてしまうおそれがあるため、制約を課したものである。もちろん、国際裁判管轄合意が、労働契約の終了の時においてなされた場合には、労働者が、交渉力や経済力の違いを背景にして、事業主から管轄合意を強いられるおそれもなく、また、労働契約の終了の時より前にされた管轄合意であっても、労働者が自ら管轄合意に従って訴えを提起した場合はもちろん、事業主が日本若しくは外国の裁判所に訴えを提起した場合において、労働者が当該管轄合意を援用した場合には、労働者を保護する必要がないことから有効なものと定められている。

4 併合請求における管轄権

民訴法3条の6は、「一の訴えで数個の請求をする場合において、日本の裁判所が一の請求について管轄権を有し、他の請求について管轄権を有しないときは、当該一の請求と他の請求との間に密接な関連があるときに限り、日本の裁判所にその訴えを提起することができる。ただし、数人からの又は数人に対する訴えについては、第38条前段に定める場合に限る。」と定めている。

併合請求には、原告と被告間で複数の請求が定立される客観的併合と、複数の原告と被告との間で複数の請求が定立される主観的併合とがある。併合請求における管轄権とは、管轄権がある請求と併合されることによって、本来は管轄権が認められない請求についても管轄権が認められるに至ることを認めるというものである。

(1) 客観的併合請求における管轄権

国内土地管轄に関する民訴法7条は、「一の訴えで数個の請求をする場合には、第4条から前条まで（第6条第3項を除く。）の規定により一の請求について管轄権を有する裁判所にその訴えを提起することができる。ただし、数人

からの又は数人に対する訴えについては、第38条前段に定める場合に限る。」
と定めており、客観的併合の裁判籍については何らの制限もしてない。

　国内土地管轄における客観的併合については、同一当事者間での同一の手
続において複数の請求が審理判断されるものであることから、被告としても、
一般に、複数のうちの一つの請求につき管轄が認められ応訴せざるを得ない
以上、他の請求についても当該管轄裁判所において訴訟追行することにつき
何らかの制限を設けてもらわねばならないほどの大きな不都合は生じない。
しかも、併合された請求間に関連性がなく、そのまま他の請求につき一つの
請求につき認められた管轄裁判所において審理することが当事者間の衡平や
裁判の審理を遅延させるような場合には、移送することで対処できる。

　しかしながら、国際裁判管轄における客観的併合請求の管轄権にあっては、
移送により当事者間の衡平を図ることができないばかりか、使用言語、法制
度、訴訟手続が異なる外国での応訴を余儀なくされることは、一つの請求に
対するものだけであっても相当の負担を伴うものであるのに、本来は国際裁
判管轄が認められない請求についてまで外国の地での応訴を強いられること
になることは耐え難いものがあることはいうまでもない。しかし、他方で、
特に、併合された請求間につき、「密接な関連がある」ような場合には、訴訟
資料を共通化でき訴訟経済的観点から望ましいだけでなく、共通の審理によ
り統一的な判断が下されることにも資する利点があるといえる。そこで、従
来から、国際裁判管轄の場合には、客観的併合により裁判籍が認められる場
合としては、併合請求間に「（密接な）関連性」や「請求の基礎同一性」が認
められることが必要であるとの見解が主張されていた[50]。

　そして、最高裁も、ウルトラマン事件判決（最判平13・6・8民集55・4・727）に
おいて、「ある管轄原因により我が国の裁判所の国際裁判管轄が肯定される
請求の当事者間における他の請求につき、民訴法の併合請求の裁判籍の規定
（民訴法7条本文、旧民訴法21条）に依拠して我が国の裁判所の国際裁判管轄
を肯定するためには、両請求間に密接な関係が認められることを要すると解
するのが相当である。けだし、同一当事者間のある請求について我が国の裁
判所の国際裁判管轄が肯定されるとしても、これと密接な関係のない請求を
併合することは、国際社会における裁判機能の合理的な分配の観点からみて
相当ではなく、また、これにより裁判が複雑長期化するおそれがあるからで

ある。」との判断を示すに至った。

なお、ウルトラマン事件判決は、「両請求間に密接な関係が認められる」具体的な場合について、「これを本件についてみると、本件請求③ないし⑥は、いずれも本件著作物の著作権の帰属ないしその独占的利用権の有無をめぐる紛争として、本件請求①及び②と実質的に争点を同じくし、密接な関係があるということができる。」と判示しており、争点を共通にする場合などが念頭に置かれている[51]。

そこで、民訴法3条の6においても、「当該一の請求と他の請求との間に密接な関連がある」場合とは、具体的には、併合された請求間に訴訟資料を共通化できるほどの関係がある場合などを指すものと考えられる。

(2) 主観的併合請求における管轄権

客観的併合の場合に対し、主観的併合の場合には、本来自らはわが国の国際裁判管轄にそもそも服さない者をわが国の国際裁判管轄に服させることになることから、客観的併合の場合よりも、より他の請求と同時に審理判断される必要性が示されることが求められることになる。このような事情を踏まえて、国内土地管轄に関する民訴法7条も、「数人からの又は数人に対する訴えについては、第38条前段に定める場合に限る」ものと定め、併合請求の裁判籍による管轄が認められる場合を絞り込んでいる[52]。

ところで、国際裁判管轄について、主観的併合を理由に併合請求の管轄を認めることとなると、被告は、わが国と特段の自己の生活上、企業活動上の関連がなく、また自己に対する請求とも関連を有しない場合であってもわが国の裁判所での応訴を強いられるという不利益を被ることになる。そこで、被告の利益保護を図る必要から、平成23年民訴法改正により国際裁判管轄の規定が設けられるまでは、下級審裁判例の多くは、主観的併合を理由に併合請求の国際裁判管轄を認めることは原則として許されないと解したうえで、わが国の裁判所の国際裁判管轄を認めることが当事者間の公平、裁判の適正・迅速を期するという理念に合致する特段の事情が存する場合には条理に照らし、わが国裁判所の国際裁判管轄を認めることが相当であるとの判断を示していた[53]。

しかしながら、民訴法3条の6は、主観的併合による併合請求の管轄権について、民訴法7条と同様、「ただし、数人からの又は数人に対する訴えについては、第38条前段に定める場合に限る」と定めたものであるといえる。これにより、被告の利益保護を図る必要から、主観的併合を理由に併合請求の国

際裁判管轄を認めることは原則として許されないと解し、当事者間の公平、裁判の適正・迅速を期するという理念に合致する特段の事情が存する場合には例外的に肯定するとの従来の下級審裁判例や学説の立場からみると、原則と例外が逆転する形で改められることになったといえる。

5 管轄権に関する合意

民訴法3条の7第1項は、「当事者は、合意により、いずれの国の裁判所に訴えを提起することができるかについて定めることができる。」として管轄合意を一般的に許容するものとし、同2項は、「前項の合意は、一定の法律関係に基づく訴えに関し、かつ、書面でしなければ、その効力を生じない。」としたうえで、同3項は、「第1項の合意がその内容を記録した電磁的記録（電子的方式、磁気的方式その他人の知覚によっては認識することができない方式で作られる記録であって、電子計算機による情報処理の用に供されるものをいう。以下同じ。）によってされたときは、その合意は、書面によってされたものとみなして、前項の規定を適用する。」として、管轄合意は、一定の法律関係に基づく訴えに関するもので、書面（あるいは電磁的記録）によって行われるべきことを要求している。ただし、同4項は、「外国の裁判所にのみ訴えを提起することができる旨の合意は、その裁判所が法律上又は事実上裁判権を行うことができないときは、これを援用することができない。」とも規定している。

国内土地管轄に関する民訴法11条1項は、「当事者は、第1審に限り、合意により管轄裁判所を定めることができる。」として管轄合意を許容するものとしたうえ、同2項は、「前項の合意は、一定の法律関係に基づく訴えに関し、かつ、書面でしなければ、その効力を生じない。」と規定し、また、同3項は、「第1項の合意がその内容を記録した電磁的記録によってされたときは、その合意は、書面によってされたものとみなして、前項の規定を適用する。」と定めている。

ところで、民訴法3条の7第4項が定めるように、「外国の裁判所にのみ訴えを提起することができる旨の合意は、その裁判所が法律上又は事実上裁判権を行うことができないとき」であっても管轄合意を有効なものとして認めてしまうと、国際的専属的合意管轄であることから、当事者は、結局は司法的救済を受ける機会を失うことになってしまう。このような国際裁判管轄に特有の問題を踏まえて、民訴法3条の7第4項が設けられることになったもので

ある。すなわち、外国の裁判所にのみ訴えを提起することができる旨の合意は、その裁判所が法律上又は事実上裁判権を行うことができないとき[54]は、これを援用することができないと定め、裁判による紛争解決が拒否される事態が生じることを回避している。

既に述べたように、民訴法3条の7は、当事者が、一定の法律関係に基づく訴えに関し、かつ、書面（合意の内容を記録した電磁的記録も含む）により、いずれの国の裁判所に訴えを提起することができるかについて定める国際裁判管轄合意を行った場合には、同条5項及び6項の場合を除き、管轄権がわが国に専属的に帰属するものでない限り、有効であると定めた（民訴3条の7第1項ないし6項、3条の10）。平成23年民訴法改正により国際裁判管轄規定が設けられる以前に、最高裁は、チサダネ号事件（最判昭50・11・28民集29・10・1554）において、国際裁判管轄の合意について、「ある訴訟事件についてのわが国の裁判権を排除し、特定の外国の裁判所だけを第1審の管轄裁判所と指定する旨の国際的専属的裁判管轄の合意は、（イ）当該事件がわが国の裁判権に専属的に服するものではなく、（ロ）指定された外国の裁判所が、その外国法上、当該事件につき管轄権を有すること、の2個の要件をみたす限り、わが国の国際民訴法上、原則として有効である」との判断を示しており、民訴法3条の7は、方式及び効力を含めチサダネ号事件判決に倣ったものということができる[55]。

ただ、チサダネ号事件判決が有効要件として示した、管轄合意が甚だしく不合理であり公序法に違反する際の取扱いについて、民訴法3条の7は何ら触れるところがない。そこで、民訴法3条の7には、有効要件として管轄合意が甚だしく不合理であり公序法に違反する場合の取扱いについていかに解釈すべきかという問題が残されているようにも思われる。しかし、この点については、民訴法3条の7は、管轄合意は訴訟契約であり、訴訟契約にも公序の規律が及ぶことは当然のことであるから、特段明記しなかったにすぎず、チサダネ号事件判決の有効性の要件を不要としたものと解すべきではないと考えられている[56]。

なお、既に述べたように、消費者と事業者との間での消費者契約に関する訴え、及び労働者と事業主との個別労働契約に関する訴えにつき国際裁判管轄の合意が行われても、消費者保護、労働者保護の観点から、事業者や事業主からの消費者や労働者に対する訴えに関する国際裁判管轄合意については、その効力が制限されている（民訴3条の7第5項・6項）。このような合意管轄

第1章　3　わが国の国際裁判管轄規定の全体像　　75

を制限する定めは、消費者・労働者が事業者・事業主と比べ、一般に情報量や資力などにおいて劣ることから管轄において有利となるよう便宜を図ったものであり、国内土地管轄においては見ることができないものである。そもそも国内土地管轄については、専属的裁判管轄合意の場合であっても、裁判所は合意管轄による裁判所とは異なる裁判所に移送することができる（民訴20条1項参照）ものの、国際裁判管轄の場合には、移送制度が存在していないため、あえて一定の属性にある者を保護するためには管轄合意の効力を一定程度制限しなければならないのである。

　ただし、民訴法3条の7によって明示的に管轄合意が制限されている場合を除いては、日本の裁判所が審理及び裁判をすることが当事者間の衡平を害し、又は適正かつ迅速な審理の実現を妨げることとなる特別の事情があると認められる場合であっても、専属的裁判管轄合意がなされている場合には、「特別の事情」により訴えを却下（民訴3条の9）するようなことがあってはならない。当事者としては、専属的管轄の合意をし、国際裁判管轄についての争いを事前に防止しておこうとした意図が否定されることになってしまうことは避けなければならないからである。

　民訴法3条の7は、「当事者は、合意により、いずれの国の裁判所に訴えを提起することができるかについて定めることができる。」と規定しており、わが国を管轄裁判所とする合意をすることも、外国を管轄裁判所とする合意をすることも認める趣旨のものであることはいうまでもない。したがって、わが国の国際裁判管轄規定に従って、わが国に訴えが提起された場合であっても、被告から外国を専属的な管轄裁判所とする合意の存在を主張して訴え却下が求められた場合、管轄合意が認められれば、わが国の裁判所は、訴えを却下しなければならない。

　一般に、管轄合意は、合意した国の裁判所にしか管轄を認めない旨の専属的管轄合意と、合意した国の裁判所以外に訴えを提起することも妨げない旨の付加的管轄合意とがあるが、当事者によって明示されない場合には、個々の事案ごとに裁判所によって判断されるものと解されている[57]。

　なお、管轄合意が例えば売買契約の一条項の形で行われている場合、契約のその他の条項が無効又は取り消されたとしても、一般に管轄合意には影響を与えず、有効であると解されている[58]。管轄合意は、まさに売買契約の有効無効を含めた当該契約から生じる一切の当事者間の紛争解決のための管轄

地としての合意であると考えられる（仲裁13条6項参照）。また、国際裁判管轄にあっては、例えば、東京地方裁判所と指定され、国際裁判管轄の合意と共に、国内土地管轄の合意がなされたと見られる場合もあるものの、日本の裁判所とする国際裁判管轄の合意にとどまる場合、国内土地管轄の規定（例えば、普通裁判籍、義務履行地、事務所又は営業所の所在地）によっては、国内土地管轄が決まらない事態が生じ得る。その際、わが国内の国内土地管轄が決まらない場合には、最高裁判所規則で定める地（東京都千代田区）を管轄する裁判所の管轄に属するものとされる（民訴10条の2、民訴規6条の2）。

＜注＞

(8)　なお、小島・前掲注(3)399頁は、「原告は被告の法廷に従う」との考えに対し、「防御的地位に立つ被告の応訴の便と攻撃的地位に立つ原告の救済との相対的評価は、絶えず時代とともに揺れ動いていくもの」であり、「世界市場で事業を展開する組織が保有する情報へのアクセス力が飛躍的に高まりつつある今日、不慮の事故による個人被害者に実効的な裁判へのアクセスを保障することは相当に重視されてしかるべきであ」るとして、被告法廷地主義の原則は、個々の事案に即して不断に問い直されていかねばならないという。

(9)　池原＝平塚・前掲注(4)12頁以下参照。

(10)　静岡地裁浜松支部平成3年7月15日判決（判時1401号98頁）は、日本法人が米国在住の日本人に対して米国カリフォルニアに所在する原告所有の土地建物を被告に売却すべき債務の存在しないことを確認する訴えを提起した事案において、民訴法「2条2項〔現民訴法4条2項〕の最後の住所によることができるのは世界中に住所も居所もない場合に限られるというべきである」との判示を行っていた。

(11)　武藤佳昭「被告の住所、営業所所在地等による管轄権」日本弁護士連合会国際裁判管轄規則の法令化に関する検討会議編『新しい国際裁判管轄法制－実務家の視点から－』別冊ＮＢＬ138号37頁（2012）参照。

(12)　松岡博「国際取引における裁判管轄」阪大法学124号5頁（1982）及び同「国際裁判管轄」遠藤浩ほか監修『現代契約法大系〔第9巻〕』276頁（有斐閣、1985）は、被告住所地主義の根拠として、当事者間の公平、住所地には被告の財産もあると考えられることのほかに、原告にとっても必ずどこか一箇所常に被告を訴えることができる国を確保されている必要があり、それが被告の住所地国をおいてほかにないことが挙げられている。

(13)　武藤・前掲注(11)37頁は、被告が自然人である場合、最後の住所地による国際裁判管轄権を認めるかどうか、職権により、被告が日本で住所を有して

第1章　3　わが国の国際裁判管轄規定の全体像　　77

いた時期、滞在理由、職業等に照らしつつ慎重に判断すべきであり、また「特
別の事情」による訴え却下をすべきか否かについても慎重に考慮すべきであ
るという。

(14)　小林・前掲注(5)24頁。なお、下級審裁判例には、業務関係性を問わないも
のも少なくなかったが、東京地裁昭和57年9月27日中間判決（判時1075号137
頁）や東京地裁平成9年10月1日判決（判タ979号144頁〔ルフトハンザ航空事
件〕）の事案のように、被告法人がＫＬＭ航空やルフトハンザ航空といった世
界的規模で営業活動を行っている国際航空運送会社であったり、東京地裁平
成19年3月20日中間判決（判時1974号156頁）の事案のように、米国法人であり
ながら、実際には米国での活動実体がなく代表者も日本に住所を有している
ことなどから、わが国に裁判籍が認められるとされたものがある。また、大
阪地裁平成7年5月23日判決（判時1554号91頁）は、外国の大学が日本に設置し
た日本校を「営業所」ともいうべきものであるとしたが、横浜地裁平成18年6
月16日判決（判時1941号124頁）のように、被告法人の取締役2名が日本法人の
取締役3名中の2名を兼ねているとしても、日本法人の本店をもって、被告法
人の実質的に「事務所又は営業所」とはいえないと判断したものもある。

(15)　池原＝平塚・前掲注(4)19頁以下。これに対し、森下哲朗「新しい国際裁判
管轄ルール：営業所所在地・事業活動管轄、債務履行地管轄を中心に」国際私
法年報15号33頁（2014）は、企業が何らかの事務所・営業所を現実に設置して
いる国において訴えられることは、一般に受忍すべきリスクであるという。

(16)　以上につき、一問一答31頁以下。

(17)　なお、国際航空運送についてのある規則の統一に関する条約（モントリオ
ール条約）によると、旅客の死亡又は傷害の場合には、事故発生当時、旅客が
主要かつ恒常的な居住地を有していた締約国の領域にも裁判管轄が認められ
るものと定められているが、マレーシア航空事件においては、国内線での航
空機事故であり、モントリオール条約は適用にならない事案である。

(18)　兼子・前掲注(1)83頁は、立法論として疑問であるとし、民訴法5条1号が適
用されるのは、履行地について当事者間に特約がある場合に限定されるべき
であると主張していた。

(19)　東京地裁平成7年4月25日判決（判時1561号84頁）は、日本法人らが、委託
者である米国法人らが代理手数料の支払を免れるために、自らに与えられた
土地売却に関する排他的権限を侵して売買契約を締結してしまったとして不
法行為に基づく損害賠償及び商法512条に基づく手数料を求める訴えを提起
した事案において、「不法行為に基づく損害賠償請求の場合に、日本の法律に
よって義務履行地を定め、それを基準に常に日本の裁判所の管轄を認めると

すれば、被告においてそのことを予測することが不可能であって、当事者間の公平に反するおそれが大きいから、不法行為事件の国際裁判管轄を決定するに際し、民事訴訟法5条〔現民訴法5条1号〕の義務履行地を基準とすることは、これを否定すべきものと解する」との判断を示していた。

なお、東京地裁平成元年8月28日判決（判時1338号121頁〔文藝春秋事件〕）は、日本の出版社が、米国在住の日本人に対して、雑誌記事により名誉を毀損されたとする損害賠償債務の不存在確認を求めて訴えを提起した事案において、単純に、「不法行為に基づく損害賠償請求権の義務履行地は、民法484条によれば債権者の所在地とされているので、本件における民事訴訟法5条〔現民訴法5条1号〕の義務履行地は被告の所在地であるアメリカ合衆国である」として、わが国の国際裁判管轄権を否定した。なお、同判決は、原告が本件雑誌を被告の居住するカリフォルニア州で販売し、被告の名誉を毀損したことが不法行為であるとして、本件の不法行為地はカリフォルニア州であると断じている。

(20)　黙示的に債務の履行地を定めたと考えられる場合として、例えば、日本人弁護士たる原告が、台湾人たる被告に対して委任報酬を求める訴えを提起した事案において、被告は台湾には財産がなく、わが国に所在する土地建物が唯一の財産であることに照らせば、わが国に所在する土地建物を売却処分して換金した金員の中から支払うことが当然の前提とされているのであるから、その履行もわが国でなされることが黙示的に合意されていたものと推認されるとした東京地裁昭和62年10月23日判決（判時1261号48頁）がある。一問一答37頁（注1）も参照。

(21)　高桑昭「判例批評」ジュリ1078号124頁（1995）は、義務履行地に管轄を認める理由が、当事者が義務履行地での履行を予期していることにあるとすれば、国際裁判管轄の決定における義務履行地は契約上明らかな場合に限られるとの考えを述べていた。なお、前掲注(19)東京地裁平成7年4月25日判決（判時1561号84頁）は、商法512条に基づく手数料請求との関係において、「契約上の債務については、義務履行地が契約上明示され、あるいは契約内容から一義的に明確であるというような特段の事情のないかぎり、義務履行地としての国際裁判管轄を日本国内に認めることは」当事者間の公平を失することになるとの考えを示していた。また、東京地裁平成6年1月31日判決（判時1509号101頁）は、英国法人（銀行）が、日本法人に対する売買代金債権に係る英国判決につき執行判決を求めた事案において、契約上義務の履行地が明示されていたというものではないことが認められ、契約準拠法上の法原則の適用によって初めて義務の履行地が定まるというような場合において、とりわけ

第 1 章　3　わが国の国際裁判管轄規定の全体像　　79

　当該債務が金銭債務であるようなときには、単に義務の履行地であるという
ことのみをもっては国際裁判管轄権を基礎づけることはできず、他に何らかの
の補強的な関連を要するものと解すべきところ、かえって、売買契約の締結
地がわが国であったことが認められ、補強的な関連を認めるべき証拠はない
として、英国の間接的国際裁判管轄を否定した。

(22)　大阪地裁平成3年3月25日判決（判時1408号100頁）は、米国法人の日本法人
に対する米国判決（欠席判決）につき執行判決が求められた事案において、旧
民訴法200条1号〔現民訴法118条1号〕の間接的国際裁判管轄要件充足の有無
を判断するにあたり、米国法人がわが国の民法484条を適用して義務履行地は
米国ミネソタ州であり、ミネソタ州地裁に国際裁判管轄があると主張したの
に対し、「契約の本来の目的たる債務が転化した債務不履行による損害賠償義
務の履行地にすぎない場合の債権者の住所地は、それが契約上の特約により
明示されているなどの場合は格別であるが、さもない場合は同地に国際裁判
管轄権を認めると当事者間の公平を失することになる」として、ミネソタ州
地裁に国際裁判管轄があるとの主張を退けている〔米国法人は日本に関連会
社を有しているのに対して、日本法人はミネソタ州はもとより、北米には営
業所、子会社などを持たないことが認められ、双方の訴訟追行能力をも勘案〕。
なお、一問一答39頁によれば、双務契約の場合、売主が、買主の売買代金支払
債務の不履行を理由に契約を解除して買主に引渡済みの売買目的物の返還を
求める場合、本来、売買代金が支払われるべきであった地が日本であれば、買
主が負うに至った目的物返還債務の履行も日本において行われると売主が期
待することが通常であることから、わが国の裁判所に国際裁判管轄権が認め
られるという。

(23)　森下・前掲注(15)44頁は、本条は、債務履行地管轄を認める対象を契約上
の債務の履行や解約上の債務に関する請求を目的とする訴えに限定し、不法
行為に基づく損害賠償債務の義務履行地管轄を認めるかといった争いにつき
立法的解決を図った点に意義があるという。

(24)　道垣内正人「国際裁判管轄」高桑昭＝道垣内正人編『新・裁判実務大系3
国際民事訴訟法（財産法関係）』（青林書院、2002）45頁は、契約事件であって
も、金銭債務の履行地は除外されるべきであると論じていた。

(25)　東京地裁昭和56年11月27日判決（判タ460号118頁）は、日本法人が被告た
る外国法人の生産増大を図るべく融資した資金の返還を求める訴えを提起し
た事案において、「弁済は、原告が指定した訴外銀行A支店の原告預金口座に
振込むことによりなすことが、原・被告間で合意されたことが認められ、…本
件消費貸借契約の義務履行地は、日本国内にある」として義務履行地の管轄
を認めた〔また、本件消費貸借契約が、東京都内において締結されていること

も認定された〕。また、東京地裁平成元年11月14日判決（判時1362号74頁〔日本エモトランス事件〕）は、日本法人が米国法人に対し、着払運賃の支払を求めた事案において、「着払い運賃は、その回収の依頼者であって、運賃債権の本来の権利者である発地の混載業者に対し送金して支払う旨の合意があったものと認めることができる。…支払い義務の義務履行地は、振込送金の受領地である日本国東京である」として、わが国の国際裁判管轄を認めた〔また、被告は、その関連業者を東京に有し、訴訟遂行について現にその援助を受けていることから、被告を日本国の裁判権に服させることとしても、なんら不都合があるとは認められないことも認定された〕。なお、高桑・前掲注(21)124頁は、銀行口座への振込の方法によることとするのは決済上の便宜によることも少なくないことから、契約上義務履行地が明らかであっても、当然に管轄権を認める合理性に乏しいこともあると主張していた。

(26)　金銭債務不存在確認の訴えの国際裁判管轄については、差し押さえることができる財産の所在地に管轄を認めることになると、常に、債務者たる原告の住所地のある国の裁判所に管轄権が認められることになり、債権者たる被告に不利益を及ぼすことになることから何らかの手当てをすべく規定を設けるべきであるとの考えも主張されていたようであるが、結局、金銭債務不存在確認の訴えの国際裁判管轄については、民訴法3条の9の「特別の事情」による訴え却下によって対処すべきものとして規定が設けられることはなかったことについては、一問一答46頁（注1）参照。

(27)　東京地裁昭和62年7月28日判決（判時1275号77頁〔アッティカ号事件〕）は、金銭債務に関しては債務者の普通裁判籍所在地が財産所在地（民事執行法144条2項本文参照）と解されることから、金銭債務の消極的確認訴訟の国際裁判管轄についても民訴法5条4号〔旧民訴法8条〕に準じた管轄原因を認めると、債務者は債権者の主張する債権の内容如何を問わず、常に自らの住所の存する国の裁判所に訴えを提起できることとなり、反面、債権者は自己の生活上の関連がなく、自己の主張する債権の内容とも何ら関連のない国において応訴することを余儀なくされることとなるとして、民訴法5条4号〔旧民訴法8条〕にいう財産所在地であることを理由に金銭債務の消極的確認訴訟の国際裁判管轄を認めることは相当でないとの判断を下した。なお、不法行為に基づく損害賠償債務不存在確認の訴えにつき、民訴法5条9号〔旧民訴法15条〕に基づき国際裁判管轄を認めたものとして、さしあたり東京地裁平成10年11月27日判決（判タ1037号235頁）参照。

(28)　東京地裁昭和34年6月11日判決（下民10巻6号1204頁）は、たまたま商品見本がわが国に存在していた事案において、民訴法5条4号〔旧民訴法8条〕に基

第1章　3　わが国の国際裁判管轄規定の全体像　　81

づく国際裁判管轄を認めなかった。道垣内・前掲注(24)44頁以下は、民訴法5
条4号〔旧民訴法8条〕は、そもそも国際裁判管轄ルールとしては妥当しないと
述べていた。なお、池原＝平塚・前掲注(4)21頁は、原告の請求額に見合う以
上の財産が日本にある程度継続して存在するときに限り、財産所在地として
国際裁判管轄が認められるとの考えもあり得るとの考えを示していたし、高
橋宏志「国際裁判管轄」澤木敬郎＝青山善充編『国際民事訴訟法の理論』（有
斐閣、1987）61頁は、民訴法5条4号〔旧民訴法8条〕の管轄権に基づく訴訟に
おける判決の効力をわが国に存在する財産に限定する調整案もあり得るとの
考えを示していた。

(29)　澤木敬郎＝道垣内正人『国際私法入門〔第7版〕』（有斐閣、2012）280頁、
多田望「国際取引事件の国際裁判管轄」日本国際経済法学会編『国際経済法講
座Ⅱ―取引・財産・手続』（法律文化社、2012）174頁。なお、多田・前掲論文
176頁脚注（61）は、事務所や営業所がある場合には、民訴法3条の3第3号にい
う「財産の価額が著しく低いとき」に該当することは一般的には考えられな
いことから、民訴法3条の3第3号による管轄原因が認められることにより、業
務関連性（民訴法3条の3第4号）の解釈論が形成されないおそれがあるという。

(30)　一問一答45頁。森下・前掲注(15)36頁は、訴訟における請求額との均衡の
観点から判断されるべきであるとすると、日本にある財産の価値を正確に把
握することが困難であるだけでなく、財産の価値がどの程度であれば均衡が
とれているのか評価に困難が伴うという。また、木棚照一「財産所在地の管
轄権」高桑昭＝道垣内正人編『新・裁判実務大系3　国際民事訴訟法（財産法
関係)』（青林書院、2002）86頁も参照。

(31)　一問一答50頁参照。

(32)　多田・前掲注(29)165頁は、通信手段の発展により、必ずしも事務所や営業
所を設置しなくともビジネスを行うことが可能な現在にあって、事務所や営
業所のみに限定して管轄原因を設ける合理性に疑問があるという。なお、森
下・前掲注(15)41頁は、外国法人が、子会社や代理店・販売店等を介して日本
で事業活動を行っている場合についても、自ら直接日本の顧客と取引をして
いる場合とのバランスから「日本において事業を行うもの」の「日本における
業務に関するもの」として扱うべき場合もあり得ると主張する。

(33)　一問一答52頁。

(34)　なお、多田・前掲注(29)171頁は、民訴法3条の3第5号の業務関連性につい
ても、日本における業務の範囲内に入るべき事件であれば当事者として管轄
の予測も可能であるし、具体的業務である商品販売そのものに付随して商品
の宣伝広報活動や事故後の和解処理などによる関わりが考えられることから

抽象的な業務範囲で足りるという。また、森下・前掲注(15)39頁は、民訴法3条の3第4号の業務関連性につき、例えば、マレーシア国内線の予約業務を日本支店において取り扱っていることで十分であり、実際の関与にこだわる必要はないという。

(35) 一問一答57頁参照。

(36) 一問一答56頁。なお、民訴法3条の3第4号のもとでは、わが国内に事務所や営業所を設置して事業を行う者の業務に関する訴えである限り、当該業務が外国で行われたものであっても国際裁判管轄が認められることになるが、同条5号のもとでは日本における業務に限定され、業務が外国で行われたものである場合には国際裁判管轄は認められない。

(37) 最高裁平成16年4月8日決定（民集58巻4号825頁）は、「不法行為に関する訴え」の意義について、当事者の立証の便宜等を考慮して、「不法行為があった地」を管轄する裁判所に訴えを提起することを認めている民訴法5条9号の規定の趣旨等に鑑みると、民法所定の不法行為に基づく訴えに限られるものではなく、違法行為により権利利益を侵害され、又は侵害されるおそれがある者が提起する侵害の停止又は予防を求める差止請求に関する訴えをも含むものと解するのが相当であるとの判断を下している。国際裁判管轄の場合も同様であることにつき、最高裁平成26年4月24日判決（民集68巻4号329頁）参照。

(38) なお、東京地裁平成元年6月19日中間判決（判タ703号240頁〔品川白煉瓦事件〕）は、米国法人により債務不履行を理由として損害賠償を求める訴えを米国で提起された日本法人が、不法行為に基づく損害賠償債務不存在確認の訴えを提起した事案において、被告たる米国法人が「原告は日本に管轄を求めるためにことさらに不法行為に基づく損害賠償債務の不存在の確認請求を付加したものである」と主張したのに対し、わが国法上、一般に売買の目的物に契約の趣旨に合致しない欠陥があるために生じた損害についての賠償責任は、債務不履行によるそれと不法行為によるそれとが競合して成立すると解され、いずれの性質の損害賠償請求権と構成したとしても、両者は請求の基礎を同一とする請求であり、不法行為が契約関係に起因するとしても、特別裁判籍については専ら契約上の債務履行地によるべきであって、不法行為に関する訴えの管轄によるべきではないとする法理はないとの判断を下した。

(39) 例えば、東京地裁昭和49年7月24日中間判決（下民25巻5〜8号639頁〔全日空羽田沖墜落事件〕）。ただし、二次的・派生的あるいは二次的・間接的な損害発生地については、不法行為地管轄における損害（結果）発生地ということはできないと解されていることにつき、東京高裁平成23年5月11日判決（金判1457号39頁）、東京高裁平成26年6月12日判決（民集70巻3号913頁）など参照。

第1章 3 わが国の国際裁判管轄規定の全体像 83

(40)　なお、不法行為地につき、加害行為地、損害発生地（結果発生地）の双方
を含むとすると、加害行為地には、証拠が存在し証拠収集ができ、適正かつ迅
速な裁判の実現を図ることができるものの、損害発生地（結果発生地）は不法
行為の被害者の住所地があり、不法行為地に管轄原因を認めた趣旨が加害行
為地と損害発生地（結果発生地）において分断されるという事態が生じる。
東京地裁平成10年11月27日判決（判タ1037号235頁）は、被告たる米国在住の
日本人が、原告たる日本在住の日本人に対して米国で不法行為に基づく損害
賠償を求める訴えを提起したのに対して、原告たる日本在住の日本人が被告
たる米国在住の日本人に対して債務不存在確認の訴えをわが国の裁判所に提
起した事案において、不法行為に基づく「損害賠償請求の訴えと審理の対象
を同じくする損害賠償債務の不存在確認の訴えについても、同項〔旧民訴法
15条1項、現民訴法5条9号〕にいう不法行為地については、その裁判籍を認め
て、当該不法行為地を管轄する裁判所が管轄を有するものというべきである」
と判示した。これにより、債務不存在確認の訴えの被告（被害者）にとって
は、給付訴訟であれば原告として訴えを提起する際に有していたはずの裁判
所の選択の余地が認められないことになり、この点において不利益があるこ
とは否定できないとしても、不法行為地に管轄原因を認めた趣旨が、被害者
の便宜に対する考慮のほか、証拠収集の便宜を図り、適正、迅速な裁判の実現
を図ることにあるということから、不法行為地がわが国にあると認められる
場合には、わが国の国際裁判管轄を肯定しても旧民訴法15条〔現民訴法5条9
号〕の趣旨又は条理に反することにはならないとの判断を示している。

(41)　平成23年民訴法改正後施行前に下された前掲注(39)東京高裁平成23年5月
11日判決（金判1457号39頁）は、米国法人が、営業秘密の不正な開示及び使用
を理由に損害賠償及び差止めを命じた米国判決のうち懲罰的損害賠償を命じ
た部分を除く部分につき執行判決を求めた事案において、間接的国際裁判管
轄の判断にあたり、「我が国で行為が行われ、外国で損害（結果）が発生した
場合において、当該外国における損害（結果）の発生を通常予見することがで
きないものであったときは、外国裁判所に国際裁判管轄を認めると当事者が
予期し得ない結果を招くこと、損害（結果）発生地に証拠が存在する可能性が
それほど高いともいえないことなどに照らせば、当該不法行為に関する外国
判決については、他の管轄原因がない限り、間接管轄の要件に欠けるものと
いうべきである」などとして、請求を棄却した原判決に対する控訴を棄却し
た。

(42)　一問一答70頁参照。

(43)　一問一答71頁参照。

(44)　国内土地管轄については、一般にいえることであるが、井出直樹「消費者

契約に関する訴え」日本弁護士連合会国際裁判管轄規則の法令化に関する検
討会議編『新しい国際裁判管轄法制－実務家の視点から－』別冊ＮＢＬ138号
53頁（2012）は、民訴法17条の裁量移送の規定のもと、柔軟な運用により、具
体的状況のもと消費者と事業者間の経済力、情報力、交渉力の格差を考慮に
入れた消費者保護が図られるシステムが存在しているという。

(45)　最高裁平成10年4月28日判決（民集52巻3号853頁〔香港訴訟費用負担命令
事件〕）は、平成9（1997）年7月1日に中華人民共和国に返還される以前の香港
において香港高等法院がした訴訟費用負担の裁判について、民事執行法24条
に基づき執行判決が求められた事案である。

(46)　なお、平成23年民訴法改正前の消費者契約に関する専属的管轄合意が争わ
れた事案に関し、東京地裁平成25年4月19日判決（平23（ワ）17514）は、日本
人顧客とスイス法人の銀行との間の口座開設契約締結にあたり、専属管轄地
をチューリッヒとする条項があったことから専属的管轄合意を有効とした。

(47)　実際問題として、例えば、海外で労務提供をしていたものの、解雇により
自国に戻った場合には、遠く離れた労務提供地のあった国の裁判所に訴えを
提起することは容易ではないものと思われる。

(48)　牛嶋龍之介「労働関係に関する訴え」日本弁護士連合会国際裁判管轄規則
の法令化に関する検討会議編『新しい国際裁判管轄法制－実務家の視点から
－』別冊ＮＢＬ138号62頁（2012）は、労働事件においては、各国の労働政策
の産物ともいえる労働法につき、他国の裁判所が適正に解釈できるか疑問で
あること、直接証拠が少なく多くの間接事実、間接証拠が提出されるという
労働事件の性質上、労働者のアクセス可能な国で訴訟を行うことには遅延を
招くおそれがあるとの懸念を表明している。

(49)　なお、平成23年民訴法改正前の個別労働関係民事紛争を対象とする訴訟の
国際裁判管轄合意に関し争われた事案において、東京高裁平成12年11月28日
判決（判時1743号137頁〔ユナイテッド航空事件〕）は、被控訴人たるユナイ
テッド航空に客室乗務員として雇用され、試用期間中であった控訴人が、ユナ
イテッド航空より退職届の作成を強要されたのは、実質的な本採用拒否であ
るとしてその効力を争い、従業員としての地位の確認及び賃金の支払を求め
たのに対し、雇用契約書がことさら困難な英文となっているわけではなく、
その自然な解釈で裁判管轄についても理解が得られる内容であり、質疑応答
の機会も保障され、控訴人自らの意思に基づいて事前雇用契約に署名したも
のであり、使用者である被控訴人が圧倒的優位な立場を背景に労働条件を一
方的に定めたということはできないなどとして管轄合意を有効なものとし
て、第1審判決たる東京地裁平成12年4月28日判決（判時1743号142頁〔ユナイ

第1章　3　わが国の国際裁判管轄規定の全体像　　85

テッド航空事件〕）の判断を支持した。これに対し、東京地裁平成24年11月14
日判決（労判1066号5頁）は、オーストラリア人である原告が、日本法人（ス
カイマーク）との間で任務に関する覚書を交わし、パイロット等の派遣を目
的とするマン島に本店を置く外国法人Ｙとの間でマン島の裁判所を専属的管
轄裁判所とする国際裁判管轄条項を含む雇用契約を交わしていた事案におい
て、国際裁判管轄合意を無効とした。「原告がマン島において被告Ｙに対する
訴えを提起・遂行することは、一個人にすぎない原告にとって大きな負担と
なることが予想される一方、世界規模で事業展開するＡグループに所属し、
同グループ所属の他の企業の支援等の様々な資源を利用することが可能な被
告Ｙが我が国において原告の訴えに応訴することは、同被告にとってそれ程
大きな負担となるとは解されない。これによると、本件管轄合意は、甚だし
く不合理で公序法に反するときに当たり、無効であると解するのが相当であ
る。」とした。

(50)　高橋・前掲注(28)64頁、新堂幸司＝小島武司編集『注釈民事訴訟法(1)』
　　　（有斐閣、1991）117頁〔道垣内正人執筆〕、斎藤ほか編著・前掲注(1)445頁。
　　　東京地裁平成元年6月19日中間判決（判タ703号240頁〔品川白煉瓦事件〕）は、
　　　「本件において不存在確認の対象とされているその余の被告の請求は、いず
　　　れも右不法行為に基づく請求と基礎を同じくするものであるから、本件訴え
　　　のうちそれらの不存在の確認を求めるものも、右不法行為に基づく請求権の
　　　不存在の確認を求める訴えと併合してわが国の裁判管轄を認めることが相当
　　　である」との判断を下している。また、東京地裁平成10年11月27日判決（判タ
　　　1037号235頁）は、「我が国の裁判所間での管轄の分配の問題であれば、仮に一
　　　つの裁判所において併合請求の裁判籍による管轄を認めたとしても、それに
　　　よって不都合が生じた場合には、訴訟の全部又は一部を適当な裁判所に移送
　　　することによって、個々の具体的な裁判の適切な進行を図ることができるの
　　　に対し、本件のように、国際裁判管轄が問題となる事件においては、右のよう
　　　な処理をすることができないことから、…少なくとも、我が国の国際裁判管
　　　轄が肯定される請求と関連性を有するものについて、これを肯定すべきであ
　　　る」との判断をしている。

(51)　東京地裁平成18年4月4日中間判決（判時1940号130頁）も、最高裁平成13年
　　　判決に従い、「併合請求の裁判籍の規定（民訴法7条本文）に依拠して我が国の
　　　裁判所の国際裁判管轄を肯定するためには、両請求間に密接な関係が認めら
　　　れることを要する」としたうえ、主たる争点が共通しており、両請求には密接
　　　な関連があるというべきであると述べている。

(52)　民訴法38条前段に定める場合とは、例えば、数人の被告に対する同一土地
　　　の所有権確認請求や不可分債務者や連帯債務者に対する金銭支払請求のよう

に、訴訟の目的である権利又は義務が数人について共通である場合であり、また、同一事故に基づく共同被害者による損害賠償請求や譲渡人による譲渡の無効を理由とする譲受人と転得者に対する移転登記抹消登記手続請求のように、同一の事実上及び法律上の原因に基づく場合である。

(53) 東京地裁平成21年11月10日中間判決（判タ1320号265頁）は、被告外国法人の代表者が外国法事務弁護士として東京都内に事務所を開設しており、わが国裁判所での訴訟追行の負担が過大とはいえないことなどから主観的併合を理由に併合請求の管轄を認めた。なお、原告側併合事案に関し、名古屋地裁平成15年12月26日判決（判時1854号63頁〔中華航空事件〕）は、航空機事故という同一の原因に基づく損害賠償請求であり、一部の原告の請求につき被告が応訴しており被告の応訴負担が格別に増加するとはいえないこと、一部の原告はわが国の管轄を否定すると他国での訴訟追行を強いられ極めて不当な結果となること、重要な争点は原告らに共通しており併合審理こそが審理の合理化迅速化に資することなどから主観的併合を理由に併合請求の管轄を認めた。また、東京地裁平成21年4月21日判決（判タ1315号266頁）は、応訴するについて看過し難い過大な負担が被告側に生ずるものとは考え難いうえ、請求原因事実も重複していることなどから主観的併合を理由に併合請求の管轄を認めた。これらの裁判例に対し、東京高裁平成8年12月25日判決（高民49巻3号109頁〔カムフェア号事件〕）は、原審被告外国法人が相被告たる日本法人と友好的関係になく、相被告の応訴活動によって得られた証拠資料を利用することにより的確な防御活動を容易に行うことが期待できないこと、併合された請求間に統一的な紛争解決を期待する関係がないこと、証拠資料は海外にあることなどから主観的併合による併合請求の管轄を否定した。

(54) 法律上裁判権を行うことができないときとは、合意された国の法令によれば、裁判管轄権を有しない場合をいい、事実上裁判権を行うことができないときとは、合意された国が戦乱状態下にあったり、天災その他の原因の状況にあったりするなど、司法制度が機能不全の状態に立ち至っている場合をいう。一問一答136頁参照。

(55) 早川ほか・前掲注(7)19頁の手塚裕之発言及び古田啓昌発言は、民訴法3条の7は、チサダネ号事件判決の趣旨を変更したり、チサダネ号事件判決を否定したりする趣旨ではなく、民訴法3条の7制定後も、チサダネ号事件判決は有効性を保持しているという。

(56) 早川ほか・前掲注(7)19頁の山本和彦発言参照。また、同頁の手塚発言及び古田発言は、法制審議会国際裁判管轄法制部会においても、民訴法3条の7が、チサダネ号事件判決の趣旨を変更したり、チサダネ号事件判決を否定し

第1章　3　わが国の国際裁判管轄規定の全体像　　87

たりする趣旨ではなく、民訴法3条の7の規定制定後も、チサダネ号事件判決は有効性を保持する方向で議論が収斂していったという。

(57)　管轄合意条約によれば、当事者によって明示的な定めのない限り、専属的合意管轄とみなす旨が定められているものの、実際の国際取引実務においては、専属的合意管轄とする場合には明示的な定めをするのが通常であることから、管轄合意条約のようなみなし規定を設けなかったものと説明されている。一問一答132頁以下参照。

(58)　一問一答135頁参照。

Ⅲ. 「特別の事情」による訴えの却下

　民訴法3条の9は、「裁判所は、訴えについて日本の裁判所が管轄権を有することとなる場合（日本の裁判所にのみ訴えを提起することができる旨の合意に基づき訴えが提起された場合を除く。）においても、事案の性質、応訴による被告の負担の程度、証拠の所在地その他の事情を考慮して、日本の裁判所が審理及び裁判をすることが当事者間の衡平を害し、又は適正かつ迅速な審理の実現を妨げることとなる特別の事情があると認めるときは、その訴えの全部又は一部を却下することができる。」と定めている[59]。

　国内土地管轄においては、特別の事情による訴えの却下に関する規定がないことはいうまでもない。そもそも、国内土地管轄においては、わが国に裁判管轄権があることを前提にして、地理的に配置されたわが国の裁判所のいずれの裁判所において審理判断することが、当事者間の公平、裁判の適正・迅速という理念を実現できるかという観点からの割り振りともいうべきものである。しかも、国内土地管轄の場合には移送制度（民訴16条・17条）があり、管轄違いの場合はもちろん、当事者間の衡平を害したり、審理が遅滞したりする場合にも、他の裁判所に移送されるにとどまり、わが国に管轄権が存在するにもかかわらず訴えが却下されるという事態は生じない。これに対して、国際裁判管轄の場合には、わが国に国際裁判管轄権が認められるものの、外国の裁判所が審理判断する方が適切であり、わが国の裁判所において判断することは控えるべきものと考えられる場合であっても、国内土地管轄の場面のように外国の裁判所への移送制度がなく、わが国が国際裁判管轄の行使を控えるためには訴えを却下するしかないのである[60]。

　既に述べたように、平成23年民訴法改正による国際裁判管轄規定制定前に

おいては、わが国が国際裁判管轄権を行使できるかは、特段の事情アプローチ説のもと、国内土地管轄規定に依拠しつつ、国際裁判管轄権を行使することが望ましくない事情がある場合には、特段の事情があるとして、訴えを却下してきたものであり、民訴法3条の9が定める「特別の事情」による訴え却下制度は、国際裁判管轄規定制定前の特段の事情アプローチ説の立場を取り入れたものと考えることができる[61]。

　しかしながら、特別の事情による訴えの却下を認める民訴法3条の9の規定については、平成23年民訴法改正により新たに設けられた国際裁判管轄規定の中で最も議論を呼んでいるものである。これは、平成23年民訴法改正前の国内土地管轄規定に依拠して国際裁判管轄を判断することにより、過剰ともいえる管轄が生じることによる不都合を是正するための調整弁ともいうべき「特段の事情」が具体的利益衡量に偏するなど肥大化して法的明確性や予測可能性を大きく損なっているなどと批判されていたところ[62]、平成23年民訴法改正により国際的配慮を施した国際裁判管轄規定を新たに設けたにもかかわらず、法的明確性や予測可能性を損なうことになる特別の事情による訴え却下の規定を設けたのでは、わざわざ国際裁判管轄規定を設けた意味が失われることになるとの疑問が投げかけられたのである[63]。

　平成23年民訴法改正以前は、原告と被告の利益を調整するために移送制度が用意されているもとで、普通裁判籍のほか、さまざまな特別裁判籍を認め緩やかに管轄権を認める国内土地管轄規定に依拠して国際裁判管轄を判断していたため過剰管轄という不都合な事態が生じることは不可避であり、「特段の事情」を用いて訴えを却下するという方法が生み出されたものである[64]。確かに、平成23年民訴法改正により国際的配慮を施した国際裁判管轄規定が設けられたうえ、しかもわが国の国際裁判管轄規定は世界に例を見ないほどに具体的かつ詳細なものであるといわれている[65]ものの、国際民事紛争における当事者間の諸事情は実に多様であり、事前に、全ての事件において妥当する利益調整の結果を規定化することはおよそ不可能である[66]。平成23年民訴法改正以前よりは特別の事情により調整を図らねばならない範囲が縮小されるとしても、移送制度がない国際裁判管轄の場面では、特別の事情による訴え却下により調整を図らねばならない事案は決して少なくないと思われる[67]。実際、平成23年民訴法改正により設けられた国際裁判管轄規定のもとで、平成23年民訴法改正前において「特段の事情」ありとして、

第1章　3　わが国の国際裁判管轄規定の全体像　　89

国際裁判管轄が否定された事案につき検討してみても、特別の事情による訴え却下により国際裁判管轄を否定しなければならない事案は、きわめて例外的な事案に限られるとは決していえないのである[68]。国際的な拡がりを持つ紛争の解決においては、国内の事件よりも、当事者の受ける不利益はより一層深刻なものであることから、原告被告間の利益調整がより強く求められることも否定できず、当事者間の公平、裁判の適正・迅速に反する事情が存在するのに、法的明確性や予測可能性を優先すべきとの選択肢を選び取ることには躊躇を感じざるを得ない[69]。

　もちろん、国際的な拡がりを有する紛争であることを自覚的に意識したうえで、当事者間の公平、裁判の適正・迅速という理念を基本としつつ、一定の法政策的な判断も介在させたうえで、国際裁判管轄規定が設けられたもとでは、「特別の事情」は、具体的な国際民事訴訟において、国際裁判管轄の規定化の際に前提とされた抽象的に想定された国際民事紛争に係る諸要素以外の要素を考慮しなければならない場合や、各諸要素の軽重に変動要因が認められるような場合に限って適用されるべきものであり、「特別の事情」が認められるとして安易に訴えが却下されるようなことは控えられねばならないことはいうまでもない[70]。

　なお、民訴法3条の9の「その訴えの全部又は一部を却下することができる」との文言との関係では、「特別の事情」があると認められれば必ず訴えを却下しなければならない（権限行使規定）のか、あくまでも裁判所に裁量を与え、裁判管轄の行使を控えることを認めたものにすぎないもの（裁量権規定）かについての争いがある。仮に、民訴法3条の9は、あくまでも裁判所に裁量を与えたものにすぎないものだとすると、間接的国際裁判管轄の場合には、外国の裁判所に裁量による管轄権行使を控えることを強いることはできず、承認執行を拒否することができなくなる。条文の文言上は、いずれに解することもできるものと思われるが、「当事者間の衡平を害し、又は適正かつ迅速な審理の実現を妨げることとなる特別の事情があると認める」事案にもかかわらず、わが国の裁判所において審理判断を下すことの不当性は明らかである。それゆえ、民訴法3条の9は権限行使規定であり、上記のような事情がある場合には必ず却下しなければならないと解すべきであろう[71]。

＜注＞
　(59)　一問一答158頁によると、わが国の裁判所の管轄権の有無を問わず、民訴

90 第1章 3 わが国の国際裁判管轄規定の全体像

法3条の9により「特別の事情」があるとして訴えを却下することは可能であるが、法制審議会国際裁判管轄法制部会の審議において、国際裁判管轄の規定が整備された場合には、わが国の裁判所の管轄権の有無の判断を先行させ、そのうえで特別の事情の有無を判断することが望ましいとの考えが前提とされているという。

(60) なお、「特段の事情」アプローチ説における「特段の事情」と共通する面のあるアメリカなどに見られるフォーラム・ノン・コンヴィニエンスの法理において、他の裁判所で現実に管轄が肯定されることなどの条件付きで訴えを却下するという処理もなされていることについては、新堂＝小島編集・前掲注(50)108頁参照。アメリカのフォーラム・ノン・コンヴィニエンスの法理については、山本敬三「アメリカ法におけるフォーラム・ノン・コンヴェニエンスの法理」民商法雑誌74巻5号720頁（1976）、江泉芳信「アメリカ合衆国におけるフォーラム・ノン・コンヴェニエンスの法理とその国際的適用」青山法学論集21巻3＝4号167頁（1980）、野村美明「アメリカにおける州裁判管轄権理論の最近の動向」阪大法学122号25頁（1982）など参照。

(61) 一問一答158頁は、民訴法3条の9は、従前の判例の趣旨を踏まえ、立法化されたものであるという。国際裁判管轄規定が設けられる以前の「特段の事情」があるとして訴えを却下した裁判例として、例えば、東京地裁昭和61年6月20日判決（判時1196号87頁〔遠東航空機事件〕）、東京地裁平成3年1月29日判決（判時1390号98頁〔真崎物産事件〕）、東京地裁平成5年4月23日判決（判時1489号134頁）、最高裁平成9年11月11日判決（民集51巻10号4055頁〔ファミリー事件〕）、東京地裁平成10年3月19日判決（判タ997号286頁〔クラシックカー事件〕）、東京地裁平成10年11月2日判決（判タ1003号292頁）、東京高裁平成12年12月20日判決（金判1133号24頁〔記念金貨事件〕）、東京地裁平成14年11月18日判決（判時1812号139頁〔鉄人28号著作権事件〕）、東京地裁平成15年9月26日判決（判タ1156号268頁）、東京地裁平成21年12月22日判決（平20（ワ）30418）、東京地裁平成23年9月7日判決（判時2228号38頁）、仙台高裁平成23年9月22日判決（判タ1367号240頁）、東京地裁平成24年12月5日判決（判タ1387号353頁）など参照。

(62) 道垣内・前掲注(6)214頁以下、海老沢・前掲注(6)290頁、山田・前掲注(6)133頁以下など参照。渡辺惺之「国際訴訟」ジュリ971号228頁（1991）も参照。

(63) 青山善充ほか「第46回シンポジウム 国際裁判管轄 民事訴訟法改正をうけて」ノモス30号122頁以下（2012）〔酒井一コメント〕は、民訴法3条の9の「特別の事情」に基づく訴え却下は、ごく例外的なやむを得ない事案に限定されると主張する。また、同141頁〔渡辺惺之コメント〕は、立法上の過誤と

第1章　3　わが国の国際裁判管轄規定の全体像　　91

思われる民訴法3条の3第5号と同3条の6の管轄原因を除いては、民訴法3条の9を一般的に適用すべきではないという。また、青山善充「新しい国際裁判管轄法について」明治大学法科大学院論集10号363頁（2012）は、わが国で審理判断することがふさわしくない場合があり得ることに備えた最後の調整弁であり、「特別の事情」により訴えが却下される場合は多くないという。安達栄司「国際裁判管轄と特段の事情の考慮」早稲田大学大学院法研論集70号29頁以下（1994）も参照。

(64)　早川ほか・前掲注(7)6頁の古田発言参照。山本和彦「判例批評」民商法雑誌119巻2号282頁以下（1998）は、国際裁判管轄決定にあたり、特段の事情に移送制度の調整機能と同様の機能を持たせようとしていたという。

(65)　青山・前掲注(63)356頁。

(66)　中西康「新しい国際裁判管轄規定に対する総論的評価」国際私法年報15号12頁以下（2014）は、立法時の議論において、民訴法3条の9による調整を前提に、同3条の2以下の規定の要件設定において絞り込みが十分に行われなかった事情があるという。なお、中野俊一郎「国際裁判管轄の決定における例外的処理の判断枠組み」民事訴訟雑誌45号140頁以下（1999）も参照。

(67)　早川ほか・前掲注(7)5頁の山本発言は、そもそも国際裁判管轄規定を新設するにあたり、従来の国内土地管轄規定から導かれる国際裁判管轄ルールをもう少し厳格に設定して、特別の事情が生じる範囲を限定していく必要があるということからの立法であったと評価しており、特別の事情による調整を排除するようなものではなかったと捉えることができる趣旨の発言をしている。また、中西・前掲注(66)15頁は、緊急管轄の場面も含め、個別調整の余地を認めることは必ずしも不当ではないという。

(68)　従来の「特段の事情」により国際裁判管轄権が否定され訴えが却下された事案を平成23年改正民訴法のもとで分析し直したものとして、原強「国際裁判管轄における特別の事情による訴え却下」民事訴訟雑誌63号18頁以下（2017）参照。なお、河野俊行＝早川吉尚＝高畑洋文「国際裁判管轄に関する判例の機能的分析－「特段の事情」を中心として」ＮＢＬ890号72頁以下（2008）も参照。

(69)　早川ほか・前掲注(7)5頁〔山本発言〕、6頁〔古田発言〕。また、同6頁〔古田発言〕は、最終的に「特段の事情」で個別事案の適切な解決を図る方向性は実務的に見ても妥当なものであるといい、同7頁〔松木和道発言〕は、特段の事情というのは、予測可能性がつきにくいところがあるものの、「特段の事情」が介在しているような場合にこそ紛争が起きるものであることからしても平成23年民訴法改正による立法に特に違和感はないという。なお、特段の事情

アプローチ説に関してではあるが、竹下守夫＝村上正子「国際裁判管轄と特段の事情－最高裁平成9年11月11日判決の検討－」判タ979号23頁以下（1998）は、国際裁判管轄の問題は、当事者の裁判を受ける権利の保障に関わるもので具体的妥当性の追求が不可欠であり、明文の規定があったとしても、法的安定性、予測可能性は結局のところ相対的たらざるを得ないものであるとの見解を示していた。小林秀之＝村上正子『国際民事訴訟法』（弘文堂、2009）45頁以下、中野俊一郎「国際裁判管轄の決定方法とわが国学説・判例の形成過程」福永有利ほか編『民事訴訟法の史的展開－鈴木正裕先生古稀祝賀』（有斐閣、2002）59頁なども参照。

(70)　なお、国際裁判管轄につき規定が設けられる際に、規定が設けられなかった国際訴訟競合と国際裁判管轄との関係につき、一問一答178頁によれば、外国の裁判所に係属している事件の審理状況などが、まず国際裁判管轄の有無の判断において考慮され、民訴法3条の9の「特別な事情」として、日本の裁判所の管轄権の有無が判断されることになるという。先行して提起されたアメリカ訴訟の進行状況をも国際裁判管轄を決定する要素の一つとして考慮に入れるべきであるとした下級審裁判例として、東京地裁平成3年1月29日判決（判時1390号98頁〔真崎物産事件〕）がある。同判決は、既にアメリカにおいて、日本法人たる原告を被告とする損害賠償請求及び求償請求の訴えが提起されていた状況のもとで、実質的な反訴である、債務不存在確認の訴えが提起された事案において、「今日のように国際交通、商取引が極めて活発に行われ、それに伴う渉外民事紛争も多発している現状では、民事訴訟法が外国判決の承認の制度を採っていることと前述した審理の重複、判決の抵触を避けるという見地から、訴訟追行にどの国の裁判所が最も適切か、という観点からの検討が必要であり、本件でも、国際裁判管轄を決定する要素の一つとして、先行して提起されたアメリカ訴訟の進行状況をも考慮に入れるべきである。」との判断を示した。

(71)　早川ほか・前掲注(7)13頁の小林康彦発言は、「当事者間の衡平を害し、又は適正かつ迅速な審理の実現を妨げることとなる特別の事情があると認める」という認定に至りながら、訴えを却下しないという余地はないという。

Ⅳ. 結びに代えて

　平成23年民訴法改正により、ようやく、現代社会に適合する国際裁判管轄規定が民事訴訟法に設けられることになった。それ以前は、判例により、国際裁判管轄は原則として国内土地管轄規定に依拠して判断され、わが国で裁

第1章　3　わが国の国際裁判管轄規定の全体像　　93

判を行うことが当事者間の公平、裁判の適正・迅速を期するという理念に反する特段の事情があると認められる場合には、わが国の国際裁判管轄を否定すべきであるとの「特段の事情」アプローチ説の立場が採用されていた。

　「特段の事情」アプローチ説は、必ずしも現代社会における国際的な配慮を踏まえているとは思われない国内土地管轄規定から国際裁判管轄の有無を判断することにより生じる不都合な結果を回避し、また、国際的な拡がりをもつ紛争当事者間の複雑な利害を調整することを可能にするものであり強い支持を得るものであったが、他方ではその融通無碍的な側面につき辛辣な批判を浴びせかけられた。このような状況のもとで行われた平成23年民訴法改正の意義は、わが国の裁判所が適用すべき国際裁判管轄ルールを明確化し、明確化された国際裁判管轄ルールのもと国際取引に関わる企業や個人に予測可能性を与えることにあったといわれている[72]。

　平成23年民訴法改正は、消費者や労働者保護の規定を新たに設けるなどしつつも、「特段の事情」アプローチ説を展開した従来の裁判例や学説上の議論を踏まえて、可能な限り、国際的な配慮を加えたうえで、類型的利益衡量を行い、わが国が国際裁判管轄権を行使することができる場合を絞り込んだという意味において、国内土地管轄規定よりもより制限的な国際裁判管轄規定を設けたものといえる。しかしながら、国際的な配慮をしたうえで設けられた国際裁判管轄規定のもとでも、国際民事紛争における当事者間の諸事情は実に多様であり、事前に、全ての事件において妥当する利益調整の結果を規定化することはおよそ不可能であることは否定できない。そこで、平成23年民訴法改正は、民訴法3条の9の特別の事情による訴え却下の制度を設けたものである。民訴法3条の9の特別の事情による訴え却下の制度は、平成23年民訴法改正前の国内土地管轄から国際裁判管轄を判断する場合に比べれば、発動される範囲は狭まったといえるものの、わが国の裁判所において国際民事訴訟を審理判断することが当事者間の公平を害し、あるいは裁判の適正、迅速に反するような場合の修正法理としての役割を担わされてきた「特段の事情」アプローチ説における訴え却下と基本的な性質は変わるところがないものと思われる。

　平成23年民訴法改正により設けられた国際裁判管轄の全体像としては、消費者や労働者保護の規定を新たに設けたことなどを除けば、基本的には、裁

判例によって展開された「特段の事情」アプローチ説の立場に変更を加える
ものではなく、むしろ裁判例によって展開された「特段の事情」アプローチ
説の立場を規定化したものといえよう。

＜注＞
　(72)　早川ほか・前掲注(7)7頁〔小林発言〕参照。

第 2 章

国際裁判管轄規定の解釈論

96

1 被告の住所等による管轄

畑　宏樹

Ⅰ. はじめに
Ⅱ. 自然人に対する訴えの管轄権
Ⅲ. 接受国からの裁判権免除を受ける日本人に対する訴えの管轄権
Ⅳ. 法人その他の団体に対する訴えの管轄権

設　例

1　日本で自動車輸入を業とするX社は、かつて日本に住所を有していたが現在はD国に住所を有する日本人Yとの間で、YがXから預かった資金を元手にD国において自動車を買い付けて日本に向けて船積みをし、これに対してXが報酬を支払う旨の業務委託契約をD国で締結した。Xは自動車の買い付けのための資金をYに送金したが、Yにおいてこの資金を着服しているとの疑いが出てきたことから、Xは上記業務委託契約を解除してYに対しこの資金の返還を求める訴えを日本の裁判所に対して提起した。

2　日本に住所を有するAは、社用によりM国に赴任し滞在していたところ、休日に観光目的でM国内を航空機で旅行しようと思い、M国に本店を有する国際的なY航空会社の国内線チケットをM国にある営業所で購入し航空機に搭乗したが、M国内において当該航空機は墜落し、Aは死亡した。

　　日本に住所を有するAの妻（日本人）Xは、AのYに対する損害賠償請求権を相続したとして、Yに対し旅客運送契約の債務不履行に基づく損害賠償請求訴訟を日本の裁判所に対して提起した。なお、Yは日本国内にも営業所を有しており、日本に就航する路線もあり、日本においてもチケットの販売・予約、宣伝、広告活動などの継続的・実質的な営業活動を行っているものとする。

Ⅰ．はじめに

平成23年改正以前の民訴法においては、国内土地管轄に関する普通裁判籍の規定（民訴4条）を手がかりとして、3条の2に定めるような規律を導いていたが、4条を国際裁判管轄の規定として適用する場合には、様々な問題があることが指摘されていた[1]ところでもあり、3条の2はかかる指摘に配慮した規定となっている。

3条の2は、国内裁判管轄における普通裁判籍に相当するいわゆる一般管轄－すなわち、事件の種類に関係なく認められる国際裁判管轄について定めたものである。

自然人に対する訴えについては被告の住所等、法人等に対する訴えについては被告の主たる営業所・事務所等が日本国内にある場合に、日本の裁判所に国際裁判管轄を認めている。これは、国内裁判管轄に関する4条と同様に、国際的な事案においても、相当な準備をして提訴できる原告と、不意に応訴を余儀なくされる被告との間の衡平を図ったものとされる（一問一答22頁参照）。

もっとも、3条の3が規定するように、事件の性質に応じてその事件に密接に関連する国での国際裁判管轄が認められていることからすると、3条の2の意味合いは、原告にとってどのような事件であっても最低限として世界中のいずれかの国で必ず訴えを起こすことができる地位を認めることで、国際的な意味での原告の裁判を受ける権利の保障に資するという機能を有することになる（条解48頁〔新堂幸司＝高橋宏志＝高田裕成〕、秋山コンメ583頁など参照）。

＜注＞
(1)　池原季雄「国際的裁判管轄権」鈴木忠一＝三ケ月章監修『新・実務民事訴訟講座7国際民事訴訟・会社訴訟』23頁（日本評論社、1982）参照。

Ⅱ．自然人に対する訴えの管轄権

1　住所に基づく国際裁判管轄

3条の2第1項は、自然人を被告とする訴えに係る日本の一般的な国際裁判管轄は、第1次的には被告の住所が日本国内にあるときに認められる旨を定める。

ここにいう「住所」とは、日本の国際民事訴訟法上の概念であり[2]、基本的には民法上の住所の概念（民22条）にならい、生活の本拠を意味するものとされている（一問一答23頁、条解48頁〔新堂＝高橋＝高田〕、秋山コンメ584頁など）。し

たがって、被告が外国に所在している場合であっても、そこが住所といえるか否かについては、日本法に基づいて生活の本拠といえるかどうかによって判断されることとなる（一問一答23頁、秋山コンメ584頁）。その結果、当該所在地国法が自国に被告の住所を認めたとしても、日本法上それが住所とは認められず、かつ日本に住所（生活の本拠）があると判断される場合には、日本の国際裁判管轄が認められることになる（秋山コンメ584頁）。

　なお、民法23条2項本文は、日本に住所を有しない者については、日本における居所をその者の住所とみなす旨を定めているが、同項ただし書は、準拠法を定める法律に従いその者の住所地法によるべき場合は、この限りでないと定める。これは、国際私法の規律により、住所が準拠法決定の基準とされている場合には、日本にある居所をもって住所とはみなさず、外国にある住所が準拠法の決定基準となることを確認的に規定したものとされている。この趣旨は、3条の2第1項との関係においても同様にあてはまることから、民法23条2項本文の規律は、国際裁判管轄との関係では適用されないと考えられる（一問一答23頁（注1）、秋山コンメ584頁）。

2　居所に基づく国際裁判管轄

　次に、3条の2第1項は、自然人を被告とする訴えで、当該被告の住所がない場合又は住所が知れない場合には、居所をもって管轄原因とする旨を定める。居所を管轄原因として日本の国際裁判管轄が認められるのは、世界中のどこにも住所がない（又は住所が知れない）被告に限られる。この点、平成23年改正前は、4条2項の規定をそのまま国際裁判管轄についても適用すると、外国に住所を有する被告であっても日本に居所があれば日本で裁判をすることが認められることとなり妥当ではないことから、日本の国際裁判管轄原因としては、外国にも住所がないときに限定して適用されるべきとの理解が一般的であった[3]。3条の2第1項は、このような考え方を明文化したものである。

　居所を管轄原因として日本に国際裁判管轄が認められるのは、世界中のどこにも住所がないことが積極的に認定される場合のほか、住所が知れない場合も含まれる。住所がないことを積極的に確定することには困難を伴うこともあることに鑑み、これが客観的に明らかでない場合においても原告の裁判を受ける権利を保障するべく、住所が知れない場合も含んだとされる（条解49頁〔新堂＝高橋＝高田〕、秋山コンメ585頁など）。

　ここにいう「居所」の概念についても、「住所」の場合と同様、日本の国際

民事訴訟法上のものであることから、民法23条1項に関する一般的理解に従い、単に一時的に所在するだけでは足りず、生活の本拠ではないものの一定期間継続して居住する場所と考えることになる（条解48頁〔新堂＝高橋＝高田〕、秋山コンメ585頁など）。

3 最後の住所に基づく国際裁判管轄

さらに、3条の2第1項は、住所・居所がない場合又は知れない場合には、最後の住所が管轄原因として認められる旨を定める。この場合の住所・居所は日本のそれに限られず、世界中のどこにも住所・居所がない（又は知れない）場合を指す。これは、世界中のどこにも本拠を持たない被告に対しても、常に訴えを起こす地を原告に保障する必要があることに基づくものである。

平成23年改正前においては、4条2項の規定をそのまま国際裁判管轄に適用すると、外国に居所を有する被告であっても日本にそれがなく、最後の住所が日本にあれば日本で裁判が認められることになり被告にとって酷な結果となることから、国際裁判管轄原因としては、外国に住所・居所がないときに限定して適用されるべきと解されていた[4]。3条の2第1項は、このような考え方を明文化したものといえる。

日本の住所が最後の住所地であったこと、すなわち被告が日本に住所を有した時点の後に世界中のどこにも住所を有したことがないことを積極的に認定することは困難といえることから、日本国内にかつて住所があったことが証明されれば、まずは原則として日本の裁判所が管轄権を有するものとした上で、被告が日本国内に最後の住所を有していた後、訴え提起前に外国に住所を有していたことが証明されれば、日本の国際裁判管轄は否定されることになる（3条の2第1項かっこ書：このかっこ書規定は、ただし書規定と同じく証明責任の転換機能を有する[5]）。

このことから、被告が過去の一時点において日本国内に住所を有していたことが証明されれば（住民票や外国人登録の提出など）、日本の裁判所に容易に訴えを提起し得ることになる。かかる場合の訴状等の送達方法としては、公示送達（民訴110条1項1号）を求めることが予想されるところであるが、実際に外国に住む者がこれを了知することはほとんど不可能であり、そのまま被告欠席により日本の裁判権が肯定され、原告勝訴の本案判決が下されてしまうといった事態も生じ得る。それゆえ、今後の運用としては、裁判所は、被告が外国人である事案においては、最後の住所による管轄権を認めるかどう

か、また、外国における送達が不可能であり公示送達にせざるを得ないかどうかについて、職権により、被告が日本で住所を有していた時期、滞在理由、職業等に照らしつつ慎重に判断すべきであり、また、「特別の事情」による訴えの却下（民訴3条の9）をすべきか否かについても慎重に判断すべき、といった指摘もなされているところである[6]。

4 設例の検討

設例1においては、自然人である日本人Yを被告として預託金の返還を求める訴えを提起しようとする事案である。

3条の2第1項によると、被告が自然人の場合には、生活の本拠である住所が日本にあれば日本の裁判所に国際裁判管轄が認められる。次に、世界中に住所がないか又はこれが知れないときには、居所が日本にあれば日本の裁判所に国際裁判管轄が認められる。さらに、世界中に居所がないか又はこれが知れないときには、世界中をみて被告が最後に住所を有していたのが日本であれば、日本の裁判所に国際裁判管轄が認められる。

設例1では、Yはかつて日本に住所を有してはいたものの、現在はD国に住所を有している以上、3条の2第1項に基づいて日本の裁判所に国際裁判管轄が認められることはないということになる[7]。

＜注＞
- (2) 松本博之＝上野泰男『民事訴訟法〔第8版〕』279頁（弘文堂、2015）など。
- (3) 池原・前掲注(1)23頁、石川明＝小島武司編『国際民事訴訟法』44頁〔小島武司＝猪股孝史〕（青林書院、1994）など。
- (4) 池原・前掲注(1)23頁、石川＝小島編・前掲注(3)44頁〔小島＝猪股〕など。
- (5) 伊藤眞『民事訴訟法〔第5版〕』46頁（有斐閣、2016）、条解49頁〔新堂＝高橋＝高田〕、秋山コンメ49頁、武藤佳昭「被告の住所、営業所所在地等による管轄権」日本弁護士連合会国際裁判管轄規則の法令化に関する検討会議編『新しい国際裁判管轄法制―実務家の視点から―』別冊NBL138号36頁（2012）など。
- (6) 武藤・前掲注(5)37頁参照。
- (7) 松岡博編『国際関係私法入門－国際私法・国際民事手続法・国際取引法〔第3版〕』259頁（有斐閣、2012）参照。

Ⅲ．接受国からの裁判権免除を受ける日本人に対する訴えの管轄権

日本から外国に派遣される大使、公使等の外交官やその家族等は、原則と

して派遣された国（接受国）の裁判権から免除されるため、これらの者に対する訴えを接受国の裁判所に提起することはできない。とはいえ、これらの者に対する訴えについても、世界中のどこか一つには少なくとも国際裁判管轄が認められる国を存在させる必要がある。このような理由から、3条の2第2項は、これらの者に対する訴えにつき、日本国内に住所等を有するか否かにかかわらず、日本の裁判所が管轄権を有する旨を定めている（一問一答25頁、条解49頁〔新堂＝高橋＝高田〕秋山コンメ586頁など）。

なお、これらの者が、接受国以外の第三国を私用で旅行中に交通事故を起こしたような場合において、当該第三国の裁判所に不法行為地としての管轄権が認められるときであっても、3条の2第2項により日本にも国際裁判管轄が認められるかについては、解釈論に委ねられることになるが、3条の2第2項が一般管轄について定めたものであることに鑑み、肯定に解すべきとの見解が表明されている（一問一答25頁の（注）、秋山コンメ587頁など）。

Ⅳ. 法人その他の団体に対する訴えの管轄権

1 「法人その他の社団又は財団」の意味

3条の2第3項にいう「法人その他の社団又は財団」としては、日本法が準拠法となる日本の法人等の場合には、権利能力を有する法人及び権利能力を有しない社団・財団であって代表者又は管理人の定めがあることにより当事者能力が認められるもの（民訴29条）がこれに含まれる。

外国の法人等の場合には、①本国法（設立準拠法）において権利能力が認められるもの、②外国、外国の行政区画、外国法人、外国の非営利法人で法律又は条約によって認許されたもの（民35条1項参照）、③①、②のいずれにも該当しないが29条の要件を満たすものが含まれる（一問一答29頁）とされているが、外国や外国の行政区画は、その本拠地が日本国内にあることはあり得ないことから、現実には3条の2第3項に基づいて日本の管轄が肯定されることはない（秋山コンメ587頁参照）。

これに対し、外国会社や外国非営利法人については、本店等を外国に置いていることが多いものの、実質的な業務の中心地が日本にある場合にはなお3条の2第3項による一般的な管轄権が認められる余地があると解されている[8]が、外国の会社が日本に主たる事務所又は営業所を置いて日本国内で取引をすることは擬似外国会社（会社821条）として規制されることから、この規定により日本の管轄が認められる事案は限定的といえる[9]。

2　主たる事務所・営業所に基づく国際裁判管轄

3条の2第3項は、法人その他の社団・財団に対する訴えにつき、その主たる事務所・営業所が日本国内にあるときは、日本の裁判所に国際裁判管轄が認められる旨を定める。これは、自然人に対する訴えの場合と同様、被告の本拠地国に一般的な管轄権を認めることが相当と解されていることに由来する。

3条の2第3項にいう「事務所」とは非営利法人がその業務を行う場所であり、「営業所」とは営利法人がその業務を行う場所であるが、3条の2第3項の管轄原因となるのは、そのような事務所・営業所のうち、最も中心的なものが日本にある場合に限られる。「主たる」営業所等の決定基準については、登記簿等の記載によるとする考え方と実質的な活動内容によるとする考え方とがあり得るが、3条の2第3項では後者の考え方によって決せられるべきとされている[10]。

平成23年改正前は、国内土地管轄に関する4条5項を適用することにより、事務所又は営業所を日本にもつ場合には、外国に主たる事務所・営業所があるかどうか、また、原告の請求が日本の事務所又は営業所の業務に関連するかどうかを問うことなく、日本の国際裁判管轄が認められていた（マレーシア航空事件、最判昭56・10・16民集35・7・1224[11]）。これに対しては、日本の営業所等に全く無関係な事件であっても、無制限に4条5項の適用を認めることには批判が強く、当該営業所等の業務に関連する場合に限定すべきといった主張が多くなされていた[12]。

3条の2の規律する請求の内容に関わりなく一般的に認められる国際裁判管轄は、前述のように、原告にとって常に提訴のできる裁判所を最低限一つは確保しようとする趣旨のものであることに鑑みると、外国に本拠地があるような法人等については、当該外国での訴え提起ができれば十分であり、仮に日本に営業所等があるとしても、日本で全ての訴えについて応訴させる必要まではないといえることから（秋山コンメ588頁参照）、3条の2第3項は、日本に営業所等があってもそれだけでは日本の一般的な管轄権は認めないこととしている。

3　代表者・主たる業務担当者の住所に基づく国際裁判管轄

3条の2第3項は、法人その他の社団・財団に対する訴えにつき、その事務所・営業所がない場合又はその所在地が知れない場合において、その代表者その他の主たる業務担当者の住所が日本国内にあるときには、日本の裁判所が管

轄権を有する旨を定める。この趣旨もまた、世界中のどこにも事務所・営業所がないか知れないような団体についても、世界中のどこか一つの国においては必ず訴えを提起する地を保障するという見地に基づき、一般的な管轄権を認めたものである（秋山コンメ589頁参照）。また、事務所・営業所がない場合に加えて、その所在地が知れない場合にもこれを認めたのは、外国においては、商業登記等の公示制度が存在するとは限らず、法人等の外国における事務所・営業所の有無を把握するのが困難な場合があることによるものである（一問一答29頁）。

4　設例の検討

　設例2は、いわゆるマレーシア航空事件の事案とほぼ同様のものである。同事件において、最高裁は、被告であるY航空会社が日本における代表を定め、かつ日本国内に営業所を有することを摘示した上で、4条5項の規律に従い日本の裁判所に管轄権を認めた。

　平成23年の改正法は、法人その他の社団又は財団に対する訴えについて、主たる事務所・営業所の所在地が日本国内にある場合に日本の裁判所に国際裁判管轄権を認めるものであり、単にその事務所・営業所が日本国内にあるだけでは日本の裁判所の管轄権を一般に認めるという考え方を採用してはいない[13]。

　したがって、設例2においても、Y航空会社の主たる営業所がM国にある以上は、現行法下においては日本の裁判所に一般管轄が認められることはなく、その他の管轄原因（3条の3第3号、4号、5号、3条の4第1項）を検討することにより、日本の裁判所に管轄権が認められるか否かを考えることとなる[14]。

＜注＞

(8)　松本＝上野・前掲注(2)279頁、伊藤・前掲注(5)47頁など。

(9)　武藤・前掲注(5)37頁。

(10)　一問一答29頁の（注）、秋山コンメ588頁参照。ただし、法人の登記簿等に記載されている主たる営業所が形骸化しているにもかかわらず、原告がその事実を知らないでその営業所のある国の裁判所に訴えを提起した場合において、被告が、実質的な活動をしている営業所は別の国にあると主張して、国際裁判管轄の欠缺を主張できるかどうかについては、各事案における裁判所の判断に委ねられることになるとされている（同一問一答）。

(11)　その後の下級審でも、この管轄原因を承認するものがいくつか見られる

が、結論的には「特段の事情」を認定してわが国の管轄を否定している。遠東航空機事件（東京地判昭61・6・20判時1196・87）など。

(12)　池原・前掲注(1)23頁、石川＝小島編・前掲注(3)44頁〔小島＝猪股〕、新堂幸司＝小島武司編集『注釈民事訴訟法(1)』125頁〔道垣内正人〕（有斐閣、1991）など参照。

(13)　一問一答31頁。それゆえ、マレーシア航空事件における判例の考え方は、今般の改正により覆されたとの評がなされている（秋山コンメ588頁参照）。

(14)　野村美明ほか編『ケーススタディー国際関係私法』113頁〔佐藤剛史〕（有斐閣、2015）。なお、この点の詳細な検討については、一問一答31頁以下を参照のこと。

2 契約上の債務に関する訴え等の管轄

田村陽子

Ⅰ．はじめに

Ⅱ．契約上の債務履行地管轄

Ⅲ．請求の目的・被告財産所在地管轄

Ⅳ．営業所在地・事業地管轄

Ⅴ．業務管轄

Ⅵ．社団・財団に関する訴訟管轄

Ⅶ．不動産所在地管轄

Ⅷ．手形・小切手支払地管轄

Ⅸ．海事事件管轄

設 例

1　Yは加盟店処理サービスを行う訴外A会社と代理店契約を結び、X
とクレジット決済代行業務委託契約等を締結したが、訴外A会社から
カード決済金を受領しながら、Xに対し加盟店に支払うべき金員を支
払わないとして、Xは、Yに対し、契約に基づく決済金及び契約解除
による原状回復請求権に基づく保証金等の支払を請求した。XY間の
契約において、準拠法は日本法と指定されていたが、裁判管轄の定め
はなかった。

2　資本市場の分析・調査及び情報サービスの提供、金融商品のコンサル
ティング業務等を目的とする日本法人Xは、投資信託の管理運営等を
目的とするバミューダ法人のYの日本における業務を補助するため、
バミューダ法を準拠法とした「ローカル・サービス・エージェント契
約」をYと締結し業務を行ってきたが、両社は契約を終了することに
合意し、YはXに対し、これまでの報酬支払などに関する内容を書面
（以下「レター」という）にしてXに対し送付した。従来、YからX

への報酬は、Xの日本国内の銀行口座に振込送金されてきたが、Xは、Yに対し、未払分の報酬があるとして、東京地方裁判所に訴えた。Yは、レターの有効性と日本の裁判所の国際裁判管轄を争った。

I. はじめに

平成23年改正で新設された民訴法3条の3においては、契約上の債務に関する訴え等の管轄について定められた。これは、国内管轄に関する5条の財産権上の訴え等に関する特別管轄に相当するものであり、管轄原因も重複するものが多い。

しかしながら、国際裁判管轄の問題の特殊性から、国内管轄の場合には存在しない限定が3条の3の個別の号に付加されている場合がある（3条の3第1号の債務履行等を求める訴え、同条3号の財産権上の訴え、同条8号の不法行為に関する訴え等）。また、国内管轄だけに認められる管轄原因も存在する（5条3号の船員に対する財産権上の訴え、同条6号の船舶利用者に対する船舶・航海に関する訴え）し、逆に国際裁判管轄にだけ認められる管轄原因がある（3条の3第5号の日本において事業を行うものに対する訴え）。さらには、国際裁判管轄においては専属管轄とされているために3条の3には規定されていないものもあり（5条13号の登記・登録に関する訴え。3条の5第2項参照）、細かい点では異なるところも多い（秋山コンメ593頁）。

そこで以下順に、5条の国内裁判管轄との詳しい異同の点も含めて3条の3における個別の国際裁判管轄についてみていくことにする。

II. 契約上の債務履行地管轄

1 契約上の債務履行地管轄が対象とする訴えの種類

(1) 3条の3第1号の趣旨

平成23年改正により新設された民訴法3条の3第1号の国際裁判管轄の規定は、財産権上の訴えのうち、契約上の債務に関する訴えを対象とする。すなわち、①契約上の債務の履行の請求を目的とする訴え、及び②契約上の債務に関する請求を目的とする訴えを対象としている（一問一答35頁）。本条号の趣旨は、契約上の債務の不履行及び不完全を原因とする本条号のような訴えが提起される場合、訴える債権者は契約の履行に問題があった地でそのま

ま裁判上の救済を求めるであろうことが通常予測されること、また契約当事者の便宜・公平にかなうことにあるとされている[1]。

(2) 契約上の債務の履行の請求

「契約上の債務の履行の請求」とは、契約で定められた債務の履行を請求することであり、例えば、売買契約で定められた代金の支払請求又は目的物の引渡請求等を指す（一問一答36頁）。

(3) 契約上の債務に関する請求

「契約上の債務に関する請求を目的とする訴え」には、債務の成立に関する訴えも含まれ、債務の種類も限定されていない。

また、①契約上の債務に関する事務管理に係る請求、②契約上の債務に関する不当利得に係る請求、③契約上の債務の不履行による損害賠償請求、④その他契約上の債務に関する請求を目的とする訴えが含まれるとされている[2]。

不法行為、不当利得、事務管理は、実体法上では契約を前提としていない法定債権であるが、これらの請求が契約上の債務に関する場合には、契約の当事者は、その契約上の債務の履行地がある国で解決されると予測し又は期待するのが通常であると考えられることから、契約上の債務の履行地が日本国内にあるときには、その契約上の債務に関する請求に係る訴えは、基本的に日本の裁判所に提起することができるとしたのである（一問一答36頁）。

したがって、3条の3第1号では、「債務の履行地」との用語を用い、国内土地管轄における「義務履行地」（5条1号）という用語を用いていない（一問一答41頁）。

また、契約上の債務とは関連性のない不法行為等の場合には、原因行為が行われた時点では、被告がその義務履行地を予測することは困難であり、義務履行地のある国の裁判所に国際裁判管轄を認めると、被告の予測し得ない国の裁判所での応訴を強いることになるとして、このような不法行為等については、別途、不法行為地国の裁判所に国際裁判管轄が認められている（3条の3第8号）（**第2章3参照**）。

2 債務履行地として管轄が認められる要件

(1) 契約において定められた債務履行地が日本国内にあるとき

これは、当事者が契約において、債務の履行地を日本国内に定めた場合の

ことである。この場合、当事者の意思としては、債務の履行を日本で行いたいということであるから、その履行の請求を目的とする訴えによる解決についても、日本において解決することが当事者の意思にかなうと考えられるからとされている（一問一答37頁）（なお、債務の履行地を定める場合とは、明示の合意に限らず、黙示の合意も含まれるとされている（一問一答37頁（注1）））。

(2) 契約において選択された地の法（準拠法）によれば当該債務の履行地が日本国内にあるとき

これは、当事者が契約において準拠法を選択した場合である。当事者が契約において紛争を解決するための準拠法を日本法と定め、日本の民法等により債務の履行地が日本国内にあるとされれば、日本の裁判所に管轄が認められるのである。この規定の趣旨は、当事者が当該準拠法を定めたときには、当該準拠法によると債務の履行地が日本国内になることは当事者が予測することが可能であり、その債務の履行地がある日本の裁判所に管轄を認めても、当事者の予測に反しないと考えられたからである。

(3) 設例1の検討

設例1のクレジットカード決済代行業務事件（東京地判平24・12・26ジュリ1495・139）は、クレジットカード決済代行業務等を行う原告X株式会社と被告Yとの間の、加盟店の募集業務の委託等を内容とする契約に基づいて、XがYに対し、本件決済金等の支払を求めた事件である。裁判所は、契約準拠法が日本法と指定されていることから、YのXに対する義務履行地は債権者の現在の住所地になる（民484条）として、Xの本店所在地を管轄する東京地方裁判所に国際裁判管轄があると判断した。

他方で、本件と異なり、明示がなくまた黙示の解釈によっても当事者による準拠法選択が認められない場合には、準拠実体法上の履行地を問題とする余地はなく、結局、本件契約において義務履行地が日本国内に定められていたかという点が問われることになろう（田中美穂・百選183頁。なお、本件では、Yが口頭弁論期日に出頭せず、準備書面を提出しないことから擬制自白の成立が認められ、Xの請求は認容されている）。

(4) 設例2の検討

設例2に関する判例（バミューダ法人ファンド事件＝東京地判平23・9・7判時2228・38、東京高判平24・2・22判時2228・34、最決平25・8・28（平24（オ）1012・平24（受）1232））では、義務履行地にあたるとしても、特段の事情（現、特別の事情）で

否定されるか争われた。当該事件における第1審の地裁は、特別の事情あり
として国際裁判管轄を否定したが、第2審の高裁は、準拠法は国際裁判管轄判
断の一事情にすぎず、当事者間の衡平を害したり、裁判の適切・迅速な審理を
妨げたりする特別の事情はないとして国際裁判管轄を認めた。最高裁は、本
件申立ては民訴法318条1項により受理すべきものとは認められないとして上
告を棄却し受理しないとしたため、高裁判断の内容が確定し、国際裁判管轄
が認められた。

　当事者で外国法を準拠法とする旨を契約で定めていたとしても、それで国
際裁判管轄が直ちに左右されるものではないとしている（「特別の事情」の判
断内容についての詳細は、**第2章8参照**）。

＜注＞
(1)　本間靖規ほか『国際民事手続法〔第2版〕』49頁（有斐閣、2012）参照。旧法
　　　下の履行地の決定をめぐる議論の状況については、同51頁も参照されたい。
(2)　①の例としては、受任者が委任の範囲を超えて義務なく受任者のために事
　　　務をした場合における費用償還請求が、②の例としては、売買契約において、
　　　売主が買主の代金不払により契約を解除した場合における目的物返還請求
　　　が、③の例としては、売買契約において買主が売主の引渡義務の不履行によ
　　　り契約を解除した場合における債務不履行による損害賠償請求が挙げられて
　　　いる。また、④の例としては、契約上の債務に関する訴えで、①ないし③以外
　　　のものを含むとされ、その例としては、売買契約における目的物引渡義務に
　　　付随して発生する説明義務違反による損害賠償請求が挙げられている。以
　　　上、一問一答35頁以下参照。

Ⅲ. 請求の目的・被告財産所在地管轄

　3条の3第3号は、財産権上の訴えに関する財産所在地の国際裁判管轄を定
めている。財産権上の訴え一般については、請求の目的が日本国内にある場
合に、また、当該訴えが金銭の支払を請求するものである場合には、差し押
さえることができる被告の財産が日本国内にあるときには、日本の裁判所の
国際裁判管轄が認められることになる。

　国内裁判管轄に関する5条4号の規定は、日本国内に住所がない者又は住所
が知れない者が被告である場合に限定して適用対象とするが、3条の3第3号
には、そのような限定は付されていない。そのため、日本国内に住所等があ

第2章　2　契約上の債務に関する訴え等の管轄　　111

るかどうかにかかわらず、本条号による国際裁判管轄を認めることができ、本条号の適用される範囲が広い点に注意を要する（新コンメ36頁参照）。

　また、5条4号と異なり、3条の3第3号は、担保目的物（担保物権の対象、保証人）が日本にある場合を適用対象としていない。物的担保権の実行について債務名義を必要としない日本法の下では（民執181条1項）、担保権実行のために判決を得る必要がないため、担保目的物所在地による国際裁判管轄を認める必要性がないことに加え、担保目的物が日本に住所を有するだけで外国債務者を日本で訴えられるというのは、債権者を優遇しすぎることを理由とするようである（新コンメ37頁参照）。

　以下、3条の3第3号の前段・後段につき、順に論じる。

1　請求の目的の所在地管轄

(1)　請求の目的の所在地管轄の趣旨

　請求の目的の所在地管轄を定める3条の3第3号前段は、財産権上の訴えにつき、請求の目的が日本国内にあるときには、日本の裁判所に提起できるとしているが、これは、国際的な事案においても、請求の目的の所在地で訴えを提起することは、原告にとって強制執行をするのに便宜であるし被告にとっても特段不意打ちにならないと考えられることから、被告が日本国内に住所等を有するか否かにかかわらず、請求の目的や同条号後段の差押可能財産が所在する場合には、日本の裁判所に国際裁判管轄を認めるものである（一問一答44頁・48頁）。

(2)　「請求の目的が日本国内にある」ことの意義

　「請求の目的が日本国内にある」とは、例えば、売買契約に基づき引渡しを求めた自動車が日本国内にある場合、あるいは所有権に基づき返還を求めた機械が日本国内にある場合等をいう（一問一答44頁）。ただし、例のような有体物（動産・不動産）だけではなく、物権、債権、知的財産権のような財産権を含むとされており、債権については、その所在地が問題となるが、物の引渡しを目的とする債権であれば当該物の所在地、金銭債権については第三債務者の普通裁判籍所在地（民執144条2項参照）を所在地とすることになろう[3]。

2　被告財産の所在地管轄

(1)　3条の3第3号後段の趣旨

　本条号後段で、金銭支払を請求する財産権上の訴えについて、差し押さえ

ることができる被告の財産が日本国内にあるときに日本の裁判所に提起することができると規定されたのは、被告の差押可能財産が日本国内にある場合には、債権者である原告が債務名義を得てその財産に対して強制執行をすることができるようにするのが相当であると考えられることに基づく。そのため、訴えの対象については、強制執行が可能な「金銭の支払を請求するもの」に限定されている（一問一答45頁）。

　問題は、金銭債務不存在確認の訴えについても、金銭債権の所在地は債権者の普通裁判籍の所在地であると考えられることから、差し押さえることができる被告財産の所在地による管轄を認められるからである。原告が、被告の金銭債権が日本にあるとしてその債務不存在確認を求めるような場合には、主張に一定の矛盾を含むほか、判決執行の可能性もなく、原告債務者が常に自分の住所地の裁判所に訴えを提起できることになり、被告債権者に不利益を及ぼすことになりかねないからである（東京地判昭62・7・28判時1275・77）。

　今回の改正では、上記のような問題があるにもかかわらず、債務不存在確認の訴えの管轄について特段の規定は設けられなかった。原告が債務不存在確認の訴えにおいて存在しないと主張する債権は、その債権に基づく給付請求と表裏一体の関係にあり、この点については、訴えの類型や訴えに係る債務の性質等に応じて個別の事件における判断及び解釈に委ねられた[4]。

(2)　「被告財産が日本国内にある」ことの意義

　被告の差押可能財産は、訴え提起の時に日本国内にあることが必要である（民訴3条の12参照）が、訴え提起後にその財産が散逸した場合でも、日本の裁判所の管轄は失われない（一問一答49頁）。

　また、「被告財産が日本国内にある」といっても、その財産は強制執行をして債権回収の見込みがあるような程度の価額を必要とする。その財産の価額が著しく低く債権回収の見込みがほとんどないような場合にまで日本の裁判所の管轄を認めると、その財産に対して強制執行をして債権の回収を図る便宜を考慮するという同条号の趣旨にそぐわず、名目的な財産の存在を理由とする過剰な管轄を求めることになるからである（このような限定を設けることになった立法の経緯については、**第1章2Ⅴ．1を参照**）[5]。

　したがって、財産がほとんど債権回収の見込みのない商品の見本等であり、それらが日本国内に所在したのは偶然の結果に近いようなときには、日本の裁判所の管轄が否定されることになろう（東京地判昭34・6・11下民10・6・1204）。な

第2章　2　契約上の債務に関する訴え等の管轄　　113

　お、どのような財産が、財産の価額が著しく低いものにあたるかは、個別の事案ごとに裁判所が判断することとされている[6]。

　他方で、差押可能な財産が日本に存在すれば、日本に存在する被告の財産と当該訴訟の請求額との均衡を問うことなく（訴訟における請求額との均衡を要するとすると、日本にある財産の価値を正確に判断することが困難であるだけでなく、財産の価値がどの程度であれば均衡が取れているか評価に困難が伴う[7]）、また当該財産と請求との関連性の有無を問わずに日本の管轄を認めるようであるので、次号の営業所在地管轄などで、業務関連性を要件にして適用範囲を狭めて過剰管轄の可能性をなくそうとしたにもかかわらず、本号では日本に営業所や事務所がなくとも被告に日本での財産（特許権、商標権、売掛金など何でも良い）があれば、日本の裁判所に管轄を常に認めることになりかねない。結局、今回の国際裁判管轄に関して法改正が全般的に行われたにもかかわらず、本条号があるがゆえに、当初の改正目的とされた過剰管轄の生じる可能性が残ってしまい、国際裁判管轄に関する改正全体の意義についても疑義が残ってしまっている[8]。

　そのため実際に同条号による管轄を認めるか検討される際、事案によっては、3条の9の「特別の事情」による調整がなされることが必要となろう[9]。

＜注＞
- (3)　本間ほか・前掲注(1)52頁。
- (4)　一問一答46頁（注1）、83頁。なお、金銭債務不存在の確認の訴えについて、裁判管轄が認められうるとしても、民訴法3条の9の「特別の事情」により、訴えの全部又は一部が却下される可能性も残る点には注意が必要である（同46頁（注1）参照）。
- (5)　一問一答45頁。「過剰管轄」の問題については、本間ほか・前掲注(1)53頁にも説明がある。
- (6)　一問一答46頁。日本でも、明文の要件にはないものの、「事件と日本との関連性」を個別の要素として考慮することはありうるだろう（同47頁（注）（参考）参照）。
- (7)　森下哲朗「新しい国際裁判管轄ルール：営業所所在地・事業活動管轄、債務履行地管轄を中心に」国際私法年報15号36頁（2014）。
- (8)　手塚裕之「特集1　国際裁判管轄立法の意義と課題（承前）国際裁判管轄立法・実務からの評価」国際私法年報16号8頁（2015）。

(9) 新堂幸司監修『実務民事訴訟講座〔第3期〕第6巻－上訴・再審・少額訴訟と
国際民事訴訟』318頁（日本評論社、2013）［中西康］。

Ⅳ. 営業所在地・事業地管轄

1 営業所在地・事業地管轄（3条の3第4号）の意義

　法人その他の社団・財団に対する訴えにつき、その主たる事務所又は営業所が日本国内にあるときは、3条の2第3項により、日本の裁判所に国際裁判管轄が認められる。これは、法人等についてどこかの国で一つは裁判管轄を確保するという趣旨の条項であり、外国に本拠地があるような法人等についてまで日本での国際裁判管轄を認める趣旨ではない（第2章1Ⅳ.2参照）。

　そこで、3条の3第4号は、このような法人等についても、その営業所又は事務所が日本国内にある場合に、営業所又は事務所を有する者に対する訴えでその営業所又は事務所における業務に関するものは、日本の裁判所に提起することができるとしている。これは、業務の中心となっている営業所又は事務所は、個人の住所に準ずるような本拠地とみることができ、証拠の収集の観点からも、その所在地のある国の裁判所に当該業務に関する紛争を審理させることが便宜であろうと考えたことによる。なお、3条の3第4号の「営業所」とは、営利法人がその業務を行う場所を意味し、「事務所」とは、非営利法人がその業務を行う場所を意味する（以上、一問一答51頁）。

2 営業所又は事務所における「業務」の意義

(1) 実際に関与した業務であること

　3条の3第4号の営業所又は事務所における「業務」は、営利事業、非営利事業の双方が含まれ、国内での業務に限られるわけではない（新コンメ38頁）。また、この業務とは、抽象的な業務の範囲に属すれば足りるわけではなく、当該営業所又は事務所が実際に関与した業務でなければならないとされている。もし抽象的な業務の範囲であれば、当該営業所又は事務所が何ら関与しなかった外国での取引に関する訴えであっても、すべて日本の裁判所に提起することができることになり、過度に広範に日本の裁判所の管轄を認めることになってしまうからである。国内土地管轄に関する5条5号の営業所又は事務所における「業務」とは、同様に、当該営業所又は事務所が実際に関与したことを要すると解されている（一問一答52頁）。

第2章　2　契約上の債務に関する訴え等の管轄　　115

(2)　担当業務は外国のものも含みうること

　実際に関与した業務であれば、その業務が外国で行われたとしても、3条の3第4号の対象となる。例えば、当該営業所又は事務所が、アジア全域を統括する支店等として近隣の外国における業務をも担当している場合、その業務が外国で行われたとしても、同条号の対象となるのである（一問一答52頁）。

　有名な先例であるマレーシア航空事件（最判昭56・10・16民集35・7・1224）においては、被害者は「マレーシア」で「マレーシア国内線」の航空券を購入していた。そのため、そもそも国際線の航空券ではなかったことから、被害旅客者の主要かつ恒常的な居住地国に国際裁判管轄が認められず（国際線についてはモントリオール条約により、死亡又は傷害した旅客者は、主要かつ恒常的な居住地国でも国際裁判管轄が認められる。**第1章3Ⅱ．＜注＞(13)参照**）、また、東京の営業所が直接業務に関与していなかったため、当該営業所には抽象的業務関連性しかなく、改正民訴法の本条号では日本の裁判所に国際裁判管轄を認めることはできないことになる。当時の国際管轄に関する特別規定がない民訴法下でのマレーシア航空事件判決は、日本に営業所があれば日本の裁判所管轄を認めたが、これは、平成23年改正の趣旨からは、過剰な国際裁判管轄を肯定したものとして位置づけられよう（山本克己・百選179頁参照）。

　ただし、東京の営業所がアジア全体を統括する業務を行っていたのであれば、同条号の対象となり、日本の裁判所に管轄が認められうることになるが、マレーシア航空の場合、アジアを統括する営業所を置くとしても、それはおそらくマレーシアに置くであろうと考えられることから、結局は、この事件の場合、同条号では日本の裁判所管轄が認められる可能性はほぼないということになろう（マレーシア航空事件により当時明らかになった国際管轄を巡る問題点及び改正の必要性については**第1章1Ⅴ．**を、またそこで生じた理論的問題及びそれ以降の判例理論及びこの判例と関連する今回の平成23年改正の経緯については**第1章2Ⅱ．Ⅲ．**を参照されたい。なお、今回の改正民訴法によりマレーシア航空事件の帰結がどうなるかについては、**第3章1**も詳しい。）。

(3)　被告の子会社の営業所又は事務所の存在のみでは認められないこと

　例えば、被告は日本国内に営業所を設置していないものの、被告の子会社が営業所を日本に置いて取引を継続して行っている場合に、被告との取引に関する訴えを日本の裁判所に提起することは、3条の3第4号の対象とはなら

ず、認められない。訴えをされた被告の営業所等であることが必要なのである。

　他方で、3条の3第5号の継続取引を日本で行っている外国会社に対する訴えの規定の適用の可能性はありうる（一問一答52頁、同（注）参照）。

　すなわち、企業が外国に進出する場合に、支店や営業所を置くか、別法人格の子会社を設立する形を取るかは、税制など様々な考慮から選択されており、実質的な業務の進出の度合いとは無関係であること、近時はインターネットの発達により日本に拠点を定めずに事業活動を行うことも可能となっていることからは、営業所や事業所を設けずに日本で活動する外国法人についても、日本の裁判所管轄を認めるのが適切であることが考慮され、今回の改正では、次の3条の3第5号を定め、被告が日本で事業活動を行っており、訴えが被告の日本での業務に関するものであれば、日本に国際裁判管轄を認めるとしたのである[10]。

　とはいえ、マレーシア航空事件では、事故の被害者はマレーシアの営業所で航空券を購入しており、同条号の適用はないことは明らかである。たとえ、マレーシア航空会社が、日本に営業所を有していても、あるいはマレーシアから日本向けのインターネットのウェブサイトを運営していたような場合であっても、同条号では日本の裁判所管轄が認められないのである。

　このような帰結が生じることに関して、「日本における業務」という同条号の要件は、管轄判断基準として妥当なのかといった批判がある。すなわち、マレーシア航空会社が、当該便の予約やその変更を日本における営業所や日本向けウェブサイトでも受け付けていようと、あるいは事故後の対応を日本の営業所が行っていようとも、たまたま被害者が航空券の購入をマレーシアの現地でしていたのであれば、事故による損害賠償請求は「日本における業務」に関連しないとして日本の裁判所に管轄を認められないというのは、妥当とはいえないのではないかというような批判である。

　とりわけ、多国間を空で結ぶ航空業を営む航空会社という業態は、一般の物やサービスを提供する事業と比べて国際性が高くまた大事故が起きたときの被害度も高いという特殊性があることに鑑みると、このようなケースは、チケットという物の販売方法に問題があったことから生じた責任を問題とする場面で捉えるよりも、日本に航空便を就航させている航空会社の航空運送サービス事業から生じた責任が問題となっている場面として捉えるべきであ

る。そして、航空会社の場合、日本における営業所が、日常的に、航空運送事業に不可欠なチケットの予約・販売、宣伝・広告、アフターサービス、事故対応等を日本で行っているということであれば、たまたま被害者が海外の営業所で当該国の国内航空券を購入したとしても、事故が起きたときの対応は、被害者が日本人である限り、日本の営業所が直接の窓口となるであろうことが考えられるし、事故は海外であっても、日本人の被害者は日本の裁判所で訴えを提起してくることも十分予測され、日本で応訴することについても、航空機に関する事故対応も含めた業務が不回避的にありうる航空業を営む航空会社においては、大きな不都合があるとも考えづらい、というのである[11]。

　たしかに、マレーシア航空事件の例を念頭に置くと、日本に営業所があって同じ業務を行っているのであれば、直接の業務に関わる請求ではなくとも、抽象的な業務の範囲内といえれば、日本の裁判所に管轄を認めても、おそらく日本にある営業所が訴訟対応するであろうし、そのことには別段不都合がないように思われるところである。もちろん立法者の意思としては、過剰管轄を避けたいというところにあり、その理由の合理性はあるものの、他で財産所在地管轄及び消費者管轄を広く認めており、ここで「業務関連性」の要件のみを狭くすることの実益が結局どれほどあるのか、疑問は生じる。

　要は、金銭請求事件では、被告となる側に差押可能な財産が日本にあれば、「特別の事情」がない限り財産所在地管轄が認められるので、これを根拠として日本の裁判所に提訴すれば足りてしまうことになり、認められにくい営業所在地管轄のみをあえて根拠としてくることは少なく、同条号の意義が薄れてしまうことが予想されるのである（第3章1でマレーシア航空事件類似の事案に関する解説が詳しいのでそちらも参照されたい）。

＜注＞
　(10)　新堂・前掲注(9)319頁［中西康］。
　(11)　手塚・前掲注(8)7頁以下。

V．業務管轄

1　業務管轄（3条の3第5号）の意義

（1）　3条の3第5号の沿革及び趣旨

3条の3第5号を定める前提として、平成14年の商法改正及び平成17年の会

社法817条1項の新設により、外国企業が日本で事業を行おうとする場合でも、日本での営業所の設置義務は廃止され、必ずしも日本に営業所を設置する必要がなくなり、営業所を設置しないときには、日本における代表者のうち1人以上が日本に住所を有すればよいこととなったことが挙げられる。また、同時に、その代表者は、当該外国会社の日本における業務に関する一切の裁判上又は裁判外の行為をする権限を有すると定められている（会社817条2項）。

　したがって、外国会社が、現在日本で継続して事業取引を行うには、営業所を設置する、子会社を設立する、営業担当者（代表者）を派遣する、現地代理店を利用する、若しくはインターネットでのみ日本での取引をする、といった種々の方策があるところ、3条の3第4号は、日本国内に営業所等を有する者に対する訴えに関する規律であるが、他方で、営業所等を有さなくとも、日本に居住する代表者を1人以上定めている外国会社に対する日本における業務に関する訴えについては、3条の3第5号により、日本の裁判所に管轄が認められるようにしたものである（秋山コンメ603頁、一問一答53頁）（同条号の立法の経緯については、**第1章3Ⅱ.2(3)**も参照）。

　(2)　アメリカの判例理論との差異

　アメリカでは、アメリカの法廷地内で継続して取引を行う（doing business）外国法人や他州の法人に対して管轄権行使が認められるが、これは、被告が管轄を肯定するに十分な事業をその州において継続していることを重視して当該会社が州内に存在するものと同視する考えであるため、この「doing business」理論は、域内における業務に関する訴えでなくとも、何らかの事業の継続存在性があれば認められる点で、過剰管轄を生じさせる問題があった。そこで、日本の民訴法3条の3第5号は、日本における事業に関する訴えについてのみ、日本の裁判所に管轄が認められるとしたのである[12]。

　(3)　3条の3第5号の適用例

　3条の3第5号の業務管轄は、「事業」の主体を法人に限定するものではなく、非営利法人のほか、個人や権利能力のない社団・財団を含む。また日本に事業所・営業所を置くことなく継続取引をする者の典型例としては、外国会社（会社817条1項・818条1項等参照）が考えられるので、同条号の括弧書きにおいてその旨を明示している（一問一答54頁、秋山コンメ604頁）。

　取引に係る訴えについて日本の裁判所が管轄を有するか否かは、①当該外国の事業者が「日本において事業を行う者」に該当するか否か、②「当該訴

えが、その者の日本における業務に関するもの」に該当するか否かによることとなり、裁判所が事案ごとに事実関係を踏まえて個別判断することになる（一問一答57頁以下）。

前者については、例えば、外国会社が日本向けのウェブサイトを通じて（又は日本国内に子会社を設立して若しくは輸入代理店等を通じて）、日本の法人又は個人に対して製品等を販売したが、当該製品の代金支払や引渡しをめぐって争いになった場合に、当該外国会社は「日本において事業を行う者」として、日本の法人又は個人から当該外国会社に対してなされた当該取引に関する訴えについては、日本の裁判所に管轄が認められることになりうる[13]。

また、後者の日本における「業務」とは、事業に関して行われる個々の行為のことである。日本での業務のために1回的な売買契約を締結した場合における売買代金支払請求も、「日本における業務に関する」に該当し、日本の管轄を基礎づけると解されている。

したがって、先の事例については、外国会社が日本向けのウェブサイトとして日本語で記載して設置し、実際に日本からウェブサイトを通じて申込みが可能で購入した製品の日本への送付も可能であるか、あるいは当該事業者と日本の法人又は個人の取引実績などを考慮して、上記の①及び②の要件を満たすか否かを判断することになる。子会社や輸入代理店を通じた取引の場合についても、同様の個別判断となると言われている（法制審議会国際裁判管轄法制部会第2回・第6回・第13回会議議事録参照）。

2 3条の3第5号の業務管轄における国内土地管轄

3条の3第5号は、国内土地管轄には存在しない管轄原因に基づき日本の裁判所の管轄の有無を判断するものであるため、対応する国内土地管轄が定まらない場合もありうるとして、このような場合のために、10条の2を新設し、最高裁判所規則で定める地を管轄する裁判所の管轄に属すると定めている（民訴規6条の2より東京都千代田区とされているので、東京地方裁判所の管轄となる）。ただし、3条の3第5号に基づく訴えについて、被告が外国の法人であっても、日本における代表者が日本に住所を有するときは、4条5項に基づいて普通裁判籍が認められる上、義務履行地（5条1号）、財産所在地（同条4号）等の規定も適用されるため、実際に10条の2が適用されることは例外的であると考えられている（一問一答59頁）。

3 3条の3第4号と3条の3第5号との関係

3条の3の第4号と第5号は、いずれかの規定の適用が優先するものではないので、どちらの規定にも当てはまる場合、いずれの規定によっても日本の裁判所に訴えを提起することができる。例えば、日本に営業所を設置して事業を行う者に対する訴えで、その営業所における業務に関するものは、同条4号にも同条5号にも該当するが、原告は、いずれの規定によっても、日本の裁判所に訴えを提起できることになる（一問一答56頁）。

＜注＞
(12)　本間ほか・前掲注(1)55頁。
(13)　本間ほか・前掲注(1)55頁参照。

Ⅵ．社団・財団に関する訴訟管轄

1 3条の3第7号の意義

会社その他の社団又は財団に関する訴えのうち、会社の組織自体に関する訴え、取締役の責任追及の訴え、及び役員解任の訴えなどは、3条の5が規律し、日本の裁判所の専属管轄を認めている（**第2章6Ⅱ．参照**）。

これに対し、3条の3第7号は、会社その他の社団又は財団に関する訴えのうち、「これらの組織に属する（若しくは属していた）利害関係者が被告になる場合」の規律であり、当該会社等の設立等が日本であれば、国際管轄を認めるものである。

同条号イからニに該当する被告には、会社その他の社団又は財団の「社員」又は「社員であった者」、社団又は財団の「役員」又は「役員であった者」、会社の「発起人」又は「発起人であった者」若しくは「検査役」又は「検査役であった者」のいずれかが該当する[14]。

これらの訴えは、社団・財団を被告とするものではないが、証拠収集の便宜や同種事件での統一的判断の必要性から、これらの組織を基準とし、社団又は財団が法人である場合にはそれが日本の法令により設立されたものであるとき（設立準拠法国）、他方で、法人でない組織（法人格なき社団）の場合にはその主たる事務所又は営業所が日本国内にあるとき（主たる営業所地国）、日本の裁判所に訴えを提起できるとしたのである[15]。

3条の3第7号イからニまでに掲げる訴えの意義は、5条8号のイからニまで

第2章　2　契約上の債務に関する訴え等の管轄　　121

に掲げる国内での訴えと同義であり、イに掲げる訴えの例としては、持分会社から社員に対する出資懈怠に基づく損害賠償請求（会社582条1項）、持分会社から業務執行社員に対する任務懈怠に基づく損害賠償請求（会社596条）、ロに掲げる訴えの例としては、清算持分会社から清算人に対する任務懈怠に基づく損害賠償請求（会社652条）、ハに掲げる訴えの例としては、会社から検査役に対する任務懈怠に基づく損害賠償請求、ニに掲げる訴えの例としては、持分会社の債権者から社員に対する会社債務の履行請求（会社580条1項）が挙げられている（一問一答66頁）。

2　3条の3第7号の射程範囲

立法過程では、会社その他の社団の債権者から役員に対する訴え（取締役に対する損害賠償請求（会社429条）など）についても、同様の規定を設けることが検討された。会社等に関係する国に共通の管轄裁判所を確保する必要がありうるからである。

しかし、これについては、不法行為管轄など別の管轄原因によって対応することが可能であること、また国内管轄に対応する規定がないことなどから、そのような規定は設けられなかったようである（一問一答66頁以下、秋山コンメ607頁）。

＜注＞

(14)　なお、これらの会社法上の利害関係者の名称は、日本の会社法の用語によるものであるが、外国法において実質的にこれらに類するような者の訴えを除外するものではないと解されている（秋山コンメ606頁）。

(15)　本間ほか・前掲注(1)57頁。

VII.　不動産所在地管轄

1　不動産所在地管轄（3条の3第11号）の意義

3条の3第11号は、不動産に関する訴えについて、不動産が日本国内にあるときは、日本の裁判所の国際管轄を認める。これは、国内管轄における5条12号と同じ趣旨の規定である。

すなわち、不動産所在地は、一般に証拠調べに便宜であり、利害関係者も近くに居住していることが多いと考えられるし、同一の不動産をめぐる関連訴訟の併合審理を行うにも便宜であると考えられることから定められた（一問一答77頁、秋山コンメ612頁）。

122 第2章 2 契約上の債務に関する訴え等の管轄

「不動産に関する訴え」の意義は、国内管轄のときと基本的に同じであり、不動産上の物権の確認請求、所有権又は契約に基づく引渡請求等が含まれるが、不動産の売買代金請求、賃料請求等の訴えは含まれないことになる（一問一答78頁、秋山コンメ612頁）。

というのも、立案過程では、不動産に関する訴えのうち、物権関係の訴えについては、領土主権にも関わり、自国の領土に所在する不動産に関して国家が特別の公益を有すると考えられるため、専属管轄を認めることも議論されたようであるが、しかしながら、①当事者が不動産の引渡しについて、債権的請求権と物権的請求権のいずれの法律構成によるかによって管轄が異なるのは不合理であること、②日本に住所を有する両当事者が外国の不動産について日本の裁判所の管轄を否定されるのは不便であること、③所在地国外で裁判を行うことが直ちに所在地国の主権の侵害になるわけではないこと、などから、専属管轄とすることは否定されたものである(16)。

2 3条の3第11号の射程範囲

不動産についての所有権の移転登記手続を求める訴えなど不動産の登記に関する訴えの場合には、3条の3第11号と共に、3条の5第2項が適用される。ただし、3条の5第2項は専属管轄を定めるものであるので、例えば、外国に所在する不動産に関して日本の裁判所に係る合意管轄があるとき、3条の3第11号との関係ではその合意は有効であるので、不動産の所有権確認請求訴訟は日本で提起しうるが、不動産の移転登記請求訴訟については、3条の5第2項及び3条の10が適用され、合意管轄は効力を否定されるので、日本で提起された訴えは却下されることになる（秋山コンメ613頁）。

＜注＞

(16)　なお、ブリュッセルⅠ規則22条1号は、不動産物権及び長期の賃貸借不動産に関する事件につき、所在地国に専属管轄を認めている（本間ほか・前掲注(1)62頁、一問一答77頁、秋山コンメ612頁）。

Ⅷ. 手形・小切手支払地管轄

手形・小切手による金銭支払請求訴訟については、支払地が日本国内にあるときに、国際裁判管轄が認められるとされている。

これは、小切手上の債務者が複数存在するときに、支払地に管轄を集中さ

せることにより支払義務者の予見可能性を保障し、かつ手形・小切手の所持者に債権の簡易迅速な回収を保障することを可能にするものであり、国内土地管轄の5条2号と同様の趣旨に基づく[17]。

<注>
(17)　本間ほか・前掲注(1)51頁以下、一問一答42頁。なお、法制審議会国際裁判管轄法制部会においては、荷為替信用状に関する訴えについても議論されたようであるが、信用状自体には手形・小切手の支払地に相当する記載がなく、他方で、信用状に基づく金銭の支払を求める訴えの国際裁判管轄については、債務の履行地による3条の3第1号等の規定で対応できると考えられたことから、信用状に基づく金銭の支払を求める訴えについての国際管轄規定は設けられなかったようである（一問一答45頁注参照）。

Ⅸ. 海事事件管轄
1　船舶債権その他船舶を担保とする債権に基づく訴え
(1)　3条の3第6号の意義
3条の3第6号は、船舶所在地国の裁判所に国際裁判管轄を認めるもので、船舶債権その他船舶を担保とする債権に基づく訴えについて、当該船舶が日本国内にあれば、日本の裁判所の国際裁判管轄を認めるものである。

本来、被告が船舶所有者であり、当該船舶が日本国内にあるときは、3条の3第3号により、当該訴訟に関し、原則として日本の裁判所の管轄が認められるが、被告が船舶所有者以外の第三者（傭船者等）である場合は、同号は適用されず、また、船舶先取特権（商842条参照）若しくは船舶抵当権に基づいて担保権実行手続を開始した後に、船舶所有者や船舶運航者が船舶債権に係る債務不存在確認の訴えを提起することがあるが、このような訴えについても、債権者の便宜上、日本で処理する必要性が大きいことから、3条の3第6号で船舶所在地国の国際裁判管轄が認められたのである[18]。

(2)　船舶の所在
船舶の所在とは、当該船舶が提訴時に日本国内にあれば足り、その後外国に移動しても管轄が失われることはない[19]。

(3)　3条の3第6号の射程範囲—国内管轄との差異
3条の3第6号は、海事関係の管轄原因のうち、船員の財産権上の訴えに関する管轄及び船舶所有者その他船舶を利用する者に対する訴えに関する管轄に

ついては、国内管轄の規定は、5条3号及び同条6号で存在するにもかかわらず、国際管轄の規定を定めていない。

その理由は、①船舶所在地が国際裁判管轄の場合に、便宜置籍船の存在を前提とすると適切な管轄原因となり得ないことがあること、②前者については、船舶事故等については被害額が巨大になり船員個人に請求することはまれであり、かつ船員個人の被害については、船会社が加入する保険により処理されるのが通常であり、問題が生じないこと、③後者については、船舶利用者に対する訴えには多様なものが含まれ、それらに共通する合理的な管轄原因を定めるのが困難であることなどによるようである（一問一答62・63頁）。

2 船舶衝突など海上事故に基づく損害賠償に関する管轄

(1) 3条の3第9号の意義

3条の3第9号は、船舶の衝突など海上事故に基づく損害賠償請求に係る船舶到達地の国際裁判管轄を定めている。そのため、損害を受けた船舶が最初に到達した地が日本国内にあるときは、日本の裁判所の国際裁判管轄を認めている。

海上事故が日本の領海内で発生した場合には、3条の3第8号の不法行為管轄によって日本の国際裁判管轄が認められるが、事故自体が公海上その他日本の領海外で起きた場合には、3条の3第8号の適用がない。そのためそのような事故の場合でも、損害を受けた船舶が最初に到達した地（必ずしも港である必要はない）が日本国内にあるときは、日本で損害の調査を行いかつ修理を行うのが通常であり、またそれゆえに日本に証拠等が多くあると考えられ、日本の裁判所で審理することが適正・迅速な裁判に資すると考えられたのである（一問一答74頁、秋山コンメ611頁）。

ただし、国際海上運送では、便宜置籍船が多く用いられており乗務員が様々に異なる外国籍でありうる上、船舶を一つの港に滞留させることが経済的に許されないといった事情があるため、実際には最初の到達地で訴訟を行うことは必ずしも便宜にかなっているわけではないようである。

この点に関し、公海上でパナマ船籍の貨物船とロシア船籍のトロール漁船という外国船同士が衝突し、パナマ船籍の被害船舶の最初の到達地（5条10号）である日本で訴えが提起された事件があるが、訴え提起時には両船舶・乗組員とも日本にはいなかったため、外国法を適用する困難や乗組員の尋問の費用や時間がかかることが懸念されたり言語上の困難が生じたりすることが予

想された一方で、両船舶とも被害船の損傷状況や修理費用等に関する客観的証拠をすでに入手していたため船籍国の裁判所で裁判する不都合性もなかったことから、日本に管轄を認めるべきでない「特段の事情」があるとした裁判例がある（パナマ船衝突事件＝仙台高判平23・9・22判タ1367・240）。

そのためか、実務上は、衝突船舶の関係者間で協議し、船舶差押えを防ぐための保証状を交換するとともに、そこで裁判管轄を合意しておくことが多いようである[20]。

国際裁判管轄を一般に広く認めておいた上で、現行法下では「特別の事情」（3条の9）の判断枠組みの中で、実際の裁判を受ける権利の保障を具体的に検討するのが妥当と思われるケースであった。

なお、この平成23年改正以前の旧法下のケースで特段の事情の考慮要素に、準拠法が外国法であることを入れていることについては、疑問がないわけではないが、ここでは詳述しない（特別の事情の考慮要素などの詳細は、**第2章8参照**）。

(2)　3条の3第9号の射程範囲

共同海損分担金請求の訴え（商788条以下）については、本件の訴えが不法行為による損害賠償の特則規定であることから国内管轄との関係でも議論があり（秋山コンメ128頁）、立案者はこの点をなお解釈に委ねることにしたようであるが、いずれにしても、国際的な共同海損については、広く合意管轄条項が設けられており、実際上の問題は少ないと考えられている（一問一答75頁注、秋山コンメ611頁）。

3　海難救助に関する訴えにおける管轄

(1)　3条の3第10号の意義

3条の3第10号は、海難救助に関する訴えについて、海難救助地又は救助された船舶が最初に到達した地が日本国内にあるときに、日本の裁判所の管轄を認める。国内管轄における5条11号と同旨の規定である（秋山コンメ611頁）。

(2)　3条の3第10号の射程範囲

国際海難救助の場合、通常の実務では、ロイズ海難救助契約標準書式（LOF：Lloyd's Open Form）に基づき救助契約を締結することが多く、その際、ロンドンのロイズ評議会による仲裁手続が合意されるようであるが、そのような仲裁合意に基づかずに海難救助がなされることもありうるため、3条の3第10号は、そのようなときに備えて、証拠調べの便宜という観点から、国際裁判管轄の規定を置いたとされている（一問一答76頁、秋山コンメ612頁）。

126   第2章　2　契約上の債務に関する訴え等の管轄

　このような海難救助において、海難救助がなされた地や救助された船舶が最初に到達した地が日本国内にあるときは、日本に証拠等が多くあると考えられ、日本の裁判所で審理判決することが適正・迅速な裁判に資すると考えられたのである（秋山コンメ612頁）。

＜注＞
　(18)　秋山コンメ605頁、本間ほか・前掲注(1)55頁。
　(19)　ただし、船舶が日本にいる間であれば訴え提起可能であるが、船舶の移動
　　　　が想定されるので、権利実現の実効性を視野に入れて、通常は、差押えをした
　　　　上で訴えを提起することになると思われる（秋山コンメ606頁）。
　(20)　本間ほか・前掲注(1)56頁。

3　不法行為に関する管轄

薮口康夫

Ⅰ．はじめに
Ⅱ．不法行為に関する請求
Ⅲ．不法行為があった地（不法行為地）
Ⅳ．管轄原因「不法行為があった地」の証明の必要性と程度
Ⅴ．設例の検討

設　例

1　日本法人のX₁社は、モータに関する日本での特許権を有する。A国法人Y₁社は、日本国内から閲覧可能なウェブサイト（日本語版・英語版）において、X₁社の特許権を使用したモータが含まれる製品紹介・日本国内の営業所表示・製品販売に関する問合せフォームのウェブページを設けていた。X₁社は、Y₁社のこれらの行為が、日本においてY₁社製品の「譲渡の申出」をしてX₁社の日本特許権を侵害していると主張して、①不法行為に基づく損害賠償金の支払と、②特許権侵害行為（譲渡の申出）の差止めを求めて、わが国の裁判所に訴えを提起した。

2　外国であるG国においてのみ使用可能な規格の電化製品（G国のY₂社製造）をG国滞在中に購入した日本人X₂が日本に帰国後に日本国内においてその製品を使用したところ、その製品の欠陥によって負傷した。そこで、X₂はY₂社の製造上の不注意に基づくものであると主張して、Y₂社を被告として損害賠償請求訴訟をわが国の裁判所に提起した。

3　日本在住の日本人X₃は、外国であるH国を旅行中、H国の国際的な観光地で売られていた土産物（H国法人のY₃社製造の菓子）を購入して帰国後の日本で食べたところ、食中毒等になった。そこで、X₃はY₃社の製造上の不注意に基づくものであると主張して、Y₃を被告と

して損害賠償請求訴訟をわが国の裁判所に提起した。

4　日本人X_4は、ウルトラマンシリーズの映画の日本における著作権者であり、ベルヌ条約により外国であるT国でも著作権を有するとして、T国内で本件著作物を使用していた。すると、T国に居住するT国人のY_4は、自分がX_4からT国内を含む東南アジアでの本件著作物の利用許諾を受けているので、X_4の行為はY_4の独占的利用権を侵害する旨の警告書を日本のX_4に送付した。なお、Y_4は、日本国内では事業・営業活動は行っていない。そこで、X_4はY_4の警告書送付により業務を妨害されたと主張して、Y_4を被告として1,000万円の損害賠償請求訴訟をわが国の裁判所に提起した。

I.　はじめに

1　本条の趣旨

平成23年改正（新法）により新設された民訴法3条の3第8号は、不法行為に関する訴えについては、不法行為があった地が日本国内にある場合には、原則として日本の裁判所の国際裁判管轄権を定めるものである。

国際裁判管轄も国内管轄も広義の土地管轄の問題であるので、いずれの規律も、当事者間の衡平や適正・迅速な裁判の実現等の理念に基づき、事案の性質、応訴による被告の負担の程度、証拠の所在地等を考慮して定められる点で、両者の規律は基本的に共通性を有する。

現に、同号において「不法行為があった地」を国際裁判管轄の基準としたのは、不法行為があった地には訴訟資料・証拠方法等が所在していることが多く、また、不法行為があった地での提訴を認めることが被害者にとっても便宜であると考えられることに基づくものであるとされる（一問一答68頁）。その点では、同号は、基本的に国内管轄に関する民訴法5条9号と同趣旨のものである。

2　国内管轄規定との相違点

しかし、両者の管轄は以下の点で異なるとされる（一問一答14頁、基本法コンメ348頁〔日暮直子〕参照）。すなわち、①国内の本拠地以外で応訴を強いられる場合と国外で応訴を強いられる場合とでは言語・法制度・訴訟手続の異なる

第2章　3　不法行為に関する管轄　　129

外国裁判所での訴訟追行を余儀なくされるので、当事者（被告）の負担は大きく異なること、②外国で訴訟を行うことは準拠実体法や手続法の差異によって訴訟の帰結にも影響が及びうること、③国際取引の状況等を考慮する必要がある場合があること、④国内管轄の場合には移送（民訴17条等）による調整が可能であるが、国際裁判管轄の場合には移送によっては調整ができないことなどである。

　以上のような性質の違いに応じて、国際裁判管轄の規律と国内土地管轄の規律とでは、その内容が異なっている。本号では、不法行為地管轄について、国際裁判管轄との関係では結果発生が通常予見できない場合を除外している（民訴法3条の3第8号かっこ書は、民訴法5条9号には存在しない）。

Ⅱ．不法行為に関する請求

1　損害賠償請求訴訟

(1)　不法行為（民法）に基づく損害賠償請求訴訟

　本号の対象となる「不法行為に関する訴え」は、民法709条から724条までに規定されている不法行為の効果としての損害賠償請求の訴えを含むことは間違いない。

　なお、平成23年改正前の下級審判例においては、同じ民法上の請求権ながら、不法行為（民709条以下）とは異なる事務管理や不当利得に関する請求権についても、製造物責任者間での請求のように、権利名は事務管理や不当利得に基づく請求権であっても、その実質においては製造物責任に基づく損害賠償債務に起因し、これと密接に関連するものである場合に、不法行為に関する請求となり得る旨を判示したものもある（ナンカセイメン事件＝東京地判平3・1・29判時1390・98[1]）。

(2)　民法以外の法令に基づく損害賠償請求訴訟

　本号の対象となる「不法行為に関する訴え」は、民法709条から724条までに規定されている不法行為のほか、民法以外の法令に規定されているような違法行為をも広く含む概念として理解されており、知的財産権侵害に基づく損害賠償請求の訴えについても、含まれると考えられている（一問一答68頁、基本法コンメ354頁〔日暮直子〕、秋山コンメ608頁）。

(3)　製造物責任を理由とする損害賠償請求訴訟（製造物責任訴訟）

　本号は、法の適用に関する通則法18条とは異なり、製造物責任に関する訴

えについては、規定を設けていない。製造物責任の場合には、国際的な製品流通は複雑であり、当事者の訴訟追行や裁判所の審理の便宜を一概に定めることが困難であるから、不法行為の一類型としてのみ管轄原因を認めるにとどめたものであると説明されている（一問一答73頁、秋山コンメ608頁）。

2　差止請求訴訟

(1)　知的財産権侵害に基づく差止請求訴訟

「不法行為に関する訴え」は、民法以外の法令に規定されているような違法行為をも広く含む概念として理解されている。そのため、知的財産権侵害に基づく差止請求については、国内管轄に関する民訴法5条9号の解釈と同様に、これも含まれるとする見解が多い[2]。

判例は、国内管轄の事案であるが、不正競争防止法の規定に基づく特許権侵害を理由とする差止請求訴訟については、民訴法5条9号の「不法行為に関する訴え」に該当するものと判示している（日研工作所事件＝最決平16・4・8民集58・4・825）。

国際裁判管轄については、平成23年改正前より、下級審判例ではあるが、知的財産権侵害停止等の差止請求訴訟につき、前記平成16年4月8日日研工作所事件最高裁決定を引用して民訴法5条9号の「不法行為に関する訴え」に含まれると判示した、日本電産事件（知財高判平22・9・15判タ1340・265）が存在する。

さらに改正法成立後のアナスタシア事件（最判平26・4・24民集68・4・329）では、米国カリフォルニア州法人のX社が、同社退職後に日本で同社の営業秘密を不正に使用・開示したとして、カリフォルニア州法典に基づき損害賠償及び差止めを求める訴えを提起して確定判決を得て、日本において民事執行法24条に基づいて外国判決の執行判決を求めた事案であった。執行判決を得るためには民訴法118条各号の要件を具備する必要があり、本件では同条1号の間接裁判管轄の有無が問題となった。原審は、間接裁判管轄がないとしてXの請求を棄却した。これに対し、最高裁は【判旨】で以下のような理由から原判決を破棄したが、その前提として、知的財産権侵害停止等の差止請求訴訟については、民訴法5条9号の「不法行為に関する訴え」や民訴法3条の3第8号の「不法行為に関する訴え」に含まれると考えていることになる[3]。

【判旨】「(1)人事に関する訴え以外の訴えにおける間接管轄の有無については、基本的に我が国の民訴法の定める国際裁判管轄に関する規定に準

拠しつつ、個々の事案における具体的事情に即して、外国裁判所の判決を我が国が承認するのが適当か否かという観点から、条理に照らして判断すべきものと解するのが相当である。

(2)そこで、まず、我が国の民訴法の定める国際裁判管轄に関する規定をみると、民訴法3条の3第8号は、『不法行為に関する訴え』については『不法行為があった地』を基準として国際裁判管轄を定めることとしている。

民訴法3条の3第8号の『不法行為に関する訴え』は、民訴法5条9号の『不法行為に関する訴え』と同じく、民法所定の不法行為に基づく訴えに限られるものではなく、違法行為により権利利益を侵害され、又は侵害されるおそれがある者が提起する差止請求に関する訴えをも含むものと解される（最高裁平成15年（許）第44号同16年4月8日第一小法廷決定・民集58巻4号825頁参照）。そして、このような差止請求に関する訴えについては、違法行為により権利利益を侵害されるおそれがあるにすぎない者も提起することができる以上は、民訴法3条の3第8号の『不法行為があった地』は、違法行為が行われるおそれのある地や、権利利益を侵害されるおそれのある地をも含むものと解するのが相当である。」

(2)　その他の差止請求訴訟

人格権・環境権に基づく差止請求訴訟が、「不法行為に関する訴え」に含まれるかも問題となりうるが、現段階では議論は進んでいない。

3　債務不存在確認訴訟

平成23年の改正においても、債務不存在確認の訴えの国際裁判管轄権について特段の規定は設けられなかったが、被害者からの給付請求に限られず、加害者とされた者からの債務不存在確認請求なども含まれると考えられている（条解56頁〔新堂＝高橋＝高田〕、秋山コンメ608頁）。

判例も、平成23年改正前から、不法行為に基づく損害賠償債務の不存在確認の訴えについて不法行為地の特別裁判籍を認めた下級審裁判例としては、大阪地裁昭和48年10月9日中間判決（判時728号76頁）や、東京地裁平成10年11月27日判決（判タ1037号235頁）など複数ある（一問一答83頁）。また、平成23年改正後においても、東京地裁平成26年10月29日判決（平25（ワ）14010）は、不法行為に基づく損害賠償債務の不存在確認の訴えについて国際裁判管轄が認め

られることを前提として、本件事案のもとでは確認の利益がないとして却下判決している（なお、これらの判例については国際訴訟競合も問題となる場合があるが、この点については**第4章2**参照）。

＜注＞
  (1) 結論としては、「特段の事情」によりわが国の国際裁判管轄を否定している。また、平成元年提訴の裁判例であるから、平成8年改正前の旧民事訴訟法15条の「不法行為地」の解釈として論じられている。
  (2) 一問一答68頁、条解56頁、基本法コンメ354頁〔日暮直子〕、新コンメ41頁〔越山和広〕、伊藤眞『民事訴訟法〔第4版補訂版〕』50頁注36（有斐閣、2014）、百選194頁以下〔申美穂〕。
  (3) なお、平成23年改正法は平成24年4月1日施行であり、改正法附則2条によれば改正後の民事訴訟法の規定は、改正民訴法3条の7を除きこの法律の施行の際、現に係属している訴訟の日本の裁判所の管轄権及び管轄に関しては適用されないこととされている。そして、本件の係属は改正民訴法施行日前であるため、改正民訴法は、本件には本来は適用されない。
  　　したがって、本件判旨は民訴法118条の解釈の前提として改正民訴法3条の2以下の規定を適用したのではなく「準拠」したかたちで示されていることになる。このような判旨に対して疑問を呈示するものとして、道垣内正人「判批」平成26年度重要判例解説（ジュリ1479号）301頁以下（2015）。

Ⅲ. 不法行為があった地（不法行為地）

1 概　説

　不法行為があった地（以下「不法行為地」という。）とは、国内管轄に関する民訴法5条9号と同様、不法行為の客観的要件の発生した地を指す。国内管轄の解釈論としては、従来、不法行為の構成要素である加害行為が行われた地（加害行為地）、加害行為によって惹起された結果が発生した地（結果発生地）のいずれもが不法行為地に含まれると解されていた[4]。これらが異なるときは、いずれも不法行為地となる。問題は、この理が国際裁判管轄にも当然に妥当するか否かであるが、平成23年の改正民訴法3条の3第8号は国際裁判管轄に関しては、国内管轄とは異なる取扱いを設けている（詳細は、後記3参照のこと）。

2 加害行為地

　加害行為地とは、前記1でも述べたように、不法行為の構成要素である加害

行為が行われた地である。単に加害行為の共謀行為や準備行為・予備行為がされただけでは足りず、実行行為の少なくとも一部がされる必要がある（秋山コンメ609頁）。具体的には、以下のような場合が問題となりうる。

(1) 文書発送による名誉毀損

文書の発送により名誉毀損を生じさせた場合は、文書の発送地が加害行為地、文書の到達地が結果発生地として、いずれも「不法行為のあった地」となる（条解57頁〔新堂＝高橋＝高田〕）。

(2) 数人の加担した共同不法行為

この場合には、その間の主従関係は問わず、いずれの共同者の行為によっても不法行為地の裁判籍が生じるべきと解すべきである（条解57頁〔新堂＝高橋＝高田〕）。

3　結果発生地

結果発生地とは、前記1でも述べたように、加害行為によって惹起された結果が発生した地である。この結果発生地については、本条本号は、国内管轄に関する民訴法5条9項とは異なる規律を設けている。

もっとも、平成23年改正前の下級審裁判例である沖電気事件（東京地中間判平18・4・4判時1940・130）[5] は、日本の完成品メーカーと外国の部品メーカーとの間の、部品の欠陥を請求原因とする不法行為責任・製造物責任としての損害賠償請求訴訟において、部品の欠陥による故障が発生した日本が結果発生地であることを理由に不法行為地管轄を肯定しているが、その際には、損害が直接的な損害か二次的・派生的損害かは問題とならなかった（おそらく、直接的損害として処理されたのであろう）。

(1) 損害の範囲

結果である損害の範囲については、例えば㋐外国で交通事故に遭い日本で入院して治療費を支払った場合や、㋑外国で行われた不法行為の結果として日本企業の利益が減少した場合、㋒契約の締結に際し外国で欺罔され日本国内から代金を送金した場合などを例として議論がある。この点、立案担当者は、「不法行為のあった地」の解釈問題に委ねられるとする（一問一答69頁）。

学説は分かれており、ⓐ経済的損害の発生地も含まれるとする見解は、①準拠法は一つに限定する必要があるが、国際裁判管轄が認められる地を一つに限定する必要はなく、原告の選択の幅を残しておく方がよいこと、②広範に国際裁判管轄を認めすぎるのであれば、特段の事情の法理で管轄を否定す

ることで調整すれば足りることを根拠とする[6]。この見解を採る場合、上記
㋐の事例では、経済的損害（入院・治療費）の発生したわが国に国際裁判管
轄を認めることができるし、上記㋑・㋒の事例においても、わが国の国際裁
判管轄を認めることができることになる。現に、上記㋒の事案においてわが
国裁判所の国際裁判管轄権（不法行為地）を肯定する裁判例も存在する（静岡
地沼津支判平5・4・30判タ824・241）。

　これに対し⑥損害発生地は直接的な損害が発生した地であり、経済的損害
が二次的・派生的に生じた地は含まれないとするのが多数説である[7]。この
見解は、経済的損害の発生地も含むこととすると広範に国際裁判管轄を認め
すぎることになり、当事者の予見可能性を害することを理由とする。そこで、
「結果発生地」を加害行為による直接の法益侵害の結果が発生した地に限定
することで、基本的には加害行為によって直接に侵害された権利が侵害発生
時に所在した地を意味すると解すべきだという。

　さらに、ⓒ上記㋑の場合のような経済的損害の場合はその結果が直接的か
派生的かの判断は困難な場合もあるから、減少した利益の発生地等も考慮し
て日本が結果発生地と考えられるかどうか検討すべきとする説もある（秋山
コンメ609頁）。

　平成23年改正前の下級審判例では、上記の㋑の事案において、「直接的な損
害の発生地が不法行為の結果発生地というべきである。原告が上記保険者等
に対し、損害賠償義務又は求償債務を負担することにより原告に経済的損害
が帰属する結果となるとしても、そうした結果的に生じる経済的損害の帰属
する者の住所地を不法行為の結果発生地とすることは不法行為の結果発生地
を国際裁判管轄の管轄原因とする趣旨を逸脱するものであって、相当でな」
いと判示してわが国裁判所の国際裁判管轄権（不法行為地）を否定している
ものがある（ノーザン・エンデバー号事件＝東京地判平18・10・31判タ1241・338）。この
裁判例では、定期傭船契約におけるコンテナ及びこれに積載された荷物の
喪失又は損傷を物理的・直接的損害とし、貨物保険の保険者等から損害賠償
請求又は求償請求をされることによる損害は、含まれないとした。また、同
種の事件として、グリーンラインズ事件（東京地判昭59・2・15判時1135・70）も、
原告の損害は不法行為から直接生じた結果ではなく、原告が契約解除を選択
したことによる二次的、派生的に生じた結果であるため、本件不法行為によ
る直接の結果ということはできない旨判示して、わが国裁判所の国際裁判管

轄権（不法行為地）を否定している。

(2)　結果発生の予見可能性（民訴法3条の3第8号かっこ書）

　ア　制度趣旨

　結果発生地が日本国内であれば日本の国際裁判管轄が認められるのが原則であるが、民訴法3条の3第8号かっこ書により「日本国内におけるその結果の発生が通常予見することのできないものであったとき」は除かれる。このようなときにまで日本の裁判所の国際裁判管轄権を認めると、行為時には予測できなかった国における応訴を強いられる被告の負担が大きくなり、当事者間の衡平を欠くと考えられるし、このような場合には結果発生地に証拠資料等が所在している可能性も大きくないとみられるからである（一問一答70頁）。国内管轄の場合には、このような限定は存しないが（民訴5条9号参照）、その場合には民訴法17条の裁量移送によって対応できる。これに対して国際裁判管轄においては、移送先の裁判所が外国裁判所でありわが国裁判所の裁判権に服さない以上、そのような対応ができないからである。平成23年の改正民訴法3条の9（特別の事情）によって却下する余地はあるが、このような場合は定型的に日本の国際裁判管轄を認めることは相当でないと考えられるので、当事者の予測可能性や法的安定性のために明確な規定を設けることが相当であった。また間接管轄の関係でも、加害行為地が判決国以外であって（例えば日本）、かつ当該判決を下した外国において損害が発生することが通常は予見できない場合においては、それを管轄原因とする外国判決には国際裁判管轄が認められないため、その外国判決を日本の裁判所が承認しない旨を明確にする意味もある（条解57頁〔新堂＝高橋＝高田〕、秋山コンメ610頁、新コンメ41頁〔越山和広〕）。

　イ　予見可能性の判断要素

　民訴法3条の3第8号かっこ書の予見可能性を考えるについては、加害者が主観的に現実に予見可能であったかどうかではなく、加害行為者の性質、加害行為の態様、被害発生の状況など当該不法行為に関する事情を総合的に考慮して、客観的・類型的に判断すべきものとされる（一問一答71頁）。この点については、不法行為に関する準拠法を定める法の適用に関する通則法17条と同趣旨であり、同条の解釈が参考になるであろう[8]。

　日本国内における結果発生が予測できれば足り、日本のどこで結果が発生

するかまで予測できることは必要でない（条解57頁〔新堂＝高橋＝高田〕、秋山コンメ610頁）。

＜注＞
(4)　高橋宏志「国際裁判管轄―財産関係事件を中心にして」澤木敬郎＝青山善充編『国際民事訴訟法の理論』62頁以下（有斐閣、1987）。
(5)　評釈として、百選192頁以下〔黄軔霆〕、島田まどか「不法行為事件等の国際裁判管轄」道垣内正人＝古田啓昌編『実務に効く国際ビジネス判例精選』ジュリ増刊122頁以下（2015）などがある。
(6)　石黒一憲『国際民事訴訟法』151頁（新世社、1996）、「国際裁判管轄に関する調査・研究報告書」（社団法人商事法務研究会、2008年4月）25頁。
(7)　条解57頁〔新堂＝高橋＝高田〕、中西康「国際裁判管轄―財産事件」新堂幸司監修『実務民事訴訟講座〔第3期〕第6巻―上訴・再審・少額訴訟と国際民事訴訟』305頁～320頁（日本評論社、2013）、高橋・前掲注(4)64頁、高桑昭＝道垣内正人編『新・裁判実務大系3　国際民事訴訟法（財産法関係）』93頁（青林書院、2002）、本間靖規ほか『国際民事手続法〔第2版〕』61頁（有斐閣、2012）。
(8)　長田真理「国際裁判管轄2（契約履行地管轄等）」櫻田嘉章ほか編著『演習国際私法　CASE30』272頁～274頁（有斐閣、2016）。

Ⅳ．管轄原因「不法行為があった地」の証明の必要性と程度

　不法行為に関する訴えについて、国際裁判管轄が日本の裁判所に認められるためには、どの程度の立証が必要とされるかが問題となる。

（1）　学　説

　ア　管轄原因仮定説（先送り説）

　国内管轄と同様、不法行為の存在は原告の有理性（法律的に首尾一貫していて理由のあること）ある主張があれば、不法行為がなされたと仮定し、不法行為地がわが国であるか否かについてのみ立証を必要とし、それ以外の証拠調べを要することなくわが国裁判所の国際裁判管轄を肯定してよいとする見解である[9]。

　この見解は、国内管轄においても不法行為の存在は原告の有理性ある主張があれば仮定してよいとする有力説[10]の考え方を国際裁判管轄にも持ち込んでおり、その根底には、管轄の有無の判断の場面では、本案の審理に入るべきではないとする立場の徹底がある。

第2章　3　不法行為に関する管轄　　137

　この見解に対しては、国内管轄であれば移送による調整が可能であるが、移送制度のない国際裁判管轄の判断において管轄原因仮定説を採用すると、①原告が主張さえすれば被告が（通常では他国での）応訴を強いられることになり不当であるし、②国際民事訴訟事件では被告が欠席することがしばしばあり、管轄原因仮定説では国際裁判管轄は原告の有理性ある主張で肯定され、本案については欠席による擬制自白（民訴159条1項）で原告勝訴となりやすいため、原告有利に傾きすぎるという批判がある[11]。

　　イ　管轄原因証明必要説
　管轄原因仮定説の対極にある説として、管轄原因事実（不法行為の成立要件）については、違法性や故意過失を含めて、通常の証明を要するとする見解である。しかし、この説を採用する学説は（そして裁判例も）、見つけることができない。おそらく、この見解に立つと、管轄の有無の判断と本案の審理が完全に重複してしまうからだろう。

　　ウ　管轄原因の一応の証明説
　そこで、管轄原因事実（不法行為の要件）すべてを証明の対象としつつも、本案審理と同程度の証明を求めることはできないので、証明の程度を緩和して一応の証明を要求する見解がある[12]。その結果、管轄原因事実の存否について擬制自白は成立せず、一応の証明もなされない場合は、訴えは却下されることになる。

　　エ　客観的事実証明説
　この説は、前述ウと同様に管轄原因事実（不法行為の要件）を証明の対象としつつも、本案審理よりも証明の範囲を緩和して、不法行為と主張されている行為又はそれに基づく損害発生の事実の証明が必要であるとする見解である[13]。この証明がされない場合には訴えを却下するが、違法性・故意過失・因果関係については証明を要しないことになる。

　(2)　判　　例
　判例は、平成23年改正前のものであるが、ウルトラマン事件（最判平13・6・8民集55・4・727）が存在する。

　　ア　事　　案
　この事件の事案を下敷きにしたのが、冒頭の設例4であるため、事案の概要については、そちらを参照いただきたい。
　第1審・控訴審とも、わが国の国際裁判管轄を否定して訴えを却下したが、

最高裁は、以下のように判示して、平成23年の改正民訴法3条の3第8号の「不法行為に関する訴え」に該当するか否かの判断をすべく、原判決破棄・第1審判決を取り消して第1審に事件を差し戻した。

　　イ　判　旨

　「4　しかしながら、原審の上記判断は是認することができない。その理由は、次のとおりである。

　(1)　我が国に住所等を有しない被告に対し提起された不法行為に基づく損害賠償請求訴訟につき、民訴法の不法行為地の裁判籍の規定（民訴法5条9号、本件については旧民訴法15条）[14]に依拠して我が国の裁判所の国際裁判管轄を肯定するためには、原則として、被告が我が国においてした行為により原告の法益について損害が生じたとの客観的事実関係が証明されれば足りると解するのが相当である。けだし、この事実関係が存在するなら、通常、被告を本案につき応訴させることに合理的な理由があり、国際社会における裁判機能の分配の観点からみても、我が国の裁判権の行使を正当とするに十分な法的関連があるということができるからである。

　本件請求〔1〕については、被上告人が本件警告書を我が国内において宛先各社に到達させたことにより上告人の業務が妨害されたとの客観的事実関係は明らかである。よって、本件請求〔1〕について、我が国の裁判所の国際裁判管轄を肯定すべきである。

　原審は、不法行為に基づく損害賠償請求について国際裁判管轄を肯定するには、不法行為の存在が一応の証拠調べに基づく一定程度以上の確かさをもって証明されること（以下「一応の証明」という）を要するとしたうえ、被上告人の上記行為について違法性阻却事由が一応認められるとして、本件請求〔1〕につき我が国に不法行為地の国際裁判管轄があることを否定した。これは、(ア)民訴法の不法行為地の裁判籍の規定に依拠して国際裁判管轄を肯定するためには、何らかの方法で、違法性阻却事由等のないことを含め、不法行為の存在が認められる必要があることを前提とし、(イ)その方法として、原告の主張のみによって不法行為の存在を認めるのでは、我が国との間に何らの法的関連が実在しない事件についてまで被告に我が国での応訴を強いる場合が生じ得ることになって、不当であり、(ウ)逆に、不法行為の存在について本案と同様の証明を要求するのでは、訴訟要件たる管轄の有無の判断が本案審理を行う論理的前提であるという訴訟制度の基本構造に反することに

第2章　3　不法行為に関する管轄　　139

なると理解した上、(エ)この矛盾を解消するため、一応の証明によって不法行為の存在を認める方法を採ったものと解される。しかしながら、この(イ)及び(ウ)の理解は正当であるが、(ア)の前提が誤りであることは前記のとおりであるから、あえて(エ)のような方法を採るべき理由はない。また、不法行為の存在又は不存在を一応の証明によって判断するというのでは、その証明の程度の基準が不明確であって、本来の証明に比し、裁判所間において判断の基準が区々となりやすく、当事者ことに外国にある被告がその結果を予測することも著しく困難となり、かえって不相当である。結局、原審の上記判断には、法令の解釈適用を誤った違法があるといわなければならない。」

　ウ　判例の意義

　本判決は、筆者が下線を付した部分において、客観的事実証明説（前記Ⅳ.(1)エ）に拠ることを宣言した。そして引用した判旨4(1)の(ア)・(イ)で管轄原因仮定説（先送り説）（前記Ⅳ.(1)ア）を否定し、同じく判旨4(1)の(ウ)で管轄原因証明必要説（前記Ⅳ.(1)イ）を否定し、判旨4(1)の(エ)以下の部分で管轄原因の一応の証明説（前記Ⅳ.(1)ウ）を否定している[15]。

<注>

(9)　安達栄司『国際民事訴訟法の展開－国際裁判管轄と外国判決承認の法理』145頁以下（成文堂、2000）、木棚照一「判批」私法判例リマークス25号146頁（2002（下））など。

(10)　兼子一『新修民事訴訟法体系〔増訂版〕』93頁（酒井書店、1965）、新堂幸司『新民事訴訟法〔第5版〕』123頁（弘文堂、2011）。

(11)　高橋宏志「国際裁判管轄における原因符号」原井龍一郎先生古稀祝賀論文集刊行委員会『改革期の民事手続法』312頁（法律文化社、2000）。

(12)　新堂幸司＝小島武司編集『注釈民事訴訟法(1)』141頁〔道垣内正人〕（有斐閣、1991）、小林秀之「外国判決の承認・執行についての一考察－米国判決を例として（国際民事訴訟法の諸問題－1－）」判タ467号18頁以下（1982）。

(13)　百選191頁〔高橋宏志〕、村上正子「判批」法教257号135頁（2002）。一問一答72頁、条解57頁〔新堂＝高橋＝高田〕、伊藤・前掲注(2)51頁注37など。

(14)　訴え提起が現行民訴法施行（平成10年1月1日）前のため、旧民訴法15条の解釈問題として判示されている。

(15)　本件の解説としては、髙部眞規子「判例解説」法曹会編『最高裁判所判例解説民事篇平成13年度（下）』475頁（法曹会、2004）。

Ⅴ．設例の検討

1 設例1について

まず、X₁の提起した訴えは、①不法行為（特許権侵害）に基づく損害賠償請求と、②特許権侵害行為（譲渡の申出）の差止めである。①の請求については、前記Ⅱ．1(2)で述べたように、知的財産権侵害に基づく損害賠償請求の訴えについても含まれると考えられているので、平成23年の改正民訴法3条の3第8号の「不法行為に関する訴え」に該当する。請求②についても、前記Ⅱ．2(1)で述べたように、知的財産権侵害に基づく差止請求については、国内管轄に関する民訴法5条9号の解釈と同様に、これも含まれるとする見解が多く、これも同条同号の「不法行為に関する訴え」に該当する。

次に、不法行為に関する訴えについて管轄する地である「不法行為があった地」とは、加害行為が行われた地（「加害行為地」）と結果が発生した地（「結果発生地」）の双方が含まれると理解されているところ、本件訴えにおいてX₁社が侵害されたと主張する権利は日本の特許権であるから、不法行為に該当するとしてX₁社が主張する、Y₁社による「譲渡の申出行為」について、申出の発信行為又はその受領という結果の発生が客観的事実関係として日本国内においてなされていれば、日本の国際裁判管轄が認められると理解するのが相当である。

そして、申出の発信行為又はその受領という結果の発生が客観的事実関係として、本設例のモデルとなった、前記Ⅱ．2(1)で紹介した日本電産事件では、以下のような客観的事実関係を認定して、わが国裁判所の国際裁判管轄を否定した原審判決を取り消している。

「Yが英語表記のウェブサイトを開設し、製品として被告物件の一つを掲載するとともに、販売問合せ先として日本を掲げ、販売本部として、日本の拠点の住所、電話、Fax番号が掲載されていること、日本語表記のウェブサイトにおいても、被告物件を紹介するウェブページが存在し、同ページの「購買に関するお問合せ」の項目を選択すると、被告物件の販売に係る問い合わせフォームを作成することが可能であること、X営業部長が、Yの営業担当者がODDモータについて我が国で営業活動を行っており、被告物件が………や………において、製品に搭載すべきか否かの評価の対象になっている旨陳述書で述べていること、Yの経営顧問Aが、その肩書とYの会社名及び東京都港区の住所を日本語で表記した名刺を作成使用していること、被告

第2章 3 不法行為に関する管轄 141

物件の一つを搭載したＤＶＤマルチドライブが国内メーカーにより製造販売され、国内に流通している可能性が高いことなどを総合的に評価すれば、Xが不法行為と主張する被告物件の譲渡の申出行為について、Yによる申出の発信行為又はその受領という結果が、我が国において生じたものと認めるのが相当である。」

したがって、これら又はこれらに類する事実関係が認定されれば、わが国裁判所の国際裁判管轄を認めることが可能である。

2 設例2について

まず、X_2の提起した訴訟での請求権（訴訟物）は民法709条又は製造物責任法に基づく損害賠償請求権であるから、平成23年の改正民訴法3条の3第8号の「不法行為に関する訴え」には該当する。

次に、G国で購入したG国製品を、日本に帰国後に使用して損害を被っているため、日本が平成23年の改正民訴法3条の3第8号の「不法行為があった地」のうち、結果発生地にあたるかが問題となるが、本設例では日本において製品を使用して負傷しているので、製品の欠陥による損害の発生地は日本であるということができる。

結果発生地が日本国内であれば日本の国際裁判管轄が認められるのが原則であるが、本号かっこ書により「日本国内におけるその結果の発生が通常予見することのできないものであったとき」は除かれている。そのため、この設例では、本号かっこ書の予見可能性の問題を考える必要がある。

予見可能性を考えるについては、前記Ⅲ．3(2)において紹介した、加害者が主観的に現実に予見可能であったかどうかではなく、加害行為者の性質、加害行為の態様、被害発生の状況など当該不法行為に関する事情を総合的に考慮して、客観的・類型的に判断すべきとの立場から検討することになる。設例2の場合には、外国であるG国においてのみ使用可能な規格の電化製品をG国で購入したのであるから、これが輸出用であるとか、G国以外での使用も可能との説明や表記がされていなければ、日本での結果発生は通常予測できず、その負傷に係る損害賠償請求訴訟については、日本の裁判所は国際裁判管轄権を有しないと考えられるだろう（秋山コンメ610頁）。

3 設例3について

まず、X_3の提起した訴訟での請求権（訴訟物）は民法709条又は製造物責任法に基づく損害賠償請求権であるから、平成23年の改正民訴法3条の3第8

号の「不法行為に関する訴え」には該当する。

次に、H国で購入した土産物（菓子）を、日本に帰国後に食べて食中毒になり損害を被っているため、日本が平成23年の改正民訴法3条の3第8号の「不法行為があった地」のうち、結果発生地にあたるかが問題となるが、本設例では日本において製品を食べて身体を傷害しているので、製品の欠陥による損害の発生地は日本であるということができる。

この場合も、設例2と同様に、日本国内における結果発生についての予見可能性の有無が問題となる。

設例3の場合には、国際的な観光地において土産物として売られていた菓子が、国内客のみならず外国客にも売られているのであれば、それがこの国に滞在している間に消費されることが想定されているものでない限り、H国以外の場所で食用に提供されることは想定できるため、日本国内における結果発生も予測可能とみられる場合があるだろう（秋山コンメ610頁）。そして、その場合には、その食中毒等に係る損害賠償請求訴訟については、日本の裁判所は国際裁判管轄権を有すると考えられることになる。

4　設例4について

この設例は、前記Ⅳ．(2)で紹介したウルトラマン事件の事案をベースに、若干簡略化したものである。

まず、X_4の提起した訴訟での請求権（訴訟物）は民法709条に基づく損害賠償請求権であるから、平成23年の改正民訴法3条の3第8号の「不法行為に関する訴え」には該当する。

次に、T国在住のY_4の送付した警告書送付により業務を妨害されたのであれば、損害は、営業の妨害ということになるので、X_4の住所地である日本が結果発生地ということがいえる。

この場合も、設例2と同様に、日本国内における結果発生についての予見可能性の有無が問題となる。Y_4の主観としてはX_4の営業活動を妨害する意図はなかったとしても、客観的に見れば、その警告書送付の事実がマスコミなどに知られて対応に追われたり、また警告書そのものに対して法的対応をとることを余儀なくされたりすることにより損害が発生する可能性は予測できるであろう。

この場合に、不法行為に関する訴えについて、国際裁判管轄が日本の裁判所に認められるためには、どの程度の立証が必要かについては、上記ウルト

ラマン事件で最高裁判決が「原則として、被告が我が国においてした行為により原告の法益について損害が生じたとの客観的事実関係が証明されれば足りると解するのが相当である。」と判示して客観的事実証明説を採用しているので、この判例に従うなら、管轄原因事実（不法行為の要件）のうち、不法行為と主張されている行為又はそれに基づく損害発生の事実の証明が必要であるが、違法性・故意過失・因果関係については証明を要しないことになる。

　結局、上記ウルトラマン事件最高裁判決の法的枠組み及び同事件での事実認定に従う限り、X_4としては、Y_4の送付した警告書の内容やそれまでの経緯から、この警告書送付がX_4の権利（著作権）行使を不当に制約する不法行為（権利又は法益侵害行為）にあたることと、それによる損害をX_4が具体的に被っていることを主張・証明できれば、わが国の裁判所の国際裁判管轄は認められることになるであろう。

　もっとも、同判決の法的枠組みや事実認定については批判的な見解も多いことから、本設例4とは事実関係の異なる事件についてわが国の裁判所の国際裁判管轄を主張して訴えが提起される場合には、異なる結論になる場合もあるだろう[16]。

＜注＞
(16)　早川吉尚「本件判批」民商法雑誌131巻3号440頁以下（2004）は、ウルトラマン事件最高裁判決の法的枠組みではわが国の国際裁判管轄が安易に広く認められすぎると批判する。また、小林秀之「本件判批」判例評論518号（判時1773号）9頁以下（2002）は、本件の事実認定に疑問を呈しているし、百選191頁〔髙橋宏志〕も管轄を肯定した結論に賛否両論があることを示唆している。

4 相続事件等に関する管轄

村上正子

Ⅰ. はじめに
Ⅱ. 相続権等に関する訴え
Ⅲ. 相続債権その他相続財産の負担に関する訴え
Ⅳ. 国内土地管轄の規定の改正
Ⅴ. 設例の検討

> **設 例**
>
> Aは韓国籍であるが、長年にわたり東京に居住していたが数か月前に死亡した。Aは生前B信用組合の役員を務めていたが、組合員らが、Aの忠実義務違反を理由に、Aの相続人らに対する損害賠償請求訴訟を東京地方裁判所に提起した。なお、Aは死亡する1年前に、日本に有していた不動産を処分し、銀行に預けていた預貯金をすべて韓国の銀行に移していた。

Ⅰ. はじめに

　相続に関する訴えとは、相続権若しくは遺留分に関する訴え又は遺贈その他死亡によって効力を生ずべき行為に関する訴え、相続債権その他相続財産の負担に関する訴えの総称である。国内土地管轄では、民訴法5条14号が、相続権若しくは遺留分に関する訴え又は遺贈その他死亡によって効力を生ずべき行為に関する訴えにつき、「相続開始の時における被相続人の普通裁判籍の所在地」を管轄原因とすること、同条15号が、相続債権その他相続財産の負担に関する訴えで同条14号に掲げる訴えに該当しないものの国内裁判管轄について、相続財産の全部又は一部が同号に定める地を管轄する裁判所の管轄区域内にあるときに限り、「同号に定める地」を管轄原因とすることを定め

第2章　4　相続事件等に関する管轄　145

ている。平成23年の改正にあたっては、基本的には国内土地管轄の規定にならいつつ、国際裁判管轄の規定にあわせて国内土地管轄の規定も改正された。

Ⅱ．相続権等に関する訴え

　民訴法3条の3第12号は、相続権若しくは遺留分に関する訴え又は遺贈その他死亡によって効力を生ずべき行為に関する訴えについて、相続開始の時における被相続人の住所等が日本国内にあるときは、日本の国際裁判管轄を認めることを定めている。国内土地管轄における被相続人の普通裁判籍（民訴3条の2第1項）に合わせた規定になっている。具体的には、第1次的には相続開始の時における被相続人の住所、第2次的にはその居所、そして第3次的にはその最後の住所を基準としている。これにより、多数の人が関係する相続をめぐる事件について共通の管轄裁判所を確保することができる。また、多くの場合、被相続人の死亡時の住所地、すなわち相続開始地には財産や記録等の証拠が存在する可能性が高く、そこに管轄を認めることが審理の便宜に資するという考えがその基礎にある（条解58頁、一問一答80頁）。なお、相続権の存否に関する判断は遺産分割の前提になるため、遺産分割に関する国際裁判管轄が認められる地の裁判所に国際裁判管轄が認められるとすることが便宜ともいえるが、遺産分割については各国の法制が異なるため、実体法に依存せずに、世界中のどこかに少なくとも一つは国際裁判管轄が認められる地が存在するようにするべきであるという考えもまた、被相続人の普通裁判籍を管轄原因とすることを正当化する[1]。

　本号の相続権に関する訴えの例としては、相続権の存否の確認訴訟が、遺留分に関する訴えの例としては、遺留分減殺請求訴訟や遺留分の確認訴訟が、遺贈その他死亡により効力を生ずべき行為に関する訴えの例としては、遺贈や死因贈与等の行為により発生する権利に基づく給付訴訟が挙げられる（一問一答80頁）。ただし、法制上日本法の概念が用いられているが、外国人の相続事件も当然に含まれることから、その対象は国際民事訴訟法上の概念により、被相続人死亡の効果として生じる相続の効果及びこれに準ずる争いにかかる訴えと解すべきである（条解59頁）。「相続開始の時」についても同様に、準拠法によってではなく、日本の国際民事訴訟法に基づいていつの時点かを判断すると考えられる[2]。

<注>
- （1） 「国際裁判管轄に関する調査・研究報告書」（社団法人商事法務研究会、平成20年4月）38頁。
- （2） 法制審議会国際裁判管轄法制部会第7回会議議事録15頁〔佐藤幹事発言〕。

Ⅲ．相続債権その他相続財産の負担に関する訴え

　民訴法3条の3第13号は、相続債権その他相続財産の負担に関する訴えで同条12号に掲げる訴えに該当しないものについて、相続開始の時における被相続人の住所等が日本国内にあるときは、日本の国際裁判管轄を認めることを定めている。この点につき、国内土地管轄の場合、相続財産の全部又は一部が相続開始時の被相続人の普通裁判籍の所在地に存在する場合に限定されており、これは執行準備のためと解されているが、前号と同様に、世界中のどこかに少なくとも一つは国際裁判管轄が認められるようにするという観点から、本号ではその所在地に相続財産があるかどうかを要件としていない。

　被相続人の死亡時の住所地等に管轄原因を認める趣旨は、前号と同様であるが、相続債権につき、債権者の予測する国において、とりわけ相続財産を相続人間で分割する前においてその実現を図ることを容易にする趣旨である（条解59頁）。

　本号の対象としては、相続によって相続人が承継すべき被相続人の債務の履行を求める訴え、葬式費用、遺言執行費用等の相続開始後に生じる費用に関する給付の訴えなどが考えられる（一問一答81頁）。

Ⅳ．国内土地管轄の規定の改正

　すでに述べたように、国内土地管轄に関する規定では、強制執行の便宜から、相続財産の全部又は一部が相続開始時の被相続人の普通裁判籍の所在地を管轄する裁判所の管轄区域内にあることが要件とされていた。しかし、現行制度の下では、権利法律関係の存否を判断する裁判所と執行裁判所とは異なることが前提とされており、例えば東京地裁の管轄区域内に相続財産があることを訴訟要件としても、強制執行の便宜が図られる程度はそれほど大きいとはいえない。そればかりか、相続開始の時における被相続人の普通裁判籍の所在地を管轄する裁判所において訴えを提起することが制限される結果となってしまう（一問一答82頁）。

第2章　4　相続事件等に関する管轄　　　147

　このことから、国際裁判管轄の法制化において、相続債権その他相続財産
の負担に関する訴えについて、相続開始時の被相続人の住所等を基準にして
日本の国際裁判管轄の存否を定めるにあたり、相続財産の所在を要件としな
いことにしたことに合わせて、国内土地管轄についても、平成23年改正前の
民訴法5条15号のかっこ書きを削除したものである。

V．設例の検討

　設例の訴えは、相続債権その他相続財産の負担に関する訴えの一種であり、
民訴法3条の3第13号が適用される。平成23年改正前は、国内土地管轄を適用
して国際裁判管轄の有無を判断していたため、設例の事案では、相続の時点、
すなわち被相続人Ａが死亡した時点でその住所は日本にあったが、日本に相
続財産がないため、日本には国際裁判管轄が認められない（旧民訴5条15号かっ
こ書）。これに対して平成23年改正民訴法の下では、相続財産が国内にあるこ
とは要件とされていないことから、相続開始の時点で被相続人の住所が日本
にあれば、日本の裁判所に国際裁判管轄が認められる。ちなみに、設例の基
になった事案は、東京高裁平成14年3月5日判決（民集57巻6号708頁（上告審：最判
平15・6・12民集57・6・640））であり、その事案では、在日韓国人である被相続人
は日本と韓国に財産を遺していた。裁判所は、被相続人が韓国籍であるが日
本に永住していたこと、日本に不動産及び預貯金等の相続財産が所在するこ
と、また同人の相続人らが日本に居住していることからわが国との生活関連
性を有していたことを理由に、日本の国際裁判管轄を認めた。

5 消費者契約及び労働関係の訴えに関する管轄

小田敬美

Ⅰ．はじめに
Ⅱ．消費者契約訴訟・労働関係訴訟に関する国際裁判管轄の特則
Ⅲ．設例の検討

設 例

1　日本在住のＸは、甲国法人Ｙ社が運営するWebサイトで、趣味のスポーツで用いるスポーツウェアを購入した。ところが、届けられた商品は購入時に指定したものと色や大きさが異なるだけでなく、Webサイトに記された日本語の説明でうたわれている機能と品質を全く備えていない不良品であった。そのため、Ｘは、Ｙ社に対し商品の交換又は商品代金の返還を求めたところ、Ｙ社はいずれにも応じなかった。そのため、Ｘは、わが国の裁判所でＹ社を被告として売買契約の不履行に基づく商品代金返還請求の訴えを提起した。Ｙ社は、Ｘがこの取引に際して同意した利用規約には、甲国にあるＹ社の本店所在地を管轄する裁判所を専属的合意管轄裁判所とする紛争解決条項があるので、わが国の裁判所には国際裁判管轄権がないと主張して訴え却下を求める本案前の抗弁を提出した。

2　日本在住のＸは、乙国法人Ｙ社の従業員募集に応募して採用され、Ｙ社が日本国内に設けた事業所でその業務に従事してきた。その後、Ｙ社は、日本国内での事業方針を変更し、Ｘの担当業務はＹ社が丙国で行う事業に統合することとなったとしてＸに丙国での勤務を命じた。しかし、Ｘがこれに応じなかったことから、Ｘを無断欠勤扱いした上で懲戒解雇処分とした。これに対し、Ｘは、Ｙ社が引き続き日本国内で営業する別の部門で従前と同じ業務を行っておりＸの解雇は無効であると主張し、Ｙ社を被告に従業員たる地位を有することの確認と未

払賃金の支払を求めてわが国の裁判所に訴えを提起した。Y社は、同訴訟の第1回口頭弁論期日において「当社がXとの間で締結している雇用契約書には乙国にあるY社の本店所在地を管轄する裁判所を専属的合意管轄裁判所とする紛争解決条項があり日本の裁判所には国際裁判管轄権がない」と主張し訴え却下を求める本案前の抗弁を提出した。

Ｉ．はじめに

本稿では、平成23年改正により新設された民訴法3条の4（以下「本条」という。）について主に解説する[1]。民訴法は、紛争当事者が対等な立場にあることを基本的前提に立法されている。しかし、本条は、当事者の属性に着目し、消費者や労働者が事業者ないし事業主（以下では「事業者等」と表記することがある。）を被告として訴訟を行う一定の場合を対象に特別規定を置いた点で、特徴のある条文となっている。

すなわち、立法の一般的前提と違って、現実の事件では紛争当事者間の経済的及び社会的な力関係に大きな差があることも多い。原告と被告の対等な関係を前提としたままだと訴訟制度の利用そのものに困難を来すことがある。消費者事件における消費者対事業者や、労働事件における労働者対事業主[2]という当事者類型は、多くの場合、そのような例の典型的なものといえよう。

平成23年改正前の民訴法は、（そもそも国際裁判管轄についての明文規定を欠いていたとされるが）財産権上の訴えにつき事案の類型に応じて特別裁判籍を認める規定を設けていた（民訴5条以下）。そこには当事者の立場や属性（例：船員、船舶所有者、社員、役員、被相続人など）に着目した管轄原因の定めもあったが、比較的事件数の多い消費者事件や労働事件を対象にした管轄規定はなかった。

消費者事件や労働事件では、その法律関係の基礎となる契約に事業者自らが作成した契約条項を用いたり、定型的な条項（ひな型を用いて作成した契約書や約款等）を用いたりしていることが多い。その中には、紛争解決条項として合意管轄条項（契約当事者間で生じた紛争を訴訟手続によって解決する際、特定の裁判所に管轄権を認める条項）や仲裁条項（契約当事者間で生じた紛争を訴訟手続ではなく仲裁手続を利用して解決することに合意する条

項）を置いている例がよく見られる[3]。

　平成8年改正前の民訴法の下では、合意管轄裁判所（民訴11条参照）での審理に不都合を感じる当事者が原告となって合意管轄裁判所でない裁判所に提訴した場合、その相手方当事者（被告）は、訴訟手続上、合意管轄条項の存在を理由に管轄権不存在を主張する本案前の抗弁を提出し、これに対して原告が合意管轄条項の有効性を争うことがよくあり、その審理にかなりの長時間を要することもまれではなかった。そこで、平成8年の民訴法全面改正時に設けられた民訴法17条は、合意管轄条項によって管轄権が認められる場合であっても、「当事者及び尋問を受けるべき証人の住所、使用すべき検証物の所在地その他の事情を考慮して、訴訟の著しい遅滞を避け、又は当事者間の衡平を図るため必要があると認めるとき」は、訴訟当事者の申立てにより又は裁判所の職権で、当該訴訟事件の全部又は一部を他の管轄裁判所に移送することができるとした。これによって、合意管轄条項の解釈を確定させるための審理に時間を割くことなくこの問題の解決を可能にした。

　しかし、国際民事訴訟については問題が残った。というのは、民訴法17条の移送による解決は国内事件の場合に限られるからである。すなわち、現行法（条約）上、わが国の裁判所から外国裁判所に事件を移送することはできないし、同様に外国裁判所がわが国の裁判所を移送先裁判所として指定しわが国の裁判所がその移送を受け容れる制度も存在しない。そのため、平成8年改正民訴法17条（いわゆる裁量移送制度）によって上記の問題を解決することはできず、裁判所は、契約書にある合意管轄条項の有効性を判断した上で当該事件につき国際裁判管轄の存否を判断しなければならなかったからである。

　訴えが提起された事件について裁判所が管轄権を有することは訴訟要件の一つであり、訴訟要件の欠缺は、通常、訴え却下の訴訟判決を導く。国内裁判管轄権の欠缺は直ちに訴訟判決を招来せず、その欠缺は移送によって治癒されるが、上述したように国際裁判管轄権の欠缺に対応する移送の制度は無い。受訴裁判所が移送先として外国裁判所を指定しても、その外国裁判所が移送を受けて審理判断する保障は無いのである。その結果、わが国の受訴裁判所が国際裁判管轄権が無いと判断することは訴訟判決に直結し、原告はわが国の裁判所で本案判決を受けることができなくなる。わが国での訴訟判決を承け、原告は外国裁判所に救済を求め改めて提訴することも考えられる。

だが、その外国裁判所が当該事件について国際裁判管轄が無いと考えると、そこでも同様に訴訟判決となるおそれがある。仮に、この外国裁判所が、当該事件については日本の裁判所に国際裁判管轄権があると考えたとしても、外国裁判所とわが国の裁判所との間に国際的な移送制度は存在しないため当該事件は却下されることとなり、原告はいずれの国でも裁判を受けることができず司法的救済の途を閉ざされることとなってしまう[4]。「裁判を受ける権利」は基本的人権の一つであり、訴訟当事者が内国人であるか外国人であるかにかかわらず保障されるべきものであるから（憲32条、市民的及び政治的権利に関する国際規約14条1項2文）、この問題を放置することはできない。

本条は、残されたこの問題を解決する規定の一つとして新設された。

以下では、Ⅱ.1で本条の全般的意義を、Ⅱ.2で本条1項が定める消費者契約に関する訴えの管轄権について、そしてⅡ.3で本条2項が定める労働関係に関する訴えの管轄権について、そしてⅡ.4で本条3項が定める前条（民訴法3条の3）の適用除外についてそれぞれ解説し、最後にⅢ.で実務上の留意点にも言及しつつ設例の検討を行う。

＜注＞
(1) 本条について解説した主な資料として、一問一答、条解、基本法コンメ、新コンメ、神前禎「消費者契約および労働関係の訴えに関する国際裁判管轄」ジュリ1386号45頁（2009）、出井直樹「消費者契約に関する訴え」日本弁護士連合会国際裁判管轄規則の法令化に関する検討会議編『新しい国際裁判管轄法制―実務家の視点から―』別冊NBL138号51頁（2012）、牛嶋龍之介「労働関係に関する訴え」日本弁護士連合会国際裁判管轄規則の法令化に関する検討会議編『新しい国際裁判管轄法制―実務家の視点から―』別冊NBL138号59頁（2012）、手塚裕之「「消費者契約に関する訴え」への影響」Business Law Journal 50号70頁（2012）、古田啓昌「「労働関係に関する訴え」への影響」Business Law Journal 50号74頁（2012）、牛嶋龍之介「消費者・労働事件の国際裁判管轄」道垣内正人＝古田啓昌編『実務に効く国際ビジネス判例精選』ジュリ増刊130頁（2015）がある。
(2) 労働事件では、紛争当事者である労働者の相手方に使用者の呼称を用いるのが一般的であるが、本稿では、本条の表記に従い使用者の意味で事業主又は事業者等という表現を用いることがある。
(3) 契約書の末尾に、準拠法指定条項（governing law clause, applicable law clause）や法選択規則適用排除条項とともに設けられていることが多い。

(4) 国ないし地域によっては、このような不都合さを回避するため「緊急管轄（forum necessitatis, Notzuständigkeit）」の制度を有している。明文で緊急管轄を認めている例として、スイス国際私法3条・85条3項、オーストリー裁判管轄法28条1項2号、イタリア国際私法6条、ベルギー国際私法11条、2008年のEU扶養規則7条、2012年のEU相続規則11条など。明文規定を設けていなくとも、ドイツやフランスのように緊急管轄を認める例もある。Rolf A. Schütze, Die Notzuständigkeit im deutschen Recht im Festschrift für Walter H. Rechberger zum 60. Geburtstag（Springer Wien NewYork, 2005）SS.567-577参照。緊急管轄については、**第1章2**参照。

Ⅱ. 消費者契約訴訟・労働関係訴訟に関する国際裁判管轄の特則
1　概要と本条の意義
　本条は、①消費者契約に関する消費者から事業者に対する訴え、及び②個別労働関係民事紛争に関する労働者から事業主に対する訴えについて、その国際裁判管轄に関する特別ルールを設けるものである。

　消費者契約や労働契約は、契約の一方当事者である消費者や労働者がその契約条項の作成過程に関与しないまま、契約の他方当事者である事業者等が一方的にこれを作成していることが多い。そのため、消費者契約や労働契約は、契約の作成者である事業者等にとって有利な内容で作成されたものであることが多く、そこに含まれる紛争解決条項もおのずと事業者等の観点で作成されたものとなる。実際、現在使用されている多くの消費者契約・労働契約で、事業者等の本店所在地や支店・営業所等の所在地を管轄する裁判所を専属的合意管轄裁判所として指定する条項が見られる。これらは、事業者等にとって、法的危機管理（リーガルリスクマネージメント）の観点からそれなりに有効なツールであると理解されている。

　他方、契約作成過程における上記のような事情もあり、事業者等の相手方当事者である消費者や労働者が各契約書における紛争解決条項の意味を理解していることはあまり期待できない。一定の理解がなされていたとしても、これらの条項はトラブルが生じた後に機能する性質のものであり、契約の本質的部分をなすものとは捉えられていないため、契約交渉の対象となりにくいという事情もある。さらに、消費者や労働者が紛争解決条項に不満を感じていて変更を望んだとしても、契約管理を画一的に行いたい事業者等の側としてはそのような交渉に応じたくないと考えることも多く、消費者や労働者

第2章　5　消費者契約及び労働関係の訴えに関する管轄　153

は立場上そのような指摘をしないまま契約に同意してしまいがちである。契約の主要な部分に不満がないのに、紛争解決条項の変更を求めることによって欲しい商品が入手できなかったり、従事したい仕事に就けなかったりすることを避けるという選択行動は、経済的合理性に適ったものである。このような理由から、紛争解決条項は、訴訟に至った段階で初めてその効力が争われることとなりやすい。

　消費者対事業者、又は労働者対事業主といういずれの枠組みでも、個人である消費者や労働者が原告となり法人である事業者等を被告として訴えを提起する態様の事件が、その逆のものよりも多く見られる[5]。事業者等が当事者となって訴訟遂行する場合、提訴手数料だけでなく証拠収集費用、交通費や翻訳料、そして弁護士費用を含む裁判費用の全てを会社等の法人で負担するのが一般的であるのに対し、消費者や労働者が原告となる場合、その訴訟に要する費用は全て個人で負担しなければならない。また、消費者や労働者が行う訴訟準備のための作業は、各当事者の仕事とは別の作業として行うこととなる。その結果、消費者・労働者は、仕事を休んで訴訟対応に当たらなければならないことがある反面、事業者等の訴訟対応は業務の一環であり（会社の体制により日常業務そのものであるか否かの違いはあるが）担当者にとっては仕事そのものであるという違いがある。国際訴訟にありがちな外国語や外国法への対応は、いずれの当事者にとっても大きな負担であるが、個人である当事者には相当な負担となることが多いであろう。「手続は法廷地法による（lex fori）」の原則により、外国での訴訟は当該法廷地の訴訟法が適用されるし、各法廷地の裁判所が適用する法選択規則（国際私法）が異なる結果、裁判上の請求について判断する根拠となる準拠法も異なるものとなる可能性がある。他方、事業者等の側には、外国での事業遂行に伴い外国で生じたトラブルの解決のため当該外国の法的手続が利用されることは当然に予測すべき事柄と言えるが、複数の訴訟事件が異なる地で同時にあるいは連続して係属しその対応に追われることとなりかねないというリスクがあり、そのような危険ないし負担をどのようにして回避するかが問題となる。

　本条は、上記のような諸事情を顧慮しつつも、消費者事件と労働事件のうち一定の要件を充たすものについて、消費者や労働者が原告となってわが国で民事訴訟を提起する場合に限って、わが国の裁判所の国際裁判管轄を認めた。つまり、本条は、消費者や労働者にのみ片面的な管轄原因を付与する規

定である。これにより、手続法上の不安定要素が小さくなり消費者や労働者の保護が一定程度図られるとともに、提訴後に日本の国際裁判管轄権の有無を争う事案が減少することで渉外的要素を含む消費者訴訟や個別労働関係訴訟において審理の迅速化に資するものと期待される。事業者等にとっては日本での事業に際して潜在的な訴訟リスクが高まったといえるが、他方で法的リスクの予測が従来よりも容易になった面もある[6]。

2　消費者契約に関する訴えの国際裁判管轄

（1）　本条1項の意義－消費者・事業者・消費者契約－

消費者契約に関する訴えの国際裁判管轄権は、新設された本条1項がこれを定めている。

本条1項が適用されるのは、消費者と事業者との間で締結される契約（消費者契約）に関し、消費者が原告となり事業者を被告として訴えを提起する場合であり、かつ、消費者の住所が、提訴時又は消費者契約締結時において日本国内にある場合である。

　ア　消費者

本条1項は、消費者を「個人（事業として又は事業のために契約の当事者となる場合におけるものを除く。）をいう。」としているから、個人が事業者を被告として提訴する場合の全てが本条の対象となるわけではない。他方、消費者の意義について、これ以上の明確化を図る定義規定は置かれていないことから、消費者が何を指すのか、消費者の範囲が問題となる。

平成23年改正民訴法に先立ち、渉外民事訴訟における準拠法選択について消費者契約の特例を置いた「法の適用に関する通則法」（平成18年法律78号。以下「法適用通則法」という。）11条1項は、消費者を「個人（事業として又は事業のために契約の当事者となる場合におけるものを除く。）をいう。」としており、消費者について定めたわが国の典型的な法律の一つである「消費者契約法」（平成12年法律61号）も、同法における消費者を「個人（事業として又は事業のために契約の当事者となる場合におけるものを除く。）をいう。」としている。他の法律においてもおおむね同様である[7]。民訴法のほか、消費者について規定を置くわが国の抵触法と主な実質法の文言が同じであるが、このことは、本条における消費者概念が法適用通則法や消費者契約法上の消費者概念と常に同一であることを意味するものではない[8]。「消費者」の範囲は、本条1項の解釈問題としてわが国の民訴法上独自の立場から決せ

第2章　5　消費者契約及び労働関係の訴えに関する管轄　　155

られるべきものである。

　本条1項における「消費者」に該当するには、①個人であること、かつ、②事業として又は事業のために契約の当事者となっているものではないこと、を要する。

　①は、契約当事者が単独であることを要求するものではない。売買契約において複数の当事者が共同で商品を購入した場合であっても個々の契約当事者は「個人」に当たる。もっとも、共同購入のために団体を作るなどして団体の構成員として契約当事者となっていた場合、団体が法人でないとしても団体そのものが契約当事者となっている限り、本条1項がいう「個人」に該当するか否かの判断は微妙になってくる。団体が契約の窓口となっていても契約の実質的当事者は個人であり、契約の相手方に対して有する請求権の行使を個人で行えるような場合は、本条1項がいう「個人」に当たると解する余地も残る。その判断は、もう一つの要件である②の事業性の有無によって異なり得る。個人が契約当事者となっている場合であっても、「事業として又は事業のために契約の当事者となる場合」は、本条の適用対象である「消費者」に当たらない。

　　イ　事業者

　次に「事業者」がいかなる者を指すのかを見る。

　事業者について、本条1項は、「法人その他の社団又は財団及び事業として又は事業のために契約の当事者となる場合における個人をいう。」としている。すなわち、①法人その他の社団又は財団であること、又は、②事業として又は事業のために契約の当事者となっている個人であること、のいずれかに該当すれば、事業者となる。

　①について、前掲の法適用通則法11条1項は、「法人その他の社団又は財団及び事業として又は事業のために契約の当事者となる場合における個人をいう。」と規定しており、本条1項における事業者と同一文言で表現されているが、消費者契約法2条2項は、「法人その他の団体及び事業として又は事業のために契約の当事者となる場合における個人をいう。」と定めている。

　消費者契約法の「団体」に対し、本条や法適用通則法は「社団又は財団」という表現を用いている点で異なる。この違いは、国内の普通裁判籍について定めた民訴法4条4項が「法人その他の社団又は財団」という表現を既に用いていたことや、訴訟当事者としての当事者能力の有無に関する民訴法29条

が「法人でない社団又は財団」という語を使っており、訴訟手続における法主体性の有無の判断に関わる表現としてより適切と考えられたことによると思われる[9]。

　法律上用いられる事業者概念の典型的なものとしては、独占禁止法（昭和22年法律54号）2条1項で「「事業者」とは、商業、工業、金融業その他の事業を行う者をいう。事業者の利益のためにする行為を行う役員、従業員、代理人その他の者は、次項又は第三章の規定の適用については、これを事業者とみなす。」と規定している例がある[10]。しかし、上述の「消費者」の場合と同じく、制定法上の同一表現であってもその内容は各制定法の趣旨や目的に照らして解釈されるものであるから、その意味内容が一致するとは限らない。

　②に関しては、「事業」が何を指すのかが重要になってくるところ、その定義規定は無いためやはり解釈上の問題となる。一般に「事業」とは、一定の目的をもって行われる同種の行為の反復継続的遂行をいう。類似の概念に営業があるが、これは営利の目的をもって同種の行為を反復継続的に行うことである。したがって、事業性の認定に際しては、営利目的の存在が不可欠ではないが、同種行為の反復継続性が認められる必要がある。ただ、それだけで判断すると、個人が日常生活で行う食事を準備するために食料品を購入することや散歩でさえもこの概念に当てはまってしまう。事業性の認定に際しては、その行為が社会生活上の地位に基づき一定の目的をもって反復的継続的になされるもの及びその総体であり[11]、消費者契約の場合、その行為が一定の質・量の情報と交渉力をもってなされていることが必要と考えられる。行為が営利目的でなされていることは事業性の認定にとって重要な要素であると考えられるが、非営利でも、そして公益目的であっても事業に該当する場合はあり得る。

　本条1項は、「事業として」契約の当事者となる場合だけでなく、「事業のために」契約の当事者となる個人も事業者としている。したがって、個人事業者が事業遂行そのもののために消費者と行う契約が消費者契約に当たるだけでなく、個人が事業目的で消費者と行う契約も消費者契約となる。つまり、個人が契約の主体となる場合は、同じ内容の契約であっても事業との関連性の有無ないし程度の多寡によって、事業者としての性質が認められる場合もあればそうでない場合もあり得ることとなり、実際の事件では事業者性の有無が争点となることもあると考えられる[12]。

第2章　5　消費者契約及び労働関係の訴えに関する管轄　　157

　結局、「事業者」の範囲も、本条1項の解釈問題としてわが国の民訴法独自の立場から総合的に判断されるものというほかなく、この点について判示した今後の判例の蓄積が待たれる。

　　ウ　消費者契約

　消費者と事業者との間で締結される契約であれば消費者契約に当たる。実際の事案では、前述のように当事者の消費者該当性や事業者該当性が必ずしも明白でないものがあると考えられることから、本条1項にいう消費者契約に該当するか否かの判断が困難なものも出てくると考えられる。また、消費者団体はその構成員の全てが消費者であっても団体自身が当事者となる場合は、（特別法でこれを消費者として扱っているのでない限り）本条1項によれば個人ではないことを理由に消費者としては扱われないことになる。そして、本条1項の文言上は、原告が実質的に消費者と変わらない場合でもその行為に事業者性が認められる場合には、個人であっても消費者としては扱われないこととなる。しかし、その個人の行為がもっぱら事業のために行われているのではなく、給与所得者等が本業とは別に行う取引として契約している場合には、当該行為に多少の事業者性が認められるとしても、本条の消費者契約に該当するものとして解釈される余地があろう[13]。

　(2)　管轄原因に係る審理と立証の程度

　国際裁判管轄権の存否は職権調査事項である。わが国の裁判所に国際裁判管轄権が存在することは訴訟要件の一つであり、かつ、その判断の標準時は提訴時である（民訴3条の12）。すなわち、受訴裁判所は、被告が国際裁判管轄権欠缺の主張を妨訴抗弁として提出するか否かにかかわらず、職権でその有無を調査し判断しなければならない。

　この点に関連し、民訴法3条の11は、わが国の裁判所に国際裁判管轄権が存するか否かについて、本条を理由とする場合についても、裁判所が職権で証拠調べをすることができる旨を定めている。特定の訴訟当事者及び事件（訴訟物）に対してわが国の裁判所が裁判権を行使できるか否かということは、極めて公益性の高い事柄であるから、そのような訴訟要件の判断資料の収集方法としては職権探知型の方法が妥当し、法が職権証拠調べを可能としているのは言わば当然といえる。しかし、管轄原因事実についてよく知っているのは当事者であり、裁判所が職権証拠調べを行えるとしても、やはり当事者から管轄原因事実を主張させるのが合理的である。

管轄原因事実が存在することについて何を対象にどの程度の立証を要するかは議論のあるところである。既に平成23年改正民訴法以前の判例で、わが国に住所等を有しない被告に対して提起された不法行為に基づく損害賠償請求訴訟につき、「民訴法の不法行為地の裁判籍の規定（民訴法5条9号、本件については旧民訴法15条）に依拠して我が国の裁判所の国際裁判管轄を肯定するためには、原則として、被告が我が国においてした行為により原告の法益について損害が生じたとの客観的事実関係が証明されれば足りると解するのが相当である。けだし、この事実関係が存在するなら、通常、被告を本案につき応訴させることに合理的な理由があり、国際社会における裁判機能の分配の観点からみても、我が国の裁判権の行使を正当とするに十分な法的関連があるということができるからである。」としたものがあった[14]。平成23年民訴法改正後の判例でも、間接的国際裁判管轄に関する事案であるが「民訴法3条の3第8号の「不法行為があった地」が当該外国裁判所の属する国にあるというためには、被告が原告の権利利益を侵害する行為を同国内で行うおそれがあるか、原告の権利利益が同国内で侵害されるおそれがあるとの客観的事実関係が証明されれば足りる」として客観的事実証明説を採っている[15]。

本条1項の管轄原因事実としては、消費者契約に関する訴えであること、すなわち、①原告が消費者であること、②被告が事業者であること、及び③原告と被告との間で契約が締結されていることについて証明が必要になると考えられる。①については個人であることと事業目的の行為でないことを、②については被告の行為が事業目的でなされていることを、それぞれ具体的に主張立証できればよい。既述のとおり、①や②の概念は民訴法独自の立場から解釈し決定されるものであり、もともと職権調査事項であるから、あとは裁判所による求釈明の問題となろう。③については、何らかの契約ないし合意が存在していること[16]の主張立証が必要と考えられる。管轄原因事実の証明は本案の審理における請求原因事実（要件事実）の証明とは異なり、職権証拠調べが可能である（民訴3条の11）から、管轄原因のうち客観的事実については証明が必要であるが、原告が管轄原因事実について本案における要件事実と同じ内容の主張責任・客観的証明責任を負っているわけではないことに留意する必要があろう。

(3) 効 果

本条1項は、消費者契約について、消費者に付加的で片面的な管轄原因を認

める規定である。本条1項の要件を充足する場合は、わが国の裁判所に国際
裁判管轄権が認められ、他の訴訟要件も充たしているならば受訴裁判所は当
該事件について本案判決を行うこととなる。わが国の裁判所に国際裁判管轄
権があるか否かは、管轄の標準時を定める民訴法3条の12に従い提訴時の管
轄原因事実によって判断される。それゆえ、消費者が提訴後に外国に住所を
移すこととなっても当然にわが国の国際裁判管轄権が失われるわけではな
い。ただし、管轄原因の取得のみを目的に消費者が住所を日本に移した場合
については、民訴法3条の9（特別の事情による訴えの却下）又は訴訟上の信
義則を定める民訴法2条後段違反として、本条1項による国際裁判管轄権が否
定されることもあり得る。

　本条1項の要件を充たさない場合、同項による国際裁判管轄権は認められ
ないことになるが、そのことによって直ちに訴訟判決がなされることにはな
らない。消費者が事業者を被告として提訴する場合は、本条1項の規定に拠
らないで、被告の住所等による管轄権を定める民訴法3条の2、契約上の債務
に関する訴え等の管轄権を定める前条（民訴法3条の3）、併合請求における管
轄権（民訴法3条の6）、管轄権に関する合意（民訴法3条の7）、応訴による管轄権（民訴
3条の8）などの規定により、わが国の国際裁判管轄権が認められることもあり
得るからである。ただし、これらに該当する場合でも特別の事情があるとき
は訴えが却下されることもあり得る（民訴法3条の9）。

　他方、事業者が消費者を被告として提訴する場合は、本条3項により前条（民
訴法3条の3）の適用が除外されるので、前条（民訴法3条の3）によってわが
国の国際裁判管轄が認められることはない（被告の住所等による管轄権（民
訴法3条の2第1項）、管轄権に関する合意（民訴法3条の7）、応訴による管轄権（民訴3条
の8）によってわが国の裁判所に国際裁判管轄権が認められることはあり得
る）。消費者は外国に転居した場合でも、消費者契約時に自らの住所が日本
にあった場合には、本条1項により引き続き日本の国際裁判管轄権が認めら
れるが、事業者が外国で締結された消費者契約について契約当時に日本に住
所を有する消費者を被告として日本での訴訟を望む場合には、日本の裁判所
に国際裁判管轄権を認める管轄合意を行っておく必要がある（管轄権に関す
る合意について定めた民訴法3条の7第5項）[17]。

　なお、管轄権が専属する場合の適用除外を定める民訴法3条の10により、本
条はわが国の法令上、訴えについて日本の裁判所の専属管轄を定める規定が
ある場合には適用されない。消費者契約に関する訴えであってもその請求の

内容が登記や登録を対象としたものであるときは、管轄権の専属を定める民訴法3条の5第2項により、管轄権に関する合意の有無にかかわらずその国際裁判管轄権はわが国の裁判所にしか認められない。

本条は、民事保全法11条前段により、保全命令事件の国際裁判管轄権の基準としても機能する[18]。

3 労働関係に関する訴えの国際裁判管轄

(1) 本条2項の意義—労働者・事業主・個別労働関係民事紛争・労務提供地等—

個別労働関係民事紛争に関する訴えの国際裁判管轄権は、新設された本条2項がこれを定めている。

本条2項が適用されるのは、労働契約の存否その他の労働関係に関する事項について個々の労働者と事業主との間に生じた民事に関する紛争（個別労働関係民事紛争）につき、労働者が原告となり事業主を被告として訴えを提起する場合であり、かつ、その労働契約における労務提供地（労務提供地が定まっていない場合は当該労働者を雇用した事業所の所在地）が、日本国内にある場合である。労務提供地は、通常、労働者にとってアクセスが良好な地であり、事業主にとってもそのような地で応訴することは十分予測できることであるし、労務提供地が定まらない場合は個々の労働者を雇い入れた事業所の所在地が労務提供地に代わると考えられることから、本条2項はこれらに優先順位を付けて管轄原因として定めたものである。事業主が労働者を被告として提訴する場合については、本条3項で別の定めを置いているので別途後述する。

本条2項は、対象者の一方を「個々の労働者」とし、対象とする事案を「民事に関する紛争」としているから、労働者と事業主との間で生ずる全ての紛争を対象としているわけではない。労働組合が原告となる集団的労使紛争（例：労働争議、不当労働行為事件など）や、労働者と事業主との間で事業と関係なく生じた個人的な紛争（例：個人的な金銭貸借に基づく貸金返還請求）は含まれない。民訴法上、労働者や事業主の意義にかかる定義規定はないため、本項の適用要件（対象）である労働者や事業主が何を指すのか、その意義や範囲が問題となる。

ア 労働者

平成23年改正民訴法に先立ち、渉外民事訴訟における準拠法選択について

第2章　5　消費者契約及び労働関係の訴えに関する管轄　　161

労働契約の特例を置いたものとして法適用通則法12条がある。同条は、労働者の意思に応じて最密接関係地法（法適用8条1項参照）中の強行規定の適用を可能とすることで労働者保護を図っているが、そこにも労働者概念を定義する規定はない。手続法の分野では、「仲裁法」（平成15年法律138号）附則4条が、本条2項と同様の趣旨から個別労働関係紛争を対象とする仲裁合意を無効としているが、そこに労働者の定義はない[19]。

　労働者の意義について、労働法制の中核的法律である「労働基準法」（昭和22年法律49号）は、同法における労働者を「職業の種類を問わず、事業又は事務所（以下「事業」という。）に使用される者で、賃金を支払われる者をいう。」としている（労基9条）。労働基準法上の労働者性を認定する要件である「使用される者」に該当するか否かの判断基準として、従前の裁判例では、①業務諾否の事由の有無、②業務遂行における使用者の指示の程度、③時間的・場所的拘束性、④労務提供の代替性、⑤報酬の労務対称性、⑥事業者性の有無（機械、器具、原材料等の生産手段の提供）、⑦専属性、⑧その他の事情（就業規則適用の有無、社会保険適用の有無、税法上の扱い等）が顧慮されており、主に①～⑤の要素［使用従属性］をもって判断するが、⑥～⑧の要素も労働者性を肯定する判断の補強事由として用いられている[20]。

　比較的最近の立法である「労働契約法」（平成19年法律128号）も、「「労働者」とは、使用者に使用されて労働し、賃金を支払われる者をいう。」と定義している（労契2条1項）。事業に使用されるという要件を欠く分、労働基準法上の労働者よりも労働者該当性は広くなる。

　他方、株式会社における取締役や監査役、株式会社のうち指名委員会等設置会社の執行役（会社402条1項）は、一般に、労働法上の労働者（会社法上は使用人）に該当しない。しかし、執行役員や使用人兼務取締役のように、労働者性を残しつつ会社役員の外観を呈しているものもあり、これらについてはその実態に即して判断する必要がある[21]。

　会社以外の法人組織[22]における法人役員（理事や監事）についても、その法人との法律関係は労働契約ではなく委任関係であるから、労働者性は否定され本条2項の適用はないのが原則と考えられるが、株式会社における使用人兼務取締役と同様に解する余地もあろう。

　類似の問題として、請負契約における請負人や委任契約における受任者がある。形式上、労働契約の形態を取っていない場合でもその実質において労

働者性が認められることがあり得るからである。保険会社や証券会社の外務員や査定調査員、飲食店従業者、在宅勤務者、貨物輸送運転者などにおいては、業務委託契約など労働契約以外の名称で法律関係が存在することが多いが、その実態に即した判断を要する。医師、弁護士、一級建築士などの専門的裁量的労務供給者が、組織内で特定の事業主のために労務を遂行している場合も同様であろう[23]。

　ここまで、わが国の労働関係法を中心に労働者の意義について見てきたが、本条2項における労働者に該当するか否かは、各法令の適用場面でその趣旨目的に照らして決定すべきものであり、強行法規の適用の前提となる要件としての労働者性の有無の判断が民訴法における法規の文言の解釈に当然に一致するものではない。国際裁判管轄権の有無の判断は、提訴時を基準にして準拠法決定前に行われるものであるから、わが国の民訴法独自の立場からその判断を行わなければならない。本条2項の労働者に該当するか否かの判断に際して、上述したように、指揮監督下における労務の提供とそれに対する報酬の存在が重要な要素になると考えられるが、必ずしも、労働基準法や労働契約法あるいは法適用通則法上の解釈と一致しない場合があり得ることに留意すべきである[24]。なお、労働者の相続人は、相続人自身が労働者であるか否かに関係なく、労働者の地位を承継した者であるので、本条2項の適用に際しては労働者として扱われることになる[25]。

　　イ　事業主
　本条2項は、労働契約の当事者として「事業主」の語を用いている。これは労働者や本条1項の消費者と同じく平成23年改正民訴法において民訴法上初めて用いられた概念であるが、これを定義する定めはない。

　事業主の意義及び範囲も、本条1項における消費者や事業者の解釈と同様に、わが国の民訴法上独自の立場から決せられるべきものである。一般に、事業主とは、事業の経営主体である個人又は法人若しくは法人格のない社団・財団をいうと考えられるところ、実際の事案で特定の者が労働契約の主体たる事業主に当たるか否かは、同じ概念を用いる実定法及びその解釈が参考になろう。

　事業主という語は、本条2項と同じく労働関係紛争を対象として先に制定された「個別労働紛争の解決の促進に関する法律」（平成13年法律112号）1条ほかや「労働審判法」（平成16年法律45号）1条及び2条1項で既に使われてい

る⁽²⁶⁾。ここでいう事業主は、労働基準法10条が定める「使用者」全般ではなく、事業主、すなわち、労働契約上又は事実上の使用従属関係の主体をいう。個人企業にあってはその企業主が、会社その他の法人組織にあってはその法人が、法人でない団体の場合はその団体が事業主となる。労働契約上の使用者（労契2条2項参照）ないし雇用主と同様に考えられる⁽²⁷⁾。家事使用人を個人的に雇って使用している者については、事業主に該当しないため本条2項の適用はない⁽²⁸⁾。

派遣労働者と派遣先の事業主との間で紛争が生じた場合、両者の間に直接の労働契約はない。しかし、法令上、派遣先事業主についても派遣労働者との間で労働基準法等の規定の適用があることから（労派遣44条ないし47条の2）、これらの規定に関する紛争については、派遣先事業主を本条2項にいう事業主として解することができよう⁽²⁹⁾。

　ウ　個別労働関係民事紛争

本条2項は、「労働契約の存否その他の労働関係に関する事項について個々の労働者と事業主との間に生じた民事に関する紛争」（個別労働関係民事紛争）を対象としている。典型例として、労働者個人と事業主との間の解雇や雇止めの効力に関する紛争（例：労働契約に基づき従業員等の地位を有することの確認請求訴訟）、賃金や退職金に関する紛争（例：未払賃金等の支払請求訴訟）、安全配慮義務違反を理由に労働者個人が事業主を相手に損害賠償を求める紛争（いわゆるパワハラ等に起因する罹患に対する治療費や慰謝料の支払請求訴訟）などが考えられる⁽³⁰⁾。労働契約とは、個々の労働者が事業主との間で締結した個別労働契約のことであるが、実質的には、当該労働契約書に記載された条項だけでなく就業規則や労働協約に含まれる条項で個々の労働者と事業主との間の民事上の権利義務に関するものを含む。

労働組合と事業主との間で生じた紛争（いわゆる集団的労使紛争）は、本条2項の対象ではない。しかし、不当労働行為禁止規定（労組7条）に基づく解雇無効や損害賠償等の紛争であっても、個々の労働者と事業主との間の民事上の債権債務関係を対象とした個別労働関係紛争として構成されていれば、本条2項の対象である個別労働関係民事紛争に当たる。「労働関係に関する事項」が対象とされているので、労働契約に起因する関係に限定されず、事実上の使用従属関係から生じる労働者と事業主との関係も含むと解される。

本条2項は、文言上、個々の労働者と事業主との間に「生じた…紛争」を対

象にしているから、既に当事者間での労働契約ないし労働関係終了後に労働者であった者から提訴する場合や、労働者の相続人が吸収合併や営業譲渡等により事業主の権利義務を承継した法人等を被告として訴えを提起する場合もその適用対象となる[31]。「民事に関する紛争」というのは当事者間で処分が可能な事項が争いの対象となっており合意による解決が可能な事項を対象としているという意味であり[32]、刑事事件や行政事件訴訟の対象となる紛争は含まれない。

募集及び採用に関する紛争は求職者と事業主との間の紛争であり、当事者間で労働契約その他の労働関係が発生する前の出来事であるから本条2項の対象とならないのが原則である。しかし、採用内定後の紛争は、求職者と事業主との間で条件付きではあるが既に一定の法的関係が構築された後のことであり、その法律関係は、判例上[33]、就労始期付解約権留保付労働契約と解されているので、本条2項の対象と解される[34]。

エ　労務提供地、雇入事業所所在地

本条2項は「労働契約における労務の提供の地（その地が定まっていない場合にあっては、労働者を雇い入れた事業所の所在地）が日本国内にあるとき」をわが国の裁判所に国際裁判管轄権を認める要件として定めている。「労働契約における労務の提供の地」の解釈は、契約書に形式的に記された労務提供地ではなく実際の労務提供地又は労務を提供していた地を指すものと解されている[35]。法適用通則法12条2項でも類似の表現「労務を提供すべき地」が見られるが、その意味は本条2項と異なる。すなわち、法適用通則法上の「労務を提供すべき地」は最密接関係地法を準拠法として選択するための要素（連結点）として1箇所に定められることを要するが、本条2項における労務提供地は実際に複数の場所で労務が提供されている（又はされていた）場合に、そのいずれの地も労務提供地とすることが可能である。したがって、複数の労務提供地がある場合でもその中に日本が含まれていれば、それを管轄原因としてわが国の国際裁判管轄権が認められる。

労務提供地が定まっていない場合には「労働者を雇い入れた事業所の所在地」が日本である場合にも、わが国の国際裁判管轄権が認められる。雇入れから間もない時期（労働契約締結直後、研修中など）で配属先が正式に決められていない場合のほか、航空機の乗務員や船員で労務提供地が複数の地にわたる場合や乗務による移動が常態となっている労務提供形態の場合が妥当

第2章　5　消費者契約及び労働関係の訴えに関する管轄　　165

する。後者の場合は、労務提供地を認定することなく雇入事業所の所在地を管轄原因とするのがむしろ適切ということも考えられる[36]。事務所又は営業所（民訴3条の2第3項参照）が無くとも事業所があればよいので、本条2項に基づく国際裁判管轄権は比較的容易に認められることが想像されるが、もっぱらインターネットを介して採用活動が行われ労働契約等に至った場合で、かつ労務提供地が日本でない場合については、本条2項の適用がないことも考えられる。

(2)　管轄原因に係る審理と立証の程度

本条1項に係る管轄原因事実の審理及び立証の程度と同様に解される。本条2項の管轄原因事実としては、個別労働関係民事紛争に関する労働者から事業主に対する訴えであること、すなわち、①原告が労働者であること、②被告が事業主であること、③原告と被告との間の民事に関する紛争であること、及び④労働契約における労務提供地（労務提供地が定まっていない場合には当該労働者の雇入れ事業所所在地）が日本にあることの証明が必要になると考えられる。ここでも既述のとおり、①～③の概念は民訴法独自の立場から解釈して決定される。④については労働契約ないし合意が存在しておりそれに基づく労務提供地が日本にあることの証明が必要になると考えられる。もっとも、管轄原因事実の証明は本案の審理において弁論主義や証明責任原則が妥当する要件事実の証明とは異なり、職権証拠調べが可能であることに留意する必要がある（民訴3条の11）。

(3)　効　果

本条2項は、上述の個別労働関係民事紛争について、個々の労働者に付加的かつ片面的な管轄原因を認める規定である。本条2項の要件を充足する場合は、わが国の裁判所に国際裁判管轄権が認められ、受訴裁判所は、他の訴訟要件も充たしていると判断すると当該事件について本案判決を行うことになる。わが国の裁判所に国際裁判管轄権があるか否かは、管轄の標準時を定める民事法3条の12に従い提訴時の管轄原因事実によって判断される。それゆえ、労働者が提訴後に外国に住所を移すこととなっても当然にわが国の国際裁判管轄権が失われるわけではない。

本条2項が定める要件のいずれか一つでも充たしていない場合、同条2項による国際裁判管轄権は認められないことになる。しかし、そのことが直ちに訴え却下判決を導くとは限らない。労働者が事業主を被告として提訴する場

合は、本条2項の規定に拠らず他の管轄原因を定める規定（被告の住所等による管轄権を定める民訴法3条の2、契約上の債務に関する訴え等の管轄権を定める民訴法3条の3、併合請求に関する民訴法3条の6、国際裁判管轄の合意に関する民訴法3条の7、応訴管轄を認める民訴法3条の8など）により、わが国の国際裁判管轄権が認められることもあり得るからである。ただし、これらに該当する場合でも特別の事情があるときはわが国の裁判所による国際裁判管轄権の行使が否定され、訴えが却下されることもあり得る（民訴3条の9）。

　本条は、本案訴訟の管轄を管轄原因として認める民事保全法11条前段により、保全命令事件における国際裁判管轄権（国際保全管轄）の有無の判断基準としても機能する[37]。

4　事業者・事業主からの訴えにかかる適用除外

　事業者から消費者に対する訴えの具体例としては、消費者契約締結後、商品を引き渡したにもかかわらず消費者が商品代金を支払わないことを理由とする商品代金支払請求などが考えられる。また、事業主から労働者に対する訴えの具体例としては、労働者の競業避止義務違反に基づく損害賠償請求などが考えられる。

　このように事業者が消費者を被告として訴える場合や事業主が労働者を被告として訴える場合につき、本条3項は、民訴法3条の3（契約上の債務に関する訴え等の管轄権）の適用を排除している。本条1項及び2項でわが国の国際裁判管轄権を認めた趣旨を貫徹し、消費者や労働者が被告となった場合の応訴負担を軽減するとともに防御の機会を保障して、消費者事件や労働事件における原告・被告間の実質的平等を確保する趣旨である。

　そして、被告とされた消費者や労働者の住所がわが国にあるとき（民訴3条の2第1項）、有効な管轄合意があるとき（民訴3条の7第5項・第6項）、応訴管轄が生じたとき（民訴3条の8）には、本条に拠ることなく、わが国の国際裁判管轄権が認められる。事業者や事業主がわが国の裁判所において訴訟を行うことを希望する場合は、あらかじめ民訴法3条の7による管轄合意を行っておく必要がある。消費者や労働者が専ら日本での訴訟を回避する目的で海外に転居したと認められる場合は、本条3項の効果が得られないことも考えられる（民訴2条参照）[38]。

　なお、本条は、管轄権が専属する場合の適用除外を定める民訴法3条の10により、訴えについて法令に日本の裁判所の専属管轄を定める規定がある場

第2章　5　消費者契約及び労働関係の訴えに関する管轄　167

には適用されない。消費者契約や労働関係に関する訴えであっても、その請求の内容が登記や登録を対象としたものであるときや知的財産権（特許権、実用新案権、意匠権、商標権、育成者権）の存否や効力に関する一定の訴え[39]については、本条や管轄合意の有無にかかわらずその国際裁判管轄権はわが国の裁判所にしか認められない（管轄権の専属を定める民訴法3条の5第2項及び3項）。

＜注＞

(5)　最近は、企業に対する批判を封じるために自社の商品やサービスないし運営・経営姿勢について批判した消費者や労働者（自社の従業員）に対して高額の損害賠償請求訴訟を提起する、いわゆるSLAPP（strategic litigation against public participation）訴訟を含め、法人である事業者等が個人を訴える例も目立つ。この種の訴訟事件は、名誉毀損・信用毀損や業務妨害といった不法行為に基づく損害賠償請求訴訟の外観をとっているが、その背景に消費者・労働者と事業者等との間のトラブルがあるものも散見される。「特集　スラップ訴訟」法セ741号15頁以下（2016）参照。

(6)　本条による片面的管轄原因の付与は、消費者契約法1条のいう「消費者と事業者との間の情報の質及び量並びに交渉力の格差」や、労働契約法1条のいう「労働者及び使用者の自主的な交渉」と同じ視点から、手続法の次元で手当を図る方策の一つと理解できる。

(7)　「電子消費者契約及び電子承諾通知に関する民法の特例に関する法律」（平成13年法律95号）2条2項前段。「消費者安全法」（平成21法律50号）2条1項は、「「消費者」とは、個人（商業、工業、金融業その他の事業を行う場合におけるものを除く。）をいう。」とする。ちなみに、消費者が訴訟当事者となることを想定した最新の手続法である「消費者の財産的被害の集団的な回復のための民事の裁判手続の特例に関する法律」（平成25年法律96号）は、同法2条1号〜3号において、消費者を「個人（事業を行う場合におけるものを除く。）をいう。」、事業者を「法人その他の社団又は財団及び事業を行う場合における個人をいう。」とし、消費者契約を「消費者と事業者との間で締結される契約（労働契約を除く。）をいう。」としている。

(8)　法適用通則法11条における消費者契約の意義と消費者契約法2条における消費者契約の意義が一致しないことを述べた、神前禎『解説　法の適用に関する通則法－新しい国際私法』（弘文堂、2006）88頁参照。

(9)　一問一答86頁。

168 第2章 5 消費者契約及び労働関係の訴えに関する管轄

(10) 消費者安全法（平成21年法律50号）2条2項は、「「事業者」とは、商業、工業、金融業その他の事業を行う者（個人にあっては、当該事業を行う場合におけるものに限る。）をいう。」と定めている。

(11) 日本弁護士連合会消費者問題対策委員会編『コンメンタール消費者契約法〔第2版〕』（商事法務、2010）31頁。

(12) 訴訟実務上想定される事案については、**第3章4**参照。

(13) 事業目的であることが比較的明白な事案についても、本条新設の趣旨に鑑み、なお検討すべき場合があるように思われる。例えば、個人が新たにフランチャイジーとしてフランチャイズ契約の当事者となる場合は、契約の相手方であるフランチャイザー（通常は株式会社などの法人）だけでなく個人であるフランチャイジーも事業目的で契約を行っているので、このフランチャイズ契約は消費者契約に当たらず本条1項の適用はないと考えるのが一般的である。しかし、このような場合、フランチャイジーは、事業目的であっても、契約の相手方であるフランチャイザーが一方的に作成した定型的な契約条項が使われており、かつ契約当事者間には経済力・交渉力・情報量などの点で構造的に著しい差がある。このような点に着目すると、純粋な事業者間契約ではなく契約当事者の一方が消費者としての性質を兼有した状態でなされた契約と考えることもできる。多くの場合、民訴法3条の3による国際裁判管轄権がわが国に認められるであろうが、本条の趣旨である国際民事訴訟手続における訴訟当事者間の実質的平等の確保という観点からは、本条1項による国際裁判管轄権の付与や本条3項による制約の可能性について、なお検討の余地が無いわけではないように思われる。

(14) 最判平13・6・8民集55・4・727（ウルトラマン事件上告審判決）。

(15) 最判平26・4・24民集68・4・329（アナスタシア事件上告審判決）。調査官解説として、廣瀬孝「判解」曹時67巻9号351頁以下（2015）参照。

(16) 消費者契約として認定されるには「労働契約でないこと」が必要となるが、③の要件充足による効果を阻むという意味で「当該合意が労働契約に当たること」が被告の抗弁事実になる。もっとも、当該合意が労働契約であったとしても、いずれにせよわが国の裁判所に国際裁判管轄権が認められるという点でその法的効果は変わらないから、この点が大きな争点となることはないと思われる。

(17) 民訴法3条の4新設後も、同時に定められた民訴法3条の7第5項・6項により一定の範囲で消費者契約訴訟や個別労働関係民事紛争にかかる訴えを対象とする国際裁判管轄の合意は可能である。若林弘樹＝田中良「消費者との間の

第2章　5　消費者契約及び労働関係の訴えに関する管轄　　169

　　　国際的専属管轄合意に関する訴訟」ジュリ1493号53頁（2016）及び榎本一久＝
　　　寺原真希子「労働事件における国際裁判管轄条項の有効性について」ジュリ
　　　1493号56頁（2016）、詳しくは、**第2章7Ⅴ.** 及び**第3章4**参照。

(18)　国際保全管轄の問題については、**第4章6**参照。

(19)　「個別労働関係紛争」の意義については、「個別労働関係紛争の解決の促進
　　　に関する法律」（平成13年法律112号）1条参照。

(20)　橋本陽子「個別的労働関係における労働者－横浜南労基署長（旭紙業）事
　　　件」村中孝史＝荒木尚志編『労働判例百選〔第9版〕（別冊ジュリNo.230）』5頁
　　　（2016）、昭和60年12月19日の「労働基準法研究会報告（労働基準法の「労働
　　　者」の判断基準について）」参照。なお、労働組合法（昭和24年法律174号）3
　　　条は「この法律で「労働者」とは、職業の種類を問わず、賃金、給料その他こ
　　　れに準ずる収入によつて生活する者をいう。」としている。本条2項の適用対
　　　象と異なる点で注意は要するが、労働者性をより広く捉える労働組合法上の
　　　労働者性の判断基準については、「労使関係法研究会報告書（労働組合法上の
　　　労働者性の判断基準について）」（労使関係研究会平成23年7月）に、基本的判
　　　断要素・補充的判断要素・消極的判断要素に分けた記述があり、諸外国におけ
　　　る労働者性の判断基準についての簡便な説明もあって、解釈上の視点を得る
　　　際の参考となる。

(21)　菅野和夫『労働法〔第10版〕』109頁以下（弘文堂、2012）、西谷敏ほか編『新
　　　基本法コンメンタール労働基準法・労働契約法』31頁以下［青野覚］（日本評
　　　論社、2012）。

(22)　具体例として、一般社団法人、一般財団法人、公益社団法人、公益財団法
　　　人、学校法人、宗教法人、医療法人、社会福祉法人、特定非営利活動法人など。

(23)　菅野・前掲注(21)597頁参照。

(24)　法適用通則法12条における労働契約の意義とわが国実質法上の労働契約
　　　の意義が一致しないことにつき、神前・前掲注(8)107頁。

(25)　近藤昌昭＝齊藤友嘉『司法制度改革概説2　知的財産関係二法／労働審判
　　　法』295頁（商事法務、2004）。

(26)　事業主という語は、先述した法適用通則法や仲裁法だけでなく労働契約法
　　　でも使われていない。労働基準法10条には事業主の表現が見られるが、事業
　　　主そのものを定義した規定ではない。

(27)　山川隆一『労働紛争処理法』57頁（弘文堂、2012）。

(28)　一問一答95頁。しかし、自宅を職場としている小説家・漫画家・デザイナ

170　第2章　5　消費者契約及び労働関係の訴えに関する管轄

　　ー・プログラマーなどが家事使用人を雇って使用している場合など、判別に
　　困難を来す事案もあろう。
(29)　一問一答96頁。
(30)　実際の労働関係紛争では、労働者からの未払賃金請求に対し、事業主から
　　業務上横領に係る損害賠償請求や労働者による営業秘密の不正使用等に対す
　　る差止請求や損害賠償請求が主張されることがあるが、このような事業主側
　　からの主張に対し、労働者が債務不存在確認訴訟を提起して争う場合、この
　　ような請求も一律に個別労働関係民事紛争として扱うのが適切であるのか否
　　かについては議論となり得る。一つの事実が複数の管轄原因に該当すること
　　もある。事業主側の請求は、労働関係紛争というよりもむしろ不法行為に基
　　づく請求として性質決定するのが自然であると理解する余地もあろう。
(31)　菅野和夫ほか『労働審判制度―基本趣旨と法令解説〔第2版〕』57頁（弘文
　　堂、2007）、最高裁判所事務総局行政局監修『労働審判手続に関する執務資料
　　（改訂版）』27頁（法曹会、2013）。
(32)　山本和彦＝山田文『ADR仲裁法〔第2版〕』188頁（日本評論社、2015）は、
　　民事調停法上の概念である「民事に関する紛争」（民調1条参照）と類似の概念
　　である「民事上の紛争」（仲裁2条1項）とは、同一のものと考えられるとして
　　いる。本条2項にいう「民事に関する紛争」は、民事調停法と同じ文言を用い
　　ているが、訴訟の対象となり得る法律上の争訟（裁3条）に限られるから、そ
　　の内容は民事調停法におけるそれとは異なりその範囲は狭い。
(33)　最判昭54・7・20民集33・5・582［大日本印刷事件］等。
(34)　一問一答95頁、近藤＝齊藤・前掲注(25)319頁。
(35)　一問一答97頁、新コンメ46頁［越山和広］。
(36)　牛嶋・前掲注(1)「消費者・労働事件の国際裁判管轄」137頁。
(37)　基本法コンメ366頁［日暮直子］。国際保全管轄の詳細は、**第4章6参照**。
(38)　条解62頁［高田裕成］、新コンメ46頁［越山和広］。
(39)　知的財産権の帰属が争われる場合や、知的財産権の侵害訴訟において、被
　　告が抗弁として特許権の無効を主張した場合は民訴法3条の5第3項の適用対
　　象外である。基本法コンメ357頁［日暮直子］。

Ⅲ．設例の検討

　本条は具体的にどのように適用されることとなるか、以下では、設例1及び
設例2を検討しながら見てゆく。

第2章　5　消費者契約及び労働関係の訴えに関する管轄　171

1　設例1について（消費者契約に関する訴えの管轄権）

設例1では、消費者契約に関する訴えにおける国際裁判管轄権の有無が問題となる。

本条1項によれば、消費者が海外の事業者が日本の顧客向けに運営するWebサイトでインターネットを通じて商品を購入し、注文した商品と異なるものが届いたり届いた商品が不良品であったりした場合、その消費者が売買契約を締結した時点又は訴えを提起した時点で日本に住所を有していれば、日本の裁判所に訴えを提起することができる。

Xは個人であり、商品（スポーツウェア）を趣味のスポーツで用いるために購入しているので事業目的ではなく、Xには消費者性が認められる。Y社は、営利目的で商品販売を目的とするWebサイトを設置し、インターネットを通じて日本語を用いて日本の顧客向けに商品を販売していることから事業者に当たる[40]。商品の売買契約はWebサイト上でインターネットを通じて行われており隔地者間でなされた契約と考えられるが、Xは日本在住であり提訴時の住所も本件消費者契約締結時の住所も日本であることから、本条1項を根拠として、本件消費者契約（商品売買契約）の不履行に基づく商品代金返還請求訴訟（以下「本件訴訟」という。）を日本の裁判所に提起することができる。

ところが、本件訴訟においてY社は本件商品を販売するWebサイトの利用規約に甲国にあるY社の本店所在地を管轄する裁判所を専属的合意管轄裁判所とする紛争解決条項があるとして、日本の国際裁判管轄権を否定する本案前の抗弁（妨訴抗弁）を提出した。この紛争解決条項は、消費者契約の一部をなすものであり民訴法3条の7が定める管轄権に関する合意に当たり、同条1項〜3項の要件を充たしているが、Xが住所を持たない外国（甲国）の裁判所にのみ管轄権を付与するものであるから、同条5項1号に反し管轄権に関する合意として無効である。

したがって、設例1の本件訴訟については、日本の裁判所に国際裁判管轄権が認められる。本条3項によりY社は民訴法3条の3に基づく管轄を主張することもできない。民訴法3条の9により、わが国の国際裁判管轄権を否定すべき特別の事情がある場合には本件訴えは却下されるが、設例1においてそのような事情は認められないので、以後は、他の訴訟要件と本案の審理が行われることとなる。

172　第2章　5　消費者契約及び労働関係の訴えに関する管轄

　本条の新設により、日本国内に物理的な拠点を設けることなく主にインターネットと社外（第三者）の物流システムによってわが国の消費者を相手にビジネスを展開したい海外の事業者にとっては、日本での訴訟リスクが潜在的に増大することとなった[41]。しかし、消費者にとっては日本での訴訟遂行が比較的容易になっただけであり、そもそも被告が応訴しない可能性もある。仮に勝訴したとしても、後の執行可能性が保障されたわけではない。Y社が日本国内に営業所や倉庫を有していたり購入代金振込用の銀行口座を持っていたりするのでなければ、Xが本件訴訟で勝訴し債務名義を得ても、多くの場合、強制執行による権利の回復は実際上困難である。換言すれば、売買代金の詐取や不良品販売を最初から企図している悪質な事業者への対策として本条は必ずしも有効な対策とはなり得ないことにも注意したい。

　2　設例2について（労働関係に関する訴えの管轄権）
　設例2では、労働関係に関する訴えにおける国際裁判管轄権の有無が問題となる。
　本条2項によれば、労働契約の存否その他の労働関係に関する事項について個々の労働者と事業主との間に生じた民事に関する紛争に関し、労働者が原告となり事業主を被告として提訴した場合、当該紛争に係る労働契約における労務提供地（その地が定まっていない場合は当該労働者の雇入事業所所在地）が日本国内にあるときは、日本の裁判所に提起することができる。
　XはY社の従業員募集に応募して採用された労働者であり、Y社はその事業のためにXを採用した事業主に当たる。本件における訴訟の対象（訴訟物）は、X・Y社間の労働契約に基づきXがY社の従業員であることの地位確認請求と未払賃金の支払請求権であるから、本件紛争は、本条2項にいう個別労働関係民事紛争に当たる。Xは、労働契約締結後、Y社が日本国内に設けた事業所でその業務に従事してきたということなので、本件労働契約に基づく労務提供地は日本にあることが認められる。以上により、本件訴えは本条2項の要件を充たしているから、日本の裁判所に国際裁判管轄権があるといえる。
　ところが、Y社は、同訴訟の第1回口頭弁論期日において「Xとの間で締結している雇用契約書には乙国にあるY社の本店所在地を管轄する裁判所を専属的合意管轄裁判所とする紛争解決条項があり日本の裁判所には国際裁判管轄権がない」と主張していることから、この紛争解決条項が民訴法3条の7が

定める管轄権に関する合意として有効か否かが問題となる。紛争解決条項
は、民訴法3条の7第1項～3項の要件を充たしているが、紛争発生前にXが住
所を持たない外国（乙国）の裁判所にのみ管轄権を付与するものであるから
同条6項1号に該当しないし、またXは紛争解決条項が指定する乙国の裁判所
ではなく日本の裁判所に訴えを提起しているので同項2号にも該当しない。
したがって、民訴法3条の7第6項により管轄権に関する合意としての効力は
生じないから、乙国の裁判所に国際裁判管轄権は認められない。

　そのほか、本条第3項によりY社は民訴法3条の3に基づく管轄を主張する
こともできない。民訴法3条の9により、わが国の国際裁判管轄権を否定すべ
き特別の事情がある場合には本件訴えは却下されるが、設例2の事案で具体
的にそのような事情が認められなければ、以後は、他の訴訟要件と本案の審
理が行われることとなる。

　本条の新設により、日本で労働力を確保したい海外の事業者にとっては、
日本での訴訟リスクが潜在的に増大することとなった[42]。しかし、設例1の
場合と同様に、個々の労働者にとって日本での訴え提起は容易になったが、
勝訴により債務名義を得たとしても後の執行可能性が保障されたわけではな
い。Y社が日本国内に何らかの事業用資産を有していたり日本の銀行に預金
債権を持っていたりするのでなければ、判決債権者となった労働者による強
制執行は空振りに終わってしまうおそれがある。

＜注＞

(40)　いわゆるオークションサイトなどにおいて個人形態で商品の売買を繰り
　　返している場合などは、事業者性を争う主張がなされることもあろう。

(41)　訴訟リスク回避のための一般的な方策として、仲裁契約の利用が考えられ
　　る。しかし、現行法上、日本では既に消費者と事業者との間でなされた仲裁
　　契約（消費者仲裁合意）の効力は片面的なものでしかない。すなわち、消費者
　　は消費者仲裁合意を無条件で解除することができるし（仲裁附則3条2項）、事
　　業者が仲裁申立てを行っても仲裁廷における口頭審理の日に消費者が参加し
　　なければ消費者仲裁合意は解除したものとみなされるからである（仲裁附則3
　　条7項）。もっとも、消費者仲裁合意に従って消費者が仲裁手続の申立てを行
　　った場合は有効であるので、訴訟回避措置としての一定の意味は持つ。仲裁
　　の利用が低調なわが国の実情に鑑みれば、提訴に先立ち調停型の裁判外紛争
　　解決手続の利用を契約当事者双方に義務付けるADR条項のほうが、訴訟回避

策として有効に機能するのではないかと思われる。

(42)　仲裁法附則4条は、当分の間、労働者と事業主との間でなされた将来にお
いて生ずる個別労働関係紛争を対象とする仲裁合意を無効としている。した
がって、事業主が仲裁手続による紛争解決を望む場合は紛争発生後に労働者
と仲裁契約を結ぶしかない。それゆえ、日本では（アメリカのように裁判所
が仲裁に好意的な地域と違って）労働事件を対象とする仲裁に訴訟回避措置
としての機能はあまり期待できない。斡旋・調停型ADR（裁判所での民事調
停のほか、個別労働関係紛争解決促進法による労働局での斡旋や調停、道府
県労働委員会や一部の都府県知事部局での斡旋、弁護士会や社労士会などが
設置した紛争解決センターでの和解仲介手続など）や調停機能を含むハイブ
リッド型ADRを訴訟前に利用するよう契約当事者双方に義務づける条項のほ
うが、わが国では訴訟回避策としてより有効に機能するのではないかと思わ
れる。

　なお、ADRの利用に関連し、紛争当事者の地理的隔地性から生じる種々の
負担・不都合さを緩和する方法の一つとして、ODR（Online Dispute Resolu-
tionの略。情報通信技術を活用して行うADR）の利用が考えられる。小田敬
美「司法における情報化と民事訴訟手続の未来―新たな技術的訴訟改革の方
向性と問題点」民事訴訟雑誌47号220頁以下（2001）、ODR利用の詳細につい
ては第3章4参照。

6 管轄の専属、併合請求や反訴の管轄、中間確認の訴えの管轄

齋藤善人

Ⅰ．はじめに
Ⅱ．社団・財団に関する訴えの管轄権の専属
Ⅲ．登記・登録に関する訴えの管轄権の専属
Ⅳ．知的財産権の存否又は効力に関する訴えの管轄権の専属
Ⅴ．併合請求や反訴の国際裁判管轄
Ⅵ．中間確認の訴えの国際裁判管轄

設　例

1　日本の会社法に準拠して設立された株式会社Y（本店の所在地は東京）に対し、その株主総会決議の効力を争い、外国の株主Xが、Yの支店のある自国の裁判所に株主総会決議の取消しの訴えを提起したところ、当該外国の裁判所がこの訴えにつき管轄権を認め、本案判決がされ、これが確定した。そこで、Xが、日本の裁判所にこの判決の承認を求めた場合、これは認められるか。

2　日本法人Xは、日本に所在する自社所有の不動産につき、外国法人Y_2と賃貸借契約を締結していた（この契約において、賃料の支払はY_2の本店のある外国を履行場所とする旨の約定があった）。ところが、Y_2からの賃料の支払が滞る事態となった。Y_2の主張によれば、不動産の所有権者がY_1であるため、Xへの賃料の支払を拒絶するとのことだった。Xが調査したところ、この不動産の登記が、Y_2と同じ外国にある法人Y_1名義となっていたことが判明した。そこで、XがY_1に対し、日本の裁判所に所有権移転登記手続請求の訴えを提起し、これとともにY_2に対して、賃料支払請求の訴えを提起した場合、この

176 第2章 6 管轄の専属、併合請求や反訴の管轄、中間確認
の訴えの管轄

訴えの併合提起は認められるか（なお、Y₁、Y₂とも日本に事務所や営
業所はなく、また、資産等も有していない）。

I. はじめに

1 法定専属管轄

国内の民事事件において、特定の裁判所のみが裁判管轄権を有することが
法定されている場合がある[1]のと同じく、渉外的な民事訴訟事件の国際裁判
管轄において、特定の国の裁判所のみが管轄権を有するものとされている（法
定専属管轄）。民訴法3条の5第1項から3項に定める管轄原因が日本に認めら
れる事件については、日本の裁判所のみが管轄権を有し、外国の裁判所には
管轄権がない（その裏返しとして、日本の裁判所の専属管轄権が認められな
い場合、外国の裁判所に専属管轄権が認められることになる[2]）。

2 併合請求

国内管轄の場合、原告が被告に対し複数の請求をするとき（客観的併合）、
1個の請求について管轄権を有する裁判所に他の請求の訴えを提起できる（民
訴7条本文）。そもそも被告としては、1つの請求につき応訴義務を負う以上、
他の請求について同一の裁判所に管轄権が認められても不利益はないし、訴
訟経済上はむしろ好都合である。また、訴訟資料や証拠資料の利用を通じ、
統一的な審判が実現され得るからである。国際裁判管轄においても同様の趣
旨から、併合される複数の請求のうちの1つに日本の裁判所の管轄権が認め
られる場合、他の請求について日本が管轄権を有しないとしても、それが密
接に関連する請求であれば、日本の裁判所に訴えを提起できる（民訴3条の6本
文）。

また、国内管轄においては、原告や被告が複数の場合（主観的併合）も、
一括して審理する便宜から、応訴を強いられる被告の不利益等を考慮しつつ、
当事者の1人の請求について管轄権を持つ裁判所に、他の当事者に対する請
求の訴えを提起できる（民訴7条ただし書）。そこで、国際裁判管轄でもこれに
倣い、主観的併合を管轄原因として認めた（民訴3条の6ただし書）。

3 反 訴

国内の民事訴訟事件において、被告は、本訴請求やそれに対する防御方法

と関連する請求につき、本訴が係属する裁判所に、原告に対する反訴を提起できる（民訴146条1項柱書本文）。これは、「一の訴えで数個の請求をする場合」には当たらないが、審理上の便宜など客観的併合の場合と同様の考慮が妥当すると考えられるからである[3]。渉外的な民事訴訟事件の場合、日本の裁判所が反訴請求について管轄権を有していないときでも、日本の裁判所が本訴請求について管轄権を有しており、反訴がその本訴請求や本訴請求に対する防御方法と密接な関連性があるなら、日本の裁判所の国際裁判管轄が認められ、本訴の係属する日本の裁判所に反訴を提起することができる（民訴146条3項本文）。ただし、反訴の目的である請求について、法定専属管轄の定め（民訴3条の5）によれば、日本に国際裁判管轄が認められないときには反訴を提起することはできない（民訴146条3項ただし書）。

4 中間確認の訴え

日本の裁判所に係属する訴訟において、その訴訟物の前提となる権利関係（先決的権利関係）に関し争いとなるような場合、その存在又は不存在の確認を求める訴え（これを「中間確認の訴え」という）の国際裁判管轄については、この中間確認の訴えに係る請求に法定専属管轄の規定が適用され、それによると日本に国際裁判管轄がないときには、かかる訴えを提起することはできない（民訴145条3項）。法定専属管轄の趣旨に鑑みて、その適用を優先し、これが認められないような訴えは排斥される（一問一答124頁）。反訴についての民訴法146条3項ただし書と同様の処理である。

＜注＞
(1) 例えば、人事訴訟法4条、民事執行法19条、民事保全法6条、破産法6条、民事再生法6条など。
(2) この点については、民訴法3条の10参照。日本の法定専属管轄の定めによると、日本の裁判所に管轄権が認められない場合には、たとえ民訴法3条の2から3条の4、3条の6から3条の8の規定によれば日本の裁判所が管轄権を有することになるとしても、日本の裁判所の管轄権は認められない（一問一答16・165・166頁、本間靖規ほか『国際民事手続法〔第2版〕』68頁（有斐閣、2012））。したがって、この場合、外国の裁判所に専属管轄権があることになる。
(3) 本間ほか・前掲注(2)67頁、秋山コンメ631頁。

178　第2章　6　管轄の専属、併合請求や反訴の管轄、中間確認
　　　　　　　　の訴えの管轄

Ⅱ. 社団・財団に関する訴えの管轄権の専属

1　対象となる訴え

(1)　会社の組織に関する訴え・取締役の責任追及の訴えや役員解任の訴えなど

　民訴法3条の5第1項は、会社法第7編第2章の第1節から第7節のうち、第1節（会社828条～846条）の会社の組織に関する訴え[4]、第2節（会社847条～853条）の株式会社における責任追及等の訴え、第3節（会社854条～856条）の株式会社の役員の解任の訴えなど、第4節と第6節以外の訴え[5]について、日本の裁判所の専属管轄を定める。これらの訴えは、会社の存立や会社の機関・構成員の地位に関するものなので、その会社が日本の会社法に準拠して設立されている場合、設立準拠法国である日本の裁判所が管轄権を有することが適正・迅速な審理判断にかない、かつ、法律関係の画一的な処理も可能となる[6]。したがって、日本の裁判所に専属管轄権が認められる。

(2)　一般社団法人等の組織等に関する訴えなど

　また、民訴法3条の5第1項は、一般社団法人及び一般財団法人に関する法律（以下「一般法人法」という）第6章第2節の訴えも、日本の専属管轄とする。その趣旨は会社の場合と同様であり、これら一般社団法人等の組織に関する訴え[7]や一般社団法人における責任追及の訴え（一般法人278条）、一般社団法人等の役員等の解任の訴え（一般法人284条）等については、その法人が日本の法令に準拠して設立された場合、日本の裁判所が専属管轄権を有し、外国の裁判所が管轄権を持つことはない。

(3)　その他の団体の組織に関する訴えなど

　さらに、民訴法3条の5第1項は、会社法や一般法人法以外の日本の法令により設立された社団・財団に関する訴えで、会社や一般社団法人等に準ずるものも日本の専属管轄とする。会社法や一般法人法の訴えに関する規定を準用している法令[8]はもちろん、たとえ準用規定がなくても、性質上、法律関係の画一的処理の必要性が高いと考えられる、宗教法人、医療法人、学校法人等の組織に関する訴え等が含まれる（一問一答103頁、基本法コンメ357頁、秋山コンメ625頁）。ただ、「日本の法令により設立された社団又は財団に関する訴え」とあるから、権利能力なき社団・財団に係る訴えは含まれない（一問一答103頁）[9]。

2　設例1について

　民訴法3条の5第1項は、日本の専属管轄を定めるもの（法定専属管轄）であ

り、これに該当する訴えが日本の裁判所に提起された場合、当然、日本の裁判所に国際裁判管轄が認められる（これを「直接管轄」という。日本が裁判権を有するかということ）。日本の法令に準拠して設立された株式会社Ｙについて、株主総会決議取消しの訴えという会社の組織に関する訴えが外国の裁判所に提起された場合、この訴えは、本項により日本の専属管轄となるべきものだが、この規律は日本の法律である以上、外国の裁判所を直接拘束することにはならないし、外国の裁判所が日本の専属管轄を尊重してくれる保障はない。したがって、外国の裁判所が、日本の法令に基づいて設立された社団・財団の組織に関する訴え等について、自らの裁判管轄を認め、本案判決に至る可能性があり得る。その意味で、本項は、外国裁判所の管轄権を事前に規制する機能を持つものではない[10]。

　このとき、外国裁判所のした判決の日本での効力はどうなるか。外国判決については、要件を備えたものに限り、日本でその効力を有する（民訴118条柱書）。例えば、「法令又は条約により外国裁判所の裁判権が認められること」（民訴118条1号）が必要となる。「外国裁判所の裁判権」には、判決国たる外国が国際裁判管轄を有することが含まれ、したがって、外国裁判所の判決の日本での効力を承認する前提として、外国裁判所が国際裁判管轄を有していたこと（これを「承認管轄（間接管轄）」という。承認要件として外国裁判所の裁判権が認められるかということ）が必要である。

　承認管轄の有無は、判決を下した外国裁判所と当該事件の関連を法廷地国である日本の視点から事後的に審査するものなので、これを承認する日本の基準に照らして判断される。その際、承認管轄は直接管轄と表裏一体の関係に立ち、日本法の裁判管轄の規定を適用したとすれば、その外国裁判所に管轄権が認められる場合、外国裁判所の国際裁判管轄が肯定でき、承認管轄があると解される[11]。日本に法定専属管轄がある場合、承認国たる日本が自国の裁判所にのみ管轄権を認めているわけだから、そもそも外国の裁判所には裁判管轄権がないのであって、それゆえ、「管轄権は日本の裁判所に専属する」旨の定めが日本の法令に存する訴えについて、外国の裁判所が下した判決は、民訴法118条1号の要件を欠き、日本では承認されない。

＜注＞
　　(4)　会社の設立無効の訴え、株式発行無効の訴え、合併無効の訴え等（以上、会社828条）、新株発行等の不存在の確認の訴え（会社829条）、株主総会等の決議不存在・無効の確認の訴え（会社830条）、株主総会等の決議の取消しの訴え

（会社831条）、会社の解散の訴え（会社833条）など。これらの訴えの請求を認容する確定判決には対世効がある（会社838条）。

(5) この両節の訴えが除かれている理由につき、一問一答104頁、基本法コンメ356～357頁、秋山コンメ624頁参照。

(6) 一問一答102頁、本間ほか・前掲注(2)65頁、新コンメ47頁、秋山コンメ623頁。

(7) 一般社団法人等の設立無効の訴え、合併無効の訴え（以上、一般法人264条）、社員総会等の決議不存在・無効の確認の訴え（一般法人265条）、社員総会等の決議の取消しの訴え（一般法人266条）、一般社団法人等の設立取消しの訴え（一般法人267条）、解散の訴え（一般法人268条）。これらの訴えの請求を認容する確定判決には対世効がある（一般法人273条）。

(8) 保険会社について保険業法30条の8第6項、特許業務法人について弁理士法55条1項など。

(9) これに対して、秋山コンメ625頁は、権利能力なき社団・財団でも、法律関係の画一的処理の要請が高く、対世効が認められるような訴えについては、本項を類推適用する余地があるという。

(10) 古田啓昌『国際民事訴訟法入門』43・44頁（日本評論社、2012）、秋山コンメ626頁。

(11) 江川英文「外国判決承認の要件としての裁判管轄権」国際法外交雑誌41巻4号23頁（1972）、池原季雄「国際的裁判管轄権」鈴木忠一＝三ケ月章監修『新・実務民事訴訟講座7国際民事訴訟・会社訴訟』4頁（日本評論社、1982）、高桑昭「外国判決の承認及び執行」鈴木忠一＝三ケ月章監修『新・実務民事訴訟講座7国際民事訴訟・会社訴訟』137～138頁（日本評論社、1982）、条解628～629頁、秋山コンメ576頁、秋山幹男ほか『コンメンタール民事訴訟法Ⅱ〔第2版〕』514頁（日本評論社、2006）、古田・前掲注(10)43頁など。

これに対して、承認管轄は直接管轄と違って、外国で既に終了した手続に対する事後的評価に関わるものであって、跛行的法律関係の発生防止という要請がより強まることから、直接管轄よりも緩やかな基準で判断すべきと解する見解（澤木敬郎「渉外判例研究」ジュリ516号157頁（1972）、川上太郎「外国裁判所の国際的裁判管轄」民商法雑誌66巻6号24頁（1972）、溜池良夫「渉外人事非訟事件の諸相」鈴木忠一＝三ケ月章監修『新・実務民事訴訟講座7国際民事訴訟・会社訴訟』203・212頁（日本評論社、1982）など）がある。

なお、香港サドワニ事件（最判平10・4・28民集52・3・853）は、「我が国の民訴法の定める土地管轄に関する規定に準拠しつつ、個々の事案における具体的事情に即して、当該外国判決を我が国が承認するのが適当か否かという観点から、条理に照らして判決国に国際裁判管轄が存在するか否かを判断す

べきもの」とした。直接管轄と関連付けることなく、承認管轄を独自に判定するかの口ぶりだが、これは直接管轄について定めがなかった平成23年改正前の状況下でのものである。したがって、現行法下では、直接管轄の明文規定を念頭に承認管轄の判断がされることになろう（本間ほか・前掲注(2)185頁、秋山コンメ576頁）。ただし、多田望「外国判決の承認執行」百選219頁は、平成23年改正後の民訴法（以下「平成23年改正民訴法」という）はあくまでも直接管轄の規定として整備されたものであって、承認管轄の規準はなお欠缺しているから、現行法下においても、最高裁の法理は生きると評する。

Ⅲ. 登記・登録に関する訴えの管轄権の専属

1　民訴法3条の5第2項の趣旨

　登記や登録は、権利関係の所在や発生の公示を目的とするものであり、国家が設営する公示制度と不可分な関係にある。日本で登記や登録をするべき場合、公示をする国である日本の裁判所が、登記・登録に関する訴えを扱うことが、迅速かつ適正な審理判断にかなっているし、原告勝訴時の執行（登記・登録の実行）も便宜である。仮に、日本以外の国に国際裁判管轄を認めても、外国判決に基づいて登記等をするには、日本での手続を経由する必要があり迂遠となる[12]。そこで、登記・登録に関する訴えについて、その管轄権は、登記・登録をすべき地が日本である場合、日本の裁判所に専属する（民訴3条の5第2項）。その結果、たとえ日本に本店のある企業の間で、外国に所在する不動産の登記について紛争が生じたとしても、外国に専属管轄権が認められ、日本には管轄権がないから、日本の裁判所に提起された訴えは却下される（一問一答108頁、基本法コンメ357頁、秋山コンメ627頁）[13]。

2　対象となる訴え

　「登記又は登録に関する訴え」とは、登記・登録と直接に関係する訴えを指し、義務者に対する登記・登録の手続をすべきことの意思表示を求める訴えとか、登記・登録の義務の積極的又は消極的確認を求める訴え等である。登記・登録を求める前提であっても単に所有権の確認を求める訴えなどは当たらない（条解63頁、一問一答107〜108頁、秋山コンメ626頁）。なお、「登記」とは、民法や商法等の法令に従って登記官が登記簿に一定の事項を記載することをいい（不動産の所有権や抵当権、賃借権等の設定・保存・移転・消滅等の登記、法人や会社の登記など）、「登録」とは、行政庁が登記簿以外の公簿に一定の事項を記載することをいう（知的財産権の登録、自動車等の所有権や抵

182　第2章　6　管轄の専属、併合請求や反訴の管轄、中間確認
　　　　　　　　の訴えの管轄

当権の設定・移転・消滅等の登録など)。

＜注＞
　(12)　被告に登記手続を命ずる判決は、日本の民事執行法では意思表示を命ずる
　　　　給付判決だから、日本の判決ならその確定と同時に債務名義となる（民執22
　　　　条1号・174条、不登63条）が、外国判決を債務名義にするには、民事執行法24
　　　　条の執行判決を得て、これが確定する必要がある（民執22条6号）。
　(13)　このような帰結に反対するものとして、古田・前掲注(10)47～48頁。

IV．知的財産権の存否又は効力に関する訴えの管轄権の専属

1　民訴法3条の5第3項の趣旨

　日本で設定の登録をしたことにより発生する知的財産権については、日本
の行政処分によって付与されることが通例であり、当該権利の存否や効力に
関しては、現に登録がされた国である日本の裁判所が最も適切に判断できる
と考えられること、また、日本以外の国がこの権利を無効とする判決をした
としても、これを対世的に無効にするには、日本で所定の手続を経由しなけ
ればならず、結局迂遠であることなど（条解63頁、基本法コンメ357頁、一問一答110
頁、新コンメ49頁、秋山コンメ628頁）から、設定の登録により発生する知的財産権
の存否や効力に関する訴えは、その登録が日本でされていた場合、日本の裁
判所が専属管轄権を有する（民訴3条の5第3項）。

2　対象となる訴え

(1)　知的財産権の種類

　「設定の登録により発生する知的財産権」とは、知的財産基本法2条2項に
規定する知的財産権のうち、設定の登録により権利が発生する特許権、実用
新案権、意匠権、商標権など(14)である。したがって、著作権のように、設定
の登録が権利の発生要件ではなく対抗要件にすぎないもの(15)は該当しない。

(2)　本項が適用される訴え

　「知的財産権の存否又は効力に関する訴え」とは、これらの知的財産権の
存否や効力自体を訴訟物とする訴えで、特許権等の知的財産権の不存在確認
の訴えや無効確認の訴えなどが当たる（一問一答111頁、基本法コンメ357頁、秋山
コンメ628頁）。ただ、本項の適用が問題となるのは、外国で設定の登録がされ
た特許権等につき、日本の裁判所に特許権等の無効確認請求の訴えなどが提
起される場合と解され(16)、その場合、外国の特許権の有効性は、外国の裁判
所で審理判断するのが効率的であり、仮に日本の裁判所が外国の特許を無効

としても、それで直ちに外国における特許権が無効になるものでもないから、外国裁判所に専属管轄権があるとされ、ゆえに日本に提起された訴えは却下されるという形で作用する（一問一答112頁注2、古田・前掲注(10)50頁、秋山コンメ628頁）。

(3) 侵害訴訟について

また、知的財産権の侵害を理由とする損害賠償請求の訴えや差止請求の訴えは、本項の対象となる訴えではなく、専属管轄権は生じない。外国で設定の登録がされた特許権等を侵害する行為が、日本の国内で行われた場合、特許権等の存否や効力に関する訴えとは異なり、日本で裁判することが権利救済のために迂遠で実効性に乏しいとは必ずしもいえない。したがって、いわゆる侵害訴訟は、不法行為に関する訴えとして不法行為地である日本の裁判所の管轄権（民訴3条の3第8号）に属する（一問一答113～114頁、基本法コンメ357頁、新コンメ49頁、秋山コンメ628～629頁）。なお、日本で設定の登録がされた特許権等の侵害に係る訴えが日本の裁判所に提起された場合、その審理において被告側が抗弁として、特許権等が無効審判により無効とされるべきものとの主張をすることができる（特許104条の3第1項）。その限りで、特許権等の有効性の判断がされることにはなるが、これは国際裁判管轄の問題ではなく、登録国たる日本の特許法という準拠法が、侵害訴訟においてかかる無効の抗弁を主張することを許しているか否かによって決せられる実体法の問題である（条解63頁、一問一答111・115頁、新コンメ49頁、秋山コンメ629頁）。

＜注＞
(14) 特許法66条1項、実用新案法14条1項、意匠法20条1項、商標法18条1項参照。
(15) 著作権法77条柱書は、「次に掲げる事項は、登録しなければ、第三者に対抗することができない」とし、1号は著作権の移転等を規定している。もちろん、著作権の登録に関する訴えについては、登録をすべき地が日本である場合、日本の裁判所が専属管轄権を有する（民訴3条の5第2項）。
(16) 日本で設定の登録がされた特許権等の効力を争い、その権利を対世的に無効とするには、特許庁に特許無効審判を求め（特許123条）、この無効審判に対し特許庁がした審決をさらに争うには、東京高裁に審決取消訴訟という行政訴訟を提起する（特許178条）こととされているから、とくに特許権等の無効確認の訴えについて日本の裁判所の専属管轄権を認めても、訴えを提起する実益はないといえる（一問一答112頁注2、古田・前掲注(10)50頁）。

184　第２章　6　管轄の専属、併合請求や反訴の管轄、中間確認
　　　　　　　　の訴えの管轄

Ⅴ．併合請求や反訴の国際裁判管轄
1　密接な関連性
（1）内　容
　客観的併合については、「一の請求と他の請求との間に密接な関連」があれ
ば、日本の裁判所が、他の請求に管轄権を有していなくても、1つの請求に管
轄権を有している限り、他の請求の訴えを日本で提起できる（民訴3条の6本文）。
そして、主観的併合については、「38条前段に定める場合」に、日本の裁判所
に訴えを提起できるとする（民訴3条の6ただし書）が、これは本文を受けた規定
との形式に鑑みて、1つの請求と他の請求との間に密接な関連性があること
を前提とするともみえる[17]。また、反訴については、「本訴の目的である請
求又は防御の方法と密接に関連する請求を目的とする場合」であれば、たと
え反訴請求につき日本の裁判所が管轄権を有しないとしても、本訴の管轄権
を有していれば、その日本の裁判所に反訴が提起できる（民訴146条3項本文）。
　かように、客観的併合や反訴については、各条項の文言上、「密接な関連」[18]
が共通の要件である。密接な関連性は、併合される請求と併合する請求との
間の、請求の趣旨自体の関連性、請求に係る権利関係の関連性、請求の基礎
となる事実関係の関連性（契約が同一であるとか、原因となった行為が同一
である等）などを総合的に考慮し、事案ごとに判断される（一問一答119頁、基
本法コンメ358頁、秋山コンメ632頁）[19]。
（2）趣　旨
　併合請求の場合、関連する請求をまとめて審理すれば、事件の適正・迅速
な処理に資することは確かだが、国内事件と違って渉外的な事件では、本来
管轄権が存しない国で応訴する被告の負担は大きいことが懸念されるし、管
轄権を有する裁判所に事件を裁量移送する（民訴17条）といった調整の余地も
ない。そこで、「密接な関連がある」ときに限り、日本の国際裁判管轄を認め
た（一問一答118～119頁、基本法コンメ357～358頁、秋山コンメ630・632頁）。
　また、反訴については、①その目的である請求につき日本の裁判所が国際
裁判管轄を持たない場合、仮に別訴として提起しても日本に管轄権はなく、
かような請求を反訴として提起することを許容するには、本訴と同一の手続
において処理する必要性がより高い場合に限るべきであること、②仮に本訴
請求について訴えの追加的変更によって日本に国際裁判管轄のない請求を追
加する場合には、民訴法3条の6本文に基づいて、本訴請求との間に密接な関
連性が必要とされていることから、日本に管轄権のない請求を反訴として定

第2章　6　管轄の専属、併合請求や反訴の管轄、中間確認の訴えの管轄　185

立する場合にも、同様の要件を課すことが相当であること、③日本の裁判所が国際裁判管轄を有しない請求を目的とする反訴をそのまま認めると、争点等も異なることから、審理が錯綜し長期化を招くおそれがあることなどを理由に、「密接に関連する請求を目的とする場合」に限り、管轄原因として認めた（一問一答126頁、新コンメ675～676頁）。

2　併合請求

(1)　客観的併合

ア　民訴法3条の6本文適用肯定例

　XがYに対し、α請求の訴えを日本の裁判所に提起した（ただし、この請求については、民訴法3条の2から3条の4、3条の5、3条の7、3条の8の適用により日本の国際裁判管轄が認められる）。このとき、XがYに対し、α請求とともにβ請求の訴えを提起した（ただし、β請求については、民訴法3条の2から3条の4、3条の7、3条の8の適用が認められない）場合、β請求がα請求とその訴訟物たる権利関係の内容や発生原因事実において共通点を有するなど、いわば実質的な争点を共通にしているとすれば、両請求を同時に審判することが当事者間の公平に合致し、審理の迅速にかなう点で、密接な関連性ありといえるから[20]、β請求の訴えを併合提起することが許される[21]。

イ　民訴法3条の6本文適用否定例

　XがYに対し、α請求の訴えを日本の裁判所に提起した（ただし、この請求については、民訴法3条の5により日本の国際裁判管轄が認められない）。このとき、XがYに対し、α請求とともにβ請求の訴えを提起した（ただし、β請求については、民訴法3条の2から3条の4、3条の7、3条の8の適用が認められる）場合、たとえ、β請求がα請求と密接な関連性を有していても、併合提起することはできない（民訴3条の10）。α請求に関する専属管轄権の規定が優先し、日本の裁判所はα請求に管轄権を持たないことになるので、これにβ請求を併合して日本の裁判所に訴えを提起することはできない。例えば、特許権の存否や効力に係る訴えは、法定専属管轄（民訴3条の5第3項）とされるので、外国で設定の登録がされた特許権について、日本国内で侵害行為がされた場合、この侵害行為に基づく損害賠償請求の訴えの管轄権は日本にあるが、これと特許権の有効確認請求の訴えが併合提起されたときは、両請求の間に密接な関連性が認められても、専属的な管轄権に関する規定が優先し、外国特許権の有効確認の訴えの管轄権は日本にはなく、したがって、両請求を併合して日本の裁判所に訴えを提起することはできない（一問一答121

頁、秋山コンメ630〜631頁）。

　(2)　主観的併合

　　ア　民訴法3条の6ただし書適用肯定例

　XがY₁に対し、α請求の訴えを日本の裁判所に提起した（ただし、この請求については、民訴法3条の2から3条の4、3条の5、3条の7、3条の8の適用により日本の国際裁判管轄が認められる）。このとき、XがY₂に対し、Y₁へのα請求とともにβ請求の訴えを提起した（ただし、β請求については、民訴法3条の2から3条の4、3条の7、3条の8の適用が認められない）場合、Y₁とY₂の間に、民訴法38条前段に定める関係（訴訟の目的である権利又は義務が数人について共通であるときや、訴訟の目的である権利又は義務が同一の事実上及び法律上の原因に基づくとき）があるときは、対Y₂請求の訴えを併合提起することが許される。

　　イ　民訴法3条の6ただし書適用否定例

　XがY₁に対し、α請求の訴えを日本の裁判所に提起した（ただし、この請求については、民訴法3条の5により日本の国際裁判管轄が認められない）。このとき、XがY₂に対し、Y₁へのα請求とともにβ請求の訴えを提起した（ただし、β請求については、民訴法3条の2から3条の4、3条の7、3条の8の適用が認められる）場合、たとえ、Y₁とY₂との間に、民訴法38条前段に定める関係が認められるとしても、対Y₂請求の訴えを併合提起することはできない（民訴3条の10）。対Y₁請求に関する専属管轄権の規定が優先し、日本の裁判所はこの請求に管轄権を持たないことになるので、これに対Y₂請求を併合して日本の裁判所に訴えを提起することはできない。

　(3)　設例2について

　XがY₁に対して提起した所有権移転登記手続請求の訴えは、日本に所在する不動産に関するものだから、民訴法3条の5第2項により、日本の裁判所に専属管轄権がある。一方、XのY₂に対する不動産の賃料支払請求の訴えについては、賃貸借契約において、Y₂の賃料債務の履行場所がY₂の本店のある外国となっている。契約上の債務の履行の請求を目的とする訴えに関して、日本の国際裁判管轄が認められるには、民訴法3条の3第1号で、「契約において定められた当該債務の履行地が日本国内にあるとき」とされているから、XのY₂に対する賃料支払請求の訴えを日本の裁判所に提起することはできない。また、財産権上の訴えについて、日本の国際裁判管轄が認められ

第2章　6　管轄の専属、併合請求や反訴の管轄、中間確認　187
の訴えの管轄

るのは、民訴法3条の3第3号で、それが金銭の支払を請求するものであって、被告の差押可能財産が日本にある場合なので、同号が、日本に事務所・営業所も資産もないY_2の管轄原因となる余地はない[22]。

このとき、Y_1に対する訴えは、日本の裁判所に管轄権があることから、この訴えに併合する形で、日本の裁判所に管轄権が認められないY_2に対する訴えを提起することができるか、民訴法3条の6の適否が問われる。「数人に対する訴え」なので、ただし書が問題となる。「38条前段に定める場合に限る」との規定であり、「日本の裁判所にその訴えを提起することができる」という本文の述語を受けるのは、民訴法38条前段に該当する場合だけである。

本文とただし書という形式からすれば、ただし書は本文を受け、その例外や限定等を定めるものとみえる。そうすると、本文が規定する客観的併合時の「密接な関連があるとき」という要件も、主観的併合の場合に適用されよう。すなわち、主観的併合時の併合請求の日本の国際裁判管轄は、請求相互間に密接な関連性があり、かつ、民訴法38条前段に該当するときに肯定できることになる[23]。

しかし、民訴法3条の6の場合、本文とただし書の間の論理的な繋がりは強くなく、むしろ、相互に独立的・完結的ではないか。本文は客観的併合における日本の管轄権の要件を規定し、ただし書は主観的併合における日本の管轄権の要件を定めたものと分けて読むことでよいだろう。こう解しても、民訴法38条前段に定める場合は、密接な関連性のある場合とオーヴァーラップする（ないしは、同義といってもよい）ので、主観的併合における日本の国際裁判管轄の要件としては、併合される数人の請求が民訴法38条前段に該当することで足りると考える（一問一答119頁、基本法コンメ358頁）[24]。

民訴法38条前段は、「訴訟の目的である権利又は義務が数人について共通であるとき、又は同一の事実上及び法律上の原因に基づくとき」に、その数人は、共同訴訟人として訴え、又は訴えられるとする。つまり、①各共同訴訟人と相手方との間のそれぞれの請求の内容をなす、訴訟の目的である権利又は義務（すなわち、訴訟物たる権利関係）が共通の場合[25]と、②訴訟物たる権利関係が、同一の事実上の原因に基づくときと、同一の法律上の原因に基づくとき[26]である。対して、「密接な関連」は、併合される請求と併合する請求との間の、請求の趣旨自体の関連性、請求に係る権利関係の関連性、請求の基礎となる事実関係の関連性（契約が同一であるとか、原因となった

行為が同一である等）などを総合的に考慮して判断される。要は、訴訟物たる権利関係の内容や発生原因事実において共通点を有するなど、いわば実質的な争点が共通の場合には、両請求を同時に審判することにより当事者間の公平が図られ、適正かつ迅速な審理に資するから、これが許容されるものと理解できる。そうすると、密接な関連性は、民訴法38条前段の場合と同様の判断であると解され、敢えて独自の評価を要するものとしなくてもよいのではないか。

さて、Y₁に対する所有権移転登記手続請求の訴えと、Y₂に対する賃料支払請求の訴えとは、訴訟物は異なる（所有権移転登記手続請求権と賃料支払請求権）ものの、不動産の所有権がXに帰属するかどうかが1つのポイントだろう。Y₂は、不動産の登記名義がY₁となっていることから、所有権者がXではなくY₁であるとして、Xへの賃料の支払を拒んでいる。他人物の賃貸借契約も有効だが、有償契約として売主の担保責任の規定が賃貸借にも準用される結果（民559条）、第三者が権利主張をしてくれば、賃借人は民法576条の準用により賃料の支払を拒め[27]、使用収益できなくなれば、賃貸人は民法561条の担保責任を負う[28]。Xとしては、Y₁名義の登記が不実の登記であるとして、その抹消登記手続請求に代わる所有権移転登記手続請求をすることで、所有権の所在を明らかにする。そして、それによってY₂の主張に反駁し、賃料支払請求の認容を求めるという形だろう。だとすれば、不動産の所有権がXに帰属していることが、訴訟物の判断の1つの前提、依拠するところとして、同一の原因に基づくものと評価できるのではないか。したがって、対Y₁請求の訴えに対Y₂請求の訴えを併合提起することができる。

3 反訴－民訴法146条3項の内容

(1) 本文適用例

XがYに対し、本訴請求の訴えを日本の裁判所に提起した（ただし、この請求については、民訴法3条の2から3条の4、3条の5、3条の7、3条の8の適用により日本の国際裁判管轄が認められる）。このとき、YがXに対し、反訴請求の訴えを提起した（ただし、この請求については、民訴法3条の2から3条の4、3条の7、3条の8の適用が認められない）場合、反訴請求が、本訴請求あるいはその防御方法と密接な関連性を有するときには、本訴の係属する日本の裁判所に反訴を提起することができる。

第2章　6　管轄の専属、併合請求や反訴の管轄、中間確認の訴えの管轄

(2)　ただし書適用例

　XがYに対し、本訴請求の訴えを日本の裁判所に提起した（ただし、この請求については、民訴法3条の2から3条の4、3条の5、3条の7、3条の8の適用により日本の国際裁判管轄が認められる）。このとき、YがXに対し、反訴請求の訴えを提起した（ただし、この請求については、民訴法3条の5により日本の国際裁判管轄が認められない）場合、たとえ、反訴請求が、本訴請求あるいはその防御方法と密接な関連性を有していても、本訴の係属する日本の裁判所に反訴を提起することはできない。例えば、外国で設定の登録がされた特許権について、日本国内で侵害行為があったことから、日本の裁判所に損害賠償請求の訴え（本訴）が提起された場合、この訴訟の係属中に、被告が、特許権の無効（あるいは不存在）確認を求めて反訴を提起することはできない（条解850頁、新コンメ676頁）。特許権の存否や効力に係る訴えについては、日本で設定の登録がされた特許権の場合に、日本の裁判所の専属管轄が法定されている（民訴3条の5第3項）ので、外国の特許権に係る訴えは、日本に専属管轄権はなく、当該外国にのみ管轄権が認められるからである。

<注>
(17)　平成8年改正以前の民訴法下では、国際裁判管轄における主観的併合は原則的に禁止され、ただ、具体的な事案に照らして、当事者間の公平、裁判の適正かつ迅速な処理という理念に合致する特段の事情が存する場合には許されるという枠組みが採用されていた（東京高判平8・12・25高民49・3・109）。対して、今般の平成23年改正民訴法は、このような判断枠組みを採用することなく、38条前段の場合に限り主観的併合を認めるとした（一問一答120頁注2）。ただ、この点について、条解65頁は、「平成23年改正法は、請求間の密接な関連性に加えて、38条前段の場合に限定している」とし、本間ほか・前掲注(2)67頁は、「客観的併合の場合と同様に、併合される請求間の密接関連性を要求するほか、国内事件と同じ条件の下に主観的併合を認める」と述べ、新コンメ52頁は、「請求間の密接関連性の要件と38条前段に相当する要件は互いに並列的な要件であるから、本条の適用に当たっては、いずれの要件も充足することが必要である」といい、秋山コンメ633頁は、「主観的併合においては、客観的併合の場合の密接関連性という要件に加えて、国内の併合裁判籍の場合と同じ38条前段の定める場合」という。
(18)　平成23年改正以前の民訴法下において、最高裁は、「ある管轄原因により

我が国の裁判所の国際裁判管轄が肯定される請求の当事者間における他の請求につき、民訴法の併合請求の裁判籍の規定（現行民訴法7条本文）に依拠して我が国の裁判所の国際裁判管轄を肯定するためには、両請求間に密接な関係が認められることを要すると解するのが相当である」と判示していた（ウルトラマン事件、最判平13・6・8民集55・4・727）。

(19)　なお、前掲注(18)最判平13・6・8では、客観的に併合されている請求相互の関係について、「いずれも本件著作物の著作権の帰属ないしその独占的利用権の有無をめぐる紛争として、〔中略〕実質的に争点を同じくし、密接な関係があるということができる」と判断された。

(20)　条解64頁、本間ほか・前掲注(2)66頁、新コンメ51頁、秋山コンメ632〜633頁。

(21)　本条を適用したものとして、東京地裁平成26年9月5日判決（判時2259号75頁）。甲事件と乙事件があるが、甲事件は平成23年4月21日提訴、乙事件は平成24年11月9日提訴であり、平成23年改正民訴法が施行されたのは平成24年4月1日であるから、乙事件について平成23年改正民訴法が適用された（民訴平23法36改正法附則2条参照）。これは、ニューヨーク在住の日本人Yが、生活の本拠は日本にありニューヨークと行き来している日本人Xについて、名誉毀損に当たるメールをXの日本の関係先（東京と神奈川）並びにニューヨークの関係先に送信したとして、XがYに対し、日本の関係先へのメール送信につき不法行為に基づく損害賠償請求を日本の裁判所に提起した（民訴3条の3第8号）。そして、ほぼ同時期に、ほぼ同内容のメールであったことから、ニューヨークの関係先へのメールの送信による名誉毀損行為は、日本の関係先に対する名誉毀損行為と密接な関係があり、これについても民訴法3条の6本文により日本の国際裁判管轄が認められると判断された。

(22)　不動産に関する訴えは、その不動産が日本国内にあるときには、日本の裁判所に提起できる（民訴3条の3第11号）が、「不動産に関する訴え」とは、不動産に関する権利を目的とする訴えをいい、所有権の確認請求、所有権に基づく返還請求、契約に基づく引渡請求の訴え等が含まれるが、不動産の売買代金支払請求や賃料支払請求の訴え等は含まれない（一問一答78頁）。

(23)　条解65頁は、民訴法38条前段は国内の土地管轄の規制に倣ったもので、最小限の制限であり、国際裁判管轄の実質的な制限としては緩やかな制限にすぎず、むしろ、密接な関連性の要件が重要な役割を果たすと評する。

(24)　なお、秋山コンメ635頁は、「一般に38条前段の場合に包摂されるものと解してよかろう。したがって、主観的併合については本条ただし書が完結的に規律することになろう」という。

第2章　6　管轄の専属、併合請求や反訴の管轄、中間確認の訴えの管轄　191

(25)　例として、国内管轄の場合、数人の連帯債務者に対する金銭の支払請求、数人の共同所有者が第三者に対してする共有物の明渡請求などが挙げられる。

(26)　これは、①と異なり各共同訴訟人の権利義務自体は独立しているが、その発生原因が同一のとき、例として、国内管轄の場合、主たる債務者に対する主債務の履行請求と保証人に対する保証債務の履行請求、同一事故に基づく数人の被害者の加害者に対する損害賠償請求などが挙げられる。

(27)　最判昭50・4・25民集29・4・556。

(28)　法の適用に関する通則法7条は、「法律行為の成立及び効力は、当事者が当該法律行為の当時に選択した地の法による」と規定するが、日本に所在する不動産の賃貸借契約については、日本法が準拠法として黙示の指定があるものと考えられることもあろう。また、法律行為の当時、当事者が法を選択する現実の意思を有していなかった場合は、法の適用に関する通則法8条によることになるが、不動産を目的物とする債権的法律行為については、「不動産の所在地法を当該法律行為に最も密接な関係がある地の法と推定」（法適用8条3項）し、その法が、当該法律行為の成立及び効力についての準拠法となるから、日本に所在する不動産の賃貸借契約については、日本法が準拠法になるだろう。

Ⅵ．中間確認の訴えの国際裁判管轄

1　中間確認の訴えの意義

所有権に基づく土地明渡請求の訴えにおいて請求認容判決がされ、これが確定した場合、その既判力は、「被告は、原告に対し、土地を明け渡せ」との判決主文に包含される判断（民訴114条1項）、つまり、土地明渡請求権の存在の判断に生じる。この判断を導いたのは、原告の所有権が認められたからであるが、これは判決の理由中で述べられるところであって、ゆえにこの部分には既判力は生じない。すなわち、被告が、改めて所有権の不存在を主張して訴えることは遮断されないことになり、所有権の帰属をめぐって紛争が蒸し返される可能性がある。そこで、かかる事態を回避するため、原告は、土地明渡請求の訴えで、その訴訟物の前提となる権利関係（先決的権利関係）たる所有権の確認を求めて訴え（中間確認の訴え）を提起することができる[29]。

2　民訴法145条3項の内容

日本で既存の訴訟の係属中に、その訴訟手続内で中間確認の訴えを追加する際、この中間確認の目的となる請求に日本の国際裁判管轄が認められない

場合であっても、中間確認の訴えの訴訟物は、既存の訴訟の訴訟物にとって先決的権利関係にあるものなので、密接な関連性があるということができ（新コンメ671頁）[30]、したがって、民訴法3条の6本文により、中間確認の訴えについて、日本の国際裁判管轄が認められることになる（新コンメ671頁）[31]。

ただ、中間確認の訴えについて、法定専属管轄の規定により日本の国際裁判管轄が認められない場合、民訴法146条3項ただし書と同様の趣旨で、たとえ中間確認の訴えに係る請求が密接な関連性を有するとしても、日本の裁判所にこの訴えを提起することはできない（民訴145条3項）。例えば、外国で設定の登録がされた特許権について、日本国内で侵害行為があったことから、日本の裁判所に損害賠償請求の訴えが提起された場合、この訴訟の係属中に、被告が、特許権の無効（あるいは不存在）確認を求めて中間確認の訴えを提起することはできない（一問一答124頁、条解844頁、新コンメ671頁）。特許権の存否や効力に係る訴えについては、日本で設定の登録がされた特許権の場合に、日本の裁判所の専属管轄が法定されている（民訴3条の5第3項）ので、外国の特許権に係る訴えは、日本に専属管轄権はなく、当該外国にのみ管轄権が認められるからである。

＜注＞

(29)　この場合、訴えの追加的変更となる。民訴法145条1項本文には、「当事者は、請求を拡張して」とあるから、中間確認の訴えは原告のみが利用できるとも読めるが、被告が、所有権不存在確認請求の訴えを提起することもできると解される。その場合、反訴となるが、もともと先決的権利関係であるため、反訴における関連性の要件は当然に具備しているという意味で、その特別の類型といえる（中野貞一郎ほか編『新民事訴訟法講義〔第2版補訂2版〕』524頁（有斐閣、2008）、条解841頁、賀集唱ほか編『基本法コンメンタール民事訴訟法2〔第3版追補版〕』48頁（日本評論社、2012））。

(30)　秋山コンメ631頁は、「中間確認の訴えについては、密接な関連があることは自明である」という。

(31)　なお、被告が中間確認の訴えを提起する場合、これは反訴となるので、民訴法146条3項本文により日本に管轄権がある。これに対して、秋山コンメ631頁は、民訴法3条の6を介さず、同法145条1項本文が直接国際裁判管轄をも規律していると解する。

7 管轄に関する合意と応訴による管轄

渡部美由紀

Ⅰ. はじめに
Ⅱ. 国際裁判管轄合意の形式的要件及び方式
Ⅲ. 専属的合意管轄
Ⅳ. 国際裁判管轄合意の有効性
Ⅴ. 消費者紛争及び労働紛争を対象とする国際裁判管轄の合意
Ⅵ. 応訴管轄
Ⅶ. 設例の検討

設例

1　日本の輸入業者Aは、ブラジルの輸出業者Bから原糖を買い受け、Bは、オランダ・アムステルダム市に本店を置き神戸市に営業所を持つ海運業者Yと海上運送契約を締結し、Yから船荷証券の発行・交付を受けて、Aに交付した。この船荷証券には、「この運送契約から生じる一切の訴えは、アムステルダム市の裁判所に提起されるべきものとし、運送人においてその他の管轄裁判所に提訴し、あるいは自ら任意にその裁判所の管轄権に服さないならば、その他のいかなる訴えに関しても、他の裁判所は管轄権をもつことができないものとする」旨の約款があった。Yは、本件原糖をその所有船に積んでブラジル・サントス港から大阪港まで海上運送したが、船の不良により積荷が濡れ160万円の損害を生じさせた。Aは、この損害につき、海上火災保険会社である日本法人Xとの間の積荷海上保険契約に基づき、約138万円の保険金の支払を受けた。Xは、AのYに対する損害賠償請求権を代位取得したと主張して、Yに対し、損害賠償及び遅延損害金の支払を求める訴えを神戸地方裁判所に提起した。これに対して、Yは、本案前の抗弁として、本件約款は国際的専属的裁判管轄の合意であるから、本

件訴訟については、アムステルダム市の裁判所が管轄権を有し、神戸地方裁判所は管轄権を有しないと主張して訴えの却下を求めた。

2　Yは、米国ネヴァダ州法人であり、投資家から資金を集め、これを原資として米国内における診療報酬請求債権の購入及び回収事業を行い、当該事業から生じる利益の一部を配当し、約定の満期日到来後に出資金を返還するという内容の金融商品を販売していた。本件金融商品は、専ら日本国内において、日本支店を通じて、日本国内に居住する者のみを対象に勧誘・販売が行われていた。Xは、日本国内に居住する個人であり、Yから本件金融商品を購入する旨の契約を締結するとともに、出資金として2,700万円を出捐した。本件契約に係る金融商品取引契約書には、「本契約の準拠法は、アメリカ合衆国法及びネヴァダ州法とし、本契約から生じる一切の紛争については、アメリカ合衆国ネヴァダ州裁判所を専属的合意管轄裁判所とする」旨の条項が入っていた。Xは、Yに対して、約定の満期が到来したとして、出資金の返還を求める訴訟を東京地方裁判所に提起した。これに対して、Yは、本案前の抗弁として、本件訴訟は管轄合意に反すると主張して、訴えの却下を求めた。

I．はじめに

　国際裁判管轄については統一的なルールがなく、裁判管轄の規定や解釈も国により異なるため、国際取引紛争が生じた場合、どの国が法廷地国となるかは明確でない。そこで、紛争解決地や事件処理に対する予測可能性を確保し、紛争を迅速に解決するための方策として、実務では、当該取引に関して生じた紛争について、どの国の裁判所を管轄裁判所とするかを定めておくことが多い。これを国際裁判管轄の合意という[1]。

　合意の解釈等をめぐっては様々な問題が生じる。これについて、平成23年改正以前は、国内土地管轄に関する管轄合意の規定（民訴11条）を手がかりにして議論が展開されてきた。国際裁判管轄の合意に関するリーディングケースとしては、チサダネ号事件（最判昭50・11・28民集29・10・1554）がある（設例1はこの事件をモデルにしている）。この最高裁判決を基礎にして展開されてきた議論を踏まえ、民訴法3条の7は、国際裁判管轄の合意について規定して

第2章　7　管轄に関する合意と応訴による管轄　　195

おり、消費者契約及び労働契約に係る紛争についての合意には特別の定めを
置く。また、3条の8は、国内土地裁判管轄（民訴12条）と同様、国際裁判管轄
において応訴管轄を認める。

＜注＞
　(1)　国際裁判管轄合意の成立及び効力の準拠法について学説は分かれる。①法
　　　廷地国際民事訴訟法説をとるものとして、溜池良夫「判批」鴻常夫編『海事判
　　　例百選〔増補〕（別冊ジュリNo.42）』203頁（1973）、鈴木忠一＝三ケ月章監修
　　　『実務民事訴訟講座(6)』23頁〔池原季雄＝平塚真〕（日本評論社、1971）、石
　　　黒一憲「判批」ジュリ616号150頁（1976）、木棚照一ほか『国際私法概論〔第
　　　5版〕』307頁〔渡辺惺之〕（有斐閣、2007）など、②契約準拠法説をとるものと
　　　して、谷川久「判批」ジュリ350号135頁（1966）、③当事者自治説をとるもの
　　　として、川上太郎「専属的裁判管轄約款の効力」判タ256号41頁（1971）、高桑
　　　昭＝道垣内正人編『新・裁判実務大系3　国際民事訴訟法（財産法関係）』139
　　　頁以下〔神前禎〕（青林書院、2002）、中野俊一郎「管轄合意・仲裁合意・準拠
　　　法選択合意」齋藤彰編著『国際取引紛争における当事者自治の進展』86頁以下
　　　（法律文化社、2005）、澤木敬郎＝道垣内正人『国際私法入門〔第7版〕』308頁
　　　（有斐閣、2012）、山本和彦「国際的裁判管轄権」斎藤秀夫ほか編著『注解民
　　　事訴訟法(5)〔第2版〕』405頁以下（第一法規出版、1991）など。判例は準拠法
　　　に一切言及せずに処理しているものが多く、暗黙裡に法廷地国際民事訴訟法
　　　に拠っていると解される。高橋宏司「判批」百選200頁参照。

Ⅱ. 国際裁判管轄合意の形式的要件及び方式

　当事者は、合意により、いずれの国の裁判所に訴えを提起することができ
るかについて定めることができる（民訴3条の7第1項）[2]。この国際裁判管轄の
合意により、法定管轄がない裁判所にも、管轄権が認められる。国内裁判管
轄の合意とは異なり、「第一審」の管轄合意に限定する旨は明記されていない
が（民訴11条1項参照）[3]、3条の7第1項は「訴えを提起することができるかにつ
いて定める」としているため、国際裁判管轄の合意は訴えを提起する第一審
に限られることを前提としていると思われる（新コンメ54頁）。
　国際裁判管轄の合意は、「一定の法律関係に基づく訴えに関し、かつ、書面
でしなければ、その効力を生じない」（民訴3条の7第2項）。これは、国内裁判管
轄の合意（民訴11条2項）と同様の規定であり、国際裁判管轄の合意が当事者に
与える影響が大きいため、当事者の意思の明確性と証拠の確保を期する必要

があることに配慮したものである。合意が電磁的記録（電子的方式、磁気的方式その他人の知覚によっては認識することができない方式で作られる記録であって、電子計算機による情報処理の用に供されるもの）によってされたときは、その合意は書面によってされたものとみなされる（民訴3条の7第3項）。この場合は、書面による場合と同程度に明確さや慎重さを確保できると考えられるためである（一問一答134頁）。チサダネ号事件判決は、国際裁判管轄の合意は、少なくとも当事者の一方が作成した書面に特定国の裁判所が明示的に指定されていて、当事者間における合意の存在と内容が明白であれば足り、その申込みと承諾の双方が当事者の署名のある書面による必要はないとするが、この考え方は改正法においても引き続き参照される（一問一答140頁、新コンメ55頁）[4]。

＜注＞
(2)　管轄裁判所を日本以外のすべての国の裁判所とする旨の合意など、合意が著しく不合理で公序法に違反する場合には、民法90条等により、その合意は無効になり得る。また、管轄合意以外の条項について無効・取消事由がある場合であっても、管轄合意の効力には影響を及ぼさない（仲裁13条6項参照）。以上につき、一問一答133・135頁。
(3)　立法過程においては、当初「第一審に限り」認める旨の提案がされたが、「訴えを提起することができる」という文言のない国内管轄（民訴11条1項）と異なり、文言上不要であると指摘された。法制審議会国際裁判管轄法制部会（以下「法制審議会」という。）第7回会議議事録17頁、同第10回会議議事録11頁以下、同第11回会議議事録16頁以下参照。
(4)　書面性に加え両当事者の署名を必要とする見解として、藤田泰弘「日本裁判官の国際協調性過剰(3)」判タ246号19頁（1970）、矢吹徹雄「判批」判タ333号119頁（1976）（ただし商人間の合意は書面による確認でよいとする）。

Ⅲ．専属的合意管轄

1　専属的合意と付加的合意

　管轄の合意には、①特定の裁判所にのみ管轄権を認めて他の法定管轄を排除することを合意する専属的合意と、②法定管轄に加えて特定の裁判所の管轄権を認める付加的合意がある。専属的合意と解すると、特定の裁判所の管轄権しか認められないことになるため、訴え提起や訴訟追行の重大な障害となり、深刻な問題となり得る。そのため、旧民訴法下では、国内事件につい

て、とりわけ消費者と事業主間の取引において用いられる普通取引約款に事業主にとって有利な管轄条項がある場合に、その合意をどのように解すべきかについて争いがあった。これに関して、下級審裁判例は、消費者契約や個別労働契約について、事案に応じて、意思解釈の問題として一般契約者の利益となるよう付加的合意と解したり[5]、合意の要件を欠くとしてその効力を否定したりする[6]ことなどによって、弱者保護の観点から救済を図ってきた[7]。平成8年民訴法は、専属管轄の場合の移送を制限する20条が11条による管轄合意の適用を除外している。その結果、専属的合意管轄であっても当事者間の衡平の見地から移送が可能であり（民訴17条）[8]、一定の問題解決が図られている[9]。

2 国際的専属的管轄の合意

　国際裁判管轄の合意にも、①特定の国の裁判所にのみ訴えを提起することができるとする旨の専属的合意と、②特定の国の裁判所に加えて他の国の裁判所に訴えを提起することも妨げない旨の付加的合意がある。契約書に裁判管轄条項がある場合にどちらの趣旨の合意と解するかは、事案ごとに裁判所が判断することになる。しかし、国際事件の場合は、合意管轄裁判所が事案と全く無関係な国の裁判所である場合もあり、専属的合意と解すると、証拠の収集や審理の不都合が生じ、遠隔地に住む当事者にとっては訴訟追行の断念につながるなど、国内事件とは比較にならない不都合がある。そのため、専属的合意である旨が明示されていない限り、当事者は付加的な管轄として合意したものと解すべきである[10]。改正民訴法では、消費者契約に関する紛争又は個別労働関係民事紛争を対象とする国際裁判管轄の合意については特別の定めが置かれており、これらの紛争を対象とする専属的管轄合意は、付加的合意とみなされる（民訴3条の7第5項1号・6項1号）。これに対して、純粋な企業間取引を適用対象とする2005年のハーグ管轄合意に関する条約[11]（以下「管轄合意条約」という）3条(b)は、「1つの締約国の裁判所又は1つの締約国の1つ若しくは複数の特定の裁判所を選択する管轄合意は、当事者が明示的に別段の定めをしない限り、専属的なものとみなす」と規定しており、改正法の立法過程ではこのような規定を入れるか否かについて議論があったが、国際取引の実務においては、専属的な管轄権に関する合意である旨の明示的な記載がない限り、当事者は付加的な管轄権に関する合意をしたものと理解するのが通常であり、管轄合意条約のようなみなし規定を設けるべきではないとされた（一問一答133頁）。

3 日本の裁判所における国際裁判管轄合意の主張

日本の裁判所で国際裁判管轄の合意が主張される場面としては、①日本の裁判所を管轄裁判所とする合意に基づいて日本の裁判所に訴えが提起される場合と、②法令で定められた管轄原因に基づいて日本の裁判所に訴えが提起された場合に、外国の裁判所を専属的な管轄裁判所とする旨の合意が本案前の抗弁として主張される場合が考えられる。3条の7は、そのいずれの場合にも適用される（一問一答133頁）。

①について、日本の裁判所に専属的合意管轄がある場合には、特別の事情による訴えの却下（民訴3条の9）は認められない。この場合、当事者は日本の訴訟手続を前提として日本の裁判所においてのみ紛争解決を図ることを意図したと考えられるが、事案の具体的な事情により事後的に管轄合意の効力を否定することを認めると、管轄合意により国際裁判管轄の有無をめぐる紛争を防止しようとした当事者の意図に反すると考えられるためである（一問一答162頁）[12]。日本の裁判所に国際裁判管轄権が認められ、国内土地管轄に関する合意の存在が認められないときは、普通裁判籍（民訴4条）、義務履行地（民訴5条1号）、事務所又は営業所所在地（民訴5条5号）等の規定により、国内土地管轄が定まる（なお民訴10条の2参照）[13]。

②の場合、被告は、当該合意の存在を主張して、訴えの却下を求めることができる。しかし、当該外国の裁判所が法律上又は事実上裁判権を行使することができない場合にまで、合意に従って日本の裁判所の管轄権を否定すると、当事者は、いずれの国の裁判所においても裁判を受けることができないおそれがある。そのため、3条の7第4項は、「外国の裁判所にのみ訴えを提起することができる旨の合意は、その裁判所が法律上又は事実上裁判権を行うことができないときは、これを援用することができない」と規定する。法律上裁判権を行使できない例としては、合意された国の法令によれば当該訴えについてその国の裁判所が管轄権を有しない場合、事実上裁判権を行使できない例としては、戦乱、天災その他の原因によりその国の司法制度が実際上機能していない場合が挙げられる（一問一答136頁）。

訴えについて日本の裁判所に法定専属管轄がある場合は、公益性が高く、当事者の合意により管轄権の有無が左右されるのは相当ではないから、専属的合意管轄条項があっても3条の7は適用されず（民訴3条の10）、日本の裁判所に訴えを提起することができる[14]。

＜注＞
(5)　札幌高決昭45・4・20下民21・3〜4・603、東京高決昭57・4・28判時1049・

第2章　7　管轄に関する合意と応訴による管轄　　199

　　42、東京高決昭58・1・19判時1076・65など。
(6)　　大阪高決昭40・6・29下民16・6・1154。
(7)　　以上の議論につき、吉野正三郎「管轄をめぐる当事者自治とその限界」新堂
　　幸司『講座民事訴訟(4)』69頁以下（弘文堂、1985）参照。
(8)　　旧民訴法下で専属的合意としつつも同法31条による移送を認める裁判例と
　　して、札幌高決昭62・7・7判タ653・174など。
(9)　　そのほか、消費者契約法10条により合意管轄条項自体を無効にすることも
　　考えられる。また、立法による対処の方向性としては、商人・法人間での合意
　　のほかは、事後的合意に限って効力を認める案が有力である。徳田和幸「管
　　轄に対する当事者支配とその規制」ジュリ1028号51頁（1993）参照。
(10)　　小林秀之＝村上正子『国際民事訴訟法』67頁（弘文堂、2009）。東京地裁平
　　成26年3月26日判決（平22（ワ）39627、裁判所ウェブサイト）は、「友好的に
　　…解決が出来なかったときは、両当事者間の紛争は、フランス国パリの商事
　　裁判所に提起するものとする」という文言を付加的合意管轄の定めと解する。
(11)　　この条約は、消費者が一方当事者となっている合意及び労働契約に関する
　　合意には適用されない。この条約については、ペーター・フーバー＝ジェニ
　　ファー・アントモ（小田司訳）「国際裁判管轄の合意と新ハーグ管轄合意条約」
　　日本法学77巻3号179頁（2011）参照。なお、管轄合意条約は、ブリュッセルⅠ
　　規則27条とは異なり、専属的管轄合意にかかわらず最初に開始された訴訟手
　　続が常に優先するという前訴優先ルールを認めていない。
(12)　　また、法定専属管轄の規定が適用される訴えについては、3条の9の適用は
　　除外される（民訴3条の10）。
(13)　　「東京地方裁判所」のように特定の裁判所の管轄を合意する場合は、国際
　　裁判管轄の合意と国内土地管轄の合意の2つが含まれていると解することが
　　できるが、その合意の真意は具体的な事案ごとに当事者の意思解釈によって
　　定められる。新コンメ54頁。
(14)　　例えば、日本の不動産の所有権移転登記手続請求に係る訴えについては、
　　外国の裁判所を専属的合意管轄裁判所とする旨の合意があっても、日本の裁
　　判所に訴えを提起できる（一問一答138頁）。

Ⅳ. 国際裁判管轄合意の有効性
1　チサダネ号事件判決と改正法
国際裁判管轄合意の有効性につき、チサダネ号事件判決は、①当該事件が

わが国の裁判権に専属的に服するものではなく、②指定された外国の裁判所がその外国法上、当該事件につき管轄権を有する場合には、合意は原則として有効であるが、③合意が甚だしく不合理で公序法に違反する場合には無効であるとしている[15]。改正民訴法は、①に関しては3条の10、②に関しては3条の7第4項に規定する。③に関しては特段の定めを置いていないが、同様に解される[16]。

2 公序法違反による無効

(1) 公序法要件

　合意が甚だしく不合理で公序法に違反する場合には無効であるとするチサダネ号事件判決の基準はその後の裁判例でも一般に用いられている[17]。公序法要件は、もともと強行法規が外国裁判所の管轄合意により潜脱されてしまうことの是非を問題とする要件であった[18]が、チサダネ号事件以降の裁判例は、これを管轄合意の合理性を判断する枠組みとして利用している[19]。敷衍すると、いずれも強行規定潜脱の是非を問題にせず、内国牽連性の強さ、合意管轄地との関係の薄さ、合意管轄地での提訴の困難さ（原告の資力等も含む）、証拠の所在のほか、消費者保護の必要性等を、公序法要件判断の基礎とする[20]。例えば、客室乗務員（日本人）が、外国航空会社に対して、試用期間中に退職届の提出を強要されたとしてその効力を争うとともに従業員としての地位確認及び賃金の支払を求める訴訟を提起した事案（ユナイテッド航空事件、東京高判平12・11・28判時1743・137）において、裁判所は、チサダネ号事件判決を引用した上で、米国裁判所を専属管轄とする本件合意は労働者に一方的に不利益を強いるものではない、原告にはその内容を検討する十分な検討期間があり説明が不十分であったとはいえない等、詳細な事実認定をして、結果として公序法違反を認めず、合意を有効とした原審[21]を支持した。

　学説では、いかなる場合に公序法に反するかに関して、「当事者間に経済的・社会的な力において著しい不均衡のある場合、附合契約に関連する場合、あるいは合意の結果が著しく不合理である場合」とするものや[22]、公序法要件審査を「合意裁判所での訴訟の手続的便宜、合意裁判所と事件との合理的関連性、一方当事者の無知に乗じあるいは社会的地位の優越性を利用しての合意の強要等の合意締結の公正性等について弾力的に対応できる機会」[23]とするものなどがある。

(2) 公序法違反を認める裁判例

　平成20年以前は、公序法違反を理由に管轄合意を無効とする裁判例はほと

んど見られない[24]が、それ以降、公序法違反を認める例は増加している。一方当事者を消費者ないし労働者とする紛争において専属的合意管轄条項の有効性が問題となる事例、とりわけ、管轄合意を伴う外国での資産運用の仲介が国内で活発化し、個人の投資を巡る紛争が増加したことがその一因と考えられる[25]。

　公序法違反を理由に管轄合意を無効とした裁判例としては、次のようなものがある。①東京地裁平成24年11月14日判決（労判1066号5頁、スカイマーク事件）は、英国自治領マン島に本店を置く外国会社と雇用契約を結び、日本の航空会社に出向勤務していた外国人パイロットが解雇無効確認と賃金の支払等を求めて訴えを提起した事案において、原告は日本を居住地・労務給付地としており、マン島と関わりを持たず、証拠がそこに集中するわけでもないこと等から、マン島を専属的裁判管轄とする合意は公序に反するとする。②東京高裁平成24年6月28日判決（平24（ネ）2216）は、日本に住所を有する消費者が外国に本店を有する資産運用会社に対して説明義務を怠ったこと等を理由に損害賠償を求めた事案において、リヒテンシュタイン公国ファドゥーツの裁判所の専属的合意管轄を認めた原審[26]に対し、合意管轄地での提訴の困難さ、証拠の所在や内国牽連性の強さのほか、消費者保護の必要性等を指摘し[27]、管轄合意の有効性を否定する。③大阪高裁平成26年2月20日判決（判時2225号77頁）は、日本の中古車販売業者とその代表が、日本の投資業者に対して、出資金及び配当金の一部の支払を求める訴えを提起した事案において、本件契約当事者はいずれも日本人又は日本法人であり、契約締結地も日本であるほか、本件各契約における原告らの出資金支払義務及び被告の分配金支払義務の履行地も日本であること、投資対象については争いがあるが、日本法人であってもタイ国法人であってもその状況を日本で把握することに特段の支障がないこと等を理由に、タイ国バンコク都裁判所を専属的管轄裁判所とする合意は公序法に違反して無効であるとする。④MRIインターナショナル事件（東京高判平26・11・17判時2243・28）は、設例2と同様の事案である[28]。この事件において、裁判所は、消費者保護の観点から管轄合意を無効とする範囲を広く解すべきという一般的規範を相当とした上で、被告は本件金融商品の運用が行き詰まっていたにもかかわらずその勧誘を続ける一方、本件管轄合意の定めを置いたこと、本件金融商品の購入者に対し、出資した財産の運用・管理の状況その他必要な事項の説明を怠っていること、本件訴訟及び

米国訴訟でそれぞれ管轄の存在を争っていること、原告らの請求を判断するのに必要な証拠が米国に偏在しているとはいえないこと、日本の裁判所で審理することが被告に不合理で過大な負担を強いるものでないのに対し、米国の裁判所で審理することは、原告らにとって大きな負担となることなどを理由として、本件管轄合意を認めることは公序法に違反するという。契約締結過程における被告の行為態様は、専属的管轄合意が提訴を避けるために濫用的に締結されたことを示唆するが、これらは従来公序法要件において顧慮されてきたものとは異質であり、当事者の予測可能性や法的安定性の観点からはこれらの点も公序法審査の内容とすべきかどうかについてなお検討が必要であると思われる。

(3)　平成23年改正民訴法における公序法要件

　国際裁判管轄合意の当事者は法的安定性・確実性を求めており、改正民訴法でもそれを尊重する立法政策（民訴3条の9参照）がとられていることに鑑みると、専属的管轄合意はできる限り尊重されるべきであり[29]、明文なく曖昧な公序法要件を肥大化させてその効力を否定すべきではない。もっとも、次に述べるように、改正民訴法では、消費者紛争及び労働紛争を対象とする裁判管轄の合意については特則が設けられたため、公序法違反が問われる余地は少なくなるものと思われる。そこで、消費者・労働者以外の者は、原則として、国際裁判管轄合意が準拠法上有効に成立していればその拘束を甘受すべきとすることも考えられる[30]。しかし、公序法要件は、強行規定の潜脱の場合を含め、例外的に管轄合意の有効性を否定することを可能にする判断枠組みとしてなお留保されるべきであろう[31]。例えば、フランチャイズ契約、代理店契約など、一方当事者は消費者ではないものの（したがって民訴法3条の7第5項の適用がない）、両当事者間に経済的・社会的格差があり約款中の条項を否定しにくいような場合には、なお公序法要件が問題になり得る。その際、従来の裁判例が挙げてきた判断要素を基準として柔軟に斟酌し、管轄合意の有効性を否定する余地を残しておいてよいのではなかろうか。

＜注＞

(15)　このほか、有効要件として、当該外国で下された判決がわが国で承認され得ること（相互保障）を要求する見解もあったが（菊井維大＝村松俊夫『全訂民事訴訟法Ｉ』130頁（日本評論社、1978））、判決はこれを否定した。

第2章　7　管轄に関する合意と応訴による管轄　　203

(16)　一問一答140・141頁、基本法コンメ359頁〔日暮直子〕（日本評論社、2012）、
中西康ほか『国際私法』166頁（有斐閣、2014）等。立法過程では、この点に
ついて立法化するか否か、チサダネ号事件判決の判断基準が失われるのかに
ついて議論がされた（法制審議会第7回会議議事録16頁以下、同第12回会議議
事録27頁以下など）。

(17)　チサダネ号事件判決を明示的・黙示的に支持する裁判例として、ユナイテ
ッド航空事件判決のほか、東京地判平6・2・28判タ876・268、東京地中間判平
11・9・13（平10（ワ）17145）、東京地判平12・4・28判時1743・142（ユナイ
テッド航空事件原審）、東京地判平15・9・26判タ1156・268、東京地判平18・
10・31判タ1241・338、東京地判平20・4・11判タ1276・332、東京地判平21・
4・21判タ1315・266、東京地判平22・11・30ジュリ1470・107、東京地判平24・
2・14ジュリ1463・123、東京高判平24・6・28（平24（ネ）2216）、東京地判平
24・11・14労判1066・5（スカイマーク事件）、東京地判平25・4・19ジュリ1462・
128、東京地判平26・1・14判時2217・68、大阪高判平26・2・20判時2225・77、
東京地判平26・3・26（平22（ワ）39627、裁判所ウェブサイト）、東京高判平
26・11・17判時2243・28（MRIインターナショナル事件）など。

(18)　高桑＝道垣内編・前掲注(1)143頁〔神前〕。

(19)　加藤紫帆「判批」ジュリ1462号130頁（2014）。

(20)　中野俊一郎「判批」平成26年度重要判例解説（ジュリ1479号）303頁（2015）
参照。

(21)　前掲注(17)東京地判平12・4・28。

(22)　池原季雄「国際的裁判管轄権」鈴木忠一＝三ケ月章監修『新・実務民事訴
訟講座7国際民事訴訟・会社訴訟』37頁（日本評論社、1982）。

(23)　木棚ほか・前掲注(1)307頁〔渡辺〕。これに対して、石黒一憲『国際民事訴
訟法』178頁（新世社、1996）。

(24)　公序法違反を認めた裁判例としては、前掲注(17)東京地中間判平11・9・13
があるのみである。

(25)　中野・前掲注(20)303頁参照。

(26)　東京地判平24・2・14（平22（ワ）7042）。

(27)　判旨は「改正民事訴訟法3条の7…の法意及び立法趣旨は、その施行前にお
いても、公序の内容を考えるに当たっては参酌されるべきであり、同条の規
律の背景にある消費者の司法へのアクセス保護と事業主の予測可能性との調
和を図る必要性は、本件においても妥当する」とする。

(28)　ただし、本件は、設例とは異なり、原告は9名からなり、これら原告と同様
に本件被告から金融商品を購入した複数の当事者が米国で同一被告に対して

クラスアクション訴訟を提起しているという事情がある（両訴訟の代理人は同一である）。なお、改正民訴法の施行日である平成24年4月1日以前に合意された管轄合意には、3条の7の適用がないところ（民訴平23法36改正法附則2条2項）、本件において管轄合意がなされた時期はそれ以前（平成23年5月まで）であるため、同条は適用されない。

(29)　これに対して、貝瀬幸雄『国際化社会の民事訴訟』350頁（信山社、1993）は、合意された法廷地及び訴え提起地と事案との密接関連性を基軸とする利益衡量の枠内で管轄合意を1つの判断要素とする。

(30)　高橋・前掲注(1)201頁。

(31)　加藤・前掲注(19)130頁。

Ⅴ．消費者紛争及び労働紛争を対象とする国際裁判管轄の合意

　従来の裁判例は、チサダネ号事件の最高裁判決の判断枠組みに基づいて、公序法要件の審査において、消費者保護や労働者保護を図ってきた[32]。これに対して、改正民訴法は、消費者契約に関する紛争及び労働契約に関する紛争を対象とする国際裁判管轄の合意について、紛争当事者の交渉力及び経済力の格差や、国際事件では裁量移送（民訴17条参照）等によって当事者の衡平を図ることができないことに鑑み、国際裁判管轄の合意の効力を一定の範囲に限定している[33]。世界的にみても、近時の傾向として、国際裁判管轄合意について消費者等の保護を図る立法例は多い[34]。例えば、ブリュッセルⅠ規則17条、21条は、紛争発生後の管轄合意であるか、事前の合意であって消費者・労働者に管轄選択の幅を広げるような管轄合意だけを有効とする[35]。

1　消費者契約に関する紛争を対象とする裁判管轄の合意

(1)　趣　旨

　消費者契約においては、約款等において専属的管轄合意条項が定められていることがある。しかし、消費者はそのような条項に気付くことなく、あるいはその意味を十分理解することなく契約することも多いし、仮に気付いたとしても交渉によりその条項のみの削除を求めることは困難である。それにもかかわらず管轄合意を有効であるとすると、消費者の裁判を受ける権利を実質的に否定することになるおそれがある。そこで、3条の7第5項は、将来において生ずる消費者契約に関する紛争を対象とする合意は、原則として効力を生じないとした上で、例外的にその合意が効力を生じる場合を定める[36]。

第2章　7　管轄に関する合意と応訴による管轄　　205

(2)　合意が効力を生じる場合

　ア　1　号

　「消費者契約の締結の時において消費者が住所を有していた国の裁判所に訴えを提起することができる旨の合意」は有効である（民訴3条の7第5項1号）。そのような合意であれば、事前に当該国で紛争解決がされることにつき予測可能性があり、消費者にとって応訴することが困難であるとはいえないと考えられるためである（一問一答145頁）[37]。このような合意がある場合には、契約締結後に当該消費者が外国に転居したとしても、契約締結時に合意された裁判所に国際裁判管轄権が認められる。

　事業主と消費者間で締結された合意は専属的なものであっても、付加的な合意とみなされる（民訴3条の7第5項1号かっこ書）。これは、3条の3、3条の4等の規定により日本の裁判所が管轄権を有すると認められるときは、消費者の日本の裁判所への訴え提起を認めることが、裁判所へのアクセスの確保の観点から相当であると考えられるためである（一問一答146頁）。

　イ　2　号

　「消費者が当該合意に基づき合意された国の裁判所に訴えを提起したとき、又は事業者が日本若しくは外国の裁判所に訴えを提起した場合において、消費者が当該合意を援用したとき」は、その合意は有効である（民訴3条の7第5項2号）。このような場合には、消費者は管轄の合意の意味を理解した上で積極的に行動しているのだから合意に効力を認めても消費者の利益を損なうことはないと考えられる（一問一答147・148頁、新コンメ56頁）。

2　労働契約に関する紛争を対象とする裁判管轄の合意

(1)　趣　旨

　事業主と労働者との間には交渉力及び経済力の格差があるが、労働契約において専属的管轄合意条項が置かれると、労働者はその内容を十分に理解できない可能性があり、また、交渉によりそのような条項の削除を求めることも困難である。そのため、消費者契約に関する紛争と同様に、労働契約に関する紛争発生前にされた国際裁判管轄の合意は、その効力の範囲を限定すべきであると考えられる[38]。立法過程では、個別労働関係民事紛争に関する管轄合意を一律無効とする原則の可能性も論じられたが[39]、3条の7第6項は、将来において生ずる個別労働関係民事紛争を対象とする合意は、原則として効力を有しないとした上で、例外的にその合意が効力を有する場合を定める。

(2)　合意が効力を生じる場合

　ア　1　号

　「労働契約の終了の時にされた合意であって、その時における労務の提供の地がある国の裁判所に訴えを提起することができる旨を定めたもの」は効力を有する（民訴3条の7第6項1号）。「労働契約の終了の時」にされた場合に限り有効とするのは、契約締結時や継続中とは異なり、労働者と事業主との交渉上の格差が比較的小さいと考えられることによる（一問一答152頁）。また、労働契約終了時点での労務提供地がある国の裁判所を管轄裁判所とする場合に限り合意を有効とするのは、労働者は、労働契約終了時点での労務提供地がある国に住所を有することが少なくなく、また、労務を提供していた国であれば、その法制度や言語等をある程度知悉しており、当該国での労働関係に関する紛争解決に対する予測可能性があると考えられるためである。

　この規律は、事業主の利益にも配慮している。労働契約終了時に、労働者と事業主間で競合避止義務や秘密保持義務等に関する合意がされることがあるが、労働契約終了後に労働者の競業避止義務違反等や不法行為が発覚した場合、国際裁判管轄の合意を一律に否定し、常に、訴え提起時の労働者の住所地等で訴えを提起しなければならないとすると、事業主は、訴えを提起して不法行為責任等を追及することを断念せざるを得ないことにもつながる。そこで、1号に定めるような合意を有効として、合意管轄裁判所への訴え提起を認めることで、事業主の利益保護も図っている。例えば、当該労働関係紛争を労働契約終了時の労務提供地(40)がある日本の裁判所で解決する旨の合意があった場合には、その後、当該労働者が外国に移住した場合でも、事業主は、その合意に基づき、日本の裁判所に当該紛争に係る訴えを提起することができる（一問一答151〜153頁）。もっとも、合意が成立しない場合には、現に労働者の住所のある国への提訴が必要になる。立法過程では、こうした場合にも一定の要件の下で管轄合意の効力を認めるべきであるとも論じられたが、一般的な規律で対応することには限界があり断念された(41)。

　労働契約に関する紛争を対象とする合意は、専属的なものであっても、付加的な合意とみなされる（民訴3条の7第6項1号かっこ書）。これは、消費者契約上の紛争と同様に、3条の3、3条の4等の規定により日本の裁判所が管轄権を有すると認められるときは、労働者が日本の裁判所に訴えを提起できるようにすることが、裁判所へのアクセスの確保の観点から相当であると考えられた

ことによる（一問一答152頁）。

　　イ　２　号

　「労働者が当該合意に基づき合意された国の裁判所に訴えを提起したとき、又は事業主が日本若しくは外国の裁判所に訴えを提起した場合において、労働者が当該合意を援用したとき」は、その合意は有効である（民訴3条の7第6項2号）。このような場合には、労働者は管轄合意の意味を理解した上で積極的に行動しているのだから、合意に効力を認めても労働者の利益を損なうことはないと考えられる（一問一答154頁、新コンメ58頁）。

＜注＞

(32)　従来の議論と解釈論の方向性を示唆するものとして、中野・前掲注(1)89頁以下。

(33)　平成23年改正民訴法施行前の事案であっても、この法意及び立法趣旨は公序の判断において積極的に参酌されるべきものとする裁判例として、前掲注(17)東京高判平24・6・28。

(34)　ブリュッセル条約13～15条、ルガノ条約13～15条、スイス連邦国際私法114条・115条、韓国国際私法27条・28条など。わが国の仲裁法も消費者仲裁合意や労働者仲裁合意を制限する規定を置いている（仲裁附則3条・4条）。

(35)　中野・前掲注(1)94頁は、各国立法例等を分析し、弱者保護を図る立法論的対応として、弱者側に選択権を与える方向でのみ合意の効力を認めるという考え方がこれらに共通することを指摘する。

(36)　消費者契約に関する紛争が生じた後にされた国際裁判管轄の合意については、消費者であっても特定の紛争の発生を前提にして慎重に合意することが期待されるから、管轄権に関する合意一般の規律に服する（一問一答143頁）。なお、立法過程では、いわゆる能動的消費者に関する規律の必要性について議論がされたが（法制審議会第4回会議議事録14頁以下、同第8回会議議事録2頁以下等参照）、導入されなかった。

(37)　立法過程では、消費者契約締結時を基準とするか、訴えの提起又は当該消費者契約締結時を基準とするかについて争いがあったところ、消費者契約締結時を基準とするメリットとして被告側の予見可能性と間接管轄の点が指摘されている（法制審議会第4回会議議事録22頁以下、同第8回会議議事録2頁以下等参照）。

(38)　紛争発生後にされた合意であれば、労働者としても、慎重に判断した上で合意したものと考えられるから、管轄権に関する合意一般の規律に服せば足りると考えられる（一問一答149頁）。

208　　第2章　7　管轄に関する合意と応訴による管轄

(39)　法制審議会第4回会議議事録24頁以下、同第8回会議議事録18頁以下等参照。

(40)　立法過程では、当初「労務を提供すべき地」という表現であったが、最終的に「労務の提供の地」という表現になった（法制審議会第4回会議議事録26頁以下、同第8回会議議事録17頁以下、同第10回会議議事録15頁以下等参照）。なお、その特定は問題となる（同第4回会議議事録27頁以下、同第8回会議議事録21頁以下等参照）。

(41)　法制審議会第4回会議議事録28頁以下、同第13回会議議事録2頁以下等参照。

Ⅵ．応訴管轄

　被告が、日本の裁判所に裁判管轄権がない旨の抗弁を主張することなく、本案について応訴（弁論又は弁論準備手続における申述[42]）をしたときは、専属管轄（民訴3条の10）の場合を除き、日本の裁判所の国際裁判管轄権が認められる（民訴3条の8）。これは、国内土地管轄の場合（民訴12条）と同様の趣旨である。ただし、「第1審裁判所において管轄違いの抗弁を提出」することを要求する12条と異なり、3条の8はこの要件を置いていない。そのため、国際裁判管轄については、被告は、本案について応訴していない場合には、控訴審においても管轄違いの抗弁を提出することができる。生じる効果の重大性に鑑みると、本案について応訴することの効果について、裁判所に当事者に教示する義務を認めるべきであろう（条解70頁）。

　平成23年改正前に応訴管轄を認めた裁判例としては、大阪地裁昭和61年3月26日中間判決（判時1200号97頁）がある。この判決は、ドイツのマール市を管轄裁判所とする合意にもかかわらず、被告の応訴により日本の裁判所に応訴管轄（民訴12条参照）を認める。その理由は、国際裁判管轄権に限り応訴管轄を認めないとすると、「裁判管轄権の調査が必ずしも容易とはいえない実情に照らし、訴訟手続の遅延を招き原告の地位を不安定にするのみならず、現在我が国の裁判所に提起された訴えを他国の裁判所に移送する制度がないため、裁判管轄権の欠缺により右訴えは却下を免れないことになるが、これでは請求債権が時効消滅する結果を招くこともありうるのであり、被告の恣意により原告に不測の不利益をもたらし、ひいては、渉外的私法関係の安全を害することになるといわざるをえない」ためである。この判決に対しては、事件と日本との関連性が乏しく日本の裁判所での審理に困難を来すおそれがあったり、国際裁判管轄の合意が専属的なものであったりする場合でも、単

に応訴管轄を理由に国際裁判管轄を肯定してよいかという疑問が呈されている[43]。

法定専属管轄の規定の適用がある訴えについては適用除外が定められており、その規定によれば日本の裁判所が管轄権を有しない場合には、3条の8の適用はない（民訴3条の10）から、被告が応訴した場合でも、日本の裁判所はその訴えを却下しなければならない（一問一答155・156頁）。

＜注＞
  (42)　管轄権を持たない国の裁判所での訴訟追行をすることになる立場にある被告を保護する必要性から、現実に口頭弁論又は弁論準備期日に出頭して口頭により弁論又は申述が行われることが必要である（東京地判平12・11・24判タ1077・282）。応訴管轄を生じさせるだけの弁論や申述の程度については、国内土地管轄に適用される12条よりも慎重な解釈をとるべきであろう（新コンメ60頁）。
  (43)　小林＝村上・前掲注(10)71頁以下参照。

Ⅶ．設例の検討

設例1では、改正法下においても管轄の合意は有効であり、その結果、公序法違反がなければ、日本の裁判所の管轄権は否定されることになろう。

設例2は、先述のようにMRIインターナショナル事件をモデルにする。同事件においては、公序法違反か否かが争点となったが、平成23年改正民訴法下では、原告が消費者である本件では、消費者契約に関する紛争を対象とする3条の7第5項が適用される。その結果、同項1号・2号の事由が存在しない設例では、当該合意は無効であり、特別の事情（民訴3条の9）がない限り、日本の裁判所に管轄権が認められることになろう（民訴3条の4第1項）。

8 特別の事情による訴えの却下

河村基予

Ⅰ．はじめに
Ⅱ．特段の事情論－ファミリー事件
Ⅲ．特別の事情
Ⅳ．国際訴訟競合
Ⅴ．設例の検討

設 例

1 自動車の販売業者であるＸ（日本法人）は、ドイツに居住する日本人
 Ｙに対して、欧州各地からの自動車の買い付け等の業務をＸがＹに委
 託することを内容とする契約（本件契約）に基づき、自動車買い付け
 のための資金として預託した金員の返還を求めて千葉地方裁判所に訴
 えを提起した。なお、本件契約締結地はドイツであり、被告は20年以
 上ドイツに生活・営業の本拠地を置いており、被告がドイツ国内の業
 者から自動車を買い付け、その代金を支払った経緯に関する書類など
 の被告の防御のための証拠方法は同国に集中している。また、本件契
 約には、債務の履行場所をわが国内とし、又は準拠法を日本法とする
 明示の合意はなされていない。

2 パナマ法人であるＸ社が同じくパナマ法人Ａから賃借していたパナ
 マ船籍の貨物船（原告船）と、ロシア法人であるＹ社が所有するロシ
 ア船籍の漁船（被告船）が北太平洋の公海上（ロシアの排他的経済水
 域）において衝突し、Ｘは、原告船は、事故後の最初の寄港地として
 宮城県石巻港に入港して応急の仮修繕をし、次いで、函館港において
 本修繕を受けて航海を再開したことから、わが国に国際裁判管轄があ
 ると主張し、不法行為に基づく損害賠償を求めて仙台地方裁判所に訴
 えを提起した。なお、原告船、被告船いずれもわが国の領域内にはな

第2章　8　特別の事情による訴えの却下　　211

> く、両船の乗組員もわが国にとどまっていない。また、本件の準拠法
> としては、旧法例11条1項によれば原因事実発生地の法が不法行為の
> 準拠法であるところ、本件事故は公海上で発生したために指定すべき
> 不法行為地法がないことから加害船舶と被害船舶の双方の旗国法を累
> 積的に適用することになる。
>
> 3　日本法人とその取締役であるXらが米国法人Yに対してYがインター
> ネット上のウェブサイトに掲載した記事による名誉等の毀損を理由
> として不法行為に基づく損害賠償を求めて東京地方裁判所に訴えを提
> 起した。なお、本件訴訟と関連する訴訟が既に米国で係属しており、
> そちらの訴訟では、本件訴訟と共通する争点に関連して多くの証拠が
> 開示されているが、書証は英語であり、証人も日本語を解さない者が
> ほとんどである。また、原告はこの訴訟に応訴し、反訴も提起してい
> る。

Ⅰ．はじめに

1　特段の事情論の形成と特別の事情としての法制化

　わが国においては、国際裁判管轄について明文の規定が存在しない中、昭和56年にマレーシア航空事件判決（最判昭56・10・16民集35・7・1224）が出されるまで、下級審裁判所にとっては国際裁判管轄の決定に際し、依るべき判断基準を欠く状況にあった。学説における国際裁判管轄についての議論は、主に民訴法の国内土地管轄規定から国際裁判管轄の存在を逆推知する考え方（逆推知説）と、裁判機能の国際社会における場所的配分の問題として条理によって管轄を決定すべきであるとする考え方（管轄配分説（条理説））との対立を中心に展開されていた。その後、マレーシア航空事件判決において、条理を基本理念に据えつつも、基本的には民訴法の国内土地管轄規定を国際裁判管轄決定の基準として借用するという国際裁判管轄の一般的な判断基準が示されたことで、下級審における判断のばらつきや予測可能性の欠如といった問題は解消された。しかし、国内土地管轄規定には比較的広く多様な管轄原因が用意されているだけでなく、事件の渉外的要素に対する配慮が欠けている面もあったために、具体的事件とわが国との間に必ずしも強い関連性が認

められない場合であっても、結果として（原告住所地である）わが国の管轄
が認められやすく、民訴法4条2項後段の「最後の住所地」や民訴法5条4号の
「差押可能財産の所在地」などにみられるように、中には国際裁判管轄の判
断基準として転用するには妥当ではないと解される規定もあった。もともと
国内管轄の規律は移送による調整を前提に組み立てられているが、国際裁判
管轄では移送は不可能であることから、マレーシア航空事件以降の下級審は、
基本的には国内土地管轄の規定によりつつも、わが国の国際裁判管轄を認め
ると当事者間の衡平を害し、又は、適正かつ迅速な審理の実現を妨げること
となる場合には、移送に代わる調整弁として「特段の事情」という条理（当
事者間の公平、裁判の適正・迅速）を用いることで当事者間の利益調整を行
い、特段の事情が認められる場合にはわが国の管轄権を否定することによっ
て、個別の事案の妥当な解決を図ってきた。こうして下級審によって形成さ
れてきた「特段の事情」の判断枠組みは、平成9年のファミリー事件（ドイツ
車預託金事件）判決（最判平9・11・11民集51・10・4055）（以下「ファミリー事件」
という。この事件については、第1章2Ⅱ. 2も参照）によっても追認され、
その後の下級審裁判例においても同様の枠組みでの運用がなされてきた。

　このような状況の中、平成23年の民訴法改正では、判例法理として形成さ
れてきた「特段の事情」を「特別の事情」という名で立法化した（改正民訴3条
の9）。この改正においては、従来国際裁判管轄の基準として用いるには広す
ぎることが弊害として指摘されていた国内土地管轄規定については、管轄原
因に細かな限定を加えることで[1]、過剰管轄を防止し、予測可能性を確保す
べく、国際裁判管轄規定として整備、修正した一方で、具体的事件の事情に
照らして、わが国の国際裁判管轄を認めると当事者間の衡平を害し、又は、
適正かつ迅速な審理の実現を妨げることとなる場合には、最終的には「特別
の事情」で調整するという、ファミリー事件とほぼ同様の枠組みが採用され
たということができる。

　以下では、従前の特段の事情論で考慮された事情と、改正民訴法3条の9が
適用された裁判例で具体的に考慮された事情とを詳細に見ていくことで、改
正民訴法3条の9の特別の事情の意義を明らかにすることを試みる。なお、本
来はファミリー事件判決前の、特段の事情論を巡る下級審判例についても考
察の対象とするべきであるが、この点については第1章2Ⅱ. 1で詳述され
ているので、立法過程の議論と併せてそちらを参照されたい。

2 本条の趣旨

(1) 特別の事情（民訴法3条の9本文）

平成23年の改正によって新設された改正民訴法3条の9は、改正民訴法3条の2以下の規定の適用により、わが国の裁判所の国際裁判管轄が認められる場合（わが国に専属的合意管轄がある場合を除く）であっても、「事案の性質、応訴による被告の負担の程度、証拠の所在地その他の事情を考慮して、日本の裁判所が審理及び裁判をすることが当事者間の衡平を害し、又は適正かつ迅速な審理の実現を妨げることとなる特別の事情があると認めるときは」、その訴えの全部又は一部を却下することができる旨規定している。この条文は、移送に関する民訴法17条及び消費者契約法44条、並びに裁判例の文言を参照しつつ、従来の判例法理である「特段の事情」論を法制化したものであると評されているが（新コンメ652頁及び655頁、条解72頁〔高田裕成〕）[2]、判例法理にいう「特段の事情」とは、「我が国で裁判を行うことが当事者間の公平、裁判の適正・迅速を期するという理念に反する」事情であり、そのまま条文化するには抽象的に過ぎることから、「考慮すべき要素」と「避けるべき結果」を取り込む形で条文化された[3]。

新しい国際裁判管轄規定は、あくまでも一般的かつ抽象的な規定であるために、立法化されてもなお、個別の事案の具体的な事情との関係で、被告の裁判を受ける権利、あるいは適正・迅速な裁判の実現を確保するためには一般条項による調整の余地を残さざるを得ないとの認識から、本条は、そうした場合の微調整の手段として「特別の事情」を規定したものである（条解71頁）。

(2) 管轄の合意と特別の事情（民訴法3条の9かっこ書）

わが国の裁判所にのみ訴えを提起することができる旨の合意に基づいて訴えが提起された場合（日本に専属的合意管轄がある場合）には、特別の事情による訴えの却下は許されない。専属的な国際裁判管轄の合意の効力が認められ、その合意に基づいてわが国の裁判所に訴えが提起されている場合にまで特別の事情により訴えを却下することは、あらかじめ本案審理を行う裁判所を決めておくことで管轄裁判所の決定をめぐる紛争を回避すべく専属管轄合意を行った契約当事者の意思に反し、予測可能性を害するとの見地から妥当ではないと考えられたためである（一問一答162頁）（管轄の合意について詳細は**第2章7**を参照）。

<注>
(1) 例えば先に挙げた民訴法4条2項後段の「最後の住所地」については「(日本国内に最後に住所を有していた後に外国に住所を有していたときを除く。)」(改正民訴3条の2第1項本文かっこ書)とし、民訴法5条4号の差押可能財産の所在地については「(その財産の価額が著しく低いときを除く。)」(改正民訴3条の3第3号本文かっこ書)として、管轄原因に限定を加えている。
(2) 伊藤眞『民事訴訟法〔第5版〕』64頁以下(有斐閣、2016)、古田啓昌『国際民事訴訟法入門』32頁(日本評論社、2012)など。なお、本項目全般につき、原強「国際裁判管轄における特別の事情による訴え却下」民事訴訟雑誌63号1頁以下(2017)参照。
(3) 青山善充「新しい国際裁判管轄法について」明治大学法科大学院論集10号363頁(2012)。

Ⅱ. 特段の事情論—ファミリー事件

1 特段の事情論

　先に述べたように、本条で規定された「特別の事情」は、従来の判例法理である「特段の事情」論を法制化したものと評されている。最高裁がいわゆる「特段の事情」論を初めて明示的に一般論として採用したことで知られるファミリー事件において、最高裁は、「どのような場合に我が国の国際裁判管轄を肯定すべきかについては、国際的に承認された一般的な準則が存在せず、国際的慣習法の成熟も十分ではないため、当事者間の公平や裁判の適正・迅速の理念により条理に従って決定するのが相当である(最高裁昭和55年(オ)第130号同56年10月16日第二小法廷判決・民集35巻7号1224頁、最高裁平成5年(オ)第764号同8年6月24日第二小法廷判決・民集50巻7号1451頁参照)。そして、我が国の民訴法の規定する裁判籍のいずれかが我が国内にあるときは、原則として、我が国の裁判所に提起された訴訟事件につき、被告を我が国の裁判権に服させるのが相当であるが、我が国で裁判を行うことが当事者間の公平、裁判の適正・迅速を期するという理念に反する特段の事情があると認められる場合には、我が国の国際裁判管轄を否定すべきである。」と判示し、国内土地管轄規定からの逆推知を前提としつつ、わが国に国際裁判管轄が認められる場合であっても、個別の事案における具体的な事情を総合考慮して、わが国で裁判を行うことが当事者間の公平、裁判の適正・迅速を期する理念に反する特段の事情があると認められる場合には国際裁判管轄を否定するという、下級審裁判例の判断枠組みを是認した。そして、本事案への適用とし

て、次のように判示した。「これを本件についてみると、上告会社は、本件契約の効力についての準拠法は日本法であり、本訴請求に係る預託金返還債務の履行地は債権者が住所を有する我が国内にあるとして、義務履行地としての我が国内の国際裁判管轄を肯定すべき旨を主張するが、前記事実関係によれば、本件契約は、ドイツ連邦共和国内で締結され、被上告人に同国内における種々の業務を委託することを目的とするものであり、本件契約において我が国内の地を債務の履行場所とすること又は準拠法を日本法とすることが明示的に合意されていたわけではないから、本件契約上の債務の履行を求める訴えが我が国の裁判所に提起されることは、被上告人の予測の範囲を超えるものといわざるを得ない。また、被上告人は、20年以上にわたり、ドイツ連邦共和国内に生活上及び営業上の本拠を置いており、被上告人が同国内の業者から自動車を買付け、その代金を支払った経緯に関する書類など被上告人の防御のための証拠方法も、同国内に集中している。他方、上告会社は同国から自動車等を輸入していた業者であるから、同国の裁判所に訴訟を提起させることが上告会社に過大な負担を課することになるともいえない。右の事情を考慮すれば、我が国の裁判所において本件訴訟に応訴することを被上告人に強いることは、当事者間の公平、裁判の適正・迅速を期するという理念に反するものというべきであり、本件契約の効力についての準拠法が日本法であるか否かにかかわらず、本件については、我が国の国際裁判管轄を否定すべき特段の事情があるということができる。」

2 本判決の評価

本判決が国際裁判管轄の有無を判断する一般ルールとして採用した特段の事情論自体は、第一段階として国内土地管轄規定を類推適用することにより一応の法的安定性・明確性を担保しつつ、第二段階として特段の事情を考慮することによって具体的妥当性をも確保し得る考え方であるとして、支持する見解も有力であった[4]。しかしながら、本判決では、第一段階として行うべき義務履行地管轄規定の適用については判断を留保したまま、特段の事情の判断のみによって、管轄を否定する結論を導いた。この点については審理順序の問題にすぎず、裁判所の裁量によるとして肯定的にみる向きもある一方で[5]、本来なら個別の管轄原因の有無の判断において考慮されるべき一般的な事情も特段の事情の判断の中に取り込まれ（特段の事情の機能の肥大化）、実質的には特段の事情の判断が決め手となり、一定の法的安定性の確保という特段の事情論の利点が損なわれているとの批判もなされていた[6]。

＜注＞

(4) 竹下守夫「判例からみた国際裁判管轄」NBL386号32頁（1987）、小林秀之『国際取引紛争』119頁（弘文堂、1987）、山本和彦「国際的裁判管轄権」斎藤秀夫ほか編著『注解民事訴訟法(5)〔第2版〕』442頁（第一法規出版、1991）など。

(5) 竹下守夫＝村上正子「国際裁判管轄と特段の事情－最高裁平成9年11月11日判決の検討－」判タ979号23頁（1998）、山本和彦「判批」民商法雑誌119巻2号278頁以下（1998）など。

(6) 道垣内正人「判批」ジュリ1133号213頁（1998）、中野俊一郎「判批」法教213号124頁（1998）など。

Ⅲ．特別の事情

1　特別の事情の位置付け

　このようにファミリー事件については評価が分かれていたが、特段の事情論という判例法理によって導かれた結論自体は妥当であったと肯定的に評価する向きが多くみられたこともあり[7]、立法の方向性としては、判例法理の大枠は維持しつつも、特段の事情の肥大化といった問題を解消すべく、どのように特段の事情論を法制化するべきかが検討された（第1章2参照）。そもそも特段の事情の肥大化が生じたのは、第一段階での判断が国内土地管轄規定をそのまま借用した国際裁判管轄ルールによって行われていたからであって、本来であれば、国際的な事情への配慮を十全に払い、適切なルール設定をする必要があった。そのため、平成23年の改正では、国際的配慮を払いつつ、従来、個別の管轄原因の中で判断されるべきであったにもかかわらず特段の事情の中に取り込まれていた一般的事情を管轄原因の要件に取り込み、管轄原因を整備することで、特段の事情の肥大化の問題の解消を試みた。その上で、改正民訴法3条の2ないし3条の8の規定により、訴えについてわが国の裁判所が管轄権を有することとなる場合であっても、裁判所は個別事案における具体的事情を考慮し、「事案の性質、応訴による被告の負担の程度、証拠の所在地その他の事情を考慮して、日本の裁判所が審理及び裁判をすることが当事者間の衡平を害し、又は適正かつ迅速な審理の実現を妨げることとなる特別の事情があると認めるときは」、その訴えの全部又は一部を却下することができる旨の規定が設けられた。

　なお、平成23年の改正前は、ファミリー事件にみられるように、特段の事情があると認められる場合には、事例によっては、必ずしも個々の管轄原因

の判断をすることなく特段の事情だけで管轄を否定していた。確かに、一般的な訴訟法理論としては、わが国の裁判所の国際裁判管轄の有無の判断に当たり、個々の管轄原因の審理判断を先行させなければならないというわけではない。しかし、改正により国際裁判管轄の規定が整備されたことを受けて、改正後は、特別の事情の有無の判断は個々の管轄原因についての審理判断がされた上で「例外的に」なされるという運用が定着するとの見方が示されている（基本法コンメ361頁）[8]。この意味を、個々の管轄原因が肯定された場合にだけ例外的に特別の事情の有無を判断するという意味であると解するならば、後述する改正後の裁判例の状況と整合する。

2 守備範囲

従来の判例法理の下で特段の事情として考慮されていた事情の中には、大きく分けて、国際的な事案であるがゆえに配慮を要する事情（依拠する国内土地管轄規定が国際的配慮を欠くことを理由に不都合が生じた場合に特段の事情の中で考慮されてきた渉外事件固有の事情）と個別の事案の特性による事情とが存在したが、改正により、前者の事情の多くは国際裁判管轄の個別の管轄原因の立法において考慮されており[9]、おおむね解消されているものと考えられる。したがって、実際に新法において特別の事情として想定される事情とは、基本的には、後者、すなわち個別の管轄原因の判断では考慮されない個別の事案固有の特別な事情に絞られていくものと考えられる[10]。このように、本条は、従来の判例準則とされてきた特段の事情論の枠組みを踏襲し、それを明文化したものと一般的には解されているものの、特別の事情と特段の事情とでは守備範囲が異なるのであり、特別の事情の守備範囲は特段の事情のそれよりも狭くなるものと考えられる。

3 考慮される事情

(1) 3条の9の条文の文言と「特段の事情論」との比較

特別の事情とは、日本の裁判所が審理及び裁判をすることが当事者間の衡平を害し、又は適正かつ迅速な審理の実現を妨げることとなるような事情であり、改正民訴法3条の9の条文では、具体的に「特別の事情」として考慮される事情として、「事案の性質、応訴による被告の負担の程度、証拠の所在地その他の事情」が挙げられている。「事案の性質」とは、一般に紛争に関する客観的事情（請求の内容、契約地、事故発生地等）を、「応訴による被告の負担の程度」とは、当事者に関する事情（被告の応訴の負担、当事者の予測可

能性等）を、「証拠の所在地」とは、証拠の所在や証拠調べの便宜等を例示したものとされ、「その他の事情」としては、当該請求についての外国裁判所の管轄権の有無、外国裁判所における同一又は関連事件の係属等の事情が挙げられている（一問一答158頁、基本法コンメ361頁、秋山コンメ654頁など）。

　ファミリー事件において特段の事情の有無の判断に当たり考慮されていた事情は、わが国の裁判所に提訴されることが被告の予測の範囲を超えていること（契約締結地がドイツであること、契約内容がドイツ国内の業務委託を中心とすること、履行場所・準拠法の明示の合意がないこと）、被告の本拠地（被告が20年以上ドイツに生活・営業の本拠地を置いていること）、証拠方法の所在（被告の防御のための証拠方法がドイツ国内に集中していること）、原告のドイツでの提訴の負担が過大ではないこと（原告はドイツの自動車等の輸入業者であること）であった。改正民訴法3条の9の条文の文言と比較すると、ファミリー事件で考慮された事情がそのまま条文化されているわけではないことがわかる。例えば、被告のわが国での提訴についての予測可能性や原告のドイツでの提訴の負担の程度は、いずれも当事者に関する事情に当たるものであるが、条文上の例示からは外されている。それでは次に、改正以降の裁判例においては、特段の事情あるいは特別の事情の中で、どのような事情が考慮されているかを詳しく見ていくこととする。

　(2)　平成23年改正後の裁判例の動向

　　ア　平成23年の改正法の公布後、施行前の裁判例

　例えば、平成23年の改正法の公布後、施行前の判断ではあるが、設例2のモデルとなったパナマ船衝突事件の第二審（仙台高判平23・9・22判タ1367・240）（この事件については**第2章2Ⅸ．2も参照**）では、民訴法5条10号[11]に基づく裁判籍は肯定した上で、特段の事情があると判断して訴えを却下した[12]。第二審において、特段の事情として考慮された要素は、①事案の性質、②相手方当事者の予測可能性及び応訴による負担の程度、③証拠の所在等の証拠調べの利便性、④準拠法、⑤その他の事情であった。このほかにも、パナマ船衝突事件と同時期の、平成23年の改正法の成立後、施行前のタイミングで第一審の判断がなされ、特段の事情を理由に、わが国の国際裁判管轄を否定した事例として、バミューダ法人ファンド事件（東京地判平23・9・7判時2228・38（第一審）、東京高判平24・2・22判時2228・34（第二審）、最決平25・8・28（平24（オ）1012・平24（受）1232））がある。なお、特段の事情を認めたのは第一審のみであり、第

第2章　8　特別の事情による訴えの却下　219

二審は特段の事情を認めず第一審判決取消差戻し、最高裁は上告棄却であった（この事件については第2章2Ⅱ．2(4)も参照）。これは、日本法人の原告（控訴人、被上告人）が、バミューダ法人の被告（被控訴人、上告人）との間で、原告がファンドビジネスの創出やファンドに係る事務的な業務をし、その報酬を被告から受領する旨の合意をしたなどとして、被告に対し、同合意に基づき、その報酬の支払を求めて東京地方裁判所に提訴した事案である。第一審は、ファミリー事件の判断枠組みに沿って、国内土地管轄の規定する裁判籍が認められるかについては、準拠法とされたバミューダ法によれば、債権者の営業所又は住所が義務履行地とされているとして、「原告の本店の存する我が国内に義務履行地が存するものと認められる」とし、続いて、特段の事情が認められるかどうかについて、事案の性質、被告の予測可能性、証拠の所在、訴訟物と準拠法との関係でバミューダの裁判所において審理判断することが最も合理的であること、判決の実現可能性の観点からバミューダで判決を得る方が適切であることなどの事情に照らし、バミューダで審理判断する方が裁判の適正・迅速を期することができること、原告のバミューダでの提訴の負担が過大ではないことなどを考慮し、特段の事情を認めた。これに対して第二審は、第一審と同様に義務履行地管轄を肯定した上で、特段の事情については、第一審とほぼ同様の要素について検討した上で、逆に特段の事情を否定し、わが国の国際裁判管轄を肯定している。なお、第二審は判旨において、準拠法については「飽くまで準拠法は国際裁判管轄の帰属を判断する一事情にすぎない」とし、「準拠法がバミューダ法であるという点は、我が国の国際裁判管轄を否定する事情としてそれほど重視すべきではない」としている。

　　イ　平成23年改正法施行後の裁判例の動向

　さらに、改正法の施行後の裁判例をみてみると、個々の管轄原因についての審理判断において管轄原因が肯定された場合には、「原則的に」特別の事情の有無の判断がなされ、否定の場合には判断されていない[13]。個々の管轄原因レベルで管轄を肯定し、特別の事情について判断した判例及び裁判例を簡単に整理しておくと、まず、特別の事情を認めて訴えを却下した事例として、中国不動産共有物分割請求事件（東京地判平25・2・22（平24（ワ）21280））、設例3のモデルとなったユニバーサルエンターテインメント事件（最判平28・3・10民集70・3・846）（詳細は後述Ⅳ．参照。この事件については第3章3Ⅱ．3及

び第4章2Ⅲ．1も参照）などがある。中国不動産共有物分割請求事件は、中国にあるマンションの一室について、原告が、被告らとの共有であると主張した上で、いわゆる全面的価格賠償の方法による共有物分割を求めて東京地裁に提訴した事案であった。判旨において、わが国が被告の住所地管轄を有するとした上で、特別の事情については、主に、①準拠法が中国法であること、②証拠の所在地（「全面的価格賠償の方法による分割を行う場合、本件マンションの価格の評価が問題となり得るが、その場合には、鑑定が必要となることが想定される。その場合の鑑定人は中国上海市の不動産事情に精通したしかるべき専門家が適当であるが、これを日本の不動産鑑定士や不動産業者によって行うことができるのか、あるいは中国上海市の専門家や不動産業者が適当であるとした場合、どのような方法によって、どのような鑑定人を確保することができるかは不明であり、さらに、その鑑定が中国人によってされた場合に日本の裁判所がその鑑定結果の当否について適正な判断をすることができるかという問題も生じ得る。」）、③中国における承認・執行可能性（「本件において、日本の裁判所が登記や競売等を命じる判決をしたとしても、それが中国の裁判所で承認される保障はなく、日本の裁判所で判決をしても、それが紛争解決に繋がらない可能性があるといわなければならない。」）を考慮し、特別の事情を認め、訴えを却下した。中でも、①については、「本件の審理を日本の裁判所が行うとした場合、中国物権法の解釈適用に関するいくつかの場面で相当の困難を伴うことが予想されるとともに、事案の性質に起因する限界として、日本の裁判所が中国物権法の共有に関する規定を正しく解釈適用し、適正な審理及び裁判をすることには限界があるといわざるを得ない。」として、中国法の解釈適用の困難性を重視していることがうかがえる[14]。なお、この事案は、管轄原因が改正民訴法3条の2に基づく場合（被告の住所等に基づく一般管轄の場合）に3条の9が適用された事案であり、当事者間の衡平を害する事情（特に被告の不利益）については言及せず、もっぱら適正かつ迅速な裁判の実現を妨げることとなるような事情について考慮している点で特徴的である。

　　ウ　特別の事情による訴えの却下が認められなかった事例

　対して、特別の事情による訴えの却下が認められなかった事例として、東京地裁平成25年12月3日判決（平25（ワ）20390）（損害賠償請求事件において、訴え提起時に被告の住所が日本国内にあることが認められ、日本の裁判所が

管轄権を有しており、被告は日本に帰化していることなどが認められるとして、特別の事情が否定された）、MRIインターナショナル事件（東京高判平26・11・17判時2243・28）（出資金返還請求事件において、控訴人の一人につき管轄合意が否定され、日本の裁判所が管轄権を有することとなり、特別の事情が認められるかが問題となったが、被控訴人が日本に支店を置き、もっぱら日本国内で日本国内に居住する者のみを対象に金融商品の勧誘及び販売を行っていたことが斟酌され、特別の事情が否定された。この事件の詳細については第2章7Ⅳ．2も参照）などがある。

4 特別の事情の下で考慮される事情

平成23年の改正以降の裁判例（前述のパナマ船衝突事件第二審、バミューダ法人ファンド事件、中国不動産共有物分割請求事件、ユニバーサルエンターテインメント事件（この事件の詳細は本稿Ⅳ．参照）の4事例）において、特段の事情（改正法施行後の裁判例においては「特別の事情」）として考慮された事情、とりわけ、わが国の国際裁判管轄を否定する結果をもたらした事情について整理してみると、紛争に関する客観的事情、当事者に関する事情、証拠の所在や証拠調べの便宜に該当する事情だけでなく、「その他の事情」も、すべての事例において考慮されている。「その他の事情」として考慮された事情とは、準拠法、準拠法の適用・判決の実現可能性の観点から外国の裁判所において審理判断することが最も合理的であること、外国における承認・執行可能性、外国での関連訴訟（反訴）の存在等である。

準拠法については、従来の裁判例においても考慮要素の一つとする事例が少なからず存在したが、準拠法が外国法であることを考慮し、わが国の管轄を否定することは、わが国の裁判所による外国法の適用を当然の前提とする国際私法を根底から否定することにつながりかねず、その妥当性につき否定的にみる向きも少なくない[15]。しかし、改正後の裁判例の判断をみると4事例のうち3事例において考慮されている[16]。特に、バミューダ法が準拠法とされたバミューダ法人ファンド事件の第一審（前掲東京地判平23・9・7）では、請求の当否の判断はバミューダ法に基づいてなされることになるためバミューダの裁判所において審理判断することが最も合理的であることを考慮し、特段の事情を認めた（なお、第二審（前掲東京高判平24・2・22）は、準拠法がバミューダ法であることは、わが国の国際裁判管轄を否定する事情としてそれほど重視すべきではないとして、特段の事情を認めなかった）。外国法の適

用は困難を伴うため、適正な裁判の要請（法解釈の適正の確保）に応えるには限界が存在する。改正後の事例はまだ少なく、評価には尚早ではあるものの、改正後の裁判例の動向を踏まえると、今後も準拠法は特別の事情の一要素として考慮されることが想定される。もっとも、外国法の適用が困難であることを理由にわが国の国際裁判管轄を否定することは、国際私法（準拠法の選択）を否定することになりかねず、慎重に行う必要があろう。準拠法がバミューダ法であることも、金融でよく利用される外国法であり内容の調査がそれほど困難でないことからすれば、第二審がいうようにあまり重要な要素とはいえない。

　裁判の迅速・廉価の観点から、判決の実現可能性、あるいは、外国における判決の承認・執行可能性を考慮すべきかについても議論のあるところであるが、4事例のうち、2事例が考慮している。

　なお、先にファミリー事件での考慮事情として挙げた、改正民訴法3条の9の条文上の例示からは漏れている被告の予測可能性と原告の外国での提訴の負担の程度についても、4つの裁判例のうち、前者については3事例において、後者についても2事例において、主要な要素として考慮されている。予測可能性については、当事者（特に被告）がわが国での訴訟を予想することが可能であった場合には、管轄を肯定しても不当ではないが、逆に予測が不可能であった場合には、特別の事情の一要素として考慮し、管轄を否定するべきであると解される。また、原告の外国の裁判所での提訴の負担については、当事者の衡平との関係で、原則的には原告の便宜よりも被告の便宜が重視されるが、場合によっては原告が事実上当該法廷地でしか訴訟追行できず、管轄を否定することが原告に訴訟を断念させることにつながることもある。このような場合には、原告の不利益（外国での提訴負担）も一つの重要な考慮要素となるものと解される。

＜注＞
(7)　早川吉尚ほか「座談会　国際裁判管轄ルールの法令化に当たって」日本弁護士連合会国際裁判管轄規則の法令化に関する検討会議編『新しい国際裁判管轄法制―実務家の視点から―』別冊NBL138号5頁以下〔手塚裕之・古田啓昌発言〕(2012)、高橋宏志ほか「座談会　国際裁判管轄に関する立法の意義」ジュリ1386号7頁〔手塚裕之発言〕(2009)。

第2章　8　特別の事情による訴えの却下　　223

(8)　なお、安西明子ほか『民事訴訟法』63頁（有斐閣、2014）は、特別の事情の「出番は以前と比べれば格段に減少することが予想され、また、ルールの明確化という立法趣旨からも、これを制限的に運用し、予測可能性を高めるような裁判実務が期待される」として、特別の事情の運用を制限的に解している。対して、中西康教授は、従来特段の事情を認めて管轄を否定した裁判例において問題とされた管轄原因の多くは新規定において適切な要件が設定され、絞り込まれていると評価できるが、それ以外の規定の中には、例えば改正民訴法3条の4第1項などにおいて、要件の絞り込みを途中で諦めて、必要があれば、改正民訴法3条の9で対処することを初めから織り込んでいたものがあることから、改正民訴法3条の9の今後の運用について、国際裁判管轄の規定の整備を理由に、「例外的調整である3条の9の発動はごく限定的にすべきであると言い切るのは、やや単純すぎると思われる」とする（中西康「新しい国際裁判管轄規定に対する総論的評価」国際私法年報15号12頁（2014））。

(9)　例えば、ファミリー事件では、履行地を日本とすること又は準拠法を日本法とする明示の合意がないことが特段の事情の有無の判断の中で考慮されていたが、新法では個別の管轄原因の有無の判断（契約上の債務の履行地が存在したかどうかの判断（改正民訴法3条の3第1号））において考慮されることになるものと考えられる。

(10)　新コンメ657頁は、「特別の事情」としては、国内管轄原因と国際裁判管轄との調整は国際裁判管轄原因が明文化されたことによって改正法の下では解消されているとして、個別事件の特性に純化して考察すべきであるとする。

(11)　民訴法5条10号は、船舶の衝突その他海上の事故に基づく損害賠償の訴えについて、損害を受けた船舶が最初に到達した地を管轄する裁判所に土地管轄を認める規定であり、国際裁判管轄の管轄原因となり得るかについては議論があったが、平成23年の改正法では、3条の3第9号として、国際裁判管轄の管轄原因として規定された。

(12)　パナマ船衝突事件の第一審（仙台地判平21・3・19判時2052・72）では、個々の管轄原因の判断において、管轄が否定される場合であっても（民訴法5条10号に基づく管轄を否定）、さらに特段の事情の有無について判断がなされていた。つまり、わが国の国際裁判管轄を否定したという結論自体は第二審と同じであるが、個別の管轄原因を否定した上にさらに特段の事情の有無についても判断していた点で異なっている。改正前においては、特段の事情の有無の判断は「例外的に」なされていたわけではなかったということがいえよう。

(13)　平成23年の改正以後、個々の管轄原因レベルで管轄を否定し、特別の事情

については判断していない裁判例として、最判平26・4・24民集68・4・329（ア
ナスタシア事件。この事件の詳細は**第3章3Ⅳ. 3及び第4章1Ⅳ.** を参
照）、東京地判平25・12・25（平24（ワ）30018）など。
(14)　岡野祐子「判批」平成25年度重要判例解説（ジュリ1466号）303頁（2014）。
(15)　山本和彦教授は、前掲注(5)288頁注(30)において、どのような場合でも決
して要素として考慮すべきではないものとして準拠法を挙げている。
(16)　特段の事情に関する改正前の裁判例の機能的分析の中で、本案の準拠法が
日本か外国法かという要素が、実はわが国の裁判例の管轄決定に高い相関関
係を有しているという事実を指摘するものとして、河野俊行＝早川吉尚＝高
畑洋文「国際裁判管轄に関する判例の機能的分析―「特段の事情」を中心とし
て」NBL890号74頁（2008）。

Ⅳ. 国際訴訟競合

本条と関連し得る問題として、国際訴訟競合への対応の問題がある（国際
訴訟競合と改正民訴法3条の9との関係については、**第4章2**も参照）。わが
国において管轄原因が認められる事件について、外国において既に先行する、
あるいは同時に係属する訴訟が存在する場合に、わが国の管轄権の行使を認
めるかどうかという国際訴訟競合への対応をめぐっては、立法化が議論され
ていたが、結局財産関係事件にとどまらず人事訴訟事件及び家事事件につい
ても見送りとなった（人事訴訟事件等の立法過程については、**第1章2**を参
照）。

わが国の裁判例の多くは、従来、外国での競合訴訟の存在を「特段の事情」
の一要素として考慮するという判断枠組みを用いてきた[17]。このような裁
判例の動向を踏まえると、平成23年の改正において3条の9が新設されたこと
を受けて、国際訴訟競合については、国際裁判管轄の枠組の中で、外国に
おける訴訟の係属を「特別の事情」の一要素として考慮し、それ以外の事情
も総合的に比較衡量して、特別の事情の有無を判断する処理がなされるとの
見方が多い[18]。実際、改正後、国際訴訟競合について改正民訴法3条の9によ
り特別の事情の中で考慮したものと解し得る裁判例も出てきている。例え
ば、設例3のモデルとなったユニバーサルエンターテインメント事件（前掲最
判平28・3・10）[19]である。これは、平成23年の改正後、初めて最高裁が改正民

第2章　8　特別の事情による訴えの却下　225

訴法3条の9にいう「特別の事情」の有無について判断した点でも重要な意義を有するものであり、先行する米国での訴訟において内国訴訟の原告が反訴を提起している点で、(訴訟物は異なるものの)原・被告共通型の国際訴訟競合事件と理解することもできる事案であった。原告はユニバーサルエンターテインメント社(以下「X₁社」という)のほか、X₁社の株式を有する日本法人X₂社、X₁社の取締役会長であるX₃である。対して被告Y₁社は米国ネバダ州法に基づき設立され同州ラスベガス市を本店所在地とするリゾートカジノの運営を主たる業務とする法人である。本稿の考察に必要な範囲で事案を簡単に説明すると、本事案では主にY₁のホームページ上での取締役会決議についてのプレスリリースの掲載行為によるX₁社及びX₃のインターネット上の名誉・信用棄損及びX₁社の株価の下落に伴うX₂社の損害が問題となった。前者については、名誉・信用棄損という直接の結果がわが国で発生したと解されるとして、改正民訴法3条の3第8号に該当し、わが国に不法行為地がある(わが国の裁判所に管轄権がある)ことが認められたが、後者については該当せず、そもそもわが国に不法行為地が認められなかった。ここでは、わが国に不法行為地が存在する(わが国に管轄原因が認められる)ことを前提とする改正民訴法3条の9の「特別の事情」との関係に絞り、前者を中心に検討する。

　本事案において第一審(東京地判平25・10・21民集70・3・890[20])は、事案の性質(両当事者の予測可能性)、応訴による被告の負担の程度、証拠の所在、わが国における国際裁判管轄が否定される場合の原告らの不利益の4つの点から、第二審(東京高判平26・6・12民集70・3・913)は、事案の性質(両当事者の予測可能性)、応訴による被告らの負担の程度、証拠の所在地、その他の事情の4つの点から特別の事情の有無についての判断を行い、結論として特別の事情を認め、本件訴えを却下すべきものとした。これに対し、Xらが上告受理申立てをしたところ、最高裁は、①わが国での訴訟が、提訴当時、既に係属中であった別件米国訴訟に係る紛争から派生した紛争(Yの株式の強制償還等に関する紛争)から派生したものであること(事案の性質)、②本件訴訟の本案の審理において想定される主な争点についての証拠方法は、主に米国に所在すること(証拠の所在)、③XらもYも、Yの経営に関して生ずる紛争については米国で交渉、提訴等がされることを想定していたこと(当事者の予測可能性)、④Xらは、別件米国訴訟において応訴するのみならず反訴も提起

しており、改めて米国で提訴するとしても、Xらにとって過大な負担を課すことになるとはいえないこと（原告の外国での提訴の負担）、⑤証拠の取調べをわが国の裁判所で行うことはYに過大な負担を課することになること（被告の応訴負担）などの事情が考慮され、本件については、民訴法3条の9にいう「日本の裁判所が審理及び裁判をすることが当事者間の衡平を害し、又は適正かつ迅速な審理の実現を妨げることとなる特段の事情」があるというべきであるとして、上告を棄却した[21]。

　第一審、第二審、最高裁のいずれにおいても、基本的には改正民訴法3条の9の条文で示された要素の中で特別の事情の有無を判断している。第二審は、「その他の事情」の中で、Xらの米国での提訴の負担の有無を判断するに当たり、本件訴えに係る請求と事実関係や法律上の争点が共通ないし関連する別件米国訴訟が既に係属し、同訴訟においてXが反訴を提起していること等から、「別件米国訴訟と共に本件が審理されることは適正かつ迅速な審理の実現の観点からもふさわしい」との見解を示している。最高裁も、本件訴訟が経営等に係る紛争から派生した紛争であり、かつその本体の紛争自体に係る訴訟が既に係属しているという、事案の性質と関連訴訟の存在との密接な関連性を重視していることからすれば、国際訴訟競合との関係では、本事案においては、単に米国で関連訴訟が係属中であったということだけではなく、本件が米国での関連訴訟と共に審理判断されるべき事案であるとの判断の下、外国における訴訟の状況に伴う事実関係を、改正民訴法3条の9の事案の性質や証拠の所在地として考慮し、日本に管轄を認めれば、被告の裁判を受ける権利を侵害し、適正な裁判の実現という裁判所の役割も十分に果たし得ないと判断したものと評価できる[22]。なお、「特別の事情」との関係については、その適用をめぐって、先にみてきたように、国際裁判管轄規定が整備された以上、制限的に解するべきであるとする見解も多くみられ、Xらも同様の立場から特別の事情を理由に管轄を否定することは限定的な場合に限るべきであるとの主張をしたが、これに対して、第一審裁判所は、「安易に特別事情による却下を認めることは原告の裁判を受ける権利を実質的に奪う結果となりかねないため、厳に慎まなければならないが、他方で、原告らが主張するように、特別事情を極めて限定的な場合に限られるとの解釈をすべきものと解することはでき」ないと判示している。原審の判断を維持する最高裁も、従来の特段の事情の場合と比較して、特別の事情の適用につき、特段制

第2章　8　特別の事情による訴えの却下　　227

限的に解しているわけではないとの評価も可能であろう。しかし、最高裁は、
定型化された要件を定めた個別の管轄原因の適用の際には考慮されない、あ
るいはその重要性が異なり得る個別具体的な事情を挙げ、特別の事情の下で
考慮するべき要素を細かく認定することで、あくまでも個別の調整であり、
例外的にのみ管轄が否定されることを明らかにしていると考えるべきであろ
う。

＜注＞
　(17)　特段の事情があるとして、結論的に管轄が否定された裁判例として、例え
　　　ばナンカセイメン事件（東京地判平3・1・29判時1390・98）がある。逆に特段
　　　の事情はないとして、わが国の管轄が認められた裁判例として、みずほ銀行
　　　事件（東京地中間判平19・3・20判時1974・156）がある。
　(18)　一問一答178頁では、「同一又は関連する訴訟が外国の裁判所において係属
　　　していることは、民事訴訟法3条の9の「その他の事情」として考慮され、日本
　　　の裁判所の管轄権の有無の判断がされることが前提」とし、「日本の裁判所の
　　　管轄権が認められる場合には、外国の裁判所における審理の進行、証拠調べ
　　　の状況、包括的な和解の可能性等も考慮しながら、期日の指定がされ、審理が
　　　進められる」ものと考えられるとする。このほか、古田・前掲注(2)76頁、青
　　　山・前掲注(3)363頁など。
　(19)　この事件は、改正後、「国際訴訟競合において初めて民訴法3条の9の適用
　　　が問題となった事案」として紹介されているが（内藤順也＝松尾剛行「国際訴
　　　訟競合」道垣内正人＝古田啓昌編『実務に効く国際ビジネス判例精選』ジュリ
　　　増刊151頁（2015））、最高裁が日本訴訟を米国訴訟から「派生した訴訟」と位
　　　置付けていることを理由として、国際訴訟競合の事案であるとの評価に懐疑
　　　的な見方もある（第4章2参照）。また、本件と同様に関連する訴訟が外国裁
　　　判所に先行して係属していた事案として、横浜地判平26・8・6判時2264・62が
　　　ある。
　(20)　第一審判決（東京地判平25・10・21）についての評釈として、内藤＝松尾・
　　　前掲注(19)146頁以下、種村佑介「判批」平成26年度重要判例解説（ジュリ
　　　1479号）308頁（2015）、中村知里「判批」ジュリ1482号116頁（2015）など。
　(21)　最高裁判決の評釈として、安達栄司「判批」金判1507号8頁（2017）、村上
　　　正子「判批」JCAジャーナル64巻1号34頁（2017）がある。
　(22)　村上・前掲注(21)39頁。

Ⅴ．設例の検討

　最後に、設例について、新法下であればどのように処理されることになる

のか検討しておこう。まず設例1では、日本法人がドイツに住む日本人を被告として契約上の債務の履行を求めて訴えを提起した場合に、わが国に契約上の債務の履行地としての国際裁判管轄が認められるかが問題となっている。ファミリー事件において、最高裁は、管轄原因として問題となった義務履行地管轄（民訴5条1号）については判断することなく、特段の事情の認定により、わが国の国際裁判管轄を否定した。このような運用については、法律論としては適法であるとしても、当事者の予測可能性や法的安定性との関係で批判もあり、改正により国際裁判管轄の規定が整備されたことを受けて、個々の管轄原因についての審理判断をした上で、特別の事情の有無の判断がなされることが望ましく、そのような運用が定着するものと解されている（一問一答358頁、新コンメ653頁）。したがって、設例の検討に当たっては、まず契約上の債務の履行地としての国際裁判管轄がわが国に認められるか否かを判断することになろう。平成23年の改正において、契約上の債務に関する訴え等の管轄権についても新たに規定が置かれており、具体的には契約上の債務の履行の請求を目的とする訴え、及び契約上の債務に関する請求を目的とする訴えを対象として、日本の裁判所に提起することができる場合について、「契約において定められた当該債務の履行地が日本国内にあるとき、又は契約において選択された地の法によれば当該債務の履行地が日本国内にあるとき」と規定されている（改正民訴3条の3第1号）。契約上の債務の履行地の合意は黙示の合意も含み、準拠法についても「契約において選択された地の法」と規定され、明示的に限定されていないため、黙示的に選択した場合も含むものと解されている（新コンメ352頁）。したがって、このような解釈を踏まえて、義務履行地をわが国内とする合意があり、あるいは、契約において選択された地の法（すなわち、法の適用に関する通則法7条により、当事者が契約準拠法として指定した法）によって当該債務の履行地が日本国内にあるときには、わが国の国際裁判管轄が認められることになる。しかし、その場合であっても、「事案の性質、応訴による被告の負担の程度、証拠の所在地その他の事情を考慮して、日本の裁判所が審理及び裁判をすることが当事者間の衡平を害し、又は適正かつ迅速な審理の実現を妨げることとなる特別の事情があると認めるときは」、わが国の国際裁判管轄は否定されることになる（改正民訴3条の9）。設例1では、義務履行地又は契約準拠法について明示の合意はなされていないので、黙示の合意が認められるかが問題となる。黙示の合意が認めら

れなかった場合には、わが国の国際裁判管轄は否定され、特段の事情を判断する余地はないことになるが、認められれば、さらに特別の事情について判断されることになろう。ファミリー事件では、特段の事情として、①わが国の裁判所に提訴されることが被告の予測の範囲を超えていること（契約締結地がドイツであること、契約内容がドイツ国内の業務委託を中心とすること、履行場所・準拠法の明示の合意がないこと）、②被告の本拠地（被告が20年以上ドイツに生活・営業の本拠地を置いていること）、③証拠方法の所在（被告の防御のための証拠方法がドイツ国内に集中していること）、④原告のドイツでの提訴の負担が過大ではないこと（原告はドイツの自動車等の輸入業者であること）などが考慮され、特段の事情を肯定し、わが国の国際裁判管轄は否定された。改正法では、これらの事情は、それぞれ、改正民訴法3条の9で示されているところの、①については「事案の性質」、②は「応訴による被告の負担の程度」、③は「証拠の所在地」、④は「その他の事情」に該当するものといえよう。ただし、①の事情のうち、「履行場所・準拠法の明示の合意がないこと」については、ファミリー事件では、わが国での提訴についての被告の予測可能性との関係で特段の事情の中で考慮されていたが、新法下においては、契約上の債務の履行地管轄の要件として採用されていることから、管轄原因（契約上の債務の履行地）の有無の判断において考慮されることになるものと考えられる。

　設例2では、パナマ法人であるX社が同じくパナマ法人Aから賃借していたパナマ船籍の貨物船（原告船）と、ロシア法人であるY社が所有するロシア船籍の漁船（被告船）が北太平洋の公海上（ロシアの排他的経済水域）において衝突し、Xは、原告船は、事故後の最初の寄港地として宮城県石巻港に入港して応急の仮修繕をし、次いで、函館港において本修繕を受けて航海を再開したことから、わが国に国際裁判管轄があると主張し、不法行為に基づく損害賠償を求めて仙台地方裁判所に訴えを提起した場合に、わが国の国際裁判管轄が認められるかが問題となっている。まず改正民訴法3条の3第9号の管轄原因が認められるかについては、パナマ船衝突事件の第二審の判断を踏まえるならば、同規定に形式的に該当する限り原則として認められ、同規定によって裁判籍が認められる制度趣旨との適合性を含む実質的理由の存否等については、特別の事情の有無の判断の中で検討することになるものと解される。特別の事情として考慮される要素としては、パナマ船衝突事件の

第二審で考慮された、①事案の性質、②相手方当事者の予測可能性及び応訴による負担の程度、③証拠の所在等の証拠調べの利便性、④準拠法、⑤その他の事情が挙げられるが、②の相手方当事者の予測可能性については、そもそも改正民訴法3条の3第9号が極めて偶発的な原因に基づいて管轄原因を認めているという点に鑑みると、同規定に基づいて管轄原因が認められる場合においては、当然に相手方当事者の予測可能性は低いことが想定されるため、このことは特別の事情の判断において過度に強調されるべき事情には当たらないものと解すべきであろう[23]。

　設例3では、日本法人とその取締役であるXらが，米国法人Yがインターネット上のウェブサイトに掲載した記事によって名誉及び信用を毀損されたなどと主張して、Yに対し、不法行為に基づく損害賠償を求めて、わが国の裁判所に提訴した場合に、わが国の国際裁判管轄が認められるかが問題となっている。まず、わが国の不法行為地管轄が認められるかについては、米国法人であるYが上記記事をウェブサイトに掲載することによって、日本法人とその取締役であるXらの名誉及び信用の毀損という結果が日本国内で発生したといえることから、本件訴えについては、わが国の裁判所が管轄権を有することとなる場合に当たる（改正民訴3条の3第8号）ということになろう。次に、特別の事情（改正民訴3条の9）が認められるかであるが、判断要素としては、ユニバーサルエンターテインメント事件において、最高裁が考慮した事情、すなわち、①事案の性質や外国での関連訴訟、②証拠の所在、③当事者の予測可能性、④当事者の負担などを具体的に考慮することになるものと考えられる。

＜注＞
　(23)　伊藤眞ほか「座談会　民事訴訟手続における裁判実務の動向と検討　第4回」判タ1386号4頁（2013）〔垣内秀介発言〕。

9 管轄専属の適用除外、職権証拠調べ、管轄の標準時

山田明美

Ⅰ．はじめに
Ⅱ．管轄権が専属する場合の適用除外
Ⅲ．職権証拠調べ
Ⅳ．管轄権の標準時
Ⅴ．設例について

設 例

1　X（原告・控訴人）は、液晶ディスプレイパネル等の開発・製造を行う韓国法人である。Y（被告・被控訴人）は、金型の設計、製造及び販売、自動車用部品や付属品の製造及び販売並びにプレス加工業等を目的とする日本法人である。

韓国法人Xは、日本法人Yとの間で、Yが日本において登録を受けている特許権及び特許出願の外Yが韓国やアメリカ合衆国等において登録を受けている特許権及び特許出願（以下「本件特許等」という。）につきXへ移転登録ないし出願人名義変更手続をする旨合意した。しかし、Yがこの合意に応じないなどとして、Y外1名（A）に対し、本件特許権等に関する特許移転登録手続及び本件特許等に関しXを出願人とする出願人名義変更手続を求める訴えをソウル中央地方法院に提起した。ソウル中央地方法院（第一審）は、棄却する旨の判決を言い渡したが、控訴審裁判所であるソウル高等法院は、第一審判決を取り消し、Xの請求を全部認容する旨の判決を言い渡した（以下「本件韓国判決」という）。Yらは控訴審判決を不服として上告したが、上告審裁判所である大法院は、上告を棄却する旨判決し、本件韓国判決は確定した。

232　第2章　9　管轄専属の適用除外、職権証拠調べ、管轄の標準時

　　そこで、Xは、日本において、本件韓国判決についてYを登録者として登録された特許権のXへの移転登録を命じた部分及び訴訟費用のY負担を命じた部分の執行判決を求めて訴えを提起した。第一審が請求を棄却したため、Xは控訴した。
2　Xは、日本においてオーディオ機器の輸入・販売を営む株式会社であるが、Xの取引先であった外国法人Yに対して、売買契約の目的物引渡債務の不履行に基づく損害賠償請求の訴えを日本の裁判所に提起した。Yは、本件は日本に国際裁判管轄がないとして訴えの却下を求めた。なお、Yは、バハマ法に準拠して平成5年に設立されたオーディオ機器の製造・販売を営む会社であり、香港に活動の本拠地を置いている。Xは、(1) Yの営業所が日本国内にあること、(2)日本国内に本件損害賠償請求権の義務履行地があることなどを理由として、本件には日本に国際裁判管轄があると主張した。

Ⅰ．はじめに

　平成23年改正民訴法3条の10、3条の11及び3条の12と同趣旨の規定は、平成8年民訴法において国内管轄を規律する規定として既に存在している（民訴13条・14条・15条参照）。平成23年改正民訴法以前は、国際裁判管轄については、国内管轄に関するそれらの規定を前提にあるいは解釈論として取り扱われてきたが、平成23年改正民訴法において、国際裁判管轄の規律として明確に規定された[1]。

　まず、「管轄権が専属する場合の適用除外（民訴3条の10)」は、法令において専属管轄である旨の規定がある場合には、その規定により日本が、かつ、日本のみが国際裁判管轄権を有することを定める。日本国内の管轄権に関する民訴法13条1項と同趣旨の規定である（一問一答165頁）。次に、「職権証拠調べ（民訴3条の11)」であるが、これは、日本の裁判所の国際裁判管轄権に関する事項については職権で証拠調べをすることができると定めているが、民訴法14条と同趣旨の規定である（一問一答167頁）。そして、管轄権の標準時（民訴3条の12）は、日本の裁判所の国際裁判管轄権は、訴えの提起の時を標準とすると定めており、これは、民訴法15条と同趣旨の規定である（一問一答168頁）。以下、順にみていく。

＜注＞

(1) 本稿で取り扱う規定は、いずれも法制審議会国際裁判管轄法制部会において検討の対象及び議論の対象とされなかったといっても過言ではなかろう。民訴法3条の10「管轄権が専属する場合の適用除外」については、「国際裁判管轄法制に関する中間試案（案）」14頁「第7適用除外」として初めて項目として挙がったものの、3条の11「職権証拠調べ」及び3条の12「管轄権の標準時」については、検討事項にも要綱案にも挙げられず審議会で検討及び議論の対象とされることなく導入された規定である。

II. 管轄権が専属する場合の適用除外

1 民訴法3条の10の趣旨

本条は、日本国内の裁判管轄に関する民訴法13条1項と同様の考え方に基づくものであり（一問一答165頁）[2]、専属管轄である旨の規定がある場合には、その規定により日本が、かつ、日本のみが国際裁判管轄権を有することを定める（条解73頁〔高田裕成〕）。法令に日本の裁判管轄の専属に関する定めがある訴えについては、高い公益性があることから、民訴法3条の2ないし3条の4及び3条の6ないし3条の9の規定よりも優先的に適用されるべきであることを趣旨としている。すなわち、通常であれば管轄は競合的に認められるのに対して、法定専属管轄がある場合には他の管轄原因は排除される[3]。本条によりその適用が除外されるのは、民訴法3条の2ないし3条の4まで及び3条の6ないし3条の9までの規定である。

なお、訴えについて法令に日本の管轄権の専属に関する定めがある場合には、中間確認の訴え（民訴145条3項）及び反訴を理由とする国際裁判管轄も生じない（民訴146条3項ただし書）（詳細については、**第2章6参照**）。

2 法定専属管轄の定めのある場合

本条の適用対象は、「訴えについて法令に日本の裁判所の管轄権の専属に関する定めがある場合」であり、いわゆる法定専属管轄の定めがある場合をいう。すなわち、本条の適用は、法定専属管轄の定めがある場合に限られ（一問一答165頁）、民訴法3条の7が規定する当事者の合意による専属管轄（国際的専属的合意管轄）の場合は含まれない。

民訴法上に規定がある場合として、会社の組織に関する訴え（民訴3条の5第1項）、登記又は登録に関する訴え（民訴3条の5第2項）、知的財産権の存否又は効

力に関する訴え（民訴3条の5第3項）がある[4]。

そのほか、他の法律などにおいて同種の定めのある訴えや解釈上これと同視される訴えも含まれる[5]。

3　本条及び本条違反の効果

日本に専属管轄の定めがある訴えについては、本条が示すように他の一般の法定管轄規定による国際裁判管轄は生じない。専属管轄を定める規定により定められた日本の裁判所にのみ専属的に国際裁判管轄が肯定されるのであり、管轄の合意の効力も否定されることになる。つまり、競合管轄を排斥する。本条によれば、日本の裁判所に提起された訴えが、法定専属管轄の定めのある訴えに該当し、その規定を適用すれば日本の裁判所に管轄権が認められる場合には、日本の裁判所が管轄権を有することとなり、他方、その規定を適用すれば日本の裁判所に管轄権が認められない場合には、民訴法3条の2以下の規定によれば日本の裁判所に管轄権が認められることとなるとき（例えば、被告の住所地が日本国内にあるとき）であっても、日本の裁判所の管轄権は認められず、訴えは却下されることとなる、と立法担当者は説明する（一問一答165頁以下）。

すなわち、本条は、外国判決の承認・執行の場面における間接管轄の判断（民訴118条1号）において特に意義を持つこととなる[6]。日本の裁判所が専属的に国際裁判管轄を有する事件については、本条が適用されるので、本案審理を行うための管轄権（直接管轄）は日本にあり、それにもかかわらず外国で判決がなされた場合には、その外国でなされた判決について日本で承認・執行を求めても、間接管轄（承認要件としての外国裁判所の管轄権）は認められず、拒否されることとなる[7]（民訴118条1号、民執24条3項）。逆に、民訴法3条の5によれば、日本以外の外国のある国に専属的な国際裁判管轄が認められるとき、例えば、登記又は登録すべき地が外国である場合（民訴3条の5第2項参照）には、民訴法3条の2等による日本の裁判所の管轄を肯定することはできないし、またその外国以外の国でされた判決の日本での承認は拒否される[8]（第3章2・第4章1も併せて参照されたい）。

なお、法定専属管轄が適用される訴えについては、民訴法3条の9の規定が除外されているので、本条において日本の裁判所に専属管轄が認められる場合には、「特別の事情による訴えの却下」をすることはできない（一問一答162頁）（詳細については、第2章8参照）。

第2章 9 管轄専属の適用除外、職権証拠調べ、管轄の標準時 235

　本条では、上述のとおり当事者が合意によって外国裁判所の専属管轄を定めた場合（民訴3条の7）、いわゆる国際的専属的合意管轄を適用除外対象としていない。なぜなら、当事者が専属的合意管轄を定めた場合は、日本の法令によって専属管轄を定めた場合との比較において、日本の国際裁判管轄を否定すべき公益上の必要性は相対的に低いからであると説明される[9]。しかし、本条違反の場合は、本条と同趣旨である民訴法13条違反の場合と異なり、国際裁判管轄違いでは移送という処理[10]は不可能であるため移送ではなく、訴え却下の判決が下されることとなるので、民訴法13条違反の場合とはその意味するところは大きく異なる。すなわち、専属管轄違反の処遇としての国内での移送は当事者にとって基本的には地理的な相違を生ぜしめるに過ぎないが、国際裁判管轄において専属管轄違反の場合には必ず却下判決となり、裁判管轄不存在の判断となる。そして、国際裁判管轄における裁判管轄不存在の判断は、質的な相違、例えば、適用される訴訟法、実体法の相違及び判断を行う裁判所の資質等の相違を必然的に生ぜしめるものになるといえる。つまり、同趣旨の規定の違反であっても、国内管轄と国際裁判管轄とでは違反後の取扱い及びその後の処遇に大きな相違が生じるといえるのである。それゆえ、国際裁判管轄との関係では、法廷地の選択に関する当事者の合意は、国内土地管轄合意以上に重要視されるべきであり、この点の調整は今後の解釈に委ねられているとの指摘がある[11]。

＜注＞
(2)　立法過程において担当者（佐藤幹事）は、「任意的な管轄と専属的な管轄の優先関係を定めるということで」、民訴法13条の規定があるが、この規定も同趣旨から設けているもので、「専属管轄の原因となる事由が外国にある場合には直接管轄の効果として却下されるという趣旨のもの」であると説明している（法制審議会国際裁判管轄法制部会第15回会議議事録23頁）。国内裁判管轄と同趣旨とはいえ、国際裁判管轄においては、外国国家の行為（国家主権の問題）をどの程度尊重するのか、場合によっては国際法違反や内政干渉にならないかなど、国内裁判管轄の議論では必要のない、まさに国際要素を考慮して手続を考えなければならないのではなかろうか（法制審議会国際裁判管轄法制部会第4回会議議事録10頁〔道垣内委員発言〕参照）。
(3)　専属管轄の場合には他の管轄原因を排除するという効果が認められる根拠、すなわち正当化根拠として、「公益性」が理由に挙げられることが多いよ

うであるが、国内専属管轄と国際専属管轄において、正当化根拠として挙げられる「公益性」の中身は同じものなのか。国際裁判管轄ルールについては、国家主権の観点を見落としてはならず、主権国家として他の国の裁判所の判断を許さないこととするべきものは何かという観点からも専属管轄の正当化根拠を見出すべきであろう。また、具体的な正当化根拠として、当該事件類型と法廷地の密接関連性も一般的に挙げられるが、これでは被告住所地や当事者の管轄合意に基づく管轄を排除するという効果を持つことを説明するには不十分であり、事件と法廷地との強い密接関連性に基づく、紛争処理の一国への集中による処理の便宜というような理由付けにとどまらない根拠付けが国際的な専属管轄には必要なのではないか。とりわけ、ブリュッセルⅠ規則のような域内における統一的な管轄ルールとは異なり、国内法として独自に設ける国際裁判管轄ルールについては、なおさらである（以上の指摘は、中西康「国際裁判管轄―財産事件」新堂幸司監修『実務民事訴訟講座〔第3期〕第6巻―上訴・再審・少額訴訟と国際民事訴訟』321頁以下（日本評論社、2013）、横溝大「国際専属管轄」名古屋大学法政論集245号124頁以下・127頁以下（2012）など）。

(4)　なお、3条の5の第1項から3項が対象としている事件類型には専属管轄とするには不十分なものが含まれているようにも思うとの指摘がある（中西・前掲注(3)322頁以下）。

(5)　秋山コンメ659頁は、「現行法では少なくとも法令上専属管轄権を認めた他の例は見当たらない」とするが、この種の規定が新設される可能性はあるであろう（伊藤眞『民事訴訟法〔第4版補訂版〕』63頁注53（有斐閣、2014）、伊藤眞『民事訴訟法〔第5版〕』65頁注53（有斐閣、2016）参照。例えば、改正独占禁止法（平成25年法律第100号）（平成27年4月1日施行）85条は、東京地方裁判所の専属管轄を規定する。なお、旧独占禁止法85条について、三宅省三ほか編『注解民事訴訟法(Ⅰ)』173頁（青林書院、2002）〔滝澤孝臣〕参照。

(6)　というのも、民訴法118条1号において、わが国で本案審理を行うための管轄権（直接管轄）と承認要件としての外国裁判所の管轄権（間接管轄）の関係について、通説は、両者を同じ問題を別方向から見たに過ぎないとし、表裏一体の関係と捉え、間接管轄の有無は直接管轄の基準で判断されるとする（鏡像原則）からである（条解629頁以下〔竹下守夫＝上原敏夫〕）。これに対して、間接管轄は事後的評価に過ぎず、特に身分関係事件では跛行的法律関係発生防止の要請が強まることから、直接管轄よりも緩やかに判断してよいとの見解（間接管轄独自説）も主張されている（中野俊一郎「外国判決の執行」新堂幸司監修『実務民事訴訟講座〔第3期〕第6巻―上訴・再審・少額訴訟と国際民事訴訟』445頁以下、446頁注32、453頁（日本評論社、2013））。

(7)　新コンメ63頁〔越山和広〕、条解73頁〔高田裕成〕。秋山コンメ660頁は、承認の場合は本条の規律が民訴法118条1号の解釈に間接に反映される結果であり、本条の適用対象はあくまでも日本の裁判所に訴えが提起された場合であるとする。

(8)　日本以外の国における登記又は登録に関する訴えについては、日本の裁判所の管轄権は否定されると解するのが通説である（新コンメ47頁〔越山和広〕）。

(9)　「国際裁判管轄法制に関する中間試案の補足説明」（法務省民事局参事官室、平成21年7月）51頁以下参照。

(10)　三宅ほか編・前掲注(5)174頁〔滝澤孝臣〕、条解119頁〔新堂幸司＝高橋宏志＝高田裕成〕、秋山コンメ118頁など参照。

(11)　増田晋＝牛嶋龍之介＝古田啓昌「国際裁判管轄に関する一般的規律」日本弁護士連合会国際裁判管轄規則の法令化に関する検討会編『新しい国際裁判管轄法制－実務家の視点から－』別冊NBL138号85頁（2012）。このような指摘を踏まえると、本条（3条の10）と国内管轄に関する規定（13条1項）とを同趣旨であると説明すること、専属的合意管轄について国内外において「公益性上の必要性」の観点を基準に同列に扱うことなど、基本的な点に違和感を覚える。やはり、「国際」裁判管轄ならではの要素や観点からの解釈や調整の検討が必要になるのであろう。

Ⅲ．職権証拠調べ

1　民訴法3条の11の趣旨

　本条は、日本の裁判所の管轄権の有無の調査に必要な範囲において、証拠調べを職権によっても行うことができる旨を定めており、これは、民訴法14条と同趣旨の規定である（一問一答167頁、基本コンメ362頁〔日暮直子〕）。裁判所が訴えについて管轄権を有することは、本案判決をするための訴訟要件の1つであるから、受訴裁判所は、事件が裁判所の管轄に属しているかどうかを調査する必要がある。つまり、管轄権に関する事項は職権調査事項でもある。そして同様に、受訴裁判所は、渉外事件に関する訴えについて日本の裁判所の管轄に属しているかどうかも調査する必要がある。国際裁判管轄権に関する事項も訴訟要件であり、職権調査事項なのである。

　訴訟要件は通常、口頭弁論終結時に具備すれば足りるとされている。しかし、管轄権は、ほかの訴訟要件と異なり訴え提起時を標準として定められており（民訴3条の12・15条）、提起された訴えが提訴時にその裁判所の管轄に属しているか否かを調査しなければならない[12]。すなわち、裁判所は、日本の裁

判所が国際裁判管轄権を有しない旨の被告の抗弁を待つことなく（ただし、民訴法3条の8の要件を充たせば応訴管轄が肯定される）、日本の裁判所の管轄権の有無を調査する義務を常に負うことを前提に、その調査に必要な範囲において、証拠調べを職権によっても行うことができる（一問一答167頁）。

2 国際裁判管轄に関する調査

国際裁判管轄の存否は、国内管轄と同じく訴訟要件の1つであり、疑いのあるときはこれを確かめた上で本案審理に入るべきである。

もっとも、被告が国際裁判管轄の不存在を主張することなく本案について応訴した場合には、専属管轄権の場合（民訴3条の10）を除き、応訴管轄が認められ、日本の国際裁判管轄が肯定される（民訴3条の8・12条）。被告が応訴すれば管轄権の存在を前提とすることができるので、調査の必要はないといえる。

しかし他方で、日本の裁判所の国際裁判管轄権の有無の主張については、民訴法299条1項（国内の土地管轄に関する第一審の管轄違いの主張の制限）は適用されないと解されており[13]、控訴審において原審の判断を争うことができる（一問一答173頁）。したがって、控訴審において被告が日本の裁判所の管轄権を否定し、ある外国の裁判所に管轄権があると（例えば、外国にある普通裁判籍や義務履行地の裁判籍を）主張してくることがあり得る。その場合には、被告が主張する管轄権が専属的なものでなくても考慮されることになる。なぜならば、日本の裁判所が管轄するか、外国の裁判所が管轄するかは、その拠るべき手続や法廷用言語、さらには適用すべき実体法まで異なるため、重大問題であるので、純粋に国内的な任意的管轄違反と同列に扱うことはできないからである[14]。

これに対して、法定専属管轄権の場合には、任意管轄の場合と異なり、もっぱら公益的な理由により特定の裁判所のみに管轄を定めてそれ以外の裁判所の管轄権を排除するものであり、当事者の任意処分は許されないから、裁判所は、日本の専属管轄の存否につき疑義が存する場合には、職権でこれを調査し、その存否を判断しなければならない。

そして、日本の裁判所の管轄権の専属に関する規定、換言すれば、国際裁判管轄原因のうち法定専属管轄に関する規定に違反した判決に対しては、当事者は常に上訴審においてこれを争うことができるとしている。すなわち、法定専属管轄違反については、控訴審でも主張できるし（民訴299条1項ただし

書）、上告審では絶対上告理由（民訴312条2項2号の2）として主張できる（詳細については、**第2章10参照**）。しかし、法定専属管轄違反は、再審事由とはならないので（民訴338条）、これを看過した判決が確定すれば、日本においてはもはや争う余地はなくなってしまう[15]。したがって、その遵守が高度に要求される法定専属管轄の違反については、被告が第一審で専属管轄違いの抗弁を主張しようとしまいと、また第一審裁判所が被告の専属管轄違いの主張を排斥したか否かを問わず、控訴審及び上告審は、職権でその存否を常に調査しなければならないといえよう。

3　調査の程度

本条は、調査の対象を「日本の管轄権に関する事項」とする。

原告は管轄違いと判断される不利益を避けるために、管轄原因に関する事実を主張、立証する立場にあるが、管轄権に関する事項は裁判所の権限行使の問題であり、公益性が強い事柄であることから、職権で証拠調べができるとしたのである。すなわち、管轄権に関する事項は、職権探知事項であるから、その裁判においては、弁論主義の適用が排除され、管轄権に関する事項は自白の対象とならない。しかし、任意管轄については、当事者が管轄を変更することができるし（民訴3条の7・11条）、応訴管轄が生じる（民訴3条の8・12条）場合があるから、当事者が任意管轄に関する事実について争わなければ、その事実について自白が成立したものとして格別の証拠調べをすることなく、そのまま管轄を認めても差し支えないと解され、国内管轄との関係では、専属管轄でない限り自白を認める見解が一般的である[16]。ただし、国際裁判管轄については、日本の裁判所の民事裁判権（主権）行使の問題に関わり、国内管轄とは比較にならない高度な公益性があるのであるから、専属管轄だけではなく国際裁判管轄一般に、裁判所はその管轄権に疑いがある場合には、積極的に職権で事実を探知し、証拠調べをすべきであろう[17]。

管轄原因によっては、本案の請求原因事実と同じ事実を主張することとなり、例えば、不法行為地が管轄原因となっている場合には、本案の審理対象と重なり合う場合がある。このような場合に、どこまでの事実の認定が必要であり、どこまでの事実について本条が適用になるのかが問題となる。この点は国内管轄についても同様の問題がある。考え方としては、大別すると2つある[18]。まず1つ目の考え方として、本案審理との重複を避ける必要性から、原告の主張が法的に首尾一貫して理由があれば、原告の主張事実が存在

240　第2章　9　管轄専属の適用除外、職権証拠調べ、管轄の標準時

するものと仮定して管轄権の存否を判断してよいとする説（管轄原因仮定説）である。2つ目の考え方は、管轄原因につき「一応の証明」を要求し、日本国内で不法行為があったことについて、「実体審理を必要ならしめる程度の心証」が得られる必要があるとする説（一応の証明説）である。国際裁判管轄の存否の調査に関して学説の多くは、管轄原因仮定説では原告の主張だけで被告が遠隔の地での応訴を強いられかねないとして、一応の証明説を支持する。もっとも、この見解においては、どのような事実をどの程度証明すべきかが十分に明らかではない。そのため近時の有力説は、違法性や故意・過失、相当因果関係について証明を不要とする反面、原告の被侵害利益の存在、被侵害利益に対する被告の行為、損害の発生との間の事実的因果関係は証明が必要であるとする（客観的事実証明説）（条解74頁〔高田裕成〕）。最高裁平成13年6月8日判決（民集55巻4号727頁）も、「不法行為地の裁判籍の規定……に依拠して我が国の裁判所の国際裁判管轄を肯定するためには、原則として、被告が我が国においてした行為により原告の法益について損害が生じたとの客観的事実関係が証明されれば足りる」としている。その後の下級審裁判例においては、義務履行地の国際裁判管轄についても、同様に「原告と被告の間に当該債務の発生原因である契約が締結されたという客観的事実関係が証明されることが必要である」とするものがある[19]。

　国際裁判管轄の場合には、日本に裁判籍があることについて、一応の立証があれば足り、その確定的な立証までを要しないのを原則とするが、原告のみの主張によってわが国と何ら関係のない者が被告とされ、日本で本案についての裁判をしなければならないことの不都合が大きいことを配慮してか、管轄権に関する事実について一応の証拠調べをして、実体審理を必要ならしめる程度の心証を得るに至った場合には、中間判決によって管轄権に関する裁判をする例が多い[20]。そして、調査の結果、日本に国際裁判管轄が認められないときは、国際裁判管轄は訴訟要件の1つであるから、これを欠く訴えとして、裁判所は、訴えを却下する[21]。

　なお、民訴法3条の9に規定される特別の事情によって国際裁判管轄を却下する場合には、代替的法廷地での扱いを完全に予測し難い以上、原告に債権時効消滅などの不利益が及ぶ可能性もあり得るため、民訴法130条・131条を類推して訴訟手続の「中止」を認めるべきであるとの見解もある[22]。

第2章　9　管轄専属の適用除外、職権証拠調べ、管轄の標準時　241

<注>

(12)　国内裁判管轄の場合であれば、提起された訴えがその裁判所の管轄権に属していないのであれば、移送の必要上どこの裁判所の管轄に属しているかまでも職権で調査しなければならない（三宅ほか編・前掲注(5)175頁〔星野雅紀〕）。

(13)　条解1571頁以下〔松浦馨＝加藤新太郎〕、東京高判平8・12・25高民49・3・109参照。

(14)　条解1571頁以下〔松浦馨＝加藤新太郎〕、片野三郎「訴訟要件の審理順序(2)」愛知大学法経論集法律篇108号41頁以下、45頁（1985）。一問一答73頁は、日本の裁判所の管轄権の有無については、訴訟の帰趨を左右する重要な問題であることから、従来から原審の判断を争うことができると解されていたとし、改正法においても、同様の考え方から、日本の裁判所の管轄権の有無に関し、控訴審において主張を制限する旨の規定は設けられていないと説いている。国内の専属的合意管轄（民訴11条）については、民訴法299条1項ただし書の適用から除外されているが、国際的専属的合意管轄の場合（民訴3条の7）については除外されていない。

(15)　承認・執行段階で考慮されることになり、承認は拒絶されるものと考える。

(16)　三宅ほか編・前掲注(5)178頁〔星野雅紀〕、条解120頁〔新堂幸司＝高橋宏志＝高田裕成〕、条解74頁〔高田裕成〕など。大判大5・10・18民録22・1916は、専属管轄違いを理由とするものでない管轄違いの抗弁は、職権調査事項に属さないとする。

(17)　条解74頁〔高田裕成〕、伊藤・前掲注(5)『民事訴訟法〔第4版補訂版〕』63頁、伊藤・前掲注(5)『民事訴訟法〔第5版〕』65頁。国際裁判管轄原因事実について弁論主義が妥当するかについて、自白の成立は擬制自白も含めて否定すべきとするのは、中西・前掲注(3)339頁、高橋宏志「国際裁判管轄における原因符号」原井龍一郎先生古稀祝賀論文集刊行委員会『改革期の民事手続法』314頁（法律文化社、2000）。なお、秋山コンメ661頁は、国内管轄と同様、当事者処分の尊重の観点や絶対的上告理由との関係でも任意管轄違反は除外されていること（民訴312条2項2号の2参照）に鑑み、職権探知主義を適用する必要はないものと解されるとする。

(18)　本間靖規ほか『国際民事手続法〔第2版〕』75頁以下（有斐閣、2012）〔中野俊一郎〕参照。

(19)　東京地判平21・11・17判タ1321・267、東京地判平16・10・25判タ1185・310など。なお、中西康「判批」私法判例リマークス33号162頁（2006）、中西康「判批」平成22年度重要判例解説（ジュリ1420号）361頁（2011）は、義務履

行地管轄の制度趣旨から、管轄を認めるのに真に必要な要件を再検討すべきであり、単に「客観的事実関係が証明されれば足りる」との判示部分だけを転用する裁判例は適切ではないとする。

(20) 大阪地判昭48・10・9判時728・76、東京地判昭49・7・24下民25・5〜8・639、東京地判昭59・3・27下民35・1〜4・110など。三宅ほか編・前掲注(5)179頁以下〔星野雅紀〕。

(21) つまり、国内管轄の場合には、管轄違いの場合として移送の処理がなされる（民訴16条1項）が、それとは異なり、国際裁判管轄の場合には不適法却下となるのである。増田＝牛嶋＝古田・前掲注(11)85頁での指摘の趣旨は、この点にも伸張され得るものと考える。

(22) 本間・前掲注(18)76頁以下〔中野俊一郎〕。しかし、裁判例はこれを認めていない（東京地中間判平元・5・30判時1348・91）。今回の改正審議過程において中止規定の導入については賛成が多かったものの（法制審議会国際裁判管轄法制部会第4回会議議事録11頁以下）、検討の結果、その導入は見送られてしまった（なお、増田＝牛嶋＝古田・前掲注(11)83頁以下参照）。

Ⅳ. 管轄権の標準時

1 民訴法3条の12の趣旨

本条は、日本の裁判所の国際裁判管轄権は、訴えの提起の時を標準とすると定めている。これは、国内の管轄権の標準時を定めた民訴法15条と同趣旨の規定であり、日本の裁判所の管轄権は、提訴の時を標準として定まることを明らかにしている[23]。

本条の目的は、訴え提起時を標準として日本の裁判所の管轄権の有無を定めることにより、訴え提起後の事情の変更が日本の裁判所の管轄権の有無に影響を及ぼすことを回避し、円滑な審理の進行、手続の安定を図ることにある（一問一答168頁）。

本来、訴訟要件は、本案判決の要件であるから、口頭弁論終結時までに具備すれば足りるとされているが、管轄に関する訴訟要件は訴えの提起時を標準として定められている。これは、提訴後の管轄原因の変動に影響を受けないことを定めたものである[24]。提訴時に存した管轄が、その後の事情の変化によって消滅し、裁判管轄が不存在となり訴えを却下しなければならないというのでは、これまで行われてきた本案の審理が無駄となり、訴訟経済に反することとなるのみならず、手続を不安定にするおそれがあり、本案の円滑・迅速な審理への期待を妨げることになるからである。そこで、管轄は訴

え提起の時にその存在が認められれば足り、その後の管轄原因の変動により影響を受けないこととしている[25]。

　以上は、国内管轄の規律である民訴法15条と同趣旨であることを前提にした説明である。確かに、管轄権の問題は入り口の問題であるので、迅速に決着がつく方が良いのは、国際裁判管轄についても同様である。しかし、国内管轄違いの争いは、移送制度により処理され、移送決定については即時抗告できる（民訴21条）のに対して、国際裁判管轄の問題になると訴えを却下する判決手続になる[26]ため、また終局判決の中で判断することも多く、結論が出るまでに1、2年かかってしまうことも珍しくないという[27]。仮に中間判決において国際裁判管轄ありという結論が出た場合でも、中間判決に対して独立して上訴することができないので[28]、第一審で本案審理をして本案判決が出てから、この本案判決に対する控訴をして、控訴審で再び国際裁判管轄について争い、控訴審で、例えば国際裁判管轄なしという判断がなされると、第一審の本案判決が取り消され訴え却下判決に至る、という手続過程を辿るため時間がかかる。

　国内の裁判管轄違いについては、移送で処理されることが前提であるから決定手続で組まれており、処理の迅速さからも管轄の標準時を訴え提起時とするのは適当であるといえようが、国際裁判管轄違いの場合は、却下判決がなされるのであり、この手続の下では原則、口頭弁論は必要的である。このような処理手続の実際からすれば、国際裁判管轄の標準時については、国内管轄の標準時と異なり、訴えの利益や当事者適格などの訴訟要件と同様に口頭弁論終結時とする方が現実的であるとする見解もある[29]。本条の趣旨が、訴えの提起時の管轄権を固定させることによる訴訟手続の安定や訴訟経済等の実現にあるとするのであれば、国際裁判管轄の場合には、その存否の判断に判決手続を利用するため時間がかかるのであるから、その標準時を口頭弁論終結時までにずらしても、本条の趣旨を損なうものではないと考えられ得るのではなかろうか。また、後述4のとおり本条の趣旨から、訴え提起時に国際裁判管轄権がなかったとしても、訴え提起時を標準としてその不存在が確定されると解すべきではなく、訴え却下の判決がされる前に管轄原因を充足すれば、管轄を認めてよいとする見解もある（条解75頁〔高田裕成〕）。このような見解も標準時を訴え提起時から却下判決の前までと先に延ばしているといえよう。そこで、国際裁判管轄権の有無も訴訟要件の問題であり、ほかの訴

訟要件と同様にその標準時は口頭弁論終結時とするのが理論的であるとするならば、口頭弁論終結時までに管轄原因を充足すれば、適法な訴えとなるとする考え方[30]も説得力を持つといえるのではなかろうか。

2 訴えの提起の時

「訴えの提起の時」の意義は民訴法15条と同様である（一問一答168頁、基本法コンメ362頁）。すなわち、「訴えの提起の時」とは、原告の裁判所に対する訴え提起行為又はこれと同視される行為が完了した時をいう。通常は訴状が裁判所へ提出された時（民訴133条1項）、簡易裁判所においては口頭で訴えの提起が陳述された時（民訴271条）をいい、訴訟係属の時とは区別される。訴えの変更（民訴143条）、中間確認の訴え（民訴145条）及び反訴（民訴146条）のような訴訟内での訴えの提起の場合は、それぞれ所定の訴状に準じる書面が提出され、又は簡易裁判所の手続において口頭でする場合はその陳述がされた時が標準となる。

3 管轄の固定

訴えの提起の時を標準として管轄を定めるということは、訴えの提起の時に管轄原因が認められれば足りる。日本の裁判所の管轄権は、訴えの提起における被告の住所地・居所（民訴3条の2第1項）、主たる事務所・営業所の住所（民訴3条の2第3項）、義務履行地（民訴3条の3第1号）、手形又は小切手の支払地（民訴3条の3第2号）などが日本国内にあるときに生じる。したがって、訴えが提起された後に、日本の裁判所の管轄権の基礎となった事情が変動したとしても[31]、既に訴えの提起の時に定まった日本の国際裁判管轄権は何の影響も受けず、維持される。

なお、事物管轄も訴えの提起の時に管轄が定められる。訴額の算定も訴え提起時を標準として行われ、その後、訴訟係属中に訴訟の目的物の相場が変動したり、毀損されたりなどして、その価額に増減が生じたとしても、管轄に影響はなく、貼用印紙額にも影響はない[32]。

4 管轄原因の事後的充足

訴えの提起の時に存在しなかった管轄がその後に発生した場合、例えば、訴え提起の時に被告は日本に住所を有していなかったけれども、その後被告が日本に住所を移した場合をどう考えるか。国内管轄の例になるが、訴え提起時に管轄権が存在しなくても、管轄違いに基づく移送決定が確定するまでの間に（民訴16条・22条）管轄原因が発生すれば、その時から管轄違いではなく

なると解されている[33]。管轄違いの場合に訴えの却下をせず管轄裁判所へ移送するという取扱いは、訴えが管轄違いを理由に却下されると、再度訴えを提起しなければならないという手間がかかり、新たな印紙を貼用したり、場合によっては、その間に時効期間その他の法律上の期間が経過したりして、原告の受ける不利益が大きく、また管轄違いが原告の不注意とばかりはいえない場合もあることを理由とする（基本法コンメ63頁〔加藤新太郎〕）。

　このような考え方によれば、国際裁判管轄においては、訴えが却下されるまで、あるいは口頭弁論終結時まで（前述1参照）に管轄原因が充足されればその欠缺は治癒されることとなるといえよう。なぜなら、その時に訴えを提起し直したとすれば、日本の裁判所に国際裁判管轄権が認められるはずだからである（条解75頁〔高田裕成〕）。

＜注＞

(23)　平成23年改正民訴法以前の国際裁判管轄裁判例においても民訴法15条の規律が妥当し、訴え提起の時を標準時として管轄原因を認定する例が多かったようである（静岡地浜松支判平3・7・15判時1401・98、東京地判平10・11・2判タ1003・292など）。

(24)　一般に訴訟要件は、口頭弁論終結時前に具備されることが必要であるが、そうなると、管轄権については、審理中に管轄原因が消滅すれば、管轄違いとなり、それまで行った審理を無駄にしなければならなくなり訴訟経済に反する等の理由から、訴え提起時を標準として管轄が認められれば足りるとしている（条解120頁以下〔新堂幸司＝高橋宏志＝高田裕成〕）。

(25)　三宅ほか編・前掲注(5)183頁以下〔星野雅紀〕、条解120頁以下〔新堂幸司＝高橋宏志＝高田裕成〕、条解74頁〔高田裕成〕など。

(26)　審議会においても日暮関係官は、国際裁判管轄と国内裁判管轄の相違点の第1点目として、「国際裁判管轄が問題となる事案におきましては、外国裁判所に事件を移送することができません。このため、我が国の裁判所の管轄が否定されると、当事者は、言語などが異なる他国での訴訟遂行を余儀なくされるということになり、当事者に与える影響は、国内事件に比べてはるかに大きいと言うことができると思います。」（法制審議会国際裁判管轄法制部会第1回会議議事録4頁以下、5頁〔日暮関係官発言〕）と、管轄違いの場合の処理の仕方の違いに言及し管轄が認められないことについての当事者へのダメージの大きさの違いを挙げている。

(27)　古田啓昌『国際民事訴訟法入門』（日本評論社、2012）34頁、第1回会議議

246　第2章　9　管轄専属の適用除外、職権証拠調べ、管轄の標準時

事録27頁［古田幹事発言］参照。この点に関連して、古田幹事から国際裁判管轄についても決定手続による迅速処理を目指す制度設計の可能性が指摘されている。

(28)　法制審議会国際裁判管轄法制部会資料2「国際裁判管轄に関する調査・研究報告書」（社団法人　商事法務研究会、平成20年4月）107頁参照。

(29)　古田・前掲注(27)34頁。

(30)　古田・前掲注(27)33頁以下。

(31)　例えば、提訴時に被告は日本に住んでいた（住所は日本）が、訴訟開始後に外国に引っ越してしまった（外国に住所変更）場合など。

(32)　三宅ほか編・前掲注(5)183頁〔星野雅紀〕参照。なお、請求の拡張や追加的変更等により訴訟物そのものが変動する場合には、訴額の算定は改められる。

(33)　鹿児島地判昭31・4・2下民7・4・859。三宅ほか編・前掲注(5)187頁〔星野雅紀〕、条解122頁〔新堂幸司＝高橋宏志＝高田裕成〕。

Ⅴ．設例について

1　設例1について

知的財産権をめぐる訴えの国際裁判管轄に関して、特許権の存否・有効性・登録に関する訴えは、登録国の専属管轄に服すと解するのが従来からの通説の立場であった。しかし、そこでの議論の多くは、侵害訴訟における特許無効の抗弁の扱いを意識しつつ、特許権の存否や有効性に関する訴訟の専属管轄化の肯否や射程に関するものであり、設例事案で問題としている移転登録などに関する訴訟固有の専属管轄の根拠等についてはこれまで検討されることは少なかったようである[34]。

民訴法3条の5第2項は、登記・登録（知的財産以外の登記・登録も射程に含まれる。）に関する訴えについて、日本において登録すべき権利については、日本の裁判所の専属に属すると規定している。本規定によれば、設例事案のような日本特許権の移転登録に関する訴えは、日本の裁判所に専属し、被告の住所地その他の管轄原因や合意管轄等は排除されることになる。したがって、承認・執行要件としての国際裁判管轄も否定される。すなわち、本件においては、本案審理を行うための管轄権（直接管轄）は日本にあり、本件韓国判決について承認・執行を日本で求めても、間接管轄（承認要件としての外国裁判所の管轄権）は認められず、拒否されることとなる。

第2章　9　管轄専属の適用除外、職権証拠調べ、管轄の標準時　247

　他方、設例事案とは逆に、日本において提起された訴えについて、外国裁判所が専属管轄を有すると解される場合には、たとえ被告の住所地その他の管轄原因が日本に認められたとしても、日本に国際裁判管轄は認められず、その訴えは却下されることとなる（民訴3条の10参照）。

　設例事案につき、名古屋高裁平成25年5月17日判決（平24（ネ）1289）は、「［1］知的財産権の登録に関する訴えは、実質的には、公簿に一定の事項を記載することにより権利関係を公示することを目的とするものであり、公益性の高い公示制度と不可分の関係を有すること、［2］一国の登録の手続に関する訴えについては、その国の裁判所がより迅速かつ適正に審理判断することができること、［3］日本国内においてすべき登録について外国判決を得ても、別途、我が国の裁判所の執行判決が必要になるなど、我が国の裁判所に直接訴えを提起する場合に比べて手続が迂遠であることからすれば、日本国内において登録すべき知的財産権の登録に関する訴えは、我が国の裁判所に専属すると解するのが条理にかなうものというべきである。」「そして、上記の公益的事情に照らせば、ここでいう専属管轄とは、当事者の合意により他の管轄裁判所を定めたとしても、当該合意を排除する強行的な性格を有するものと解するのが相当である。また、上記［1］から［3］の事情は、本件合意のように、複数国で登録されている特許権を一括譲渡する契約を締結し、同契約に基づき所定の登録手続を請求するような場合であっても妥当するものであるから、このような類型の訴訟も含め、日本国内において登録すべき知的財産権の登録に関する訴えは、我が国の裁判所に専属すると解するのが相当である。」「したがって、……本件韓国訴訟のうち、被告が日本国内において登録を受けている特許権の原告への移転登録を求めた訴訟は、我が国の裁判所に専属する訴訟であり、韓国の裁判所に国際裁判管轄は存しないものと認められる。」とした。

　前記［1］［2］［3］で挙げた事情は、いずれも平成23年改正民訴法3条の5第2項の立法理由ともされており、また、「いずれも上記民訴法改正と関係なくその従前から存在した事情であるから、同改正前には、日本国内において登録すべき知的財産権の登録に関する訴えを我が国の裁判所の専属管轄とすべきとの条理が存しなかったものとはいえない（むしろ民訴法3条の5第2項が新設されたことは、上記条理が従前から存在したことを裏付けるものといえる。）。」とし、控訴一部認容・一部棄却判決をしている(35)。なお、本件判決は上告受理の申立てが認められず確定した（最決平26・6・26（平25（受）1706））。

本件は、平成23年改正民訴法施行前に係属した訴訟であり、附則2条1項により3条の5第2項の適用はない事案であった。そのため、本件韓国判決のうち日本特許権の移転登録を命じる部分の執行において承認・執行要件の1つである間接管轄の有無を判断するために、「条理」上、かかる訴えが日本の裁判管轄に専属すると解されるかについて旧法下での解釈いかんが問われたものである。上記のとおり判旨は、3条の5第2項の立法理由ともなった［1］から［3］の事情は、法改正とは関係なく従前から存在したものであり、知的財産権の登録に関する訴えは登録国の専属管轄とすべきとの「条理」は従前から存在していたと結論付けている(36)。

2　設例2について

本設例は、東京地裁平成10年11月2日判決（判タ1003号292頁）に依拠する。本判決は、日本の民訴法の規定する裁判籍のいずれかが日本国内にあるときは、原則として、日本の裁判所に提起された訴訟事件につき日本の国際裁判管轄を認めるのが相当であるが、日本で裁判を行うことが当事者間の公平、裁判の適正・迅速の理念に反する特段の事情があると認められる場合には日本の国際裁判管轄を否定すべきであるとの一般論を述べた上で、本件について、まず(1)被告の営業所が日本国内にあるとの点については、以前日本国内にあった被告の事務所は本件訴訟提起時には被告とは別の法人の本店になっていたとの事実を認定した上で、日本国内に被告の営業所はなかったと判断し、次に(2)日本国内に本件の損害賠償請求権の義務履行地があるとの点については、法廷地国の国際私法により選択された契約準拠法の適用によって初めて定められる義務履行地が日本国内にあることを唯一の根拠として日本に国際裁判管轄を認めるのは多くの場合被告において予測困難であり、また原告の住所地が日本にある場合には契約上の紛争のほとんどについて日本の国際裁判管轄を認めてしまう結果となるため、実質的合理性に乏しいと解されること、加えて、原被告間に明確な契約準拠法の定めがなかったこと、売買代金の決済はイギリスポンドでなされていたこと、契約締結には英語が使用されていたこと等の本件諸事情を考慮すれば、仮に本件売買契約の効力についての準拠法が日本法であって民法484条により義務履行地が日本国内にあるとしても、本件については日本の国際裁判管轄を否定すべき特段の事情があると判示して、原告の訴えを却下した。

第2章　9　管轄専属の適用除外、職権証拠調べ、管轄の標準時　249

　本稿との関係で注目したいのは、(1)の判断、すなわち、被告の営業所が日本国内にあるとの原告の主張に対し裁判所は、以前日本国内にあった被告の事務所は本件訴訟提起時には被告とは別の法人の本店になっていたとの事実を認定し、日本国内に被告の営業所はなかったとした判断についてである。本件事案では、原告が被告の日本国内の営業所であると主張する東京都内の事務所が、そもそも、本件につき日本国内に裁判籍を肯定することのできるような性質の営業所であったかについて疑問があるとした上で、「その点については措くとしても、裁判籍は訴え提起の時を標準として定められるところ（旧民事訴訟法29条）、右事務所はかつては被告の事務所であったが、本訴提起時である平成8年2月13日の時点では、被告とは別法人であるロジャースジャパンの本店になっていたことは明らかであ」り、被告とロジャースジャパンが同じ会社を親会社とし、両社の役員を同一人が兼務している等の事情も認められるが、両社が法的には別法人であることが明らかであり、どちらかの法人格が形骸化しているというような事情もない[37]として、原告の主張を退けている。

＜注＞

(34)　申美穂「判批」平成27年度重要判例解説（ジュリ1492号）304頁（2016）参照。これまで、実務上、日本の特許権につき外国判決に関する執行判決を得て登記申請された例はないとされており、特許権の移転登録に関する訴えの専属管轄について明示的に判示した判例・裁判例はなく（なお、東京地判平15・9・26（平15（ワ）14128）裁判所ウェブサイト）、外国特許権等の移転登録請求について国際裁判管轄を特に問題とすることなく本案判決を下した裁判例は複数存在していたようである。例えば、米国特許権に関する東京地判平5・10・22知財集26・2・729（控訴審判決である東京高判平6・7・20知財集26・2・717）、ヨルダン商標権に関する東京地判平16・3・4（平13（ワ）4044）（控訴審判決である東京高判平16・8・9（平16（ネ）1627）裁判所ウェブサイト）など。

(35)　なお、本件韓国判決のうち、Aに対し出願人名義変更手続を命じた部分の執行を求められた別訴（第一審：水戸地下妻支判平24・11・5（平23（ワ）206）、控訴審：東京高判平25・3・19（平24（ネ）7779））においても、本判決と同様の判断がなされている（申・前掲注(34)305頁参照）。

(36)　横溝大「渉外判例研究」ジュリ1487号107頁以下（2015）は、判旨の結論は

支持できるが、民訴法3条の5第2項の成立とその立法趣旨を重視したその理由付けに疑問を呈し、「本判決は、特許権制度における登録の重要性と安定性の要請という観点から、日本の専属管轄を肯定すべきだったのではないだろうか。」とする。

(37) なお、被告のかつての事務所が被告の親会社の設立した別の子会社の事務所となったことをどうみるのかについては、高桑昭「渉外判例研究」ジュリ1173号144頁、146頁以下（2000）を参照されたい。

10 上告理由

畑 宏樹

Ⅰ. はじめに
Ⅱ. 国際裁判管轄における専属管轄
Ⅲ. 設例の検討

設 例

　日本の法令に基づいて設立された日本法人Xは、かつてその取締役の地位にあったYに対して、取締役の地位の不存在確認の訴えを日本の裁判所に対して提起した。YはS国の国籍を有する外国人であり、現在はS国内に住所を有している。

　Yは、本件訴訟の訴状・第1回口頭弁論期日の呼出状等を国際司法共助に基づいて適式に受領したものの応訴しなかったことから、第1審はX勝訴の判決を言い渡した。この判決の送達を受けたYは、控訴を提起し、本案前の抗弁として、本件訴えについては日本の裁判所に国際裁判管轄はないと主張したところ、控訴審はYのこの抗弁を容れて、原判決を取り消し訴え却下の自判をした。

　Xは、本件訴えについての国際的な専属管轄は日本にあることから、原判決には誤りがあるとして上告を提起した。

Ⅰ. はじめに

　平成23年改正民訴法は、渉外的な民事事件の国際裁判管轄につき一定の事件類型のものについては、わが国の裁判所が専属的に管轄権を有する旨の規定を設けている (改正民訴3条の5)。それゆえ、この法定の専属管轄に規律を看過した判決が下された場合には、これを是正する必要性が生じるところ、改正民訴法312条2項2号の2は、これを絶対的上告理由とする旨を定めたものである。

この問題は、平成23年改正前においては、民訴法312条2項3号の解釈論として取り扱われてきたものであるが、平成23年改正において国際的な法定専属管轄の規定を設けるのに併せてこれを絶対的上告理由とすることで、立法的解決を図ったものといえる。

法令違反は、判決に影響を及ぼすことが明らかであるときにのみ、上告理由ないしは上告受理申立ての理由となるに過ぎないのに対し（民訴312条3項・318条1項）、手続上の過誤については判決に影響を及ぼすか否かが明らかでないことが多いことから（例えば、専属管轄裁判所で審理を受けていたならば、判決の結論が異なっていたであろうということの判断は困難といえる。）、一定の重要な手続上の過誤については、判決への影響の有無を問うことなく上告理由とされる[1]。これを絶対的上告理由という。

民訴法312条2項3号は、国内の法定専属管轄に関する規定に違反した判決がなされたことを絶対的上告理由としている。一般に専属管轄の規定は、裁判の適正・公平・迅速といった公益の観点から特に法定されたものであり、その公益性に違背した手続によってなされた判断は上告審によって是正されるに値するものであることに加え、下級裁判所にその遵守を求めるという機能がもたらされる[2]。

このように、民訴法312条2項3号が国内事件についての法定専属管轄違反を絶対的上告理由としていることと同様の趣旨から、国際裁判管轄についても、国内土地管轄の場合と同様に特に公益性の高いものについては日本の裁判所に管轄権が専属する旨の規定が置かれている（改正民訴3条の5）以上は、その違背についてもこれを絶対的上告理由としたのが改正民訴法312条2項2号の2である[3]。これにより、日本の裁判所に専属的な管轄権が認められるにもかかわらず、国際裁判管轄を否定して訴えが却下された場合に、上告審による救済の途が開かれたといえる[4]。

なお、これが絶対的上告理由とされているのは公益に係るものであることに鑑みると、国際的な専属管轄の合意（改正民訴3条の7・3条の10参照）は公益には関わらないので、本号の対象外となる[5]。

＜注＞
(1)　松本博之＝上野泰男『民事訴訟法〔第8版〕』854頁（弘文堂、2015）など。
(2)　高田裕成ほか編『注釈民事訴訟法第5巻』267頁〔勅使川原和彦〕（有斐閣、2015）。

(3)　一問一答171頁以下のほか、伊藤眞『民事訴訟法〔第5版〕』725頁（有斐閣、2016）、高田ほか編・前掲注(2)266頁〔勅使川原〕など。

(4)　松本＝上野・前掲注(1)855頁。

(5)　高田ほか編・前掲注(2)266頁〔勅使川原〕。

Ⅱ．国際裁判管轄における専属管轄

　平成23年改正によって新たに規定された国際的な専属管轄としては、①会社法7編2章（4節・6節に規定するものを除く）・一般社団法人及び一般財団法人に関する法律6章2節等に規定する訴え（民訴3条の5第1項）、②登記又は登録に関する訴え（民訴3条の5第2項）、③知的財産権の存否又は効力に関する訴え（民訴3条の5第3項）がある。これらの事件について、わが国の裁判所に専属的に国際裁判管轄が認められる趣旨や、対象となる事件の範囲等の詳細については該当箇所（**第2章6**）に委ねることとするが、3条の5のように管轄の専属性を定める意味合いについては、第1に、同条を適用すれば外国のみが管轄を有する事件（外国法により設立された会社等に関する訴えなど）について、わが国の裁判所に訴えが提起されたときは、日本の裁判管轄が否定されるということに加え、第2に、同条に該当する事件について外国裁判所がした判決は管轄（間接管轄）を欠くものとして日本における承認（民訴118条1号参照）が拒絶される、という点が指摘されている（条解62頁〔高田裕成〕、秋山コンメ625頁など参照）。

　3条の5が適用される事件類型のうち、差し当たり①については、会社の存立や会社機関・構成員の地位に関するものであるので、会社の設立国が属人的に管轄権を有するものであり、設立国の裁判所が裁判することによって迅速かつ適正な審理判断が可能となり、かつ、法律関係の画一的な処理も可能となることから、他の国の裁判所に管轄権を認めるべきではないとの理由から、わが国の裁判所に専属的な管轄権が認められているとされている（一問一答102頁、秋山コンメ623頁など）。

　したがって、3条の5第1項が規定する訴え（会社の組織に関する訴え、株式会社における責任追及等の訴え、株式会社の役員の解任の訴え、持分会社の社員除名の訴え、社債発行会社の弁済等の取消しの訴えなど）と同様の取扱いが認められている類型の訴え、とりわけ当該判決に対世効が認められ画一的な処理が求められている訴えについては、同条項を類推適用して専属管轄

を認めるべきと解されている（秋山コンメ623頁）。具体的には、取締役等役員の地位の不存在確認の訴え、取締役会決議の不存在・無効確認の訴えなどが挙げられる（一問一答106頁、秋山コンメ624頁など参照）。

III．設例の検討

　3条の5がわが国の裁判所に専属的に国際裁判管轄を認める事件類型を明確に列挙したことを考慮すると、日本に裁判管轄が認められる事案であるにもかかわらず、下級審がこれを看過して訴えを却下するといった事態はさほど多く生じるとは思われない。

　そうだとすると、この違背を絶対的上告理由と定めた312条2項2号の2も、その適用が問題となる事例は極めて限定的なものと考えられる。せいぜい3条の5の類推適用が問題となりそうな事案において、当該事案に対する3条の5の類推適用が肯定されるにもかかわらず下級審がこれを看過したような場合において、本条の存在意義が見いだされることになろうか。

　設例の事案は、取締役の地位の不存在確認の訴えであり、3条の5が規定する訴えそのものではないことから、同条の直接適用によっては管轄の専属性を認めることはできない。とはいえ、II．でも具体例として挙げたように、取締役の地位の不存在確認の訴えについては3条の5が類推適用される事案と考えられていることから、これを看過して訴え却下の自判をした控訴審判決に対してXが提起した上告には、312条2項2号の2所定の絶対的上告理由が認められるということになる。

第 3 章

国際裁判管轄と
国際取引実務

256

1 国際裁判管轄と国際契約

古田啓昌

I. はじめに
II. 被告の住所等による管轄権
III. 契約上の債務に関する訴え等の管轄権
IV. 消費者契約に関する訴えの管轄権
V. 管轄権に関する合意
VI. 特別の事情による訴えの却下
VII. おわりに

設例

日本人Aは、航空会社Y（マレーシア法人）が運航するペナン発クアラルンプール行（いずれもマレーシア国内の都市）の航空機に搭乗したところ、同航空機はマレーシア国内で墜落し、Aを含む乗員乗客の全員が死亡した。Aの相続人である妻Xら（名古屋市在住）は、Yを被告として、旅客運送契約の債務不履行及び不法行為に基づく損害賠償請求訴訟を我が国の裁判所に提起した。Yは日本の裁判所の国際裁判管轄を争い、訴えの却下を求めた。

I. はじめに

設例は、財産法関係民事訴訟の国際裁判管轄に関するリーディングケースとされる最高裁昭和56年10月16日判決（民集35巻7号1224頁）（いわゆるマレーシア航空事件）を素材にしたものである（マレーシア航空事件について、詳細は、第1章1、第2章8等参照）。同事件について最高裁は、「わが民訴法の国内の土地管轄に関する規定、たとえば、被告の居所（民訴法2条）、法人その他の団体の事務所又は営業所（同4条）、義務履行地（同5条）、被告の財産

所在地（同8条）、不法行為地（同15条）、その他民訴法の規定する裁判籍のいずれかがわが国内にあるときは、これらに関する訴訟事件につき、被告をわが国の裁判権に服させるのが右条理に適うものというべきである。」と判示して、マレーシア航空の東京営業所が日本国内にあることを理由に、日本の国際裁判管轄を肯定し、上告を棄却した。

　平成23年民訴法改正に際して改正案の要綱を審議した法制審議会国際裁判管轄法制部会では、マレーシア航空事件類似の事案の処理が、民訴法改正によって変更されるのか、あるいは変更されないのかが議論された[1]。以下では、マレーシア航空事件のような民事訴訟の国際裁判管轄について、平成23年の民訴法改正がどのような実務的影響を及ぼすかを検討する。

＜注＞
(1)　法制審議会国際裁判管轄法制部会第11回会議議事録（平成21年9月4日開催）、同第13回会議議事録（平成21年10月30日開催）参照。

Ⅱ．被告の住所等による管轄権

　国内訴訟においては、法人の普通裁判籍は、主たる事務所又は営業所の所在地によるのが原則である（民訴4条4項）。もっとも、民訴法4条5項は、「外国の社団又は財団の普通裁判籍は、…日本における主たる事務所又は営業所」によるとしており、この規定を国際裁判管轄の決定に当たって参酌してよいかが問題となる。従来は、およそ日本に支店を有する外国法人について（その支店が日本における主たる事務所又は営業所に該当する限り）、民訴法4条5項による一般的な国際裁判管轄を肯定した上で、事案に応じて「特段の事情」によって我が国の国際裁判管轄を否定する手法がとられていた[2]。しかし、このような手法に対しては、「特段の事情」の機能を肥大化させ、予測可能性を害するという批判があった[3]。そこで、平成23年改正民訴法3条の2第3項は、法人その他の社団又は財団に対する訴えは、「その主たる事務所又は営業所」が日本国内にあるときは、日本の裁判所に提起することができるものとした。ここでいう「主たる事務所又は営業所」とは、法人が実質的に本拠として活動している拠点をいうと解される[4]。

　したがって、設例において、Yの実質的な活動の本拠地が日本であれば、その設立準拠法が外国法であったり、あるいは法人登記その他の公簿上の本

店所在地が日本国外であったとしても、なお、民訴法3条の2第3項によって我が国の国際裁判管轄を肯定することができる。これに対し、（例えば実際のマレーシア航空事件の事案のように）Yの実質的な活動の本拠地が日本国外（例えばマレーシア国内）であれば、同条によって我が国の国際裁判管轄を肯定することはできない。

<注>
   (2) 東京高判平12・12・20金判1133・24（記念金貨事件）。マレーシア航空事件の最高裁判決も、被告が外国に本店を有する外国法人であることを前提としつつ、東京営業所を有することを理由として我が国の国際裁判管轄を肯定しており、同様の見解に立つものと解される。
   (3) 道垣内正人「国際裁判管轄」高桑昭＝道垣内正人編『新・裁判実務大系3 国際民事訴訟法（財産法関係）』40頁（青林書院、2002）。
   (4) 一問一答29頁。

Ⅲ．契約上の債務に関する訴え等の管轄権

1　義務履行地による管轄権

　国内訴訟においては、財産権上の訴えは義務履行地を管轄する裁判所に提起することができる（民訴5条1号）。この規定は、我が国の実体法（民484条）が持参債務の原則を採用していることとあいまって、例えば不法行為に基づく損害賠償請求訴訟について、被告住所地のみならず、原告住所地の裁判所にも管轄が生じる効果を生んでいる。これによって過剰管轄が生じる不都合は、国内訴訟の場合には移送の手続によって解決することができるが、国際訴訟の場合には移送制度が利用できない。そのため、義務履行地によって国際裁判管轄が肯定されるのは、①契約に関連して生じる債権に限るのか[5]、あるいは不法行為に基づく損賠賠償請求権や不当利得返還請求権などの法定債権を含むのか[6]、②契約上の本来の債権の義務履行地に限るのか[7]、あるいは本来の債権の不履行から生じる損害賠償債権それ自体の義務履行地を含むのか[8]、③契約において義務履行地が明定されている場合に限るのか[9]、適用される準拠法によって義務履行地が定まる場合を含むのか[10]、といった点について、従前の学説・裁判例は区々となっていた[11]。平成23年改正民訴法3条の3第1号では、①については、契約と無関係に発生する法定債権を除く、②については、契約上の本来の債権の義務履行地に限る、③については、

契約において選択された準拠法（法適用7条参照）を含む、という整理がされている[12]（その上で、さらに民訴法3条の9の「特別の事情」による調整が予定されている。）。

設例では、Ⅹらは、旅客運送契約の債務不履行に基づく損害賠償を請求しているところ、これは民訴法3条の3第1号にいう「契約上の債務の不履行による損害賠償の請求…を目的とする訴え」に該当し、「契約において定められた当該債務の履行地が日本国内にあるとき、又は契約において選択された地の法によれば当該債務の履行地が日本国内にあるとき」には、我が国の国際裁判管轄が肯定される。そこで債務の履行地について検討すると、Ⅹらが債務不履行を主張しているのは、いずれもマレーシア国内の都市であるペナンからクアラルンプールまで、Ａを安全に旅客運送する債務の不履行であり、その義務履行地はマレーシア国内であると解するのが合理的である。したがって、設例において、民訴法3条の3第1号によって我が国の国際裁判管轄を肯定することはできない。

2　財産所在地による管轄権

民訴法5条4号は、日本国内に住所がない者等に対する財産権上の訴えにつき、①請求の目的、②その担保の目的、又は③被告の差押可能財産の所在地に管轄を認めている。この規定は、「日本にいわゆる生活の本拠を有しない者に対する権利の保護を確実ならしめ権利の実行を容易にするために」に設けられたものであり[13]、被告も自己の財産が所在する場所であれば、提訴されても不意打ちにならないと説明されている[14]。もっとも、第三者が主債務者の委託を受けずに物上担保を提供した場合や、委託を受けない保証人となった場合、物上担保の目的物や保証人の住所が日本にあるからといって、日本に生活の本拠を有しない主債務者が日本で提訴されることは、被告たる主債務者にとって不意打ちになる可能性が高い。差押可能財産についても、外国会社の従業員が日本出張中にホテルに会社から貸与された事務用品等を忘れた場合も、民訴法5条4号をそのまま国際裁判管轄の根拠とすれば、その忘れ物の所在地である日本に国際裁判管轄があることになってしまう。また、被告の差押可能財産（例えば被告所有の不動産）が日本国内にあるとしても、その財産と無関係な物（例えば骨董品の壺）の引渡しを求める訴訟（これも財産権上の訴えではある。）につき日本の国際裁判管轄を認めるのは、あまり合理的ではない。旧法下の下級審裁判例では、日本国内に偶然に存在し

第3章　1　国際裁判管轄と国際契約　　261

た商品見本につき国際裁判管轄を否定した事例（東京地判昭34・6・11下民10・6・1204）、被告所有の不動産が日本国内に所在することを理由に国際裁判管轄を肯定した事例（東京地八王子支中間判平3・5・22判タ755・213）、日本国内で被告名義の商標権登録があることを国際裁判管轄の管轄原因として認めた上で、「特別の事情」があるとして訴えを却下し国際裁判管轄を否定した事例（東京地判平15・9・26判タ1156・268）などが公刊されている。

　こうした議論を受けて、平成23年改正民訴法3条の3第3号は、財産権上の訴えにつき、①請求の目的が日本国内にあるとき、又は、②金銭の支払を求める訴えにつき被告の差押可能財産が日本国内にあるときに、日本の国際裁判管轄を認めることにした。つまり、民訴法5条4号の管轄原因のうち、請求の担保の目的の所在地は国際裁判管轄の原因とせず、また、差押可能財産は金銭請求訴訟の場合に限って国際裁判管轄の原因にすることにしたのである。さらに、平成23年改正民訴法3条の3第3号は、差押可能財産の価額が著しく低いときは、国際裁判管轄の原因としない旨を明示している。

　設例において、Xらの訴えは「金銭の支払を請求するもの」（すなわち、損害賠償請求）であるから、Yが日本国内に不動産、動産、特許権、商標権その他差し押さえることができる財産を有している場合には、その財産の価額が「著しく低い」ときを除き[15]、民訴法3条の3第3号によって我が国の国際裁判管轄を肯定することができる。

3　事務所・営業所所在地による管轄権

　国内訴訟においては、事務所又は営業所を有する者に対する訴えでその事務所又は営業所における業務に関するものは、その事務所又は営業所の所在地を管轄する裁判所に提起することができる（民訴5条5号）。平成23年改正民訴法3条の3第4号は、これを国際裁判管轄のルールとして採用し、「事務所又は営業所を有する者に対する訴えでその事務所又は営業所における業務に関するもの」は、「当該事務所又は営業所が日本国内にあるとき」には、我が国の裁判所に国際裁判管轄があるとした。なお、同号において「その事務所又は営業所における業務」というのは、抽象的に当該事務所又は営業所の業務範囲に属するだけでは足りず、当該事務所又は営業所が実際に関与した業務であることを要すると解される[16]。

　したがって、設例において、Yが日本国内に営業所を有しており、Aが当該営業所を通じて航空券を手配・購入したような場合、あるいは、Aが搭乗

した航空機の運航に当該営業所が関与していたような場合には、民訴法3条の3第4号によって我が国の国際裁判管轄を肯定することができる。仮にAが旅行代理店を介して航空券を手配・購入した場合であっても、当該旅行代理店がYの日本国内の営業所から航空券を購入した場合には、なおYの「その事務所又は営業所における業務」に該当するから、同条によって我が国の国際裁判管轄を肯定することができる。これに対し、（例えば実際のマレーシア航空事件の事案のように）Yが日本国内に営業所を有していたとしても、当該営業所が何ら実際に関与していない事案の場合には、同条によって我が国の国際裁判管轄を肯定することはできない。

4 日本において事業を行う者に対する管轄権

平成23年改正民訴法3条の3第5号は、日本において事業を行う者（日本において取引を継続してする外国会社を含む。）に対する訴えについて、当該訴えがその者の日本における業務に関するものであるときは、日本国内に事務所・営業所が存在しない場合でも、日本の裁判所が管轄権を有することとした。これは、従来の国内土地管轄規定には無かった規律であり、近時、そもそも事務所や営業所を設けずに、インターネット等を通じて日本向けのビジネスを行う事業者が増えてきた実情に対処するものである。ここでいう「事業」とは、一定の目的をもって反復継続的に遂行される同種の行為の総体を指し、「業務」とは、営業所等において事業に関して反復継続して行われる個々の行為を意味すると解される。

したがって、設例において、Yが日本国内に営業所を有していない場合でも、海外のサーバーにウェブサイトを開設して、日本在住の顧客向けに航空券の販売などを行っており、Aが当該ウェブサイトを通じて航空券を手配・購入したような場合には、民訴法3条の3第5号によって我が国の国際裁判管轄を肯定することができる。この場合の国内土地管轄については、本案の準拠法上[17]、義務履行地が原告らの住所地となるのであれば、民訴法5条1号により名古屋地方裁判所が管轄を有することとなる。そうでないときは、現行民訴法の国内土地管轄規定では管轄裁判所が決まらない事態が生じ得るが、そのような場合に備えて、東京都千代田区が裁判籍所在地に指定されている（民訴10条の2、民訴規6条の2）。

これに対し、そのようなウェブサイトを仮にYが開設していたとしても、（例えば実際のマレーシア航空事件の事案のように）Aが日本国外の（物理

第3章　1　国際裁判管轄と国際契約　　263

的な）営業所で航空券を手配・購入したような事案の場合には、同条によって我が国の国際裁判管轄を肯定することはできない。

5　不法行為地による管轄権

　国内訴訟においては、不法行為に関する訴えは、不法行為があった地を管轄する裁判所に提起することができる（民訴5条9号）。ここでいう「不法行為があった地」には、加害行為地のみならず、結果発生地も含まれるとするのが一般的な理解である。しかしながら、加害行為地が外国にあり、結果発生地が日本にある場合において、日本国内での結果発生が通常予見できない場合にまで、不法行為地に基づく管轄を肯定するのは、当事者の衡平を欠く可能性が高い。このような場合、国内訴訟であれば、民訴法17条に基づく裁量移送によって別の管轄裁判所に訴訟を移送できるが、国際裁判管轄の関係ではそのような処理はできない。その処理を民訴法3条の9の「特別の事情」に委ねることも考えられるが、国際裁判管轄を定型的に否定すべき場合には、これを明確にした方が当事者の予測可能性及び法的安定性に資する[18]。

　そこで、平成23年改正民訴法3条の3第8号は、「外国で行われた加害行為の結果が日本国内で発生した場合において、日本国内におけるその結果の発生が通常予見することのできないものであったとき」を括弧書で除いた上で、不法行為地を国際裁判管轄の管轄原因とした。ここでいう結果発生地とは、加害行為の直接の結果が発生した地（交通事故でいえば、被害者が事故に遭った地）をいい、二次的・派生的に生じる経済的な損害（例えば治療費の支出や得べかりし収入の喪失など）のみの発生地は含まないとする旧法下の下級審裁判例があるが（東京地判平18・10・31判タ1241・338（ノーザン・エンデバー号事件）、東京地判昭59・2・15判時1135・70）、平成23年改正民訴法下では「不法行為があった地」という文言の解釈に委ねられ、事案ごとに判断されることになると解される[19]。

　設例では、Xらは、不法行為に基づく損害賠償を請求しているところ、これは民訴法3条の3第8号にいう「不法行為に関する訴え」に該当し、不法行為地が日本国内にあれば我が国の国際裁判管轄が肯定される。そこで不法行為地について検討すると、航空機が墜落してAが死亡したのはマレーシア国内であるから、加害行為地、加害行為の直接の結果発生地のいずれも、日本国内にあるとは言えない。もっとも、Aが死亡した結果、Aの葬祭費用がAの相続財産から日本国内で支出され、又は、Aが従前日本国内で得ていた収入

が将来的に喪失したような場合において、民訴法3条の3第8号にいう「不法行為があった地」には二次的・派生的な経済的損害の発生地も含むと解するときは、同条によって我が国の国際裁判管轄を肯定することができる。あるいは、Xらが、Aから相続した損害賠償請求権だけではなく、Xら固有の慰謝料をも請求している場合には、Xら固有の慰謝料はXらの住所地（すなわち名古屋市）において一次的・直接的に発生していると見ることもでき、仮に民訴法3条の3第8号にいう「不法行為があった地」には二次的・派生的な経済的損害の発生地は含まないと解するときでも、なお同条により我が国の国際裁判管轄を肯定する余地がある。Aから相続した損害賠償請求権とXら固有の慰謝料請求権を別の訴訟物と解する場合には、両請求が客観的に併合されていることになる。このような場合、民訴法3条の6本文は、「一の請求と他の請求との間に密接な関連があるときに限り」、併合請求による日本の国際裁判管轄を肯定することにしているところ（最判平13・6・8民集55・4・727参照）、Aから相続した損害賠償請求権とXら固有の慰謝料請求権との間には「密接な関連がある」と解することになろう[20]。

＜注＞

(5)　東京地判昭62・6・1金判790・32（香港三越第1事件）。

(6)　東京地判平元・8・28判時1338・121（文藝春秋事件）。

(7)　大阪地判平3・3・25判時1408・100（ミネソタ州判決執行事件）、東京地判平6・1・14判時1509・96。

(8)　東京地判平5・4・23判時1489・134、名古屋高判昭54・11・12判タ402・102。

(9)　前掲注(7)・大阪地判平3・3・25、前掲注(7)・東京地判平6・1・14、東京地判平6・1・31判時1509・101。

(10)　前掲注(8)・東京地判平5・4・23、神戸地判平5・9・22判タ826・206（香港訴訟費用負担命令事件）。

(11)　なお、実際のマレーシア航空事件では、控訴審（名古屋高判昭54・11・12判タ402・102）が、原告らの住所地を本訴請求に係る義務履行地であるとした上で、「義務履行地の所在する日本に裁判権があることは条理上当然である」としたのに対し、上告審（最判昭56・10・16民集35・7・1224）は、我が国の国際裁判管轄を肯定する理由として被告の東京営業所の所在のみを挙げており、義務履行地には触れていない。これは、最高裁として、義務履行地を国際裁判管轄の原因とすることに一定の躊躇があったためとも推測される。その一方で、最高裁は、訴えを名古屋地裁に差し戻した控訴審判決に対する上告

第3章　1　国際裁判管轄と国際契約　　265

を棄却しており、東京地裁への移送を命じていないことからすると、国内土地管轄の観点からは、名古屋地裁に義務履行地管轄があると考えていたのだと推測される。

(12)　条解53頁〔新堂幸司ほか〕

(13)　東京地判昭34・6・11下民10・6・1204。

(14)　秋山コンメ114頁。

(15)　なお、財産の価額が「著しく低い」か否かは、その財産に対して強制執行をして債権回収に足りる価値を有するか否かという観点から判断されるべきであり、Ｘらの請求金額との均衡を要するものではないと解される。一問一答45頁参照。

(16)　一問一答52頁。

(17)　法の適用に関する通則法17条は、「不法行為によって生ずる債権の成立及び効力は、加害行為の結果が発生した地の法による。」と規定しているところ、同条にいう「加害行為の結果が発生した地」とは、加害行為による直接の法益侵害の結果が現実に発生した地のことであり、基本的には、加害行為によって直接に侵害された権利が侵害発生時に所在した地を意味すると解される（小出邦夫『逐条解説　法の適用に関する通則法（増補版）』193頁（商事法務、2014））。設例では、Ａ固有の法益が一次的・直接的に侵害されたのはマレーシア国内であるから、ＸらがＡから相続した損害賠償請求権については、マレーシアの法が本案の準拠法となる。これに対し、Ｘら固有の慰謝料（民711条参照）については、Ｘらの住所地（すなわち名古屋市）において一次的・直接的に発生していると見ることもできるから、その成否に係る準拠法はＡが死亡した地であるマレーシアの法になるのか、Ａ死亡時にＸらが所在していた日本の法になるのか、さらに検討を要する。

(18)　なお、実際のマレーシア航空事件では、控訴審（名古屋高判昭54・11・12判タ402・102）が、「わが国法上、…控訴人らの住所地をもつて本訴請求にかかる義務の履行地というべきことは明らかである。」と判示している。同判決はマレーシア法における持参債務・取立債務の問題には全く触れていないから、前記判示は我が国の民法484条を前提としたものと思われる。しかし、控訴審がいかなる検討を経て日本法を本案の準拠法としたのかは、必ずしも明らかでない。

(19)　一問一答70頁。

(20)　一問一答69頁。

Ⅳ. 消費者契約に関する訴えの管轄権

平成23年改正民訴法は、基本的には従前の判例理論を条文化するという方針で立法されたが、消費者契約や労働関係といった分野では、弱者保護の観点から、従来の判例理論を超えて、新たなルールが策定されることとなった。消費者が事業者を訴える場合の国際裁判管轄についても、従来とは異なるルールが法定された。平成23年改正民訴法3条の4第1項は、「消費者（個人（事業として又は事業のために契約の当事者となる場合におけるものを除く。）をいう。以下同じ。）と事業者（法人その他の社団又は財団及び事業として又は事業のために契約の当事者となる場合における個人をいう。以下同じ。）との間で締結される契約（労働契約を除く。以下「消費者契約」という。）に関する消費者からの事業者に対する訴えは、訴えの提起の時又は消費者契約の締結の時における消費者の住所が日本国内にあるときは、日本の裁判所に提起することができる。」と規定して、消費者契約に関する消費者からの事業者に対する訴えについて、訴えの提起の時又は消費者契約の締結の時における消費者の住所が日本国内にあるときは、日本の裁判所に提起することができるものとした。

設例におけるYは法人であるから、ここでいう「事業者」に該当する。一方、設例におけるAは、個人ではあるが、事業として又は事業のために旅客運送契約の当事者となったのか否かは、明らかではない。もしAが観光旅行等のために当該航空機に搭乗していたような場合には、A・Y間の旅客運送契約は民訴法3条の4第1項にいう「消費者契約」に該当することとなり、契約締結時のAの住所が日本国内にあれば、同条によって我が国の国際裁判管轄を肯定することができる。この場合の国内土地管轄については、民訴法3条の3第5号（日本において事業を行う者に対する管轄権）によって国際裁判管轄が肯定される場合と同様、本案の準拠法次第では民訴法5条1号により名古屋地方裁判所が管轄を有することとなり、その他、現行民訴法の国内土地管轄規定では管轄裁判所が決まらないときは民訴法10条の2、民事訴訟規則6条の2により東京地方裁判所が管轄を有することとなる。

これに対し、契約締結時のAの住所が日本国外であったときは、同条によって我が国の国際裁判管轄を肯定することはできない。また、例えばAがビジネス目的で当該航空機に搭乗していたような場合には、事業として又は事業のために旅客運送契約の当事者となったとされて、「消費者契約」への該当

第3章　1　国際裁判管轄と国際契約　　267

性が否定される可能性もある。あるいは、航空券を購入したのがA自身では
なく、例えば会社の出張のためにAの使用者が航空券を購入してAに支給し
ていたような場合には、そもそもAは旅客運送契約の当事者ではなく、その
観点から「消費者契約」への該当性が否定される可能性もある。なお、平成
12年条約第6号による改正後の「国際航空運送についてのある規則の統一に
関する条約」(いわゆるモントリオール条約) 33条2項は、旅客の死亡又は傷
害から生じた損害についての損害賠償の訴えは、事故の発生の時に旅客が主
要かつ恒常的な居住地を有していた締約国の領域における裁判所に提起する
ことができる旨を規定しているが、設例は国際運送の事案ではないので、同
条約は適用されない (モントリオール条約1条2項)。

Ⅴ．管轄権に関する合意

　平成23年改正民訴法3条の7第1項は、「当事者は、合意により、いずれの国
の裁判所に訴えを提起することができるかについて定めることができる。」
と規定し、同条2項、3項は書面性要件を規定している。したがって、設例に
おいて、AとY (あるいはXらとY) との間で、当該訴訟について我が国の
裁判所を管轄裁判所とする旨の書面による合意があれば、同条によって我が
国の国際裁判管轄を肯定することができる。仮にA・Y間の旅客運送契約が
「消費者契約」に該当する場合であっても、Xら (消費者であるAの相続人)
が管轄合意に基づき我が国の裁判所に訴えを提起することは妨げられない
(民訴3条の7第5項2号)。

　なお、最高裁昭和50年11月28日判決 (民集29巻10号1554頁、いわゆるチサダネ号
事件最高裁判決) (詳細は、**第2章7参照**) は、管轄合意が甚だしく不合理で公
序法に違反するとき等には管轄合意が無効となる可能性を示唆していた。こ
の点について平成23年改正民訴法では格別の規定は設けられなかったが、同
様の趣旨は日本民法90条等の適用により現在も妥当すると解されるとこ
ろ[21]、原告が日本在住の個人Xらであり、被告が外国の航空会社である設例
のような事案において、我が国の裁判所を管轄裁判所とする管轄合意が甚だ
しく不合理で公序法に違反するとされる可能性は極めて低いと予想される。

＜注＞
　(21)　一問一答140頁。

Ⅵ. 特別の事情による訴えの却下

　最高裁昭和56年10月16日判決（マレーシア航空事件）以降の下級審裁判例においては、同最判を引用して、民訴法所定の裁判籍が日本国内にあるときは、原則として国際裁判管轄を肯定すべきであるが、個別事件における当事者の利益や便宜、事案の性質や内容、法廷地との実質的関連性などを総合考慮して、日本で裁判を行うことが当事者間の公平、裁判の適正・迅速を期する理念に反する特段の事情があると認められる場合には、国際裁判管轄を否定するという判断枠組みが定着し、この判断枠組みは最高裁平成9年11月11日判決（民集51巻10号4055頁、いわゆるファミリー事件（ドイツ車預託金事件））（詳細は、第2章8参照）によって是認された。

　平成23年改正民訴法3条の9は、従来の判例にいう「特段の事情」に相当するものとして、「事案の性質、応訴による被告の負担の程度、証拠の所在地その他の事情を考慮して、日本の裁判所が審理及び裁判をすることが当事者間の衡平を害し、又は適正かつ迅速な審理の実現を妨げることとなる特別の事情があると認められるときは」、訴えを却下できる旨を規定している。同条について、最高裁平成28年3月10日判決（民集70巻3号846頁）は、原告ら（日本法人とその取締役ら）が被告（米国ネバダ州法人）に対して名誉毀損等の不法行為に基づく損害賠償を請求した訴訟について、米国ネバダ州裁判所に関連訴訟が係属中であること、主な争点についての証拠方法は，主に米国に所在するものといえること、原告らも被告も米国で交渉、提訴等がされることを想定していたといえることといった事情を考慮すると、本件については，民訴法3条の9にいう「特別の事情」があるとして、訴えを却下した原審の判断を是認した。

　また、平成23年改正民訴法の公布後かつ施行前の事案ではあるが、仙台高裁平成23年9月22日判決（判タ1367号240頁）は、公海上で発生した外国船籍船舶間の衝突事故に起因する外国法人間の損害賠償請求訴訟について、我が国との法的関連性が極めて希薄であること（事案の性質）、被告の予測可能性及び応訴の負担、我が国において証拠調べを実施することが訴訟手続上有益であるような事情を見出すことはできないこと、本案の準拠法（不法行為の成否につきロシア法及びパナマ法が累積適用されること）などを勘案した上で、上記最高裁平成9年11月11日判決にいう「特段の事情」があるとして、訴えを

却下した第一審判決を是認した。

これを設例について検討すると、マレーシア国内で発生した航空機事故の事案であること、Yの債務不履行ないし不法行為に関する証拠方法の多くはマレーシア国内に所在すると予想されること、我が国で審理判断する場合の実体準拠法は法の適用に関する通則法17条によりマレーシア法となる可能性が高いことなどを考慮すると、Yの活動本拠地が日本国内にあるとか、Yの日本における営業所が関与した事案である等、我が国で審理判断することを強く基礎付ける事情がない場合には、民訴法3条の9によって訴えが却下される事態も予想される（実際のマレーシア航空事件の第一審（名古屋地判昭54・3・15金判634・16）は、被告がマレーシア法人であること、その東京営業所は本件に関与していないこと、運送契約の履行地、契約締結地及び事故発生地が全てマレーシア国内であること、準拠法がマレーシア国法になること、証拠の収集、被告の応訴の便宜を総合考慮して、「本件につき裁判管轄権はマレーシア連邦国の裁判所に属すると解すべきである」として、訴えを却下している。）。

Ⅶ. おわりに

以上、平成23年改正民訴法の下でマレーシア航空事件類似の事案がどのように処理されるかを概観した。上述したとおり、現行法下では、義務履行地が日本国内にあるとか（マレーシア航空事件の控訴審判決）、単に被告の営業所が日本国内にある（同控訴審判決及び上告審判決）というだけの理由では、我が国の裁判所の国際裁判管轄を基礎付けることはできない。また、民訴法3条の3第3号（財産所在地）、同条4号（営業所所在地）、同条5号（日本において事業を行う者）、同条8号（不法行為地）、民訴法3条の4第1項（消費者契約）、民訴法3条の7（管轄合意）によって我が国の裁判所の国際裁判管轄を基礎付けることができる場合であっても、（実際のマレーシア航空事件で第一審の管轄裁判所とされた）名古屋地方裁判所に国内土地管轄が生じるのは、差押可能な被告の財産や事案に関与した被告の営業所が愛知県内に所在する場合、Xら固有の慰謝料について名古屋地方裁判所に管轄が生じる場合など、かなり限定されることになる。

2 国際裁判管轄と国際的な財産紛争

古田啓昌

Ⅰ．はじめに
Ⅱ．不動産関係訴訟の国際裁判管轄
Ⅲ．国際訴訟競合
Ⅳ．外国判決の承認執行

設 例

　X氏（岐阜県大垣市在住）は、2016年1月15日、その所有するA土地（東京都渋谷区松濤に所在する100坪の宅地）をY氏（米国カリフォルニア州在住）に売却することを約した（以下、「本件売買契約」という。）。X・Y間で取り交わされた同日付け売買契約書には、以下の約定が含まれている。

・売買代金は金3億円とする。
・Yは、2016年6月30日限り、上記3億円をXに支払う。
・本契約は日本法に基づいて解釈される。
・本契約に関する一切の紛争は、米国カリフォルニア州オレンジ郡の第一審裁判所の管轄に服する。

　Xは、本件売買契約はYに強迫されて締結したものであるとして、2016年3月1日、Yに対し民法96条に基づき本件売買契約を取り消す旨の意思表示をした。Yは、本件売買契約は有効であり、Xの強迫の主張には根拠がないとして、同年7月1日、米国カリフォルニア州オレンジ郡の第一審裁判所にXを被告とする民事訴訟を提起し、A土地がYの所有に属することの確認及びA土地につき売買を原因とする所有権移転登記手続を求めた（以下、「本件米国訴訟」という。）。本件米国訴訟の訴状及び答弁書催告状は、ハーグ送達条約に基づき、同年9月30日にXに送達された。

Xは、同年11月1日、東京地方裁判所にYを被告とする民事訴訟を提起
し、A土地がXの所有に属することの確認及び所有権移転登記義務の不
存在確認を求めた（以下、「本件東京訴訟」という。）。本件東京訴訟の訴
状及び期日呼出状は、ハーグ送達条約に基づき、同年12月30日にYに送
達された。

Ⅰ．はじめに

　本稿では、日本国内に所在する土地の売買を例にとって、国際的な財産紛
争における国際裁判管轄をめぐる諸問題（国際訴訟競合、間接管轄を含む。）
を検討する。

Ⅱ．不動産関係訴訟の国際裁判管轄

　Yは、本件東京訴訟において、国際裁判管轄の欠缺を理由に訴えの却下を
求めることが予想される、この場合、東京地方裁判所は、どのように対応す
べきであろうか。

　(1)　被告の住所等による管轄権

　民訴法3条の2第1項によれば、自然人である被告の住所、居所（日本国内に
住所がないとき又は住所が知れないとき）、又は訴えの提起前の最後の住所
（日本国内に居所がないとき又は居所が知れないとき）が日本国内にあれば、
日本の裁判所の国際裁判管轄は原則として肯定される。しかし、設例ではY
は米国カリフォルニア州に住所を有していると考えられるので、同条によっ
て我が国の国際裁判管轄を肯定することはできない。

　(2)　不動産所在地による管轄権

　民訴法5条12号は、不動産に関する訴えについて、不動産所在地の特別裁判
籍を規定している。不動産に関する訴えとは、不動産上の物権に関する訴え
（例えば、不動産の所有権確認、所有権に基づく妨害排除請求など）及び不
動産に関する債権に係る訴え（売買契約に基づく不動産引渡請求、賃貸借契
約解除に伴う不動産明渡請求など）をいうところ、これらの訴訟については、
不動産所在地で審理することが、証拠調べの便宜に適い、関係者の出頭など
も容易なことが多いからである。また、不動産所在地に管轄を認めても、当
事者の予測可能性を害する可能性は低い。その趣旨は国際裁判管轄において

も妥当するから、平成23年改正民訴法3条の3第11号では、不動産に関する訴えについて不動産が日本国内にあるときには、日本の国際裁判管轄を認めるものとしている。

設例では、XはA土地がXの所有に属することの確認を求めているところ、これは民訴法3条の3第11号にいう「不動産に関する訴え」に該当し、A土地は日本国内に所在するから、同条によって我が国の国際裁判管轄を肯定することができる。

(3)　登記・登録に関する訴えの管轄権

民訴法5条13号は、登記・登録に関する訴えについて、登記・登録をすべき地の特別裁判籍を規定している。これらの訴訟については、登記・登録を行う官庁の所在地で審理することが、証拠調べの便宜に適い、また原告が勝訴した場合の執行（登記・登録の実行）にも資することが多いからである。当事者の予測可能性を害する可能性は低いことも、不動産所在地の場合と同様である。その趣旨は国際裁判管轄についても妥当することから、平成23年改正民訴法3条の5第2項は、登記又は登録に関する訴えの管轄権は、登記又は登録をすべき地が日本国内にあるときは、日本の裁判所に専属することとした[1]。

設例では、XはA土地について所有権移転登記義務の不存在確認を求めているところ、これは民訴法3条の5第2項にいう「登記又は登録に関する訴え」に該当し、A土地に関する不動産登記は日本国内ですべき登記であるから、同条によって我が国の国際裁判管轄を肯定することができる。

(4)　特別の事情による訴えの却下

前述のとおり、平成23年改正民訴法3条の9は、従来の判例にいう「特段の事情」に相当するものとして、「特別の事情」があるときには訴えを却下できる旨を規定している。しかしながら、同条の規定は「訴えについて法令に日本の裁判所の管轄権の専属に関する定めがある場合には、適用しない」（民訴3条の10）こととされている。設例では、XはA土地について所有権移転登記義務の不存在確認を求めているところ、この請求は民訴法3条の5第2項により我が国の裁判所の専属管轄に服するから、同請求を民訴法3条の9にいう「特別の事情」によって却下することはできない。

これに対し、A土地の所有権確認請求は、我が国の裁判所に専属する請求ではない[2]。したがって、所有権確認請求について民訴法3条の9にいう「特

第3章　2　国際裁判管轄と国際的な財産紛争　　273

別の事情」があるときは、これを却下することができる。もっとも、所有権
確認請求を却下するためには、同請求を移転登記手続義務不存在確認請求か
ら分離することが必要である。両請求が極めて密接な関係にあること、Ａ土
地が日本国内に所在することなどを勘案すると、あえて両請求を分離した上
で、所有権確認請求を「特別の事情」を理由に却下し、移転登記手続義務不
存在確認請求のみを日本の裁判所で審理判断することは、一般には極めて不
合理であろう。

　(5)　管轄合意の効力

　本件売買契約には、「本契約に関する一切の紛争は、米国カリフォルニア州
オレンジ郡の第一審裁判所の管轄に服する。」旨の規定がある（以下、「本件
管轄合意」という。)。本件管轄合意が、附加的な管轄合意なのか、専属的な
管轄合意なのかは、その文言上は必ずしも明らかではない。一般に国際取引
に関する契約に、特定の国の裁判所に訴えを提起することができる旨の条項
が置かれている場合に、英米法の国では附加的な管轄合意とされ、大陸法の
国では専属的な管轄合意とされているとの指摘もある一方で[3]、専属的な管
轄合意であることが明確でない場合には、原則として附加的な管轄合意と解
することが妥当であるとの指摘もある[4]。2005年ハーグ管轄合意条約3条ｂ
項は、当事者が明示的に別段の定めをしない限り、専属的なものとみなすと
しているが、我が国は同条約には加盟していない。結局のところ、本件管轄
合意の趣旨については、最終的には東京地方裁判所が事案に応じて判断する
しかないということになる[5]。

　仮に本件管轄合意が附加的な管轄合意であるとすれば、他の管轄原因によ
って認められる我が国の国際裁判管轄が本件管轄合意によって否定されるこ
とにはならないから、東京地方裁判所は、民訴法3条の3第11号及び民訴法3条
の5第2項に基づき、本件東京訴訟の審理判断を行うことができる。

　一方、本件管轄合意が専属的な管轄合意であるとすれば、オレンジ郡の第
一審裁判所が法律上又は事実上裁判権を行うことができないとき（民訴3条の7
第4項）、本件売買契約が民訴法3条の4第1項にいう「消費者契約」に該当する
とき（民訴3条の7第5項）、あるいは、管轄合意がはなはだしく不合理で公序法に
違反するとき（チサダネ号事件の最判昭50・11・28民集29・10・1554参照）
を除き、我が国の国際裁判管轄はＸの所有権確認請求には及ばないこととな
る。設例においては、Ｘが消費者であり、かつＹが事業者であれば、本件売

買契約は消費者契約に該当し、専属管轄合意としての効力を有しない。そうでない場合には、民訴法3条の7第5項により本件管轄合意が無効となることはなく、また、Yが米国カリフォルニア州在住であることを考えると、本件管轄合意がはなはだしく不合理で公序法に違反するとは言いにくいであろう。これに対し、Xの所有権移転登記手続義務不存在確認請求は、我が国の裁判所の専属管轄に服するから（民訴3条の5第2項）、仮に本件管轄合意が専属的な管轄合意であったとしても、管轄合意の効力は及ばない（民訴3条の10）(6)。したがって、本件管轄合意が専属的な管轄合意である場合には、東京地方裁判所は、所有権確認請求と移転登記手続義務不存在確認請求の弁論を分離し、専属管轄合意違反を理由に所有権確認請求の訴えを却下した上で、移転登記手続義務不存在確認請求についてのみ審理判断することになる。

＜注＞

(1)　なお、民訴法3条の5第2項は、日本国内ですべき登記・登録に関する訴えにつき日本の裁判所が国際裁判管轄を有することを定めるのみならず、更に進んで、これを日本の専属管轄としている。その結果、日本国内ですべき登記・登録について、外国の裁判所が被告に移転登録の意思表示を命じる本案判決をしたとしても、民訴法118条1号の間接管轄要件を欠く結果、その外国判決は日本では効力を有しないこととなる。また、外国ですべき登記・登録に関する訴えについては、それが仮に私人間の契約に基づく給付請求であったとしても、日本の裁判所は国際裁判管轄を有しないこととなる。私見では、このような立法の合理性は甚だ疑問である。古田啓昌「国際取引法の現状と課題　国際裁判管轄法制について」現代民事判例研究会編『民事判例Ⅱ－2010年後期』115頁（日本評論社、2011）。私見に対する論評として、高橋宏志「国際裁判管轄二題」伊藤眞ほか編『石川正先生古稀記念論文集　経済社会の法と役割』1061頁（商事法務、2013）。

(2)　大正15年改正前の旧々民訴法では不動産所在地の裁判籍は専属管轄とされており、今回の立法作業の過程でも、日本国内に所在する不動産（土地）は国家の領土主権と密接な関連を有することを理由に、専属管轄にすべきとの意見もあった。もっとも、静岡地裁浜松支部平成3年7月15日判決（判時1401号98頁）は、不動産の権利関係をめぐる訴訟について、領土主権の観点から不動産所在地国に専属的管轄権を認める国際慣習法が存在するとは言えない旨を判示している。東京地裁平成25年2月22日判決（平24（ワ）21280）も同旨の判断を示している。

第3章　2　国際裁判管轄と国際的な財産紛争　　275

- (3)　中村達也『国際取引紛争－紛争解決の基本ルール－』76頁（成文堂、2014）。
- (4)　浜辺陽一郎『ロースクール実務家教授による英文国際取引契約書の書き方　第1巻（改訂版）』204頁（ILS出版、2007）。
- (5)　一問一答133頁。なお、東京地裁平成27年3月27日判決（判タ1421号238頁）参照。
- (6)　一問一答138頁。

Ⅲ．国際訴訟競合

　Yは、本件東京訴訟において、国際的な訴訟競合を理由に訴えの却下を求めることも予想される、この場合、東京地方裁判所は、どのように対応すべきであろうか。

(1)　国内訴訟における重複起訴の禁止

　民訴法142条は、「裁判所に係属する事件については、当事者は、更に訴えを提起することができない。」として、いわゆる二重起訴を禁止している。その趣旨につき最高裁は、「審理の重複による無駄を避けるためと複数の判決において互いに矛盾した既判力ある判断がされるのを防止するためである」としている[7]。重複訴訟が提起された場合に優劣は、訴訟係属の先後で決せられるところ、我が国の通説によれば訴訟係属が生じる時点は（訴え提起の時ではなく）被告に訴状が送達された時点であるとされている[8]。

　本件米国訴訟と本件東京訴訟は、いずれもA土地の所有権者が誰か（XかYか）、YはXに対して所有権移転登記手続請求権を有するかを訴訟物としており、当事者も共通しているから、両訴訟について審理の重複が生じ、また両訴訟の判決において互いに矛盾した既判力ある判断がされるおそれが存する。したがって、仮に両訴訟につき民訴法142条が適用されるのであれば、先に訴訟係属した本件米国訴訟が優先され、本件東京訴訟は却下されることとなる（両訴訟が共に日本の裁判所に係属していれば、劣後する訴訟を優先する訴訟の係属裁判所に移送し、両者を併合審理することによって二重訴訟の状態を解消することも可能であるが、本件では優先する本件米国訴訟が外国裁判所に係属しているため、劣後する本件東京訴訟を移送することができない。）。

(2)　裁判例における国際訴訟競合の規律

　しかし、我が国の下級審裁判例は、一貫して、民訴法142条にいう「裁判所」

には外国裁判所は含まれない（すなわち、同条は国際訴訟の局面では適用されない）としている[9]。国内の二重起訴の場合は裁判所の構成や手続規則の同一性は極めて高いのに対し、国際訴訟の局面では裁判所の構成や手続規則も異なる可能性が高いことに照らせば、これは妥当な解釈である。

とはいえ、国際訴訟の局面でも、審理の重複は可能な限り回避するに越したことはない。このような場合、ドイツ法系の国では、外国訴訟の判決が将来的に自国で承認されることになる（すなわち、自国でも効力を有することになる）場合には、自国での後訴は訴えの利益を欠き、不適法却下されることとなる（いわゆる承認予測説）。我が国でも承認予測説を支持する学説も有力であり[10]、この見解に理解を示す裁判例も存在する[11]。

一方、英米法系の国では、仮に自国の国際裁判管轄が認められる場合でも、当事者間の衡平や証拠調べの便宜といった様々な事情を総合的に考慮した上で、外国裁判所で審理を行う方がより適切であると認められるときは、自国の訴訟を却下し、あるいは訴訟手続を停止するという処理方法が採用されている[12]。外国における競合訴訟の存在や訴訟係属の先後も、このような総合考慮の一材料とはなるが、必ずしも決定的な要素になるとは限らない。その意味で、柔軟な処理方法である反面、裁判官の裁量が広くなり、恣意的な判断がされるおそれも無いわけでない。

我が国の学説上は、外国における競合訴訟の存在も上記「特別の事情」の一要素として考慮し、それ以外の様々な事情も総合的に比較考慮した上で、我が国の国際裁判管轄を肯定するか否かを決定すべきであるとの見解（比較衡量説）が多数説となっている[13]。比較衡量説に対しては、我が国では二重起訴の禁止は訴えの利益の問題であって管轄の問題ではないことと整合しないとか、裁判官の裁量が拡大する英米法的な処理は我が国には馴染まないとの批判もある。しかし、承認予測説には、現実問題として、「判決の内容及び訴訟手続が日本における公の秩序又は善良の風俗に反しないこと」（民訴118条3号）、や（外国判決確定後の承認審査時において）「相互の保証があること」（同条4号）を事前に判断することは容易でないという困難が伴うこともあって、我が国の裁判例の多数は、外国における競合訴訟の存在を「特別の事情」の一要素として考慮する判断枠組みを採用している[14]。

(3)　平成23年民訴法改正の審議過程における議論

法制審議会の国際裁判管轄法制部会は、2009年7月、「国際裁判管轄法制に

関する中間試案」を公表した。中間試案では、国際訴訟競合について、「外国裁判所に係属する事件と同一の事件について、訴えの提起があった場合において、外国裁判所に係属する事件が判決によって完結し、その判決が確定して民訴法118条の規定により効力を有することとなると見込まれるときは、裁判所は、申立てにより又は職権で、その事件の判決が確定するまで訴訟手続を中止することができるものとする。」との甲案と、「国際訴訟競合については、特段の規律を置かないものとする。」との乙案とが併記されていた。

しかしながら、甲案に対しては、外国判決の承認予測が必ずしも容易でないことや、訴訟手続の中止に不満を持つ当事者の手続保障（当該中止決定に対して独立の不服申立てを認めるか否か）、そもそも訴訟係属の先後によって国際訴訟競合の規律を変える（我が国の訴訟が後に係属した場合のみ中止決定の対象とし、我が国の訴訟が先に係属したときは中止決定の対象としない）ことの合理性などについて疑問が提示され、その後の国際裁判管轄法制部会における議論でも、規律を設けることは時期尚早との意見が多数となった。その結果、2010年2月に公表された「国際裁判管轄法制の整備に関する要綱」には国際訴訟競合に関する規律は盛り込まれず、今回の立法では、国際訴訟競合に関する規定は設けないこととなった[15]。

(4)　設例への当てはめ

上述のとおり、平成23年民訴法改正では、国際訴訟競合の規律に関する特段の規定は立法化されなかった。そのため、外国における競合訴訟の存在を「特別の事情」（民訴3条の9）の一要素として考慮する従前の判断枠組みが、平成23年改正民訴法下でも妥当すると解される[16]。前掲最高裁平成28年3月10日判決も、民訴法3条の9にいう「日本の裁判所が審理及び裁判をすることが当事者間の衡平を害し、又は適正かつ迅速な審理の実現を妨げることとなる特別の事情」の考慮要素の一つとして、米国における関連訴訟の状況を考慮している。

設例においても、本件東京訴訟と当事者及び訴訟物を同一にする本件米国訴訟が外国で先に係属していることは、「特別の事情」の一要素として考慮される。もっとも、前述したとおり、本件東京訴訟におけるXの請求のうち、移転登記手続義務不存在確認請求には民訴法3条の9は適用されないこと、同請求と所有権確認請求は極めて密接な関係にあること、A土地は日本国内に所在しており事案と我が国との法的関連性が密接であることなどを勘案する

と、本件米国訴訟が先に係属していることを考慮しても、なお所有権確認請求のみを「特別の事情」を理由に却下する合理性は乏しいであろう。

<注>

(7) 最判平3・12・17民集45・9・1435。ただし、二重起訴禁止の趣旨として既判力の矛盾防止を挙げることには疑問がある。古田啓昌「二重起訴の禁止と訴訟係属の時期―知的財産高等裁判所平成19年4月11日決定の紹介を兼ねて―」法セ634号54頁（2007）。

(8) この点、私見では訴え提起の時を基準にする方が合理的であり、それに沿う裁判例も存する。古田・前掲注(7)参照。

(9) 初期の裁判例として東京高裁昭和32年7月18日判決（下民8巻7号1282頁）、最近の裁判例として東京地裁平成19年3月20日中間判決（判時1974号156頁）など。

(10) 道垣内正人「国際訴訟競合」高桑昭＝道垣内正人編『新・裁判実務大系3 国際民事訴訟法（財産法関係）』145頁（青林書院、2002）。

(11) 東京地中間判平元・6・19判タ703・240、品川白煉瓦事件。

(12) 米国におけるフォーラム・ノン・コンビーニエンスと国際訴訟競合の関係については、さしあたり古田啓昌『国際訴訟競合』19頁以下（信山社、1997）参照。

(13) 最近の学説の状況につき、さしあたり小林秀之＝村上正子『国際民事訴訟法』163頁以下（弘文堂、2009）。

(14) 初期の裁判例として東京地裁昭和59年2月15日判決（判時1135号70頁）、直近の最高裁判例として最高裁平成28年3月10日判決（民集70巻3号846頁）など。

(15) 条解829頁［竹下守夫・上原敏夫］、道垣内正人「日本の新しい国際裁判管轄立法について」国際私法年報12号203頁以下（2011）。

(16) 一問一答178頁。

Ⅳ．外国判決の承認執行

仮にＸが本件米国訴訟において答弁書を提出せず、期日にも出頭しなかったために、オレンジ郡の第一審裁判所がＹの請求を全て認容する判決を言い渡し（以下、「本件米国判決」という。）、同判決が確定した場合には、Ｙは、本件東京訴訟において、本件米国判決の判決効を理由として、請求棄却を求めることが予想される。この場合、東京地方裁判所は、どのように対応すべきであろうか。

第3章　2　国際裁判管轄と国際的な財産紛争　　279

（1）　外国判決の承認手続と承認の効果

　民訴法118条は、「外国裁判所の確定判決は、次に掲げる要件のすべてを具備する場合に限り、その効力を有する。」として、同条1号ないし4号の要件を掲げている。ある外国判決が民訴法118条所定の承認要件を具備しているか否かを審査するための特別の手続は用意されていない（自動承認制度）。我が国の裁判所に提起された後訴において、原告の後訴請求は外国における前訴の確定判決の既判力に抵触するとの主張が被告から提出されたときは、後訴の受訴裁判所が当該外国判決の承認の可否を審査することになる。

　外国判決の承認の効果については、判決国において認められている判決効がそのまま我が国に拡張される（したがって、民訴法118条にいう「その効力」は判決国法によって規律される）とする効力拡張説と、承認によって外国判決が我が国の判決と同一の効力を有することとなる（したがって、同条にいう「その効力」は日本法によって規律される）とする等値説とがある。判例通説は効力拡張説だとされているが[17]、例えば判決国において判決理由中の判断にも拘束力が認められている場合（例えば、米国訴訟におけるissue preclusionなど）、その効力を我が国でも認めてよいかは議論のあるところである[18]。

　本件米国判決は、A土地がYの所有に属することを確認するとともに、Xに対しA土地につき売買を原因とする所有権移転登記手続を命じるものである。米国の民事手続法上、どのような判決効が本件米国判決に生じるかは必ずしも明確ではないが、少なくとも「A土地はYの所有に属する」、「XはYに対して所有権移転登記手続をする義務を負う」との判断については（我が国でいう）既判力（いわゆるres judicataないしclaim preclusion）が生じていると考えられる。この判決効が我が国で承認されるのであれば、本件東京訴訟におけるXの請求は本件米国判決と矛盾し、両立しないことが明らかであるから、Xの請求は棄却を免れないことになる。

（2）　承認要件としての間接管轄

　ア　間接管轄の判断基準

　民訴法118条1号は、外国判決承認の要件として、法令又は条約により外国裁判所の裁判権（いわゆる「間接管轄」）が認められることを挙げている。その意味について、最高裁平成26年4月24日判決（民集68巻4号329頁、アナスタシア事件）は、「人事に関する訴え以外の訴えにおける間接管轄の有無については、

基本的に我が国の民訴法の定める国際裁判管轄に関する規定に準拠しつつ、個々の事案における具体的事情に即して、外国裁判所の判決を我が国が承認するのが適当か否かという観点から、条理に照らして判断すべきものと解するのが相当である。」としている。我が国では直接管轄と間接管轄は同一の基準で判断されるという理解が一般的であった[19]。しかし、最高裁は、「基本的に我が国の民訴法の定める国際裁判管轄に関する規定に準拠しつつ」として直接管轄の基準に準拠することを基本としながらも、「個々の事案における具体的事情に即して、外国裁判所の判決を我が国が承認するのが適当か否かという観点から、条理に照らして判断すべき」として、直接管轄の基準から乖離する弾力性を認めている[20]。そもそも直接管轄は「これから裁判をするとして、日本で裁判してよいか」という行為規範の問題であるのに対し、間接管轄は「既にされた外国での裁判を、本当に外国で裁判してよかったのか」という評価規範の問題である。したがって間接管轄の方が直接管轄よりも広く認められるという見解もありそうである。

　イ　設例への当てはめ

　本件米国判決は、A土地がYの所有に属することを確認するとともに、Xに対しA土地につき売買を原因とする所有権移転登記手続を命じるものである。しかし、「我が国の民訴法の定める国際裁判管轄に関する規定」である民訴法3条の5第2項によれば、「登記又は登録をすべき地が日本国内にあるときは、日本の裁判所に専属する」から、A土地の不動産登記に関する訴訟について外国裁判所に間接管轄を認めることはできない。したがって、本件米国判決のうち、XにA土地の所有権移転登記手続を命じた部分は、我が国では承認することができないこととなる[21]。

　他方、A土地の所有権確認請求訴訟については、これを我が国の専属管轄とする法令は存しないから、本件管轄合意が有効とされる場合には（それが附加的な合意であっても、専属的な合意であっても）、「我が国の民訴法の定める国際裁判管轄に関する規定」である民訴法3条の7によって、オレンジ郡の第一審裁判所の間接管轄を認めることができる（ただし、本件管轄合意が附加的な合意である場合には、同じく「我が国の民訴法の定める国際裁判管轄に関する規定」である民訴法3条の9（特別の事情による訴えの却下）に準拠して、なおオレンジ郡の第一審裁判所の間接管轄を否定する余地はある。これに対し、本件管轄合意が専属的な合意である場合には、当該合意が有効

である限り、そのような余地はない。同条括弧書参照。）。したがって、本件米国判決のうち、Ａ土地がＹの所有に属することを確認する部分は、民訴法118条2号ないし4号所定の承認要件が具備されていれば、我が国で承認されることとなる（その論理的帰結として、本件東京訴訟において、所有権に基づく移転登記手続請求の反訴をＹが提起すれば、Ｘに特段の抗弁がない限り、Ｙの反訴請求が認容されることになる。）。

＜注＞

(17)　秋山幹男ほか『コンメンタール民事訴訟法Ⅱ〔第2版〕』510頁（日本評論社、2006）。

(18)　高桑昭「外国判決の承認」高桑昭＝道垣内正人編『新・裁判実務大系3　国際民事訴訟法（財産法関係）』311頁（青林書院、2002）。

(19)　秋山ほか・前掲注(17)514頁。

(20)　担当調査官によれば、最高裁平成26年4月24日判決は、間接管轄と直接管轄の基準は必ずしも一致する必要がないとする説を採用したものと思われる。廣瀬孝「判解」曹時67巻9号346頁（2015）。

(21)　もっとも、前掲最高裁平成26年4月24日判決によれば、本件米国判決の承認の可否は「個々の事案における具体的事情に即して、外国裁判所の判決を我が国が承認するのが適当か否かという観点から、条理に照らして判断すべき」ことになる。後述のとおり、設例では、本件米国判決のうち所有権確認請求に係る部分が我が国で承認されることの論理的帰結として、所有権に基づく移転登記手続を求めるＹの反訴請求は、Ｘに特段の抗弁がない限り認容されることになる。このような状況下で、移転登記請求に関する部分のみを民訴法3条の5第2項との抵触を理由に承認しないことに、どのような実益があるのか（同判決にいう「条理に照らして」どのように判断されるべきか）については、なお議論の余地もあろう。

3 国際裁判管轄と国際不法行為

浜辺陽一郎

Ⅰ. はじめに

Ⅱ. 不法行為の国際裁判管轄

Ⅲ. 「不法行為があった地」の証明の程度

Ⅳ. 設例の検討

Ⅴ. 実務上の考慮

設 例

1 日本法人Xの完全子会社であるX香港は、Y_2から光モジュールを購入し、Y_2は、買主（X又はX香港）の指示により、本件光モジュールを台湾法人Dの台湾内の事業所に納品し、Dは、本件光モジュールを部品として搭載したメディアコンバータを製造した。ところが、XがY_2から購入した本件光モジュールには隠れた瑕疵があり、Y_2が保証した品質を備えていなかった。このため、Xが日本国内で販売したメディアコンバータの一定割合に故障が生じ、販売製品のすべての交換を余儀なくされ、その結果、5億円を超える損害を被った。そこで、Xは、製造物責任、債務不履行又は瑕疵担保責任に基づいてY_1とY_2に対して損害賠償を請求した。

Y_1は、本件光モジュールに自己の商号、商標を表示し、同社自ら製造業者であること等を表示していた。Y_1は米国に本店を有するデラウェア州法人、Y_2は台湾に本店を有する台湾法人であり、いずれも日本国内には営業所も代表者も有していない。別の米国デラウェア州法人ZがY_1社の株式及びY_2の株式のほぼ100％を保有しており、Yらは姉妹会社の関係にある。

2 X_1とX_2は夫婦であり、X_1（妻）は米国、日本、その他外国に概ね10対2対1の割合で滞在し、X_2（夫）は米国、日本、その他外国に概ね8対

第3章　3　国際裁判管轄と国際不法行為　　283

　7対1の割合で滞在していた。X₂とY（女性）は、多数回にわたり電話
や電子メールのやり取りをしたほか、ニューヨークで食事をする等の
交際をした。一方、Yはニューヨークに居住している。
　　Yは、X₂と不貞行為に及び、また、X₂の知人等に対し「YとX₂が不
貞行為をしていないのに、X₁が不貞行為を疑い、Yの夫の職場に押し
かけて困っている」という内容の電子メールを送付する等の行為に及
んだ。そこで、X₁は、Yに対して、Yの不貞行為及び名誉毀損行為が
不法行為にあたるとして損害賠償を請求した。また、Yは、X₂の知人
等に対してX₂が精神病であるなどの内容の電子メールを送付した。
そのため、X₂は、Yに対して、名誉毀損及び信用毀損行為による不法
行為に基づく損害賠償を請求した。
3　米国法人Xは、日本法人Aとの間で、日本国内における眉トリートメ
ント技術及び情報（以下「本件技術等」という。）の独占的使用権等を
Aに付与し、その対価を受領する旨の契約を締結し、この契約に基づ
いて米国カリフォルニア州内にあるXの施設で、Aの従業員であった
Yらに対して本件技術等を開示した。ところが、その後、Yらは日本
国内で別会社を設立する等して、Xの営業秘密を勝手に使用し、Xの
営業秘密を侵害した。
　　こうした事例で、米国カリフォルニア州法では、Yらによって不正
に開示され、使用された行為に関して、米国の裁判所では懲罰的損害
賠償が命じられる可能性があった。YらがXの権利利益を侵害する行
為を米国内で行うおそれがあり、Xの権利利益が米国内で侵害される
おそれもある。この場合、Xは、米国カリフォルニア州で損害賠償及
び差止請求の訴訟を提起する場合と、Yらが所在する東京で同様の訴
訟を提起する場合とを比較した場合、Xにとって、いずれが好ましい
と考えられるか。

Ⅰ．はじめに

　国際裁判管轄が問題となる不法行為の事例として、製造物責任、名誉棄損、
及び営業秘密等の侵害を取り上げて検討する。

Ⅱ．不法行為の国際裁判管轄

1　改正民訴法3条の3第8号

平成23年改正民訴法3条の3第8号は、「不法行為に関する訴え」について、「不法行為があった地が日本国内にあるとき」に、原則として日本の裁判所に国際裁判管轄を認めた。これは、証拠収集の便宜や被害者の保護のほか、そうした場所での裁判は加害者にも予測可能であること等が根拠とされ、それらの根拠は国際裁判管轄の場合にも国内土地管轄の場合と同様にいえることであろう。

ただし、例外的に、「外国で行われた加害行為の結果が日本国内で発生した場合において、日本国内におけるその結果の発生が通常予見することのできないものであったときを除く」と定めて、日本国内における結果発生が通常予見できない場合には日本に管轄権がないものとして当事者の予測可能性や法的安定性を担保しようとした。これは、損害の性質上、結果発生地での結果の発生が類型的に予測不可能である場合を除外事由とする趣旨であり、その損害が加害行為による直接の損害であっても、日本での発生が通常予見不可能な性質のものであれば、日本の国際裁判管轄を認めないとする趣旨である（新コンメ41頁）。

ここにいう「不法行為に関する訴え」とは、不法行為責任に基づく権利義務を訴訟物とする訴えをいう。これは、民法709条から724条に関するものだけではなく、民法のその他の規定又はその他の法令に定める違法行為に基づく損害賠償の請求に関する訴えも含む。また、違法行為により権利利益を侵害され又は侵害されるおそれがある者が提起する差止請求に関する訴えも、改正民訴法3条の3第8号の「不法行為に関する訴え」にあたると解される（一問一答68・69頁）。

なお、本号では、法の適用に関する通則法とは異なり、製造物責任に関する特則が設けられてはいない。製造物責任の場合には、加害行為地や結果発生地のほか、製品の流通過程にある引渡地や使用地等にも管轄原因を認める考え方がありうる。しかし、国際的な製品流通は複雑であり、当事者の訴訟追行や裁判所の審理の便宜を一概に定めることが困難であることから、不法行為の一類型としてのみ管轄原因を認めるにとどめたものであると説明されている（一問一答73頁）。

第3章　3　国際裁判管轄と国際不法行為　　285

2　「不法行為があった地」の意義

(1)　「加害行為地」又は「結果発生地」

　「不法行為があった地が日本国内にあるとき」に原則として日本の裁判所
に訴訟を提起できる点については、国内土地管轄での「不法行為があった地」
（改正民訴法5条9号）に加害行為が行われた地とその結果発生地の両方が含ま
れると解されているのと同様に、加害行為地か結果発生地のいずれかが日本
で認められれば、日本での裁判管轄が認められる。このように、不法行為に
関する訴えの国際裁判管轄についての実質的な規律として「加害行為地」又
は「結果発生地」のいずれかがある地に国際裁判管轄を認めることに異論は
ない[1]。

　加害行為が行われた地か結果発生地のいずれかが国外にある場合でも、い
ずれかが日本国内に認められれば、改正民訴法3条の3第8号により、日本に国
際裁判管轄が認められる。これにより、外国の会社が、日本の顧客向けの製
品を製造して日本に輸出したところ、日本で製品を買って使用した買主が当
該製品の欠陥で損害を被った場合、日本の買主は、結果発生地が日本であれ
ば、日本での国際裁判管轄が認められる。

　また、例えば、仏法人が製造し、台湾法人が所有・運行する旅客機が名古
屋空港で着陸時に機体が大破し、乗客及び乗員が死傷した事案で、仏法人に
対する訴えが製造物責任に基づく損害賠償請求である場合、不法行為地には
損害発生地を含むから、名古屋で事故を起こした運航会社である台湾法人に
対してだけでなく、仏法人についても日本に国際裁判管轄が認められよ
う[2]。この場合、台湾法人が日本と台湾との間で定期的に就航していれば、
結果発生の予見可能性が認められ、仏法人も、日本国内に営業所がなくても、
その製造する航空機が日本を含む世界中で運航されていれば、日本における
損害の結果発生に予見可能性が認められよう。したがって、旧法下における
裁判例（中華航空事件、第1審判決：名古屋地判平15・12・26判時1854・63、控訴審判決：
名古屋高判平20・2・28判時2009・96[3]）と同様に、改正民訴法の下でも日本の国際
裁判管轄が認められる。

(2)　「結果発生地」の意義（二次的又は派生的損害、経済的損害について）

　損害が発生した地が「結果発生地」である場合、損害発生地に二次的又は
派生的な損害、及び経済的な損害の発生地も含まれるか否かについては見解
が分かれ、立法的な解決はされず、解釈に委ねられている。全ての事案につ

いて、それらの損害の発生まで結果発生に含めてしまうと、日本の会社が被害者の場合には、究極的には、本社のある日本で経済的な損害を受けたことになり、改正民訴法3条の3第8号が必ず適用されてしまうので、国際裁判管轄に関する民訴法改正前から見解が対立している。

これらの損害の発生地も含まれるとする見解は、①準拠法は一つに限定する必要があるが、国際裁判管轄が認められる地を一つに限定する必要はなく、原告の選択の幅を残しておく方がよく、②広範に国際裁判管轄を認めすぎるのであれば、特段の事情の法理で管轄を否定するという方策をとり得ることとすれば足りることを根拠とする[4]。この見解を採る場合、設例1のXについては、日本における法人の経済的な損害が発生したという理由で、日本での国際裁判管轄が生じる可能性があり、設例3では米国法人Xの経済的損害が米国で発生したと考えることができるので、米国での国際裁判管轄を肯定できよう。

これに対して、経済的損害の発生地を含まないとする見解は、経済的損害の発生地も含むと広範に国際裁判管轄を認めすぎて、当事者の予見可能性を害するので、「結果発生地」を加害行為による直接の法益侵害の結果が発生した地に限定し、基本的には「加害行為によって直接に侵害された権利が侵害発生時に所在した地」を意味すると解すべきだという（第2章3参照）。

もっとも、経済的損害は、その結果が直接的なものか派生的なものか判断が困難な場合もあり、例えば外国で行われた特許権侵害等の不法行為の結果、日本の企業の利益が減少した場合には、減少した利益の発生地等をも考慮して日本が結果発生地と考えられるかどうかを検討すべきであるとの指摘もある（基本法コンメ609頁）。

したがって、「結果発生地」とは、物理的・直接的な損害の発生地に限られ、営業損害等の二次的・派生的な損害の発生地は含まれず、それらにとどまるときは、管轄原因にはならないとする見解が有力だとされる（基本法コンメ608頁）。この立場によれば、例えば、外国における不法行為で日本の会社が営業損害を被ったとしても、日本の裁判所に不法行為に基づく損害賠償請求訴訟を提起することはできないと解される（東京地判平18・10・31判タ1241・338〔ノーザン・エンデバー号事件〕、同旨、東京地判昭59・2・15判時1135・70〔グリーンラインズ事件〕）（一問一答69頁）。

不法行為に関する訴えで「不法行為があった地」を基準とする理由は、訴

訟資料及び証拠方法が不法行為のあった地にあることが多く、被害者にとっても便宜であるからである。それに対して、二次的又は派生的な損害の結果発生地では、訴訟資料や証拠方法が存在するとは限らない。日本に二次的・派生的な損害の発生しか認められない場合には、日本の管轄を否定する「特別の事情」（民訴3条の9）が認められる可能性が高くなるものといえよう。

以上の問題は、違法行為により権利利益を侵害され又は侵害されるおそれがある者が提起する差止請求に関する訴えにおける改正民訴法3条の3第8号の「不法行為があった地」の意義についても同様にあてはまる。

3 特別の事情

平成23年改正民訴法は、ファミリー事件（ドイツ車預託金事件）（最判平9・11・11民集51・10・4055）の法理を条文化する形で、日本の裁判所は管轄を否定する「特別の事情」が認められる場合には却下できる旨を定める（改正民訴法3条の9）。かかる「特別の事情」は、不法行為に関する訴えにおいても同じように考慮される。

もっとも、改正民訴法3条の3第1号は、同法5条1号に定めるような「義務履行地」とはしないで、契約上の債務だけを対象としており（一問一答41頁）、不法行為に基づく損害賠償請求は含まれないので、その支払債務は持参債務となるという理由で、被害者が日本人や日本法人である場合には日本に裁判籍があるという帰結にはならなくなったので、その文脈で「特別の事情」が必要となる場面は限られるはずである。

しかし、例えば、ユニバーサルエンターテインメント事件（東京地判平25・10・21（平24（ワ）24610）。その後、最判平28・3・10民集70・3・846上告棄却で確定）では、米国居住の被告Pらが、米国の被告会社のコンプライアンス委員会に対し、日本の株式会社X及び日本居住の原告Xらの違法行為の調査を依頼し、当該調査依頼行為に基づく調査結果の報告を受けて、被告会社及び被告Pら11名が、被告会社の取締役会で、Xらについて、米国海外腐敗行為防止法違反を繰り返した疑いのある「不適格者」と認定し、原告Xの子会社が保有する被告会社株式を約束手形と引換えに強制償還することを決定したこと等によって、Xらが取締役会長を務める原告Xの名誉・信用を毀損し、その結果、損害が発生したとして、被告らに対する民法709条、719条、会社法350条に基づく損害賠償等の支払を求めた事案で訴えを却下したが、これは「特別の事情」を理由としている（第2章8Ⅳ．参照）。

それに対して、被告の営業所が日本にあるとか、加害行為地が日本国内で証拠資料が日本にあるような場合には、我が国の裁判所の国際裁判管轄を否定すべき特別の事情はないと判断されよう。

＜注＞
(1) 「国際裁判管轄に関する調査・研究報告書」（社団法人　商事法務研究会、平成20年4月）25頁。
(2) ただ、控訴審（名古屋高判平20・2・28判時2009・96）の実体判断では、事故機に設計上の欠陥があるといえるか否かについては、資格を有する者であれば当然有する操縦に関する最低限の基本的知識及び技能に基づいて操縦されることを前提にして、通常有すべき安全性を欠いているかどうかによって判断すべきところ、本件設計は、他の採りうる設計と比較しても、不合理な設計であるとまではいえず、本件設計を採用した本件事故機が通常有すべき安全性を欠くものとはいえないことから、本件設計を採用したことに本件事故機の欠陥があるとはいえないとされた。
(3) ただ、実体判断としては、台湾法人については、本件損害は乗員らの無謀かつ損害が生ずるおそれがあることを知りながら行った行為により生じた損害と認められることから、ワルソー条約25条及び不法行為に基づき損害の全額賠償義務を認めて請求を一部認容したが、他方、仏法人に対する製造物責任を理由とする請求は棄却された。
(4) 前掲注(1)25頁。

Ⅲ．「不法行為があった地」の証明の程度

　不法行為に関する訴えについて、原告の主張だけに依拠して国際裁判管轄を認めると不当な訴訟を招くおそれがある。そこで、国際裁判管轄が日本の裁判所に認められるためには、どの程度の立証が必要とされるかが問題となる。

　この点については、①管轄原因仮定説（原告の主張する原因事実があると仮定して立証を要しないとする説）、②一応の証明説（全部についての証明を要するが、その証明の程度は一応の証明で足りるとする説）、③客観的事実証明説（加害行為又はそれに基づく損害発生の事実の証明だけ必要とするが、その証明の程度は一応の証明ではなく通常の証明を要するとする説）、④管轄原因証明必要説（違法性や故意過失を含めて、証明の程度は一応の証明ではなく通常の証明を要するとする説）がある（**第2章3及び9参照**）。

最高裁は、このうち③の見解を採用し、「不法行為があった地」が判決国内にあるという証明には、原告の権利利益を侵害する行為を判決国内で行うおそれがあるか、原告の権利利益が判決国内で侵害されるおそれがあるとの客観的事実関係の証明で足りるとして、管轄の有無を判断するための事実の立証の要件を緩和する立場を採用した。したがって、直接管轄が問題となる事案において、「原則として、被告が我が国においてした行為により原告の法益について損害が生じたとの客観的事実関係が証明されれば足りる」という（最判平13・6・8民集55・4・727〔ウルトラマン事件〕）。つまり、不法行為があった地が日本国内にあるというためには、被告が日本においてした行為により原告の法益について損害が生じたとの客観的事実関係が証明されることが必要である。現行法の下でもこの法理は妥当する（一問一答72頁）。

　さらに、違法行為により権利利益を侵害され又は侵害されるおそれがあるとして差止請求を認めた外国裁判所の判決について、改正民訴法118条1号のいわゆる間接管轄の有無を判断する場合でも、改正民訴法3条の3第8号の「不法行為があった地」が当該外国裁判所の属する国にあるというために証明すべきとして、最高裁は、違法行為により権利利益を侵害され又は侵害されるおそれの客観的事実関係の証明で足りると判断した。即ち、人事に関する訴え以外の訴えにおける民訴法118条1号のいわゆる間接管轄の有無の判断基準として、③の客観的事実証明説を採用した。

　こうした考え方は、日本法人の外国法人に対する不法行為に基づく損害賠償請求の訴えについて、共同原告の被告に対する契約に基づく履行請求等の訴えとの主観的併合による国際裁判管轄が認められるために、どこまでの証明が必要であるかという問題にも妥当する。例えば、国際裁判管轄の審理で、共同不法行為を前提とした関連共同性等の客観的事実関係の証明が必要であるとされ、関連共同性の主張立証もなく、被告による中国国内における被告製品の販売行為のみに基づき日本の国際裁判管轄を認めることができないとして却下されたケースがある（東京地判平27・4・28判時2264・59）。

Ⅳ．設例の検討

1　設例1

　設例1は、日本法人Ｘが台湾法人Y_2及び米国法人Y_1に対して提起した損害賠償請求訴訟で、不法行為に基づく請求及び併合請求につき、日本の国際裁

判管轄が認められた事例（沖電気事件：東京地中間判平18・4・4判時1940・130）を下敷きにしたものである。

この事例では、日本の最高裁がマレーシア航空事件の判決で「国際裁判管轄は、当事者の公平、裁判の適正・迅速を期するという理念により、条理に従って決定するのが相当」と判示していたことを捉えて、米国判例法の基準から「条理」の内容を充填して、日本の国際裁判管轄を認めるように、Ｘは主張した。即ち、米国判例法により、米国に住所を有しないＹ₁やＹ₂に対する人的管轄権行使の要件とされるミニマム・コンタクト（最低限の連結点）について判示したアサヒメタル事件についての米国連邦最高裁判決で示された基準に照らして日本に国際裁判管轄が認められることが合理的に予期できたとして「最低限の連結点」が日本に認められるというのである。

もっとも、米国判例法上の最低限の連結点の基準は、管轄権行使の範囲が広すぎるので、「フォーラム・ノン・コンヴィニエンス」の法理によって、より便宜な法廷地に管轄を認めるよう修正されている（**第1章3参照**）。この事案では、契約締結、契約交渉、業務遂行のほぼすべてが台湾で行われ、証人や証拠もほぼすべて台湾に存在しているから台湾を法廷地とした方が便宜であるとも考えられる。

しかし、日本の裁判所は、日本の民訴法の国内の土地管轄の規定のいずれかが日本国内にあるときは、これらに関する訴訟事件につき、被告を日本裁判権に服させるのが条理に適うとの立場をとっており、これを離れて米国判例法上の基準を直接に条理に持ち込むことは認められないので、日本の裁判所に米国判例法の基準を持ち込むのは困難であろう。

東京地裁は、義務履行地を根拠とした国際裁判管轄を否定した上で、不法行為責任、製造物責任に基づく請求については、本件製品に生じた欠陥と被告Ｙ₂における製造過程での作業との間には、本案前の審理に必要な範囲で、事実的因果関係を肯定できるから、日本の裁判所に管轄を肯定するために必要な、被告の行為により原告の法益について損害が生じたとの客観的事実関係を認めうるという。

また、併合請求の裁判籍に関して、Ｘの不法行為又は製造物責任に基づく請求及び瑕疵担保又は債務不履行責任に基づく請求のいずれにおいても、Ｙ₂における本件光モジュールの製造作業と製品の欠陥との関係、その欠陥の発生についてのＹ₂の過失の有無が主たる争点であることは共通しており、

第3章　3　国際裁判管轄と国際不法行為　　291

両請求には密接な関係があるので、XのY₂に対するいずれの請求について
も、原則として、日本の裁判所に国際裁判管轄が肯定される。したがって、
Y₂については、日本国裁判所に国際裁判管轄を認めることは比較的容易で
あろう。

　問題は、米国法人Y₁について、日本の国際裁判管轄を認めうるか否かであ
る。裁判所は、被告Y₁（ルミネントOIC）の表示のあり方に着眼した。即ち、
本件光モジュールの表面にY₁の同じ名前のロゴマークが表示されていた点
のほか、Y₁がウェブサイトで、「Y₁は、（中略）Zグループに加わり、Y₁と共
同でオプトエレクトロニクス部品の世界規模での製造、販売を始め（中略）
一つの企業体としてY₁が誕生しました。Y₁は米国と台湾に拠点を持ち、垂
直統合型生産システムを取り入れ、低価格で高価値な製品を提供していま
す。」「Y₁は、米国そして台湾の両方のISO9001認定の工場の最新鋭の設備に
より低価格、高度の信頼性のある製品をマーケットに提供しています。」等の
表示を行っていた。このため、当該ロゴマークは、被告Y₁の社名そのものを
表示し、同社のウェブサイト上のタイトル表示部分の同社を示す表示と字体
のデザインも共通し、製造物責任法2条3項2号の定める表示に該当するもの
と認められた。さらに、被告Y₁が自ら被告Y₂との企業的一体性を前提とし
た部品の製造を行っていることを公表していたので、本件光モジュールの製
造もその部品製造の一環とみられ、当該ロゴマークが少なくとも被告Y₁の
承諾ないし容認によって本件光モジュールの表面に添付されていた。これら
の事情から、被告Y₁は自ら当該製造物の製造業者として当該製造物にその
氏名、商号、商標、その他の表示をした者又は当該製造物にその製造業者と
誤認させるような氏名等の表示をした者に当たると認められた。

　なお、「特別の事情」の点については、台湾における製造工程に関する文書
の多くが中国語や英語で作成され、Xも台湾での訴訟追行能力を有している
こと等の事情を考慮しても、日本の裁判所で審理を行うことが当事者間の公
平、裁判の適正・迅速の理念に反する結果になるとはいえず、その管轄を否
定すべき「特段の事情」は認められないと判断されている通りであろう。

　以上の検討から、改正民訴法の下でも、Xの経済的損害が日本で生じてい
るという立場をとるまでもなく、Y₁とY₂のいずれに対しても、本件光モジ
ュールの製造過程における不法行為についての客観的事実関係が認められ、
不法行為地には結果発生地も含まれる（製造物責任の管轄についてもこれと

別異に解する理由はない）うえに、日本で結果が発生することは十分に予見できたと考えられるから、日本に国際裁判管轄が認められる。

2　設例2

X_1の訴えについて、不貞行為に関しては、不法行為地として日本の国際裁判管轄は認められなかった。しかし、Yが米国ニューヨークでメールを送付して行った名誉毀損行為も日本でメールを送付して行った名誉毀損行為と密接な関係がある。Yが送信したメールは、「X_1が精神的に混乱し、ありもしない不貞行為を疑って何度もYの夫の職場に乗り込むという異常な行動をした」との印象を与える内容で、X_1の名誉を毀損するもので、Yが日本でした行為によりX_1の法益に損害が生じたとの客観的事実関係も証明されていると判断された。YとX_2との間の不貞行為の存否は当該メールの内容のうち、X_1が事実ではないのに不貞行為を疑ったといえるかどうかに関係し、名誉毀損行為の成否又は損害額に影響を及ぼし得る事実なので、不貞行為による慰謝料請求も名誉毀損による慰謝料請求と密接な関係があると判断して、併合管轄が認められた[5]。

他方、X_2の訴えについては、Yが行った米国及び日本におけるX_2の知人等に対するメール送信は、ほぼ同時期で同内容であったので、それぞれの名誉毀損行為は密接な関係があるといえるとして、日本の国際裁判管轄が認められた。また、日本国内で活動するX_2の関係先である東京都及び神奈川県に向けて送信されたメールは、X_2が精神病に罹患し、多数の女性と関係を持つ反倫理的な人物であるとの印象を与える内容なので、Yの日本での行為によりX_2の法益に損害が生じたとの客観的事実関係が証明されているとして、X_2に対して日本での名誉毀損行為に係る請求に日本の国際裁判管轄が認められた。

なお、いずれの訴えについても「特段の事情」が問題とされた。Yは、Yの健康上の理由等から、Yが日本に帰国することは困難であるため、日本での応訴が困難であると主張したが、Yが米国から国外に渡航していることや、重要な人証であるX_2が日本に住所を有すると認められることから、日本で裁判を行うことが当事者間の公平、裁判の適正・迅速を期するという理念に反する特段の事情があるとは認められず、すべての請求について日本の裁判所に国際裁判管轄が認められた。

第3章　3　国際裁判管轄と国際不法行為　　293

3　設例3

これはアナスタシア事件（最判平26・4・24民集68・4・329）を下敷きにした設例であり、実際の事件で取り扱われた論点（この点については、**第4章1参照**）の前提となる部分を検討するものである。当該事案では、米国カリフォルニア州裁判所が日本国内や米国内でのYらの不正行為の差止めを命じる判決を下していたことから、日本では、民訴法118条のいわゆる間接管轄が問題とされた。

一般に、従業員が米国で営業秘密を取得し、米国で使用する行為であれば、証拠方法は米国に所在するものが多いだろう。それに対して、この設例のように、日本法人の従業員が米国で営業秘密を取得する点については証拠方法が米国内にあるとしても、その使用ないし漏洩行為が日本で行われた場合（不正競争防止法2条1項8号及び9号）には、民訴法3条の3第8号によって日本に管轄が認められても、米国に管轄を認めるかどうかは別問題である。こうした場合に、日本人が日本に帰国して営業秘密を侵害した従業員を、米国で被告とすることを許容できるかが問題である。

最高裁は、「民訴法3条の3第8号の『不法行為に関する訴え』は、民訴法5条9号の『不法行為に関する訴え』と同じく、民法所定の不法行為に基づく訴えに限られるものではなく、違法行為により権利利益を侵害され、又は侵害されるおそれがある者が提起する差止請求に関する訴えをも含むものと解される」という。即ち、かかる差止請求に関する訴えについては、「違法行為により権利利益を侵害されるおそれがあるにすぎない者も提起することができる以上は、民訴法3条の3第8号の『不法行為があった地』は、違法行為が行われるおそれのある地や、権利利益を侵害されるおそれのある地をも含むものと解するのが相当である。」という。

さらに、最高裁は、当該米国判決が日本国内だけでなく米国内でもYらの不正行為の差止めを命じていることも併せ考えると、YらがXの権利利益を侵害する行為を米国内で行うおそれがあるか、Xの権利利益が米国内で侵害されるおそれがあるとの客観的事実関係が証明された場合、本件米国判決のうち差止めを命じた部分については、改正民訴法3条の3第8号に準拠しつつ、条理に照らして間接管轄を認める余地があるとする。

日本法人の外国法人に対する不法行為に基づく損害賠償請求の訴えについて、共同原告の被告に対する契約に基づく履行請求等の訴えとの主観的併合

による国際裁判管轄が認められるかも問題であるが、最高裁は、本件米国判決のうち損害賠償を命じた部分についても、民訴法3条の6に準拠しつつ、条理に照らして間接管轄を認める余地も出てくることになるとして、YらがXの権利利益を侵害する行為を米国内で行うおそれの有無等について何ら判断しないまま間接管轄を否定した判断には判決に影響を及ぼすことが明らかな法令の違反があるとして、原判決を破棄し、高裁に差戻しを命じた。

こうした場合、Yらが所在する東京で同様の訴訟を提起するのであれば、被告所在地である日本に国際裁判管轄が認められることは問題がないであろうし、日本で勝訴判決が得られれば、そのまま日本で執行できる点で、日本で提訴することにも合理性がある。

それに対して、Xは、米国カリフォルニア州で損害賠償及び差止請求の訴訟を提起した方が有利な結果が期待できるので、米国で訴訟を行う方が有利だと考えたのだろうが、その判決を日本で執行できるかという問題がある。特に懲罰的賠償が認められても、それは日本で執行できない。また、米国ディスカバリも利用できるはずだが、この事案では、あまりYらに対して有効な証拠を収集できるとは限らず、実際の事案でも欠席判決となっている。たまたま間接管轄が肯定されたから良いにしても、それを確定するまで最高裁まで争わなければならなかったコスト等も考えると、米国で提訴することには疑問がある。

＜注＞
(5)　平成23年改正前の民訴法の不法行為地の裁判籍及び併合裁判籍の規定により日本の国際裁判管轄が肯定された（東京地判平26・9・5判時2259・75）。もっとも、実体判断では、不貞行為に基づく損害賠償請求は、同請求を認めていないニューヨーク州法が準拠法となることを理由として、棄却された。それに対して、同一の加害行為による被害者2名からの名誉毀損に基づく損害賠償請求については、被害者ごとに異なる準拠法を適用の上、同請求が認容された。

Ⅴ．実務上の考慮

1　得策か否か

外国企業に対して不法行為に基づく損害賠償請求訴訟を提起する場合、日本国内で訴えを起こすか、国外（例えば、相手方の本店所在地等）で訴えを

第3章　3　国際裁判管轄と国際不法行為　　295

起こすかのいずれがより有利であるかは一概には言えない。当事者とすれ
ば、自らの居住地で訴えを起こすことが容易であることが多いだろうが、そ
れが常に有利であるとは限らない。

　例えば、日本国外にある相手方の本店所在地で訴えを提起することを選択
する場合には、ほとんどの法域で国際裁判管轄が認められよう。海外での訴
訟が、準拠法の選択や当該法廷地における訴訟手続から期待される救済内容
等からして、日本で期待される結論よりも有利なことも考えられる。さらに、
その後の強制執行の可能性をも考えれば、当該所在地で提起することが合理
的である場合も、かなりあるはずである。

　それに対して、物価や為替相場、判例傾向等に照らして、海外における訴
訟の結果が日本国内での訴訟よりも不利な結果しか期待できないとか、訴訟
手続を進行していく上で受容できない困難が予想されるのであれば、日本で
の訴訟手続が得策であるということになり、その場合には、日本での国際裁
判管轄が認められないかを検討することになる。

　国際裁判管轄が微妙なケースで、コストを負担することが許されるのであ
れば、日本国内と国外とを並行して手続を取る選択肢もあり得ようが、その
場合には、国際的訴訟競合の論点が生じる。

2　管轄の合意

　不法行為の場合には、事前に管轄の合意をしているケースは少ないと考え
られるが、約款等で専属管轄条項が設けられていて、それが不法行為に基づ
く損害賠償にも適用されるように記載されていた場合、不法行為の国際裁判
管轄がそれによって拘束されるか問題となることがありうる。

　日本では約款の法的効力について議論があり、民法（債権法）改正で定型
約款に対する規律が導入される（改正民法548条の2以下）[6]。加えて、民事
訴訟法では、国際裁判管轄条項について、消費者契約や労働契約においては
効力が制限される（民訴3条の7）し、日本の消費者契約では、消費者契約法10条
により、消費者の利益を一方的に害する条項が無効とされる。これらの論点
に関する更なる検討は、**第2章7及び第3章4**に譲る。

　なお、専属的管轄の合意を定めた条項が、不法行為をもカバーする趣旨で
定められていた場合に、その記載ぶりによっては効力が否定される可能性も
ある（遠藤元一「排除的管轄合意を無効としたアップル・島野訴訟中間判決」NBL1073号
36頁（2016）、東京地中間判平28・2・15（平26（ワ）19860））。専属的管轄の合意が否

定された場合には、何らの合意もないことを前提として、訴え提起地で国際裁判管轄があるか否かが問題となることになろう。

3 潜在的な利益相反問題

一般に、不法行為の場合には管轄に関する合意がなく、国際裁判管轄を巡る対立が極めて深刻な争点となることを想定しておく必要がある。これに関連して、国際裁判管轄の論点がある場合、弁護士倫理上の利益相反的な状況にも少し触れておきたい。即ち、日本での訴訟が国際裁判管轄の問題がある場合には、弁護士と依頼者との間には潜在的な利益相反がある。というのも、弁護士は自国で裁判をすることを勧め、弁護士報酬を得て裁判を行うことで報酬を得るが、他国での訴訟提起を助言すると、当然にその弁護士は自国で裁判ができず、収入が得られないという関係にあるからである。かかる関係で、結果として日本の国際裁判管轄が否定されるような訴訟[7]を提起することは、翻って当初の段階で日本における訴訟提起を助言することの正当性ないし合理性が問われる危険性がある。最終的にその裁判管轄が認められなかったために敗訴したり、救済されなかったりした場合、時効等で請求できず、回復できない損害が生じるおそれもある。

このため、かかる訴訟を提起する場合には、本来ならば、訴訟を担当しない弁護士からもセカンド・オピニオンを取るとか、社内弁護士が独立した判断を加え、日本国内で不法行為訴訟を提起することが得策であるか、少なくとも依頼者の利益を害することがないかを確認する意見を取得しておくことが望ましい[8]。特に、国際裁判管轄の論点がある場合には、どこで裁判を起こすのが良いかを判断する弁護士と、実際に訴訟委任をする弁護士は、違う事務所から法的見解を得て判断すべきものと考えられる。

民事債権については消滅時効にかかる可能性を考えると、国際裁判管轄が否定されるリスクを冒すことは避けるべきであり、訴訟特に、後から引き返すことのできない訴え提起の決断をするにあたって、1人の弁護士の助言だけに全面的に依存する形となるのは、弁護士・依頼者の双方にとって危険である[9]。もっとも、米国では、後日、消滅時効にかかるリスクを回避するために、消滅時効の利益を放棄する旨の書面提出を条件として裁判管轄を否定してもらうケースがある。例えば、遠東航空機事件（米国訴訟）では、台湾の国内航空会社である遠東航空の旅客機が台北付近で墜落し、日本人遺族らが、その航空機を製造した米国ボーイング社等に対して米国カリフォルニア

州連邦裁判所に訴えた事件で、同裁判所は、本件の適切な法廷地は台湾であるとしてフォーラム・ノン・コンビニエンスの法理で却下するに際して、米国ボーイング社等は、台湾での管轄権に服するものとして時効の利益を放棄する旨の保証書提出が条件とされたという(10)（同事件の日本訴訟については、第1章1参照）。

ただ、直接管轄のみならず、間接管轄についても考慮に入れるかを検討すると、さらに問題は複雑になる。例えば、設例3では、米国カリフォルニア州では直接管轄が米国での管轄が認められるとしても、米国での執行が期待できない場合には、日本で執行する必要があり、その場合に、民訴法118条1号のいわゆる間接管轄の有無が問題となることまで検討する必要があるかという問題がある。

もっとも、日本では設例3のようなケースで、間接管轄が結論として認められたので、今後は、米国で起こすことも選択肢として正当性が認められるかもしれない。しかし、米国での判決が日本で執行できないような危険性があるのであれば、むしろ日本での裁判を優先させることが賢明であるという助言をすべきことになるかもしれない。同様に、日本で訴訟を起こす場合にも、海外所在の被告を訴える場合には、直接管轄だけでなく、間接管轄についても検討しておくことが望ましく、海外の弁護士との協議において、どちらの国の裁判所で訴えを提起するかを検討する際の材料にもなるのではなかろうか。

＜注＞
(6) 改正民法548条の2では、「定型取引を行うことの合意（「定型取引合意」という。）をした者は、定型約款を契約の内容とする旨の合意をしたとき」だけでなく、「定型約款を準備した者（以下「定型約款準備者」という。）があらかじめその定型約款を契約の内容とする旨を相手方に表示していたとき」には、定型約款の個別の条項についても合意をしたものとみなす等の取扱いが定められているが、その解釈には様々な問題が残されている（浜辺陽一郎『スピード解説　民法＜債権法＞改正がわかる本』（東洋経済新報社、2015））。
(7) 例えば、運送品毀損を原因とする損害賠償請求権を保険代位で取得した日本の保険会社が原告となった事件で、その船荷証券には、アムステルダム裁判所に専属的裁判管轄権を指定する定めがあったが、保険会社は、訴訟代理人に依頼し、当該管轄の定めは自社には及ばないという理屈を立て、日本で損害賠償請求訴訟を起こした。しかし、日本の裁判所は、国際裁判管轄の合

意の効力が及ぶとして日本の裁判権は排除されたとして訴えを却下した。会社は、却下を不服として高裁、さらには最高裁まで争ったが、結局、日本の裁判権は認められなかった（チサネダ号事件：最判昭50・11・28民集29・10・1554）。

　また、高裁、最高裁まで争われ、米国へ輸出する目的での日本での製品の製造、米国への輸出・米国子会社その他に米国内での販売等を日本で誘導することの差止め、日本で占有する製品の廃棄及び不法行為による損害賠償の請求が否定されたケースもある（カードリーダー事件：最判平14・9・26民集56・7・1551）。

(8)　かかる状況に対する企業の対応のあり方については、浜辺陽一郎『経営力アップのための企業法務入門』（東洋経済新報社、2014）参照。

(9)　もっとも、日本の裁判実務において、日本国内での訴訟提起を勧めた弁護士の責任を追及できるのかは難しい問題であり、特に日本における訴訟でも解決できる可能性が十分にある場合には、弁護過誤としての責任追及は難しいであろう。特に、下級審で判断が分かれて、国際裁判管轄を肯定する判断がなされたりすると、最終的に国際裁判管轄が否定される結論で確定した場合にも、国際裁判管轄があることを追及して最善を尽くしたのであれば、善管注意義務違反とまではならないと考えられよう。

(10)　小林秀之＝村上正子『国際民事訴訟法』16頁等（弘文堂、2009）

4 国際裁判管轄と国際消費者紛争

早川吉尚

Ⅰ. はじめに
Ⅱ. 裁判例の不在とその理由
Ⅲ. 立法の実務上の意義とOnline Dispute Resolution
Ⅳ. おわりに

設 例

1 日本人Xは、米国法人Yが開設しているウェブサイトを通じて商品を購入した。しかし、代金決済が完了したにもかかわらず、当該商品は届かなかった。現在、Xは、あらためて商品を届けてもらうか、それがかなわない場合には代金の返金をYに求めたいと考えている。

2 日本人Xは、マレーシア法人Yの運航する航空機でマレーシア国内を移動していたが、その過程で航空機事故が発生し、重傷を負ってしまった。現在、Xは、Yに対して損害賠償を求めたいと考えている。

Ⅰ. はじめに

　平成23年改正民訴法は、それまで判例により形成されたルールを基本的に踏襲するものであったが、その一部には現代的な要請に対応するために新設された規定が存在している。そのうちの一つが、改正民訴法3条の4の消費者契約に関する訴えの管轄権の規定、及び、同3条の7第5項の国際消費者紛争に関する国際裁判管轄合意についての規定であり、これまで不明確であった国際消費者紛争に関する国際裁判管轄のわが国の規律が明確にされたといえる（第2章5Ⅱ. 2参照）。

　それでは、その結果として、国際消費者紛争の解決に関するわが国の裁判

実務に大きな変化がもたらされたのであろうか。その答えを先取りして言うとすれば、否というしかないであろう。それは何故なのか。以下では、何故、同規定が判例により形成されたルールの踏襲という形では制定されなかったのかにつき説明する中で、国際消費者紛争の特質、さらには、国際消費者紛争の裁判による解決の限界につき明らかにしたい（Ⅱ.）。そしてその上で、裁判以外による国際消費者紛争の解決手段につき紹介しつつ、そこにおける同規定の立法の実務上の意義を明らかにしたい（Ⅲ.）。

Ⅱ. 裁判例の不在とその理由
1 国際消費者紛争に関する裁判例の不在
(1) 国際消費者紛争に関する裁判例の不在

設例1は、Xが消費者である限り、典型的な国際消費者紛争である。すなわち、消費者が何らかの物品やサービスを購入しようとした際に、その相手方が国境を越えた外国に所在する事業者であるといった形態であり、しかも、その取引の結果として、当該物品・サービスを受け取ることができなかった、あるいは、受け取った商品やサービスが当該消費者の望んでいたものと何らかの点で異なっていたといった形態の紛争である。

しかし、わが国において、かかる形態の紛争に関する裁判例を集めようとしたとき、そのような裁判例がわが国には存在していないということに気がつかされる。それは、いかなる理由によるものであろうか。

(2) 航空機事故事案

もっとも、ここで付け加えるべきは、国際消費者紛争に分類されることも考えられるが、しかし、必ずしも典型的なものとは言えない以下の紛争類型については、わが国に関連裁判例が存在するということである。すなわち、設例2のような航空機事故事案に関する裁判例である。

設例2は、国際裁判管轄に関する著名な最高裁判例であるマレーシア航空事件（最判昭56・10・16民集35・7・1224）を参考にしたものである。同事件は、日本人Xが、マレーシア法人Yの運航する航空機でマレーシア国内を移動していたが、その過程で航空機事故が発生し、死亡してしまったという事件であり、その遺族がYに対する損害賠償請求を求めてわが国の裁判所に提訴したというものであった（マレーシア航空事件については、**第1章1・2Ⅱ.1**、

第3章1参照)。

　もっとも、航空機事故に関しては、ワルソー条約やモントリオール条約といった航空運送関係の国際条約における国際裁判管轄規定が特別法として適用される場合が多く、その場合においてはわが国の国際裁判管轄規定の適用が無いことには注意を要する[1]。ただ、かかる条約は国際線における航空機事故を対象としており、国内線の航空機事故についてはその対象としていない。したがって、設例2やマレーシア航空事件のように、XがYの運航する国内線で航空機事故にあった場合であり、かつ、Xの所在国とYの所在国が異なっているといった限定的な場合にのみ、条約の対象にはならず、しかも、わが国の国際裁判管轄の規定の適用が問題となるのである。そして、かかる限定的な条件に当てはまる裁判例は、マレーシア航空事件の裁判例を含め、実はそれほど多くはない。

　加えて、かかるXが、「事業として又は事業のために契約の当事者となる場合」には、「消費者」と「事業者」「との間で締結される契約」ではなくなるため、国際消費者紛争には分類されないことにも注意を要する。逆に言えば、国際消費者紛争に航空機事故事案が分類されるためには、「事業として又は事業のために契約の当事者となる場合」ではない必要がある。

　このように見てくると、非典型的な国際消費者紛争、すなわち、設例2のような航空機事故事案で国際消費者紛争に分類可能な裁判例についても、存在しないわけではないが、しかし、それほど多いわけでもないということがわかる。

2　裁判例の不在の理由

(1)　従来における国際消費者取引自体の不在

　それでは、国際消費者紛争に関する裁判例の不在にはどのような理由があるのであろうか。

　国際取引から生じる紛争の解決の難しさの一つは、法廷地の候補となり得る国が複数存在するという点にある。A国の主体とB国の主体の間の紛争処理が問題となった場合、通常、A国側はA国を法廷地とする手続を、B国側はB国を法廷地とする手続を望むため、本案の解決に入る前に、どちらの国を法廷地とするのかという問題を別に処理せざるを得なくなる。しかも、この問題に解を与えるべき世界統一の基準といったものが存在していない。す

なわち、当該紛争に対してA国が管轄を有するか否かはA国の基準で決められ、B国が管轄を有するか否かはB国の基準で決められているのであり、しかも、それぞれの基準が相異なっているのである。その結果として、本体たる紛争の解決に入る前に、国際裁判管轄の決定というこの問題に関してだけで、長年にわたりA国とB国の双方で争うことになるといった事態が発生するのも、決して珍しいことではない。

ただ、従来においては消費者という主体に関しては、自らが外国の主体と積極的に取引するという行動をしなかった。すなわち、国際消費者紛争の前提としての国際消費者取引自体が存在しなかった、あるいは、取引を可能にする道具が存在しなかったため、国際消費者紛争自体が存在せず、結果、国際消費者紛争に関する裁判例も存在しなかったという面があった。逆に言えば、従来においては、上記のような国際裁判管轄を巡る複雑な問題に巻き込まれるのは、国際取引を日常的に行っている事業者にすぎず、消費者は自国に所在する事業者で外国の事業者と国際取引をする者との間で国内取引をするだけであったのである。

(2) 現在における国際消費者取引の拡大

しかし、そうした状況は現在においては全く様変わりしてしまっている。すなわち、インターネットという便利な道具の登場である。この便利な道具の前では、基本的に国境というものは関係なくなる。世界中の誰もが世界中のどのウェブサイトにも簡単にアクセスすることができるようになったため、海外でしか手に入らない物品やサービスなど、従来はそれを専門に扱う事業者を通さなければ困難であったものの入手が、消費者であっても直接かつ簡単にできるようになってしまった。それは、国際取引への消費者の参加の拡大をもたらすと同時に、国際裁判管轄を巡る複雑な問題に消費者が巻き込まれる機会をも拡大させてしまった。

とすると、かかるインターネットの普及、それにともなう国際消費者取引の拡大、国際消費者紛争の増大が現実化したまさにその時に、消費者保護の観点から、消費者の住所地に国際裁判管轄を認めることを原則とすると同時に、消費者の住所地国以外を法廷地と定める事前の国際裁判管轄合意の有効性を原則として否定するといった対応をとることを明確化したわが国の立法 (改正民訴3条の4・3条の7第5項) は、まさに時宜にかなったものであったように

もみえる。

しかし、国際消費者取引の拡大、それにともなう国際消費者紛争の増大が現実化し、これに対応するための立法措置がなされても、実は、国際消費者紛争に関する裁判例はいまだ現れていない。すなわち国際消費者紛争が増大している現在においても、その解決のために、裁判が利用されていないのである。

それでは、その理由は何故なのであろうか。

(3) 国際消費者取引の係争額の現実

ここで注目されるべきは、国際消費者取引における通常の係争額である。すなわち、中古自動車の売買といった極めて特殊な取引を除けば（その割合は極めて小さい）、インターネットを通じたオンライン取引によって消費者が物品やサービスを購入する際に支払う金額は通常は5万円以下である。これは、紛争が発生した場合の係争額が5万円以下にすぎないということになり、国際消費者紛争の解決のための裁判の利用とは、5万円以下の係争額のために国際訴訟を提起するかという問題であるということになる。

ここに、国際消費者紛争に関する裁判例の不在のもう一つの理由がある。すなわち、インターネットの普及により国際消費者紛争の増大は現実化したが、そこにおける係争額は、現実には多大な費用と手間がかかってしまう国際訴訟を提起するに足るだけに大きくはないのである。したがって、消費者の住所地に国際裁判管轄を認めることを原則とすると同時に、消費者の住所地国以外を法廷地と定める事前の国際裁判管轄合意の有効性を原則として否定するといった消費者優遇の国際裁判管轄規定が整備されたとしても、実際には裁判に訴えてまで権利の回復を図る消費者は皆無といった状況は依然として続いているのである。

もっとも、係争額と費用・手間の相関関係で裁判に訴えるか否かが決まるのであるとすれば、係争額が大きい消費者紛争、例えば、上述したような非典型な国際消費者紛争、すなわち、関連条約の対象にはならず、かつ、消費者紛争に分類が可能な航空機事故事案については、人々の死傷といった問題がからみ、その係争額も非常に大きなものになるであろうから、外国に所在する航空会社等を相手取った国際訴訟が消費者から提起されることは十分に考えられる。しかし、やはり上述のように、航空機事故については関連条約

の国際裁判管轄規定が特別法として適用される場合が多く、かつ、業務のための出張のようなものは外れることになるため、係争額が大きいかかる非典型な紛争であっても、新設された国際消費者紛争に関する国際裁判管轄規定が実際に働く機会は、実際には極めて限定的なものにならざるを得ない。

(4) 裁判所での紛争解決におけるその他の問題

加えて、裁判所での国際消費者紛争の解決には以下のような問題もある。

すなわち、国際紛争であるが故に被告たる外国事業者が異なる国に所在するということになるが、その場合、仮に原告たる消費者の住所地に国際裁判管轄が認められたとしても、外国の被告に向けて国境を越えた送達が行われなければならない。その際、「国家による物理的な行為は、当該国の領域内においては可能であるが、外国の領域内においては当該外国の同意がない限り行うことができない」という国際法上の原則から、国境を越える送達は、当該外国の領域内における部分については、当該外国に送達を代行してもらうか、あるいは、自国の者が当該外国の領域内で送達を行うことに同意をもらって行うしかないということになる（民訴108条）。そのため、国境を越える送達については、「民事又は商事に関する裁判上及び裁判外の文書の外国における送達及び告知に関する条約（ハーグ送達条約）」等による司法共助の枠組があったとしても、数か月、場合によっては数年を要するというのが現実である。すなわち、実際に訴訟が開始されるまで、長い時間を待たなければならないのである。

他方、証拠調べについても同様のことが言える。すなわち、国際紛争であるが故に物証や人証が異なる国に所在するという場合が出てくるが、その場合、「国家による物理的な行為は、当該国の領域内においては可能であるが、外国の領域内においては当該外国の同意がない限り行うことができない」という国際法上の原則から、外国に所在する物証や人証に関する証拠調べについては、当該外国に代行してもらうか、あるいは、自国の者が当該外国の領域内で行うことに同意をもらって行うしかないということになる（民訴184条）。そのため、外国における証拠調べについては、「民事又は商事に関する外国における証拠の収集に関する条約（ハーグ証拠収集条約）」をわが国が批准していないこともあいまって、司法共助の枠組によっても必ずしも容易ではないというのが現実である。

さらに、判決が下され、原告たる消費者の請求が認められたとしても、被

第3章　4　国際裁判管轄と国際消費者紛争　　305

告たる事業者がかかる判決の内容に自主的に従ってくれるとは限らない。その場合、外国に所在する被告の資産に対して強制執行をせざるを得ない事態も生じるが、かかるわが国の判決が当該外国で承認され、当該外国での強制執行が行われるとは限らない。例えば、わが国は（わが国からみた）外国の判決を一定の要件の下で承認するが（民訴118条）、そのような外国判決承認制度を有しない外国も少なくはなく、また、要件が厳しいために承認されることが難しい外国もある。すなわち、せっかく判決が下されたとしても、単なる紙切れに終わってしまう場合も少なくはないのである。

　(5)　裁判所での紛争解決の機能不全の影響

　以上のように、裁判所の利用を前提とする限りにおいては、国際消費者紛争の解決は実際には機能不全に陥っていると言わざるを得ない。

　だが、このような紛争解決を巡る状況が放置されていたのでは、せっかくインターネットの出現によって国境を気にせずに商取引ができるようになったのに、紛争解決の不安から取引への参入に二の足を踏む消費者が依然として少なくはないということになってしまう。すなわち、消費者を一方当事者とする電子商取引市場の拡大は、国内的にはともかく、国際的には頭打ちにならざるを得ないのであり、電子商取引市場のさらなる発展のためには、国際消費者紛争の解決方法を何らかの形で改善する必要があるということになる。

<注>

　(1)　航空運送関係の国際条約における国際裁判管轄規定が特別法として適用される場合の概観については、道垣内正人「国際航空運送関係事件の国際裁判管轄」澤木敬郎＝秌場準一編『国際私法の争点〔新版〕』226頁（有斐閣、1996）を参照。

Ⅲ．立法の実務上の意義とOnline Dispute Resolution

1　Online Dispute Resolution（ODR）

　(1)　裁判以外の国際消費者紛争の解決手段としてのODR

　以上のような裁判所における国際消費者紛争の解決の機能不全という現実を受けて、これを裁判以外の紛争解決手続において解決しようとするものが、近年、注目されているOnline Dispute Resolution（ODR）という手法である。

これは、裁判外紛争解決手続（Alternative Dispute Resolution、ADR）の一種であるが、紛争解決手続をもオンライン上で行おうとすることに特徴を有するものである。

そして、以下にみるように、既に国単位・地域単位では実用化され、一定の機能を発揮している。

(2) 米国におけるODR

ODRの実用化がITビジネスの一環として最も進んでいる国として、米国がある。そして、その一つとして、例えば、American Arbitration Association（AAA）における国際紛争管理部門であるInternational Centre for Dispute Resolution（ICDR）におけるMS-ODR Programmeがある。これは、ICDR の管理の下での紛争解決を行うための汎用的な規則である "International Dispute Resolution Procedure" を "Online Dispute Resolution for Manufacturers/Supplier Disputes" なる特約により変容させることによりオンラインADR 用の紛争解決手続規則として利用できるようにした上で、これを用いて "Manufacturers/Supplier Disputes" を中心とした少額紛争の効率的な解決サービスを提供するものである[2]。より具体的には、オンライン上でまずは当事者間での和解交渉をさせ、それが不調に終わった場合にはオンライン上での仲裁手続に移行し、オンライン上で仲裁判断が下されるというシステムである。20万件を超える紛争案件に既に用いられており、一つのビジネスとして一定の成功を収めている（もっとも、そのほとんどが米国国内での紛争であることには留意が必要である）。

また、オンラインショッピングへの決済サービスを提供しているPay Palも、独自のODRのサービスをビジネスの一環として提供している[3]。すなわち、取引に不満を有する利用者はPay PalのResolution Centerにアクセスし、最初はオンラインでの当事者間の和解交渉が行われることになるが、それでも解決がなされない場合に不満を有する利用者がclaimをすれば、Pay Palが提供するneutralがオンライン上で紛争解決のために介入することになり、最終的にその者が裁定を下した場合には、両当事者の口座を管理するPay Palがその裁定に従って口座間での資金移動を行うという仕組みになっている（ただ、こちらもほとんどが米国国内の紛争であること、日本においてはかかるサービスがなされていないことにも注意が必要である）。

第3章　4　国際裁判管轄と国際消費者紛争　　307

　この他、インターネットを成立せしめているIPアドレスやドメイン名の管理の世界的な中心であるICANN（Internet Corporation for Assigned Names and Numbers）におけるドメイン名紛争メカニズムも、米国発のODRサービスといっても過言ではないであろう。UDRP（Uniform Domain-Name Dispute-Resolution Policy）と呼ばれる規則の下に構築・運用されているこのODRは、ドメイン名を巡る争いをオンライン上でのneutralの裁定により解決するものであり、ドメイン名を究極的に管理するICANNあるいはその下で具体的に管理を行う団体がその裁定に従ってドメイン名を動かすという仕組みになっている（なお、かかるドメイン名の紛争解決システムは、ICANNが管理している".com"".org"といったドメイン名以外の地域ごとのドメイン名、すなわち、".jp"といったドメイン名についても地域ごとに整備されており、わが国においてはJP-DRPと呼ばれる規則の下に同内容のシステムが構築・運用されている）[4]。

（3）　欧州におけるODR

　他方、ITビジネスの一環としてODRを捉えずに、むしろ、政府主導でのODRによる消費者保護を図ろうとしているのがEUであり、これまで運用されてきたものとしてECC-Net（European Consumer Centres Network）を挙げることができる[5]。

　ECC-Netとは、EU域内でも存在する国際消費者紛争に関する前述の状況を改善するための、国境を越えて対置する消費者と事業者の間における紛争解決のための自主的な交渉（negotiation）がスムースに進行するための援助（Complains Handlings）を行うためのシステムである。Complains Handlingsにおいては、調停や仲裁のように第三者（neutral）が登場し、和解促進のために介入したり、仲裁判断を下したりといったことはなされない。そこでは単に、一方の当事者の取引に関する不満を他方の当事者に取り次ぎ、その返事を他方の当事者から一方の当事者に取り次ぐといったことがなされるにすぎない。しかし、国際取引においては、言語が異なるが故に、取引に関する不満を相手方に伝えるということ自体が難しいことが多い。この点を、英語を介した通訳サービスを提供することで解消するというのがECC-Netの主たる役割であり、EU域内において非常に多くの紛争の解決に役立っている。

具体的には、各メンバー国が自国に一つ、認定Consumer Centreを設置する。かかるCentreは自国の消費者からの越境消費者紛争に関する苦情を受け付けると、その苦情内容を英語に翻訳し、相手方事業者が所在する国の認定Consumer Centreに送付する。当該Consumer Centreは、それを現地語に翻訳して、当該事業者にまで伝える。その返事は、かかるルートを逆に通る形で、英語の翻訳を経た上で当該消費者にまで伝えられる。こうしたプロセスにより、国境を越えて対置する消費者と事業者の間における紛争解決のための自主的な交渉がスムースに進行するための援助がなされることになるのである。

以上のシステムにおいては、上述のように、調停人の和解の促進のための介入、仲裁人の仲裁判断といったことはなされず、単純に当事者間のメッセージの取り次ぎがなされるにすぎない。しかし、申し立てられた紛争の7割近くがかかるメッセージの取り次ぎだけで解決している認定Consumer Centreもあるようであり、実際の機能としては非常に大きいものがある（逆に言えば、国際消費者紛争については、言語の問題で交渉が難しいが故に紛争化してしまっているだけの事案がいかに多いかということを示していると言える）。

なお、EUにおいては、近時、EU域内におけるオンライン取引から生ずる消費者紛争を対象とした"Directive on Consumer ADR"、"Regulation on Consumer ODR"といった独自のEU指令・規制を成立させ、さらなるODRの進展が促されている[6]。もっとも、そこにおいても、米国とは異なり、国際消費者紛争の解決のために仲裁の利用は想定されていない。これは、EUにおいては、"Unfair Contract Terms Directive"なる指令がかねてから存在しており、そのANNEXの(q)において、"excluding or hindering the consumer's right to take legal action or exercise any other legal remedy, particularly by requiring the consumer to take disputes exclusively to arbitration …"はunfairな条項であるとの定めが置かれている[7]。その背後には、裁判所において救済を求めることは消費者の基本的な権利であり、妨訴抗弁が成立することによって訴訟の提起を阻む効果を有する仲裁合意は、かかる消費者の基本権を奪いかねない「危険」な存在であるという認識がある。

第3章　4　国際裁判管轄と国際消費者紛争　　309

（4）　わが国の越境消費者センターにおけるODR

それでは、わが国においてはどうか。わが国においては、この点、EUの
ECC-Netに類する存在として、消費者庁の所管の下、「独立行政法人国民生
活センター」の中に「越境消費者センター」なるODR機関が置かれており、
国際消費者紛争の解決のため機能している。すなわち、同センターは、日本
と幾つかの国々との間における国際消費者紛争を主な対象として、Consum-
er Centreの連携によるComplains Handlingsネットワークを公式に構築する
ものである。2011年度においては年度途中からの5か月間だけで600件以上の
相談が寄せられ、2012年度以降は、各年度、4,000件以上の相談が寄せられて
いる[8]。

2　ODRにおける立法の実務上の意義

（1）　法の適用に関する通則法の実務上の意義

ところで、かかるODRにおいて、消費者保護の観点から国際消費者紛争の
解決を念頭になされた近年のわが国の立法措置は、何らかの意味を有するの
であろうか。以下、わが国の「越境消費者センター」における紛争解決の実
情を踏まえて説明してみたい[9]。

この点、まず、手続法面における手当てともいえる国際裁判管轄規定の整
備に先駆けて2006年に実体法面における手当てとして行われた国際私法規定
の整備からみてみよう。すなわち、「法の適用に関する通則法」の制定である。

すなわち、同法11条1項は、「消費者…と事業者…との間で締結される契約
…の成立及び効力について第7条又は第9条の規定による選択又は変更により
適用すべき法が消費者の常居所地法以外の法である場合であっても、消費者
がその常居所地法中の特定の強行規定を適用すべき旨の意思を事業者に対し
表示したときは、当該消費者契約の成立及び効力に関しその強行規定の定め
る事項については、その強行規定をも適用する」と定めている。これは、例
えば、わが国の消費者が外国の事業者から物品・サービスを購入したような
場合に、仮に、準拠法を日本以外の国の法とする条項を含む契約を締結して
しまった場合であっても、わが国の消費者が望むのであれば、わが国の消費
者保護法の適用を受けることができることを意味している。逆に言えば、事
業者側が消費者保護に薄い国の法を準拠法とする条項を含む約款を提供し、
消費者に安易に同意させたとしても、そのことによってわが国の消費者保護

法を潜脱することはできないということが、明文により定められているということである。

　このことの国際消費者紛争における実務上の意義は、実は、当該紛争が裁判手続にかからなくても、決して小さくはない。すなわち、上述のODR手続の中において、外国事業者に対して、準拠法条項がどのようなものであれ、わが国の消費者を相手にしているのであれば、わが国の消費者保護法の適用を免れることができない根拠として明確に示すことができるのである。そして、そのことを契機として、少なからぬ外国事業者が、ODRにおける交渉の中で、わが国の消費者保護法の適用があることを認める、さらには、その結果として代金の払戻しに応じるといった行動を事実上取ってくれることが多いのである。

(2)　消費者紛争に関する国際裁判管轄規定の実務上の意義

　もっとも、上記はあくまで日本の国際私法の規定にすぎない。他方で、当該外国事業者の国においても、その国の国際私法が存在する。そして、その国の国際私法の規定は、わが国の規定とは異なり、準拠法の定めの如何にかかわらず消費者の常居所地法を適用するといったものではないかもしれない。

　とすると、その場合、自国の国際私法においては異なる規律である、具体的には、消費者取引であったとしても、準拠法の定めはあくまで尊重されるといった規律であるというように、当該外国事業者が主張してくる可能性がある。そして、日本の国際私法からみれば、日本の消費者保護法が適用され、代金の払戻しに応じなければならなくなるかもしれないが、自国の国際私法に従えばそうはならないと主張してくるかもしれない。

　そうした状況において重要となるのが、もしも裁判により決着をつけるということになった場合に、国際裁判管轄がどうなるかという問題である。すなわち、上述のように、わが国の国際裁判管轄に関する立法によれば、消費者の住所地に国際裁判管轄が認められると同時に、消費者の住所地国以外を法廷地と定める事前の国際裁判管轄合意の有効性は否定される。それは、裁判ということになれば、わが国の消費者はわが国で裁判を行うことができることを意味し、しかもそのことは、わが国の国際私法の規律に従って判決が下されることも意味することになる。

第3章　4　国際裁判管轄と国際消費者紛争　　311

　かかる点についても立法上明確であることが、ODRにおける交渉の中で示されたとき、上記のような反論を試みようとした外国事業者であったとしても、最終的に、わが国の消費者保護法の適用があることを認める、さらには、その結果として代金の払戻しに応じるといった行動を、事実上取ってくれることが多いのである。すなわち、国際消費者紛争を念頭に置いた国際裁判管轄の立法の意義は、現実には裁判にはならなくとも、上記の国際消費者紛争を念頭に置いた国際私法の立法とあいまって、ODRの実務の中で、事実上、大きな機能を果たしているのである。

＜注＞
　(2)　同プログラムについては、以下のICDRのウェブサイトを参照。
　　　https://www.icdr.org/icdr/faces/icdrservices/msodr、(2017.09.15)
　(3)　Pay PalのResolution Centerに関しては、以下のウェブサイトを参照。
　　　https://www.paypal.com/us/selfhelp/article/what-is-the-resolution-center-faq3327、(2017.09.15)
　(4)　UDRP、及び、JP-DRPに関しては、以下のウェブサイトを参照。
　　　http://gnso.icann.org/en/council/policy/udrp、(2017.09.15)
　　　https://www.nic.ad.jp/ja/drp/index.html、(2017.09.15)
　(5)　ECC-Netの情報については、以下のEUのウェブサイトを参照。
　　　http://ec.europa.eu/consumers/solving_consumer_disputes/non-judicial_redress/ecc-net/index_en.htm、(2017.09.15)
　(6)　DIRECTIVE 2013/11/EU OF THE EUROPEAN PARLIAMENT AND OF THE COUNCIL of 21 May 2013 on alternative dispute resolution for consumer disputes and amending Regulation (EC) No 2006/2004 and Directive 2009/22/EC, OJL 165, 18.6.2013, pp. 63-79. REGULATION (EU) No 524/2013 OF THE EUROPEAN PARLIAMENT AND OF THE COUNCIL of 21 May 2013 on online dispute resolution for consumer disputes and amending Regulation (EC) No 2006/2004 and Directive 2009/22/EC, OJL, 165, 18.6.2013, pp. 1-12.
　(7)　Council Directive 93/13/EEC of 5 April 1993 on unfair terms in consumer contracts, OJL 95, 21/04/1993, pp. 29-34.
　(8)　越境消費者センターの情報については、以下のウェブサイトを参照。
　　　https://ccj.kokusen.go.jp/、(2017.09.15)
　(9)　筆者は、越境消費者センターにおける「運営協議会」の委員を現在務めてい

る他、同センターが消費者庁による暫定的な委託事業であった時代において
も「監視委員会」の委員を務めており、以下に説明するようなODRにおける
交渉の実情について報告を受ける立場にあった。また、さらに前の時代にお
いては、ERIA（Economic Research Institute for ASEAN and East Asia）なる
国際機関の助成の下、数年間にわたってECC-Netと同様にアジア各国のCon-
sumer Centreを連携させ、アジア圏を中心に同様のサービスを提供する
ICA-Netというプロジェクトが存在していたが（越境消費者センターの前身
とも位置付けられよう）、そのプロジェクトの委員も務めており、やはりODR
における交渉の実情について報告を受ける立場にあった。

Ⅳ．おわりに

　以上において、国際消費者紛争の特質、さらには、そのことから来る国際
消費者紛争の裁判による解決の限界につき説明した上で、ODRという裁判以
外による国際消費者紛争の解決手段につき紹介しつつ、そこにおける同規定
の立法の実務上の意義を明らかにしてきた。

　本件設例のうち、設例2のような航空機事故事案の国際消費者紛争に分類
可能なものについては、その損害が人の死傷といった甚大なものになりかね
ないため、改正民訴法3条の4、3条の7第5項といった新設規定に従って国際消
費者訴訟がわが国においても提起される可能性がないわけではない。しか
し、上述のように、その数はそれほど多くはないであろう。他方で、設例1の
ような典型的な国際消費者紛争に関しては、係争額があまりに小さいため、
実際に上記の新設規定に従って訴訟が提起されるという事態は、さらに考え
られない。すなわち、国際消費者紛争の特質からは、現実には、国際消費者
紛争に関する国際裁判管轄規定が裁判の場面において直接に機能することは
ほとんどないと言わざるを得ない。しかし、ODRの手続における交渉過程に
おいては、ある種のソフトローとして大いに機能を発揮している。その点に
は大きな実務上の意義があると評価できよう[10]。

<注>

（10）　なお、現時点においては（欧州と同様に）、仲裁法の附則3条が消費者仲裁
　　　に関しては消費者側に「当分の間」は仲裁合意の解除権を与えているため、越

第3章 4 国際裁判管轄と国際消費者紛争 313

境消費者センターにおけるODRにおいては、仲裁手続が組み合わされていない。しかし、紛争解決手続に仲裁が組み合わされた場合には、かかる規定が単なるソフトローではなく、適用されるべき規範を導くためのハードローとして働く可能性もある。その点の考察、及び、そのような構造を有するODR手続の世界的な統一のための法文書作成の国連の試みの紹介について、早川吉尚「消費者仲裁を巡る国際的な政策相違と世界統一規則の構築―UNCIT-RAL Online Dispute Resolution Working Group―」高橋宏志ほか編『民事手続の現代的使命―伊藤眞先生古稀祝賀論文集』1403頁（有斐閣、2015）を参照。

5 国際裁判管轄と国際労働紛争

早川吉尚

Ⅰ．はじめに
Ⅱ．裁判例の特徴とその理由
Ⅲ．立法の実務上の意義
Ⅳ．おわりに

設 例

1　日本人Xは、米国法人Yに、米国法を準拠法とする雇用契約の下でその日本における営業所で雇用されていたが、この度、米国法に基づいた解雇通知を受領した。しかし、日本法上の労働者保護規制が適用されれば、当該解雇は無効であるようにも考えられる。そこでXは、当該解雇の無効の確認を求め、わが国の裁判所に提訴した。

2　日本人Xは、米国法人Yの日本の子会社に雇用されていたが、近年は親会社であるYの米国の研究所で勤務していた。この度、米国法に基づいた解雇通知を受領したが、日本法上の労働者保護規制が適用されれば、当該解雇は無効であるようにも考えられる。そこでXは、当該解雇の無効の確認を求め、わが国の裁判所に提訴した。

Ⅰ．はじめに

　平成23年改正民訴法は、それまで判例により形成されたルールを基本的に踏襲するものであったが、その一部には現代的な要請に対応するために新設された規定が存在している。そのうちの一つが、民訴法3条の4の消費者契約・労働契約に関する訴えの管轄権の規定、及び、民訴法3条の7第5項・6項の消費者契約・労働契約に関する国際裁判管轄合意についての規定であり、これまで不明確であった国際消費者紛争・国際労働紛争に関する国際裁判管

轄のわが国の規律が明確にされたといえる（第2章5参照）。

それでは、その結果として、国際労働紛争の解決に関するわが国の裁判実務に大きな変化がもたらされたのであろうか。その解を探るべく、以下では、同規定の制定以前の判例の状況につき分析した上で、国際労働紛争の特質につき明らかにしたい（Ⅱ.）。その上で、同規定の立法の実務上の意義を明らかにしたい（Ⅲ.）

Ⅱ. 裁判例の特徴とその理由
1 国際労働紛争に関するこれまでの裁判例
(1) 国際消費者紛争との比較
国際消費者紛争に関するこれまでの裁判例を探そうとすると、わが国においては、かかる形態の紛争に関する裁判例が存在していないということに気がつかされる。それは一つには、従来においては、国際取引を日常的に行っているのは事業者にすぎず、消費者は自国に所在する事業者で外国の事業者と国際取引をする者との間で国内取引をするだけであった、すなわち、国際消費者取引自体が存在せず、したがって、国際消費者紛争も存在していなかったという理由によるものであった。

もっとも、現在においては、インターネットの登場により、消費者であっても国際取引への参加が容易となってしまっており、結果、国際裁判管轄を巡る複雑な問題に消費者が巻き込まれる機会も現実に拡大している。しかし、そのような変化があったとしても、国際消費者取引における通常の係争額は通常は5万円以下であるため、その結果、消費者の住所地に国際裁判管轄を認めることを原則とすると同時に、消費者の住所地国以外を法廷地と定める事前の国際裁判管轄合意の有効性を原則として否定するといった消費者優遇の国際裁判管轄規定が整備されたとしても、国際訴訟のための手間や費用を勘案すると裁判に訴えてまで権利の回復を図る消費者は皆無であるといった状況が、依然として続いているのである（以上につき、第3章4参照）。

しかし、国際労働紛争については、かかる国際消費者紛争とは様相を異にする。すなわち、以下にみるように、一定の数の裁判例がかねてから存在していたのである。

(2) 国際労働紛争に関する従来の裁判例
国際労働紛争においては、上記のような国際消費者紛争とは様相が異なっ

ていた。すなわち、以下にみるような一定の数の裁判例がかねてから存在していたことからわかるように、国際訴訟のための手間や費用を勘案したとしても、裁判に訴えてまで権利の回復を図る労働者は、一定数存在したのである。

時系列に沿って見てみると、例えば、日本国内に事務所を有する米国法人に雇用されて日本国内において勤務していた労働者（ただし米国人）が解雇の不当性等につき争った東京地裁昭和40年4月26日決定（労民16巻2号308頁、インターナショナル・エア・サービス事件）がある。また、米国法人の日本支店に勤務していた日本人労働者が退職金の支払を求めた東京地裁昭和43年4月19日判決（労民20巻4号844頁）、東京高裁昭和44年8月21日判決（労民20巻4号840頁）、最高裁昭和48年1月19日判決（民集27巻1号27頁、シンガー・ソーイング・メシーン事件）がある。さらに、米国法人の日本支社により雇用されていた日本人労働者が解雇の不当性等につき争った東京地裁昭和50年3月28日判決（判時786号89頁、ザ・フライング・タイガー・ライン・インク事件）がある。

また、被告となった外国法人は米国のそれだけではない。例えば、英国法人の日本営業所に派遣されていた日本人労働者が解雇の不当性等につき争った東京地裁昭和54年11月29日判決（労民30巻6号1137頁、ブリティッシュ・エアウェイズ・ボード事件）、シンガポール会社の日本支社に勤務する日本人労働者が解雇の不当性等につき争った東京地裁昭和55年2月29日判決（労判337号43頁、シンガポール航空事件）、EC駐日代表部に雇用された日本人労働者が試用期間終了直前の本採用拒否につき争った東京地裁昭和57年5月31日判決（下民33巻5〜8号875頁）、東京高裁昭和58年12月14日判決（労民34巻5〜6号922頁、EC駐日代表部事件）、スイス法人の日本営業所に勤務する日本人労働者が解雇の不当性等につき争った東京地裁昭和59年5月30日判決（労判433号22頁、スイス航空事件）などがある。

平成に入っても、サウジアラビア法人の東京事務所に勤務する日本人労働者が解雇の不当性等につき争った東京地裁平成4年3月4日決定（労判617号75頁、ナショナル・ショッピング事件）、フランス法人の日本支店に勤務する労働者（ただし米国人）が退職金の支払を求めた東京地裁平成5年3月19日判決（労判636号70頁、バンク・インドスエズ事件）、英国法人の日本支店に勤務する日本人労働者が解雇の不当性等につき争った東京地裁平成8年7月31日決定（労民47巻4号342頁、ロイヤル・インシュアランス・パブリック・リミテッド・カンパニー事件）、ドイツ法人に勤務する日本人労働者が賃金の支払を求めた東京地裁平成9年10月1

日判決（判タ979号144頁、ドイッチェ・ルフトハンザ・アクチェンゲゼルシャフト事件）、英国法人の東京支店に勤務する日本人労働者が解雇の不当性等につき争った東京地裁平成12年1月21日決定（労判782号23頁、ナショナル・ウエストミンスター銀行事件）、韓国法人の東京事務所に勤務する日本人労働者が解雇の不当性等につき争った東京地裁平成14年12月9日判決（労判846号63頁、韓国銀行事件）などがあるのであった。

　もっとも、注意すべきは、これらが全て日本に営業所・事務所等を有する外国法人を被告としたケースであるということである。後述のように、日本に営業所・事務所等を有しなければ、国際裁判管轄があるか否かが不明確であるという観点から、躊躇せざるを得なくなる可能性があるのである。

2　国際労働紛争訴訟の実情

(1)　国際労働紛争訴訟が存在する理由

　ところで、国際労働紛争においては、国際消費者紛争とは異なり、何故、一定数の裁判例がかねてから存在していたのであろうか。

　第一に、わが国の消費者が海外の事業者と取引を行うことなど、近年に至るまで現実的ではなかった国際消費者取引とは異なり、労使間においては以前から国際的な契約が締結されてきたことが、その理由として挙げられよう。すなわち、設例1のように、外国の事業主がその日本における営業所において日本人を被用者として雇用するといったことは、グローバル化が進展した近年よりも前であったとしても、一定程度存在していた。そして、そのうちの一定割合が解雇を巡る争いといった形で紛争化してきたのである。

　第二に、係争額が一般に少額であるために訴訟提起を躊躇せざるを得ない国際消費者紛争とは異なり、国際労働紛争については、係争額が必ずしも少額とは言えないということも指摘できよう。すなわち、労働契約の一つの特徴として、当事者間の関係が長期的なものであるという点がある。月ごとに支払われる給与額だけでも消費者取引の一般的な係争額に比して高額である上に、解雇が無効ということになれば、解雇通知がなされて以降、支払がなされていなかった期間の給与額が支払われるか否かが争われることになる。さらに、それ以降も労働契約は継続すべきことになるため、解雇の無効を争うということは、それ以降に支払われるべき給与額についても実質的に争っているということになる。つまり、訴訟提起を躊躇するほど係争額が一般に少額であるとはとても言えないのである。

第三に、労働紛争については、実質的に、争われているのが金銭的なもの
だけではないという特徴があることも重要である。すなわち、労働紛争にお
いては、社内における自らの貢献への評価や人間関係の問題など、金銭では
測れない点が少なからず実質的に争われることが少なくはない。そうである
とすると、訴訟を遂行することの困難性を勘案したとしても、あえて訴訟提
起する被用者が存在するのである。

(2)　国際労働紛争訴訟の実際

しかし、そうは言っても、相手方たる使用者が外国の事業主である場合に
は、国際訴訟となるため、国内訴訟に比して様々な手続問題が発生する。

例えば、国際紛争であるが故に被告たる外国事業主が異なる国に所在する
ということになるが、その場合、外国の被告に向けて国境を越えた送達が行
われなければならない。その際、「国家による物理的な行為は、当該国の領域
内においては可能であるが、外国の領域内においては当該外国の同意がない
限り行うことができない」という国際法上の原則から、国境を越える送達は、
当該外国の領域内における部分については、当該外国に送達を代行してもら
うか、あるいは、自国の者が当該外国の領域内で送達を行うことに同意をも
らって行うしかないということになる。そのため、国境を越える送達につい
ては、条約等による司法共助の枠組があったとしても、数か月、場合によっ
ては数年を要するというのが現実である。すなわち、実際に訴訟が開始され
るまで、長い時間を待たなければならないのである。

他方、証拠調べについても同様のことが言える。すなわち、国際紛争であ
るが故に物証や人証が異なる国に所在するという場合が出てくるが、その場
合、「国家による物理的な行為は、当該国の領域内においては可能であるが、
外国の領域内においては当該外国の同意がない限り行うことができない」と
いう国際法上の原則から、外国に所在する物証や人証に関する証拠調べにつ
いては、当該外国に代行してもらうか、あるいは、自国の者が当該外国の領
域内で行うことに同意をもらって行うしかないということになる。そのた
め、外国における証拠調べについては、関連条約をわが国が批准していない
こともあいまって、司法共助の枠組によっても必ずしも容易ではないという
のが現実である。

さらに、判決が下され、原告たる労働者の請求が認められたとしても、被
告たる事業主がかかる判決の内容に自主的に従ってくれるとは限らない。そ

第3章　5　国際裁判管轄と国際労働紛争　　319

の場合、外国に所在する被告の資産に対して強制執行をせざるを得ない事態
も生じるが、かかるわが国の判決が当該外国で承認され、当該外国での強制
執行が行われるとは限らない。例えば、わが国は（わが国からみた）外国の
判決を一定の要件の下で承認するが、そのような外国判決承認制度を有しな
い外国も少なくはなく、また、要件が厳しいために承認されることが難しい
外国もある。すなわち、せっかく判決が下されたとしても、単なる紙切れに
終わってしまう場合も少なくはないのである（以上につき、**第3章4参照**）。

　こうした問題に加え、平成23年改正民訴法により国際裁判管轄の規定が整
備される以前は、そもそも、わが国の裁判所に国際裁判管轄を認めてもらえ
るか否かという問題すら、不明確な状況が続いていたのである。

（3）　立法以前の国際裁判管轄の状況

　平成23年改正民訴法により国際裁判管轄の規定が整備される以前は、国際
裁判管轄に関する明文規定が存在しないという状況が一般的に存在してい
た。それは、国際裁判管轄に関する判断が裁判所により異なってしまうとい
う弊害、さらには、当事者にとってもあまりに予測可能性がなく、訴えを提
起してみなければ国際裁判管轄が認められるか否かが分からないという弊害
を生んでいたが、そうした中、最高裁は、以下のように、国際裁判管轄に関
するルールとして、類似の問題を処理する国内裁判管轄に関する明文規定を
借用する旨の判断を下したのであった（最判昭56・10・16民集35・7・1224〔マレー
シア航空事件〕）。

　すなわち、わが国の民訴法の中には、日本国内におけるいずれの地の裁判
所において当該紛争が解決されるべきであるかという国内裁判管轄の決定に
関する明文規定は存在している。かかる国内裁判管轄の決定は、論理的には、
わが国に国際裁判管轄が認められた場合に初めて問題になる事項であり、本
来的には、両者は相互に独立した問題であるにすぎない。しかし、上記の弊
害を鑑み、最高裁は、わが国においては「国際裁判管轄を直接規定する法規
もなく、また、よるべき条約も一般に承認された明確な国際法上の原則もい
まだ確立していない現状のもとにおいては、当事者間の公平、裁判の適正・
迅速を期するという理念により条理にしたがつて決定するのが相当」とした
上で、かかる「条理」に適う場合とは「わが民訴法の国内の土地管轄に関す
る規定」に列挙されている「裁判籍のいずれかがわが国内にあるとき」であ
ると判示したのであった。

しかし、国内裁判管轄に関する規定は、あくまで、紛争解決地を東京にするか、それとも、大阪にするかといった問題の解決のために用意されたものにすぎない。そこでは、裁判拒否といった事態を生じさせないために、様々な管轄原因が比較的広めに用意されており、また、その結果として原告住所地に管轄が認められやすいという結果になったとしても、紛争解決地が東京であるか大阪であるかといったレベルの問題である以上、被告にとってそれほど大きな不利益があるわけではないし、証拠調べ等との関係で手続遂行上の大きな不便が発生するわけでもない。しかも、移送の制度も用意されている。

だが、これが国際裁判管轄の決定ルールとして借用された場合には、国境を越えて応訴せざるをえない被告に対して深刻な不利益をもたらす可能性があり、また、証拠が被告側の国に偏在するような際にも原告住所地に管轄が認められてしまうことで、手続遂行上の問題が発生してしまう可能性もある。そこで、下級審裁判所は、前掲の「条理」に適う場合としては、民訴法の規定する裁判籍のいずれかがわが国内にあるときが原則であるとしつつも、そのような場合でも、「当事者間の公平、裁判の適正・迅速」を期するという理念に反するような「特段の事情」がある場合には、例外的に国際裁判管轄が否定されるというように、最高裁が提示した前掲のルールを変容して使用するようになった。この変容ルールに従えば、「民訴法の規定する裁判籍のいずれかがわが国内にあるとき」であったとしても、被告の著しい不利益や証拠の偏在といった「特段の事情」の存在が認定される場合には国際裁判管轄は認められないということになる。つまり、「特段の事情」の導入により、国内ルールを国際ルールとして借用することから生ずる上述の問題が解消され、国際裁判管轄の決定において具体的に妥当な結論を導きやすくなった。そして、その後、最高裁も、国内裁判管轄ルールを借用しつつも「特段の事情」の例外を認めるという、下級審裁判所によって変容されたルールを自らも採用するに至ったのであった（最判平9・11・11民集51・10・4055〔ファミリー事件（ドイツ車預託金事件）〕）（以上につき、**第1章2参照**）。

(4)　国際裁判管轄の有無の不明確性

以上を前提にすると、設例1のようにわが国の労働者が外国の事業主を訴えるような場合には、まず、当該外国事業主がわが国に営業所・事務所を有さない限り、原則として国際裁判管轄が認められないということになる（民

訴4条5項）（なお、上述のこれまでの裁判例は全て、わが国に営業所・事務所を有していたケースであった）。

　これが無いとすると、当該外国事業主の差し押さえることができる財産がわが国にある場合（民訴5条4号）、あるいは、義務履行地がわが国であると認定できる場合（民訴5条1号）ということになるが、国内裁判管轄規定を借用するというルール構造上、そのように常に導けるかは必ずしも明確ではない。

　また、「特段の事情」なる存在も、ルールの明確性を失わせしめる要因の一つとなる。すなわち、具体的に妥当な結論を導ける柔軟なルールというものは、予測可能性が低いルールでもある。そして、国際裁判管轄が認められるか否かについての争いのポイントが、裁判官に「特段の事情」を認めてもらえるか否かという点に移ってしまったという状況の下では、被告にとっては、自らが国境を越えて応訴せざるをえない場合の不利益について、あるいは自国側に証拠が偏在していることについて、どれだけ具体的に主張できるかが決め手になり、他方、原告にとっては、その逆の事実をどれだけ具体的に主張できるかが決め手になる。となると、裁判で徹底的に争ってみない限り、国際裁判管轄の有無は判明しないということになり、予測可能性は著しく損なわれ、本案以外の点で両者に課される負担も多大なものになってしまう（「特段の事情」については、**第2章8参照**）。

　以上のように、立法前の状況においては、外国に所在する事業主に対する訴えに関し、そもそもわが国で裁判ができるか否かの基準が不明確という状況に、外国事業主のためにわが国で働く労働者は置かれていたのである。

　(5)　労働者保護の観点の欠如

　他方で、さらに指摘されるべきは、平成23年改正民訴法が整備される前においては、（借用するルール自体が国内訴訟を前提にしたものであるため）国際訴訟の遂行過程における労働者保護の観点が全く欠落していたという点であろう。

　上述のように、国内裁判管轄に関する規定は、あくまで、紛争解決地を東京にするか、それとも、大阪にするかといった問題の解決のために用意されたものにすぎない。紛争解決地が東京であるか大阪であるかといったレベルの問題である以上、自らに馴染みの薄い地での労働紛争訴訟の提起を迫られたとしても、当該労働者にとってそれほど大きな不利益があるわけではないし、証拠調べ等との関係で手続遂行上の大きな不便が発生するわけでもない。したがって、例えば、自らが勤務していた場所から離れた地を法廷地として

指定する専属的裁判管轄合意を結ばされていたときであっても、それに従って当該法廷地で事業主を訴えることについて、（所詮は東京か大阪かといった問題である以上）それほど大きな問題が発生するわけではない。

しかし、国際訴訟においては、遠い外国まで訴訟のために行かなければならないという問題、しかも、そこにおける裁判制度や言語がわが国とは全く異なるものであるという問題など、様々な問題が発生するのである。そうした環境の下では、労働者が外国の事業主に訴訟提起を躊躇せざるを得なくなる場合が少なからずあることが、容易に想像できる。

国際裁判管轄ルールにおける①予測困難性と②労働者保護の観点の欠如。その問題性は明らかであり、今般、国際裁判管轄に関する明文の規定が、定められるに至ったのであった。

Ⅲ． 立法の実務上の意義
1　外国の事業主に対する訴えの国際裁判管轄
以上のような裁判所における国際労働紛争の国際裁判管轄の予測困難性、労働者保護の観点の欠如という現実を受け、これを、労働者保護という視点を加味した上で予測可能な形にしようとしたのが、民訴法3条の4の労働契約に関する訴えの管轄権の規定である。

すなわち、グローバル化の進展により、わが国の労働者が外国企業との間において労務供給を行うといったことは、もはや珍しくはなくなっている。しかし、労働者は、事業主との関係では弱い立場にあるにもかかわらず、国内裁判管轄規定を借用した判例ルールの下では、その特殊性についての配慮には一定の限界があった。

この点、平成23年改正民訴法では、事業主から労働者に対する訴えは、原則通り、被告住所地に提起するのを基本とする一方で（民訴3条の4第3項・3条の2）、労働者からの事業主に対する訴えは「労務の提供の地」が「日本国内にあるとき」に管轄が認められるとしている（民訴3条の4第2項）（**第2章5参照**）。

このことにより、設例1のようにわが国の労働者が外国の事業主を訴える場合には、労務供給地がわが国にある限り、わが国の裁判所を管轄裁判所として訴えを提起できることが明確になったのである。

2　外国を法廷地に指定する専属的国際裁判管轄合意
もっとも、わが国の労働者が外国の事業主を訴える場合、労務供給地がわ

が国にある限り、わが国の裁判所を管轄裁判所として訴えを提起できるのが原則であるとしたとしても、立場が弱く十分な知識も無い労働者が、労働契約を結ぶ際に事業主の所在地の裁判所を法廷地として指定するような専属的な国際裁判管轄合意を結ばされている可能性もある。そして、そのような場合に当該管轄合意の存在によって当該外国に行って訴訟を提起しなくてはならない（その反射としてわが国では訴訟が提起できない）ということでは、折角に上記の立法をした趣旨が没却されてしまう。

　そこで、労働者と事業主の間における管轄合意については、労働者の利益を害さない一定の場合を除き、無効であることも併せて明確化された（民訴3条の7第6項）。

　なお、かかる労働者の利益を害さない一定の場合とは、「労働契約の終了の時にされた合意であって、その時における労務の提供の地がある国の裁判所に訴えを提起することができる旨を定めたもの」か（同条同項1号）、「労働者が当該合意に基づき合意された国の裁判所に訴えを提起したとき、又は事業主が日本若しくは外国の裁判所に訴えを提起した場合において、労働者が当該合意を援用したとき」である（同条同項2号）。

　また、前者については、「その国の裁判所にのみ訴えを提起することができる旨の合意については」「その国以外の国の裁判所にも訴えを提起することを妨げない旨の合意とみなす」とのかっこ書きも付与されており、国際裁判管轄合意の専属性が労働者保護の観点から否定されている点も特徴的である（以上につき、第2章5・7参照）。

3　併合請求の国際裁判管轄

　また、実務的には、併合請求に関する国際裁判管轄も重要である。すなわち、現実には、外国の事業者が日本において事業を行おうとする場合に、日本において子会社を設立し、その子会社と役割分担をしながら事業展開を行うことが多い。他方で、労働者に関しては、自らが子会社の被用者なのか外国の親会社の被用者なのか曖昧である場合がある他、子会社の被用者であることがある程度は明らかであっても、訴訟戦略上、外国の親会社をもわが国での訴訟に巻き込むことが得策である場合が少なくはない。

　とすると、外国の親会社との間では直接の雇用関係があるか否かが微妙な場合であったとしても、「一の訴えで数個の請求をする場合において、日本の裁判所が一の請求について管轄権を有し、他の請求について管轄権を有しな

いときは、当該一の請求と他の請求との間に密接な関連があるときに限り、日本の裁判所にその訴えを提起することができる」と併合請求に関しての国際裁判管轄ルールを明確化した平成23年改正民訴法の規定も（民訴3条の6）、実務的には重要であるということになる（第2章6参照）。

少なくとも日本の子会社との間では国際裁判管轄が認められる以上、同規定の存在により、外国の親会社を何らかの形で訴訟に巻き込める可能性は高くなる。それは、訴訟提起後、訴訟係属中の和解をも視野に入れた紛争解決のための戦略において、原告である労働者の立場をより有利にするという点でも重要である。

Ⅳ．おわりに

以上において、国際労働紛争の特質、さらには、そのことから来る国際労働紛争の裁判による解決の必要性と、平成23年改正民訴法の立法前における国際裁判管轄の予測困難性という問題状況につき説明した。そしてその上で、立法の実務上の意義を明らかにしてきた。

今回の立法により、本件設例のうち、設例1のようなタイプの国際労働紛争に関しては、日本の労働者にとって国際訴訟を提起しやすい環境が整えられたといえよう。

もっとも、設例2のような場合はどうであろうか。この点、平成23年改正民訴法では、「労働契約における労務の提供の地」がわが国にあれば、わが国に国際裁判管轄があると定められているため（民訴3条の4第2項）、Xの「労務の提供の地」が労働契約において米国と変更されていたのであれば、わが国には国際裁判管轄が認められないということになる。その意味で、上記のような勤務環境にあったわが国の労働者については、「労務の提供の地」の所在につき徹底的に争わない限り、わが国に管轄が認められない可能性があると言わざるを得ない。すなわち、労働者に酷な場合が一定程度生じる可能性が否定できないのである。

他方、実務的には、労働契約が終了する場合、被用者であった時期において知り得た事業主の営業秘密等に関し守秘義務契約が締結されたり、一定の期間につき事業主の事業との関係で競業避止義務契約が締結されたりすることが少なくはない。そうした当事者間の紛争のどこまでが、「将来において生ずる個別労働関係民事紛争を対象とする」ものといえるか（民訴3条の7第6項

第3章　5　国際裁判管轄と国際労働紛争　325

1号)、換言すれば、労務提供地を法廷地として非専属的に指定した国際裁判
管轄合意しか許さない旨の規定が、労働契約が終了してもはや被用者ではな
くなった者と元の雇い主との間における紛争のどの範囲まで及ぶかについて
も、必ずしも明らかではない。すなわち、平成23年改正民訴法においても不
明確な部分は残っているのであり、実務に一定の混乱が生ずる可能性はある
（第2章7参照）。

　さらに、平成23年改正民訴法においても、「特別の事情」という形で、それ
以前の「特段の事情」と同様の存在が残されることになったことも、実務を
困惑させる要因である（民訴3条の9）。上述のように、具体的に妥当な結論を
導ける柔軟なルールというものは、予測可能性が低いルールでもある。そし
て、国際裁判管轄が認められるか否かについての争いのポイントが、裁判官
に「特別の事情」を認めてもらえるか否かという点に移ってしまうと、被告
にとっては、自らが国境を越えて応訴せざるをえない場合の不利益について、
あるいは自国側に証拠が偏在していることについて、どれだけ具体的に主張
できるかが決め手になり、他方、原告にとっては、その逆の事実をどれだけ
具体的に主張できるかが決め手になる。となると、裁判で徹底的に争ってみ
ない限り、国際裁判管轄の有無は判明しないということになり、予測可能性
は著しく損なわれ、本案以外の点で両者に課される負担も多大なものになっ
てしまう。その問題は、実は平成23年改正民訴法にも引き継がれたのである
（第2章8参照）。

　なお、設例1、設例2ともに、「この度、米国法に基づいた解雇通知を受領し
た。しかし、日本法上の労働者保護規制が適用されれば、当該解雇は無効で
あるようにも考えられる」とあるが、国際労働訴訟の実務としては、法の適
用に関する通則法が制定され、その12条において、当該労働契約に「最も密
接な関係がある地」以外の法が契約準拠法とされていたとしても、その「最
も密接な関係がある地」の強行法規の適用の余地を認める旨が定められたこ
とが、極めて重要である。この点、国際裁判管轄の問題ではないが、併せて
付記したい。

6 国際裁判管轄と国際知財紛争

田中成志

Ⅰ. 外国に所在する被告に対する日本の特許権に基づく訴訟
Ⅱ. 外国の特許権の侵害にかかわる日本に所在する被告に対する訴訟
Ⅲ. 設例の検討
Ⅳ. 今後の課題

設 例

1 甲発明についての特許権を有しているXが、Y製品の製造、販売をしている、アメリカ合衆国法人であるYA及びその日本における子会社であるYJに対し、Y製品を内蔵した製品は、本件発明の技術的範囲に属するから、Y製品の生産、譲渡、輸入、譲渡の申出の各行為は、特許法101条4号により、本件特許権の間接侵害行為に当たるところ、Aは、YAからY製品又はこれを内蔵した製品を輸入し、Y製品を内蔵した製品を顧客へ譲渡しており、Aは、上記各行為について、本件特許権の間接侵害による不法行為責任を負うが、YAらには、上記各行為について、上記各社と共同不法行為（民法719条1項又は2項）が成立することを主張して、特許権侵害の不法行為に基づく差止請求、損害賠償請求及び不当利得返還請求の請求をした。

2 Xは、アメリカ合衆国において、発明の名称を「FM信号復調装置」とする米国特許権を有している。なお、Xは、我が国において、本件発明と同一の発明についての特許権を有していない。

　(1)　Yは、我が国においてY製品を製造してアメリカ合衆国に輸出し、Yが100％出資した米国子会社は、同国においてこれを輸入し、販売していた。

　(2)　Y製品は、本件発明の技術的範囲に属する。

　　Xは、YがY製品を我が国からアメリカ合衆国に輸出する等の行為

が、アメリカ合衆国の特許法271条(b)項に規定する特許権侵害を積極的に誘導する行為に当たり、Yは本件米国特許権の侵害者として責任を負うなどと主張して、Yに対し、

① Y製品をアメリカ合衆国に輸出する目的で我が国で製造すること、我が国で製造したY製品をアメリカ合衆国に輸出すること及びYの子会社その他に対しアメリカ合衆国においてY製品の販売又は販売の申出をするよう我が国において誘導することの差止め、

② Yが我が国において占有するY製品の廃棄、

③ 不法行為による損害賠償

を請求した。

Ⅰ. 外国に所在する被告に対する日本の特許権に基づく訴訟

外国に所在する被告に対する日本の特許権に基づく訴訟において、日本の裁判所が管轄権を有するかについて、民訴法の各規定を検討する。

1 被告の住所等による管轄権

設例1のように、外国法人であるYA及びその日本における子会社であるYJを被告とするときにおいて、YJは日本国内に所在するので、差止請求及び損害賠償請求の双方について日本に裁判管轄が認められる。

YAは、米国に本店を有する米国法人である。

民訴法3条の2第3項は、「裁判所は、法人その他の社団又は財団に対する訴えについて、その主たる事務所又は営業所が日本国内にあるとき、事務所若しくは営業所がない場合又はその所在地が知れない場合には代表者その他の主たる業務担当者の住所が日本国内にあるときは、管轄権を有する。」と規定する。

YAが、日本国内に主たる事務所又は営業所を有していない場合には、法人格を否認する事情がなければ管轄は認められない。

2 義務履行地

民訴法3条の3第1号は、契約上の債務の履行請求や不履行による損害賠償請求だけに国際裁判管轄を認め、不法行為の場合には義務履行地の国際裁判管轄は認めていない[1]。

国内土地管轄については、民訴法5条1号が不法行為に基づく損害賠償請求

の場合の金銭債務の履行地（民法484条の持参債務の義務履行地）に管轄があるものとしているが、不法行為との関連性が薄い義務履行地に管轄を認めることは、当事者の予測可能性や証拠収集の面で問題があり、常に日本に管轄が生じてしまうからである。

3　応訴管轄

民訴法3条の8が「被告が日本の裁判所が管轄権を有しない旨の抗弁を提出しないで本案について弁論をし、又は弁論準備手続において申述をしたときは、裁判所は、管轄権を有する。」と規定し、YAが応訴すれば国際裁判管轄が認められる。

実務上、他の管轄原因がなく、応訴管轄しか生じ得ないような場合には、悩みどころであるが、日本で審理すべき合理性を著しく欠くような場合には、民訴法3条の9の特別の事情による訴えの却下をすることになるであろうと言われる[2]。

4　外国に所在する被告に対する差止請求について

(1)　「日本において事業を行う者…に対する訴え　当該訴えがその者の日本における業務に関するものであるとき」

民訴法3条の3第5号は、外国の事業者が、日本国内に事業所又は営業所を設置することなく、日本の法人又は個人と取引を行った場合に、その取引にかかわる訴えについて日本の裁判所が管轄権を有するとした規定である。

特許権侵害による差止め及び損害賠償請求は、外国に所在する被告の日本における業務としての取引にかかわる訴えではないので、本号の管轄原因は認められない。

(2)　不法行為管轄

ア　不法行為に関する訴え

特許権侵害にかかわる訴えは、民訴法3条の3第8号の「不法行為に関する訴え」に該当するか。民訴法3条の3第8号の「不法行為に関する訴え」は、民訴法5条9号の「不法行為に関する訴え」と同じく、民法所定の不法行為に基づく訴えに限られるものではなく、違法行為により権利利益を侵害され、又は侵害されるおそれがある者が提起する差止請求に関する訴えをも含むとされている[3]。

イ　不法行為があった地

(ア)　不法行為に関する訴えについて、民訴法3条の3第8号は、「不法

第3章　6　国際裁判管轄と国際知財紛争　　329

行為があった地」を基準として国際裁判管轄を定めることとしている（「不法
行為があった地」について**第2章3Ⅲ. Ⅳ. 参照**）。

　民訴法3条の3第8号の規定に依拠して我が国の国際裁判管轄を肯定するた
めには、不法行為に基づく損害賠償請求訴訟の場合、原則として、被告が日
本国内でした行為により原告の権利利益について損害が生じたか、被告がし
た行為により原告の権利利益について日本国内で損害が生じたとの客観的事
実関係が証明されれば足りる[4]。また、民訴法3条の3第8号の「不法行為が
あった地」は、不法行為が行われた場所、権利利益が実際に侵害され現実の
損害が生じた者及び場所だけをいうのではない。違法行為により権利利益を
侵害されるおそれがあるにすぎない者も特許権侵害行為の差止請求に関する
訴えを提起することができるのであるから、「民訴法3条の3第8号の『不法行
為があった地』が判決国内にあるというためには、仮に被告が原告の権利利
益を侵害する行為を判決国内では行っておらず、また原告の権利利益が判決
国内では現実に侵害されていないとしても、被告が原告の権利利益を侵害す
る行為を判決国内で行うおそれがあるか、原告の権利利益が判決国内で侵害
されるおそれがあるとの客観的事実関係が証明されれば足りるというべきで
ある。」[5]とされている。

　最高裁平成26年4月24日判決アナスタシア事件[6]は、「人事に関する訴え以
外の訴えにおける間接管轄の有無については、基本的に我が国の民訴法の定
める国際裁判管轄に関する規定に準拠しつつ、個々の事案における具体的事
情に即して、外国裁判所の判決を我が国が承認するのが適当か否かという観
点から、条理に照らして判断すべきものと解するのが相当である。」と間接管
轄について判示したものであるが、判決の判断として差止請求に関する訴え
と民訴法3条の3第8号の「不法行為に関する訴え」について判断し、これに準
拠して間接管轄の有無を判示しており、民訴法3条の3第8号の解釈を示した
と理解されている[7]。

　　（イ）　前掲最高裁平成26年4月24日判決アナスタシア事件は、上告人
が、日本に所在する被上告人に対して、営業秘密（米国カリフォルニア州の
法律におけるもの）の不正な開示及び使用を理由に損害賠償及び差止めを請
求したものである。米国の裁判所は上告人の請求を認容したので、上告人が、
この判決のうち懲罰的損害賠償を命じた部分を除く部分について、民事執行
法24条に基づいて執行判決を求めた。

「執行判決を得るためには、民訴法118条各号に掲げる要件を具備する必要があるところ、同条1号所定の「法令又は条約により外国裁判所の裁判権が認められること」とは、我が国の国際民訴法の原則からみて、当該外国裁判所の属する国（以下「判決国」という。）がその事件について国際裁判管轄を有すると積極的に認められることをいう」とされる。

原審は、被上告人らの行為地は日本国内にあるため、これによる上告人の損害が米国内で発生したことを証明できなければならないところ、その証明がなく、不法行為地の管轄は米国にはないとして間接管轄を認めず、上告人の請求を棄却すべきものとしていた。これを破棄差し戻したのが上記の最高裁判決である。

　（ウ）　管轄原因についてどのような証明が必要かについては、原告が請求を理由づけるために主張した事実が存在するものと仮定して管轄を肯定する見解（管轄原因仮定説）と、原告が主張さえ整えるならば被告は他国に呼び出されることになり、しかも国際間ではその後に移送により調整する余地も存在しないので、渉外事件では、被告に日本での応訴を強いるには管轄原因事実につき一応の証明が必要であるとする見解（一応の証明必要説）など考え方が分かれていた。

最高裁平成13年6月8日判決ウルトラマン事件[8]は、「侵害されるおそれがあるとの客観的事実関係が証明されれば足りる」として、客観的事実証明説を採用することを判示した。同判決は、その理由として、①この事実関係が存在するなら、通常、被告を本案につき応訴させることに合理的な理由があること、②国際社会における裁判機能の分配の観点からみても、我が国の裁判権の行使を正当とするに十分な法的関連があるということができることを挙げている。

同判決の考え方によれば、証明されるべき「客観的事実関係」とは、「被告が我が国においてした行為により原告の法益について損害が生じたとの客観的事実関係」であり、これは、①原告の被侵害利益の存在、②被侵害利益に対する被告の行為、③損害の発生（損害発生の原因となり得る事実）、④被告の行為と損害の発生との事実的因果関係であり、不法行為の要件事実のうち、故意過失や違法性の立証、相当因果関係の立証、具体的に特定された金銭損害の発生は、管轄の段階では必要としない[9]。

この「②被侵害利益に対する被告の行為」に関しては、「被告の行為と特許

権との客観的関連性（構成要件の一部該当性や特許発明の実施品との類似性など）を立証すれば足り、技術的範囲の属否までの立証は不要とするのが相当と考えます。」(10)と言われている。

　ウ　共同不法行為の「不法行為があった地」

　東京地裁平成27年4月28日判決エピクロロヒドリン事件(11)の事案は、原告が、被告が中華人民共和国内において製造・販売しているエピクロロヒドリンをAが日本国内に輸入し販売する行為は、原告の特許権を侵害するものであり、被告がAに対し被告製品を販売する行為は、Aを通じて日本国内で被告製品を販売することを目的としており、Aの特許権侵害行為と共同不法行為の関係にある旨主張して、被告に対し損害賠償請求をした事案である。この判決は、前掲最高裁平成13年6月8日判決ウルトラマン事件及び前掲最高裁平成26年4月24日判決アナスタシア事件を挙げて、「本件のように、原告が共同不法行為を主張する場合には、原則として、上記行為として、被告を含む共同不法行為者らの行為の関連共同性を基礎付ける客観的事実関係、又は被告がした教唆ないし幇助行為についての客観的事実関係を証明する必要があると解すべきである」と判示した。

　この事件において、①被告は被告製品がAによって日本に輸入され日本国内で販売されることを認識していたこと、及び②被告はAに対し日本において特許権侵害の問題が生じた場合には被告において問題を解決する旨の表明をしている事実が認められるが、一般的な製造業者と商社との間の国際商取引の範囲を超えるものではなかった。

　一方、③被告はAに対し被告製品を積極的に売り込んだこと、及び④Aは日本向けの被告製品を独占的に被告から購入していたことの事実についてはこれを認めるに足りる証拠がなく、かえって、被告とAとの間の取引は独占的なものでないことが認められた。同判決は、これらの事実のみをもって、被告とAの行為の関連共同性を基礎付けるものということはできないし、Aに対する被告の教唆ないし幇助行為を認めることもできないから、「不法行為があった地が日本国内にある」とは認められないと判示した。

　5　外国に所在する被告に対する損害賠償請求について

　(1)　民訴法3条の3第1号の債務履行地管轄

　債務履行地管轄は、契約上の債務に関する訴えであり、不法行為に基づく損害賠償請求訴訟は含まれない。

(2)　民訴法3条の3第3号の財産所在地管轄

民訴法3条の3第3号は、「財産権上の訴え」について、「当該訴えが金銭の支払を請求するものである場合には差し押さえることができる被告の財産が日本国内にあるとき（その財産の価額が著しく低いときを除く。）。」と規定している。「その財産の価額が著しく低いとき」とは、強制執行をして請求を回収するに足りる価値を有するものでなければならないが、請求金額との均衡を要するものでなければならないかは見解が分かれている[12]。

(3)　民訴法3条の3第8号の「不法行為に関する訴え」

損害賠償請求についての不法行為地管轄は、差止請求にかかわるもの（前記4(2)イ）と同じく、加害行為の結果発生地が日本であるから、適用が考えられる。

6　併合管轄

(1)　同一の原告と被告との間で複数の請求を併合する場合（客観的併合）

民訴法3条の6本文は、併合請求における管轄権について「一の訴えで数個の請求をする場合において、日本の裁判所が一の請求について管轄権を有し、他の請求について管轄権を有しないときは、当該一の請求と他の請求との間に密接な関連があるときに限り、日本の裁判所にその訴えを提起することができる。」と規定する。

国内土地管轄における請求の客観的併合（民訴7条本文）については、民訴法136条の定める同種の訴訟手続によるものであることの他に要件はないが、国際裁判管轄については、裁判所の所在地、審理期間、法令及び言語など被告の応訴の負担が過大にならないように、日本の裁判所が管轄権を有する請求と密接な関係のある請求だけについて併合を認めたものである（一問一答118頁）。

前掲最高裁平成13年6月8日判決ウルトラマン事件において、「ある管轄原因により我が国の裁判所の国際裁判管轄が肯定される請求の当事者間における他の請求につき、民訴法の併合請求の裁判籍の規定（民訴法7条本文、旧民訴法21条）に依拠して我が国の裁判所の国際裁判管轄を肯定するためには、両請求間に密接な関係が認められることを要すると解するのが相当である。けだし、同一当事者間のある請求について我が国の裁判所の国際裁判管轄が肯定されるとしても、これと密接な関係のない請求を併合することは、国際社会における裁判機能の合理的な分配の観点からみて相当ではなく、また、

これにより裁判が複雑長期化するおそれがあるからである。」と判断された。

「密接な関連」があるかは、併合する請求と、併合される訴訟の基礎となる事実関係の関連性（契約が同一かどうか、原因行為が同一かどうかなど）を総合的に考慮して判断されるとされている（一問一答119頁）。上記の最高裁平成13年6月8日判決ウルトラマン事件においては、同一著作物の著作権の帰属ないしその独占的利用権の有無をめぐる紛争として、実質的に争点を同じくしているとして、密接な関係があるとされた。

(2)　主観的併合

主観的併合については、日本の裁判所に管轄がないのに、他の被告に対する請求について日本に管轄権があるという理由だけで併合されてしまうと、応訴の負担が過大になるので、一定の制限が必要である。民訴法3条の6ただし書は、「数人からの又は数人に対する訴えについては、第38条前段に定める場合に限る。」と規定し、民訴法38条前段が「訴訟の目的である権利又は義務が数人について共通であるとき、又は同一の事実上及び法律上の原因に基づくときは、その数人は、共同訴訟人として訴え、又は訴えられることができる。」と規定している。

(3)　管轄権が専属する場合の適用除外

民訴法3条の10は、管轄権が専属する場合の適用除外を規定している。民訴法3条の6の規定は、訴えについて法令に日本の裁判所の管轄権の専属に関する定めがある場合には、適用しない。

民訴法3条の5第2項は、「登記又は登録に関する訴えの管轄権は、登記又は登録をすべき地が日本国内にあるときは、日本の裁判所に専属する。」と規定しており、特許権の移転登録を求める請求も、登録国の裁判所に専属するものとしている（**第2章9Ⅴ.　参照**）。

民訴法3条の5第3項は、「知的財産権…のうち設定の登録により発生するものの存否又は効力に関する訴えの管轄権は、その登録が日本においてされたものであるときは、日本の裁判所に専属する。」と規定する。外国特許権の侵害の審理を行う場合に、特許権侵害について密接な関係があり、同特許の対世的な無効を確定させる無効確認訴訟が特許法上可能であったとしても、対世的な無効を確定させる無効確認は登録された国に専属するものであるから（一問一答109頁）、これを併合することができない。

＜注＞
(1) 一問一答41頁、清水節「特許権侵害訴訟における国際裁判管轄」Law & Technology50号50頁（2011）。
(2) 中村恭＝柵木澄子「国際的な知財紛争の解決について」パテント69巻6号122頁（2016）。
(3) 最判平26・4・24民集68・4・329〔アナスタシア事件〕、最決平16・4・8民集58・4・825〔日研工作所事件〕参照。
(4) 最判平13・6・8民集55・4・727〔ウルトラマン事件〕。この判決について、第2章3Ⅳ. 参照)、前掲注(3)最判平26・4・24アナスタシア事件参照。
(5) 前掲注(3)最判平26・4・24アナスタシア事件。
(6) 前掲注(3)最判平26・4・24アナスタシア事件。
(7) 同判決は、「判決国の間接管轄を肯定するためであっても、基本的に民訴法3条の3第8号の規定に準拠する以上は、証明すべき事項につきこれと別異に解するのは相当ではないというべきである。」としているので、民訴法3条の3第8号の解釈を示したと理解されている（中村＝柵木・前掲注(2)119頁）。また、間接管轄について、髙部眞規子『実務詳説特許関係訴訟〔第3版〕』300頁以下（きんざい、2016）。
(8) 前掲注(4)。
(9) 髙部眞規子「判例解説」法曹会編『最高裁判所判例解説民事篇平成13年度（下）』475頁、492〜495頁（法曹会、2004）、髙部・前掲注(7)288頁以下、中村＝柵木・前掲注(2)119頁。
(10) 中村＝柵木・前掲注(2)119頁。
(11) 東京地判平27・4・28判時2264・59〔エピクロロヒドリン事件〕。
(12) 一問一答45頁、中村＝柵木・前掲注(2)119頁。

Ⅱ．外国の特許権の侵害にかかわる日本に所在する被告に対する訴訟

1 外国特許権の侵害にかかわる訴えの国際裁判管轄

外国特許権の侵害にかかわる訴えの国際裁判管轄について、日本の裁判所は、最高裁平成14年9月26日判決カードリーダー事件[13]、東京地裁昭和28年6月12日判決（下民4巻6号847頁、満州国特許事件）、東京地裁平成15年10月16日判決（判時1874号23頁、サンゴ砂事件）のいずれも、外国において登録された特許権であることを理由に訴えを却下しておらず、外国において登録された特許権侵害にかかわる訴えについて登録国の裁判所に専属させるとしていない。民訴

法の改正において、「①日本企業の間で外国特許権等の侵害に係る紛争が生じた場合において、当事者が日本の裁判所で裁判をすることを望むのであれば、日本の裁判所に管轄権を認めることが当事者の便宜にかなうこと、②当事者が日本の特許権等について、外国の裁判所に侵害に係る訴えを提起する旨の合意をした場合には、その合意を無効にする必要はないと考えられること」から、外国特許権等の侵害に係る訴えの管轄権について登録国の裁判所に専属させる必要はないと考えられるので、特段の規定は設けられなかったと説明されている（一問一答114頁）。

外国の特許権の侵害にかかわる日本に所在する被告に対する訴訟は、特別の事情がない限り、民訴法3条の2、3条の3、4条及び5条などの規定に従って、日本の裁判所に国際裁判管轄が認められる。

2 特許権についての「属地主義の原則」

(1) 知的財産権の「『存否又は効力』に関する訴え」

民訴法3条の5第3項の知的財産権の「『存否又は効力』に関する訴え」とは、知的財産権の存否又は効力自体が訴訟物として争われる場合をいい、具体的には、特許権等の不存在確認の訴えや無効確認の訴え等が考えられ（一問一答111頁）、特許権侵害による損害賠償の問題はこの規定にいう知的財産権の効力に該当しないと解されている（一問一答113・114頁）。なお、日本の特許権等については、日本の特許法等が対世的な登録及び効力について規定しているので、この規定が実際に問題となるのは、前掲最高裁平成14年9月26日判決カードリーダー事件の事案のように、外国で設定の登録がされて発生した知的財産権の存否又は効力に関する訴えである（一問一答112頁）。

(2) 属地主義

属地主義は、パリ条約4条の2（「各国の特許の独立」）の「同盟国の国民が各同盟国において出願した特許は、他の国…において同一の発明について取得した特許から独立したものとする。」との規定を根拠とする考え方のほか諸説があるが、各国において、特許の有効性を確定するのは当該特許が登録された国の裁判所であることは一般的な理解であり、日本においても、明文はないものの、裁判例及び学説上も、属地主義の原則が妥当することは当然の前提とされてきた。

最高裁平成9年7月1日判決（民集51巻6号2299頁、BBS事件）は、傍論ながら、「属地主義の原則とは、特許権についていえば、各国の特許権が、その成立、移

転、効力等につき当該国の法律によって定められ、特許権の効力が当該国の領域内においてのみ認められることを意味する」と判示し、また日本国外において、日本の特許発明の技術的範囲に属する方法を使用しても、日本の特許権を侵害することにはならないとされてきた（大阪地判平12・10・24判タ1081・241〔製パン器事件〕、東京地判平13・9・20判時1764・112〔電着画像の形成方法事件〕）。

3 差止請求及び廃棄請求について

(1) 準拠法の決定

外国の特許権の侵害にかかわる日本に所在する被告に対する差止請求及び廃棄請求は、私人の財産権に基づく請求であり、両当事者が住所又は本店所在地を我が国とする日本人及び日本法人であり、我が国における行為に関する請求ではあるが、米国特許法により付与された権利に基づく請求であるという点において、渉外的要素を含むものであるから、準拠法を決定する必要がある。

外国特許権に基づく差止請求権の法律関係の性質は、不法行為説、物権説及び特許権の効力によるものとする説が分かれているが[14]、前掲最高裁平成14年9月26日判決カードリーダー事件は、「米国特許権に基づく差止め及び廃棄請求は、正義や公平の観念から被害者に生じた過去の損害のてん補を図ることを目的とする不法行為に基づく請求とは趣旨も性格も異にするものであり、米国特許権の独占的排他的効力に基づくものというべきである。したがって、米国特許権に基づく差止め及び廃棄請求については、その法律関係の性質を特許権の効力と決定すべきである。」と判示している。

そして、「特許権の効力の準拠法に関しては、法例等に直接の定めがないから、条理に基づいて、当該特許権と最も密接な関係がある国である当該特許権が登録された国の法律によると解するのが相当である。」と判示した。「特許権の効力が当該国の領域内においてのみ認められる以上、当該特許権の保護が要求される国は、登録された国であることに照らせば、特許権と最も密接な関係があるのは、当該特許権が登録された国と解するのが相当であるからである」と属地主義を理由としている。

(2) 日本法の重畳的適用

外国の特許権の侵害にかかわる日本に所在する被告に対する差止請求及び廃棄請求について、当該外国法を準拠法とするとしながら、前掲最高裁平成14年9月26日判決カードリーダー事件は、「我が国は、特許権について前記属

地主義の原則を採用しており、これによれば、各国の特許権は当該国の領域内においてのみ効力を有するにもかかわらず、本件米国特許権に基づき我が国における行為の差止め等を認めることは、本件米国特許権の効力をその領域外である我が国に及ぼすのと実質的に同一の結果を生ずることになって、我が国の採る属地主義の原則に反するものであり、また、我が国とアメリカ合衆国との間で互いに相手国の特許権の効力を自国においても認めるべき旨を定めた条約も存しないから、本件米国特許権侵害を積極的に誘導する行為を我が国で行ったことに米国特許法を適用した結果我が国内での行為の差止め又は我が国内にある物の廃棄を命ずることは、我が国の特許法秩序の基本理念と相いれないというべきであ」り、法例33条（現在の法の適用に関する通則法42条）にいう我が国の公の秩序に反するものと解するのが相当であるから、米国特許法の上記各規定は適用しないと判示した。

4　損害賠償請求について

（1）　準拠法の決定

外国の特許権の侵害にかかわる日本に所在する被告に対する損害賠償請求は、被侵害利益が米国特許権であるという点において渉外的要素を含む法律関係であり、準拠法を決定する必要がある。

前掲最高裁平成14年9月26日判決カードリーダー事件は、「特許権侵害を理由とする損害賠償請求については、特許権特有の問題ではなく、財産権の侵害に対する民事上の救済の一環にほかならないから、法律関係の性質は不法行為であり、その準拠法については、法例11条1項（現在の法の適用に関する通則法17条に相当する）によるべきである。」と判示している。

そして、「本件損害賠償請求について、法例11条1項にいう『原因タル事実ノ発生シタル地』は、本件米国特許権の直接侵害行為が行われ、権利侵害という結果が生じたアメリカ合衆国と解すべきであり、同国の法律を準拠法とすべきである。」と判示した。

法の適用に関する通則法17条にいう「加害行為の結果が発生した地」としても、権利侵害という結果はアメリカ合衆国において発生したものと考えられる。

（2）　日本法の重畳的適用

ア　外国の特許権の侵害にかかわる日本に所在する被告に対する損害賠償請求について、当該外国法を準拠法とするとしながら、「属地主義の原則を

採り、米国特許法271条(b)項のように特許権の効力を自国の領域外における積極的誘導行為に及ぼすことを可能とする規定を持たない我が国の法律の下においては、これを認める立法又は条約のない限り、特許権の効力が及ばない、登録国の領域外において特許権侵害を積極的に誘導する行為について、違法ということはできず、不法行為の成立要件を具備するものと解することはできない。」として、「本件米国特許権の侵害という事実は、法例11条2項にいう「外国ニ於テ発生シタル事実カ日本ノ法律ニ依レハ不法ナラサルトキ」」（現在の通則法22条1項にいう「不法行為について外国法によるべき場合において、当該外国法を適用すべき事実が日本法によれば不法とならないとき」）に当たるから、被上告人の行為につき米国特許法の上記各規定を適用することはできない。」と判示した。

この判決には、藤井裁判官の反対意見が付されている。

「Ｙ製品をアメリカ合衆国に輸出していたＹの行為は、同国においてＹ製品を輸入し販売していた米国子会社の行為に加担しその営利活動に協力したものと解することができ、同国における米国子会社の行為が本件米国特許権を侵害するものであれば、その侵害行為を教唆又は幇助したものに当たる。そして、これは、…法例11条2項にいう「外国ニ於テ発生シタル事実カ日本ノ法律ニ依レハ不法ナラサルトキ」には当たらないから、Ｙは、米国子会社との共同不法行為者として損害賠償責任を免れないというべきである。」

イ　国境を越えた特許権侵害の関与者の責任をどのように考えるかについて、間接正犯、共同正犯の場合には、直接侵害者の行為は外国の関与者が支配しているのであるから、外国の関与者の行為と評価されうる。関与者の行為が、教唆又は幇助の場合には、国外の行為者と国内の行為者との行為が共同して行われていると構成することで、国外の行為者の結果発生地（法適用17）である国内での行為が存在するとして不法行為地管轄を認めることは可能であり、この考え方は属地主義とは抵触しないであろうというのが藤井裁判官の反対意見である[15]。

「ＹＡの行為をＹＪの顧客Ｚに対する輸入の共同の教唆と法律構成する場合は、教唆行為は日本で行われていることから、差止請求は認められないものの、損害賠償請求は認められることもあり得るのではないかと考えました。」と言われている[16]。

また、東京地裁平成19年11月28日判決（平16（ワ）10667、裁判所ウェブサイト）

第3章　6　国際裁判管轄と国際知財紛争　　339

富士通事件では、国外における教唆、幇助行為を共同不法行為と構成することができると判示している。東京地裁平成13年5月14日判決（判時1754号148頁、眼圧降下剤事件）は、原告は、アメリカ合衆国及びスウェーデンに所在する被告らが、我が国において、原告の有する専用実施権を侵害したとする具体的な行為（単独不法行為又は共同不法行為を構成する具体的な行為）をしたとの主張及び相応の立証をしたと認めることはできないとして、不法行為地の裁判籍を否定して、訴えを却下しており、共同不法行為を構成する具体的な行為の主張立証の可能性を認めている。

5　差止請求及び廃棄請求と損害賠償請求の法律関係の性質及び準拠法

最高裁平成14年9月26日判決カードリーダー事件が、差止請求及び廃棄請求については法律関係の性質を特許権の効力、損害賠償請求については不法行為として、それぞれについて準拠法を探求するという二分論のアプローチを採用したことについては、議論がなされている。

損害賠償請求については、これを不法行為と考えることで、法の適用に関する通則法17条に加えて、同法20条及び21条が適用されて、準拠法が特許権の登録国法とは異なる法とされうることになっている。そのときは、差止請求及び廃棄請求と損害賠償請求について異なった準拠法を適用することになるが、それでよいかの問題が生じている[17]。

最高裁平成14年9月26日判決カードリーダー事件の最高裁判例解説においては、特許権に基づく差止請求及び廃棄請求と、損害賠償請求とは、法律関係の性質としては別であっても、損害賠償請求において、「原因タル事実ノ発生シタル地」が米国であると判示しているので、結論としては不法行為説と同じ結論になっていると説明されている[18]。法の適用に関する通則法施行後の裁判例では、同法17条に基づいて特許権侵害訴訟の準拠法を定めた判決例はこれまで見られるものの[19]、特許権侵害の差止請求及び廃棄請求と損害賠償請求について準拠法を異ならせた裁判例はこれまでに見当たらない。

特許権侵害については、原則的に権利の登録国法が適用されるとの予測を当事者が有していると考えられることに鑑みれば、法の適用に関する通則法20条による準拠法の変更は、権利侵害と直接的な関係のあるライセンス契約がある場合に限定するべきではなかろうかと指摘されている[20]。

6　特許無効の抗弁について

外国特許権の侵害にかかわる訴訟が日本で提起されると、特許無効の抗弁

が出される可能性がある。外国特許権の侵害訴訟における準拠法は、前記のように特許の登録国の法律に準拠することになるが、無効の抗弁についても、同じく登録国の法律に準拠することとなる。

特許権侵害訴訟という不法行為に関する訴え（民訴3条の3第8号）において、被告が抗弁として特許の無効を主張することは、特許権の「存否又は効力」を訴訟物として争っているものではなく、特許を無効とするものでも、第三者効や既判力を生じるものでもない前提問題にすぎない（一問一答111頁）。そこで、日本の訴訟法においては前提問題についての判断に既判力が生ずるわけではないので、前提問題としては外国特許権の有効性についても判断して差し支えない[21]と言われる。

これに対して、特許無効の抗弁は、国際裁判管轄の問題ではなく、当該国の実体法の問題であるから、特許の登録国で、特許権侵害について無効の抗弁を認める法制となっていれば、当該法制の下での無効の抗弁を出すことが可能であり、当該準拠法において、無効の抗弁の主張を認める規定がないときには、無効の抗弁の主張を許さないとする見解[22]、また、明らかに特許無効と判断することができるときは、訴訟当事者間における相対的な無効の抗弁を認める説[23]が出されている。

無効の抗弁を認めるかの問題には、外国特許権の侵害訴訟における無効の抗弁を、外国特許権の特許無効の抗弁として考慮するのか、それとも一般権利濫用の抗弁として考慮するかの問題がある。特許無効の抗弁を外国特許の無効の抗弁として考慮するのであれば当該法制の下での無効を認める規定があるかの問題となるが、一般権利濫用の抗弁として考慮するのであれば、無効の抗弁が何らかの形で認められることになると考えられる[24]。

無効とされるべき外国特許を日本で権利行使することは、日本の特許法秩序の基本理念と相いれず公序に反するものであり、法の適用に関する通則法42条により当該外国特許の権利行使の規定を適用しないとすることも考えられる。

＜注＞

(13)　最高裁平成14年9月26日判決（民集56巻7号1551頁、カードリーダー事件）の事案では、被告の普通裁判籍が日本にあり、応訴もしているので、日本の裁判所に国際裁判管轄があると解して問題のない事案であった（高部眞規子「判例解説」法曹会編『最高裁判所判例解説民事篇平成14年度（下）』708頁（法曹会、2005））。

第3章　6　国際裁判管轄と国際知財紛争　　341

(14)　高部・前掲注(7)306頁以下、高部・前掲注(13)714頁。山上和則「日本国内
　　　の教唆・幇助行為に対する米国特許権の適用性」大場正成先生喜寿記念論文
　　　集刊行会編『特許侵害裁判の潮流　大場正成先生喜寿記念』（発明協会、2002)
　　　（最高裁平成14年9月26日判決カードリーダー事件の原審判決である東京高
　　　裁平成12年1月27日判決（判時1711号131頁）の判例評釈）は、同判決の論点に
　　　ついての学説の議論の状況をまとめて解説している。
(15)　高部・前掲注(7)320頁以下、高部眞規子＝大野聖二「渉外事件のあるべき
　　　解決方法」パテント65巻3号105頁（2012）〔高部発言〕。
(16)　中村＝柵木・前掲注(2)117頁。
(17)　申美穂「法の適用に関する通則法における特許権侵害」特許研究57号32頁
　　　以下（2014）が詳細に論じている。道垣内正人「特許権をめぐる国際私法上の
　　　問題」知財管理60巻6号887頁（2010）は、差止請求については登録国であるA
　　　国特許法、損害賠償については当事者間の合意によりB国法と、異なった準
　　　拠法を適用することを是認する。しかし、特許権侵害の成否と侵害による損
　　　害賠償の額とは、均等論の適用など特許権侵害の成否についての基準、消尽
　　　の成否、損害賠償額の推定規定、発明の寄与率など無関係ではないように思
　　　われる。
(18)　高部・前掲注(13)729頁。
(19)　知財高判平26・5・16判時2224・146（第①事件）〔アップル社対三星電子事
　　　件〕及びその第1審である東京地判平25・2・28判時2186・154、大阪地判平28・
　　　5・23（平27（ワ）10913）裁判所ウェブサイト〔血栓除去用部材とそれを使用
　　　した血栓除去用カテーテル事件〕。
(20)　申・前掲注(17)34頁。
(21)　道垣内・前掲注(17)889頁。
(22)　一問一答115頁。清水・前掲注(1)45頁。
(23)　高部・前掲注(7)312頁。高部＝大野・前掲注(15)107頁〔高部発言〕。
(24)　中村＝柵木・前掲注(2)123頁。

Ⅲ．設例の検討

1　設例1の検討

　設例1は、前掲東京地裁平成19年11月28日判決富士通事件の事案（差止請求
を除く）である。
　設例1の事案において、被告YJは、被告YAの100パーセント出資による子
会社であり、被告YAの活動を補助するための会社であって、被告YJの営業

所の賃料も被告YAによって支払われており、被告YA自身、被告YJを「Japan Sales Office」とし、被告YAによるプレスリリースでは、被告YJが「営業所」（「Tokyo Office」）として紹介されていた。原告は、これらの事実を挙げて、被告YJは被告YAの日本における営業所と同視できる旨を主張したが、東京地裁平成19年11月28日判決富士通事件は、被告YJは、法人格を有する、被告YAとは独立した株式会社であり、上記事実が仮に認められたとしても、被告YJの法人格が形骸にすぎない等の同法人格を否認すべき事情があったとは言えず、平成8年民訴法4条1項、5項（平成23年改正法では3条の2。これについて**第2章1を参照**）の国際裁判管轄は認められないと判示した。

平成8年民訴法7条ただし書（平成23年改正法3条の6）、38条前段の規定に依拠した国際裁判管轄は、原則として認められず、上記のような強固な関連性が認められる場合にのみ認められると解するのが相当であるが、本件では、被告YJによる実行行為の立証がないなどにより、被告YAに対する請求と被告YJに対する請求との間に、強い関連性があるとして、被告YAに対する訴えについて、平成8年民訴法7条（平成23年改正法3条の6）に依拠した国際裁判管轄を認めることはできないとされた。

設例1の事案について、東京地裁平成19年11月28日判決富士通事件は、前掲最高裁平成13年6月8日判決ウルトラマン事件を挙げて、客観的関連共同性の存否又は幇助・教唆行為の客観的事実の存否について、

Aによる「輸入」及び「譲渡」の目的となっているY製品は、被告YAが製造したものであるところ、被告YAは、Aとの間で、発明にかかわる技術の開発を協力して行うことを内容とする契約を締結し、同契約に基づく開発により、Y製品のうちの少なくとも1つのシリーズの製造がされていること、

被告YAは、自社がAに対して販売したY製品が、そのままで又はADSLモデムに組み込まれて、Aによって輸入され、さらに、ADSLモデムに組み込まれた形で顧客に譲渡されることを認識しており、

そのような認識の下に、Aに対して、積極的にY製品の販売のための活動を行ったものと推測されるから、

被告YAには、Aの上記不法行為について、少なくとも客観的関連共同性が認められ、また、被告YAのAに対するY製品の販売行為及びその前提としての営業行為は、Aの上記不法行為の幇助ないし教唆行為と評価できるというべきである。また、上記事実によれば、自己の製造、販売した製品が日本

第3章　6　国際裁判管轄と国際知財紛争　343

国内に流通し、日本の特許権を侵害する可能性があることを十分予測し得たものとされた。

したがって、原告の主位的主張に係る訴えについては、我が国の裁判所に管轄を肯定するに足る上記の客観的事実及び日本国内での損害の発生並びに日本の特許権を侵害する可能性があることの予見可能性を認めることができるとして、民法719条1項、2項及び平成8年民訴法5条9号（平成23年改正法3条の3第8号）による国際裁判管轄を認めた。

同判決の事案においては、差止請求はなされていなかったが、不法行為の幇助ないし教唆行為ということであれば差止めは認められなかったであろう。

2　設例2の検討

設例2は、前掲最高裁平成14年9月26日判決カードリーダー事件の事案である。

設例2の事案では、Yは日本法人であり普通裁判籍（改正民訴法では3条の2）が認められ、また外国特許権の侵害にかかわる訴えについて、日本の裁判所において国際裁判管轄が認められるとされている（不法行為が行われているとされる対象物件の所在地（改正民訴法では3条の3第8号）及び応訴管轄（改正民訴法では3条の8））。

特許権侵害差止請求については、登録国である米国法が準拠法とされるが、日本法が重畳適用され、属地主義の原則により、米国特許法を日本での行為に適用することは日本の特許法秩序の基本理念と相いれないので認められない。

損害賠償請求についても、法の適用に関する通則法17条の結果発生地である米国法が準拠法とされるが、日本法が重畳適用されることとなり、属地主義の原則により、登録国の外の日本における行為について違法ということはできないので、法の適用に関する通則法22条1項により認められない（前掲最高裁平成14年9月26日判決カードリーダー事件の法廷意見）。ただし、結果発生地である登録国の者とYとの共同不法行為と考えることにより、属地主義の原則に反することなく、不法行為地法の準拠法の適用が認められるとする考え方もある（同判決における反対意見）。

IV. 今後の課題

　これまでにも、特許権侵害行為が複数の国にまたがってなされるケースの問題点が指摘されており、前掲東京地裁平成13年9月20日判決電着画像の形成方法事件の事案のような、方法の発明の一部の工程が日本で行われ、残りの工程が外国で行われる例が挙げられてきた。また、発信者の所在国とは異なった多数の国において閲覧がなされるインターネットにおける知的財産権侵害の問題の検討がなされてきている。

　さらには、インターネットを通じて情報を取得し、遠隔操作を行うIoTの動きが進んでいるところ、IoTの実施では、動作又は情報を取得する物の所在地及び動作させるプログラムを記憶するサーバーの所在地、結果の発生地などが多数国にわたる可能性があり、それぞれ単一の行為地と結果発生地だけで分析することができる範囲を超える。

　これらについて、どの国の法律が適用されるかによって、知的財産権の侵害が認められるか、消尽が認められるか、損害額についての結論を異にするので、従前以上に国際裁判管轄の問題が先鋭化していく。また、多くの国にまたがる知的財産権侵害は、どの国に登録された、どの知的財産権の侵害を主張するかによって、紛争形態が大きく変わってしまう。国際裁判管轄のルールによって、特定の国における裁判管轄を得るために、どの知的財産権の侵害を主張するかの選択も行われることも予想され、すると、特定の知的財産権だけに注目することなく、知的財産権の侵害とされる行為全体を念頭に置く必要が出てくると思われる。

　これから、多くの国がかかわる事案における適切な紛争解決を図る国際裁判管轄のルールの検討が必要になる[25]。

＜注＞
　(25)　特別の立法、ルールを検討することについて、高部・前掲注(7)324頁、高部＝大野・前掲注(15)103頁〔髙部発言〕、申・前掲注(17)35～37頁。

第　4　章

国際裁判管轄と
国際民事司法手続

346

1　外国判決の承認執行における国際裁判管轄

安達栄司

Ⅰ．間接管轄の意義
Ⅱ．間接管轄の具体例
Ⅲ．間接管轄の審査
Ⅳ．設例の検討

設　例

　米国カリフォルニア州法人Xは、カリフォルニア州民法典が保護する営業秘密に当たる美容技術（本件技術）を保有している。Xは日本法人である訴外A社との間で、日本国内における本件技術の独占的使用権等をA社に付与し、当時A社の従業員であったY₁に対し本件技術等を開示した。A社は日本国内において本件技術を用いる美容サロンを開設した。その後、Y₁は、A社とは別にY₂社を設立した後A社を退職した。Y₂社は、日本国内において美容サロンを開設した。Xは、米国のカリフォルニア州裁判所において、Y₁らがXの本件技術等を不正に使用及び開示しているとして、同州民法典に基づく損害賠償と差止めを求める訴えを提起した。米国裁判所は、Y₁らに対し、損害賠償として350万米ドル等の支払のほか、日本国内及び米国内における本件技術等の不正な使用及び開示の差止めを命じる（欠席）判決（本件米国判決）を言い渡し、確定した。XはY₁らに対し、本件米国判決について、わが国における強制執行をするため、執行判決を求める訴え（民事執行法24条）を東京地方裁判所に提起した。

(1)　Xは、民訴法118条1号の要件に関して、米国の裁判所には同法3条の3第8号により不法行為地に基づく国際裁判管轄を認めることができると主張した。これに対して、Y₁らはおよそ米国内ではなんらのエステティックサロン業を行っていないので、不法行為地としての加害

行為地はもちろんのこと結果発生地も米国にはないと反論して、両請
求を認める本件米国判決は承認されないと反論した。

(2)　Y₁らは、仮に本件米国判決の差止請求部分について間接管轄が認
められるとしても、さらに民訴法3条の9による特別の事情による却下
の規定も考慮されるべきであると主張している。

I．間接管轄の意義

1　はじめに

　裁判所の判決は国家の権力活動の一部であり、国家の主権と同様に判決の
効力も当該国家の領土内に限定される。国際条約のない限り、いかなる国家
も外国判決の効力を承認する義務を負っていない。しかし、他国の主権に対
する敬意、国際取引上の当事者利益の保護・安定化、あるいは世界的な判決
矛盾の回避のために、各国の民事訴訟法には、外国判決の承認に関する規定
が置かれている。わが国では、民訴法118条1〜4号が承認要件を定める。

　外国判決の承認とは、外国判決の効力が日本国内に拡張されることである。
承認のための特別の手続は不要である（自動承認の原則）。わが国の裁判所
は、外国判決の内容が本案の前提問題となっている訴訟手続において、民訴
法118条各号の要件の充足を審査する。また、外国の給付判決に基づいてわ
が国で強制執行をする場合には、執行判決が必要である（民執22条6号）が、そ
こでも同条の要件の充足が求められている（民執24条3項）。

　民訴法118条1号は、外国判決がわが国において効力を有するためには、法
令又は条約により外国裁判所の裁判権が認められることを求める。ここで言
う裁判権には、国際法上の裁判権と民事訴訟法上の国際裁判管轄の双方が含
まれる。以下では、外国判決の承認要件としての国際裁判管轄を検討する。

2　間接管轄の意義

　国際条約等がない限り、いずれの国家も、国際的な要素を含む法律事件に
関して自国の裁判所が審判するための権限、すなわち国際裁判管轄をどのよ
うな人的及び物的範囲に及ぼすのかという直接的一般管轄（直接管轄、又は
判決管轄とも呼ばれる）の問題については自由に決定することができる。他
方で、裁判所が国際裁判管轄を肯定して判決を下したとしても、当該事件と
判決国（自国）との間に十分な関連性がないならば、その判決は外国で尊重

されない。外国判決の承認が求められる国（＝承認国）は、自らが定める国
際裁判管轄（直接管轄）のルールに照らして、自国から見て判決国（判決を
した裁判所が所属する国）が国際裁判管轄を有していたことを判決承認の要
件として求めるからである[1]。これが承認管轄であり、間接的一般管轄、又
は略して間接管轄とも呼ばれる（以下では、間接管轄の用語を用いる）。

　わが国の国際民事訴訟法における間接管轄の意義は、承認国、すなわちわ
が国の国際裁判管轄のルールから見て、被告に判決国での応訴を強いること
を正当化するに足りるだけの関連性があるかという観点から、外国の裁判地
の適切さを審査することにある[2]。その目的は、国際的な裁判義務に関する
わが国の考え方を貫徹すること、及び被告の保護である（条解628頁〔竹下守
夫〕）[3]。間接管轄のルールは、既に下された外国判決が承認国において承
認・執行することができるかを審査するための基準（評価規範）になるだけ
ではない。外国の裁判所において被告として訴えを提起された者にとって
は、訴状・呼出状を受け取った時点で既に、その外国の裁判所には自国から
見て国際裁判管轄が肯定され、その判決が将来自国において承認・執行され
得るものかどうか、そのことに備えて外国の裁判所で応訴して防御を尽くす
必要があるかどうか、を判断する際の行為規範としても間接管轄のルールは
機能する[4]。

3　間接管轄の規制方法

(1)　鏡像原則

　判決承認のための二国間又は多国間条約が締結されるところでは、必要な
間接管轄を条約上個別に列挙したり、ネガティブリストを明示したりする例
がある。また、ヨーロッパのブリュッセル規則（欧州連合（EU）の裁判管轄・
承認執行規則）のように地域を限定して締約国間において国際裁判管轄のル
ールを統一することができたところでは、間接管轄は判決承認の要件になっ
ていない[5]。

　国際条約や二国間協定が適用されない場合、多くの国で採用されているの
が鏡像原則である。鏡像原則とは、間接管轄は、直接管轄を鏡に映したもの
であり、間接管轄と直接管轄は原則的に一致すると見る考え方である。承認
国の直接管轄の規定を仮定的に適用して、外国の裁判所が国際裁判管轄を有
することになる場合に、承認国は当該外国判決を承認することになる[6]。

鏡像原則は、わが国の通説であるが[7]、ドイツ法の通説であるSpiegel-bildprinzipに由来する。ドイツ法においては、鏡像原則の特徴を次のように説明する。すなわち、鏡像原則によるドイツ法は「外国の裁判官に対し、どのような場合に裁判管轄があると宣言をしなければならないのかを細かく指図するのではなく、判決承認をするドイツの裁判官に対して、どのような場合であればその外国の裁判官が裁判管轄を有していたとみなすべきかを指図するにすぎない。したがって、鏡像原則は国家間における裁判管轄権の平等性を非常に進歩的に促進する。間接管轄の範囲は、承認国が自ら要求している直接管轄と全く同じ範囲に広がっている。外国の国際裁判管轄を自国の直接管轄と同一の指標に基づいて限界付ける鏡像原則は、直接管轄は広く主張するが間接管轄はより狭くしか認めないスイス法に比べるならば、公平な原理である[8]。」

(2) 鏡像原則に対する批判説

わが国の学説において、鏡像原則に対する批判がある[9]。一つは、不均衡な法律関係の防止の理念から、間接管轄は、直接管轄のルールよりも緩和する（拡大する）べきであるとする見解である[10]。この見解によれば、判決国が依拠した管轄原因それ自体に正当性ないし合理性があるならば、その管轄原因がわが国の直接管轄のルールにおいて認められていないというだけの理由で、当該外国判決の承認を拒絶することは妥当ではない。この見解に対しては、わが国の直接管轄の規律が、原告の権利救済の完全性の確保の観点から比較的広範な管轄原因を認めるのみならず、解釈にも開かれていることを考慮するならば、わが国の直接管轄の規定が知らない合理性のある管轄原因を想定することは困難、又は不必要であると反論ができる。また、方法論的に見るならば、そのような管轄原因に合理性又は正当性が認められるならば、まずはそれをわが国の直接管轄としても妥当なものとして法解釈論として又は立法によって承認した後に、間接管轄の判断にも取り入れることが適切である。

もう一つの批判説は、鏡像理論を硬直的すぎるとして批判し、判決国が訴訟事件と十分な関連性があること、という一般条項によって間接管轄を判断基準にするべきだと主張する[11]。この説に対しては、利益較量的な判断を伴う一般条項は、判断基準としては曖昧であり、法的不安定を招くという批判が不可避である。これらの批判説の基準によるべき必要性が現実的なものとはいえないならば、間接管轄は鏡像原則に従う、とするべきである[12]。

(3)　判例の状況と平成23年の民訴法改正

　わが国において、従来、多くの裁判例は、おおむね鏡像原則によっていたと評価されてきたが[13]、最高裁平成10年4月28日判決（民集52巻3号853頁、サドワニ事件）において、間接管轄に関する最高裁の判例が初めて出た。すなわち、「民訴法118条1号所定の「法令又は条約により外国裁判所の裁判権が認められること」とは、我が国の国際民訴法の原則から見て、当該外国裁判所の属する国（以下「判決国」という。）がその事件につき国際裁判管轄（間接的一般管轄）を有すると積極的に認められることをいうものと解される。そして、どのような場合に判決国が国際裁判管轄を有するかについては、これを直接に規定した法令がなく、よるべき条約や明確な国際法上の原則もいまだ確立されていないことからすれば、当事者間の公平、裁判の適正・迅速を期するという理念により、条理に従って決定するのが相当である。具体的には、基本的に我が国の民訴法の定める土地管轄に関する規定に準拠しつつ、個々の事案における具体的事情に即して、当該外国判決を我が国が承認するのが適当か否かという観点から、条理に照らして判決国に国際裁判管轄が存在するか否かを判断すべきものである。」とするこの最高裁判例の定式が鏡像原則に従うものと見ることができるのか、それとも直接管轄よりも間接管轄を緩やかに考える上述の批判説に従うものなのか、学説で評価が分かれた[14]。

　平成23年民訴法改正は、民訴法3条の2から3条の8までを新設して、わが国の裁判所が国際裁判管轄を有するための管轄原因を具体的に列挙して定めた。平成23年改正の立案担当者によれば、同改正法は、外国判決の承認及び執行に関連する民訴法118条及び民事執行法24条を改正するものではないが、上記の最判平成10年の判示を参照して、「新法の国際裁判管轄に関する規定は、外国裁判所の確定判決を承認・執行する際の基準となります。」と解説している（一問一答18頁）。この解説に従うように、最高裁平成26年4月24日判決（民集68巻4号329頁、アナスタシア事件）は、平成23年改正後の間接管轄に関して次のように判示した。「人事に関する訴え以外の訴えにおける間接管轄の有無については、基本的に我が国の民訴法の定める国際裁判管轄に関する規定に準拠しつつ、個々の事案における具体的事情に即して、外国裁判所の判決を我が国が承認するのが適当か否かという観点から、条理に照らして判断すべきものと解するのが相当である。」

　間接管轄の基準に関して、最判平成10年（サドワニ事件）と最判平成26年

（アナスタシア事件）の判決文言を比較するならば、「基本的に我が国の民訴法の定める土地管轄に関する規定に準拠しつつ」の箇所が「基本的に我が国の民訴法の定める国際裁判管轄に関する規定に準拠しつつ」に変わっただけで、他は同一である。間接管轄の明文規定が存在しないこと、よって間接管轄は条理に照らして判断されることで両判例に違いはない。しかし、最判平成26年（アナスタシア事件）においては、間接管轄の基準となる条理を判定するための直接の手がかりは、民訴法3条の2以下の直接管轄の規定であることが明示されたことによって、間接管轄のルールには、直接管轄の規定に原則的に依拠するという意味において、鏡像原則が妥当すること（条解629頁〔竹下〕）がより明瞭になったと評価することができる。

(4)　民訴法3条の9は間接管轄の基準になるか

平成23年改正によって新設された民訴法3条の2から3条の8までは、日本の裁判所の国際裁判管轄を発生させるための管轄原因を定める。しかし、それらの管轄原因に基づいて日本の裁判所が訴えについて国際裁判管轄を有することになる場合であっても、事案の性質、応訴による被告の負担の程度、証拠の所在地その他の事情を考慮して、日本の裁判所において審理及び裁判をすることが、当事者間の衡平を害し、又は適切かつ迅速な審理の実現を妨げることとなる「特別の事情」がある場合、その訴えの全部又は一部が不適法却下される（民訴3条の9）（**第1章3Ⅲ．参照**）。最判平成26年（アナスタシア事件）において、間接管轄の要件は民訴法の直接管轄の規定に準拠して判断されることが明示されたが、この直接管轄の規定の中に民訴法3条の9が含まれるのかどうか、見解が分かれる。

直接管轄に含まれると考える学説（直接管轄規定説）においては、民訴法3条の9が想定する特別の事情が存在すると認められるならば、わが国の裁判所は、直接管轄の規定によれば国際裁判管轄を肯定できる場合であっても、国際裁判管轄の不存在を理由にして訴えを却下することができる[15]。この学説によれば、民訴法118条1号の間接管轄の審査の際に、外国判決の基礎となる事案において民訴法3条の9が想定するような特別の事情が含まれるかどうか、個別具体的に争われる余地がある。

それに対して、民訴法3条の9は直接管轄の規定に含まれないとする学説においては、国際裁判管轄の存在にかかわらず、民訴法3条の9の特別の事情の存在自体が消極的な訴訟要件となって、訴えが不適法却下される[16]。この

第4章　1　外国判決の承認執行における国際裁判管轄　　353

学説においては、間接管轄の審査に際して民訴法3条の9が想定するような特別の事情を考慮する余地はなく、直接管轄の規定に照らして判決国の国際裁判管轄が肯定できるのであれば、間接管轄の要件は充足される。

　私見は、この後者の学説が妥当であると考える。民訴法3条の9の趣旨については、法律上管轄権はあるがそれを行使するか否かの裁量（覊束裁量）を裁判所に与えるもの[17]、又は管轄権の存在ではなく行使を否定するもの[18]、と説明されることがあるが、私見によれば、事案の個別具体的事情を考慮して判断されることで共通する訴えの利益（の欠如）に類似する消極的な訴訟要件を明文化したものであると解するべきである（消極的訴訟要件説と呼ぶことができる）。このような消極的訴訟要件を示す民訴法3条の9の規定は、鏡像原則によって間接管轄の基準になる直接管轄の規定に含まれない。民訴法3条の2から3条の8までの積極的な直接管轄規定に照らして判決国の裁判所に間接管轄を肯定できるならば、それだけで承認管轄の要件の趣旨、すなわち日本法から見て許容されない過剰管轄の排除と被告保護の利益は達成される。

　民訴法3条の9を間接管轄の基準に含めるべきではないことは、直接管轄の局面において民訴法3条の9の解釈と適用を示した最高裁平成28年3月10日判決（民集70巻3号846頁、ユニバーサルエンターテインメント事件）を考慮すると、さらに明白である。最判平成28年の判旨を見るならば、「日本の裁判所が審理及び裁判をすることが当事者間の衡平を害し、又は適正かつ迅速な審理の実現を妨げることとなる特別の事情」として考慮される要素を制限することは困難であるように思われる。この最判が示した法解釈及び具体的な適用結果は妥当ではないとしても、この判例が先例として大きく影響するとするならば、平成23年改正の以前において特段の事情論が肥大化して裁判管轄の予見可能性と法的安定性が損なわれること、訴訟遅延が引き起こされること[19]が平成23年改正後も引き続き難点として残るだろう[20]。このような問題状況を引きずっている民訴法3条の9が、直接管轄の規定の一つとして外国裁判所の間接管轄の審査においても依拠されるならば、承認管轄の審査に際して耐え難き法的不安定と審理の長期化がもたらされる[21]。

　さらに、最判平成28年においては、先に外国裁判所で係属する別件関連訴訟の存在と進捗が、民訴法3条の9の訴え却下を導く事案の性質として考慮されていることも事案の特徴として留意される。平成23年改正では実現されな

かったが、わが国で提起される訴えが国際的二重起訴に当たる場合、そのことに関連する諸状況が同条の特別の事情として考慮されて、訴えが不適法却下されることは否定できないだろう[22]。しかし、わが国（また第三国）の裁判所において、同一事件に関して、時間的に先行して訴えが係属していたにもかかわらず、外国裁判所がそのことを顧慮することなく審理を開始し、続行して、判決の言い渡しに至ったこと自体が承認国から見て妥当でないと評価されるのであれば、そのことはむしろ国際裁判管轄のルールとは異なる、民訴法118条3号の手続公序の適合性審査の枠内で審査されるべき性格の問題である[23]。つまり、民訴法3条の9において考慮されるような、事案の性質、応訴による被告の負担の程度、証拠の所在地等の事情から導かれる事案ごとの例外的状況は、外国判決の承認の段階においては、間接管轄以外の承認要件、とりわけ民訴法118条3号で考慮されるわが国の手続的公序（訴えの利益論）の問題として独立の審査に服すべきものである。

＜注＞

(1) 鈴木正裕＝青山善充編『注釈民事訴訟法(4)』369頁〔高田〕（有斐閣、1997）、中野俊一郎「外国判決承認要件としての国際裁判管轄」CDAMSディスカッションペーパー1頁（神戸大学、2007）。

(2) 鈴木＝青山編・前掲注(1)370頁〔高田〕、中野・前掲注(1)1頁。

(3) 鈴木＝青山編・前掲注(1)369頁〔高田〕、安達栄司『国際民事訴訟法の展開－国際裁判管割と外国判決承認の法理』150頁（成文堂、2000）。

(4) その意味で、間接管轄を評価規範（的）と見なし、行為規範（的）たる直接管轄とは異なる、緩和された基準によるべきだとする学説（山本和彦「判批」平成10年度重要判例解説（ジュリ1157号）299頁（1999）。河邉義典「判解」法曹会編『最高裁判所判例解説民事篇平成10年度（上）』473頁（法曹会、2001）もこれを支持する。芳賀雅顯「外国判決承認要件としての国際裁判管轄－間接管轄の基本姿勢と鏡像理論をめぐって－」法律論叢72巻5号51頁（2000）も同様か）は、外国裁判所が肯定した国際裁判管轄の判断に漠然とした既得権を与えて、承認国としての間接管轄審査の意義を過小評価しているので妥当ではない。

(5) 間接管轄の立法形式の分類について、中野・前掲注(1)4頁以下が詳しい。再びハーグ国際私法会議において世界的規模での間接管轄の規整が試みられている。多田望「ハーグ判決プロジェクト2016年条約予備草案について：間接管轄を中心に」国際公共政策研究21巻1号63頁（大阪大学、2016）。

第4章　1　外国判決の承認執行における国際裁判管轄　　355

(6)　中野・前掲注(1)10頁。

(7)　鈴木＝青山編・前掲注(1)370頁〔高田〕、条解628頁〔竹下〕、高桑昭『国際民事訴訟法・国際私法論集』154頁（東信堂、2011）。

(8)　Schack, IZVR, 6. Aufl., (2014), Rn 922. ドイツ法についてさらに、中野・前掲注(1)10頁。さらに、被告保護を強調して間接管轄の審査に特徴があるドイツ学説として、ラインホルト・ガイマー（勅使川原和彦訳）「『国際教育』か効果的な被告の保護か？―国際的承認管轄に関する若干の考察―」早稲田大学外国民事訴訟法研究会編『ヨーロッパにおける民事訴訟法理論の諸相』97頁（早稲田大学、1999）。

(9)　批判説を紹介検討する文献として、芳賀・前掲注(4)26頁・48頁、中野・前掲注(1)11頁、河野俊行「間接管轄」高桑昭＝道垣内正人編『新・裁判実務大系3　国際民事訴訟法（財産法関係）』327頁（青林書院、2002）。これらのうち、芳賀説が批判説に与している。

(10)　詳しくは、河野・前掲注(9)328頁、芳賀・前掲注(4)34頁参照。近時では、小林秀之＝村上正子『国際民事訴訟法』141頁（弘文堂、2009）がこの見解を支持する。

(11)　この説の詳細は、芳賀・前掲注(4)26頁。

(12)　鈴木＝青山編・前掲注(1)371頁〔高田〕、河野・前掲注(9)331頁、中野・前掲注(1)13頁、条解629頁〔竹下〕。

(13)　鈴木＝青山編・前掲注(1)371頁〔高田〕、河野・前掲注(9)336頁、長田真理「我が国における外国判決の承認執行」日本国際経済法学会編『国際経済法講座Ⅱ―取引・財産・手続』219頁（法律文化社、2012）。

(14)　この問題について、河野・前掲注(9)331頁・337頁参照。廣瀬孝「判解」曹時67巻9号344頁（2015）。

(15)　青山善充ほか「第46回シンポジウム　国際裁判管轄　民事訴訟法改正をうけて」ノモス30号133頁〔道垣内正人〕、151頁〔山本弘〕（2012）。中西康「判批」民商法雑誌152巻2号146頁（2015）。

(16)　青山善充「新しい国際裁判管轄法について」明治大学法科大学院論集10号368頁（2012）、青山教授の表現では、「国際裁判管轄はあるにもかかわらず訴えを却下する。」青山善充ほか・前掲注(15)173頁〔青山〕。さらに、笠井正俊＝越山和広編『新・コンメンタール民事訴訟法〔第2版〕』459頁〔岡田幸宏〕（日本評論社、2013）も民訴法3条の9を間接管轄の基準として考慮しない。

(17)　青山・前掲注(16)368頁。

(18)　横山潤『国際私法』367頁（三省堂、2012）。なお、ＥＵの国際民訴法である2012年ブリュッセルⅠ規則において、外国の訴訟競合を考慮して内国裁判

所は手続を停止し、その後は無管轄を宣言すると規定されているが（29条3項）、判決承認の審査において外国訴訟係属の不考慮は承認拒絶の事由ではない（45条）。ドイツ法では、ブリュッセルⅠ規則の適用がないとき、外国訴訟係属の不考慮は、独立の承認拒絶事由である（ZPO328条1項3号）。

(19)　道垣内正人「判批」ジュリ1133号213頁（1998）、中野俊一郎「判批」法教213号124頁（1998）、横山潤「総論的考察－立法の方向性から緊急管轄まで－」国際私法年報10号8頁（2009）。

(20)　安達栄司「判批」金判1507号8頁（2017）。

(21)　青山・前掲注(16)369頁注10は、3条の9が被告の普通裁判籍に基づく国際裁判管轄が認められる場合にも適用されることを指摘して、普通裁判籍被告住所地を管轄原因とされた外国判決の間接管轄の有無の審査に当たっても、判決国において特別の事情がなかったか否かを審査せざるを得ないことは、実務の使用に耐え得ないと述べる。同感である。

(22)　国際的訴訟競合を特段の事情として考慮する従来の判例学説について、**第4章2参照**。

(23)　鈴木＝青山編・前掲注(1)338頁〔高田〕は、しかしこのような処理には懐疑的である。

Ⅱ．間接管轄の具体例

　平成23年改正後においても間接管轄は原則的に直接管轄の規定に依拠して判断されることで変わりがないならば、改正法によって国際裁判管轄を発生させる個別の合理的な管轄原因が整備されたいま、間接管轄の審査は、従来に比較してより容易に判断されることができるようになったと言うことができる。以下では、従来の裁判例においてよく問題になった、又は鏡像原則によるとしても注意が必要になる間接管轄を検討する。

1　契約の義務履行地

　平成23年改正によって、義務履行地の国際裁判管轄は合理的に制限された。すなわち、契約上の債務の履行及び契約上の債務から派生する事務管理、不当利得及び損害賠償の請求を目的とする訴えについて、契約で定められた履行地、又は明示的に選択された契約準拠法による履行地が日本国内にある場合、義務履行地の国際裁判管轄が認められる（民訴3条の3第1号）。詳しくは、**第2章2参照**。

　従来の裁判例において、およそ義務履行地が国際裁判管轄の原因にならな

いとした裁判例（東京地判昭47・5・2判タ283・272）は例外であり、判決国におけ
る義務履行地の存在が間接管轄の根拠になることには異論はなかったが、制
限が付されていた。すなわち、東京地裁平成6年1月14日判決（判時1509号96頁）、
東京地裁平成21年2月12日判決（判時2068号95頁）は、契約上の義務履行地を判
決国とする合意があったと認定して、それぞれニューヨーク州及び韓国の裁
判所の間接管轄を肯定した。他方、大阪地裁平成3年3月25日判決（判時1408号
100頁）は、債務不履行による損害賠償義務の履行地は基準にならず、かえっ
て本来の取引の義務履行地は日本国に決まっていたことを指摘して、ミネソ
タ州裁判所の間接管轄を否定した。東京地裁平成17年6月29日判決（平16（ワ）
6864）は、契約債務不履行の損害賠償の義務履行地を基準とすることを否定
し、ハワイ州を履行地とする合意がないこと、及び本来の債務の履行地は日
本国内にあることを指摘して、ハワイ州の裁判所の間接管轄を否定した。東
京地裁平成6年1月31日判決（判時1509号101頁）は、契約上の義務履行地が明示
されていないこと、ただ契約準拠法の原則によれば判決国に義務履行地があ
るにすぎないことを指摘して、英国裁判所の間接管轄を否定した。これらの
判示はすべて、現行の民訴法3条の3第1号の規定に合致している。

2　不法行為地

　不法行為地も義務履行地と同様に、従来から国際裁判管轄の根拠となり、
よって間接管轄のためにもしばしば援用されてきた。東京地裁平成6年1月14
日判決（判時1509号96頁）、東京地裁八王子支部平成10年2月13日判決（判タ987号
282頁）、及び水戸地裁龍ケ崎支部平成11年10月29日判決（判タ1034号270頁）は、
加害行為地（原因行為地の一部）又は損害発生地がニューヨーク州、カリフ
ォルニア州又はハワイ州にあると認定して、それぞれ間接管轄を肯定した。
他方で、東京地裁平成17年6月29日判決（平16（ワ）6864）は、原告が主張する
不法行為は判決国の州には存在しなかったと認定して、その間接管轄を否定
した。東京地裁平成17年8月31日判決（平16（ワ）6859）及び東京地裁平成22年
4月15日判決（判タ1335号273号）[24]は、直接管轄として不法行為地の国際裁判
管轄を認めるためには我が国における行為による損害の発生という客観的事
実関係の証明が必要であると判示した最高裁平成13年6月8日判決（民集55巻4
号727頁、ウルトラマン事件）の審査基準に言及して、被告が不法行為をしたこと
の客観的事実の証明がないことを理由に、間接管轄を否定した。

358　第4章　1　外国判決の承認執行における国際裁判管轄

　平成23年改正によって、民訴法3条の3第8号が不法行為地管轄について、不法行為があった地とは、加害行為地のほかに結果発生地も含むとするが、後者については予見可能性による限定が付された（第2章3参照）。前述の最判平成26年（アナスタシア事件）は、この新しい直接管轄の規定に依拠して判決国裁判所の間接管轄を審査した初めての判例である。この判例において、国際裁判管轄においても不法行為に関する訴えに差止請求に関する訴えが含まれること[25]が明らかにされた後、「違法行為により権利利益を侵害され、又は侵害されるおそれがある者が提起する差止請求に関する訴えの場合は、現実の損害が生じたことは必ずしも請求権発生の要件とされていないのであるから、このような訴えの場合において、民訴法3条の3第8号の「不法行為があった地」が判決国内にあるというためには、仮に被告が原告の権利利益を侵害する行為を判決国内では行っておらず、また原告の権利利益が判決国内では現実に侵害されていないとしても、被告が原告の権利利益を侵害する行為を判決国内で行うおそれがあるか、原告の権利利益が判決国内で侵害されるおそれがあるとの客観的事実関係が証明されれば足りるというべきである。」として差止請求訴訟の直接管轄に関しても重要な判断が示された。

3　専属管轄

　平成23年改正法は、わが国の専属的国際裁判管轄（国際専属管轄）に関しても明文を置いた。すなわち、民訴法3条の5において、法人の組織に関する訴え（同1項）、登記登録に関する訴え（同2項）、及び設定の登録により発生する知的財産に関する訴え（同3項）について、わが国の裁判所が国際的専属管轄を有する場合を定める。さらに、同法3条の10は、同法3条の5等に基づいてわが国の裁判所が専属的国際裁判管轄を有する場合には、他の国際裁判管轄規定の適用を禁止する規定を定めている（第2章9参照）[26]。鏡像原則に従って、これらの直接管轄の規定を間接管轄の基準として用いるならば、民訴法3条の5に該当する訴えであり、それによれば判決国たる当該外国の裁判所に国際裁判管轄が認められない場合、さらに民訴法3条の10も適用されるので、当該外国裁判所の間接管轄は完全に否定される。

　平成23年改正法の施行直前において、日本国内において被告を登録者として登録された特許権について原告への移転登録を命じる韓国の裁判所の判決について、わが国で執行判決が求められた事件がある。名古屋地裁豊橋支部平成24年11月29日判決（平23（ワ）561）において、「日本国内において登録すべ

き知的財産権の登録に関する訴えは、我が国の裁判所に専属すると解するのが条理にかなう」と述べられ、さらに平成23年改正による民訴法3条の5第2項にも合致するとの判断が示されて、韓国裁判所の判決について間接管轄が否定された（第二審の名古屋高裁平成25年5月17日判決（平24（ネ）1289）も第一審を支持している）。

4 応訴管轄

民訴法3条の8による応訴による国際裁判管轄（第2章7Ⅵ．参照）もまた、鏡像原則に従い間接管轄の根拠になること自体に異論はない。直接管轄に関して、その場合の応訴について被告のどの程度の態度を意味するのかは議論があるが、本来国際裁判管轄を有しない国家の裁判所において訴訟遂行を強いられる被告の不利益は国内事件に比べてより大きいことを考慮して、その成立に抑制的な態度を示すことで学説は一致していた[27]。国際的応訴管轄のための本案についての陳述は、現実に裁判所に出頭して口頭で行われる必要がある（東京地判平12・11・24判タ1077・282[28]）。間接管轄の判断として、東京地裁平成17年6月29日判決（平16（ワ）6864）は、被告が判決国裁判所に裁判権がない旨の本案前の答弁を提出しただけでは、応訴管轄が認められないと判示した。

外国の裁判所に国際裁判管轄がないと考えて、まずは本案前の無管轄の答弁を提出して、予備的に本案に応訴していた場合、その外国判決がわが国で承認執行を求められたとき、被告が改めて間接管轄の不存在を主張することは許される。さらに外国の裁判所が、日本法の知らない管轄原因に基づいて国際裁判管轄を肯定することが不可避な場合、日本にいる被告は判決国の訴訟手続においては無管轄の答弁をすることを初めから断念して、敗訴を回避するため本案に応訴していたとしても、本案への応訴を理由に間接管轄は肯定されるのか、ドイツ法を参照した議論がある[29]。応訴管轄の成立について慎重な態度を示してきたわが国の判例及び学説から見るならば、この場合にも応訴管轄は否定されると解釈するべきである。

5 合意管轄と仲裁合意

合意による国際裁判管轄（第2章7）もまた間接管轄の根拠になるが[30]、鏡像原則により、民訴法3条の7において要求されている方式（同2項・3項）、管轄排除合意の制限（同4項）、消費者及び労働者を保護するための制約（同5項・6項）の遵守が要求される。

外国裁判所で訴えられた被告が同国の国際裁判管轄は合意によって排除されていた、又は仲裁合意が存在するという抗弁を提出したが、奏功しなかった場合、被告は、この外国判決の承認執行の手続の段階で、承認国としての管轄合意又は仲裁合意のルールを援用して間接管轄の要件を争うことはできる[31]。問題なのは、被告が外国裁判所の手続を欠席した場合に、当該外国判決の承認執行の段階で、被告は、判決国の裁判所の国際裁判管轄が管轄合意又は仲裁合意によって排除されていたと主張することが許されるか、である。この場合、外国裁判所に無管轄の答弁をするためだけに応訴することを被告に強いることは妥当ではない[32]。また、仲裁手続を予定していた当事者に対し、裁判所の手続が行われたことで満足を求めることもできない。したがって、国際裁判管轄の（排除）合意又は仲裁合意が承認国法によって有効であると判断されるならば、それらの合意を顧慮しないで下された外国判決は、間接管轄の要件を欠き、承認執行されない。

＜注＞

(24)　その控訴審（東京高判平23・5・11金判1457・39）は、第一審の判断を是認し、さらに判決国における損害の発生の証明もないとして、間接管轄を否定した。

(25)　最決平16・4・8民集58・4・825参照。

(26)　この立法に対する批判説として、横溝大「国際専属管轄」名古屋大学法政論集245号123頁（2012）、古田啓昌「国際取引法の現状と課題　国際裁判管轄法制について」現代民事判例研究会編『民事判例Ⅱ－2010年後期』115頁（日本評論社、2011）。これらの批判説に対する改正法の立案担当者からの応答の一つとして、高橋宏志「国際裁判管轄二題」伊藤眞ほか編『石川正先生古稀記念論文集　経済社会の法と役割』1061頁（商事法務、2013）。

(27)　渡辺惺之「判批」昭和61年度重要判例解説（ジュリ887号）271頁（1987）、櫻田嘉章「判批」判例評論341号（判時1231号）213頁（1987）、神前禎「判批」ジュリ943号109頁（1989）。

(28)　安達栄司「判批」ジュリ1250号236頁（2003）。さらに平成23年改正前の検討として、安達栄司「合意、応訴、反訴および併合による国際裁判管轄」国際私法年報10号78頁（2009）も参照。

(29)　中野俊一郎「国際応訴管轄と外国判決の承認」神戸法学雑誌46巻2号243頁（1996）、森勇「国際的応訴管轄をめぐる諸問題(1)(2)」獨協法学43号145頁（1996）・44号191頁（1997）。

第4章　1　外国判決の承認執行における国際裁判管轄　　361

- (30)　名古屋地判昭62・2・6判時1236・113（北川工業事件）。
- (31)　名古屋地裁昭和62年2月6日判決（判時1236号113頁、北川工業事件）でそのような検討がされている。
- (32)　中野・前掲注(29)264頁。秋山幹男ほか『コンメンタール民事訴訟法Ⅱ〔第2版〕』514頁（日本評論社、2006）は、この問題について間接管轄を否定する特段の事情として解するが、妥当ではない。応訴管轄を生じさせる程度の応訴がないと言えば足りる。

Ⅲ．間接管轄の審査

　判決承認の要件としての間接管轄は、被告の利益のみならず、わが国から正当な国際裁判管轄を要求するという公益も担っているので、職権探知事項であり（条解632頁〔竹下〕）、承認国の裁判所によって完全に事後審査される[33]。その際に、承認国の裁判所は、判決国の裁判所がしたその国際裁判管轄に関する事実認定と判断に拘束されない。間接管轄の判断の基準時は、被告の応訴義務にかかわる問題であり、判決国の裁判所における起訴又は判決の時点とするべきである[34]。

　義務履行地管轄（民訴法3条の3第1号）又は不法行為地管轄（民訴法3条の3第8号）のように、管轄原因と本案要件が符合する裁判籍が間接管轄の根拠として援用される場合にも、承認国の裁判所において必要な管轄原因事実はすべて主張立証されなければならない（条解632頁〔竹下〕）[35]。直接管轄としての不法行為地（加害行為地）が問題になった事案に関して、前述の最判平成13年（ウルトラマン事件）は、被告の応訴の負担を考慮して、被告が日本においてした行為により原告に損害が生じたとの客観的事実関係の範囲で証明が必要であると判示した。前述の最判平成26年（アナスタシア事件）は、直接管轄の解釈として示された最判平成13年（ウルトラマン事件）の判示を鏡像原則にならい、次のように述べて間接管轄の審査としても通用させた。「民訴法3条の3第8号の規定に依拠して我が国の国際裁判管轄を肯定するためには、不法行為に基づく損害賠償請求訴訟の場合、原則として、被告が日本国内でした行為により原告の権利利益について損害が生じたか、被告がした行為により原告の権利利益について日本国内で損害が生じたとの客観的事実関係が証明されれば足りる（最高裁平成12年（オ）第929号、同年（受）第780号同13年6月8日第二小法廷判決・民集55巻4号727頁参照）。そして、判決国の間接管轄

を肯定するためであっても、基本的に民訴法3条の3第8号の規定に準拠する以上は、証明すべき事項につきこれと別異に解するのは相当ではないというべきである。」

最判平成26年（アナスタシア事件）が示す間接管轄の審査方法に照らして見るならば、ただ判決国における原告の主張のみに依拠して判決国における不法行為地の存在を認定したように見える東京地裁平成6年1月14日判決（判時1509号96頁）及び東京地裁八王子支部平成10年2月13日判決（判タ987号282頁）には疑問が残る。

＜注＞
(33)　間接管轄の要件の審査である限り、民事執行法24条2項によって禁止される実質的再審査に当たらない。安達・前掲注(3)162頁、中西康「外国判決の承認執行におけるrevision au fondの禁止について（4・完）」法学論叢136巻1号9頁（1994）。
(34)　鈴木＝青山編・前掲注(1)373頁〔高田〕、秋山ほか・前掲注(32)514頁。外国判決の確定時（高桑・前掲注(7)155頁）、さらには判決承認の時までに認められれば足りるとする有力説（条解631頁〔竹下〕）もある。
(35)　ここで必要な管轄原因事実の範囲について、越山和広「管轄原因事実の証明－国際裁判管轄を中心に」龍谷法学46巻4号92頁以下（2014）参照。

Ⅳ．設例の検討

設例は、最判平成26年（アナスタシア事件）をモデルとする。間接管轄の基準は、民訴法3条の2以下の直接管轄の規定に依拠して判断される（前記Ⅰ．）。日本にいるY₁及びY₂社は、米国訴訟が提起されたカリフォルニア州内において、住所又は主たる事務所を有しない（民訴3条の2第1項・2項参照）。Y₂社は米国内[36]で美容サロンの事業活動をしていないし（民訴3条の3第5号参照）、差し押さえることができる財産もない（民訴3条の3第3号）。また、営業秘密は、確かに知的財産の一種であるが、設定の登録により発生するものではない（民訴3条の5第3項）。本設例においてY₁らに対する損害賠償請求と差止請求を認容する米国判決を承認執行するための要件として間接管轄で援用できるのは、民訴法3条の3第8号の不法行為地管轄だけである（前記Ⅱ．2）。

設例の(1)について見るならば、不法行為に基づく損害賠償請求部分について、東京地裁は、米国内に民訴法3条の3第8号にいう不法行為地があったと評価できるかどうかを、当事者の主張立証に基づいて審理判断する（前記

Ⅲ.）。最判平成26年のアナスタシア事件判決によれば、「被告が米国内でした行為により原告の権利利益について損害が生じたか」、又は「被告がした行為により原告の権利利益について米国内で損害が生じた」との客観的事実関係が証明されたかどうかが判断される（前記Ⅲ.）。本設例においては、Y₁らの美容サロンの事業は専ら日本国内においてのみ実施されているので、加害行為地は日本国内である。また、カリフォルニア州民法典で保護されるだけの知的財産であるXの営業秘密が、日本国内でしか事業活動していないY₁らの行為によって侵害されることはあり得ず、損害も発生し得ない。よって、損害賠償請求を命じる部分の米国判決に関して間接管轄を認めることは困難のように思われる。

　次に、差止請求を認める部分についてはどうだろうか。同じく最判平成26年によれば、「違法行為により権利利益を侵害され、又は侵害されるおそれがある者が提起する差止請求に関する訴えの場合は、現実の損害が生じたことは必ずしも請求権発生の要件とされていないのであるから、このような訴えの場合において、民訴法3条の3第8号の「不法行為があった地」が判決国内にあるというためには、仮に被告が原告の権利利益を侵害する行為を判決国内では行っておらず、また原告の権利利益が判決国内では現実に侵害されていないとしても、被告が原告の権利利益を侵害する行為を判決国内で行うおそれがあるか、原告の権利利益が判決国内で侵害されるおそれがあるとの客観的事実関係が証明されれば足りるというべきである。」と判示されている。本設例について見るならば、Y₁らが、米国内において美容サロンの事業を展開するなどの具体的な行動（出店計画、現地調査等に着手していた事実、あるいはインターネットのウェブサイト上において米国の顧客をターゲットにして、英文で日本に所在するY₁ら経営の美容サロンへの来店を呼びかけていた等の具体的な事実が証明されるならば、不法行為地管轄を理由として間接管轄の要件が満たされるかもしれない。そして仮に米国判決中の差止請求を認める部分について、間接管轄の要件が満たされるならば、差止請求と密接に関連する請求として不法行為に基づく損害賠償を命じる部分の米国判決についても、鏡像原則に従い民訴法3条の6の併合管轄の規定に基づいて間接管轄を認めることができる可能性が生じる[37]。

　しかし設例(2)でY₁らが主張するように、民訴法3条の9が間接管轄の基準にもなると考える学説が既に有力に主張されている（前記Ⅰ.３(4)）。その

学説によるならば、例えばY₁らが日本国内でのみ事業を展開する零細業者であること、Y₁自身は米国内で研修を受けたことがないこと、Xから日本国内における本件技術の独占的使用権等を付与されているA社が既にY₁らを相手取って、本件技術の侵害を理由とする別件訴訟をわが国の裁判所に提起していることなどがあれば、それらの事実が米国判決の間接管轄を否定する特別の事情として考慮されて、わが国でのその承認と執行は拒否される可能性が残る。

＜注＞

(36) なお、判決国が米国やカナダのように不統一法国である場合、管轄原因となる事実が判決を下した裁判所が属する州に存在することまで要求するのか（個別説）、それとも国家全体で判断するのか（国家のどこかの州に存在すればよい。全体説）、という問題がある。芳賀雅顯「米国判決の承認と国際裁判管轄―いわゆる不統一法国の間接管轄―」法律論叢74巻6号45頁（2002）、中野・前掲注(1)14頁参照。学説としては全体説が有力である。すなわち、本件の設例について、全体説によれば、差し押さえることができるY₁らの財産が、カリフォルニア州にはないが、ワシントン州には存在するという場合、民訴法3条の3第3号に依拠して間接管轄を肯定することができる。しかし、わが国の従来の裁判例においては個別説が採用されてきたと考えられている。中野・前掲注(1)14頁。

(37) 最判平成26年は「そうであれば、本件米国判決のうち損害賠償を命じた部分についても、民訴法3条の6に準拠しつつ、条理に照らして間接管轄を認める余地も出てくることになる。」と判示している。しかし、この判示には疑問があることについて、安達栄司「外国の差止命令判決の執行可能性と不法行為地管轄（間接管轄）の審査」判例秘書ジャーナルHJ100007（2017）参照。

第4章　2　国際裁判管轄と国際訴訟競合　　365

2　国際裁判管轄と国際訴訟競合

芳賀雅顕

Ⅰ. はじめに
Ⅱ. 旧法下での議論
Ⅲ. 現行法における解釈
Ⅳ. 国際訴訟競合の回避とその限界
Ⅴ. 設例の検討

設例

　米国法人Ｙ社は、プリント基板の製造などで用いられる銅箔を製造している企業である。Ｙ社の元従業員Ａは米国法人Ｂ社を設立し、Ｂ社は日本のメーカーＸ社との間で技術指導契約を締結し、この契約に基づきＸ社はＢ社から銅箔に関する技術指導を受けることとなった。これに対して、Ｙ社は、この技術指導契約は、日本法人Ｃ社が、Ｘ社及びＢ社と共謀して、Ｘ社を通じてＹ社の銅箔の製造に関する技術情報を不正に入手してこれを利用するものであるとして、Ｘ社を相手にオハイオ州北部東地区連邦地方裁判所に損害賠償等を求める訴訟を提起した。これに対して、Ｘ社は、不法行為による損害賠償債務がないことの確認を求める訴えを、東京地方裁判所に提起した。そこで、Ｙ社は、既にアメリカでＸ社に対する訴訟が係属していることを理由に、日本での訴訟の却下を求める申立てを行った。この場合、裁判所は、いかなる判断をすべきか。

Ⅰ. はじめに

　国際訴訟競合[1]は、国際的二重起訴、国際二重訴訟あるいは外国訴訟係属の国内的効果といった名称の下で、かねてから議論がなされてきた問題である（以下では、国際訴訟競合という用語を用いる。）。ここでの議論の中心は、

同一事件に関して内国と外国で訴訟が係属している場合に内国訴訟をどのように扱うべきか、とくに外国訴訟が先行する場合に内国後訴を維持することの可否に関するものである。

国際訴訟競合は、国際裁判管轄のルールが各国で抵触している結果生ずる（国際裁判管轄の積極的抵触の問題。他方、いずれの国にも管轄が認められない場合、つまり、国際裁判管轄の消極的抵触を扱うのが緊急管轄の問題である[2]。）。このような事態が生ずるのは、国際裁判管轄は条約（「油による汚染損害についての民事責任に関する国際条約」（昭和51年条約9号）9条、1929年の「国際航空運送についてのある規則の統一に関する条約」（いわゆるワルソー条約。昭和28年条約17号）28条1項、1999年成立の「国際航空運送についてのある規則の統一に関する条約」（いわゆるモントリオール条約。平成15年条約6号）33条を参照）といった国際的規律がある場合を除いて各国の国内法によって定められるため、各国の規律によっては同一事件について複数の国に国際裁判管轄が認められることに基づく。すなわち、複数国の裁判所が自国の裁判管轄を肯定した場合には、国内事件におけるような移送の制度（他国の裁判所への移送）がないことと相まって、同一事件について複数の国で訴訟が進行する可能性が生ずるからである。もっとも、条約上複数の国に管轄が認められる場合がある（前記ワルソー条約、モントリオール条約を参照）。その場合における国際訴訟競合の規律は、まずは条約の解釈に委ねられることになる。

国内事件では、重複訴訟は民訴法142条の問題として扱われる。しかし、同条は国内裁判所に係属した事件のみを対象とし、外国裁判所の場合はこれに含まれないと解されているため[3]、外国で係属した事件に同条の適用はない。

国際訴訟競合の問題は、従来から、学説での議論も活発であり、また下級審裁判例が比較的豊富な分野であるといえるが、平成23年改正民訴法では立法化が見送られた（第1章2Ⅴ.6参照）[4]。そこで、この問題は依然として解釈に委ねられている。解釈によって国際訴訟競合における内国訴訟の扱いを検討する際には、二つの大きな視点の対立がある。すなわち、この問題を国際裁判管轄の調整の問題として捉えるのか、あるいは、外国判決承認制度との関係を重視するのかという問題である。前者を重視した場合には、同一紛争で外国訴訟が先行する場合であっても、自国の国際裁判管轄が認められ

る以上は管轄を維持する方向となるのに対して、後者を重視した場合には、判決の国際的調和という視点が強調されて、自国の国際裁判管轄を制限する方向に傾いていくことになる。比較法的に見るならば、前者はコモンロー諸国でのアプローチ、後者はドイツ法系の解決方法である。もっとも、この対立軸は理念としての議論であり、要件設定の仕方によって、両者は接近する可能性がある。

　以下では、国際訴訟競合の規律方法に関する議論の他に、国際訴訟競合の状態が放置された結果生ずる判決の抵触の問題、また、国際訴訟競合の発生を回避する方法などについても言及する。

＜注＞
(1)　国際訴訟競合に関する文献は数多くあるが、さしあたり、安達栄司「国際的訴訟競合」新堂幸司監修『実務民事訴訟講座〔第3期〕第6巻－上訴・再審・少額訴訟と国際民事訴訟』385頁（日本評論社、2013）を参照。
(2)　緊急管轄については、例えば、横山潤「総論的考察－立法の方向性から緊急管轄まで－」国際私法年報10号12頁（2009）。
(3)　東京地中間判平19・3・20判時1974・156など。
(4)　一問一答174頁、道垣内正人「日本の新しい国際裁判管轄立法について」国際私法年報12号203頁（2011）。また、国際裁判管轄法制部会資料12国際裁判管轄法制に関する検討事項(4)11頁、及び法制審議会国際裁判管轄法制部会第5回会議議事録19頁、法制審議会国際裁判管轄法制部会第11回会議議事録18頁、法制審議会国際裁判管轄法制部会第13回会議議事録22頁、法制審議会国際裁判管轄法制部会第14回会議議事録11頁における議論も参照（法務省のウェブサイトより参照が可能である。http://www.moj.go.jp/shingi1/shingi_kokusaihousei_index.html（2017.09.15））。

II．旧法下での議論
1　学　説
(1)　無制限説
　まず、先行する外国訴訟係属を無視した内国後訴の提起を常に適法とする立場が主張されていた[5]。その理由として、国際社会の現状に照らして国際的な裁判管轄に関するルールが明確でないため、当事者の公平や証拠収集の便宜の面から適当でない外国の裁判所で応訴を余儀なくされたり、法廷地漁りの例もみられる状況下では承認予測説に立つことは弊害が大きいこと、訴

訟物の同一性を判断する外国法制や承認要件の充足を証明したり調査するのは困難を伴うこと、民訴法142条にいう裁判所には外国裁判所を含まないこと、原告が複数の国で強制執行を行うためには、各国で債務名義を取得する方が外国判決の承認によるよりも迅速で満足のいく救済を受けられることがあげられている。また、この立場では内国後訴の提起が常に認められるため、外国当事者との和解交渉を有利に進められるといった実務上のメリットも指摘されている[6]。他方、この見解に対する批判としては、国際的な訴訟合戦を引き起こして国際司法摩擦を助長してしまうこと[7]、外国訴訟の存在を国内で無視することは外国判決承認制度と相容れないこと、あるいは無制限説によった場合には、日本で下された判決は相互保証（reciprocity）を欠く判決として外国で承認されない事態が生じうることがあげられている。

(2)　制限説

他方、学説では、国際訴訟競合について一定の要件の下で内国後訴を制限する立場が多数を占めている。しかし、その規制根拠や要件について見解が分かれる。

ア　外国判決承認制度との連続性を重視する立場

この見解は、先行する外国訴訟の判決が将来的に日本で承認される見込みがある場合には、外国訴訟係属に内国後訴を遮断する効果を認める立場である。これは、ドイツの通説・判例が採る立場であり（承認予測説：Anerkennungsprognose-Theorie）[8]、日本でもかつては多くの支持を得ていた[9]。その根拠としては、まず、外国判決承認制度（民訴118条）との整合性があげられる。すなわち、外国で先に係属した訴訟がそのまま進行して判決に至った場合、その判決が外国判決承認要件を充足していれば、内国で承認される。そこで、外国裁判所に係属中の訴訟につき将来的に承認が予測される場合には、当該外国での訴訟係属は国内の他の裁判所に係属している場合と同視することができると説く。また、外国訴訟係属を無視する立場では、当事者に二重の訴訟追行を強いる結果となるし、さらに国際的な判決の矛盾が生じることになると説く。他方、承認予測説に対する批判としては、承認要件充足の見込みの判断が容易でないことがあげられる。例えば、外国訴訟が手続的公序に反するか否かは、外国訴訟が終了して初めて判断が可能であり、内国での訴え提起時点ではそもそも外国訴訟の手続的公序違反の有無につき判断ができないのではないかという疑問である。これに対しては、公序

を承認予測の要件から外すという立場が主張されている[10]（ドイツでの通説・判例の立場[11]）。また、承認予測説に対する別の批判としては、承認予測が外れた場合には外国判決は内国で承認されないため、当事者の権利救済を図ることができなくなることが指摘されている[12]。この点については、本説を支持する立場からは、手続の中止を用いることが論じられている。

　イ　管轄レベルの調整として考える立場

　この見解は、国際訴訟競合を内国と外国の法廷地のいずれが適切であるのかを判断する問題であると捉えて、諸般の事情を総合的に考慮して日本の国際裁判管轄の有無を決定する見解である（比較衡量説）[13]。本説の中で、ある見解は内外訴訟で原告・被告共通型と逆転型とで類型を分けて検討する[14]。それによると、原被告共通型は、被告の応訴負担を考えると、原告側に内国訴訟を提起するだけの深刻な事情がない限りこれを認めるべきではないが、逆転型は、より適切な法廷地である内国への引き戻し行為として内国後訴を維持すべき場合が少なくないとの基本的な姿勢を示す。

　この立場と同じ流れにあるのが、平成23年改正民訴法前の実務で定着していた、「特段の事情論」における枠組みの中で国際訴訟競合を検討する考えである。この特段の事情論は、マレーシア航空事件最高裁判決に対する批判を受ける形で登場した立場である。すなわち、マレーシア航空事件で最高裁は、国際裁判管轄ルールを条理によって決するとしたが、その条理の内容を国内土地管轄ルールに求めたことから、渉外事案に対応した管轄ルールとは言えないとする逆推知説に対する批判に直面した[15]。この批判を克服するため、国内土地管轄原因を国際裁判管轄ルールに用いて日本に国際裁判管轄原因が認められる場合であっても、当事者の公平などを損なうような「特段の事情」があるときは例外的に日本の国際裁判管轄を否定するというのが、「特段の事情論」である。この見解は、管轄ルールの明確性を維持しつつも、渉外事案に対応するために管轄を否定する一般条項を備えていたといえる（その後、この見解は最高裁判決によって認められ[16]、平成23年の改正民訴法3条の9で明文化に至った。）。そして、この「特段の事情論」における日本の国際裁判管轄を否定する事情の一つとして、外国での訴訟係属を考慮するという考えが下級審裁判例において多く見られ、学説でも次第に賛同を得てきた[17]。

　この立場の根拠としては、国際裁判管轄の判断に際して内外訴訟の比較衡量を行うことで、取引当事者が日本の関係者かどうか、取引の対象が日本と

どれだけの関連性を有しているのかといった事情を参酌できる点で優れていること、日本で国際訴訟競合が問題となるのは英米法系諸国であることから同じ基準に依った方が問題は少ないといったことがあげられている[18]。他方、この見解に対しては、比較衡量の要素が多様であるため判断基準が不明確であり当事者の予測可能性を損なうこと、あるいは、裁判官に広範な裁量権が与えられているコモンロー諸国の裁判制度と日本の司法制度は本質的に異なるといった批判があった[19]。

　ウ　訴えの利益の問題として考える立場

　他方、国際訴訟競合を訴えの利益の問題として捉える見解がある[20]。この立場は、内国後訴を規制すべきか否かを、日本で裁判をする利益ないし必要性という観点から判断すべきであると説く。この見解は、既に同一紛争について外国で訴訟が係属している場合に、間接管轄が肯定され、また法廷地国と日本とで相互保証が認められるときには、日本で後訴を提起する利益はないと推定されると説く。他方で、高額な懲罰賠償を認める法律や、逆に著しく責任制限を設けている法律が適用される場合、外国の法廷地が著しい訴訟遅延を生じさせている場合、あるいは、公平な裁判が期待できない場合（例えば、外国企業に対する偏見が強い状況下での陪審裁判）には、例外的に内国後訴を提起する訴えの利益が認められるとする。この見解は、重複訴訟の禁止を妥当させるだけの制度的基盤が国際社会で整っていないにもかかわらず、国内原則を貫徹させようとする承認予測説には問題があるとの基本的な認識に立つ。なお、本説は、イの見解と基本的に大きく異なるところはないといえる。事案ごとに総合的に検討する点で両説には共通性があり、外国訴訟係属を内国の国際裁判管轄を認める際の判断要素と捉えるのか、それとも別個の訴訟要件として理解するのかの相違といえるからである。

　エ　内外訴訟での当事者の地位を類型論的に検討する立場

　この見解は、当事者の利益状況を検討して、内外訴訟における両当事者の立場に応じて（原被告共通型、逆転型）、規律を分ける立場である[21]。まず、内外訴訟の原告と被告とが共通する場合には、承認予測説が妥当すると説く。この場合には、既に外国で応訴している被告が、さらに内国でも被告として訴えられていることから、二重の応訴負担を強いられる被告の不利益を上回る原告側の提訴の必要性が問われることになるとする。そして、この類型では、外国訴訟の判決が承認されない場合には、日本での訴訟による救済を図

第4章　2　国際裁判管轄と国際訴訟競合　　371

る必要性が生じることから、承認予測説によるべきと説く。次に、内外訴訟
で原告と被告が逆転している類型では、被告の不利益を重視する必要はなく、
また跛行的法律関係の発生を承知の上で当事者は訴訟を提起していることか
ら、この点も問題にする必要はないとする。そこで、この類型では、紛争当
事者間における適切な法廷地への引き戻しであると捉えて、利益衡量説に従
うと説く。

2　裁判例

(1)　外国訴訟係属を無視する立場

民訴法142条にいう裁判所が外国裁判所を含まないことは、学説・裁判例に
おいて一致していた。そこで、外国裁判所での訴訟係属を無視する立場が出
てくる。裁判例においても、かつては、この立場が多かった[22]。

例えば、アメリカ映画の上映権を買い取り、日本で上映する計画が頓挫し
たことから、カリフォルニア州裁判所で詐欺などを理由に賠償請求訴訟が提
起されたところ、米国訴訟の被告が、日本で債務不存在確認訴訟を提起した
事件がある。日本の裁判所は、国際訴訟競合の問題に言及することなく、不
法行為に基づく国際裁判管轄を肯定した（東宝事件）[23]。

また、次の事案も外国訴訟係属を考慮しなかったケースである。日本のメ
ーカーが商社を通じて工作機械をアメリカ企業に輸出したところ従業員が負
傷し、この従業員がメーカーや商社らを相手に賠償請求訴訟をワシントン州
裁判所で提起した（米国第1訴訟）。そこで、商社が、敗訴した場合に備えて
メーカーに対して求償訴訟を同裁判所に提起した（米国第2訴訟）。この米国
第2訴訟に対して、今度はメーカーが商社を相手に日本で債務不存在確認訴
訟を提起したところ、商社は二重訴訟に当たるとして訴えの却下を申し立て
た。裁判所は、民訴法142条（旧民訴法231条）における裁判所は日本の裁判
所をいうとして、その他の点に言及することなく日本の国際裁判管轄を肯定
した（関西鉄工事件）[24]。

(2)　「特段の事情論」による立場

前述のように、マレーシア航空事件以降、下級審裁判例において、いわゆ
る「特段の事情論」が形成された。そこで、外国での訴訟係属を、日本の国
際裁判管轄を否定する特段の事情の考慮要素の一つとしてとらえる立場が登
場し、下級審裁判例の大勢を占めるようになった[25]。以下、いくつかの例を
みておきたい。

カリフォルニアで船舶が差し押えられたことに対して損害賠償請求訴訟を日本で求めた事案で、日本の裁判所は、同一内容の訴訟が既にカリフォルニアで提起されていること、証拠収集や訴訟活動の点でカリフォルニア州の裁判所が便宜であること、日本で管轄を認めると判決の矛盾が生じ、当事者に対して二重の訴訟追行の負担を強いることをあげて、「事務所」、「義務履行地」そして「不法行為地」にはあたらないとした。裁判所は、個々の管轄原因を否定する「特段の事情」を検討することで日本の国際裁判管轄を否定した（グリーンラインズ事件）[26]。

日本法人が設計し製造した製品に瑕疵があるとして、米国法人がこの日本法人を相手にテキサス州南部地区連邦地方裁判所で損害賠償請求訴訟を提起したところ、日本法人が日本の裁判所で債務不存在確認訴訟を提起した。日本の裁判所は、製品製造地である日本が不法行為地であるとし、その上で日本での訴訟は、当事者の予測に反しないこと、日本に証拠が集中していること、判決の実効性の観点からは米国ではなく日本での訴訟提起が望ましいことから、日本訴訟の被告に著しい不利益を及ぼし公平・条理に反することとなる「特段の事情」はないとした（品川白煉瓦事件）[27]。

日本法人が製麺機を米国法人に輸出したところ、この製麺機で負傷した従業員が、日本法人と輸出に関与した米国法人を相手に、製造物責任を理由とする損害賠償請求訴訟をカリフォルニア州の裁判所に提起した。これに対して、日本法人は、米国訴訟で敗訴した場合に備えて、米国訴訟敗訴時に原告が米国法人に対して負担すると考えられる求償義務がないことの確認を求める訴えを日本で提起した。日本の裁判所は、製麺機の製造等が行われた日本が不法行為地にあたるとした。そして、米国訴訟が棄却されれば日本での債務不存在確認訴訟の審理は無駄になること、日本での執行を阻止する目的で内国訴訟を無制限に認めると外国判決の承認・執行制度の趣旨に反すること、米国での求償訴訟の審理が相当進んでいること、証拠が米国に集中していることなどから、日本の国際裁判管轄を否定する「特段の事情」があるとした（ナンカセイメン事件）[28]。

米国法人が、日本で設定された預金担保権の実行によって損害を被ったとして、イリノイ州の裁判所で不法行為に基づく賠償請求訴訟を提起したため、米国訴訟の被告が日本で債務不存在確認訴訟を提起した。裁判所は、不法行為地管轄が日本に認められるとしたうえで、イリノイ訴訟が本案判決に至っ

第4章　2　国際裁判管轄と国際訴訟競合　　373

ていないため確定が予測できないこと、日本での訴訟提起は対抗訴訟が目的ではなく日本が紛争解決に適しているためであること、外国訴訟が先行していても日本訴訟が公平や裁判の適正・迅速に反するとはいえず、「特段の事情」はないとした[29]。

　なお、監護権が関係する点で事案の特殊性が考えられるが、監護権侵害などを理由に不法行為に基づく損害賠償請求訴訟をニュージャージー州の裁判所で提起したことに対して、米国訴訟の被告が、日本で債務不存在確認訴訟を提起したケースがある。この事案では、日本訴訟の被告は、自分は13年間アメリカに在住していること、米国で訴訟が係属していること、証拠がアメリカに集中していることなどをあげて、日本での訴えを却下すべきであると主張した。しかし、裁判所は、日本の国際裁判管轄を否定する「特段の事情」はないとした[30]。

　(3)　承認予測説

　これまで概観したように、下級審裁判例は、「特段の事情」論による枠組みを用いて外国訴訟係属を考慮する立場が支配的であったが、承認予測説による裁判例も見られる[31]。

　米国法人が、銅フォイルに関する自社の技術情報を不正に入手したとして日本法人を相手に、オハイオ州北部東地区連邦地方裁判所で賠償請求訴訟を提起した。これに対して、日本企業は、日本の裁判所で債務不存在確認訴訟を提起した。裁判所は、「同一の訴訟物に関する外国訴訟の係属を一切顧慮することなく常に国際的な二重起訴状態を無視して審理を進めてよいとも認め難い」とした上で、外国判決の承認が相当程度の確実性をもって予測される場合には、内国後訴の規制がありうるとした。しかし、裁判所は、本事案では相当程度の確実性をもって承認されるとの予測ができないとして、内国訴訟の規制を認めなかった（グールド事件）[32]。

＜注＞

(5)　加藤哲夫「二重起訴の禁止」三ケ月章ほか編『新版・民事訴訟法演習1（判決手続1）』154頁（有斐閣、1983）、兼子一ほか『条解民事訴訟法〔初版〕』849頁〔竹下守夫〕（弘文堂、1986）、高桑昭「内国判決と抵触する外国判決の承認の可否－大阪地判昭52・12・22をめぐって」NBL155号9頁（1978）、山田恒久「国際訴訟競合規制の可否に関する一考察」獨協法学77号137頁（2008）。

(6)　内藤潤「国際的訴訟競合（下）」NBL528号47頁（1993）。

(7)　小林秀之「国際訴訟競合（下）－国際裁判管轄と外国判決承認との連続性」

NBL526号39頁（1993）。

(8)　Geimer，Internationales Zivilprozessrecht，7.Auf.2015，Rdnr. 2688;
Nagel/Gottwald，Internationales Zivilprozessrecht，7.Aufl. 2013，§ 6
Rdnr. 233 ff.; BGH，NJW 1986，2195; BGH，NJW 1987，3083.

(9)　安達栄司『国際民事訴訟法の展開－国際裁判管轄と外国判決承認の法理』
138頁（成文堂、2000）、酒井一「国際的二重起訴に関する解釈論的考察」判タ
829号42頁（1994）、澤木敬郎「国際的訴訟競合」鈴木忠一＝三ケ月章監修『新・
実務民事訴訟講座7国際民事訴訟・会社訴訟』116頁（日本評論社、1982）、道
垣内正人「国際的訴訟競合（5・完）」法学協会雑誌100巻4号87頁（1983）。

(10)　澤木・前掲注(9)116頁。

(11)　Rosenberg/Schwab/Gottwald，Zivilprozessrecht，17.Aufl.2010，§ 98
Rdnr.6; Schack，Internationales Zivilverfahrensrecht，6.Aufl.2014，
Rdnr.841; Stein/Jonas/Roth，ZPO，22.Aufl.2008，§ 261 Rdnr.65; OLG
München，FamRZ 1992，73.

(12)　石黒一憲「外国における訴訟係属の国内的効果－国際的訴訟競合を中心と
して」澤木敬郎＝青山善充編『国際民事訴訟法の理論』343頁（有斐閣、1987）。

(13)　小林秀之＝村上正子『国際民事訴訟法』164頁（弘文堂、2009）。

(14)　石黒一憲『国際民事訴訟法』262頁（新世社、1996）。

(15)　逆推知説によれば、例えば、民訴法4条2項を渉外民事事件に適用した場合
には、被告の現在の住所や居所が日本になくても、「被告の最後の住所地」が
日本にあれば日本の国際裁判管轄が認められることになる。すなわち、現在、
被告が日本に住所や居所を有さず、また原被告間の現在の紛争と日本が関連
性を有しない場合でも、かつて被告が日本に住所を有していた場合には、日
本の国際裁判管轄が認められることになる。しかし、日本が現在生じている
原被告間の紛争と関連性がないにもかかわらず、かつて被告が日本に住所を
有していたということによって、日本の国際裁判管轄が認められるとするの
は被告の予測可能性の点からも批判が強かった。池原季雄「国際的裁判管轄
権」鈴木忠一＝三ケ月章監修『新・実務民事訴訟講座7国際民事訴訟・会社訴
訟』17頁（日本評論社、1982）。

(16)　最判平9・11・11民集51・10・4055。

(17)　古田啓昌『国際訴訟競合』77頁（信山社、1997）。

(18)　小林＝村上・前掲注(13)164頁。

(19)　海老沢美広「航空機事故と国際的訴訟競合」ジュリ898号53頁（1987）、道
垣内正人「国際訴訟競合」高桑昭＝道垣内正人編『新・裁判実務大系3　国際
民事訴訟法（財産法関係）』148頁（青林書院、2002）。

第4章　2　国際裁判管轄と国際訴訟競合　　375

(20)　渡辺惺之「国際的二重訴訟論」新堂幸司ほか編『判例民事訴訟法の理論　中野貞一郎先生古稀祝賀　下』504頁（有斐閣、1995）。

(21)　斎藤秀夫ほか編著『注解民事訴訟法(5)〔第2版〕』466頁〔山本和彦〕（第一法規出版、1991）。

(22)　東京地判昭30・12・23下民6・12・2679、東京高判昭32・7・18下民8・7・1282。なお、ワルソー条約が国際訴訟競合を禁止しているか否か問題となった事件で、東京地裁昭和62年6月23日中間判決（判時1240号27頁、大韓航空機撃墜事件）は、同条約は国際訴訟競合を禁ずるものではないと判示している。

(23)　東京地判昭40・5・27下民16・5・923。

(24)　大阪地判昭48・10・9判時728・76。

(25)　東京地判平11・1・28判タ1046・273、東京地判平16・1・30判時1854・51。なお、最高裁平成13年6月8日判決（民集55巻4号727頁、ウルトラマン事件）は、日本訴訟とタイ訴訟の請求内容が異なるため国際訴訟競合に該当しないと判断したが、国際訴訟競合を「特段の事情論」によって判断することを前提にしていると考えられる。

(26)　東京地判昭59・2・15判時1135・70。

(27)　東京地中間判平元・6・19判タ703・240。

(28)　東京地判平3・1・29判時1390・98。

(29)　東京地中間判平19・3・20判時1974・156。

(30)　東京地判平10・11・27判タ1037・235。

(31)　なお、離婚及び親権者指定事件ではあるが、例えば、東京家判平17・3・31（平16（家ホ）820）も参照。

(32)　東京地中間判平元・5・30判時1348・91。

Ⅲ. 現行法における解釈

1　特別の事情による処理

(1)　国際訴訟競合と平成23年改正民訴法3条の9

国際訴訟競合に関する規定は、現行法では置かれなかった。そこで、この問題は解釈によることになる。

この点について、とくに実務上は、平成23年改正前の「特段の事情」論における枠組みが、基本的には踏襲されると考えられる。すなわち、平成23年改正民訴法3条の9における「特別の事情」の解釈として、外国訴訟係属を考慮するというものである[33]（もっとも、この立場には有力な反対説があ

る[(34)]。）。以下では、改正民訴法3条の9と外国訴訟係属の関係について検討しておきたい（「特別の事情」についての詳細は、**第2章8**を参照）。

(2) 証明責任を負う当事者

日本の国際裁判管轄を否定する当事者が、国際裁判管轄を否定する「特別の事情」に係る事実を主張・立証するものと考えられる。もっとも、国際裁判管轄に関する事項については、職権証拠調べが認められている（改正民訴3条の11）。

(3) 判断要素

改正民訴法3条の9は、同3条の2以下で定められている国際裁判管轄原因に日本が該当するときでも、「特別の事情」がある場合には、国際裁判管轄の全部又は一部を却下することができることを定める。その際の考慮要素として、①事案の性質、②応訴による被告の負担の程度、③証拠の所在地、④その他の事情をあげている。そして、これらの諸要素を考慮した結果、「日本の裁判所が審理及び裁判をすることが当事者間の衡平を害し、又は適正かつ迅速な審理の実現を妨げる」ならば「特別の事情」が認められる[(35)]。

(4) 改正以降の判例

裁判所は、国際訴訟競合と改正民訴法3条の9の関係についてどのように考えているのであろうか。平成23年民訴法以後の事件として、以下のような興味深いケースがある（ユニバーサルエンターテインメント事件。この事件については、**第2章8Ⅳ.**も参照）[(36)]。事案は次のようなものである。日本法人X₁社が米国に子会社訴外A社を設立し、ネバダ州で賭博営業の免許を受けた米国法人Y社の株式の20％を保有していたところ、Y社のコンプライアンス委員会が調査委託した法律事務所がX₁社の取締役（X₂）が米国の海外腐敗行為防止法に違反する行為を繰り返しているとの報告書を提出したことから、Y社はA社がY社に対して有している株式を強制償還する取締役会決議を行った。また、Y社はウェブサイトにおいて、X₂が海外腐敗行為防止法に違反する行為を繰り返していたこと、また、Y社取締役会がA社の保有する株式を強制償還する決議を行ったことを英文で掲載した。その後、Y社は、ネバダ州裁判所でXらとA社を被告として、Yが合法的に定款に合致する行動をしたことの確認を求める訴訟を提起した。これに対して、X₁及びA社は取締役会決議の履行差止めを求める反訴を提起した（別件米国訴訟）。他方、Xらは、日本でY社を相手に、Y社のウェブサイトで名誉を棄損された

として不法行為に基づく損害賠償を請求する訴えを提起した。第1審、第2審ともに日本の国際裁判管轄を否定したため、Xらは上告受理申立てをしたところ、最高裁は上告を受理した上で、上告を棄却した。その際に、最高裁は、日本訴訟は、「別件米国訴訟に係る紛争から派生した紛争」といえるとした上で、双方の訴訟は事実関係や法律上の争点について共通性や関連性が認められるところ、日本訴訟の主要な争点に関する証拠方法は主として米国に所在すること、当該紛争について米国での解決が当事者の予測に合致するものであり、実際に当事者は米国で提訴し反訴も行っていることから、本訴に係る請求を米国で求めたとしても当事者に過大な負担を強いるものではないこと、証拠調べを日本で実施することはY社に過大な負担を課す結果をもたらすことになるとして、改正民訴法3条の9にいう「特別の事情」を肯定し、訴えを却下した原審の判断を維持した。最高裁は、日本訴訟は米国訴訟から「派生した紛争」であるとし、米国において中心となる訴訟が係属していることを、日本で係属している派生した紛争の国際裁判管轄を否定する「特別の事情」の中で考慮しており、従来の下級審裁判例の流れを認めたといえる。

2　若干の考察

(1)　国際訴訟競合の意義

まず、国際訴訟競合とはどのような状態を指すのかを確認しておきたい。字義をそのままとらえるのであれば、「訴訟と訴訟」の競合状態を指すことになる。このように解するならば、仲裁、倒産、執行手続との競合は本来的な規律の対象からは外れると考えられる。また、内外国で係属している訴訟手続の互換性の問題と、訴訟とその他の手続との調整問題とを同列に扱うことの是非も検討に値しよう。すなわち、内外手続の互換性の問題としてではなく、内外訴訟の互換性として捉える立場が考えられる。そこで、この立場を前提とすると、外国判決の執行が日本で求められたのに対して、日本において当該外国判決の基礎となった請求権の不存在を確認する訴訟を提起した場合には[37]、国際訴訟競合の判断枠組みからは外れるものと考えられる。しかし、そのことと、内外国における紛争解決手段の競合を無視してよいかという問題は別であり、仮に上述の場合は国際訴訟競合の問題ではないと扱ったとしても、訴えの利益の問題として処理する可能性は別途検討すべきである。

なお、以下に言及する内外訴訟の前後の問題や、紛争の同一性の問題は、国際訴訟競合の理論的枠組みとは関係なく妥当する共通問題といえる[38]。

(2) 内国後訴の扱い

従来の議論は、外国で先行する訴訟がある場合に内国後訴をいかに扱うかを主に問題にしてきた。それでは、外国で後訴が提起されたとき、外国法廷地の方が日本よりも紛争解決地として適すると判断された場合、内国前訴の扱いはどうなるのか。承認予測説では内国前訴は維持されると考えられる。他方、国際訴訟競合の処理を訴えの利益によって検討する立場では、外国で後訴が提起された場合、内国前訴の訴えの利益が事後的に消失することもありうるとも考えられる。同様の結論は、国際裁判管轄のレベルで検討する立場でも導き出すことも考えられる。もっとも、国際訴訟競合を改正民訴法3条の9で処理する場合には、起訴による管轄の恒定 (改正民訴3条の12) との関係で理論的問題が残るように思われる[39]。

(3) 前訴・後訴の判断基準

また、内外訴訟が「後訴」「前訴」というためには、どのような基準が用いられるのか。日本国内の事件では、訴訟係属については統一的な扱いがなされているため問題は生じないが[40]、国際的には日本と異なる扱いをする国もあるため、検討する必要がある。現在ヨーロッパで適用されているブリュッセル (Ⅰa) 規則の前身である1968年ブリュッセル条約下では、訴訟係属概念の統一がなされていなかったことから、「前訴」の判断基準について問題が生じた。この点についてヨーロッパ裁判所は、訴訟係属の問題は「手続は法廷地法による」の原則に属し、訴訟係属の有無や発生時期の問題は、問題となる各国訴訟法によりそれぞれ判断すべきであるとした[41]。しかし、国際送達には時間がかかることから、被告への送達時とする国と、訴状提出時に訴訟係属が発生する国とでの不合理さが指摘され (送達時に訴訟係属が生ずるとするA国で先に訴訟を提起したにもかかわらず、外国に在住する被告への送達に時間を要している間に、裁判所への訴状提出時に訴訟係属が生ずるとするB国裁判所に相手方によって訴状が提出された場合、B国の訴訟が前訴になる)、その後、ブリュッセル (Ⅰ) 規則へと改定する際に規定が設けられた (同規則30条、現行の (Ⅰa) 規則32条)。この点について日本法の解釈としては、国内事案と渉外事案とを同一基準の下で扱う必要はなく、渉外事案では訴状提出時をもって訴訟係属が生じたものと考えたい。訴訟係属の発生時期に関する考えが各国で異なる以上は、内国訴訟手続の利用機会が不当に制限される事態を回避する必要がある。また、当事者としては、訴状を裁判所に提出

第4章 2 国際裁判管轄と国際訴訟競合 379

することでその責任を果たしたといえ、国際送達に要する時間によるデメリットを当事者に負わせるべきではないと思われる[42]。したがって、外国訴訟と内国訴訟とを訴状提出時の前後で判断すべきであると考える。

(4) 同一紛争の判断

はたして内外訴訟が「競合」している状態にあるのかを、いかなる法が判断すべきであろうか。この点についても、訴訟係属の基準時と同様に見解が分かれる。学説は、日本の法廷地法によって判断すべきであるとする見解が有力であり[43]、裁判例もそのように解していると考えられる。たしかに、国際訴訟競合の問題を、日本の裁判所の司法権行使の制限に関する問題と捉えるならば、日本法によって判断するとの考えもありえよう。他方、自己の権利を確保するために、法的措置に向けて迅速に動いた当事者の期待を重視する考えも十分ありうるところであり、そのように解した場合には、前訴裁判所の紛争解決枠組みがまずは考慮されるべきことになろう。そこで、この立場では、前訴の法廷地法による審判対象の範囲が後訴の審判対象をカバーするか否かを判断することになろう[44]。

(5) 国際訴訟競合に関する諸学説の今後

平成23年改正民訴法では、国際訴訟競合の問題について明文による規律は見送られた。そこで、この問題をめぐる従前の議論は、現行法においても依然として妥当すると考えられる。

国際訴訟競合の問題をめぐる解釈論的対立については前述のとおりであり、その理念上の出発点に相違があることはたしかである。しかし最近、その融合を試みる見解が唱えられており注目に値する[45]。すなわち、承認予測説は、国際訴訟競合を規制する要件の一つとして間接管轄（民訴118条1号）を求めることから、国際裁判管轄での規制を試みる立場とその点では一致しており、承認予測説は更に要件を具体的に加重した点において双方の相違が生じているに過ぎないと評価することで、両者の連続性を探る見解である。

また、手続の中止を利用することを提唱する学説もかねてから有力に唱えられている[46]。この立場は、平成23年改正民訴法では採用されなかったが注目に値する。この学説によれば、内国訴訟の中止を認めることで、内国訴訟の続行の可否を判断するに際して、外国訴訟の進展を考慮することが可能になる。また、この見解は、国際訴訟競合を管轄判断のレベルで検討する立場、あるいは承認予測説においても有用な手段であると考えられる（後述Ⅴ.

を参照)。

国際訴訟競合の問題を考えるに際して、仲裁との対比という視点も一つの視座を提供するものと考えられる。後述のように、当該紛争につき仲裁適格が認められ、かつ、仲裁契約の準拠法により仲裁合意の有効性が肯定される場合には、仲裁手続に妨訴抗弁が認められる（仲裁14条1項）。このように仲裁と内国訴訟の競合関係については、仲裁合意による妨訴抗弁という形で内国訴訟が明確に制限されるのに対して、外国訴訟と内国訴訟の競合関係における内国訴訟の扱いについては明確な基準が提示されておらず（「特別の事情」（改正民訴3条の9）を総合的に考慮する現在の判例・多数説では、一層このことが当てはまる。）、わが国の裁判制度は渉外民事紛争を解決するための基準を十分備えていないともいえる。国際訴訟競合に関する立法的対応が望まれる。

3　付随的問題

(1)　国際的な矛盾判決の扱い

国際訴訟競合に関係するものとして、国際的な矛盾判決の問題がある。国際訴訟競合を制限しない立場はもとより、制限する立場でも内外訴訟が並行する場合がありうるため、この問題は国際訴訟競合の規制方法いかんにかかわらず生じうる。

内国と外国とで矛盾判決が生じた場合、内国判決を優先させる立場が国際的に優勢といえる。例えば、ドイツ民訴法328条1項3号は明文でこのことを定める[47]。わが国でも、規定は置かれていないものの内国判決を優先させる立場が有力である[48]。もっとも、その理論的根拠（判決の抵触解消に関する一般論によるとする見解や公序など）、いかなる場合にも内国判決を優先させるのか、財産関係と家族関係事件とで同列に論じてよいのか、あるいは外国判決が相互に矛盾する場合にどうするのかなど、問題点は少なからずある[49]。

(2)　外国での訴え提起と時効中断効

訴えが提起された場合の効果の一つとして時効中断効が論じられることがあるが、渉外民事事件においては、この問題をどのように解すべきか。

まず、消滅時効の準拠法が問題になる。この点について、コモンロー諸国では伝統的に法廷地法説が採用されてきた[50]。これは、出訴期限（Limitation of Actions）は訴訟手続の利用を制限する制度であるため、「手続は法廷地法による」の原則に服するとの理解に基づく。しかし、この立場では、法

廷地が異なるごとに時効期間などが異なるため、法廷地漁りをもたらすとの批判がある。そこでアメリカでは、"Borrowing Statutes"（本案の準拠法が定める出訴期限が法廷地法よりも短い場合には、本案の準拠法上の出訴期限を借用する）あるいは"Built in Limitations"（出訴期限が、救済（remedy）を妨げるだけでなく権利（right）そのものを消滅させる場合には、その出訴期限は実体問題とみなされる）などによって、法廷地漁りを回避する試みがある[51]。

　これに対して、大陸法諸国では、債権の準拠法説が支持されている[52]。この立場は、消滅時効の問題は当該債権の運命に関する問題であるから当該債務の準拠法自身が判断すべきであるとし、また、準拠法説は法廷地漁りを回避することができることが根拠としてあげられる。条約等でも準拠法説が採用される場合が多いといえる（例えば、契約債務の準拠法に関するローマ（Ⅰ）規則12条1項(d)、契約外債務の準拠法に関するローマ（Ⅱ）規則15条(h)）。日本でも、古くから通説・判例は準拠法説を支持してきた[53]。

　次に、外国での訴え提起により債権の消滅時効が中断したか否かを判断するに際して、外国判決承認要件の充足を求めるべきかが問題となる。わが国では、この点について判断基準の明確性の観点から、すべての承認要件を満たすべきとの見解が有力である[54]。しかし、外国での判決手続終了局面と訴え提起による時効中断の局面とを同視する必要はなく、個々の承認要件を類推すべきか否かが検討されるべきであろう（もっとも、その前提として債権の準拠法が訴え提起を時効中断事由として認めている必要がある。）。また、外国での訴え提起による法的効果の発生は、外国裁判所による権利関係の終局的判断を認める場合の前段階であることから、判決承認の場合よりも緩やかに解しても問題はないと考える。そして、間接管轄及び送達の要件のみを類推することで十分であり、公序及び相互保証の類推適用を認めないと解する。まず、時効中断効を生じさせる訴えが、いかなる国で提起されてもよいと解することは債務者の利益を無視することになりかねないことから、間接管轄の要件は求めるべきであろう。また、自己の権利の帰趨を知るために、時効中断を生じさせる訴えが外国で提起されたことについて、当事者に了知させることも必要であろう。他方、公序及び相互保証の要件は、要件の加重により中断効が認められる場面が狭められることを避けるためにも、不要と考える。これらの要件は、承認・執行段階で要求すれば十分であろう。

＜注＞

(33)　参照、秋山コンメ656頁、内藤順也＝松尾剛行「国際訴訟競合」道垣内正人
＝古田啓昌編『実務に効く国際ビジネス判例精選』ジュリ増刊150頁（2015）。

(34)　条解73頁〔髙田裕成〕は、「平成22年法改正に際して国際的な訴訟競合につ
いての規定の新設が試みられたが、最終的にその立法を見送った。このこと
は、外国訴訟係属はそれ自体として顧慮されず、日本に国際裁判管轄が肯定
される限りは、訴訟競合状態が生じることを肯定することを意味する」とさ
れる。

(35)　立法担当者によると、民訴法3条の9と外国訴訟係属との関係は、その他の
考慮要素、すなわち④に該当するとしている。一問一答159頁。

(36)　最判平28・3・10民集70・3・846。

(37)　東京地判平25・2・19判タ1391・341。

(38)　石川明ほか編『ＥＵの国際民事訴訟法（Ⅱ）』146頁（信山社、2013）。

(39)　一問一答168頁は、「訴え提起の時を標準として日本の裁判所の管轄権の有
無を定めることにより、訴え提起後の事情の変更が日本の裁判所の管轄権の
有無に影響を及ぼすことを回避」すると述べているため、後で提起された外
国訴訟の裁判所がより適切であったとしても、外国後訴を考慮することがで
きないことから、日本の国際裁判管轄を事後的に否定することは許されない
と解されるように思われる。

(40)　通説は、国内事件では被告への訴状到達時が訴訟係属時と解している。伊
藤眞『民事訴訟法〔第5版〕』225頁（有斐閣、2016）。

(41)　Zelger v. Salinitri, C-129/83, [1984] ECR 2397.

(42)　送達の嘱託に要する期間については、最高裁判所事務総局民事局監修『国
際民事事件手続ハンドブック』443頁（法曹会、2013）を参照。

(43)　澤木・前掲注(9)117頁、本間靖規ほか『国際民事手続法〔第2版〕』95頁（有
斐閣、2012）。

(44)　芳賀雅顯「国際訴訟競合における“事件の同一性”を判断する法」石川明
ほか編『ボーダーレス社会と法―オスカー・ハルトヴィーク先生追悼』107頁
（信山社、2009）。古田・前掲注(17)133頁は、その限りで同趣旨と考えられ
る。

(45)　参照、多喜寛「国際的二重起訴（国際的訴訟競合）に関する覚書」法学新
報109巻3号32頁（2002）。

(46)　小林＝村上・前掲注(13)165頁、古田啓昌『国際民事訴訟法入門』75頁（日
本評論社、2012）。

(47)　同条の条文は、法務大臣官房司法法制部編『ドイツ民事訴訟法典―2011年
12月22日現在』115頁（法曹会、2012）。アメリカにおいても同様の扱いがなさ

れている。Hay/Borchers/Symeonides, Conflict of Laws, §24.29 (5th ed. 2010).

(48)　参照、鈴木忠一＝三ケ月章編『注解民事執行法(1)』403頁〔青山善充〕（第一法規出版、1984）、高桑昭「外国判決の承認及び執行」鈴木忠一＝三ケ月章監修『新・実務民事訴訟講座7国際民事訴訟・会社訴訟』143頁（日本評論社、1982）、大阪地判昭52・12・22判タ361・127。

(49)　例えば、ドイツの有力説は、法政策的にはより新しい方の裁判が優先されるべきであると説く。Kegel/Schurig, Internationales Privatrecht, 9.Aufl. 2004, S.1064. アメリカにおいても、裁判所がより新しい判決の方を承認する傾向にあることにつき、Restatement of the Foreign Relations Law, §482 comment (g)(3rd ed. 1987).

(50)　Dicey/Morris/Collins, The Conflict of Laws, §7-055 (15th ed. 2012); Garnett, Substance and Procedure in Private International Law, §9.02 (2012).

(51)　See, Felix/Whitten, American Conflicts Law, at 242 (6th ed. 2011); Hay/Borchers/Symeonides, supra note 47, §3.10; Weintraub, Commentary on the Conflict of Laws, at 66-70 (6th ed. 2010). また、イングランドでも1984年外国出訴期限法（Foreign Limitation Periods Act）が、従来の伝統的アプローチを修正した。See, Cheshire/North/Fawcett, Private International Law, at 80 (14th ed. 2008); Morris/McClean/Abou-Nigm, The Conflict of Laws, §9-016 (9th ed. 2016).

(52)　ドイツについて、Kegel/Schurig, a.a.O.(Fn.49), S.636 f.; Schack, a.a.O.(Fn.11), Rdnr.588 ff.

(53)　大判大6・3・17民録23・378、徳島地判昭44・12・16判タ254・209。折茂豊『国際私法（各論）〔新版〕』218頁（有斐閣、1972）、山田鐐一『国際私法〔第3版〕』382頁（有斐閣、2004）。法の適用に関する通則法も旧法と同じく、この点について規定を置いていないが同様と解される。中西康ほか『国際私法』260頁（有斐閣、2014）、松岡博＝高杉直『国際関係私法講義〔改題補訂版〕』141頁（法律文化社、2015）。

(54)　道垣内・前掲注(9)101頁。

Ⅳ. 国際訴訟競合の回避とその限界

1　仲　裁

国際訴訟競合は、国際裁判管轄ルールが各国国内法により定められ、国際

裁判管轄の積極的抵触を調整することが困難なため生ずる。このような事態は跛行的法律関係を生じさせるため、渉外的法律関係を著しく不安定にする。では、複数の国において訴訟が係属する事態（管轄の積極的競合）を回避するためには、どのような方法が考えられるであろうか。このことは、とくに訴訟競合の規律に明確な基準を設けていない国が関係する場合には、重要となろう。一つは、紛争対象を訴訟という枠組みから外すという方法が考えられる。そして、もう一つは、訴訟という国家的紛争解決枠組みに紛争対象を残しつつも「競合」が生じないようにする方法が考えられる。後者の場合には、訴訟の差止めを求めることも考えられる。

　まず、紛争解決方法をADRによることとして、紛争対象を訴訟手続の枠外に置くことが考えられる。例えば、両当事者が、紛争につき仲裁による解決を合意している場合に一方の当事者がこの合意に反して訴訟を提起したときは、相手方当事者は仲裁の抗弁を提出することで、訴え却下に持ち込むことができる（妨訴抗弁）（仲裁14条1項本文参照）[55]。もっとも、裁判外紛争解決手続を選択する場合、一定の限界があることを認識しておく必要があるし、また、選択された紛争解決手段が、紛争に関係する国において実効性を有するようにしておかなければならない。例えば、仲裁手続では仲裁適格の問題があり、外国仲裁判断が日本で承認されるためには、和解可能な民事法上の紛争である必要がある（仲裁45条2項8号・13条1項。ニューヨーク条約5条2項(a)も参照）[56]。また、仲裁合意の有効性をめぐって当事者間で紛争が生じた場合、一方の国では仲裁手続が開始したが、別の国では仲裁合意が効力を有しないと判断されて訴訟が進行する場合もありうる（Kompetenz-Kompetenzの問題）（仲裁23条参照）[57]。あるいは、保全処分（仲裁15条[58]）や仲裁判断の執行（民執24条）においても、裁判制度の利用が必要となる。このように、国際的な民事紛争の解決手段としてADRを選択した場合にも、限界があることに留意する必要がある（仲裁については、**第4章4**を参照）。

2　国際裁判管轄の専属的合意

　次に、紛争対象を各国の訴訟手続によって解決することを選択した場合でも、管轄を固定すること（国際裁判管轄の専属的合意）により国際訴訟競合を回避することが考えられる。もちろん、専属的な合意管轄がどのような要件で認められるのかについて、合意された国の合意管轄に関する規定だけでなく、合意によって訴訟が排除される国の規定をも検討する必要がある。そ

の際、とくに専属的な国際裁判管轄の合意については、当事者の一方が専属的合意を無視して別の国で訴訟提起を行った場合どのように処理するのかを[59]、場合を分けて考える必要がある。一つは、他国の裁判所に専属的合意をしていたにもかかわらず、日本で訴えを提起した場合である。もう一つは、日本の裁判所に専属的合意をしていたにもかかわらず、他国で訴えを提起した場合である（国際裁判管轄の合意については、**第2章7を参照**）。なお、契約から生じた紛争について不法行為に基づく損害賠償請求を求める訴えが提起された場合、この訴えは合意管轄の適用範囲に含まれるとみるべきである[60]。管轄合意の実効性を確保させる必要があること、また、このように解したとしても当事者の予測可能性を損なうものではないことが、その理由である（なお、義務履行地管轄に関する民訴3条の3第1号）。

3　訴訟差止め

さらに、外国訴訟の差止めという方法が考えられる[61]。コモンロー諸国では、訴訟の差止め（anti-suit injunction）を渉外民事事件で用いることが認められている[62]。この点についてヨーロッパ司法裁判所は、ブリュッセル規則との関係では構成国裁判所が訴訟差止命令を発することはできないとしている[63]。しかし、例えば、コモンロー諸国に支店や子会社を有する日本企業が関係する紛争において、相手方による外国での訴え提起を阻止する手段として、同規則の適用範囲外で訴訟差止を用いることは検討に値しよう。

わが国の裁判制度との関係では、日本の裁判所が訴訟差止命令を下すことができるのか、また、外国の裁判所が下した訴訟差止命令を日本で承認することができるのか否かが問題となるが、有力説はこれをいずれも否定する[64]。前者の場合、国際訴訟競合を放置しても差止命令の申立人の敗訴が確定するわけではないため保全の必要性（民保13条1項）が認められにくいこと、また、後者は、差止命令は確定判決（民訴118条柱書）とは言い難いことを理由とする。

<注>
- (55)　山本和彦＝山田文『ADR仲裁法〔第2版〕』321頁（日本評論社、2015）。
- (56)　参照、小島武司＝猪股孝史『仲裁法』67頁（日本評論社、2014）、近藤昌昭ほか『仲裁法コンメンタール』260頁（商事法務、2003）。
- (57)　小島武司＝高桑昭編『注釈と論点　仲裁法』140頁〔小島武司〕（青林書院、2007）。See, Born, International Commercial Arbitration, vol.2, §7.05 (2nd ed. 2014); Redfern/Hunter, International Arbitration, §5.99 (5th ed.

2009）.

(58) かねてより、仲裁合意があった場合は本案訴訟を不適法にするだけであり、保全処分を裁判所に申し立てることは妨げられないとされてきた。近藤ほか・前掲注(56)59頁。

(59) 例えば、ネバダ州裁判所の専属的合意管轄条項の効力が争われた、東京高裁平成26年11月17日判決（判時2243号28頁）を参照。

(60) 最高裁昭和50年11月28日判決（民集29巻10号1554頁、チサダネ号事件）も参照。

(61) インジャンクション制度の歴史的考察については、Raphael, The Anti-Suit Injunction, §2.01（2008）を参照。

(62) イングランドにつき、Bean/Parry/Bruns, Injunctions, §4.78 (11th ed. 2012); Zuckerman on Civil Procedure, §5.203 (3rd ed.2013)．アメリカにつき、Hay/Borchers/Symeonides, supra note 47, §§24.09 and 24.21. アメリカでは、レイカー航空事件（Laker Airway v. Sabena Belgian World Airlines, 731 F.2d 909 (D.C.Cir. 1984)）が著名である。

(63) ヨーロッパ司法裁判所は、ブリュッセル条約との関係でも（Tuner v. Grovit, C-159/02 [2005] AC 101）、ブリュッセル（Ⅰ）規則との関係でも（West Tanker Inc. v. Allianz SpA, C-185/07 [2009] AC 1138）、イングランド裁判所が訴訟差止命令を発する権限を認めていない。訴訟差止命令を発令しうるとすると専属管轄を認めることと等しくなり、ブリュッセル規則（条約）の管轄体系と合致しなくなることを理由とする。ブリュッセル（Ⅰa）規則との関係でも同様と解されよう。See, Blackstone's Civil Practice 2016, §16.78.

(64) 古田啓昌「訴訟差止命令」高桑昭＝道垣内正人編『新・裁判実務大系3 国際民事訴訟法（財産法関係）』154頁、158頁（青林書院、2002）。

Ⅴ. 設例の検討

1 グールド事件における裁判所の判断

本設例は平成元年に下されたグールド事件判決をもとにしている。グールド事件では、裁判所は次のように述べて、日本の国際裁判管轄を認める中間判決を下した[65]。「国際的な二重起訴の場合にも、先行する外国訴訟について本案判決がされてそれが確定に至ることが相当の確実性をもって予測され、かつ、その判決が、我が国において承認される可能性があるときは、判決の抵触の防止や当事者の公平、裁判の適正・迅速、更には訴訟経済といった観点から、二重起訴の禁止の法理を類推して、後訴を規制することが相当

とされることもあり得るというべきである。」。しかし、アメリカ訴訟について、「現段階で相当の確実性をもって予測することはできない」ため、日本での審理を拒絶することは相当ではないとした。

なお、グールド事件の日本訴訟の結末はグールド側が敗訴している[66]。宮越機工がグールド社の営業秘密を侵害していると主張する以上は、グールド側が営業秘密を具体的に特定する必要がある。しかし、グールド社は、審理過程で営業秘密が公開されてしまうとして、その特定を拒んだ。そこで、裁判所は、営業秘密が侵害されたことを主張・立証する意思がグールド社にないことは明らかであるとして、宮越機工の請求を認容する判決を下した（この判決は、企業秘密と裁判の公開という、別の興味深い問題を提起している。民訴法92条1項2号など参照）。

2　コメント

グールド事件では裁判所は、承認予測説に依りつつも、予測が可能ではないとして内国後訴を認めた。以下では、承認予測説と特別の事情説について、簡単にコメントする。

承認予測説に依る場合には、外国判決の承認要件のうちすべての要件を充足することの予測が必要であるのか、また承認の予測はどの程度確実でなければならないのかがとくに問題となる。グールド事件では承認予測の程度につき「相当の確実性をもって予測」できることを要求しているが、予測の程度に高い確実性を求めた場合には、手続的公序との関係で外国訴訟の進行程度が承認予測の判断に大きな割合を占めることになり、承認予測説が機能しなくなることが考えられる。もっとも、この点は公序（とくに手続的公序）の要件を、承認予測に際して考慮するのか否かという議論とも深く結びつくことになる。仮に、ドイツにおける支配的立場と同様に公序の要件を承認予測から外した場合には、他の要件は定型的判断が可能と考えられるため、外国訴訟の進行程度とは関係なく要件充足の有無を検討することが可能になろう。

改正民訴法3条の9による「特別の事情」の枠内で判断するとの立場による場合には、①事案の性質、②応訴による被告の負担の程度、③証拠の所在地、④その他の事情を考慮した結果、「日本の裁判所が審理及び裁判をすることが当事者間の衡平を害し、又は適正かつ迅速な審理の実現を妨げる」ことになれば、訴えを却下することになる。

そして、いずれの立場とも関係するのが、手続の中止の問題である。承認予測説に立ちつつ、公序（手続的公序）の要件を維持する場合には、外国訴訟の手続状況の把握は、内国後訴の扱いを判断するに際して検討すべき要素となる。本説による場合、外国訴訟が開始して間もない時期に内国訴訟が提起されたときは、手続の中止によって、外国訴訟の様子を見ることが可能となる。他方、「特別の事情」による場合においても、手続の中止は重要な役割を果たすものと考えられる。例えば、外国訴訟が本案判決に至らないことが判明している場合は、本説によった場合でも内国後訴を維持する方向で判断がなされると考えられるが、本案判決に至るか否かが不明確な場合には、内国訴訟を中止する方法によることが考えられる。

＜注＞
 (65) 東京地中間判平元・5・30判時1348・91。
 (66) 東京地判平3・9・24判時1429・80。

3 主権免除と国際裁判管轄

原　　強

Ⅰ．はじめに
Ⅱ．わが国における主権免除論の歴史的展開
Ⅲ．対外国民事裁判権法の内容
Ⅳ．おわりに－設例解説にかえて

設 例

　Y（サウディ・アラビア王国）は、平成9年3月21日、Xとの間で、Yの大使館用の土地建物取得の仲介及びこれらに関連する業務を委任し、報酬を取得価格の6％、経費はYの負担、報酬及び経費の支払時期は土地建物取得契約時との内容の契約を締結した（以下「本件土地建物取得仲介契約」という。）。Yは、また、平成9年8月15日、Xとの間で、Yの大使館用の土地建物取得費用について金融機関から融資を受けることの仲介を委任し、報酬を借入額の2％、報酬の支払時期を土地建物取得契約時との内容の契約を締結した（以下、「本件融資仲介契約」といい、本件土地建物取得仲介契約と併せて「本件各仲介契約」という。）。

　Xは、本件各仲介契約に基づき、Yが取得を希望する土地建物を所有する株式会社住宅金融債権管理機構（以下「住宅金融債権管理機構」という。）等と交渉し、また、Yが土地建物取得費用の融資を受けるために金融機関と交渉を行った。

　Yは、Xの仲介により、平成10年8月27日、住宅金融債権管理機構から土地建物を代金58億円で取得した。取得に要した経費は、402万3,000円であった。また、Yは、Xの仲介により、土地建物取得費用として株式会社日本興業銀行（以下「日本興業銀行」という。）から6,000万米ドルの融資を受けた。

　そこで、Xは、Yに対し、本件土地建物取得仲介契約に基づき、取得

価格の6%である3億4,800万円及び経費402万3,000円の合計3億5,202万3,000円の報酬等支払請求権を、本件融資仲介契約に基づき、借入額の2%である1億4,400万円（当時の為替相場である1米ドル120円による計算）の報酬支払請求権をそれぞれ取得したとして、本件訴えに先立ち、Yに対し、本件土地建物取得仲介契約の報酬等のうち500万円及び本件融資仲介契約の報酬のうち500万円の合計1,000万円の支払を求めて、東京地方裁判所に訴えを提起した。Xは、平成15年6月12日に請求認容の判決を得て、同判決は同年9月22日に確定した（以下「前訴」という。）。

　その後、Xは、Yに対し、上記報酬金等のうち請求認容判決を得ていない本件土地建物取得仲介契約に基づく報酬等3億4,702万3,000円及び本件融資仲介契約に基づく報酬1億3,900万円の合計4億8,602万3,000円並びにこれに対する支払期日の翌日である平成10年8月28日から支払済みまで商事法定利率である年6%の割合による遅延損害金の支払を求める訴えを提起した。

　これに対して、Yは、本案前の抗弁として、Yは外国国家であり、本件について日本の民事裁判権は及ばないから、本件訴えは不適法として却下されるべきであると主張した。

　Yの本案前の抗弁は認められるだろうか。

Ⅰ．はじめに

　裁判権は、主権の一作用であり、わが国の裁判所は、主権が及ぶ者に対して裁判権を行使することができる。一般に、わが国の裁判権に自ら進んで服する者はもちろんのこととして、わが国と関連がある者に対して、裁判権を行使することができるものと解されている。

　ところで、わが国の裁判所が通常であれば裁判権を行使することができると考えられる民事事件であっても、被告が外国国家等である場合には裁判権の行使を控えなければならないのかという問題がある。伝統的に、主権免除として論じられてきた問題である。かつての主権免除理論のもとでは、対等な地位にある外国国家に対して、主権作用の一つである裁判権を行使することはできないと考えられていた。その後、時代が進むにつれて、対等な地位にある国家相互間での裁判権行使は許されないとの考えは廃れ[1]、外国国家

第4章　3　主権免除と国際裁判管轄　　391

に対する裁判権の行使は許されないとの考えは、むしろ国際礼譲に基づかせて説明されるようになった[2]。

　しかしながら、外国国家等であることから事件の内容にかかわりなくいかなる場合にも裁判権から免除されるとの絶対的主権免除主義は、国家が、私人と同様の立場に立って取引活動に関わるようになる時代を迎えると、問題を露呈することになった。すなわち、伝統的には、国家は、外交、防衛、警察などの主権的作用に係る行為のみを行ってきたものであり、絶対的主権免除主義は一定の合理性を持ち得たといえる。しかし、国家が私人と同様の取引活動を行い、その過程において民事紛争が生じるという場面においては、私人であれば裁判権に服させられるのに、国家であるという理由だけで、裁判権から免除されることの合理性は見出し難いことはいうまでもない。しかも、相手方が国家であるという理由で、裁判により自らの権利の実現を図ることができないという制度的建前のもとでは、私人は、国家と取引を行うことを控える態度をとることにつながり、国家も取引機会を失うという不利益を受けることにもなる。

　このような時代の流れのもと、多くの国において、次第に、主権免除は絶対的なものから制限的なものへと移行していった。すなわち、外国国家に対して裁判権の行使を控える場合を外交、防衛、警察などの主権的作用に係る訴えに制限する立場である制限的主権免除主義へと移行したのである。英米においては、1970年代に、相次いで、制限的主権免除主義を採用する制定法を成立させるなどし、主権免除に関する世界の流れは、制限的主権免除主義への移行であることを印象づけた[3]。

＜注＞
(1)　中谷和弘「国際法の観点から見た主権免除」法時72巻3号35頁（2000）は、国家が相互に裁判権を行使すれば、国家平等原則に反するとはいえず、国家平等原則から主権免除を導き出すことには無理があるという。水島朋則「国際法規則としての主権免除の展開と免除範囲との関係について」国際法外交雑誌107巻3号355頁（2008）も参照。
(2)　例えば、アメリカの主権免除理論のリーディング・ケースとも言えるThe Schooner Exchange v. McFaddon, 11 U.S（7 Cranch）116（1812）も、絶対的主権免除主義の理論的根拠として、主権国の完全な平等と絶対的独立を挙げてはいたものの、国家の同意に実質的根拠を求めていた。

(3) Hill, A Policy Analysis of the American Law of Foreign State Immunity, 50 Fordham L. Rev. 155, 188, 204-05 (1981) は、アメリカの主権免除法の例外は、容易かつ確実に裁判所で請求を審理判断してもらう私人の利益と他国の法廷地において主権国あるいは政府の活動に関する訴訟に煩わされないという外国国家等の利益との衡量において、救済を求める私人の利益が主権国の利益を上回る状況を提示するものであり、主権免除の理論的根拠が変容していることを基礎づけているという。

Ⅱ. わが国における主権免除論の歴史的展開

1 大審院昭和3年12月28日決定とその呪縛的展開

わが国の裁判権免除に関するリーディング・ケースは、昭和3年12月28日に下された大審院決定（民集7巻1128頁）（以下「大審院昭和3年決定」という。）であった。大審院昭和3年決定は、中華民国代理公使振出しにかかる約束手形の所持人が手形金の支払を求めた事案において、およそ国家はその自制による場合のほか、他国の権力作用に服するものではないから、不動産に関する訴訟等特別の理由が存在する場合を除き、民事訴訟に関して外国はわが国の裁判権に服さないことを原則とし、外国が自ら進んでわが国の裁判権に服する場合に限り例外が認められることは国際法上疑いないところであるが、このような例外は条約をもってこれを定めるか、又は当該訴訟についてあるいはあらかじめ将来における特定の訴訟事件につき外国がわが国の裁判権に服すべき旨を表示したような場合に限られ、しかもそのような表示は国家により国家に対してなすことが要求されるものであると判示して、絶対的主権免除主義の立場に立つことを明らかにした。

この大審院昭和3年決定が宣明した絶対的主権免除主義は、わが国の裁判実務においては、絶対的主権免除主義から制限的主権免除主義へと移行する世界的な潮流[4]の中でも、揺らぐことなく堅持され続けた。もちろん、わが国の学説は、諸外国における主権免除理論の動向を踏まえたうえで、明確に絶対的主権免除主義に疑問を提起する見解[5]のほか、論調として絶対的主権免除主義に懐疑的で、制限的主権免除主義の採用に好意的あるいは絶対的主権免除主義を再検討すべきことを示唆する見解[6]が多数を占めるようになった。

このような学説の動きに連動するように、21世紀を迎え、わが国の裁判実

第4章　3　主権免除と国際裁判管轄　　393

務においても、制限的主権免除主義へ移行すべきことを示唆する下級審裁判
例[7]や制限的主権免除主義を採用する下級審裁判例[8]が現れるようになっ
たのは時代の要請に裁判所が応えたものであったといえる。

　しかも、横田基地夜間飛行差止等請求事件判決（最判平14・4・12民集56・4・
729）（以下「最高裁平成14年判決」ともいう。）が、横田基地周辺住民によっ
て、日本政府のみならず、アメリカ合衆国をも被告として、在日米軍機の横
田基地での夜間における離発着が不法行為に当たることを理由として損害賠
償とともに横田基地における夜間飛行の差止め等が求められた事案におい
て、「外国国家に対する民事裁判権免除に関しては、いわゆる絶対免除主義が
伝統的な国際慣習法であったが、国家の活動範囲の拡大等に伴い、国家の私
法的ないし業務管理的な行為についてまで民事裁判権を免除するのは相当で
ないとの考えが台頭し、免除の範囲を制限しようとする諸外国の国家実行が
積み重ねられてきている。しかし、このような状況下にある今日においても、
外国国家の主権的行為については、民事裁判権が免除される旨の国際慣習法
の存在を引き続き肯認することができるというべきである。」として、事案と
の関係では、外国国家の主権的行為に係る訴訟であることを前提に裁判権免
除を認めて訴えを却下したものの、主権免除がもはやいかなる場合であって
も認められるような絶対的なものとは考えられていないとの認識を示し
た[9]。

2　最高裁平成18年7月21日判決による大審院昭和3年決定との決別

　最高裁は、ついに、パキスタン・イスラム共和国貸金請求事件判決（最判平
18・7・21民集60・6・2542）（以下「最高裁平成18年判決」ともいう。）において、
「今日においては、外国国家は主権的行為について法廷地国の民事裁判権に
服することを免除される旨の国際慣習法の存在については、これを引き続き
肯認することができるものの（最高裁平成11年（オ）第887号、同年（受）第
741号同14年4月12日第二小法廷判決・民集56巻4号729頁参照）、外国国家は私
法的ないし業務管理的な行為についても法廷地国の民事裁判権から免除され
る旨の国際慣習法はもはや存在しないものというべきである。」と判示し、実
に四分の三世紀もの歳月を経て判例変更をし、わが国の主権免除に関する判
例理論は、ようやく大審院昭和3年決定の呪縛から解き放たれ制限的主権免
除主義へ移行されることになった[10]。

　しかし、最高裁平成18年判決は、原告（上告人）らが、それぞれ、被告（被
上告人）の国防省の関連会社であり被告の代理人であるＡ社との間で、被告

に対して高性能コンピューター等を売り渡す旨の売買契約を締結し、売買の目的物を引き渡した後、売買代金債務を消費貸借の目的とする準消費貸借契約を締結したと主張して、被告に対し、貸金元金並びにこれに対する約定利息及び約定遅延損害金の支払を求めた事案に関して、国家の行為を主権行為と業務管理行為とに分けて裁判権免除の認否を論じたものにすぎず、国家が関わるあらゆる紛争に関する裁判権免除認否の判断基準を提供するものでなかったことはいうまでもない[(11)]。

ところで、制限的主権免除主義に立つことになると、絶対的主権免除主義の場合と異なり、いかなる場合に主権免除が認められ、いかなる場合に主権免除が認められないかが重要な関心事になってくることになり、外国との取引（特に金融取引）が多い国では取引の予見可能性の観点からますます成文化の必要性が高まることになる[(12)]。

3 対外国民事裁判権法の成立

このような状況のもとにおいて、外国等に対する我が国の民事裁判権に関する法律（以下「対外国民事裁判権法」という。）が、外国国家等も含め当事者に予測可能性を与え、法的安定を図るために、主権免除に関する包括的な法律として、第171回通常国会において成立し、平成21年4月24日に公布され、平成22年4月1日に施行された[(13)]。対外国民事裁判権法は、外国等に対してわが国の民事裁判権が及ぶ範囲とともに、民事裁判手続についての特例を定めるものである[(14)]。対外国民事裁判権法は、わが国の裁判所において外国等に対する民事裁判が提起された場合に、その裁判がどのように取り扱われるかなどといった、これまで国際法等の分野で講学上「主権免除（国家免除）」として議論されてきた事柄について、「国及びその財産の裁判権からの免除に関する国際連合条約」（国連国家免除条約）[(15)]に準拠した規律を設けるものとして制定されたものである[(16)]。

このように、対外国民事裁判権法は、国連国家免除条約に準拠した内容を持つものであり、わが国が同条約を締結し、同条約がわが国において効力を生じた場合には担保法としての性格を有するものであるが、同法は適用対象を限定しておらず、同条約の締約国に限られることなく適用されるものである[(17)]。

＜注＞

(4) 今日、制限的主権免除主義が国際慣習法として確立していると解するもの

第4章　3　主権免除と国際裁判管轄　　395

として、新堂幸司＝小島武司編集『注釈民事訴訟法(1)』96頁〔道垣内正人執筆〕（有斐閣、1991）、河野真理子「国家免除における制限免除の存立基盤」国際私法年報10号140頁（2009）など参照。これに対して、現状において、制限的主権免除主義は国際慣習法として確立するに至っていないとするものとして、山本草二『国際法〔新版〕』254頁以下（有斐閣、1994）、高桑昭「外国国家の主権的行為と民事裁判権の免除」民商法雑誌127巻6号871頁（2003）など参照。

(5)　小林秀之「裁判権の免除」新堂幸司＝青山善充編『民事訴訟法判例百選〔第2版〕（別冊ジュリNo.76）』19頁（1982）、志田博文「主権免除(1)」元木伸＝細川清編『裁判実務大系10』37頁（青林書院、1989）、小田滋＝岩沢雄司「裁判権免除(1)」池原季雄＝早田芳郎編『渉外判例百選〔第3版〕（別冊ジュリNo.133）』193頁（1995）など参照。

(6)　大寿堂鼎「民事裁判権の免除」鈴木忠一＝三ケ月章監修『新・実務民事訴訟講座7国際民事訴訟・会社訴訟』46頁（日本評論社、1982）、広瀬善男「国際法上の国家の裁判権免除に関する研究」国際法外交雑誌63巻3号24頁以下（1964）など参照。

(7)　後出の最高裁平成14年判決の控訴審判決である東京高裁平成10年12月25日判決（判時1665号64頁）。

(8)　東京地裁平成12年11月30日判決（判時1740号54頁）は、円貨債券を発行した外国国家機関及びその保証をした外国国家の裁判権免除を否定した。しかし、控訴審たる東京高裁平成14年3月29日判決（平13（ネ）894）は、絶対的主権免除主義の立場を堅持し裁判権免除を認めた。

(9)　最高裁平成14年判決をもって、大審院昭和3年決定を実質的に変更し制限的主権免除主義への途を開いたものと理解するものとして、広部和也「時の判例　外国国家(駐留米軍)に対する裁判権免除（最判平14・4・12）」法教269号165頁（2003）、薬師寺公夫「在日米軍の飛行訓練と裁判権免除」平成14年度重要判例解説（ジュリ1246号）259頁（2003）、吉田健司「判例解説」法曹会編『最高裁判所判例解説民事篇平成14年度（上）』390頁（法曹会、2005）、東京地裁平成15年7月31日決定（判時1850号84頁）など参照。これに対して、横田守弘「最新判例演習室　憲法　基地騒音公害訴訟と米国に対する民事裁判権の免除（最二小判2002.4.12）」法セ571号107頁（2002）は、制限的主権免除主義のもとではいかなる行為が主権的行為かが重要になるはずなのに、最高裁平成14年判決が米軍機の夜間離発着は米軍の公的活動であるから主権的行為であるとして簡単に述べていることなどから、制限的主権免除主義との距離が感じられると主張する。なお、最高裁平成14年判決は、「本件差止請求及び損害賠償請求の対象である合衆国軍隊の航空機の横田基地における夜間離発着は、我が国に駐留する合衆国軍隊の公的活動そのものであり、その活動の目的な

いし行為の性質上、主権的行為であることは明らかであって、国際慣習法上、民事裁判権が免除されるものであることに疑問の余地はない。したがって、我が国と合衆国との間でこれと異なる取決めがない限り、上告人らの差止請求及び損害賠償請求については被上告人に対して我が国の民事裁判権は及ばないところ、両国間にそのような取決めがあると認めることはできない。」と判示したが、軍事に関する行為であれば、常に主権免除が認められるということになるかは検討の余地がある。原強「国家の主権免除―横田基地訴訟鑑定書を中心として」法時72巻3号25頁（2000）参照。

(10) なお、水島朋則「主権免除―最高裁2006年7月21日判決までとこれから」ジュリ1321号43頁（2006）は、最高裁平成18年判決が主権行為か業務管理行為かを判断するにあたり、主権行為概念を拡大することを許すことになる「特段の事情」を考慮する余地を認めたことから、「制限免除の国際法を適用しつつ絶対免除に近い実行への道を残した」という。

(11) なお、最高裁平成14年判決である横田基地夜間飛行差止等請求事件の事案も、不法行為に関するものであり、この点については深く論及されることがなかったことはいうまでもない。

(12) 小林秀之「国際法と国際民事訴訟法の交錯―総論」法時72巻3号6頁（2000）参照。

(13) なお、道垣内正人「外国等に対する我が国の民事裁判権」ジュリ1387号62頁（2009）は、対外国民事裁判権法は、「平成18年最高裁判決とは断絶しており、同法の解釈を左右する価値はない」とし、対外国民事裁判権法の解釈にあたって一定の役割を果たすのは、それが準拠した国連国家免除条約の条項の意味内容であるという。

(14) 対外国民事裁判権法については、飛澤知行編著『逐条解説　対外国民事裁判権法：わが国の主権免除法制について』（商事法務、2009）1頁以下のほか、西脇英司＝米山朋宏「第171回国会成立主要ビジネス関連新法　外国等に対する我が国の民事裁判権に関する法律（対外国民事裁判権法）の概要―外国を当事者とする民事裁判手続の規律等」NBL908号41頁以下（2009）、村上正子「外国等に対する我が国の民事裁判権に関する法律（対外国民事裁判権法）」ジュリ1385号69頁以下（2009）、中野俊一郎「対外国民事裁判権法について」JCAジャーナル57巻10号2頁以下（2010）など参照。

(15) 国連国家免除条約は、1979年に国際法委員会（ILC）で審議が開始されたが、各国の見解や各国における実行の違いもあり、意見調整の必要などから、実に約25年もの歳月を経て、ようやく2004年の国連総会において採択された。高桑昭「わが国における外国等に対する民事裁判権の免除」成蹊法学71号14頁（2009）は、制限免除主義を採用するように変化してきたとしても裁判権免

除の有無を決する具体的な基準につき各国で同様の国家実行と法的確信が存在することは疑わしく、慣習国際法は形成されておらず、国連国家免除条約は新たな国際的立法であり慣習国際法を法典化したものではないという。国連国家免除条約については、山田中正「国連国家免除条約」国際法外交雑誌105巻4号213頁以下（2007）参照。

(16) さしあたり、飛澤編著・前掲注(14)5頁以下参照。

(17) 小林・前掲注(12)6頁は、制限的主権免除主義を採用するもとでは、国内法の成文化の必要性を説く一方で、「国内法による成文化では、国による差異が生じ、微妙なアンバランスを生じさせることを考えると、多国間条約のほうが好ましいと言える」とも指摘していた。対外国民事裁判権法は、国連国家免除条約に準拠した規律を設けることにより、まさに国による差異が生じ、微妙なアンバランスを生じさせることを極力回避しつつ、国内法として成文法化されたものといえる。

Ⅲ．対外国民事裁判権法の内容

1　外国に対して裁判権が及ぶ範囲

　主権免除については、大審院昭和3年決定以来、長きにわたって、実務においては絶対的主権免除主義の立場が採用されてきたものの、学説上は主権免除の世界的趨勢をも踏まえ制限的主権免除主義への傾倒が見られ、制限的主権免除主義のもとでの主権免除対象について活発な議論が行われていた。絶対的主権免除主義のもとでは、当事者が外国等であれば、一律に裁判権から免除されることから、いかなる組織に主権免除を認めるかという享有主体の問題はあるとしても、それ以外の問題は特段生じなかった。しかし、制限的主権免除主義のもとでは、いかなる場合に外国等に裁判権からの免除を認め、裁判権からの免除を否定すべきものとするかという難しい問題に直面することは避けられない。

　対外国民事裁判権法は、制限的主権免除主義を採用し、外国等は裁判権から免除されることを原則（対外国民事裁判権法4条）としつつも、一定の場合について裁判権からの免除が否定される場合（対外国民事裁判権法5条ないし19条）を列挙している。このように、制限的主権免除主義のもとでは、具体的にいかなる場合に外国等に裁判権からの免除が認められ、裁判権からの免除が否定されるものと規律されるかは、裁判権免除を受ける外国等はもちろん、外国等と関わりを持ち民事紛争の一方当事者となり得る者にとっても、極めて重

要な関心事である。それゆえ、対外国民事裁判権法の内容、特にいかなる場合に外国等が裁判権からの免除を否定されるものと規律されているかにつき、簡単に概観しておくことが有益であると思われる。

以下では、まず、免除享有主体についての定めにつき概観した後、いかなる場合に外国等が裁判権からの免除を否定されるものと規律されているかにつき概観することにする。

(1) 主権免除享有の主体

対外国民事裁判権法は、2条において、主権免除の享有主体につき、「国及びその政府の機関」(1号)、「連邦国家の州その他これに準ずる国の行政区画であって、主権的な権能を行使する権限を有するもの」(2号)、上記2者のもののほか、「主権的な権能を行使する権限を付与された団体」(3号)、上記3者に掲げるものの「代表者であって、その資格に基づき行動するもの」であると規定する[18]。

当然のことながら、上記のもののうち、わが国及びわが国に係るものが除かれることは言うまでもない。

「国及びその政府の機関」が裁判権免除の主体となることについては、多言を要しないものと思われるが、本条の「国」とは、あくまでわが国が承認している国家のみを指すものと考えられており、また「その政府の機関」とは、外国の国会、中央省庁、裁判所を指すものと考えられている[19]。

「連邦国家の州その他これに準ずる国の行政区画」であり、かつ主権的な権能を行使する権限を有するものも裁判権免除の主体となる。「連邦国家の州」としては、アメリカ、ドイツなどの各州[20]、「その他これに準ずる国の行政区画」としては、香港、マカオが本号にあたるものとして挙げられている。「主権的な権能」とは、立法、行政、司法を指し、所属する国家から独立した立法権、行政権、司法権の三権を備える主体である必要がある。

「国及びその政府の機関」、「連邦国家の州その他これに準ずる国の行政区画であって、主権的な権能を行使する権限を有するもの」ではないが、「主権的な権能を行使する権限を付与された団体」も主権的な権能に基づき行為を行う場合には裁判権免除の主体となる。具体的には、外国国家から独立した法人格を有する外国の中央銀行が金融政策を実行している場合がこれにあたるものと考えられている[21]。

対外国民事裁判権法2条1号から3号までに掲げるものの「代表者であって、

その資格に基づき行動するもの」も、裁判権免除の主体となる。具体的には、国家元首、内閣総理大臣や各省庁の大臣、大使、連邦国家の州の知事などが裁判権免除の主体となる代表者の例として挙げられている。

(2) 外国等が裁判手続について免除されない場合

対外国民事裁判権法は、第2章第1節「免除の原則」の標目のもと、わが国が、外国等に裁判権免除を認める（4条）ことを原則としつつ、第2章第2節「裁判手続について免除されない場合」との標目のもと、例外的に、外国等が裁判手続について免除されない場合につき、個別に定める形をとっている。外国等が裁判手続について免除されない場合について、以下免除されない根拠から分類して概観しておこう。

ア 外国等の同意等－同意、同意の擬制、提訴に対する反訴等

（ア） 外国等の同意

外国等が特定の事項又は事件に関して裁判権に服することについての同意を明示的に行った場合には、訴訟手続その他の裁判所における手続（以下、単に「裁判手続」ともいう。）のうち、当該特定の事項又は事件に関するものについては、わが国の裁判権から免除されないものとされている。訴訟手続その他の裁判所における手続には、訴訟事件のみならず、非訟事件や労働審判手続のようなものも含まれる。

外国等が明示的に行う同意の形態については、対外国民事裁判権法5条1項によれば、条約その他の国際約束のほか、書面による契約、当該裁判手続における陳述又は裁判所若しくは相手方に対する書面による通知が挙げられている[22]。

外国等がわが国の裁判権に服することに明示的に同意した場合にまで、外国等にわが国の裁判権からの免除を認めなければならない理由も必要もないことはいうまでもない。大審院昭和3年決定はもちろん、同決定以降わが国の実務慣行を支配していた絶対的主権免除主義のもとにおいても、外国等の同意がある場合には裁判権の免除は否定されるべきものと考えられていたが、同意はあくまでわが国に対して行われる必要があるとされ、私人に対する同意はその効力を否定される取扱いがなされていた[23]。これは、主権免除が、法廷地国の裁判所の裁判権から免除される権利を外国国家に付与し、外国国家に対して裁判権の行使を抑制する義務を法廷地国に課すという国際法上の原則であるとの理解を前提として、本来の権利義務の主体でない私人

に対し同意しても、国家が国際法上の免除を享受する権利を失い、法廷地国が国際法上裁判権行使を抑制する義務を解除されるとの帰結は導き難いという考えに基づかされていたといえる[24]。

　最高裁平成18年判決は、「外国国家の行為が私法的ないし業務管理的な行為であるか否かにかかわらず、外国国家は、我が国との間の条約等の国際的合意によって我が国の民事裁判権に服することに同意した場合や、我が国の裁判所に訴えを提起するなどして、特定の事件について自ら進んで我が国の民事裁判権に服する意思を表明した場合には、我が国の民事裁判権から免除されないことはいうまでもないが、その外にも、私人との間の書面による契約に含まれた明文の規定により当該契約から生じた紛争について我が国の民事裁判権に服することを約することによって、我が国の民事裁判権に服する旨の意思を明確に表明した場合にも、原則として、当該紛争について我が国の民事裁判権から免除されないと解するのが相当である。」との判断を下した[25]。その理由として、「このような場合には、通常、我が国が当該外国国家に対して民事裁判権を行使したとしても、当該外国国家の主権を侵害するおそれはなく、また、当該外国国家が我が国の民事裁判権からの免除を主張することは、契約当事者間の公平を欠き、信義則に反するというべきであるからである。」とした[26]。

　同意は、明示的であることを要するものと定められ、黙示的なものでは足りないとされている。同意の有無をめぐる派生的な紛争を生ぜしめたり、不当に外国等の黙示的な同意があったものとの理解により、原則として裁判権免除を認める建前（対外国民事裁判権法4条）を簡単に歪めてしまったりする事態を招来しないように、黙示的なものでは十分なものではないと考えられる。なお、契約による場合について、免除放棄の意思表示は必ず書面によるべきか口頭によってもよいかについては意見が分かれ得るものの、対外国民事裁判権法において書面による契約であることが明定された[27]。

　外国等は、裁判手続につき、いったんわが国の裁判権に服することに明示的に同意すると、例えば、一審判決に対して控訴が提起された場合に、一審に限っての同意であったことを主張することは許されないと考えられている。仮に、審級ごとの同意を許すことになると、結局、外国等が控訴審、上告審の手続に服する旨の同意等をしなければ、一審の訴訟手続における審理判断が無に帰することになりかねないからである[28]。また、外国等が労働

第4章　3　主権免除と国際裁判管轄　401

事件に関し裁判手続に服することに同意した場合、労働審判、労働審判から移行後の訴訟手続についても同意の効果が及ぶものと解されている。

　なお、外国等が特定の事項又は事件に関して、わが国の裁判権に服することに明示的に同意した場合には、裁判手続につき裁判権の免除が否定されるといっても、保全処分及び民事執行手続については、別途、同意等が行われない限り、当然に免除を否定されることにはならないことに注意する必要がある。外国等の同意のもと、訴訟手続において勝訴判決を得ても、執行の段階で当該判決を債務名義として、外国等保有の財産に対して強制執行を申し立てても執行ができない事態が生じるのである。同じ民事手続といっても、訴訟手続は、あくまで原告と被告の間で権利義務を観念的に確定するものにとどまるのに対し、保全処分や民事執行は、債務者による財産の処分等を禁止したり、債務者の財産を債務者の意思に反し換価処分したりするものであって、いわば現実的な実力行使が債務者に及ぽされることになるものであり、両者は明らかに異なる手続に関するものであるからである。もちろん、外国等から対外国民事裁判権法17条1項に定める同意を得たり、同条2項における外国国家による指定や担保提供等があったりすれば、当該判決を債務名義として、外国等保有の財産に対して強制執行を申し立てて権利の実現を図ることができることはいうまでもない。

　また、対外国民事裁判権法5条2項は、外国等が特定の事項又は事件に関して日本国の法令を適用することについて同意したことは、同条1項の同意と解してはならないと定めている。準拠法として日本法を指定することと、わが国の裁判権に服することは、次元の異なる事柄に属するものであり、準拠法として日本法を指定することが、わが国の裁判権に服することを意味しないことを確認的に規定しているのである。

　　（イ）　訴え提起等による同意の擬制

　対外国民事裁判権法6条は、外国等が、訴え提起その他の裁判手続の開始の申立てなどの行為に及んだ場合には、明示的な同意があったものと擬制し、裁判権から免除されないことを定めている。

　訴えを提起するなどの行為は、わが国の裁判権に服することを前提とする行為であり、わが国の裁判権に服する意思を明示的に表明したものと考えることができる。大審院昭和3年決定が採用した絶対的主権免除主義のもとでも、外国が自ら進んでわが国の裁判権に服する場合には、例外が認められる

ことは国際法上疑いないところであると判示されていたところである。訴え提起その他の裁判手続の開始の申立てなどの行為のほか、裁判手続に参加した場合（対外国民事裁判権法6条1項2号）や裁判手続に異議を述べないで本案について弁論又は申述した場合（対外国民事裁判権法6条1項3号）にも、外国等から明示的な同意があったものと擬制し、裁判権から免除されないものと定められている[29]。

　一般に訴訟手続への参加形態としては、自ら当事者として参加する独立当事者参加（民訴47条）及び共同訴訟参加（民訴52条）があり、またあくまでも被参加人を補助するために参加する補助参加（民訴42条）[30]があるが、いずれの場合にも、外国等はわが国の裁判権に服することに同意したものとみなされる。また、主権免除の主張、国際裁判管轄欠缺の主張、訴えの利益の欠缺主張など本案前の主張を行わないままに、本案について弁論又は申述した場合についても応訴等したものとして、外国等はわが国の裁判権に服することに同意したものと擬制される。

　なお、外国等が、裁判手続に参加した場合（対外国民事裁判権法6条1項2号）や裁判手続に異議を述べないで本案について弁論又は申述した場合（対外国民事裁判権法6条1項3号）であっても、外国等が参加や弁論等をする前に裁判権から免除される根拠となる事実があることを知ることができなかったことにつきやむを得ない事情があり、当該事実を知った後、当該事情を速やかに証明したときは、裁判権からの免除が認められるものと定められている（対外国民事裁判権法6条2項）。

　また、外国等が口頭弁論期日その他の裁判手続の期日において出頭しなかったり、外国等の代表者が証人として出頭したりしても、外国等からわが国の裁判権に服することについての明示的な同意があったものと解釈してはならないものと定められている（対外国民事裁判権法6条3項）。外国等は、原則として、わが国の裁判権からの免除が認められている（対外国民事裁判権法4条）ことからすれば、外国等が口頭弁論期日その他の裁判手続の期日に出頭しなかったことをもって、外国等がわが国の裁判権に服することに同意したものと擬制することは許されないからである[31]。また、証人義務は、公法上の一般的な義務として捉えられ、司法権に根拠を有するものであることから、証人義務を負う者の範囲は民事裁判権の及ぶ人的範囲に限定されるものと解されている[32]。もちろん、外国等の代表者が任意に出頭して証人として供述する

場合に尋問することは差し支えないものと解されているが、そのことをもっ
て、外国等がわが国の裁判権に服することに同意したものと擬制することは
許されない。仮に外国等の代表者が証人として任意に出頭したことをもっ
て、外国等にわが国の裁判権に服することを強いることになれば、証人とし
て出頭することが回避され、その結果、公正な裁判の実現が阻害されること
になりかねず得策ではないからである。

　（ウ）　反訴提起等による同意擬制

　対外国民事裁判権法7条1項は、外国等が訴えを提起した場合又は当事者と
して訴訟に参加した場合において反訴が提起された場合には、当該反訴につ
いて外国等がわが国の裁判権に服することにつき明示的に同意したものとみ
なし、外国等は反訴についてもわが国の裁判権から免除されないものと定め
ている。

　また、同条2項は、外国等が、自らを被告とする訴訟において反訴を提起し
た場合にも、本訴について外国等がわが国の裁判権に服することにつき明示
的に同意したものとみなし、外国等は裁判権から免除されないものと定めて
いる。

　反訴は、本訴の請求又は防御方法と関連する請求を目的とする場合に限り、
本訴の係属する裁判所に提起することができるものであり（民訴146条1項）、外
国等が本訴を提起しあるいは訴訟に参加しておきながら、反訴については裁
判権の免除を主張することは公平に反することになることから、反訴につき
外国等がわが国の裁判権に服することにつき同意したものとみなす取扱いを
したものと解される。

　このことは、外国等が、自らを被告とする本訴の係属する裁判所に反訴を
提起した場合にも同様にあてはまる。本訴が適法であることを前提として反
訴提起に及んでいると考えられるし、自らは反訴を提起しておきながら、反
訴の請求又は防御方法と関連する請求を目的とする本訴については裁判権の
免除を主張することは公平に反することになることから、本訴につき外国等
がわが国の裁判権に服することに明示的に同意したものとみなす取扱いをし
たものと解される。

　イ　非主権的行為－商業的取引、船舶の運航等

　（ア）　商業的取引

　対外国民事裁判権法8条は、外国等は、当該外国等以外の国の国民又は当該

外国等以外の国若しくはこれに所属する国等の法令に基づいて設立された法人その他の団体との間の商業的取引に関する裁判手続について、わが国の裁判権から免除されないものと定めている（対外国民事裁判権法8条1項）。ただし、商業的取引に当たる場合であっても、当該商業的取引が、外国等と当該外国以外の国等との国家間の取引である場合（対外国民事裁判権法8条2項1号）、商業的取引の当事者との間で明示的に別段の合意をした場合（対外国民事裁判権法8条2項2号）には、外国等は裁判権からの免除を否定されないものと定められている。

　対外国民事裁判権法8条1項によれば、商業的取引の具体的例示として、民事又は商事に係る物品の売買、役務の調達、金銭の貸借その他の事項についての契約又は取引が挙げられている。労働契約については、対外国民事裁判権法9条により別に定められているため、対外国民事裁判権法8条にいう商業的取引には含まれないことが括弧書きで明らかにされている。

　ところで、商業的取引を巡っては、従来から活発な議論があったところである。すなわち、古典的な例によれば、外国国家が、軍隊を装備するために公開市場においてブーツを購入しながら、外国国家が購入代金を支払わない場合、主権免除を認めるべきであるのかについてさえ必ずしも簡単には決まらないのである。行為性質基準説によれば、ブーツの購入は一般私人でも行い得る行為であるから、外国国家は主権免除を受けることはできないことになる。これに対して、行為目的基準説によれば、ブーツの購入といっても、軍隊を装備するためのものであれば、主権国の目的に奉仕するものであり、主権作用に関する行為といえなくもなく、外国国家は主権免除を受け得ることになる。

　対外国民事裁判権法の立法担当者の解説によれば、本条の「商業的取引」の該当性の判断基準は、最高裁判例[33]に沿って、問題となる契約又は取引の性質が私人でも行い得る性質のものかどうかといった点から判断するのが相当であるとして行為性質基準説によるべきものとされる[34]。

　しかしながら、例えば、アメリカの外国主権免除法のもとでの議論だけを見ても、行為性質基準説と行為目的基準説のいずれを採用しても、事はそう簡単には片付かないことは明らかである[35]。アメリカの外国主権免除法のもとでは、商業活動から生じた請求については、外国国家に裁判権免除を認めないと定められ、外国国家の活動の商業的性格は、その行為の背後にある目的を参照してではなく、行為、特定の取引、行為の過程の性質を参照して

判断されるべきであると規定し、契約を通して調達されるべき商品やサーヴィスが公的目的のために使用されることになっているという事実は重要ではなく、重要なのは、本質的に、活動や取引の商業的性質であると理解されている。商業的性格を有するものとして主権免除が否定される具体例として、外国国家による軍隊のための食料、備品を購入する契約や、政府ビルを建設するための契約、大使館ビルの修繕を為す契約などが挙げられている。すなわち、これらの契約は、たとえその目的が究極的には公的な機能を促進することであるとしても、商業的契約であると考えられるべきであることを示している。

　このように、アメリカの外国主権免除法では、行為性質基準説によることが明確に定められているにもかかわらず、商業的性格を判断するにあたり行為目的を完全に捨象しきることができるのかについては争いがあるところである。例えば、第五巡回控訴裁判所は、De Sanchez v. Banco Central de Nicaragua, 770 F.2d 1385（CA5 1985）において、「しばしば行為の本質はその目的によって定義される」ものであり、行為の目的を問うことができないなら、行為の性質を判断することはできないと述べて、外国通貨の保存をコントロールするという目的に鑑みれば、ニカラグア自らが民間銀行の債務をカバーするために振り出した手形の支払をすることの拒絶は裁判権免除を受ける資格のある主権国の行為であるとの判断を下した。

　しかし、一般に、国家の行う行為は究極的には公的な目的を有しており、商業的行為かどうかを判断する際に行為の目的を考慮するとなると、ほとんど外国等との契約の相手方の保護は図れず、ひいては外国国家との契約の締結に抑止効果を生ぜしめることになるとして、目的を取り込むことには消極的にならざるを得ないとの見解が主張されている[36]。

　このように、あくまで行為の性質だけで判断することを原則とすべきであるとしても、外国国家の行為を如何なるレベルで捉えて性質決定するかにより、限りなく行為目的基準説に近づくことになる。すなわち、性質決定されるべき外国国家の行為を広く捉えれば、結果的に、外国国家の「行為目的」を事実上取り込むことになるからである。例えば、アメリカ合衆国最高裁判所は、Republic of Argentina v. Weltover, Inc., 504 U.S. 607（1992）事件において、アルゼンチンがその通貨を安定させる計画の一部として債券を発行したものの、履行期に支払うことができなかったためにその支払を求める

訴えがアメリカ合衆国裁判所に提起された事案において、アルゼンチンが、国債は、国内の信用危機に対処するために意匠された外国通貨交換プログラムのもとの義務を果たすべく、国家の外国通貨の危機的不足をコントロールするために意匠されたプログラムの一部として、アルゼンチン政府によって作り出されたものであるため、通常の債務支払手段とは異なると主張したのに対して、アルゼンチンが私的行為者の方法で、債券市場に参加した理由は重要ではなく、それが実際にそうしたということだけが重要であるという控訴裁判所判決（941 F.2d 151（1991））を支持して、アルゼンチンの国債の発行は、外国主権免除法のもとの「商業的活動」であったと結論づけた。外国為替をコントロールするというレベルで捉えれば、国家のみがなし得る公権的行為であるとみることができるが、証券の発行というレベルで捉えれば、私人もなし得る行為であり、商業的行為といえるのであるのである。結局、アメリカ合衆国最高裁は、性質決定にあたり事実上行為目的が混入しないように、性質決定の対象となる外国国家の行為を狭く捉えて、証券の発行は私人によって一般によく行われる行為であるとして、アルゼンチンに主権免除を認めなかった。

　対外国民事裁判権法のもとでも、外国等の行為が商業的取引に当たるかにつき判断するに当たっては、行為性質基準説により、かつ外国等の行為につき事実上行為目的を取り込まないよう狭く捉えて解釈すべきであることはいうまでもない。

　ところで、最高裁平成18年判決は、「外国国家は、その私法的ないし業務管理的な行為については、我が国による民事裁判権の行使が当該外国国家の主権を侵害するおそれがあるなど特段の事情がない限り」と判示しており、商業的取引に当たるといえるかどうかの判断にあたり行為目的をも考慮に入れる余地を残しているかのようにも思われる[37]。対外国民事裁判権法成立前に下された最高裁平成18年判決が対外国民事裁判権法の解釈に当たっていかなる効力を持つかについては、最高裁平成18年判決は対外国民事裁判権法の解釈を左右するものではないとし、商業的取引に該当するかどうかの判断は、国際慣習法の遵守及び裁判を受ける権利の保護の見地から行為の性質のみにより行われるべきであるとする立場がある[38]。しかし、対外国民事裁判権法の立法担当者による逐条解説によれば、最高裁判所の判例に沿って、かつ「物品の売買や役務の調達等に分類することが可能な契約又は取引であって

第4章　3　主権免除と国際裁判管轄　　407

も、当該契約又は取引に関する民事裁判をわが国で行うことが外国等の主権を侵害することとなるような極めて例外的な場合には、『民事又は商事に係る事項』という要件を欠き、『商業的取引』には該当しないとされる余地があるものと考えられる」との解説がなされているところを見ると、対外国民事裁判権法の解釈に当たって一定程度の影響力を有するものと理解できる。しかしながら、「特段の事情」は、あくまでわが国による民事裁判権の行使が当該外国国家の主権を侵害するおそれがあるなどの例外的場合に対処するための安全弁的な役割を担うものと考えるべきであり、行為目的を考慮することが許されると理解すべきではないものと解される[39]。

　このように行為性質基準説により商業的取引であるか否かを判断すべきであるとの立場に対しては、性質か目的かという単純な二分法で問題を論じることは適切ではなく、行為性質基準説のみを判断基準にするにしても、事案の性質や事件全体の文脈での裁判権の行使の妥当性を勘案して複雑な事実関係の中でどの点に着目して、行為性質基準説を適用するかが決定されてきたという現実を直視する必要性が指摘される[40]。

　しかしながら、行為性質基準説によりながら、外国等の行為目的をどの程度まで考慮するかを考えながら行為目的を取り込むべく外国等の行為を広く捉えるという操作を容認することになれば、行為性質基準説によることの意義を減殺してしまうことになる。債務の履行につき外国等の主権的判断が不可欠であるような、私人の立場では債務を履行できないような内容を持つ契約の場合には、そもそも商業的取引とはいえないものと解される。例えば、永住権付与プログラムに関する合意のように、契約内容の実現のために外国国家の主権的判断が直接係るようなものである場合[41]には、国家に固有の公的行為の側面があり、私人がなし得ない内容を含むものとして、商業的取引であるということはできないことはいうまでもない。しかし、これは国家の行為の究極的な目的を見て判断しているというものではなく、永住権を付与するという合意内容から客観的に見て私人が通常なし得ない履行内容を含むようなものであるか否かという観点から判断しているものであり、行為目的を取り込むべく外国等の行為を広く捉えているものではない[42]。

　　（イ）　船舶の運航等
　対外国民事裁判権法15条1項は、船舶を所有し又は運航する外国等が、当該船舶の運航に関する紛争の原因となる事実が生じた時において、当該船舶が

政府の非商業的目的以外に使用されていた場合には、当該船舶が軍艦又は軍の支援船でない限り（対外国民事裁判権法15条2項）、当該紛争に関する裁判手続について、わが国の裁判権から免除されないと定めている。

また、対外国民事裁判権法15条3項は、船舶を所有し又は運航する外国等が、当該船舶による貨物の運送に関する紛争の原因となる事実が生じた時において、当該船舶が政府の非商業的目的以外に使用されていた場合には、当該紛争に関する裁判手続について、わが国の裁判権から免除されないと定めている。だたし、当該貨物が、軍艦又は軍の支援船により運送されていたものである場合、又は国等が所有し、かつ政府の非商業的目的にのみ使用され、若しくは使用されることが予定されているものである場合には、わが国の裁判権から免除される（対外国民事裁判権法15条4項）。

船舶の運航に関する紛争の具体例として、衝突又は航海におけるその他の事故、海難救助、修理、供給その他の船舶の運航に関する契約に関する紛争が挙げられ、貨物の運送に関する紛争の具体例として、貨物の運送に際して生じた貨物の滅失、損傷又は貨物の延着に関する損害に関する紛争が挙げられている[43]。

なお、政府の「非商業的目的」の意義については、対外国民事裁判権法8条における商業的取引の定義の場合と異なり、例えば、援助用の食料や医療用品のような緊急事態に関連する貨物は、その性質自体は単なる食料又は医療用品であるが、当該貨物の予定される用途をも考慮して、政府の「非商業的目的」であると判断される場合であると考えられるとされている[44]。

（ウ）　仲裁合意

対外国民事裁判権法16条は、外国等は、商業的取引に係る書面による仲裁合意に関して、当該仲裁合意の存否若しくは効力又は当該仲裁合意に基づく仲裁手続に関する裁判手続について、当事者間に書面による別段の合意がない限り、わが国の裁判権から免除されないと定めている。

外国等が仲裁合意という、自ら紛争解決手続につき自発的な合意をした以上、その効力等に関する裁判手続に服する旨の同意があったものとみることができる。

なお、仲裁合意があったことから、直ちに執行手続に服する同意があったものと解することはできない。権利を確定する手続に服することと、確定された権利を執行する手続に服することは別次元の問題である。権利の確定

は、観念的なものにとどまるのに対し、権利の執行は、現実的な強制力が及ぼされるものであり、おのずと大きな違いがある。

　ウ　労働者の保護－労働契約

　対外国民事裁判権法9条1項は、外国等は、個人との間の労働契約であって、日本国内において労働の全部又は一部が提供され、又は提供されるべきものに関する裁判手続について、わが国の裁判権から免除されないものと定めている。労働契約については、外国等は裁判権免除を受けることができないことを原則とし、裁判権免除が認められる例外規定を設ける形式が取られている。これは、労働契約に関する裁判につき裁判権免除の例外とする一般的な傾向に沿うものであるといえる[(45)]。

　対外国民事裁判権法がわざわざ商業的取引に関する8条とは別に、労働契約に関する9条を設けたのは、雇用契約という単なる契約的性質だけでなく、わが国が自国の労働法秩序維持という利益を有している[(46)]とともに、雇用契約のもとでの雇用者たる国家の裁量的判断や被雇用者の任務などを考慮する必要があることに基づくものと思われる[(47)]。

　一般に、労働契約とは、指揮監督関係と賃金支払関係を要素とする勤務関係をいうものと解するべきものとされる[(48)]が、同じく雇用契約といっても、国家との雇用契約の場合には、国家政府の権限行使に関連する任務に携わるような場合もあれば、国家政府の権限行使には一切関連しないものもある[(49)]。

　対外国民事裁判権法9条1項は、労働契約に関しては、わが国の裁判権から免除されないものと定めているものの、労働契約は、外交関係、領事関係や国家の権限行使などに深く係る場合も少なくなく、同条2項は、同項1号ないし6号において、外国等が労働契約に関しわが国の裁判権からの免除が認められる例外的な場合について、以下のように定めている。

　外交関係に関するウィーン条約1条(e)に規定する外交官（対外国民事裁判権法9条2項1号イ）、領事関係に関するウィーン条約1条1(d)に規定する領事官（対外国民事裁判権法9条2項1号ロ）、国際機関に派遣されている常駐の使節団若しくは特別使節団の外交職員又は国際会議において当該外国等を代表するために雇用されている者（対外国民事裁判権法9条2項1号ハ）、及び上記イからハまでに掲げる者のほか、外交上の免除を享有する者（対外国民事裁判権法9条2項1号ニ）との労働契約の場合には、外国等はわが国の裁判権からの免除が認められる。

410 第4章 3 主権免除と国際裁判管轄

　また、上記の対外国民事裁判権法9条2項1号のイからニまでに掲げる者の
ほか、労働者が外国等の安全、外交上の秘密その他の当該外国等の重大な利
益に関する事項に係る任務を遂行するために雇用されている場合も、外国等
は裁判権から免除される（対外国民事裁判権法9条2項2号）。訴え提起その他の裁
判手続の開始の申立てがあった時において、労働者が当該外国等の国民であ
る場合も、労働者がわが国に通常居住する場合でない限り、外国等はわが国
の裁判権から免除される（対外国民事裁判権法9条2項5号）。労働者が外国等の国
民である場合には、本来当該外国等の裁判所による裁判手続によって解決を
図ることが望ましく、労働者がわが国に通常居住する場合でない限り、わが
国の裁判所が積極的に裁判権を行使しなければならない合理的必要性はない
からである。
　上記のような労働者でなくても、採用又は再雇用の契約の成否に関する訴
え又は申立てである場合には、外国等はわが国の裁判権から免除される（対
外国民事裁判権法9条2項3号）。これは、採用又は再雇用に当たっては、外国等の
裁量的判断が尊重されるべき事柄に属するものであり、わが国の裁判所が外
国等に採用等を強制することは適切ではないからである。もちろん、労働者
が、採用又は再雇用に係わり損害賠償を求める場合には、裁判手続を認めて
も、採用等を直接強制することにはならず、外国等の裁量的判断を害するこ
ともないことから外国等はわが国の裁判権から免除されないことが対外国民
事裁判権法9条2項3号において括弧書きで明確にされている。
　また、解雇その他の労働契約の終了の効力に関する訴え又は申立てであっ
て、当該外国の元首、政府の長又は外務大臣によって当該訴えに係る裁判手
続が当該外国等の安全保障上の利益を害するおそれがあるとされた場合にも
外国等は裁判権を免除される（対外国民事裁判権法9条2項4号）。本来、労働契約
の終了については、採用や再雇用の場合と異なり、すでに雇用関係が存在す
る場合には労働者を保護すべき要請が強く働くため、外国等の裁量権は制約
されるべきものではあるが、当該外国等の安全保障上の利益を害するおそれ
がある場合には、わが国としても、外国等に対し裁判権を行使することは控
えるべきであるからである。これにより、現実の就労を求めるような裁判は
もちろん、地位の確認を求めるような裁判手続についても、当該外国の元首
らによって外国等の安全保障上の利益を害するおそれがあるとされた場合に
は、裁判権免除が認められる[50]。ただ、対外国民事裁判権法9条2項3号同様、

労働者が、解雇その他の労働契約の終了に係わり損害賠償を求める場合には、裁判手続を認めても、採用等を強制することにはならないため、外国等の裁量的判断や安全保障上の利益を害することもないことから外国等は裁判権を免除されないことが対外国民事裁判権法9条2項4号において括弧書きで明確にされている[51]。

さらに、労働契約の当事者間に書面による別段の合意がある場合には、外国等はわが国の裁判権から免除される（対外国民事裁判権法9条2項6号）。これは、当事者間に別段の合意がある場合には当事者の意思が尊重されてしかるべきであるからである。ただし、そのような別段の合意がある場合であっても、労働者保護の観点から、労働契約に関する訴え又は申立てについてわが国の裁判所が管轄権を有しないとするならば、公の秩序に反することになる場合には、外国等はわが国の裁判権から免除されないものと定められている（対外国民事裁判権法9条2項6号ただし書）。

　　エ　被害者等の司法的救済の確保―人の死傷又は有体物の滅失等

対外国民事裁判権法10条は、外国等が責任を負うべきものと主張される行為によって、人の死亡若しくは傷害又は有体物の滅失若しくは毀損が生じた場合、当該行為の全部又は一部が日本国内において行われ、かつ当該行為をした者が当該行為の時に日本国内に所在していた時には、損害又は損失の金銭によるてん補に関する裁判手続については、当該外国等はわが国の裁判権から免除されないものと定められている[52]。

このように外国等がわが国の裁判権から免除されない理由としては、不法行為地であるわが国が法廷地として審理判断することが最もふさわしいことや他国による裁判拒否による被害者の司法的救済拒否という事態を回避する必要があることなどが挙げられる[53]。対外国民事裁判権法10条は、原因行為の行為地がわが国である場合に限り、外国等の裁判権免除を否定しており、国際裁判管轄の場合（民訴法3条の3第8号）[54]と異なり、不法行為地が他国であり、結果発生地がわが国である場合には、対外国民事裁判権法10条の適用はない。

対外国民事裁判権法10条は、外国等が不法行為により民事上の責任を問われる場合のみならず、例えば、外国等が附合によりわが国にある他人の物の所有権を取得した場合に他人から当該外国等に対し償金が求められる場合のような場合をも想定している[55]。したがって、外国等の行為は、故意過失によるものであるかを問わず、主権的行為であるか私法的行為であるかを問わ

ないものとされる[56]。

ところで、最高裁平成14年判決は、横田基地周辺住民が、日本政府のみならず、アメリカ合衆国をも被告として、在日米軍機の横田基地での夜間における離発着が不法行為に当たることを理由として、損害賠償とともに横田基地における夜間飛行の差止め等を求めた事案において、「外国国家の主権的行為については、民事裁判権が免除される旨の国際慣習法の存在を引き続き肯認することができるというべきである。本件差止請求及び損害賠償請求の対象である合衆国軍隊の航空機の横田基地における夜間離発着は、我が国に駐留する合衆国軍隊の公的活動そのものであり、その活動の目的ないし行為の性質上、主権的行為であることは明らかであって、国際慣習法上、民事裁判権が免除されるものであることに疑問の余地はない。」として、主権的行為であることを理由として裁判権免除を認めた。対外国民事裁判権法10条のもとでは、人の死傷又は有体物の滅失等に関する裁判については、外国等の行為が主権的行為であるか私法的行為であるかを問題にしないものと定められたことにより、上記判決の理由づけでは、外国等に裁判権からの免除を認めることは難しいように思われる[57]。確かに、差止請求については、「損害又は損失の金銭によるてん補に関する裁判手続」に当たらないことはいうまでもないが、損害賠償請求については外国等に裁判権免除を否定すべきであると考えることもできるものと思われる[58]。

もちろん、上記判決は、在日米軍機の離着陸に伴う騒音に関するものであるが、駐留する外国軍隊の公的活動については一般に裁判権が免除されており[59]、わが国が裁判権を行使すると主権を侵害することになるおそれがある場合には裁判権免除を認めなければならない。しかし、外国等が不法行為を理由として損害賠償が求められる場合には、原則として裁判権の免除は認められないものと思われる。

　　オ　領土主権－不動産に係る権利利益等

対外国民事裁判権法11条1項は、外国等は、わが国内にある不動産に関し、外国等の権利若しくは利益又は外国等による占有若しくは使用（対外国民事裁判権法11条1項1号）や、外国等の権利若しくは利益又は外国等による占有若しくは使用から生じる義務に関する裁判手続については、わが国の裁判権から免除されないものと定めている（対外国民事裁判権法11条1項2号）。

また、対外国民事裁判権法11条2項は、外国等は、動産又は不動産について

の相続その他の一般承継、贈与又は無主物の取得によって生ずる当該外国等の権利又は利益に関する裁判手続についても、わが国の裁判権から免除されないものと定めている。

わが国内にある不動産に関する裁判については、絶対的主権免除主義のもとでも、領土主権の観点から、外国等はわが国の裁判権から免除されないものと考えられてきたものである[60]。したがって、規定上は、わが国内にある不動産に関する権利若しくは利益又は占有若しくは使用に関する裁判手続などと限定がなされているものの、それらに関する裁判手続に限らず、広く解釈されるべきものであり、具体例として、外国等は自ら在本邦公館として用いる不動産の賃料の支払を求める訴えが提起されたような場合もわが国の裁判権から免除されないものと考えられている[61]。

　カ　裁判所が関与する財産管理等の実効性確保－裁判所が関与を行う管理又は処分に係る権利利益等

対外国民事裁判権法12条は、外国等は信託財産、破産財団に属する財産、清算中の会社の財産その他のわが国の裁判所が監督その他関与を行う財産の管理又は処分に係る当該外国等の権利又は利益に関する裁判手続について裁判権から免除されないものと定めている。

信託財産、破産財団に属する財産、清算中の会社の財産のように、わが国の裁判所が監督その他関与を行う財産については、すべての債権者や債務者の利益を調整しつつ画一的に確定する必要があることから、そのような財産の管理又は処分に係る当該外国等の権利又は利益に関する裁判手続については、外国等はわが国の裁判権から免除されないものと定めたものである。

　キ　外国等の知的財産制度利用関与－知的財産権

対外国民事裁判権法13条は、知的財産権の存否、効力、帰属又は内容に関する裁判手続（対外国民事裁判権法13条1号）及び外国等が日本国内においてしたものと主張される知的財産権の侵害に関する裁判手続（対外国民事裁判権法13条2号）については、外国等はわが国の裁判権から免除されないものと定めている。

わが国の法令により定められ、又はわが国の法律上保護される知的財産権に関する争いについては、わが国の裁判所により審理判断されることが最もふさわしいといえるからであるばかりでなく、自らの出願に基づく特許権等の権利の場合のように、外国等がわが国の法制度と積極的な関わりを持つこ

とを意図している場合にまで裁判権からの免除を認める必要はないからである。

　外国等が裁判権から免除されない具体例として、存続期間経過による特許権消滅を理由とする特許権者である外国等に対する侵害行為差止請求権等の不存在確認を求める裁判、知的財産権の侵害を理由とする外国等に対する損害又は侵害差止めを求める裁判などが挙げられている[62]。

　　ク　外国等による団体の構成員になることについての自発的意思—団体の構成員としての資格等

　対外国民事裁判権法14条1項は、外国等が、法人その他の団体であって、国等及び国際機関以外の者をその社員その他の構成員とするものであり、かつわが国の法令に基づいて設立されたもの、又は日本国内に主たる営業所若しくは事務所を有するものの社員その他の構成員である場合には、その資格又はその資格に基づく権利若しくは義務に関する裁判手続について、わが国の裁判権から免除されないと定めている。

　わが国の法令に基づいて設立された団体や日本国内に主たる営業所若しくは事務所を有する団体の構成員に自ら進んでなった以上、わが国の法令に服すべきことは当然であり、しかもわが国の法令の解釈について判断を下すことにおいてわが国の裁判所が最もふさわしいことから、外国等はわが国の裁判権から免除されないものとする。

　なお、裁判手続の当事者間に当該外国等が裁判権から免除される旨の書面による合意がある場合や、当該団体の定款、規約その他これらに類する規則に当該外国等が裁判権から免除される旨の定めがある場合には、当該外国等は裁判権から免除される（対外国民事裁判権法14条2項）。

　なお、本条にいう「団体」は、法人格を有する団体のみならず、民法上の組合、権利能力なき社団等の法人でない団体も含まれ、また営利法人であると非営利法人であるとを問わないものと解されている。

　(3)　外国等の有する財産に対する保全処分及び民事執行の手続について免除されない場合

　対外国民事裁判権法は、第2章第3節「外国等の有する財産に対する保全処分及び民事執行の手続について免除されない場合」との標目のもと、例外的に、外国等が保全処分及び民事執行の手続について免除されない場合につき定めている。

　　ア　外国等の同意等—同意、担保提供

　対外国民事裁判権法17条は、外国等は、原則として、わが国の裁判権から

第4章　3　主権免除と国際裁判管轄　　　415

免除されるものと定められており（対外国民事裁判権法4条）、当然のことながら、その有する財産に対する保全処分又は民事執行の手続についても例外ではなく、原則として、わが国の裁判権から免除されていることを前提としたうえで、外国等が民事保全又は民事執行をすることについて同意を明示的に行った場合には、裁判権から免除されないものと定めている[63]。外国等がその有する財産に対し保全処分又は民事執行をすることについての同意を明示的に行った場合には、わが国の裁判権からの免除を認める合理的な理由も必要性も認められないからである（対外国民事裁判権法17条1項各号）。

　対外国民事裁判権法17条にいう外国等の有する財産に対する保全処分には、民事保全に限られることなく、破産法171条等に基づき外国等の有する財産に対して行われる保全処分や外国等の有する不動産についてなされる仮登記を命ずる処分（不登108）等も含まれると解されている[64]。しかし、外国等に対する金員仮払いを命ずる仮処分のように、保全命令の申立てに保全執行の申立てが含まれているとは解されない場合には、当該仮処分命令が直ちに外国等の有する財産に影響を及ぼすものとはいえず、外国等の有する財産に対する保全処分にはあたらない[65]。また、対外国民事裁判権法17条にいう外国等の有する財産に対する民事執行には、強制執行のみならず、担保権実行としての競売等も含まれる[66]。

　外国等が明示的に行う同意の形態については、対外国民事裁判権法17条1項によれば、条約その他の国際約束（対外国民事裁判権法17条1項1号）のほか、仲裁に関する合意（対外国民事裁判権法17条1項2号）、書面による契約（対外国民事裁判権法17条1項3号）、当該保全処分又は民事執行の手続における陳述又は裁判所若しくは相手方に対する書面による通知（対外国民事裁判権法17条1項4号）が挙げられている。ただし、相手方に対する書面による通知は、保全処分又は民事執行が申し立てられる原因となった権利関係に係る紛争が生じた後に発出されたものに限るものとされている（対外国民事裁判権法17条1項4号括弧書）。

　同意は、明示的であることを要し、黙示的なものでは足りないとされている。黙示的なものでも足り得るとすると、同意の有無をめぐる派生的な紛争を生ぜしめるだけでなく、外国等の黙示的な同意があったものとの不当な理解により、原則として裁判権免除を認める建前（対外国民事裁判権法4条）を簡単に歪めてしまう事態を招来するおそれがあるからである。また、外国等が保全処分又は民事執行の目的を達することができるように指定し又は担保とし

て提供した特定の財産がある場合には、当該財産に対する当該保全処分又は民事執行の手続について、わが国の裁判権から免除されないものと定められている（対外国民事裁判権法17条2項）。例えば、外国等が、自ら有する不動産に抵当権を設定したような場合には、当該不動産に対する担保権実行についてはわが国の裁判権から免除されない。外国等は、抵当権設定の際に、不履行の場合には、担保権実行されることを当然理解したうえで、担保に供したものと考えられ、当該財産に対する当該民事執行の手続について服することを表明したものといえる。

　なお、外国等が特定の事項又は事件に関して裁判権に服することについての同意を明示的に行った場合（対外国民事裁判権法5条1項）であっても、外国等の有する財産に対する保全処分及び民事執行をすることについてまでも同意があったものと解してはならないと定めている（対外国民事裁判権法17条3項）。すでに述べたように、権利確定の場面と、権利執行の場面では、大いに状況が異なるからである[67]。

　　イ　非主権的使用財産－非商業的目的以外にのみ使用等される財産
　対外国民事裁判権法18条1項は、外国等は、当該外国等により政府の非商業的目的以外にのみ使用され、又は使用されることが予定されている当該外国等の有する財産に対する民事執行の手続について、わが国の裁判権から免除されないものと定めている。

　民事執行により、外国等が有する財産に対して強制力を行使しても、外国等の主権作用に影響を及ぼすおそれがないものと考えられる財産については、外国等の同意がない場合であっても、わが国の裁判権からの免除を否定し、債権者の権利の実現を図ろうとするものである。

　ところで、対外国民事裁判権法18条2項は、外国等により政府の非商業的目的以外にのみ使用され、又は使用されることが予定されている当該外国等の有する財産に含まれないものを列挙して、対外国民事裁判権法18条1項にいう外国等により政府の非商業的目的以外にのみ使用され、又は使用されることが予定されている当該外国等の有する財産を明確にしようとしている。外国等により政府の非商業的目的以外にのみ使用され、又は使用されることが予定されている当該外国等の有する財産に含まれないものとして、外交使節団等が任務を遂行するに当たって使用等する財産、軍事的性質を有する財産又は軍事的な任務を遂行するに当たって使用等する財産、販売対象とされて

いない文化遺産等が挙げられている（対外国民事裁判権法18条2項1号ないし3号）。対外国民事裁判権法18条2項1号ないし同3号に挙げられた財産であっても、外国等による明示的な同意がある場合や外国等により担保提供等がある場合には、わが国の裁判権から免除されないことはいうまでもない（対外国民事裁判権法18条3項）。

　なお、本条により、「政府の非商業的目的以外にのみ使用され、又は使用されることが予定されている」と限定されていることから、外国等が一つの口座で政府の非商業的目的と政府の非商業的目的以外の目的とを混在させて管理している預金（混合口座）のような財産は、わが国の裁判権から免除されることになる[68]。

　　ウ　その他―外国中央銀行等の取扱い

　対外国民事裁判権法19条1項は、日本国以外の国の中央銀行又はこれに準ずる金融当局（以下、「外国中央銀行等」という。）は、その有する財産に対する保全処分及び民事執行の手続について、対外国民事裁判権法2条1号から3号までに該当しない場合においても、これを外国等とみなして対外国民事裁判権法4条並びに17条1項及び2項の規定を適用するものとし、原則として、わが国の民事裁判権から免除されるものと定めた。しかも、対外国民事裁判権法19条1項は、外国中央銀行等については対外国民事裁判権法18条1項の規定も適用しないものとした。

　これにより、外国中央銀行等が有する財産に対する保全処分及び民事執行の手続は、外国中央銀行等が明示的に同意した場合（対外国民事裁判権法17条1項）、その有する財産を担保として提供するなどした場合（対外国民事裁判権法17条2項）を除いては実施することができないことが明らかにされた[69]。

　なお、中央銀行の例としては、中国人民銀行、韓国銀行などが挙げられ、また中央銀行に準ずる金融当局とは、名称こそ中央銀行の名が付せられていないものの中央銀行の機能を果たしている銀行（発券銀行、銀行の銀行及び政府の銀行）を指し、香港金融管理局やサウジアラビア通貨庁等がその例として挙げられている[70]。

2　民事の裁判手続についての特例

(1)　訴状等の送達

　対外国民事裁判権法20条1項は、外国等に対する訴状その他これに類する書類及び訴訟手続その他の裁判所における手続の最初の期日の呼出状の送達

につき、条約その他の国際約束で定める方法によることとし、条約その他の国際約束で定める方法がない場合には、外交上の経路を通じてする方法あるいは当該外国等が送達の方法として受け入れるその他の方法（民訴法に規定する方法であるものに限る。）によるべきものと定めた。

上記の手続によらない場合であっても、外国等が、異議を述べないで本案について弁論又は申述をしたときは、訴状等の送達の方法について異議を述べる権利を失うものとされる（対外国民事裁判権法20条3項）。

なお、条約その他の国際約束で定める方法がなく、外交上の経路を通じてする方法により送達をした場合においては、外務省に相当する当該外国等（国以外のものにあっては、それらが所属する国）の機関が訴状等を受領した時に、送達があったものとみなすことと定められている（対外国民事裁判権法20条2項）。

(2)　外国等の不出頭の場合の民訴法の特例等

対外国民事裁判権法21条は、外国等が口頭弁論の期日に出頭せず、答弁書その他の準備書面を提出しない場合における当該外国等に対する請求を認容する判決の言渡しは、訴状等の送達があった日又は対外国民事裁判権法20条2項の規定により送達があったものとみなされる日から4か月を経過しなければすることができないものと定めている。

一般に、被告が口頭弁論の期日に出頭せず、答弁書その他の準備書面を提出しない場合には、擬制自白（民訴159条3項本文）が成立し、原告の請求を認容する判決が下されることになるが、その場合、送達日から一定期間が経過することは要求されていない。しかし、外国等が口頭弁論の期日に出頭せず、答弁書その他の準備書面を提出しない場合における当該外国等に対する請求を認容する判決の言渡しを行う場合はもちろん、外国等に対し公示送達による呼出しをしたものの、外国等が口頭弁論の期日に出頭せず、答弁書その他の準備書面を提出しない場合における当該外国等に対する請求を認容する判決を言い渡す場合にも、訴状等の送達があった日又は対外国民事裁判権法20条2項の規定により送達があったものとみなされる日から4か月を経過しなければすることができないものとして、対外国民事裁判権法21条は外国等の不出頭の場合の民訴法の特例を定めた。

なお、対外国民事裁判権法20条1項及び2項の規定は、対外国民事裁判権法20条1項に規定する判決についての判決書又は民訴法254条2項の調書の当該

外国等に対する送達について準用されるものと定められ（対外国民事裁判権法
21条2項）、その他の判決書等の送達に関し必要な事項は、最高裁判所規則で定
めるものとされている（対外国民事裁判権法21条3項）。

　そして、対外国民事裁判権法21条1項に規定する判決に対して外国等がす
る上訴又は異議の申立てについても、控訴期間に関する民訴法285条本文（上
告に関する民訴法313条（上告受理に関する民訴法318条5項において準用す
る場合を含む。）において準用する場合を含む。）又は手形訴訟に関する民訴
法357条本文（小切手訴訟に関する民訴法367条2項において準用する場合を
含む。）若しくは少額訴訟に関する民訴法378条1項本文の規定にかかわらず、
判決書等の送達があった日又は2項において準用する対外国民事裁判権法20
条2項の規定により送達があったものとみなされる日から4か月の不変期間内
に提起しなければならないものとの特例が定められている（対外国民事裁判権
法21条4項）。

　(3)　勾引及び過料に関する規定の適用除外

　対外国民事裁判権法22条は、外国等については、民事の裁判手続において
された文書その他の物件の提出命令、証人の呼出しその他の当該裁判手続上
の命令に従わないことを理由とする勾引及び過料に関する民訴法その他の法
令の規定は適用しないものと定めている。同条は、外国等に対しては、あく
まで勾引及び過料に関する規定の適用を除外することを定めるものであり、
例えば外国等が当事者として文書提出命令が命じられたにもかかわらず、こ
れに従わなかった場合に、民訴法224条1項により、当該文書に関する相手方
の主張を真実と認めるなど事実認定等に関して考慮することを妨げるもので
はない[71]。

＜注＞

　(18)　なお、制限的主権免除主義のもとでは、主体の問題はもはやあまり重要で
　　　はないとの指摘がなされている。道垣内正人「判例批評　外国国家が享受する
　　　民事裁判権免除に対する制限［平成18.7.21］」私法判例リマークス36号149頁
　　　（2008）、横溝大「判例批評　米国の州を当事者とする雇用関係紛争と民事裁
　　　判権［平成21.10.16第二小法廷判決]」民商法雑誌144巻3号357頁（2011）など
　　　参照。
　(19)　西脇＝米山・前掲注(14)43頁参照。
　(20)　最高裁平成21年10月16日判決（民集63巻8号1799頁）は、アメリカジョージ
　　　ア州の機関である州港湾局が解雇無効確認等請求事件において被告とされた
　　　事案において、アメリカジョージア州に主権免除享有主体性を認めた（倉地

康弘「時の判例 米国の州によって同州港湾局の我が国における事務所の現地職員として雇用され、解雇された者が、雇用契約上の権利を有する地位にあることの確認及び解雇後の賃金の支払を求めて提起した訴訟につき、同州は我が国の民事裁判権から免除されるとした原審の判断に違法があるとされた事例［最高裁平成21.10.16第二小法廷判決］」ジュリ1404号120頁（2010）参照）。平覚「外国の州の裁判権免除」平成17年度重要判例解説（ジュリ1313号）300頁（2006）はアメリカジョージア州に主権免除享有主体性を認めることに肯定的であるが、櫻田嘉章「米国ジョージア州港湾局の日本代表部職員の解雇による解雇無効確認等請求訴訟について、外国国家に対する主権免除の場合に当たるとしながら、制限免除主義に基づいて、雇用契約は本来主権的行為に属さないとして、主権免除を認めず、また、送達も法廷地法によるものとした事例（東京地裁平成17.9.29中間判決）」Lexis判例速報10号102頁（2006）は州の主権的行為が条約上の主権免除対象となり得るとしても、それは州が国としての主権的行為を行使する場合に限られ、連邦政府類似の三権分立制度や州憲法を有することは国際法上の国家主権を行使する権限を基礎づけるものではないという。

(21)　西脇＝米山・前掲注(14)43頁参照。

(22)　中野・前掲注(14)3頁は、契約中にわが国の裁判所を専属管轄とする条項があれば、わが国の裁判権に服することの同意があったと見ることができるという。また、同8頁は、外国等と取引を行うものにとって、裁判による権利保護が制約されることは、外国等との取引に伴う最大のリスクであり、そのようなリスク回避のためには専属管轄合意や仲裁合意の活用によらざるを得ないという。

(23)　東京高裁平成14年3月29日判決〔東京地判平12・11・30の控訴審〕（平13（ネ）894）（森下哲朗「商事判例研究 平成14年度(1)債券購入業者による外国国家等に対する訴訟の可否－東京地裁平成12.11.30判決 東京高裁平成14.3.29判決」ジュリ1261号185頁（2004）参照）。

(24)　坂巻静佳「契約における国家の同意にもとづく裁判権免除の否定」国際法外交雑誌108巻1号45頁（2009）。なお、林潤「『外国を相手方とする民事事件に関する応訴意思の有無等の照会について』と題する通達の廃止について」民事法情報167号43頁（2000）も参照。

(25)　最高裁平成18年判決は、免除放棄の方式についても判例変更をしたものであることについては、林道晴「民事法判例研究 1. 外国国家の私法的・業務管理的な行為と民事裁判権の免除（消極）2. 外国国家の私法的・業務管理的な行為の決定基準 3. 外国国家の民事裁判権の免除からの放棄の方法－最二判平成18.7.21本誌〔金融・商事判例〕本号〔1259号〕56頁」金判1259号5頁（2007）。

(26) 坂巻・前掲注(24)64頁は、私人との契約における裁判権に服する旨の同意に基づいて免除が否定される理由は、制限的主権免除主義の場合と同様、国家と私人との契約における衡平と契約関係の安定を通じた国際経済関係の安定に求められるという。なお、同53頁以下は、フランスやギリシャにおいて、絶対的主権免除主義から制限的主権免除主義への過渡期において、商行為事例について外国国家の免除を制限するための便法として、契約の締結それ自体を免除放棄の意思表示と捉えていたが、制限的主権免除主義の採用が進むにつれてそのような論理構成を採用する実行は減少していったという。

(27) 林・前掲注(25)5頁は、明確に外国国家の意思表明が認定できる必要があることから、書面による契約によるものに限られるとの考えを明らかにしていた。また、高桑昭「渉外判例研究（第533回）外国国家の民事裁判権免除特権の制限と放棄－最二小判平成18.7.21」ジュリ1326号214頁（2007）も、同様に書面性を要するとの立場に立つものであるが、最高裁平成18年判決につき、売買契約書には免除特権放棄の明文があるものの、準消費貸借契約書には免除特権放棄の明文がないのに、免除特権放棄の意思を認めたことから、必ずしも書面によることを要求していないという。

(28) 飛澤編著・前掲注(14)27頁（注4）によれば、審級ごとの同意を許すと、外国国家が1審で敗訴した場合や1審で勝訴していても控訴審の成り行き次第では、同意が得られなかったり、裁判権免除が主張されたりする結果、従来の訴訟審理、訴訟追行が無に帰せしめられ、審級制度が空洞化されるおそれがあると指摘されている。なお、仮に審級ごとの同意を許す建前のもとで控訴審での同意が得られない場合、1審で敗訴した外国等の相手方である原告が控訴しても控訴は却下され、第1審判決が確定することになるものと思われるが、上訴権が否定されたまま確定判決の効力に服すことを私人たる相手方に強いることは、三審制を前提とした手続保障を否定するものであり許されないものと解される。

(29) 同意の擬制が認められる場合も、明示的な同意の場合同様、民事訴訟手続でいえば、審級ごとの同意が擬制されるものではなく、全審級について同意があったものと擬制されるものと解される。

(30) 補助参加に係る問題として、外国等が訴訟当事者から訴訟告知を受け、外国等が補助参加しなかった場合に、外国等に参加的効力が及ぶことになるのかにつき議論があるが、訴訟告知の段階で、告知者から将来提起されることが想定される訴えにつき、外国等がわが国の裁判権から免除されるかどうかを判断する必要はないものと思われる。訴訟告知は、単に訴訟告知者が敗訴判決を受けた場合に、被告知者に参加的効力を及ぼすというものであるにと

どまらず、被告知者に対し自らの公法上あるいは私法上の利益に事実上影響
を及ぼし得る訴訟が係属している事実を知らしめ参加する機会を提供する側
面も併せ有しているのみならず、外国等が裁判権免除を放棄して補助参加す
ることもあり得ることから考えても、訴訟告知の要件さえ整っているのであ
れば、外国等がわが国の裁判権から免除されるかどうかを判断することなく
訴訟告知を行うべきである。もちろん、告知者である敗訴当事者が原告とな
って、外国等に対し訴えを提起した場合には、あらためて裁判権免除の有無
につき判断する必要があることはいうまでもなく、裁判権の免除が認められ
る場合には、前訴の訴訟告知による参加的効力は結果的に外国等に及ばない
ことになるものと解される。

(31)　東京地裁平成17年12月27日判決（判時1928号85頁）は、外国国家が前訴に
おいて口頭弁論期日に出頭せず、何らの訴訟行為も行わなかったため、いわ
ゆる欠席判決により敗訴していた事案において、「これをもって、被告が前訴
において積極的に応訴し、民事裁判権免除を放棄したということはできな
い。」との判断を下していた。

(32)　さしあたり、秋山幹男ほか『コンメンタール民事訴訟法Ⅳ』（日本評論社、
2010）152頁参照。

(33)　最高裁平成18年判決は、「被上告人が、上告人らとの間で高性能コンピュ
ーター等を買い受ける旨の本件各売買契約を締結し、売買の目的物の引渡し
を受けた後、上告人らとの間で各売買代金債務を消費貸借の目的とする本件
各準消費貸借契約を締結したとすれば、被上告人のこれらの行為は、その性
質上、私人でも行うことが可能な商業取引であるから、その目的のいかんに
かかわらず、私法的ないし業務管理的な行為に当たるというべきである。そ
うすると、被上告人は、前記特段の事情のない限り、本件訴訟について我が国
の民事裁判権から免除されないことになる。」と判示し、行為性質基準説に立
つことを明らかにした。

(34)　ただ、飛澤編著・前掲注(14)37頁は、8条において例示されている物品の売
買や役務の調達等に分類することが可能な契約又は取引であっても、民事裁
判をわが国で行うことが外国等の主権を侵害することとなるような極めて例
外的な場合には、「民事又は商事に係る事項」という要件を欠き、「商業的取
引」には該当しないとされる余地があるという。中野・前掲注(14)4頁も、上
記逐条解説からは最高裁平成18年判決が示した「特段の事情」判断のなかで
行為目的を考慮することがあり得るとの解釈が導かれるが、例外判断の余地
は極めて限られるものになるという。なお、村上・前掲注(14)72頁注5は、例
外的に総合判断の中のひとつの要素として、国家の行為の目的も考慮したう

えで免除の許否を判断することになるという。

(35) 平覚「米国主権免除法における『商業活動』概念」商大論集（神戸商科大学）35巻6号313頁以下（1984）、村上正子「主権免除について」法時72巻3号11頁以下（2000）など参照。

(36) Gary Jay Greener, The Commercial Exception to Foreign Sovereign Immunity: To Be Immune or Not to Be Immune? That Is the Question A Look at the International Law Commission's Draft Articles on Jurisdictional Immunities of States and Their Property, 15 Loy. L. A. Int'l & Comp. L. J. 173, 197-200(1992).

(37) 高桑・前掲注(27)215頁は、「主権を侵害するおそれがあるなど特段の事情がない限り」との留保の趣旨は明らかではないが、行為目的説による限定を付したもののようにも思われると批判的な論調での評価を下している。これに対して、小寺彰「最新判例批評（［2007］61）国家の裁判権免除に関する制限免除主義の採用（最二判［平成］18.7.21）」判例評論582号（判時1968号）31頁以下（2007）は、「合理的な理由」とともに「特段の事情」を持ち出して、国家主権の侵害や国内法上の事由を考慮することができる枠組みは、純粋な形で行為性質説の立場を採用することによる問題性を補うものであるとして積極的に評価するようである。

(38) 道垣内・前掲注(13)65頁。

(39) 三木素子「判例解説」法曹会編『最高裁判所判例解説民事篇平成18年度（下）』902頁（法曹会、2007）は、本判決の調査官解説のなかで、最高裁平成18年判決は、行為目的を考慮するものではないと明確に述べている。また、倉地・前掲注(20)121頁は、最高裁平成21年判決は、最高裁平成18年判決のいう「特段の事情」を容易には肯定しない姿勢を示したという。なお、和知麻里亜「外国国家の私法的行為に対する民事裁判権－最二判平成18.7.21を巡って」金判1254号3頁（2006）は、「特段の事情」とされる場合として、わが国が外国等に対して裁判権を行使することが、当該外国に対する主権侵害とはならないとしても、わが国と当該外国との間で政治的な問題を生じることが明らかなような場合も含まれるという。また、林・前掲注(25)5頁は、最高裁平成18年判決に対する評釈のなかで、私法的・業務管理的な行為といっても、通常は、つまるところ国家の主権行使のために実行されるものであることから、主権的行為と私法的・業務管理的な行為の区別の判断が困難であることは否定できず、今後は、「特段の事情」の枠組みのなかで、私法的・業務管理的な行為と認定できる場合であっても、裁判権の行使による外国国家の主権行使への影響等を検討する必要があるという。

(40) 河野・前掲注(4)149頁。竹下啓介「民事裁判権免除に関する日本の現状と課題」日本国際経済法学会編『国際経済法講座Ⅱ—取引・財産・手続』（法律文化社、2012）147頁は、行為性質説を採用する諸外国において、形式的に物品の売買等の契約又は取引であれば常に免除が否定されるといった単純な行為性質基準説が採用されていたわけではなく、実質的な考慮が常にされてきたといい、主権的行為と私法的ないし業務管理的行為の区別の具体的な基準の明確化の必要性を説く。

(41) 東京地裁平成12年10月6日判決（判タ1067号263頁）、東京高裁平成12年12月19日判決（金判1124号36頁）参照。

(42) これに対して、臼杵知史「外国国家の裁判権免除」平成13年度重要判例解説（ジュリ1224号）309頁（2002）は、前掲東京高裁平成12年12月19日判決は、契約の最終目的が重視され、裁判権免除が認められたことから、行為性質基準説よりむしろ行為目的基準説に依拠する先例と位置づけることができるという。

(43) 飛澤編著・前掲注(14)70頁以下。

(44) 飛澤編著・前掲注(14)72頁（注3）参照。

(45) 河野・前掲注(4)156頁参照。

(46) 対外国民事裁判権法9条1項は、労働契約に基づき、実際に日本国内において労働の全部又は一部が提供され、又は提供が予定されているものに関する裁判手続において、外国等はわが国の裁判権から免除されないものと定め、外国等がわが国の裁判権から免除されない場合を労務提供地にわが国が含まれる場合に限定している。このことは、まさしくわが国の労働法秩序の維持が問題となる場合には、わが国の裁判権の行使が正当化されるとの考えを反映しているといえる。なお、竹下・前掲注(40)154頁は、対外国民事裁判権法が、本条項も含め、日本との領域的関連性を考慮して免除の範囲を決定していることは、紛争当事者たる他国の紛争解決との抵触の可能性にもかかわらず、わが国の民事裁判権の行使の正当化根拠を示すものであるという。

(47) 河野・前掲注(4)153頁以下参照。倉地・前掲注(20)120頁も、労働契約の場合に関し、商業取引、商業活動を念頭において議論されているのと同じ基準によることには困難を伴うという。

(48) 飛澤編著・前掲注(14)41頁。

(49) 高桑・前掲注(15)10頁は、外国等の主権的な機能を有するものによる雇用は、私企業等による雇用契約とは異なることから、裁判権免除の特権を主張し得る範囲が広くなっているという。

(50) 飛澤編著・前掲注(14)45頁以下は、外国等が就労を拒否している期間につ

いての賃金の支払を求める裁判についても、事実上、外国等に採用等を強制することになるのと同様の効果があるとして、裁判権免除を認めることが相当であるという。なお、すでに述べたように、最高裁平成21年判決は、不当解雇を理由とする雇用契約上の権利を有する地位確認請求と未払賃金請求が求められた事案につき、アメリカ合衆国ジョージア州に裁判権免除を否定していた。平・前掲注(20)300頁は、在外公館や政府代表部による国際貿易の促進や商業活動の拡大のための業務は、一般的に主権的権限の行使の範囲に入るとして判旨に異を唱え、裁判権免除を認めるべきであったという。最高裁平成21年判決は、原審が、「本件解雇の『正当事由』の有無について判断するため州港湾局の事務所閉鎖の必要性や被上告人の事業政策、財政状況等について審理することは主権の侵害に当たると判示するが、免除条約においては、上記のとおり、解雇の場合は、政府の長等によって安全保障上の利益を害するおそれがあるものとされた場合に限って免除の対象とされるなど、裁判権免除を認めるに当たり厳格な要件が求められていることに徴しても、原審の指摘するような事情が主権を侵害する事由に当たるものとは認められない。」との判断を下した。

(51) 道垣内・前掲注(13)65頁以下は、解雇その他の労働契約の終了に係わる損害賠償の訴えや申立てを裁判権免除対象から除外することは、外国等が労働者から提起された損害賠償の請求において勝訴するためには、解雇等が正当であったことを示すために、結果的に原告たる労働者の職務内容を明らかにすることを強いられることになり、職務内容等を他の国の裁判所の公開法廷において明らかにすることが当該外国の主権的利益に反することから裁判権免除が認められた趣旨に反するとして対外国民事裁判権法9条2項4号の定める括弧書きを問題視する。野村秀敏「民事判例研究（第41回）米国ジョージア州港湾局極東代表部職員の不当解雇を理由とする地位確認・賃金支払を求める訴訟と裁判権免除［最高裁第二小法廷平成21.10.16判決］」法律のひろば63巻6号54頁（2010）も参照。

(52) なお、外国等がわが国の裁判権から免除されない場合として、外国等が責任を負うべきものと主張される行為を理由とする損害又は損失の金銭によるてん補に関する裁判手続に限定されていることから、損害賠償請求、損失補償請求、求償権行使等は対外国民事裁判権法10条にいう民事上の責任にあたるものの、代替物の交付請求、違法な行為によって生じた結果の除去請求等については対外国民事裁判権法10条の適用はないものと解される。飛澤編著・前掲注(14)54頁以下参照。

(53) 水島朋則「不法行為訴訟における国際法上の外国国家免除(1)」法学論叢

151巻6号122頁以下（2002）は、不法行為の場合は、取引行為の場合と異なり、外国等との間で事前に免除放棄を得ることができないことから、取引行為の場合よりも私人保護の要請が強いことを指摘する。

(54)　民訴法3条の3第8号は、「不法行為に関する訴え」につき、「不法行為があった地が日本国内にあるとき（外国で行われた加害行為の結果が日本国内で発生した場合において、日本国内におけるその結果の発生が通常予見することのできないものであったときを除く。）。」にわが国の裁判所に提起することができると定め、わが国が結果発生地である場合にも原則として国際裁判管轄を認めている。

(55)　飛澤編著・前掲注(14)52頁以下。

(56)　水島朋則「不法行為訴訟における国際法上の外国国家免除（2・完）」法学論叢152巻3号124頁以下（2002）は、被害者は不法行為が外国国家による主権行為であるかを予測することは通常不可能であって、それが非主権行為である場合には外国等に裁判権が行使されるが、主権行為である場合には外国等に裁判権免除が認められるという考えは、被害者間に不平等を生じることに何らの関心も払わないものであると批判していた。

(57)　道垣内・前掲注(13)66頁は、対外国民事裁判権法の適用上は、外国軍隊・軍人による自国内での不法行為について外国等に裁判権免除を認める直接の根拠はなく、同法3条にいう「この法律の規定は、条約又は確立された国際法規に基づき外国等が享有する特権又は免除に影響を及ぼすものではない」との定めから、日米地位協定及び外国軍隊の活動については裁判権免除を与える旨の国際慣習法の存在を根拠にすべきであったという。

(58)　原・前掲注(9)23頁以下参照。また、水島・前掲注(10)44頁は、対外国民事裁判権法成立前であったが、対外国民事裁判権法10条が準拠した国連裁判権免除条約12条（人の身体への傷害等についての免除例外規定）に従って免除が否定される可能性を指摘する。横溝大「判例批評　アメリカ合衆国に対してなされた横田基地における軍用機の夜間発着に関する差止め及び損害賠償請求の可否」法学協会雑誌120巻5号1061頁以下（2003）も参照。

(59)　なお、吉田・前掲注(9)394頁以下。

(60)　大審院昭和3年12月28日決定（民集7巻1128頁）参照。

(61)　飛澤編著・前掲注(14)56頁以下。

(62)　飛澤編著・前掲注(14)65頁。

(63)　なお、松井章浩「国連国家免除条約における執行免除規則の新たな形成」立命館法学2010年5・6号1337頁以下は、国連国家免除条約は少なくとも執行

免除については絶対免除主義の方向に免除範囲を拡げる形で法典化された条約であるところ、対外国民事裁判権法は、「少なくとも執行免除については国家免除条約そのまま依拠したので、絶対的な執行免除規則を有する国内法となった」という。

(64) 飛澤編著・前掲注(14)79頁。

(65) 保全処分の申立てを行い、保全命令を得た債権者は、執行がはじめから問題とならない保全処分の場合を除き、原則として、その執行のためにはあらためて申立てを行わなければならず、金員仮払いを命ずる仮処分を得た債権者は、金員仮払いを望む場合、仮処分命令（決定）に基づき執行の申立てをあらためて行わなければならない。勝訴の給付判決を受けた原告が、強制執行のためにはあらためて申立てを行う必要があるのと同様である。

(66) 飛澤編著・前掲注(14)79頁。

(67) 裁判権免除と強制執行免除との関係については、松井章浩「国際法上の国家財産に対する強制執行からの免除」立命館法学2003年4号78頁以下参照。なお、東京地裁昭和57年5月31日判決（下民33集5〜8号875頁）は、被申請人たる欧州共同体委員会が試用期間を3か月と定めて、期間の定めなく被申請人の駐日代表部の現地職員として採用されながら本採用を拒否された申請人が、地位保全及び賃金仮払いの仮処分を求めた事案において、被申請人が裁判権からの免除の放棄はしたものの、執行についての免除は享有するとして、本件申請は訴えの利益を欠く旨主張したのに対し、「被申請人がその主張のとおり特権及び免除を享有するものであることは当事者間に争いがないが、判決形成手続と執行手続とは分離して観念することができるものであつて、判決の執行を拒否される可能性があるからといって、直ちに、判決形成手続における訴えの利益がないということはできない。」との判断を示していた。

(68) 混合口座に対する執行免除については、多喜寛「執行免除に関する最近の諸外国の裁判例の動向」国際法外交雑誌103巻4号77頁以下（2005）参照。

(69) なお、信森毅博「中央銀行からみた主権免除法制整備の必要性」NBL753号19頁（2003）は、英米において、制定法上、外国金融当局名義の資産に対する執行は、その保有目的等を問わず認めないという手厚い保護を与えている背景には、外国金融当局の政策目的を尊重するにとどまらず、外国金融当局による自国通貨建て資産への投資を促進する狙いがあると指摘する。

(70) 飛澤編著・前掲注(14)94頁。

(71) 飛澤編著・前掲注(14)106頁参照。

Ⅳ. おわりに―設例解説にかえて

設例は、東京地裁平成17年12月27日判決（判時1928巻85頁）（以下「東京地裁平成17年判決」という。）の事案に関するものである。東京地裁平成17年判決は、「外国国家は主権的行為については民事裁判権が免除されるが、業務管理的行為については、我が国の民事裁判権に服するというべきである」と判示して、制限的主権免除主義の立場に立つことを明らかにした。

そのうえで、東京地裁平成17年判決は、「主権的行為と業務管理的行為との区別が問題となるところ、外国国家の主権を侵害しない限りで、国家との取引の相手方になった私人の権利についての裁判上の保護を図るという見地から、この区別は、外国国家の行為の性質の外、外国国家の行為の動機・目的を総合的に考慮して判断するのが相当である。もっとも、国家との取引の相手方の保護という観点からは、この場合に考慮すべき動機・目的は、国家機関の内部におけるものでは足りず、当該行為の内容として客観的に表示されていることを要するというべきである。」として、外国国家の行為の性質とともに、客観的に表示された外国国家の動機・目的をも考慮すべきものとの判断を示した[72]。

そして、東京地裁平成17年判決は、「本件各仲介契約は、国家が大使館用の土地建物を取得すること及びその購入資金の融資の仲介をその内容とすること、その交渉は、日本国政府、産業界、政界、金融業界の高級者レベルとの交渉が含まれているなどの点において、通常の商業取引としての不動産仲介やこれに伴う融資の仲介とはその内容が大きく異なり、外交目的を有する国家の主権的な活動という側面が強いというべきである。そして、以上の内容はすべて契約内容に取り込まれ、Ｘもそのことを承知の上で、当該契約を締結していることは明らかである。」ことから、本件各仲介契約の締結は国家の主権的行為であり、本件においてＹに対する我が国の民事裁判権は及ばないとした。

主権的行為と業務管理的行為との区別に当たって、外国国家の行為の性質から判断するか、目的を考慮するかの争いがあることは、商業的取引に関する裁判権免除例外に関する対外国民事裁判権法8条に関連して、前述したとおりである。同条のもと、商業的取引に当たるかどうかの判断に当たっては、「契約又は取引の性質が私人でも行い得る性質のものかどうかといった点から判断するのが相当である」とされ、いわゆる行為性質基準説によるべきも

第4章　3　主権免除と国際裁判管轄　　429

のとされている。

　XY間の本件各仲介契約は、土地建物取得及び取得費用融資の仲介契約であり、私人間で締結される仲介契約と性質上異なる点は見当たらないものの、東京地裁平成17年判決は、外国国家の行為の性質のみならず、客観的に表示された外国国家の動機・目的も考慮されるべきであるとして、裁判権免除を認めたものである[73]。

　しかし、主権的行為と業務管理的行為との区別に当たって、外国国家の動機・目的を考慮することになると、国家の行為はすべて国家目的に奉仕するものであることから、目的や動機の客観的表示の有無の判断如何にもよるが、結局、裁判権免除が認められることになってしまい、国家と取引を行った私人の権利について裁判上の保護が与えられないことになってしまう。東京地裁平成17年判決は、国家と取引を行った私人を保護するという観点から、主権的行為と業務管理的行為との区別に当たって、外国国家の動機・目的を考慮できるのは、国家機関の内部におけるものでは足りず、当該行為の内容として客観的に表示されている場合に限られるというが、取引の相手方である私人に外国国家の動機・目的から裁判権免除が認められる事案であるかについての判断の負担を負わせることには疑問がある。

　たしかに、一般に、外国国家の行為が業務管理的行為であると目されるものの、わが国が裁判権を行使することにより、外国国家の主権を侵害することになる場合が全くないとは言い切れないかもしれない。しかし、本件においては、Xは、Yからの委任に基づき、Yの大使館用の土地建物取得の仲介と土地建物取得費用についての融資に関する仲介等を行い、Yは現実に融資を受け、土地建物を購入したものであり、Xが訴えにおいてYに求めているのは報酬金等の金員の支払である。Xは、Yに対し、自らの契約上の義務を果たしたことを理由に報酬金等の支払を求めているにすぎず、Yに金員の支払以外の何らの行為も要求していないのであり、わが国が裁判権を行使することによりYの主権が侵害されるという「特段の事情」があるとは考え難い。

　東京地裁平成17年判決は、本件各仲介契約が、国家が大使館用の土地建物を取得すること及びその購入資金の融資の仲介をその内容とし、日本国政府、産業界、政界、金融業界の高級者レベルとの交渉が含まれているなどの点において、通常の商業取引としての不動産仲介やこれに伴う融資の仲介とはその内容が大きく異なり、外交目的を有する国家の主権的な活動という側面が強いと指摘するが、自らの契約上の債務を首尾よく履行したXからのYに対

する約定報酬金の支払を求める訴えにつき、わが国がYに対して裁判権を行使したからといって、Yの主権を侵害することになるような事態が生じるということを想定することは困難であるように思われる。

設例の事案におけるXY間の土地建物の購入及び融資に関する本件各仲介契約は、その性質上、一般に私人でも行い得る行為であり、対外国民事裁判権法8条にいう商業的取引にあたり、しかもYに金員の支払を求めるものであってYの主権を侵害するような事態も想定し難く、Yは主権免除を主張して、わが国の裁判権からの免除を主張することは許されないものと解される[74]。

＜注＞

(72)　東京地裁平成17年判決は、国連裁判権免除条約が、「外国国家が国家免除を援用することができない訴訟として「商業取引」を挙げ（同条約10条1項）、「商業取引」であるか否かを決定する際には、第1に契約又は取引の性質を基準としなくてはならず、ただし、当該契約又は取引の当事者が合意した場合、又は法廷地国の実行において当該契約又は取引の非商業的性質を決定する際にその目的が関連する場合には、当該目的も考慮されなければならないと定めていること（同条約2条2項）」も参考になるとも判示している。

(73)　東京地裁平成17年判決は、最高裁平成14年判決が「合衆国軍隊の航空機の横田基地における夜間離発着は、我が国に駐留する合衆国軍隊の公的活動そのものであり、その活動の目的ないし行為の性質上、主権的行為であることは明らかであ」ると判示していたことから、外国国家の行為の性質のみならず、外国国家の動機・目的をも考慮したものかもしれない。しかし、東京地裁平成17年判決後に下された最高裁平成18年判決は「その性質上、私人でも行うことが可能な商業取引であるから、その目的のいかんにかかわらず、私法的ないし業務管理的な行為に当たるというべきである」との判断を示している。

(74)　なお、設例の事案は、対外国主権免除法制定以前の最高裁平成18年判決の判断枠組みのもとにおいても、Yに裁判権免除が認められない事案であったと解される。

4 国際裁判管轄と国際仲裁

早川吉尚

Ⅰ．はじめに

Ⅱ．国際民商事紛争の特徴

Ⅲ．国際裁判と国際仲裁の異同

Ⅳ．わが国における国際仲裁の利用の停滞

Ⅴ．おわりに

設 例

1　日本法人Xは、米国法人Yとの間において、Yの製造する製品の納入契約を締結した。代金決済後、納入された製品は、Xの目からは品質に問題があるものであった。しかしYは、品質には問題はないと主張しており、現在、紛争となっている。

2　日本法人Xの船舶は、航行中、米国法人Yの船舶と衝突した。衝突事故の原因は、Xの目からはYの側に問題があるものであった。しかしYは、原因はXの側にあると主張しており、現在、紛争となっている。

Ⅰ．はじめに

　平成23年改正の民訴法により、これまで不明確であった国際裁判管轄に関するわが国の規律は、かなりの程度において明確にされた。そのことにより、国際裁判管轄に関する明文の規律が存在しなかった以前の状況に比して、わが国において裁判所という機関を用いて国際的な民商事紛争を解決することは、より容易になったと言えよう。

　もっとも、実務的には、国際的な民商事紛争の解決手段として、仲裁というもう一つの選択肢がある。そして、世界的には、この仲裁という手段の方が、時に国際商事紛争を中心に用いられていると言える。

しかし他方で、わが国に限っては、国際商事紛争の仲裁による解決が必ずしも盛んではなく、結果として、裁判所による解決に頼らざるを得ないという状況にある。

どうして、このような現象が実務上発生しているのであろうか。この点を明らかにするために、以下では、国際民商事紛争の特徴を明らかにした上で（Ⅱ.）、その解決手段としての国際裁判と国際仲裁の異同につき説明し（Ⅲ.）、さらに、わが国において（世界的な傾向とは異なり）国際仲裁の利用が停滞しているとすればそれは何故なのかについて解説を試みてみたい（Ⅳ.）。

Ⅱ. 国際民商事紛争の特徴

国際民商事紛争の解決の難しさの一つは、紛争解決地の候補となり得る国が複数存在するという点にある。A国の主体とB国の主体の間での紛争処理が問題となった場合、通常、A国側はA国を紛争解決地とする手続を、B国側はB国を紛争解決地とする手続を望むため、本案の解決に入る前に、どちらの国を紛争解決地とするのかという問題を別に処理せざるを得なくなる。しかも、この問題に解を与えるべき世界統一の基準といったものが存在していない。すなわち、当該紛争に対してA国が紛争解決地となるか否かはA国の基準で決められ、B国が紛争解決地となるか否かはB国の基準で決められているのであり、しかも、それぞれの基準が相異なっているのである。その結果として、本体たる紛争の解決に入る前に、紛争解決地の決定というこの問題に関してだけで、長年にわたりA国側とB国側の双方で争うことになるといった事態が発生するのも、決して珍しいことではない。

また、仮に当該紛争が日本において解決されることになったとしても、相手方や関連証拠（証人を含む）が外国に在住しているという特殊性をどのように考慮すべきであるかという問題が、手続の様々な局面において発生する。

さらに、判断権者による裁定といった形で紛争が一旦は解決したとしても、敗訴当事者が当該裁定に従わないため、強制的に当該裁定内容の執行をせざるを得ないという場合もある。しかし、強制執行の対象となり得る財産が自国に存在しない場合には、当該裁定に基づく強制執行につき財産の所在する外国に助力を求めることが必要となる。あるいは、自国に財産が所在する場合に、外国から当該外国の判決の強制執行に助力を求められるという事態が

第4章　4　国際裁判管轄と国際仲裁　　433

生じることになる。

　それでは、かかる国際民商事紛争の特徴は、国際裁判と国際仲裁という二つの紛争解決手段においては、それぞれどのように扱われるのであろうか。

Ⅲ. 国際裁判と国際仲裁の異同

1　紛争解決地の決定という点での異同

(1)　国際裁判における紛争解決地の決定

　まず、紛争解決地の決定の困難性という点において、国際裁判においてはどのような対処方法があるのであろうか。

　この点、国際民商事紛争の中でも取引紛争に関しては、両当事者間で国際裁判管轄合意を契約書等においてあらかじめ締結しておけば、当事者間で決定しておいた当該法廷地において国際裁判を行うことができることが多い。すなわち、各国は、通常、当事者間での国際裁判管轄合意を尊重し、かかる合意の存在を自国が国際裁判管轄を有するための管轄原因の一つに定めているのである。しかも他方で、かかる合意が他国を法廷地として排他的に指定する専属的な国際裁判管轄合意である場合には、自国の管轄を否定しているのである。その結果、専属的な国際裁判管轄合意を結んでおきさえすれば、紛争解決地の決定困難性というこの問題を解消できる可能性が高いと言えよう。

　しかし問題は、かかる国際裁判管轄合意が常に有効とされるわけではなく、しかも、そのように有効性を決するための要件が国によって異なっているという点にある。例えば、わが国の民訴法は、国際裁判管轄合意について書面性（電磁的記録をも含む）を要求しつつ（民訴3条の7第2項・3項）、「外国の裁判所にのみ訴えを提起できる旨の合意は、その裁判所が法律上又は事実上裁判権を行うことができないときは」これを援用できないとしている（同4項）。

　その一方で、会社法上の訴え、登記・登録に関する訴え、登録型知的財産権（特許・商標等）の存否・効力に関する訴えについては、わが国のものである限りわが国に専属的に国際裁判管轄があると定めており（民訴3条の5）、その反射として、これらの訴えについて外国を法廷地としている国際裁判管轄合意を締結したとしても、それは無効であるということになる。また、消費者紛争・労働紛争についても、消費者と事業者、労働者と事業主の間における管轄合意については、消費者・労働者の利益を害さない一部の場合を除

き、無効であると定めている（民訴3条の7第5項・6項）。また、新法制定前のものではあるが、「右管轄の合意がはなはだしく不合理で公序法に違反するとき等の場合は格別」である旨を判示したチサダネ号事件判決（最判昭50・11・28民集29・10・1554）も存在している（以上につき、**第2章7Ⅳ・Ⅴ参照**）。

ただ、かかる国際裁判管轄合意の有効性に関する基準はあくまでわが国独自のものであり、外国では当該外国独自の有効性に関する基準が存在している。そのため、例えば、A国を排他的に指定する専属的国際裁判管轄合意が結ばれている場合、かかる合意がA国とB国の有効性に関する基準それぞれの下で有効とされるときには、A国はA国が法廷地として利用されることを認め、他方でB国はB国が法廷地として利用されることを拒絶するため、紛争解決地は一つに収斂する。しかし、当該合意につき一方又は双方の国でその有効性が認められなかったときには、紛争解決地が複数になってしまったり、いずれの地も紛争解決地として認められなかったりする可能性すらあるのである。

(2)　国際仲裁における紛争解決地の決定

各国における紛争解決に関する合意の有効の基準の差異。この点、以上で説明した国際裁判に比して、国際仲裁については国ごとの差異が小さく、その結果、国際的な紛争解決の場を一つに収斂させるという機能がより高いと言える。

すなわち、国際的な民商事紛争を国家の裁判所を用いて解決することを前提にする限り、裁判制度が国ごとに様々に異なっている以上、一方の当事者は、相手方当事者の所在する国の裁判所で紛争の解決が図られる場合に、一方的に不利益を被る可能性がある。それは、立場が逆になれば相手方当事者にとっても同様であり、そのために、国家の裁判所を用いて紛争を解決するという前提に立つ限り、国際裁判管轄をめぐる争いが生じてしまうことは否定できない。しかも、上述のように、各国における国際裁判管轄に関する合意の有効の基準に大きな差異がある以上、せっかく国際裁判管轄合意を結んでいたとしても、争いの結果、国際的な紛争解決の場が一つに収斂しなくなる可能性が高くなる。

それでは、どちらかの国の裁判所で紛争解決を行うという前提を変えたらどうか。すなわち、どの国の裁判所でも紛争解決を行わない、あるいは、紛争解決に特定の国の裁判所を用いないといった発想への転換である。かかる

発想、すなわち、国際的な民商事紛争の解決を国家の裁判所以外の機関で行うという手法は、実は国際的な商事紛争の世界では古くから用いられていたのであり、そのため「国際商事仲裁」とも呼ばれてきた。

かかる国際仲裁においては、紛争の解決は、（特定国の国籍を有する裁判官ではなく）当事者が選定する仲裁人の指揮に任されることになる。その際、判断権者である仲裁人を両当事者とは国籍を異なる者とする、あるいは、多国籍の仲裁人からなる仲裁廷を構築することにより、国籍という点でどちらの当事者からも中立的な存在とすることも可能である。

また、かかる仲裁に関して、各国は、仲裁人の選任方法、審問手続のあり方、最終的に仲裁人により下される仲裁判断の効力、仲裁判断に対する取消しや執行の手続なども含め、国内法をそれぞれ独自に整備しているが、細かな点を除けば、その内容は相互に似通ったものになっており、しかも、広範な当事者自治を認めるものになっている。そのため、一部の領域における細かな点を除けば、仲裁手続の内容は国による差異がほとんどないという状況となっている。そのため、仲裁地をめぐる争いは、国際裁判における法廷地をめぐる争いに比して、当事者間において深刻度がそれほど高くない。

また、かかる仲裁を国際紛争の解決に利用するためには、両当事者間に仲裁合意が存在している必要があるが、その反面、仲裁合意がある限りは、各国法上、いずれかの当事者が裁判所で訴えを提起しようとしても、妨訴抗弁が成立し、かかる訴えは却下されることとなっている（UNCITRAL国際仲裁モデル法においては8条1項、その影響の下で成立したわが国の仲裁法では14条1項）。そして、かかる仲裁合意の有効性をめぐる基準についても、各国における差異は国際裁判管轄合意に関するそれに比して大きくない。

以上のようにみてくると、国際紛争の特殊性の一つである紛争解決地の決定の困難性という問題への対処という点において、国際裁判に比して、国際仲裁の方がより優れていることが分かる。

2 外国所在の相手方・関連証拠との関係での異同

(1) 国際裁判における外国所在の相手方・関連証拠

次に、国際民商事紛争においては、相手方や関連証拠（証人も含む）が外国に所在することが多いという特殊性があるが、この関係で国際裁判と国際仲裁の間にはどのように異同があるのであろうか。

まず、国際裁判においては、当事者に適法な送達が行われなければ、わが

国の裁判所における訴訟係属は認められない。しかし、被告が外国に所在しているような場合については、国内に所在する被告に対してなされているような方法、すなわち、郵便業務従事者等を使ってわが国の裁判所が直接に訴訟上の書類を交付するといった方法を行うことはできない。それは、送達という行為が、裁判所という国家機関が行う物理的な行為であり、ある国家（及びその手足となる者）が他国領土内において物理的な行為を行うことは、当該他国の同意がない限り、決して許されないという執行管轄権に関する国際法上の原則が存在しているからである。

とすれば、この原則に反しないように、外国に所在する被告に訴訟上の書類を交付するしかないということになる。すなわち、そのためには、①相手国領土内における物理的な行為を相手国自身に行ってもらうか、②相手国領土内で自国がかかる物理的な行為を行うことを相手国に承諾してもらうしかない。そして、そのような観点から、例えば、わが国の民訴法はその108条により、①「その国の管轄官庁」に嘱託するという方法と、②その国で活動することが一般に認められている「その国に駐在する日本の大使、公使若しくは領事」に嘱託するという方法（ただし、これらの者が送達に関する活動も行い得ることを当該国に認めてもらうことが前提として必要である）という二つの方法について、明文をもって定めている。

ただし、以上のような方法を使えば前掲の執行管轄権に関する国際法上の原則には反しないとしても、ある外国に所在する者が被告となった場合に、その都度、当該外国に対して、①その管轄官庁に送達の嘱託を打診する、あるいは、②その国に駐在する大使・公使・領事が送達に関する活動を行うことを認めてもらうというのでは、送達の実施に多大な時間がかかってしまう。そこで、そうした時間を節約するべく、円滑な国際送達のための国際的な司法共助の体制が様々な形で構築されているのであり、例えば、わが国も多国間のものとしては、ハーグ国際私法会議により作成された「民事訴訟手続に関する条約（ハーグ民訴条約）」及び「民事又は商事に関する裁判上及び裁判外の文書の外国における送達及び告知に関する条約（ハーグ送達条約）」の締約国になっており、二国間のものとしても、「日本国とアメリカ合衆国との間の領事条約（日米領事条約）」や「日本国とグレート・ブリテン及び北部アイルランド連合王国との間の領事条約」といった二国間条約、さらに、その他の国々との間において二国間取決めを結んでいる。

しかし、そのような手段を用いたとしても、二国にまたがる様々な国家機関の手を経ざるを得ないため、早くて3か月、長い場合には2年が、外国に所在する国際送達のためだけに必要というのが実情である。

他方、証拠調べについても、証拠調べの対象が外国に所在する場合には、国境を越える送達と同様の問題が発生する。すなわち、証拠調べという行為が、裁判所という国家機関が行う物理的な行為である以上、前掲の執行管轄権に関する国際法上の原則に反しないような方法をとらなければならなくなる。

そのような観点から、送達と同様に、例えば、わが国の民訴法はその184条において、①「その国の管轄官庁」に証拠調べを嘱託するという方法と、②その国で活動することが一般に認められている「その国に駐在する日本の大使、公使若しくは領事」に証拠調べを嘱託するという方法（ただし、これらの者が証拠調べに関する活動も行い得ることを当該国に認めてもらうことが前提として必要である）という二つの方法について、明文をもって定めている。

ただし、その対象が外国に所在すると判明した場合に、その都度、当該外国に対して①や②を打診するというのでは、証拠調べの実施に多大な時間がかかってしまう。そこで、手続の円滑化のために、わが国も締約国になっている前掲のハーグ民訴条約や前掲の日米領事条約などに関連規定が置かれているが、十分なものではない。他方で、この問題を専門に取り扱う「民事又は商事に関する外国における証拠の収集に関する条約（ハーグ証拠収集条約）」がハーグ国際私法会議によって作成されているが、例えば、わが国は締約国になっていない。すなわち、国際裁判の場合、その対象が外国に所在するときには、証拠調べに様々な困難が伴うというのが実情なのである。

（2）　国際仲裁における外国所在の相手方・関連証拠

これに対し、国際仲裁については、（国家の裁判所とは異なり）当事者の合意によって構築された私的な手続にすぎないため、外国所在の相手方に直接に手続上の書類を送付するといった方法を行ったとしても、国家機関が行う物理的な行為とは評価されないため、前掲の執行管轄権に関する国際法上の原則に何ら反することはない。すなわち、国際仲裁においては、手続上の書類を外国所在の相手方に、国際郵便、国際クーリエ、ファックス、電子メールなど、いかなる方法によっても送付できるのであり、国際裁判に比して、

迅速性という点ではるかに優れていると言える。

　他方、やはり同様の理由により、外国に所在する対象（証人も含む）につき証拠調べをすることも自由に行うことができるのであり、その点でも国際裁判に比して手続の迅速性・円滑性という点ではるかに優れていると言える。

3　外国所在の財産への執行との関係での異同

(1)　国際裁判における外国所在の財産への執行

　第三に、国際民商事紛争においては、強制執行の対象となり得る財産が自国に存在しないことが少なくはないため、当該裁定に基づく強制執行につき財産の所在する外国に助力を求めることが必要となる、あるいは、自国に財産が所在する場合に外国から当該外国の判決の強制執行に助力を求められるという特殊性があるが、その関係で国際裁判と国際仲裁の間にはどのように異同があるのであろうか。

　この点、強制執行というものが、まさに国家機関が行う物理的な行為である以上、国境を越えてそれが行われる場合には、前掲の執行管轄権に関する国際法上の原則に反しないような方法がとられなければならない。すなわち、ある国の判決の強制執行につき、財産の所在する別の国が実施することに同意した場合のみ強制執行がなされるという外国判決の承認執行の方法がとられなければならない。

　そこで、例えば、わが国の民訴法118条は、「外国裁判所の確定判決」であっても一定の要件を具備する限り自動的に承認して既判力を与えると定め、さらに、民事執行法24条及び22条6号は、承認された外国判決の中でも執行判決請求訴訟を経て執行判決を得たものに関しては執行力を与えると定めている。

　しかし、このような外国判決承認執行制度を整えていない国も少なくはなく、そのような国に執行対象財産が所在する場合には、もはや強制執行の手段はないということになる。また、外国判決の承認執行に関しては、世界的な広がりをもった多国間条約の整備も遅れているのが実情である。すなわち、国際裁判の場合、執行対象財産が外国に所在するときには強制執行を諦めざるを得ない場合、判決内容の実現を諦めざるを得ない場合が少なからず生ずるのである（以上につき、**第4章1**参照）。

(2)　国際仲裁における外国所在の財産への執行

　これに対し、国際仲裁においては、内国仲裁判断と同様に外国仲裁判断の

円滑な執行が実現されるように、「外国仲裁判断の承認及び執行に関する条約（ニューヨーク条約）」が国連により作成されており、現在に至るまでに150か国以上の締約国を集めるに至っている。かかる多国間条約のおかげで、外国仲裁判断については、外国判決よりも国際的な承認執行がはるかに容易であるという状況になっている。また、仲裁判断の承認執行のための国内法を整備する国も少なくはなく、その内容も相互に似通っている（UNCITRAL国際仲裁モデル法35条・36条、仲裁法45条・46条）。

　以上のようにみてくると、外国所在の財産への執行への対処という点において、国際裁判に比して、国際仲裁の方がより優れていることが分かる。

4　その他の点での異同

　以上のようにみてくると、国際裁判に比して、紛争解決地の決定という点、外国所在の相手方・関連証拠との関係、外国所在の財産への執行との関係といった点において、国際仲裁の方が、円滑に紛争解決手続を進めることができるという点で、優れた紛争解決手段であるということが分かる。

　また、この他にも、国際仲裁には様々な利点がある。すなわち、当事者が判断権者である仲裁人を選定できるため、例えば、専門性の高い特殊な取引をめぐる紛争については当該取引の専門家を仲裁人にするなど、紛争の特性に応じて専門的な知見を有する者を判断権者にすることで、質の高い判断を得ることができる。

　また、一審限りで手続を終了するのが通常であり、しかも、（裁判所内の法廷も裁判官も用いないため）審問の期日を連続的・集中的に設定するといった柔軟な対応が可能であるため、迅速な紛争の解決を実現することが可能である。

　さらに、非公開で手続が進められるのが通常であり、しかも、仲裁判断の内容についても非公開にすることが可能であるため、紛争解決手続を通じて企業の重要な情報が第三者に流出してしまうといった問題を発生させることもない。そして、当事者・仲裁人・その他の関係者に守秘義務を課すといった方策を併せて行えば、紛争が発生から解決に至るまでの全てを秘密にすることも可能である（紛争に巻き込まれているという事実それ自体が、自らの信用を損なうと考える企業も少なくはない）。

　なお、このように利点の多い仲裁ではあるが、国家の税金により運用される裁判所の下での手続に比べれば、全ての手続費用を当事者が自弁しなけれ

ばならないため、費用という点に問題があるとは言える。しかし、控訴審や上告審というように訴訟が長引いた場合の弁護士費用や、紛争がなかなか解決しないことそれ自体から生ずる損失までをも考え合わせると、仲裁の方が高くつくとは必ずしも言えない部分もある。

5　設例の検討

　このようにみてくると、その他の点においても、国際民商事紛争の解決手段として、国際仲裁の優位性は明らかであるように思われる。したがって、設例1のような国際取引紛争については、ＸＹ間であらかじめ契約書に仲裁条項を挿入しておけば、それに従い国際仲裁によって効率的に紛争の解決を行うことができるということになる。

　しかし問題は、仲裁については当事者間に仲裁合意があらかじめ締結されていない限り手続を行うことができないという、仲裁のその本質的な限界にある。すなわち、契約締結時に仲裁条項が挿入されなかった場合には、後の紛争発生時に相手方が仲裁による紛争の解決に応じようとしない、あるいは、そもそも紛争解決そのものに応じようとしないという状況にある限り、結局のところ、紛争解決については国際裁判に頼る以外はないのである。したがって、設例2のような国際不法行為紛争については、ＸＹ間であらかじめ仲裁合意を締結することが事実上不可能であるため、国際仲裁の利用はできず、国際裁判に頼らざるを得ないということになる。

　他方、上述したように、国ごとにどのような問題について仲裁に任せることを認めるかにつき独自の基準を定めているため（仲裁可能性）、仮に当事者間で仲裁合意を締結していたとしても、紛争類型によっては当該仲裁合意の有効性が認められない可能性があり、その場合にも、結局のところ、国際裁判に頼る以外はないということになる。

Ⅳ. わが国における国際仲裁の利用の停滞

1　わが国における国際仲裁の利用の停滞

　以上のように、当事者間で仲裁合意を結ぶことができない場合を除けば、国際民商事紛争の解決のためには、国際裁判よりも国際仲裁の方が様々な点で優れた方法であると言える。そのため、世界の実務としては、万が一紛争が発生した場合に国際仲裁が利用できるように、国際取引のための契約書に必ず仲裁合意を挿入することが常識化している。

しかし、わが国の実務においては、諸外国の実務に比べ、国際仲裁の利用が必ずしも常態化していない。それはいったいどうしてであろうか。

2　日本の社会と「仲裁」

わが国において「仲裁」という言葉の意味を辞書で引くと、まず出てくるのが、「対立し争っている者の間に入ってとりなし、仲直りをさせること」といった説明である。「喧嘩の仲裁に入る」といった日常的な表現にも見出されるこのイメージは、まさに日本人が有している「仲裁」という言葉に対する一般的な理解であると言えるであろう。

もっとも、法的には、かかる内容の行為は、むしろ「調停」という概念の中に整理されることになろう。このことを逆に言えば、日本においては「仲裁」と「調停」の概念的区分が、一般のレベルにおいては曖昧なのである。実際、新聞報道のレベルにおいてすら、少し前においては、Court of Arbitration for Sportのことを「スポーツ調停裁判所」と訳して用いる例が少なくはなかった。

それでは、こうした現象はどうして発生しているのであろうか。この点、日本における古くからの紛争解決のあり方として、法的な意味での仲裁制度が有する裁断型の紛争解決というものが、社会全体として避けられてきたという点に、その理由を求めることができよう。すなわち、一定の規範の下、勝敗をはっきりつけるという裁断型の紛争解決には、敗者の方に「しこり」が残るという一定の問題がある。そしてこの問題は、閉ざされた村社会の中で、今後もその当事者と関係性を継続していかなければならないという状況の下では、勝者にとっても悪影響を及ぼす。とすると、むしろ望まれるのは、「対立し争っている者の間に入ってとりなし、仲直りをさせること」という調停型の紛争解決なのであり、そのことは理想的な紛争解決のあり方の伝承とも言える「大岡裁き」における逸話のほとんどが、かかる調停型の紛争解決であることにも現れていると言えよう。

その意味では、日本においては伝統的に、裁断型の紛争解決システムのニーズが、相対的に乏しかったと言える。そうであるとすると、明治維新以降、西欧の近代的法制を次々に表面的にでも導入し、外形だけでも近代国家の体裁を整えようとしたその時代において、西欧において存在していた裁断型の紛争解決システムであるArbitrationという制度につき、近代法制度の一つとして導入しようとしたものの、実際のニーズはほとんどなく、また、この制度に対応する日本語も存在しなかった。しかし、翻訳をしないわけにはいか

ない。そこで、幾分かは似た要素がないわけではない「仲裁」という言葉を無理に当てはめてしまったため、結果的に人々の一般的なイメージと法的な意味での制度内容にずれが生じ、また、もともとニーズも少なかったがゆえに、利用されることがなかったということになる。

3 法制度としての仲裁の導入と変容

ところで、以上のような説明は、近時において「仲裁法」が制定されるに至るまでの日本の仲裁法制の特異さにおいても、裏付けられるように思われる。

現在においてわが国は、UNCITRAL国際商事仲裁モデル法に依拠した世界標準の仲裁法制を有しているが、かつて、「民訴法」の一部を構成していた時代におけるわが国の仲裁法制には（なお、その後の民訴法の改正によって「公示催告手続及ビ仲裁手続ニ関スル法律」という名の法律であった時代もあった）、奇異な点が少なからず存在していた。その一つが、当事者が合意しなかった場合における仲裁人の数についての定めである。

すなわち、特約がない場合の仲裁人選定権につき、当時の788条は「仲裁契約ニ仲裁人ノ選定ニ関スル定ナキトキハ当事者ハ各1名ノ仲裁人ヲ選定ス」と定めていた。これはデフォルトの仲裁人の数が2名であることを意味している。それは同時に、もしも仲裁人の間において判断結果に意見が分かれたとき、多数決により最終的な判断を下すことができないということをも意味する。つまり、紛争に対して最終的な判断を下すための制度であるにもかかわらず、時にその判断が下せないような存在として、システム構築がなされているのである。まさに破綻した制度以外の何物でもなく、当時においては外国の仲裁専門家に説明することすら躊躇された規定であった。

もちろん、かかる制度は、明治維新以降の近代法制形成の過程、外国法制度の導入に過程において形成されたものであった。しかも、当時においてすら外国の仲裁法制はいずれも、（多数決との関係で）仲裁人の数を当然に奇数としていた。ところが、導入の過程で、日本独自の観点から、仲裁人の数が偶数の2名に変容されたのである。

このことは注目に値する。つまり、当時の日本社会における実際の状況、すなわち、上述した裁断型の紛争解決システムへのニーズの乏しさ、調停型の紛争解決システムへの志向性といった実情が、近代法制度の一つである仲裁制度について、その機能に関する全く異なる理解の下、変容した形での受

容がなされてしまったのである。

　実は、当事者の間に立って紛争の解決を試みる者が2名という形は、調停の世界では決して珍しくはない。その際、1名では独断専行がなされるおそれがないとは言えないとの懸念の下、もう1名がバランスをとることにより、より良い調停を行うことができるとの説明がなされることがある。また、さらに言えば、江戸時代における幕府の役職に着目しても、どのレベルにおいても、2名の者が選任されていることが多く（大老といった職は緊急事態のみにしか認められない）、その際にも同様の説明がなされている。

　とすると、伝統的な日本の価値観が、西欧の近代によって形成された裁断型の紛争解決システムである仲裁という制度のそのままの受容を拒否させ、調停型の紛争解決システムに近いものとして構築させてしまった。しかし他方で、制度全体としては裁断型の紛争解決システムとしての規定も多数有しているのであり、結果として、極めて中途半端な制度として、近時に至るまで改正されることもなく、また、積極的に活用されることもなく、長らく放置されていたというのが実情だったのである。

4　国内紛争の裁断型紛争解決手段としての限界

　しかし、日本もいつまでも村社会であったわけではなかった。近代化、都市化の進展とともに伝統的な村落共同体は次第に解体され、また、資本主義の発達の下で企業の経済活動が活発化していくと、必然的に裁断型の紛争解決システムのニーズが高まることになる。それでは、そうした裁断型の紛争解決システムのニーズの拡大に、仲裁が応えたかと言えば、そのような現象は発生しなかった。すなわち、そのニーズに十二分に応えてきたのは、裁判所というもう一つの裁断型の紛争解決システムであった。

　興味深いことに、少なからぬ新興国においては、仲裁の積極的な利用が提唱されることがあり、実際にも利用が盛んな国もある。そしてその理由を探っていくと、汚職や手続の深刻な遅延など、当該国で裁判所が機能していないという実態を思い知らされることが少なくはない。

　しかし、わが国における裁判所、裁判官の位置付けは、そのような状況とは全く異なる。裁判官に関する国民の信頼感は高く、汚職その他のスキャンダルを聞くことはほとんどない（新興国の法曹関係者からは、それには何か秘密があるのかと真剣に質問がされるほどである）。また、判決の質も一般的には高く、十数年前に民訴法が改正されてからは、手続の進行もさらに効

率化・迅速化が図られている。しかも、仲裁人への報酬、審問場所の利用料も利用者たる当事者が自弁しなければならない仲裁と異なり、裁判官の給与、法廷の運営など、全て税金から賄われている。すなわち、仲裁を利用するインセンティブが、通常の国内紛争の解決についてはわが国に関してはほとんどないのである。

さらに言えば、仲裁の特質の一つである当該分野の専門家による判断を受けられるという点においても、例えば、知的財産権紛争に関しては、東京地裁や大阪地裁においては知的財産権紛争を専門とする部が存在するし、高裁レベルでは知財高裁が存在する。したがって、知的財産権紛争を専門にする「日本知的財産仲裁センター」が設立・運営されていたとしても、件数を集めることは難しく、実際にも仲裁の申立件数は非常に少ない。

もっとも、紛争の中には裁判所によって扱うことが難しいケースもある。例えば、スポーツ紛争やアンチドーピング紛争などであり、こうした類型については、「法律上の争訟」しか扱えない日本の裁判所の限界もあって、「日本スポーツ仲裁機構」や「日本アンチ・ドーピング規律パネル」といった機関が、仲裁の枠組みによって裁判所の手が届かない紛争の解決に機能を発揮している。

だが、そうした例外を除けば、国内紛争について裁断型の紛争解決を提供するシステムとして、わが国においては、仲裁というシステムは裁判所というシステムに決定的に負けてしまっていると言わざるを得ない。

5　日本社会の国際化と国際仲裁の利用可能性

それでは、国内紛争については仲裁の利用の可能性が少ないとするならば、国際紛争はどうか。この点、国際紛争については、仲裁の利用には大きな意義がある。このことは、上述のように、裁判所を利用して国際紛争を解決する場合と比べると、極めて明らかである。

そして、その意義の存在は、日本社会が次第に国際化し、日本企業の海外との取引が増大するにつれて、利用者たる日本企業にも認識されるようになってきている。日本商事仲裁協会を用いて日本で行われる仲裁の件数は、この十数年の同協会の統計を見ても、飛躍的に増大しているというわけではないが、国際商業会議所（ICC）国際仲裁裁判所における当事者の所属国の統計を見る限り、アジアの中では（その人口から当然の帰結である）中国、インドの次の席次を他の国と毎年争うような状況になっている。すなわち、日本

第4章 4 国際裁判管轄と国際仲裁 445

以外を仲裁地とする仲裁をも含めれば、日本企業の仲裁の利用は確実に増大しているのである。

だが、そうした例外を除けば、国内紛争について裁断型の紛争解決を提供するシステムとして、わが国においては、仲裁というシステムは裁判所というシステムに決定的に負けてしまっていると言わざるを得ないのである。

V．おわりに

以上において、国際民商事紛争の特徴を明らかにした上で、その解決手段としての国際裁判と国際仲裁の異同につき説明し、さらに、わが国において（世界的な傾向とは異なり）国際仲裁の利用が停滞しているとすればそれは何故なのかについて解説を試みてきた。

ところで、近時の日本については、「国際化」という言葉では捉えられないと考えられているのか、「グローバル化」の急速な進展の中に巻き込まれていると説かれることが多い。実際、現在のわが国においては、身の回りの品々の中に、純粋に「made in Japan」のものを探すほうが難しくなっている。もちろん、こうした流れに抗おうとする「反グローバリズム」と呼ばれる主張も存在するが、しかし、現在の状況は、反対の意見を表明したからといって、すぐにその流れを止めることができるような単純な状態にはもはやない。

その1つの理由は、日本社会における人口減、及び、少子高齢化という現実の中にある。2010年代半ばの現在、日本の人口は1億2,700万人ほどであるが、この数は次第に減少すると合理的に予測されている。ある将来予測によれば、2030年には1億1,000万人台、2050年には1億人を切ると予想されている。

しかし、これ以上に深刻なのは、全人口に占める若年者層の割合が急速に低下し、高齢者層の割合が急速に増加しているという問題である。現在、15歳未満の子供の割合は13％ほどであるが、65歳以上の割合は23％を超えている。そして、ある将来予測によれば、2035年には3分の1を超え、2060年には40％にまで達すると予想されている。

この急激な少子高齢化現象については、若年者層の社会保障費の負担増加との関係で問題視されることが多い。しかし他方で、わが国の経済を支える日本企業の業績という点においても、深刻な問題である。ある地域における人口減は、その地域において売買される商品の数や提供されるサービスの数の減少を意味する。すなわち、マーケットの縮小である。加えて、相対的に

高齢者は購買活動を積極的にしない傾向がある、逆に言えば、商品やサービスの購買者の中心は若年者層であるがゆえに、少子高齢化はマーケットのますますの縮小を意味するのである。

とすると、日本企業は、日本のマーケットだけをターゲットにビジネスを行っている限り、将来の売上げは当然に減少していくしかなく、現在の企業規模や従業員数を維持していくことすら難しくなるということになる。

ところが、日本の周辺の「新興国」と呼ばれている国々においては、全く状況が異なっている。特に、アジアの諸国においては、例えば、13億5,000万人の中国、12億人のインド、2億5,000万人のインドネシア、1億8,000万人のパキスタン、1億5,000万人のバングラディッシュ等々、ただでさえ莫大な人口を抱える国が多い上に、そうした人口がますます増大している国がほとんどである。加えて、人口に占める若年者層の割合が高く、しかも、そうした人々の生活水準が急速に向上している。すなわち、新しいマーケットが、まさにわが国の隣で急拡大しているのである。

とすると、わが国の企業がこれからを生き残っていくために何をしなければならないのかは、明白であるということになる。すなわち、アジアを中心に急拡大している新興国マーケットに対して自社の商品やサービスを効果的に売り込んでいけるか否かが、今後の事業継続・拡大の切り札になっているのである。そしてこのことは、一昔前の現象、すなわち、労働賃金や土地といった生産インフラの安さに着目して、工場などの生産拠点だけをそうした新興国に移すという形での国際化とは、また一つ次元を異にする新しい現象であると言えよう。

しかし他方で、新興国に対する投資においては、多大なリスクが伴う。そのリスクを一言でいうとすれば、「新興」国であるがゆえに伴う、先進国では当たり前のように存在している「法の支配」の欠如である。そして、かかる「法の支配」の欠如が裁判所についても存在し、かつ、当該国では「司法の独立」についても機能不全に陥っている場合においては、当該投資をめぐって紛争が発生した場合に当該地の裁判所に救済を求めても何らの助力も得られないばかりか、むしろ事態がさらに悪くなる場合すらある。

ここにおいて、国際仲裁の新たな重要性が浮かび上がってくる。すなわち、紛争解決地は当該新興国であるかもしれないが（もちろん、当該新興国以外にできるのであればさらに望ましい）、当該国の裁判所は用いずに紛争が解

決できるように事前に仲裁合意を締結しておく。そのことにより、（時に公正さに疑いが残る）現地の裁判所によってしか紛争が解決されないといった最悪の事態を防ぐと同時に、当事者が選んだ仲裁人によって現地での仲裁手続を進めさせるといった活用法である。

　新興国投資における紛争解決リスクをヘッジするための国際仲裁の活用。かかる形での仲裁の活用は、グローバル化の急速な進展の中で、日本の実務にとって、今後、極めて重要なものとなっていかざるを得ない。とすれば、（世界的な傾向とは異なり）わが国においては国際仲裁の利用が停滞していると述べるだけでは足りない。設例2のような仲裁合意のあらかじめの締結が事実上不可能であるような場合については別段、少なくとも設例1のような国際取引の場合については、国際仲裁によって効率的な紛争解決が必ず図れるように、わが国の実務における国際仲裁の活用についての理解、仲裁条項の挿入の常態化が促進されることが望まれる。

5 国際倒産管轄

田頭章一

Ⅰ. はじめに
Ⅱ. 国際倒産管轄
Ⅲ. 国際倒産合意管轄
Ⅳ. 国際倒産管轄と承認援助手続
Ⅴ. 国際倒産管轄と並行倒産
Ⅵ. 本稿のまとめと設例の検討

設 例

1　A国人Xは、証券取引で生計を立てており、近年は、平均年収3千万円程度の収入を得ていた。Xは基本的に自宅のあるA国に在住していたが、毎年約3か月間は、前妻と子がいる東京の賃貸マンションに滞在する生活であった。ところが、東京滞在中、突発的な事情による世界の証券市場の混乱により、保有する株式・債券等の価格が下落した結果、金融機関や友人から融資・出資を受けた資金の返還のめどが立たなくなり、支払不能に陥った。Xは、東京滞在中に当地の弁護士に相談したところ、破産手続を申し立てて、免責を受けるしかないだろうという意見であり、Xも破産の申立てを考えている。

　株式・債券投資関連の取引は、ほとんどA国証券会社を通じてのものであったが、一部は日本の証券会社を通じて行った日本の会社の株式等もある。Xに対する債権者は、A国の金融機関等が8割であり、残りが日本の証券会社や個人の投資家である。A国の倒産法によれば、個人破産者の清算手続における免責のためには、破産債権の一定割合を5年間にわたって支払うことが要件となっている。

2　B国で設立され、同国に本社機能を有するY株式会社は、日本及びC国に支店を有し、各国間のエネルギー資源の運搬を業とする海運業者

であった。関係国の景気減速などの事情により、海運需要が縮小したため、Y社は債務超過・支払不能に陥った。持ち船5隻中2隻は、現在、日本の港に停泊中である。B国及び日本の企業再建法制は、基本的な手続内容を等しくするが、C国は倒産法制が新しく、再建手続がどのような手続で行われるのか、予測しにくい状況である。Y社としては、日本の海運会社に事業を譲渡することによる事業再生を考えており、日本の民事再生手続か会社更生手続を申し立てたい。

　負債は、B国の金融機関等に対するものが全体の4割であるが、日本やC国の金融機関等に対する債務もそれぞれ3割ずつある。主要資産は、B国内の金融資産のほかは、上記の持ち船5隻であり、B国の本社並びに日本及びC国の支社は、賃借オフィスである。

I.　はじめに

　国際倒産管轄は、国境を越えた倒産事件の処理に関する国際的な管轄分配のルールである。多国間で効力を有する条約等（条約ではないが、EUの倒産手続規則〔Council Regulation（EC）No 1346／2000 of 29 May 2000 on Insolvency Proceedings〕がその典型例である[1]）の定めるルールによる場合のほか、各国の国内法で自国の国際倒産管轄が規定される。わが国では、破産法4条、民事再生法4条及び会社更生法4条が規定を置くところである（以下、それぞれの手続における国際倒産管轄を、「国際破産〔再生・更生〕管轄」という）。

　国際倒産法制の改正が実現した「民事再生法等の一部を改正する法律」（2000〔平成12〕年）の施行以前は、国際倒産管轄についての規定はなかった。そこで、有力学説は、国際裁判管轄について国内の裁判所に土地管轄が認められれば、当然に国際裁判管轄の存在も推知されるといういわゆる「逆推知説」に立って、国内倒産管轄に関する規定内容から国際倒産管轄の存否を「推知」する見解を採っていたが、国内管轄から国際管轄を推知するのは、その名のとおり論理的には逆であること、また国内管轄の規定は国際管轄の決定基準としては広すぎる場合（過剰管轄）があることなどの問題があり、国際倒産管轄ルールの立法による明確化が求められた[2]。

　そこで、上記のように民事再生法改正に合わせて、上記3法について、国際

倒産管轄の規定が設けられ、現在に至っている（2004年の破産法制定の際には、条文番号の変更や現代語化はなされたものの内容に変更は加えられていない）。

＜注＞
(1) EU倒産手続規則における国際倒産管轄規定の解釈に関するEU司法裁判所の判例については、野村秀敏「財産混同による倒産手続の拡張と国際倒産管轄権」国際商事法務40巻9号1432頁（2012）、安達栄司「ECの国際倒産手続法（2000年EC倒産手続規則）における管轄権恒定の原則」国際商事法務34巻8号1073頁（2006）などを参照。
(2) 過剰管轄の例としては、個人倒産者の最後の住所地（破産5条1項等、民訴4条2項参照）、倒産法人の代表者の住所地（破産5条1項等、民訴4条4項参照）が挙げられる。詳しい立法の背景については、深山卓也編著『新しい国際倒産法制－外国倒産承認援助法等の逐条解説＆一問一答』382頁以下、415頁以下、426頁以下（金融財政事情研究会、2001）、山本和彦『国際倒産法制』134頁以下（商事法務、2002）参照。

Ⅱ. 国際倒産管轄
1 国際倒産管轄の諸相
　個人又は会社その他の法人が、国境を越えて経済活動を行うことが日常的になった現在において、それらの法主体の倒産の処理を合理的・効率的に行うことは重要な課題である。その観点から見ると、債務者の経済的利益の中心地で単一倒産管轄を認め、そこにおける倒産手続により統一的に財産等の包括的処理がなされるのが理想的である。しかし、ある国で統一的倒産手続がなされることになると、他国の債権者は外国の裁判所で権利行使をすることを迫られるから、倒産関係各国は、国内の債権者のために、自国で倒産手続を行う利益を有する。したがって、各関係国が内国債権者の権利保護等の観点からそれぞれの国際倒産管轄規定をもつ結果、単一の債務者について、複数の国の国際倒産管轄が認められる場合がある（並行倒産）（後述Ⅴ. 参照）。また、管轄権が認められる国で開始された倒産手続について、他国でそれを承認・援助する手続（わが国の承認援助手続）を設ける例も多くなっており、その手続自体の管轄と共に、承認対象となる外国倒産処理手続の満たすべき管轄要件（これを、倒産手続自体の管轄「直接管轄」と区別して、「間

接管轄」という。）が問題となることもある（後述Ⅳ．参照）。

2　国際倒産管轄の規定

　まず、国際倒産管轄（直接管轄）に関するわが国の現行規定の概要をみておく。破産法4条及び民事再生法4条によれば、自然人である債務者については日本国内に営業所（債務者が営業者である場合に限る。）、住所、居所又は財産が存在するときに、また法人等である債務者については日本国内に営業所、事務所又は財産が存在するときに、わが国に国際倒産管轄が認められる。これらの管轄ルールは、債務者の生活や経済活動などとの関連性が強い地点を基準にしている点で、国内倒産管轄ルール（破産5条、民再5条参照）や民事訴訟法上の普通裁判籍（民訴4条参照）と基本的考え方を共通にしている。ただし、財産の存在のみを管轄原因として認めることについては、立法過程で議論があったところであり、①国内債権者は債務者の国内財産を引当財産として、与信をしているのが一般であること、また②内国債権者（とくに小規模・少額債権者）にとって外国の倒産手続に参加するのは大きな負担であるだけでなく、わが国と（あるいはわが国におけるのと）同様の実体的・手続的地位が保障されるとは限らないこと、などを考慮して、財産の存在を管轄原因として認める定めが置かれたものとされている[3]。財産が債権である場合には、その所在地につき、民事訴訟法の規定により裁判上の請求ができる債権は日本国内にあるものとみなされる（破産4条2項、民再4条2項）。

　以上の破産法及び民事再生法の規律に対して、会社更生手続では、——元来この手続は大規模な事業を行っている株式会社を対象とし、かつ担保権者等をも手続に取り込む慎重な手続であることから、——申立会社が日本国内に営業所を有するときに限り、わが国の国際更生管轄が認められている（会更4条）。

＜注＞

　(3)　深山・前掲注(2)383頁等参照。ただし、債務者の財産所在地の管轄につき、再生手続では、債務者の営業、生活等の本拠地の外国で再生手続を行うのがより実効的である点で、債務者財産等の適正・公平な清算を目的とする破産手続とはやや事情が異なるとの指摘がある。もっともこの論者も、再生手続でも「債務者が日本国内に一定以上の財産を有し、それらが有機的一体として経済活動に供与されているような場合」には、営業所等がない場合にも、日本で再生手続を遂行することが債務者の経済的再生に資する場合があるとい

う（才口千晴＝伊藤眞監修『新注釈民事再生法　上〔第2版〕』25頁〔花村良一〕（金融財政事情研究会、2010））。

Ⅲ．国際倒産合意管轄

　国際的な取引関係においては、詳細な条項を含む契約書を作成しているのが普通であり、契約に関する紛争は、指定された準拠法に従い、合意によって決定した法廷地又は仲裁地で解決されるのが実情である。しかし、仮に倒産債務者が当事者となっている契約に国際裁判管轄の定めがあり、それが有効であるとしても、それにより法定の管轄原因がないにもかかわらず国際倒産管轄が当該国に認められることにはならないと考えられる。倒産手続は、多数・多様な利害関係人が関与する集団的な手続であり、関係人間の平等や優先順位は体系性を持ち、その理念（例えば、再建手続の優先性をどの程度認めるか、債権者平等の例外をどの程度認めるか、など）は、国、そして手続ごとに異なる。したがって、私的自治が妥当する財産事件についての国際裁判管轄とは異なり、国際倒産管轄は事件とのより強い関連性を前提に、公益的な観点から決定されるものと考えられる。実例としては、わが国の発行会社がスイス・フラン市場で発行した私募転換社債の例が紹介されている[4]。この事案における引受契約に相当する契約には、スイス法を準拠法とし、関連する紛争の合意管轄裁判所は原則としてスイス国裁判所とされていたが、社債発行会社についてわが国の会社更生手続が開始・進行し、外国転換社債権者も更生計画による権利変更を受けることとなった。

　この事例は、国際倒産管轄が直接争われた例ではないようであるが、このような例で、スイスの（専属的な）倒産管轄合意が効力を持つがゆえにわが国裁判所の会社更生管轄が否定されるという考え方はとることができない（ただし、転換社債の内容等について、合意された準拠法が適用されることは、別論である。）。この点は、社債に関する法律関係は、発行会社が関係している法律関係の一部であり、その契約条項によってすべての利害関係人の利害が関係する倒産手続の国際管轄を規律することの不合理さから考えても、明らかであろう。

＜注＞
　(4)　竹内康二『国際倒産法の構築と展望』219頁以下（成文堂、1994）参照。

Ⅳ. 国際倒産管轄と承認援助手続

1 承認援助手続の意義

前述のとおり、国際倒産事件は単一の倒産処理手続によって処理されるのが理想であるが、現実における国家（主権）主義の下ではそれは実現困難である。そこで、現行の国際倒産処理における国家間の協力は、「外国倒産処理手続の承認援助に関する法律」（「承認援助法」）（平成12年11月制定。施行は翌年4月1日）によって行われる。この法律は、UNCITRAL（国連国際商取引法委員会）国際倒産モデル法の主要部分をいち早く取り入れて、外国倒産手続の対内的効力を適切に実現し、整合的な国際倒産手続の進行を図るために（承認援助1条参照）新しい法的枠組みを創設するものであった[5]。

国際倒産管轄との関係は、次の点が重要である。まず、承認援助事件は、東京地方裁判所の管轄に専属することである（承認援助4条）。ただし、承認援助事件を受理した東京地方裁判所は、著しい損害又は遅滞を避けるため必要があると認めるときは、職権で、外国倒産処理手続の承認の決定と同時に又はその決定後、承認援助事件を債務者の住所、営業所等又は財産所在地を管轄する地方裁判所に移送することができる（承認援助5条）。その趣旨は、債務者の日本における主たる営業所等が東京から離れた場所にある場合には、それらの場所を管轄する地方裁判所に事件を移送して（承認決定を前提とした）各種援助処分を行わせた方が適切であるという点にある[6]。

次に、承認の対象となる外国倒産処理手続の管轄（間接管轄）について、承認援助法17条1項は、「外国管財人等は、外国倒産処理手続が申し立てられている国に債務者の住所、居所、営業所又は事務所がある場合には、裁判所に対し、当該外国倒産処理手続について、その承認の申立てをすることができる。」と定める。つまり、ある外国倒産処理手続が承認対象となりうるためには、債務者の財産が当該外国にあるだけではなく、住所、営業所等のより強い管轄原因が必要とされているのである。これは、財産のみを管轄原因として国内倒産手続の管轄（直接管轄）を認めることは前述した理由で正当化されるとしても、承認の対象たりうる外国倒産処理手続は、財産の所在だけを根拠として管轄が認められる手続では不十分であるという考え方に基づく[7]。

2 承認援助手続と国際倒産管轄

外国倒産処理手続がわが国で承認され、援助処分が行われていても、わが

国の国際倒産管轄が制限されることはないから、破産手続等の倒産手続を開始することはできる。ただし、日本で同一の債務者について外国倒産処理手続の承認援助手続と国内倒産手続が競合するのは、目的が重なる手続が並行することになり、不合理である。そこで、外国倒産処理手続の承認援助手続と国内倒産手続が競合するときは、国内倒産手続が優先する（承認申立てを棄却する）という原則が採用され、ただし例外的に、外国倒産処理手続が外国主手続（承認援助2条1項2号参照）であるなど一定の要件を満たすときには、国内倒産手続が中止されるものとする規律が採用されている（承認援助57条1項等参照）[8]。具体的には、後述Ⅵ. の設例の検討のところで検討したい。

＜注＞
(5)　承認援助法の立法趣旨についての詳細は、深山・前掲注(2)13頁以下を参照。
(6)　深山・前掲注(2)50頁～51頁参照。
(7)　深山・前掲注(2)117頁参照。
(8)　なお、複数の承認援助手続が競合するときは、外国主手続の承認援助手続が優先するというルール（承認援助62条1項1号）などが採用されている。東京高裁平成24年11月2日決定（判時2174号55頁）は、ここでいう「外国主手続」の定義にある「主たる営業所」は、国連国際商取引法委員会（UNCITRAL）国際倒産モデル法にいうCOMI（center of main interest）と同義であるとして、競合する承認申立てにつきどちらが優先するかを判断した事例である。

Ⅴ. 国際倒産管轄と並行倒産

1　並行倒産の意義

Ⅱ. で述べたわが国の国際倒産管轄の規定に基づいてわが国の倒産手続が開始したら、その効力は対外的にも及ぶが（破産34条1項、民再38条1項、会更72条1項等参照）、現実には破産管財人等が外国所在の財産に対する管理処分権を得るためには、当該外国の承認援助制度を利用する必要がある。逆に、債務者に対してすでに外国の倒産処理手続が開始されていても、わが国の倒産処理手続が開始できないわけではない（Ⅱ. で述べたように、破産法や民事再生法は、財産所在地という緩やかな要件の下で管轄を認めている点を想起されたい。）[9]。その結果、わが国を含む複数の国に国際倒産管轄が認められて、いわゆる並行倒産といわれる状況が生ずることは避けられない。そこで、現行法は、同一債務者について複数国における並行倒産が生ずることを前提に、

第4章 5 国際倒産管轄 455

管轄競合による手続的混乱を避け、各手続間の協力・調整を図る規定を設けている。

2 並行倒産の規律

国際倒産管轄が複数の国に認められて、並行倒産状態が生じた場合の手続間の協力・調整のための方策の概要は、以下のとおりである。

第一に、国内手続の管財人等の外国管財人に対する協力要請権限、及び外国管財人との協力（努力）義務に関する定めが置かれている（破産245条、民再207条、会更242条）。また、外国管財人には、国内倒産手続の開始申立権、債権者（関係人）集会での出席・意見陳述権、再生計画案等の提出権が認められる（破産246条、民再209条、会更244条）。その他、外国倒産手続の存在に基づいて国内倒産手続の開始原因事実が存在することを推定する規定（破産17条、民再208条、会更243条）や、国内倒産手続の管財人及び外国管財人が自国手続の債権者を代理して相互の手続に参加する権限に関する規定（破産247条、民再210条、会更245条）などによって各国倒産手続間の協調的な処理が図られている。

後述の設例の検討のところでまとめて述べるように、本稿の二つの設例においても、並行倒産手続が進行することは大いに考えられる。

＜注＞
(9) 竹下守夫編集代表『大コンメンタール破産法』28頁〔深山卓也〕（青林書院、2007）参照。深山・前掲注(2)384頁も参照。

Ⅵ. 本稿のまとめと設例の検討

1 本稿のまとめ

以上のように、わが国の法制上は、——手続によって若干差異はあるものの——国際倒産管轄はかなり緩やかな基準で認められる。外国倒産処理手続の承認援助手続との関係で独立の国内倒産手続が優先するというルールをも考慮すれば、日本の倒産手続を開始する可能性は相当広いものと言ってよいであろう。しかしながら、問題は、この広い国際倒産管轄のルールの適用場面ではなく、むしろそれを控えるべき場面はどのような場合か、という点にあるように思われる。外国倒産処理手続の承認援助手続の方が優先する場合はどのような場合か、また国際倒産管轄が競合して、いわゆる並行倒産状態になったときに、どのような協力体制（換言すれば、管轄権の行使の自制又

は譲歩)により調和のとれた国際倒産処理が可能になるのか。これらの点は、とくに事業再生に迫られた国際的企業が、事業の再生という目的からみてより使いやすい国の倒産手続を選択してきたときに、わが国の裁判所(又は外国の裁判所等)がどのような対応をとるか、という場面などではっきりと意識されることになろう。

　そのような意味で、国際倒産管轄(いわゆる直接管轄)の有無自体が直接争点とされる事件は今後もあまり生じないのではないだろうか。むしろ、管轄を認めた上で、承認援助手続との優先関係や並行倒産における協調関係をどのように図っていくかという点が問題となるケースが多く登場することが予想される。

2　設例における国際倒産管轄

(1)　設例1について

　設例1のXは、日本に3か月間滞在中に倒産状態になっているから、日本に居所(民23条参照)があると考えられる。したがって、破産法4条1項に基づき、わが国に国際破産管轄が認められる。また、Xが有する株式や債券に関する財産上の請求権(債権)については、少なくとも日本の会社に対する権利については、わが国の裁判所に請求できると解され(民訴3条の2第3項参照)、わが国にあるものとみなされるから(破産4条2項)、財産所在地を理由とする国際破産管轄も認められよう。

　なお、わが国の破産手続が開始しても、Xの住所地であるA国の国際破産管轄は通常認められると考えられるから、わが国とA国において、Xについて二つの破産手続(又はそれに対応する手続)が進行することもありうる(並行倒産〔破産〕)[10]。

(2)　設例2について

　設例2のY社は、海運業を営むB国法人であるが、日本とC国にも支店を有し、その主たる財産である5隻の船舶中2隻が日本に停泊中であるというのである。そうすると、わが国に財産が所在することによりわが国の裁判所に国際再生管轄が(民再4条)、また、わが国に支店(営業所)があることにより国際再生・更生管轄が認められる(民再4条、会更4条)[11]。

3　国際倒産管轄の合意の効力(設例2)

　現実に国際倒産管轄の合意が置かれる可能性があるのは、設例2のケース

である。そこで、このケースを前提に考えると、仮に、Y社の5隻の船舶を使った国際運送契約に、B国又はC国を専属管轄裁判所とする国際裁判（及び倒産）管轄の条項があっても、日本の国際再生・更生管轄は認められよう。なぜなら、Ⅲ．で述べたように、倒産手続は、上記契約当事者に限定されない利害関係人が関与する包括的・集団的な利害調整のための手続であるからである。したがって、前述したように、Y社については、財産・営業所所在地を根拠に日本の国際再生・更生管轄が認められる以上、わが国の民事再生手続又は会社更生手続の申立て・開始が可能である。さらに言えば、Y社は日本の海運会社への事業譲渡により再生することを考えている点も、日本の国際再生・更生管轄を根拠づける事情の一つといってよいであろう。

4　設例における並行倒産と承認援助手続

設例1では、Xについてわが国とA国双方で国際倒産（破産）管轄が認められる場合がある。両国で破産手続が開始したら、「並行破産手続」と言われる状態が生ずることになる。両国のうち1国だけで破産手続が開始され、もう一方の国はその破産手続を承認援助する立場をとることが効率的な事件処理の観点からは望ましい場合が多いであろうが、国際倒産管轄の観点からは、並行倒産の可能性は広く認められる。その結果、前述したように、承認援助手続と並行倒産との優先関係や並行倒産における独立手続間の協調関係がその先の重要問題となるのである。また、設例2において、仮に、Y社につき、B国やC国の倒産処理手続が先に開始された場合でも、日本における民事再生・会社更生手続を開始することはできるし、仮に日本で当該外国倒産処理手続に対する承認申立てが先行しても、日本の再生手続等が申し立てられたら、原則として再生手続等が優先的に進行することになる（Ⅳ．2参照）。実際の国際倒産事件の中には、わが国の承認援助手続を経て、並行倒産へと移行した事例もある[12]。

＜注＞

(10)　免責手続についての国際管轄は、原則として破産手続のそれに基づくと考えられるから、免責手続についても並行して進行する可能性がある。免責手続は、財産等の清算手続としての（狭義の）破産手続よりも、国ごとの理念、条件等が異なるから（本設例でも、A国では破産債権の一定額を5年間にわたり支払うことが要件とされており、わが国の免責制度とは大きく異なる想定

である）、各手続の独立性は強く、手続間の調整は困難な場合が多いであろう。

(11)　もっとも、Ｂ国及びＣ国にも国際倒産（再生・更生）管轄が認められる可能性も大きく、その倒産手続地は、第1次的には、債務者の選択に委ねられるのが通常である。このような倒産手続の選択が合理性を保ちつつ、「フォーラム・ショッピング」として否定的にとらえられることがないよう、適切に運用していくことが必要である。この点については、堀田次郎＝葛西功洋「グローバル化の中で裁判所が直面する課題①－国際倒産事件の現状と裁判所が直面する課題－」法の支配181号60頁（2016）参照。

(12)　片山英二ほか「日米にまたがる麻布建物（株）にみる－承認援助手続と国際並行倒産」事業再生と債権管理127号67頁以下（2010）。

第4章　6　国際民事保全（管轄・審理・執行）　　　459

6　国際民事保全（管轄・審理・執行）

小林秀之

Ⅰ．はじめに
Ⅱ．国際保全管轄
Ⅲ．国際民事保全の審理
Ⅳ．国際民事保全の執行
Ⅴ．設例の検討

設　例

1　船舶の修理を業とする韓国法人Ｘは、漁業を営むロシア法人Ｙの所有する本件船舶を修理したが、修理請負契約では韓国プサンの裁判所が専属管轄裁判所とされていた。ところが、Ｙは修理代金の一部を支払っただけで残代金を支払わなかったため、わが国の港に寄港した本件船舶をＸはＹを相手取って仮差押命令の申立てを行った。わが国の裁判所の仮差押命令に対して、Ｙは国際裁判管轄のない裁判所がなした違法な仮差押命令であるとして保全異議を申し立てた。

2　韓国法人Ｙの製造するシリコンウェハーを日本において継続的に供給する代理店ＸとＹとの間で、代理店契約の更新をめぐって争いが生じた。同契約には韓国を仲裁地とする仲裁条項と韓国法を準拠法とする条項が含まれていた。Ｘはわが国の裁判所に対し、契約履行請求権を被保全権利とする仮処分を申し立てた。

　設例は、いずれも近時（平成8年と19年）に争われた実際の国際民事保全事件をモデルにしている。

　平成23年改正法（新法）により新設された民事保全法（新法）11条は、本案の管轄裁判管轄又は仮差押対象物ないし係争物所在地を独立の国際民事保全管轄原因として規定している。しかし、立法の際の補足説明によれば、各々

460　　第4章　6　国際民事保全（管轄・審理・執行）

の概念は、民事保全法12条1項の国内民事保全管轄の文言の従前の意義解釈と異ならないとしているから、新法以前の判例・学説が民事保全法12条1項の国際民事保全管轄への準用を前提に議論していたことは、大筋においてあてはまるはずである。

　以下では、従来の学説・判例の検討から始めるが、多くは設例に対する近時の二判例以前のものであり、近時の二判例も新法以前のものであるため、新法についての今後の解釈論としては読替えが必要になってくる面もある。これらは、設問の検討と並行して最後に行う。

Ⅰ．はじめに

　国際民事保全法は、暫定的な仮の救済である民事保全手続のすべての段階について、国際保全管轄に始まり外国保全命令の承認・執行に至るまで国際的要素の取扱いをめぐる一つのまとまった小宇宙（ミクロ・コスモス）の世界であり、国際民事保全として一個の法領域を形成するにふさわしい内容を有している（本項目では、後記①国際保全管轄を中心に検討するが、他の局面も同時に考慮する必要がある）。

　国際民事保全法には、各局面に単独で考察するに値する問題が多数含まれ、しかも個々の問題は民事保全手続の各局面に対応した独立性を持った問題である。

　以下、国際民事保全法に包含される各局面のうち、重要なものを列挙してみよう。

① 　国際保全管轄

　　どのような場合に、国際民事保全のためにわが国の裁判所が審理・裁判を行うことができるのか。国際裁判管轄の民事保全版であるが、本案の国際裁判管轄との関係が特に問題となり、仮差押対象物所在地ないし係争物所在地の取扱いが焦点となる。

② 　国際民事保全の審理

　　被保全権利の審理との関係では外国法の調査と審理の迅速性との兼ね合いが特に問題となるし、保全の必要性との関係では国外への持ち出しの可能性が要件を満たすことになるのかが問題となる。また、いずれの要件の審理も疎明の困難さや翻訳との関係で、実務的な解決が求められる。

第4章　6　国際民事保全（管轄・審理・執行）　　461

③　外国本案訴訟との関係

　　本案訴訟の起訴命令に対して外国で本案訴訟を提起すれば、起訴命令を
　履行したことになるのか。また、外国本案判決の承認・執行のために既に
　存在する保全処分を利用できるのか等が問題になる。

④　国際民事保全執行

　　これには二つの局面が存在し、わが国の裁判所が命じた国際民事保全命
　令の執行段階の問題と外国保全命令の承認・執行の問題に大きく分かれる。

　このように、国際民事保全は、民事保全の各局面に対応した全体的な法体
系であり、個別的な局面ごとの考察が必要である[1]。しかし、現行民事保全
法の立法過程では国際民事保全法についての検討はほとんどなされず、現行
法立法時には国際民事保全法への考慮は乏しかった[2]。その後、平成23年改
正の新法では、民事保全法（新法）11条（従前の11条は削除）で、「保全命令
の申立ては、日本の裁判所に本案の訴えを提起することができるとき、又は
仮に差し押さえるべき物若しくは係争物が日本国内にあるときに限り、する
ことができる。」として、国際保全管轄規定を新設した（一問一答182頁以下参照）。
これにより国際裁判管轄と関連づけられたが、個別的には不明確さは残って
いる。以下では、新法11条が民事保全法に新設されていることを前提として、
国際民事保全の現状について説明する。

＜注＞

　(1)　道垣内正人「渉外仮差押え・仮処分」澤木敬郎＝青山善充編『国際民事訴訟
　　　法の理論』465頁（有斐閣、1987）。

　(2)　民事保全法の立法担当者による解説である山崎潮『新民事保全法の解説』
　　　（金融財政事情研究会、1990）は、国際民事保全法についてほとんど言及して
　　　おらず、唯一、民事訴訟法旧738条後段が外国において判決の執行を行うに至
　　　るべきときには絶対的な仮差押えの必要性を認めていたのを、新法が削除し
　　　たのは、事案に応じて必要性を判断すべきからだと説明しているくらいであ
　　　る（同書122頁）。

　　　これに対して、高桑昭＝道垣内正人編『新・裁判実務大系3　国際民事訴訟
　　　法（財産法関係）』（青林書院、2002）の道垣内正人「保全訴訟の国際裁判管轄」
　　　同書399頁、長谷部由起子「保全の必要性と被保全権利の存在」同書406頁、中
　　　野俊一郎「外国保全命令の効力」同書414頁の3論文は現行民事保全法下での
　　　国際民事保全を本格的に論じている。

462　　第4章　6　国際民事保全（管轄・審理・執行）

Ⅱ．国際保全管轄

1　国際保全管轄原因

(1)　旧法下の国際保全管轄

旧法下では、仮差押命令についての管轄は、仮差押対象物の所在地の裁判所と本案管轄裁判所について認められ（旧民訴739条）、仮処分命令についての管轄は、本案管轄裁判所を原則とし、例外的な「急迫なる場合」についてのみ係争物所在地の裁判所に認められていた（旧民訴757条1項・761条1項）。仮処分命令の「急迫なる場合」については、「仮処分の当否に付いての口頭弁論の為め本案の管轄裁判所に相手方を呼出す可き申立の期間を定める」ことを条件として係争物所在地裁判所の管轄を認めていて（旧民訴761条1項参照）、本案管轄裁判所での再審理をリンクさせていた[3]（わが国が係争物所在地にすぎない場合には、本案管轄裁判所での再審理をわが国の裁判所が行うことはできないため）。

(2)　民事保全法下の国際保全管轄

民事保全法は、管轄を専属管轄としつつ（民保6条）、保全命令事件の管轄裁判所を本案管轄裁判所又は仮差押対象物若しくは係争物所在地の管轄裁判所で地方裁判所としている（同12条1項）。仮差押命令については管轄裁判所は旧法と同一であり、仮処分については管轄裁判所を仮差押命令の場合と同様にし、係争物所在地を管轄する地方裁判所を独立の管轄裁判所としており、「急迫なる場合」であることを必要としない。「急迫なる場合」の要件を削除したのは、本案管轄裁判所での再審理手続をやめたことの兼ね合いからであり[4]、国内土地管轄規定としての性格は当然の前提とされている[5]。

国際保全管轄を考える場合には、専属管轄であることは重要であり、国内土地管轄がないのにわが国の国際裁判管轄を認めても意味がないから、国際保全管轄は本案管轄裁判所又は仮差押対象物若しくは係争物所在地管轄裁判所と同一範囲内になってくる。

(3)　国際保全管轄原因

国際保全管轄原因として、仮差押命令及び仮処分命令共通のものに本案管轄があるうえ、国内保全管轄がいわば国際保全管轄の上限を画することは、本案管轄についてマレーシア航空事件最高裁判決[6]及びその後の下級審判決が、国内土地管轄規定を原則として準用しつつ、当事者間の公平や裁判の適正・迅速に反する「特段の事情」がある場合には制限するという手法を採

用しているが[(7)]、民事保全法（新法）11条も、従前の国内保全管轄を国際保全管轄の一つの基準とする考え方を採用している。

2　仮差押命令の国際保全管轄

(1)　仮差押命令の国際保全管轄

民事保全法が、仮差押命令の管轄原因として本案管轄と仮差押対象物所在地の二つを挙げているが（民保11条・12条1項）、本案管轄で財産所在地（民訴3条の3第3号、旧民訴8条）が認められているために、管轄地域内に対象物が存在するときには両者はオーバーラップしてくる。

仮差押命令の国際保全管轄については、国内土地管轄（本案管轄と仮差押対象物所在地）を一つの基準として考えるのが従来の考え方であり[(8)]、国内土地管轄が専属管轄であることによる上限性や民事保全法（新法）11条の文言との適合性から、基本概念も同一である国内土地管轄原因を出発点として考えていこう。

本案管轄は、保全訴訟の付随性や当該請求権に関する情報がある可能性が高く担保の決定にあたっても適切な判断ができることが国内保全管轄原因の理由とされているが、基本的には国際保全管轄の場合にもあてはまる。問題となるのは、実効性であり、国内仮差押えの場合には仮差押対象物が存在する地の管轄裁判所・執行官に仮差押えの執行を委託できるから何ら問題がないのに対して、国際仮差押えの場合にはわが国に仮差押対象物が存在しなければわが国で執行できないうえ、執行に関する時間的制限（債権者の命令が送達された日から2週間以内（民保43条2項））もある。

仮差押対象物所在地は、仮差押えの管轄原因としては実効性の点では問題ないとしても、本案管轄で財産所在地が管轄原因であることとの関係から、独立に国際保全管轄原因とすることの意義は本案管轄がわが国にない場合である（外国裁判所を専属管轄とする合意がある場合や外国での仲裁合意がある場合など）。担保の決定にあたっては、対象物の価値も一つの基準になることは、仮差押対象物所在地を国際保全管轄原因とすることの根拠の一つになろう。

(2)　仮差押えの国際裁判管轄判例

仮差押えの国際裁判管轄について従前（平成以前）の判例は永和号事件とセルファースカーク号事件の2件があるが、いずれも旧民訴法8条の財産所在地により本案管轄を肯定し、それにより国際保全管轄を認めている。

464　第4章　6　国際民事保全（管轄・審理・執行）

① 永和号事件（関東庁高等法院上告部決昭元・12・27新聞2687・4）は、英国人Xが中国法人Yに対する消費貸借債権保全のため、中国における日本の租借地である旧関東州大連港に入港したY所有の永和号の仮差押えを申請した。その際、仮差押えの国際保全管轄が争点になったが、関東庁高等法院上告部は、Yの財産である船舶所在地による本案管轄（旧民訴8条）から国際保全管轄を導いて、次のように判示した。

　　「Yが其財産たる船舶の所在地として裁判籍を有することに基づき本案訴訟の管轄裁判所たる関東庁地方法院がXの申請に依り大正15年7月14日XのYに対する金8万6千2百34円54銭に相当する債権に付き其弁済を保全するが為めXをして保証として金3万円を供託せしめたる上Y所有の汽船永和号を仮に差押ふる旨の決定を為したるは実に相当にして之を認可すべきものとす」。

② セルファースカーク号事件（横浜地判昭41・9・29下民17・9〜10・874）は、オランダ法人Y所有の船舶が浦賀水道でAらの乗船していたヨットと衝突して沈没させ、Aが死亡したため、Aの遺族XらがYに対する損害賠償債権請求保全の目的で衝突船舶とは別のY所有のセルファースカーク号が横浜港へ入港中のところ仮差押えた。Yの異議に対して、横浜地裁は上記仮差押えを許可し、セルファースカーク号が差押えできるYの財産であり、わが国の裁判所が本案訴訟について国際裁判管轄を有することを確認したうえで、国際保全管轄を肯定したが[(9)]、次のように判示している。

　　「民訴法8条は差押うることを得べき被告の財産があれば被告が外国人で日本に住所がなくともその財産所在地の日本の裁判所に土地管轄を認めている。もとより土地管轄の規定は裁判権あることを前提としたものであり、かかる場合は判決の実効を確保できるので特に裁判権を認めたものというべく、その財産が土地と結びつきのうすい動産であろうと偶然存在したものであろうと問わないものと解する。

　　ところで本件の場合成立につき争いない疎甲第8号証真正に成立したと認められる疎甲6、7号証によれば昭和40年6月25日横浜港へY所有のセルファースカーク号が寄港し未だ出航準備を完了していなかつたことが認められるので差押うべき（何ら差押禁止されていないこと後記のとおり）財産の所在地の当裁判所に対しXらはたいY Yが日本に本店なく、支店なくとも、同社に対する損害賠償の訴を提起し裁判を求めることができ、当裁

第4章　6　国際民事保全（管轄・審理・執行）　　465

判所はその裁判権を有するものと解するべきである。（本件につき義務履
行地ないし不法行為地裁判所としてわが裁判権肯定の余地あることに関し
ては省略する。）

　このように本案の訴につき裁判権を有する以上本案事件の執行保全のた
めの仮差押事件につき裁判権を有すること論をまたない。」

(3)　仮差押えの国際保全管轄判例の分析

　永和号事件とセルファースカーク号事件は、いずれも船舶に対する仮差押
対象物所在地により国際保全管轄を認めることも可能であったし、それを否
定する趣旨ではないだろう[10]。前述のように、旧民訴法8条の財産所在地に
よる本案管轄は仮差押対象物所在地による管轄とほとんどの場合重なり、重
ならないのは、外国裁判所を専属管轄とする合意があったり外国仲裁の合意
がある場合などである。これらの場合、わが国には仮差押えの国際保全管轄
がないとする説[11]もあるが、外国判決や外国仲裁判断の執行保全のために
実益は十分あると思われるし、外国判決や外国仲裁判断の承認・執行の要件
を満たす可能性がかなりあることは、保全の必要性の要件の中で吟味すれば
よいであろう[12]。

　本案管轄があっても仮差押対象物がわが国に存在しないときは、わが国の
仮差押申請は目的物を特定して行うため仮差押対象物が船舶のような特殊な
場合を除き仮差押申請をしにくいし、船舶の場合はわが国の港に入港するこ
とがあらかじめ分かっていて入港してから申請したのでは間に合わないこと
を慮って申請しており、仮差押対象物が近い将来存在することが前提になっ
ているという特殊事情があるので、国際保全管轄を認めてもよい。

3　仮処分命令の国際保全管轄

(1)　旧法下の仮処分命令の国際保全管轄

　民事保全法は、旧法と異なり、本案管轄と係争物所在地を各々独立の仮処
分命令の管轄原因として認めている（民保11条）。民事保全法は、「急迫な場合」
の係争物所在地の裁判所の判例を本案裁判所に再審理させることをやめ、仮
差押えと同様に係争物所在地の裁判所に本案裁判所と対等の地位と管轄を肯
定した（民保12条1項参照）。

　仮処分命令では、係争物がわが国に所在しない場合の実効性の問題はより
深刻である。例えば、外国に存在する不動産の処分禁止・占有移転禁止の仮
処分を考えた場合、仮処分命令が発令されても執行は不可能である。

(2)　仮処分命令の国際保全管轄判例

　仮処分命令の国際保全管轄の判例としては、従来はインターナショナル・エア・サービス事件（東京地決昭40・4・26労民16・2・308）があった。事案は、アメリカ人で雇用関係があったが解雇されたため、労働者側が地位保全の仮処分命令を申請したものである。東京地裁は、次のように判示して、旧民訴法4条3項の営業所所在地の本案管轄から国際保全管轄を肯定した[13]（インターナショナル・エア・サービス社［Y］は、航空会社に飛行要員を供給する会社で、債権者は航空機の機長）。

　「外国法により設置された法人といえども、わが国内に事務所等を置いて営業を行う場合、わが国の裁判権に服すべきことは多言を要しないところであって、〔旧〕民事訴訟法第4条第3項もこれを当然の前提とする規定と解するべきである。ところでYが飛行要員52名を日本国内の航空会社に提供し、その営業所を肩書地の現業事務所において行なつていることは前叙のとおりであるから、Yにわが国の裁判権が及ばないというYの主張は採用できない（右現業事務所は〔旧〕民事訴訟法第4条第3項にいわゆる『日本ニ於ケル営業所』にあたると解すべきであるから、Yは、同所に普通裁判籍を有するわけであつて、本件仮処分申請はYの右普通裁判籍所在地を管轄する当裁判所の管轄に属する）。」

　インターナショナル・エア・サービス事件では、一応係争物はわが国に所在すると言えても、Yがわが国に資産を有しないため必要性を欠くのではないかが争点となったが、東京地裁は次の通り判示した。

　「仮りにYが無資産であるとしても、仮処分の裁判につき任意の履行を期待し得ないわけではないから、執行の対象となるべき資産が日本にないという一事によつて本件仮処分の必要性を否定することはできない」。

　インターナショナル・エア・サービス事件と同様の労働仮処分事件で、国際保全管轄が争点になった事件が、英国証券会社事件（東京地決昭63・12・5労民39・6・658）である。事案は、英国証券会社Yの東京駐在員事務所の代表者として雇用されたイギリス人Xの勤務態度が不良であるとしてYによって解雇されたため、Xが地位保全及び賃金仮払いの仮処分を求めたものである。

　「Yは、外国に本店を有する法人であって、日本国内に営業所をも有していないが、本案となりうる賃金請求の義務履行地は日本にもあり、その争点は、解雇の効力の有無であるところ、解雇理由は、要するにXの東京事務所

第4章　6　国際民事保全（管轄・審理・執行）　　467

の代表者としての勤務成績が不良であるというものであるから、それについての証拠方法の多くは日本国内にあることが予想され、また、Ｙの代表者が日本に来ることも稀ではないというのである。これらの事情の下では、当事者間の公平、裁判の適正、迅速を期するという理念に照らし、わが国裁判所が裁判管轄権を有すると解することが条理にかなうというべきである。そうすると、仮処分事件についてもわが国裁判所は裁判管轄権を有すると解するのが相当である。」

　英国証券会社事件でも、インターナショナル・エア・サービス事件と同様、本案管轄から国際保全管轄を導いている。すなわち、義務履行地（旧民訴5条）により賃金の支払地がわが国であり、証拠方法がわが国に多く存在し、被告（債務者）の代表者もわが国に来ることも稀ではないことから、当事者間の公平、裁判の適正・迅速という理念に照らしてもわが国の国際裁判管轄を認めることが条理に合致するとして本案管轄を肯定しているが、これは本案管轄のリーディング・ケースであるマレーシア航空事件(14)に沿った判例である。

　もっとも、係争物の所在地はＹの東京事務所ないしＸ自身の所在地であるから、係争物の所在地からわが国の国際保全管轄を直接導くことも可能であったと思われる(15)。また、新法後の事件であれば、「個別労働関係民事紛争」として労務の提供場所であるわが国に本案管轄が認められるので（民訴3条の4第2項）、それを基に国際保全管轄を認めることもできたはずである。

　(3)　仮処分命令の国際保全管轄の分析

　仮処分命令の国際保全管轄も、基本的には、仮差押命令の国際保全管轄と同様に考えられる。専属管轄（民保6条）との関係から、国内土地管轄原因の本案管轄と係争物所在地しか仮処分命令の国際保全原因としては認められないし、仮処分命令の付随性や当該請求や係争物の情報収集、担保の決定などから、本案管轄と係争物所在地のいずれもが原則的には仮処分命令の国際保全管轄原因となると考えられる(16)。実効性の観点は、任意の履行が期待できないわけではないうえ、仮処分命令については、仮差押命令以上に本案訴訟での再審理がわが国で可能であることの意義は大きいので、係争物がわが国に存在しなくても本案管轄がわが国にあれば、仮処分命令の国際保全管轄は肯定してもよいだろう。ただ、わが国との関連性がきわめて薄かったり、外国で既に仮処分命令が出され国際保全競合になるおそれが実質的にある場合には保全の必要性判断で絞り込みを行う必要はあるだろう。

わが国が係争物所在地である場合は、本案管轄の財産所在地（民訴3条の3第3号）とオーバーラップする場合が多いだろうがそうでない場合については、外国判決の承認可能性を十分吟味しつつ保全の必要性の段階で絞り込むことは必要であるけれども、独立の仮処分の国際保全管轄原因として肯定してよいと思われる。

4　国際保全管轄の審理段階

国際民事保全の審理については、Ⅲ. で詳説したいが、国際保全管轄の判断については迅速性の観点から段階的に行う必要があることをここでは指摘しておきたい。保全命令申請の判断の段階では、債務者審尋や口頭弁論（仮の地位を定める仮処分の場合）を開けば別であるが、国際保全管轄を否定する事実は、債権者側の疎明資料からはなかなか現れにくい。保全命令の判断の段階では、本案管轄か仮差押対象物・係争物所在地にいずれかがわが国にあれば一応国際保全管轄を肯定し、保全異議の段階で債務者側の主張・立証を待って否定的な事実がないかを、国際保全管轄と保全の必要性の両面から判断すべきであろう。

＜注＞
(3)　道垣内・前掲注(1)466頁、池原季雄「国際的裁判管轄権」鈴木忠一＝三ケ月章監修『新・実務民事訴訟講座7国際民事訴訟・会社訴訟』3頁以下（日本評論社、1982）。

(4)　山崎・前掲注(2)103頁、大島隆明「保全命令、異議・取消事件の管轄、移送」三宅弘人ほか編『民事保全法の理論と実務　上』286頁（ぎょうせい、1990）。

(5)　山崎・前掲注(2)101頁以下、大島・前掲注(4)287頁以下。

(6)　最判昭56・10・16民集35・7・1224。

(7)　小林秀之＝村上正子『国際民事訴訟法』48頁（弘文堂、2009）、小林秀之『製造物責任訴訟』175頁以下（弘文堂、1990）、竹下守夫「判例からみた国際裁判管轄」NBL386号19頁以下（1987）。これに対して、一問一答187頁は「特段の事情」による修正に否定的。

(8)　道垣内・前掲注(1)467頁は、仮差押命令の国際保全管轄を条理によって考えるとしつつ、旧民訴法739条（民事保全法12条1項の差押えの管轄と同旨）の財産所在地及び本案管轄裁判所が条理に合致するとし、同470頁は、仮差押目的財産がわが国に存在する限りそれ以外の事情を問うことなく、仮差押えの国際保全管轄を肯定すべきであるとする。

(9)　林順碧「商事判例研究」ジュリ460号132頁（1970）、渡辺惺之「判例解説」

第4章　6　国際民事保全（管轄・審理・執行）　　　469

　　池原季雄 = 早田芳郎編『渉外判例百選〔第2版〕（別冊ジュリNo.87）』202頁
　　（1986）は、仮差押えの国際保全管轄を認めた判旨の結論に賛成している。
(10)　道垣内・前掲注(1)469頁は、仮差押対象物所在地だけからの仮差押えの国
　　際保全管轄を否定する趣旨なのか明らかでないとし、渡辺・前掲注(9)202頁
　　は、二つの判例とも仮差押対象物所在地と本案管轄の双方がわが国に存在す
　　ることを要件としているとする。
(11)　池原・前掲注(3)39頁。
(12)　国際条約でも、仮差押対象物所在地国に独立の仮差押えの国際保全管轄を
　　認める傾向にある。航海船舶の仮差押えに関するある規則の統一のための国
　　際条約2条、衝突事件の民事裁判管轄権に関するある規則の統一のための国際
　　条約1条(1)(b)参照。
(13)　喜多川篤典「渉外判例研究」ジュリ349号120頁（1966）は、Yの現業事務
　　所は商法上には該当しないが、旧民訴法4条3項にいう営業所には含まれると
　　解してよいとして、国際保全管轄を認めた結論に賛成する。また、保全の必
　　要性の判断で債務者が日本国内に資産を有しないことは問題ではなく、仮処
　　分を求める者の緊急性を第一義的に考えるべきであるとする。
(14)　最判昭56・10・16民集35・7・1224。なお、一問一答187頁は、事案におけ
　　る具体的な事情を考慮しても日本の裁判所に本案の訴えの管轄権が認められ
　　る場合には、さらに「特別の事情」があるとして保全命令の申立てが却下され
　　ることは、ほとんどないとする。
(15)　佐野寛「判批」平成元年度重要判例解説（ジュリ957号）284頁（1990）は、
　　労働仮処分の本案化のために本件判旨は本案管轄から国際保全管轄を導いた
　　と解している。
(16)　道垣内・前掲注(1)473頁は、一般論は危険であると留保しつつも、本案管
　　轄と係争物所在地を各々独立の仮処分の国際保全管轄原因として肯定する。
　　中村也寸志「不作為を命ずる仮処分命令と国際裁判管轄」判タ798号43頁以下
　　（1993）も、本案管轄と係争物所在地のいずれもを仮処分の国際保全管轄原
　　因として認め、「特段の事情」による調整を行うべきとする。

Ⅲ．国際民事保全の審理

1　外国法の適用

(1)　渉外事件の外国法の適用

　渉外事件において、準拠法が日本法以外の場合、準拠法となった外国法の
適用をどのように行うかという問題がある。具体的には、外国法の調査を誰

が（裁判所か当事者か）どこまでどのように行うのか、外国法の内容が調査しても不明の場合、事実と同様に証明責任によって処理してよいのか、証明責任的に当事者に不明のリスクを負担させることが許されないとしたら、不明な外国法の内容をどのように決定するのか、といった問題が生じる。

外国法の適用（調査・不明）をめぐっては、国際私法学でも議論があるところであるが[17]、私見としては通説の説くように、外国法も事実ではなく法であり国内法の適用と基本的には同様に解すべきだと考える。外国法が準拠法であっても紛争解決のために果たす機能は国内法と同様であるし、当事者が外国法を誤って理解していた場合に弁論主義により裁判所がそれに拘束されるとするには不当だし、国際化の流れに逆行しわが国での外国法研究の成果を否定するものであろう[18]。もっとも、裁判所が外国法の内容を調査する義務があるといっても限界があり、実際上は当事者の外国法についての調査に依存する度合いがかなり高いことは否定できないし、国際民事保全の緊急性から内国法によらざるを得ない場合もあろう。

(2)　国際民事保全の外国法の適用

国際民事保全の場合、事件の緊急性との関係から裁判所による調査も限られたものになるし、外国法専門家の鑑定を求めることも難しく、いきおい当事者の調査に依存する度合いは高くならざるを得ない。このため、ドイツでは、裁判所の調査・知見可能性の限界から、申立人（当事者）に外国法の内容の疎明を要求し、できない場合は申立人（当事者）に不利益を課してよいとする考え方も有力のようである[19]。

たしかに、適用される外国法の内容が全く不明であれば、申立人（当事者）は当該外国法の要件事実に該当する事実も的確に主張できないので、被保全権利の疎明もないことにつながってくる。しかし、通常は適用を求める外国法の内容を推認できる程度の主張・疎明を当事者は行うものであり（適用されると信じる外国法規の部分的な疎明、邦語文献による概説的な説明、近似法による当該外国法の内容の推認など）、被保全権利の立証が疎明で足りる以上、適用される外国法の証明も通常の場合よりは低い程度で足りると解されるから、本案訴訟の場合と同様に裁判所に調査義務を負わせてもよいと思われる。

外国法の調査・証明の方法は、特に国際民事保全の場合自由に行えると解すべきで、裁判官が書斎や図書館で自分で調べることも何ら問題ないし、裁

判官が緊急に調査した外国法の内容を訂正する必要があるときは異議審・上級審で保全命令を修正すればよい。さらに、あまり疎明度が高くない場合は、被保全権利の疎明の場合のように担保の金額をやや高めにして調整することも可能であろう[20]。

2　保全の必要性

(1)　国際民事保全と保全の必要性

旧民訴法738条後段は、仮差押えの保全の必要性につき、仮差押えをしなければ外国において判決の執行をしなければならなくなる場合を唯一の具体例として挙げ、学説はこの場合を絶対的仮差押事由と解していた[21]。これは、債務者が財産を国外に持ち出した場合、債権者としては本案で勝訴してもわが国の判決を外国で執行することが必要になってくるが、わが国の判決を外国で執行することが必ずしも容易でない現実を考慮したものであると説明されていた[22]。

しかし、民事保全法は、仮差押えの保全の必要性については実質的変更をしなかったにもかかわらず、旧民訴法738条後段を削除している。この理由を立法担当者は、「執行債権の大部分を満足させるだけの財産が日本国内にあり、ごく一部の財産が外国にある場合にも、常に仮差押えの必要性があるものとするのは相当でなく、逆に大部分の財産が外国にあって、もともと外国における執行が予定されている場合に、わずかに日本国内にある財産につき常に仮差押えの必要性があると認めるものではありません。要するに事案に応じて必要性を判断すべきであるから」と説明している[23]。たしかに、昨今債務者が国内と海外にまたがって財産を所有していることが増えているが、その場合に仮差押えの必要性が常にあるとすることは適当ではないだろう。

(2)　民事保全法下の国際民事保全の必要性

民事保全法には、国際民事保全の保全の必要性についての特別規定は存在していないが、通常の国内事件に比較すれば資産の海外持出しにより執行困難が生じる可能性が高いことは否定できないだけに、国際民事保全の保全の必要性の類型化は緊急の課題であろう。旧民訴法738条後段の削除は妥当であるとしても、それに代わる規定が設けられなかったことは、ある意味において国際民事保全の研究の立遅れによるものであり、保全の必要性の判断をする際に国際民事保全であることの特殊性がどれだけ影響するのかは、つめ

て考える必要がある。例えば、外国企業がわが国にある営業所・事務所を閉鎖しすべての在日資産を外国に引き揚げる場合は、当該外国企業がいかに外国で資産を有していても、保全の必要性は通常肯定されるべきであろう。

3　起訴命令と外国訴訟

(1)　国際民事保全と起訴命令

　民事保全法37条は、旧民訴法746条の本案の起訴命令とこれを遵守しないことによる保全命令の取消しの申立てを引き継いだものであるが、本案の訴えの提起を命ずるだけでなくこれを遵守したことを証する書面を、裁判所が定めた一定の期間内に提出することを要求している。そして、同条5項ないし7項は、調停申立てや仲裁開始でも本案の起訴に代わると規定しているが、外国本案訴訟の提起で足りるかについては規定がない。

　旧法下でも特に規定はなかったが、当然にわが国で提起された本案訴訟でなければならないとするのが多数説のようだった[24]。これに対して、当該外国訴訟において将来下される判決がわが国で執行できる（言い換えれば、民訴法118条の要件を具備している）と判断される場合には、わが国での本案訴訟提起を同視してよいとする有力説もあった[25]。

(2)　民事保全法下の起訴命令

　民事保全法の下でも、起訴命令について何ら規定がない以上解釈によって決するしかないが、基本的には有力説が説くように、一定の外国本案訴訟についてはわが国での本案訴訟提起と同視してよいだろう。国際保全管轄の箇所で述べたように、本案管轄とは別に仮差押対象物・係争物所在地に独自に国際保全管轄原因を認めている関係から、国際民事保全をわが国で行えても本案訴訟の提起はわが国ではできないが、国際民事保全を紛争解決まで継続する必要性がある場合が存在する（仮差押対象物や係争物がわが国に存在するが、本案訴訟については外国裁判所を専属管轄とする合意が、有効に成立している場合など[26]）。また、外国で本案訴訟が継続し（あるいは提起予定で）、その執行の一部を保全するためにわが国でも保全処分を行うという国際民事保全もあるだろう。このような局面を想定する限り、一定の場合には外国本案訴訟の提起で足りるとすることが必要なことは否定できない。

　問題は、わが国での本案訴訟提起と同視してよい外国本案訴訟の範囲であるが、わが国での執行可能性を考えていることは分かるにしても民訴法118条のすべての要件具備を要求するのは、若干行き過ぎだろう。外国訴訟がわ

第4章　6　国際民事保全（管轄・審理・執行）　　473

が国での起訴命令に従って提起されたばかりの段階では、下されるであろう外国判決がわが国の公序良俗に反しないか（民訴118条3号）、わが国との間に相互保証があるか（同条4号）どころか、送達が国際条約（送達条約、民訴条約、二国間司法共助）に従ってなされた適法なものであるか（同条2号）さえ、起訴時では不明である。結局のところ当該外国本案訴訟が国際裁判管轄をわが国の国際民訴法の観点から有しているか（間接国際裁判管轄、同条1号）だけを要求として、考えざるを得ないのではないだろうか。外国判決のわが国における執行判決請求訴訟は、被保全権利の存否を終局的に確定する手段と認められるとして、民事保全法37条の「本案の訴え」にあたるとした知財高裁平成26年3月26日決定（JCAジャーナル63巻1号19頁）がある。

　なお、民事保全法37条1項・2項は、裁判所が相当と認める一定の期間内に本案訴訟の提起ないし係属を証する書面を提出しなければならず、その期間は2週間以上でなければならないと規定するが、国際民事保全の場合は期間はかなり長期間でなければならないだろう[27]。本案訴訟をわが国で提起するか外国で提起するかの決定は、翻訳の必要性は法制度の差異から慎重な比較衡量が要求され、外国との通信や外国で本案訴訟が提起された場合の外国裁判所からの証明文書の取得や翻訳の手間（裁判所法74条の関係から裁判所に提出する文書すべて日本語の訳文の添付が要求される）を考えれば、2ないし4か月の期間は少なくとも本案訴訟の提起ないし係属を証する書面の提出期間としては必要なように思われる。

＜注＞
(17)　池原季雄『国際私法（総論）』230頁以下（有斐閣、1973）、三ケ月章「外国法の適用と裁判所」澤木敬郎＝青山善充編『国際民事訴訟法の理論』239頁以下（有斐閣、1987）、川又良也「外国法の証明」澤木敬郎編『国際私法の争点』ジュリ増刊59頁以下（1980）、砂川恵伸「外国法の不明」澤木敬郎編『国際私法の争点』ジュリ増刊61頁以下（1980）、石黒一憲「外国法の適用と裁判所」中野貞一郎ほか編『民事手続法学の革新　三ケ月章先生古稀祝賀　上』441頁以下（有斐閣、1991）。
(18)　小林・前掲注(7)82頁。長谷部・前掲注(2)413頁は、保全命令手続においては、担保の額の決定において考慮しつつ、内国法適用を肯定すべきとする。
(19)　Schüze, Deutsches Internationales Zivilprozeßrecht（1985）S.186 f.
(20)　道垣内・前掲注(1)478頁は、旧法下でも、相当な方法を用いて外国法の内容を調査し、利用可能なあらゆる情報を動員して判断するしかなく、場合に

474　第4章　6　国際民事保全（管轄・審理・執行）

よっては保証の供託の活用により外国法の内容の不確実性から生じる危険を
カヴァーすることを主張していた（民事保全法は、保証の供託で被保全権利
の疎明に代えることを許していないので、道垣内説は現在では採用できな
い）。

(21)　鈴木忠一＝三ケ月章編『注解民事執行法(6)』30頁〔西山俊彦〕（第一法規
　　出版、1984）、西山俊彦『保全処分概論』40頁（一粒社、1972）。

(22)　道垣内・前掲注(1)479頁は、旧民訴法738条後段につき、「判決の相互執行
　　についてのネットワークのできていない現状では、なお妥当であるといえよ
　　う。そもそも、この規定は、債権者の財産の国境を越えた移動自体を保全の
　　必要あるとする」ものと説く。旧民訴法738条後段の立法論的妥当性について
　　は本文でも説明したように疑問があったし、債務者の財産の国境を越えた移
　　動も一定の場合にのみ保全の必要性を満たすと解すべきだろう。

(23)　山崎・前掲注(2)122頁。

(24)　道垣内・前掲注(1)484頁は、明言するものは少ないが旧法下では多数説で
　　あったとする。

(25)　道垣内・前掲注(1)482頁。

(26)　貿易実務講座刊行会編『貿易実務講座(8)』549頁〔宮脇幸彦〕（有斐閣、
　　1962）は、多数説に与しつつも、外国裁判所を専属的管轄裁判所とする合意が
　　できている場合は外国本案訴訟で足りるとする。

(27)　道垣内・前掲注(1)482頁、渡辺・前掲注(9)203頁。

Ⅳ．国際民事保全の執行

1　外国保全処分の執行

　最近まで、外国保全処分がわが国では承認・執行の対象にならないことは、
ほぼ当然のことと考えられていた。民訴法118条は、承認・執行の対象を外国
裁判所の「確定判決」に限定しているからである。

　民訴法118条の文言解釈のほか、外国保全処分がわが国での承認・執行の対
象にならない理由としては次のようなことが考えられる[28]。

　具体的な理由として、（ⅰ）外国保全処分は本案訴訟に付随するものであり、
本案訴訟が確定していない以上変更の可能性が大きく、権利変動が生じやす
いのに承認・執行するとわが国の法律関係の不安定を招きやすい。（ⅱ）外国
保全処分が本国で取り消されると、わが国の承認・執行も取り消す必要が生
ずるが、債務者の損害が回復できないおそれがある。（ⅲ）保全処分は略式手

第4章　6　国際民事保全（管轄・審理・執行）　475

続であるため、債務者の手続保障が侵害されやすい。(iv)わが国の承認・執行は、執行判決手続を通常の判決手続によらしているため時間がかかり、わざわざ外国保全処分の執行判決を得るより直接わが国で保全処分を申し立てたほうが迅速で実際的である。

　これに対しては、外国保全処分であっても緊急・迅速に承認・執行をわが国で行わなければ債権者の権利実現が害される状況が考えられるので（目的物・対象をわが国でようやく発見し、外国保全処分を直ちに執行しなければまた見失う可能性が高い場合など）、承認・執行の必要性と債務者の手続保障とを比較衡量しつつ、例外的に外国保全処分の承認・執行を認めてもよいとする考え方も現れてきている[29]。近時の国際条約の傾向としても、承認・執行の対象たる裁判が終局的に確定していることを承認・執行の要件とせず、外国保全処分の承認・執行を認める方向性が顕著になってきている。

　実質的に考えても、仮執行宣言付判決、満足的仮処分命令、扶養料、監護権者についての保全処分などの場合には、債務者の手続保障が守られている限り、わが国でもむしろ承認・執行の方向で可能性を探ってみることは必要なのではないかと思われる。ただ、現在のわが国の執行判決制度の鈍重さ（通常一審だけで数年かかるうえ、要件の解釈が明確でないために立証が定型化されず各要件ごとに議論が尽きない）を前提とすると、実際にはわが国で外国保全処分の存在を疎明資料に使ってもう一度保全処分を申請するほうが迅速であることが多いだろう。また、保全処分の性格上、後で取り消された場合のために債権者に担保を供されることが必要であろう[30]。

　以上のような点を考慮すると、現在の段階では外国保全処分の承認・執行という民訴法118条のルートよりも、外国保全処分のための保全処分という特殊保全処分を肯定するほうが妥当ではないかと思われる[31]。これは一見すると、わが国で保全処分の申請を行う際に疎明資料の一つとして外国保全命令を提供するにすぎないのではないかという疑問が提起されるかもしれないが、外国保全処分命令の存在が被保全権利及び保全の必要性を疎明レベルで一応推定させるという効果を有すると解すべきだろう。そして、わが国の国際保全管轄や債務者の手続保障（必要があれば債務者審尋）を吟味した後、わが国の保全処分として発令すべきである。このような外国保全処分のために保全処分というルートによるほうが、簡易・迅速で保全処分の性格に合致する、わが国の手続上可能で公序に反しない保全処分しか発令されない、債

務者側の不服があれば保全異議、保全取消し、保全抗告といった簡易・迅速な救済手続をとれるといったメリットがあるため、理論的にも実質的にも妥当な解決が得られるのではないだろうか。民訴法118条の文言との関係も、直接同条の承認・執行のルートによるわけではないので「確定判決」との抵触の問題も生じないし、基本的な考え方としても当該手続（保全手続）において一応終局的・確定的になった裁判の効力がわが国でも認められるというふうに解すれば、旧民訴法200条（現行法118条）はむしろ例示的な規定とみることが可能になってくる。

　わが国でこれまでに出ている二つの最上級審判例を、このような観点から簡単に検討しておく。

　一つは、オルガ引渡事件で、米国人夫婦が不仲になり子供オルガの監護権が争われ妻を監護権者とするマサチューセッツ州の裁判（decree）が下されたが、夫がそれに従わずオルガを日本に連れてきたため、妻が裁判に基づきオルガの引渡しを求めたという事案である。大審院は、「当院の調査する所に依れば右裁判は仮処分たるの性質を有するに止まり確定力を有する終局判決の性質を有せざるを以て、外国たる日本に於いて効力を是認すべき筋合いに非ざること固より当然なり」と判示して、妻の引渡請求を認めなかった。しかし、おそらく大審院が仮処分たる性質を有すると判断した理由であるマサチューセッツ州の裁判の事情による変更可能性は、何ら裁判の終局性を害さないという指摘もなされているが[32]、特に本案訴訟にあたる手続が別にあるわけではなく夫側の主張・立証の機会が保障された対席手続がマサチューセッツ州の裁判であることからすると、旧民訴法200条（現行法118条）の承認・執行を認めてもよかったように思われる[33]。

　これに対して、トリノ音楽教師事件[34]では、同様に監護権者を指定したトリノ裁判所の命令が問題になったが、トリノ裁判所の命令が相手を審尋せずに一方的に発せられる緊急的・暫定的な性格のものであることからして、旧民訴法200条（現行法118条）による承認・執行の対象とならずわが国の裁判所は本案審理で拘束されないと解した判旨は妥当だろう。事案は、イタリアのトリノで音楽教師をしていた夫婦の離婚にからみ日本人の夫が子供二人を連れて日本に帰国し、イタリア人の妻がトリノ裁判所の命令では監護権者とされたのでわが国の裁判所に人身保護請求をしたが、原審は実体審理のうえ妻の請求を認めず、最高裁も、「所論の命令は、民訴法200条〔＝現行法118条：

第4章　6　国際民事保全（管轄・審理・執行）　　477

筆者注〕にいう確定判決にあたらないから、原判決が右命令と異なる判断を
したことに所論の違法があるとはいえない。」として、原審の判断を支持した。
学説ではトリノ裁判所の命令が「確定判決」を理由に承認を拒否したことを
批判する意見(35)もあるが、相手方を審尋せずに一方的に発令された緊急的・
暫定的な命令に、本案審理（人身保護請求ではあるが）に対する拘束力まで
認めるのは無理だろう。外国保全処分に基づく特殊保全処分という観点から
は、トリノ裁判所の命令に基づいてこの監護事件についての審判前の保全処
分（家審規52条の2〔家事規75条〕）によらしめることが妥当だったように思われ
る。

2　国際民事保全命令の執行・効力

　わが国の裁判所が命じた国際民事保全命令のわが国での執行に関しては、
民事保全法43条以下に定められた手続に従うのが原則である。被保全権利が
外国法を準拠法とするものであっても、保全命令自体はわが国の民事保全法
に従って執行される形で発令されるから、執行方法について国際民事保全で
あるが故に生ずる問題はそれほど多くはない。

　国際保全管轄は、目的物・係争物所在地以外に本案管轄からも認められる
ので、保全命令が発令されたが目的物・係争物がわが国に存在しないために
執行できないという事態は生じうる。しかし、目的物・係争物がわが国に存
在しないにもかかわらず債権者が保全命令を申請するのは、保全執行の時間
的制約から（民保43条2項は、「保全執行は、債権者に対して保全命令が送達
された日から2週間を経過したときは、これをしてはならない。」と規定する）、
通常は債務者所有の船舶が国の港に近日中に寄港するといった事件が存在
し、執行が発令と同時に可能でないことはあまり問題にする必要はない。し
かも、わが国の民事保全では目的物・係争物を特定するから、保全の必要の
審理の中で執行可能性は吟味されているのが普通だろう。

　ただ、債権仮差押執行の場合、執行方法は裁判所が第三債務者に対して債
務者への弁済を禁止する仮差押命令を送達する形で行われるため、第三債務
者がわが国に所在しない場合に保全執行できるかという問題が生じる。旧法
下では、第三債務者がわが国に所在するのでなければ弁済禁止命令は実効的
でないので、債権仮差押えの執行は許されない（執行管轄権は否定される）
という有力説が主張され(36)、実務の運用も同様であったのではないかと思
われる。

しかし、第三債務者が旅行などでわが国にわずかでも滞在する場合には、その期間を見計らってホテルなどで執行官が交付送達すれば足りるし（民訴105条参照）、それが不可能でもわが国に就業する場所（本人のものではなく他人の住所や事務所でも可）（民訴106条参照）があればそこでの送達も可能だろう。さらに、国際私法共助により、外国に所在する第三債務者に対しても民事訴訟法条約や送達条約あるいは2国間司法共助決めに従った送達による債権差押えの執行が可能ではないかも検討に値する。弁済禁止命令という裁判上の文書であるので、国際司法共助の対象文書とも考えられるからである[37]。

＜注＞

(28)　鈴木忠一＝三ケ月章編『注解民事執行法(1)』388頁〔青山善充〕（第一法規出版、1984）、高桑昭「外国判決の承認及び執行」鈴木忠一＝三ケ月章監修『新・実務民事訴訟講座7国際民事訴訟・会社訴訟』136頁（日本評論社、1982）など、通説は民訴法118条の文言解釈と後に不服申立てにより外国未確定裁判が取り消された場合の執行判決の処理の面倒さから当然のごとく否定していた。

　　これに対して、中野俊一郎「外国未確定裁判の執行〔4・完〕」国際商事法務13巻12号885頁（1985）は、本文で挙げた(ii)(iii)が主な理由であり、権利保護を図るべき強度の緊急性と債務者に審級を重ねさせる利益との比較衡量から、例外的に承認・執行を肯定してもよい場合が存在すると説く。

(29)　中野・前掲注(28)889頁、中野・前掲注(2)418頁、石黒一憲『現代国際私法〔上〕』452頁（東京大学出版会、1986）（ただし、承認効は認めるが執行方法は保全処分）。

(30)　道垣内・前掲注(1)488頁は、この点を問題視し、承認・執行に好意的ではあるが結論を留保する。

(31)　石黒・前掲注(29)465頁に、基本的に近い。岩野徹ほか編『注解強制執行法(1)岩松三郎先生喜寿記念』105頁〔三井哲夫〕（第一法規出版、1974）は、外国保全処分をわが国での保全処分申請の疎明資料として活用すべきとする。

(32)　大判大6・5・22民録23・793。石黒・前掲注(29)455頁や中野俊一郎「外国未確定裁判の執行〔1〕」国際商事法務13巻9号624頁（1985）は、確定要件の形式的適用によって渉外的私法生活の安全が破壊された不当な判決と批判する。

(33)　民訴法118条の「確定判決」の意義につき、通説（鈴木＝三ケ月編・前掲注(28)388頁〔青山〕）は、広く実体私法上の請求権につき相対立する当事者双方の審尋を保障する手続において裁判所が最終的にした裁判と解しているが、マサチューセッツ州の裁判もこのカテゴリーに含めることは十分可能なよう

第4章 6 国際民事保全（管轄・審理・執行） 479

に思われる。

(34) 最判昭60・2・26家月37・6・25。

(35) 中野俊一郎「渉外判例研究」ジュリ857号126頁（1986）。また、道垣内正人「イタリアから連れ去られた子の人身保護請求事件」法律のひろば38巻5号78頁（1985）も、暫定性は別居判決という性格上必要とされているにすぎず、未だ「確定判決」でないという扱いが妥当か否かの問題となりうるとする。

(36) 道垣内・前掲注(1)487頁。

(37) 国際司法共助一般については、小林＝村上・前掲注(7)110頁（第6章　国際司法共助）、小林秀之「国際司法共助」澤木敬郎＝青山善充編『国際民事訴訟法の理論』285頁（有斐閣、1987）参照。

V．設例の検討

設例1と2の検討を行いながら、新法（民保11条）へのあてはめも同時に検討していこう。設例は、いずれも本案管轄ではなく、仮差押対象物ないし係争物所在地を保全管轄原因とする国際民事保全管轄が争われた事案である。

いずれも争われたのはそれなりの理由があり、本案管轄がある場合には民事保全の付随性からいって国際民事保全管轄を認めて問題があまりないのに対して、専属国際管轄や国際仲裁の合意がある場合のように、本案管轄がないにもかかわらず仮差押対象物や係争物所在地だけを理由に、国際民事保全管轄を認めることには問題がありうるからである。民事保全の付随性や暫定性からいって、本案管轄との関係を全く無視することはできないのではないか（本案管轄がないに認めてよいか）、という疑問が生じる余地があるからである（設例2の東京地決平19・8・28判時1991・89は、この観点を重視する）。

設例1から検討していこう。設例1で、専属国際裁判管轄合意ではなく、単に外国法人同士の国外での国際紛争であるならば、通常は、民訴法3条の3第3号の財産所在地を理由とする本案管轄による国際民事保全管轄も仮差押目的物所在地によるのとは別に生じるため（その財産の価格が著しく低い時を除く）、あまり問題はない。本案訴訟をわが国で提起することも可能だから、保全処分の付随性には反しないからである。

確かに、設例1では、韓国が専属的国際裁判管轄を有していることを考慮する必要が出てくる。しかし、韓国の裁判所が仮差押命令を発したとしても、わが国で執行することは困難であり（民訴法118条は「外国裁判所の確定判決」を、民事執行法24条は「外国裁判所の判決」を要件とする）、実効性ないし実

現可能性の観点からは、わが国の裁判所で仮差押命令を発することを認める
べきだろうし、仮差押目的物の所在地を独立の国際民事保全管轄原因として
いる立法趣旨もそこにある。問題は、承認・執行の可能性まで要求すべきか
である。

　設例1のモデルとなった旭川地裁平成8年2月9日決定（判時1610号106頁）の船
舶仮差押保全異議事件でも、仮差押命令の国際裁判管轄は仮差押目的物の所
在による実効性と同時に外国本案判決のわが国での執行可能性（民訴法118
条の1号と4号の要件を一応充たす可能性）があれば肯定されるとして、次の
ように判示する。〔稚内港での本件船舶の仮差押命令を認可〕

①　「仮差押命令事件の国際裁判管轄も、本案事件に対する付随性及び仮差
　　押えの実効性の観点から検討を加えるべき点では国内土地管轄と同様」で
　　あり、「日本の裁判所に本案事件の裁判権が認められなくとも、仮差押目的
　　物が日本に存在し、外国裁判所の本案判決により、将来これに対する執行
　　がなされる可能性のある場合には、日本の裁判所に仮差押命令事件につい
　　ての裁判権が認められると解するのが相当である。なぜならば、外国裁判
　　所の仮差押命令を日本において直ちに執行する手続は現在のところ存在せ
　　ず、目的物の所在地を管轄する日本の裁判所で仮差押命令を得てこれを執
　　行することが、仮差押えの実効性の観点からは最も妥当である上、外国裁
　　判所において請求権の存否内容が確定され、その判決によって目的物に対
　　する執行がなされる可能性があれば、本案事件に対する付随性の要請も充
　　たされると考えられるからである」。

②　「本件の本案訴訟については、当事者間の合意の効力として、日本の裁
　　判権が排斥される可能性があるが、…本案についての外国の裁判所の判決
　　が日本で執行される可能性が認められれば、本件船舶の所在地を管轄する
　　当裁判所に本件仮差押命令申立事件の管轄権を認めるのが相当である」。
　　そして、「当該外国の裁判所において将来下される判決の執行可能性の有
　　無を判断するにあたっては、保全命令の段階では、〔旧〕民事訴訟法200条
　　〔現行法118条：筆者注〕各号の要件を全て具備することまでは要求されな
　　いというべきであり、同条の1号及び4号の要件を一応充たす可能性があれ
　　ば、執行の可能性についてはこれを肯定することができると解される」。
　　学説も、仮差押命令の実効性や外国仮差押命令をわが国で執行する手続が
ないことから、仮差押目的物の所在を理由とする国際民事保全管轄を肯定す
る[38]。仮差押対象物ないし係争物所在地を独立の国際民事保全管轄原因と

第 4 章　6　国際民事保全（管轄・審理・執行）　　481

して認める民事保全法（新法）11条も、同様の立場に立つと考えてよい。

　問題は、外国本案判決のわが国での執行可能性であるが、保全の必要性や保全取消しの中で考慮すれば足りるだろう（同法同条とも整合性を有する）。

　設例2では、本案事件は国際仲裁の合意があるため国際仲裁事件であり、設例1の専属的国際裁判管轄の合意がある場合に、国際民事保全管轄の点では類似する。異なるのは、本案訴訟にあたるのが国際仲裁であり、国際民事保全が仮処分であるということである。後者は、本案代替機能を有する満足的仮処分であれば問題があるのではないかという疑問を一応生じさせるが、本案の国際仲裁の手続を迅速化し、国際仲裁裁判が優先する（保全取消事由となる）と考えれば足りよう。

　これに対して、国際仲裁では、保全処分の判断も仲裁裁判所が下すべきとも言える。しかし、外国仲裁裁判所の保全処分のわが国での執行は不可能に近い。わが国での執行決定の対象として仲裁法が予定する「仲裁判断」（同法44条・45条）に当たらないからである。むしろ仲裁法15条は、仲裁合意があっても、裁判所による保全命令の発令を肯定している。その意味では、外国での仲裁合意があってもわが国の国際民事保全管轄を肯定すべきである。

　設例2のモデルとなった韓国シリコンウェハー仮処分事件（東京地決平19・8・28判時1991・89）[39]では、当事者が主に民事保全法12条1項の「本案裁判所」の意義を争い、かつ結論的には独占禁止法24条の差止請求に関する国際民事保全管轄が肯定されたこともあって、契約履行請求に関する国際民事保全管轄は否定され、次のような判示になっている。

①　「民事保全法12条1項は、民事保全事件の管轄について、本案の管轄裁判所又は仮に差し押さえるべき物若しくは係争物の所在地を管轄する地方裁判所と定めるところ、『本案』とは、被保全権利又は法律関係の存否を確定する手続をいい、訴訟手続のほか、仲裁手続もこれに該当すると解されるから、仲裁合意が存在する場合における同項所定の『本案の管轄裁判所』とは、当該仲裁の仲裁地を管轄する裁判所をいい、仲裁合意がなければ本案訴訟について管轄権を有したであろう裁判所を含まないと解するのが相当である。なぜなら、このように解さなければ、仲裁合意が存在するために本案訴訟について管轄権を有しない裁判所が、保全事件についてのみ管轄権を有することとなり、保全事件が本案訴訟に対して付随性を有することに反する結果となるからである。また、仲裁地を管轄する裁判所が保全事件について管轄権を有するとすることは、仲裁合意によって仲裁地を定

めた当事者の合理的意思に沿うものであり、当事者間の公平の理念にも合致するということができる。」

② 「Yは韓国に本店を有する韓国法人であること、Xも韓国ソウル市に支店を有し、韓国と日本における半導体関連事業を行っていること、Xの代表者は21歳まで韓国で生活しており、韓国及び日本の双方に幅広い人脈を有していること」に加え、「本契約は韓国法を準拠法とするものであること、本件仲裁合意にしたがって、韓国において大韓商事仲裁院の商事仲裁規定に従って仲裁の申立てを行うことにより迅速な紛争解決を期待することができることに照らせば、我が国で裁判を行うことが当事者の公平や裁判の適正・迅速の理念に沿う特段の事情が存在し、本契約に基づく履行請求権を被保全権利とする申立てについて我が国の国際裁判管轄を肯定すべきということもできない」。

仮処分は、非金銭債権の保全のための係争物仮処分と、急迫の損害・危険を防ぐ仮の地位を定める仮処分に分かれ、前者は仲裁裁判の実現可能性確保の視点から、後者は弱者保護の必要性が加わることが多いこと（特に労働事件など）などからすると、仮処分でも係争物所在地を理由とする国際民事保全管轄は、積極的に肯定すべきだろう。「仮の地位を定める仮処分」では、当該作為又は不作為がなされる地（本件ではわが国）を「係争物所在地」とみなすべきであろう[40]。差止請求の国際民事保全管轄が別に認められ、実質的に国際民事保全管轄が重要な部分で肯定されていることが結論に影響を及ぼしていると思われるが、仲裁の実効性を担保するためにも本件では契約履行請求でも国際民事保全管轄を認めてよかったと思われる。

国際仲裁手続の進行が迅速であれば、あえて仮処分を認める必要がなくなる事案もあるが、それは保全の必要性の判断の中で考慮すべきである。

＜注＞

(38) 的場朝子「本件解説」百選204頁。道垣内・前掲注(2)405頁は、本旭川地裁決定はよく考えられており、この分野における先例として参照されるべきとする（なお、日本での承認可能性がなくても、日本での権利実現が必要なときは、緊急管轄を認めるべきとする）。

(39) 不破茂「本件解説」百選206頁。

(40) 河野正憲「本件判例研究」判タ1320号26頁（2010）。一問一答183頁は、民事保全法（新法）11条の「係争物」の所在地についても議論は分かれるとする。

索　引

484

事 項 索 引

【アルファベット】

ページ

COMI（center of main interest）	454
doing business	118
IoT	344
ODR	305
Online Dispute Resolution	305
UNCITRAL国際仲裁モデル法	435
UNCITRAL（国連国際商取引法委員会）国際倒産モデル法	453

【あ】

アナスタシア事件	358,361

【い】

遺産分割	145
移送	320
——制度	50,88
一応の証明説	240,288,330
一般社団法人等の組織に関する訴え	178
遺留分に関する訴え	145
インターナショナル・エア・サービス事件	316,466

【う】

訴え提起等による同意の擬制	401
訴えの提起の時	244
訴え（申立て）の競合	44

ウルトラマン事件	71,289,361

【え】

営業所	114
事務所・——所在地	261
営業所在地	114
営業損害	286
営業秘密	293
英国証券会社事件	466
永和号事件	463
遠東航空機事件	7,21

【お】

応訴管轄	208,328,359
オルガ引渡事件	476

【か】

外国家事事件裁判の執行	44
外国主権免除法	404
外国主手続	454
外国訴訟の差止め	385
外国中央銀行等	417
外国仲裁判断の承認及び執行に関する条約	439
外国倒産処理手続の承認援助に関する法律	453
外国等の知的財産制度利用	413
外国等の同意等	399,414
外国等の不出頭	418

外国の事業主に対する訴えの国
　際裁判管轄　　　　　　　　 322
外国判決の承認執行　　　 278,438
外国法の適用　　　　　　　 469
外国保全処分の執行　　　　 474
外国本案訴訟との関係　　　 461
外国を法廷地に指定する専属的
　国際裁判管轄合意　　　　 322
海事事件管轄　　　　　　　 123
会社の組織に関する訴え　　 178
海上事故に基づく損害賠償に関
　する管轄　　　　　　　　 124
海難救助に関する訴えにおける
　管轄　　　　　　　　　　 125
加害行為地　　　　　 62,132,285
過剰（な）管轄　　　 27,32,112
仮差押対象物所在地　　　　 463
　――国　　　　　　　　　 469
仮差押命令の国際保全管轄　 463
管轄権
　――に関する合意　　 73,267
　――の標準時　　　　　　 242
管轄原因　　　　　 153,165,239
　　　　　　　　　　　　　 330
　――仮定説　　　 136,240,288
　　　　　　　　　　　　　 330
　――事実　　　　　　158,159
　――証明必要説　　　137,288
管轄合意　　　　　　　　　 35
　――条約　　　　　　　　 197
　――の効力　　　　　　　 273
　専属的な――　　　 196,273,295
　　　　　　　　　　　　　 433
管轄の合意と特別の事情　　 213
管轄配分説　　　　　　　　 19
韓国シリコンウェハー仮処分事
　件　　　　　　　　　　　 481
間接管轄　　　　　　 30,33,179
　　　　　　　　　　253,279,294
　　　　　　　　　　297,348,450
　　　　　　　　　　　　　 453

【き】

擬似外国会社　　　　　　　 102
義務履行地　　　　　 57,287,327
　――による管轄権　　　　 259
逆推知説　　　　　　　 8,18,449
　修正――　　　　　　　　 10
客観的関連共同性　　　　　 342
客観的事実関係　　　　 329,330
客観的事実証明説　　　137,139,158
　　　　　　　　　　240,288,330
客観的併合　　　　　 70,176,184
　　　　　　　　　　　185,332
　――請求の管轄権　　　　 71
鏡像原則　　　　　　　　　 349
共同海損分担金請求の訴え　 125
共同不法行為　　　　　　　 331
業務　　　　　　　　　 114,119
　――管轄　　　　　　　　 117
　――管理的行為　　　　　 428
　――関連性　　　　　　　 117
居所に基づく国際裁判管轄　 99
緊急管轄　　　　　　　 38,42,44
金銭債務不存在確認
　――の訴え　　　　　　　 112
　――の訴えの国際裁判管轄　 80

【く】

具体的妥当性　　　　　　　 30
グリーンラインズ事件　　　 22

【け】

経済的損害　　　　　　　　 134
　二次的又は派生的損害、――　 285

継続取引	116	国際裁判と国際仲裁の異同	433
契約上の債務		国際私法	3
——に関する訴え等の管轄権	57	国際司法共助	14
——に関する請求	108	国際商事仲裁	435
——の履行の請求	108	国際消費者取引の係争額	303
結果発生地	62,133,284	国際消費者紛争	300
	285	国際専属管轄	358
結果発生の予見可能性	135	国際訴訟競合	38,92,224
			275,365
		国際仲裁における紛争解決地の	
【こ】		決定	434
		国際的専属管轄の合意	252
合意管轄	34,359	国際的専属的合意管轄	73
——条項	149	国際的な法定専属管轄	252
行為性質基準説	404	国際的な矛盾判決	380
行為目的基準説	404	国際倒産管轄	450
勾引及び過料に関する規定の適		国際倒産合意管轄	452
用除外	419	国際保全管轄	166,460,462
航空機事故事案	300	——原因	462
公序法要件	200	国際民事保全	
国際裁判管轄	48	——と起訴命令	472
——の合意	194	——と保全の必要性	471
——の消極的抵触	366	——（の）執行	461,474
——の積極的抵触	366	——の審理	460,469
——の専属的合意	384	国際民商事紛争の特徴	432
外国の事業主に対する訴えの		国際礼譲	391
——	322	国際労働紛争	314
居所に基づく——	99	国内管轄	4
金銭債務不存在確認の訴えの		国内土地管轄	4,7
——	80	国内の法定専属管轄	252
最後の住所に基づく——	100	国連国家免除条約	394
住所に基づく——	98	国家平等原則	391
主たる事務所・営業所に基づ		個別労働関係民事紛争	160,163
く——	103	——に関する訴え	68
代表者・主たる業務担当者の		混合口座	417
住所に基づく——	103		
不動産関係訴訟の——	271		
併合請求の——	323		

488　事項索引

【さ】

最後の住所に基づく国際裁判管轄	100
財産権上の訴えの管轄	58
財産所在地	32
——管轄	332
最小限の関連	12
裁判所が関与する財産管理等	413
裁判籍	8
裁判を受ける権利	6,151
債務の履行地	57,108
債務不存在確認	131
債務履行地管轄	331
裁量移送制度	150
先送り説	136
差止請求	130,284
——権の法律関係の性質	336
サドワニ事件	351
ザ・フライング・タイガー・ライン・インク事件	316

【し】

事業者	155
——・事業主からの訴え	166
事業地管轄	114
事業主	162
事業者・——からの訴え	166
時効	49
——中断効	380
持参債務の原則	259
自然人に対する訴えの管轄権	53,98
私法的ないし業務管理的な行為	393
事務所	114
——・営業所所在地	261

社団・財団に関する訴訟管轄	120
住所に基づく国際裁判管轄	98
修正逆推知説	10
集団的労使紛争	160,163
主観的併合	70,176,184
	186,289,333
——による併合請求の管轄権	72
主権的行為	393,428
主権免除	390
——享有の主体	398
主たる営業所	454
——地国	120
主たる事務所・営業所に基づく国際裁判管轄	103
出訴制限	49
準拠法	4
——の変更	339
商業的取引	403
証拠調べ	318
承認援助手続	450
承認管轄	179
証人義務	402
承認予測説	276,368
消費者	154
——仲裁合意	173
消費者契約	157,158
——訴訟	152
——に関する訴え	171
——に関する訴えの管轄	63
——に関する訴えの管轄権	266
——に関する紛争を対象とする裁判管轄の合意	204
——法	154,295
職権証拠調べ	165,237
職権探知事項	239
職権調査事項	157,237
侵害訴訟	183

事項索引　　489

シンガー・ソーイング・メシー
　ン事件　　316
シンガポール航空事件　　316

【す】

スイス航空事件　　316

【せ】

請求の目的の所在地管轄　　111
制限的主権免除主義　　391
製造物責任　　129,284
責任追及等の訴え　　178
接受国からの裁判権免除を受け
　る日本人に対する訴えの管轄
　権　　101
絶対的主権免除主義　　391
絶対的上告理由　　251
設定の登録　　182
設立準拠法国　　120
セルファースカーク号事件　　463
先決的権利関係　　192
専属管轄　　251,358
　──の定めがある訴え　　234
専属的合意　　196
　──管轄　　196
専属的な管轄合意　　273,295,433
前訴・後訴の判断基準　　378
船舶
　──の運航等　　407
　──の所在　　123
船舶債権その他船舶を担保とす
　る債権に基づく訴え　　123
船舶事故　　124
船舶所在地国　　123

専門的裁量的労務供給者　　162

【そ】

相続財産の所在　　147
相続に関する訴え　　144
送達　　318
属地主義　　335
　──の原則　　335
訴訟手続への参加　　402
訴状等の送達　　417
訴訟要件　　237,242
損害発生地（結果発生地）　　62

【た】

対外国民事裁判権法　　394,397
代表者・主たる業務担当者の住
　所に基づく国際裁判管轄　　103
竹中工務店タイ駐在員事件　　21
単一倒産管轄　　450
団体の構成員としての資格等　　414
担保の目的の所在地　　60

【ち】

チサダネ号事件　　34,74,194
　　199
知的財産権侵害　　130
知的財産権の存否又は効力に関
　する訴え　　182
中間確認の訴え　　177,191,192
仲裁　　383
　──合意　　359,408,435
　──条項　　149
　──人　　435

中止決定	277	——による訴えの却下	87,101,198
抽象的業務関連性	115	——の位置付け	216
懲罰的賠償	294	管轄の合意と——	213
重複起訴の禁止	275	特許権侵害行為	329
直接管轄	179,297,450	特許権の移転登録	333
	453	特許無効の抗弁	339
		トリノ音楽教師事件	476

【て】

定型約款	295
提訴に対する反訴	399
手形・小切手支払地管轄	122
手続の中止	379
手続は法廷地法によるの原則	4,153

【な】

内国後訴	378
ナショナル・ウエストミンスター銀行事件	317
ナショナル・ショッピング事件	316

【と】

ドイツ車預託金事件	11,22,50
	212,268
ドイッチェ・ルフトハンザ・アクチェンゲゼルシャフト事件	317
同意	399
——の擬制	399
外国等の——等	399,414
同一紛争の判断	379
登記	
——・登録に関する訴えの管轄権	272
——又は登録に関する訴え	181,272
不動産の——に関する訴え	122
特段の事情	19,29,109
	320,407,429
——アプローチ説	50
——論	214,369
特別の事情	36,37,43
	125,213,272
	287,352,375

【に】

二次的	
——・間接的な損害発生地	82
——又は派生的損害、経済的損害	285
二重機能理論	10
日本において事業を行う者	262
——に対する訴えの管轄権	60
日本における業務	61,116
日本法の重畳的適用	336,337
ニューヨーク条約	439

【は】

パキスタン・イスラム共和国貸金請求事件判決	393
ハーグ管轄合意に関する条約	197
ハーグ証拠収集条約	304,437

ハーグ送達条約	304,436	不動産所在地	121
ハーグ民訴条約	436	——管轄	121
派生的損害	133	——による管轄権	271
二次的又は——、経済的損害	285	不法行為	
バミューダ法人ファンド事件	109	——があった地	128,132,284
バンク・インドスエズ事件	316		328,331
反訴	177,184	——に関する訴え	129,328
——提起等による同意擬制	403	——に関する訴えの管轄	62
提訴に対する——	399	不法行為地	34,62,132
			263,357
【ひ】		——管轄	332
		ブリティッシュ・エアウェイ	
被害者等の司法的救済	411	ズ・ボード事件	316
比較衡量説	276,369	紛争解決条項	149
被告（の）財産の所在地	59,111		
被告の住所等による管轄権	258,271	**【へ】**	
非主権的行為	403		
非主権的使用財産	416	併合管轄	332
非商業的目的以外にのみ使用等		併合請求	
される財産	416	——における管轄権	70
		——の国際裁判管轄	323
【ふ】		並行倒産	455
		便宜置籍船	124
ファミリー事件（ドイツ車預託			
金事件）	11,22,50	**【ほ】**	
	212,268		
フォーラム・ショッピング	458	法人その他の社団又は財団	102
フォーラム・ノン・コンヴィ（ビ		——に対する訴えの管轄権	54
ー）ニエンス	278	法人その他の団体に対する訴え	
——の法理	37,90,290	の管轄権	102
付加的合意	196,273	妨訴抗弁	171,384,435
不貞行為	292	法定専属管轄	176
不動産		——違反	238
——に係る権利利益等	412	——が適用される訴え	234
——に関する訴え	122,272	国際的な——	252
——の登記に関する訴え	122	国内の——	252
不動産関係訴訟の国際裁判管轄	271	法廷地法	4

法的安定性	28	【も】	
法の適用に関する通則法	3,325		
保全処分	414	黙示の合意	109
保全の必要性	471	持分会社	121
本案前の抗弁	171	モントリオール条約33条	14

【ま】

【や】

マレーシア航空事件	7,13,18,49 117,257,300	役員	
		——に対する訴え	121
		——の解任の訴え	178

【み】

		雇入事業所所在地	164

密接な関連	184,187,333
ミニマム・コンタクト	290
民事裁判権の限界	51
民事執行	414

【ゆ】

民事訴訟手続に関する条約	436
民事の裁判手続についての特例	417
ユニバーサルエンターテインメント事件	224

民事保全法下の起訴命令	472
民事又は商事に関する外国における証拠の収集に関する条約	304,437

【よ】

予見可能性	343
結果発生の——	135

民事又は商事に関する裁判上及び裁判外の文書の外国における送達及び告知に関する条約	304,436
横田基地夜間飛行差止等請求事件判決(最高裁平成14年判決)	393,412
予測可能性	27

【む】

【り】

無効の抗弁	183	利益相反	296
		領土主権	412

【め】

免責手続	457

【ろ】

ロイズ海難救助契約標準書式	125
ロイヤル・インシュアランス・パブリック・リミテッド・カンパニー事件	316
労働関係訴訟	152
労働関係に関する訴え	35,160
——の管轄	67
——の管轄権	172
労働基準法	161
労働契約に関する紛争を対象とする裁判管轄の合意	205
労働契約法	161
労働者	160
——性	161
——（の）保護	321,409
労務提供地	35,160,164
労務の提供の地	68,322
労務を提供すべき地	164

判例年次索引

月日	裁判所名	出典等	ページ
【大正5年】			
10.18	大 審 院	民録22・1916	241
【大正6年】			
3.17	大 審 院	民録23・378	383
5.22	大 審 院	民録23・793	478
【昭和元年】			
12.27	関 東 庁 高等法院	新聞2687・4	464
【昭和3年】			
12.28	大 審 院	民集7・1128	392,426
【昭和28年】			
6.12	東 京 地	下民4・6・847	334
【昭和30年】			
12.23	東 京 地	下民6・12・2679	375
【昭和31年】			
4. 2	鹿児島地	下民7・4・859	246

月日	裁判所名	出典等	ページ
【昭和32年】			
7.18	東 京 高	下民8・7・1282	278,375
【昭和34年】			
6.11	東 京 地	下民10・6・1204	80,112 261,265
【昭和39年】			
3.25	最 高 裁	民集18・3・486	41
【昭和40年】			
4.26	東 京 地	労民16・2・308	316,466
5.27	東 京 地	下民16・5・923	375
6.29	大 阪 高	下民16・6・1154	199
【昭和41年】			
9.29	横 浜 地	下民17・9～10・874	464
【昭和43年】			
4.19	東 京 地	労民20・4・844	316

月日	裁判所名	出典等	ページ

【昭和44年】

月日	裁判所名	出典等	ページ
8.21	東京高	労民20・4・840	316
12.16	徳島地	判タ254・209	383

【昭和45年】

4.20	札幌高	下民21・3〜4・603	198

【昭和47年】

5. 2	東京地	判タ283・272	357

【昭和48年】

1.19	最高裁	民集27・1・27	316
10. 9	大阪地	判時728・76	131,242 375

【昭和49年】

7.24	東京地	下民25・5〜8・639	82,242

【昭和50年】

3.28	東京地	判時786・89	316
4.25	最高裁	民集29・4・556	191
11.28	最高裁	民集29・10・1554	34,74 194,267 273,298 386,434

【昭和52年】

12.22	大阪地	判タ361・127	383

【昭和54年】

3.15	名古屋地	金判634・16	269
3.20	東京地	判時925・78	21
7.20	最高裁	民集33・5・582	170
11.12	名古屋高	判タ402・102	264,265
11.29	東京地	労民30・6・1137	316

【昭和55年】

2.29	東京地	労判337・43	316

【昭和56年】

10.16	最高裁	民集35・7・1224	6,18,22 49,52 103,115 211,214 257,264 300,319 468,469
11.27	東京地	判タ460・118	79

【昭和57年】

4.28	東京高	判時1049・42	198
5.31	東京地	下民33・5〜8・875	316,427
9.27	東京地	判時1075・137	77

月日	裁判所名	出典等	ページ

【昭和58年】

月日	裁判所名	出典等	ページ
1.19	東 京 高	判時1076・65	199
12.14	東 京 高	労民34・5〜6・922	316

【昭和59年】

2.15	東 京 地	判時1135・70	22,134 263,278 286,375
3.27	東 京 地	下民35・1〜4・110	242
5.30	東 京 地	労判433・22	316

【昭和60年】

| 2.26 | 最 高 裁 | 家月37・6・25 | 479 |

【昭和61年】

| 3.26 | 大 阪 地 | 判時1200・97 | 208 |
| 6.20 | 東 京 地 | 判時1196・87 | 7,21,90 105 |

【昭和62年】

2. 6	名古屋地	判時1236・113	361
6. 1	東 京 地	金判790・32	264
6. 1	東 京 地	判時1261・105	40
6.23	東 京 地	判時1240・27	375
7. 7	札 幌 高	判タ653・174	199
7.28	東 京 地	判時1275・77	80,112
10.23	東 京 地	判時1261・48	78

【昭和63年】

月日	裁判所名	出典等	ページ
12. 5	東 京 地	労民39・6・658	466

【平成元年】

5.30	東 京 地	判時1348・91	242,375 388
6.19	東 京 地	判タ703・240	82,85 278,375
8.28	東 京 地	判時1338・121	78,264
11.14	東 京 地	判時1362・74	80

【平成3年】

1.29	東 京 地	判時1390・98	90,92 129,227 375
3.25	大 阪 地	判時1408・100	79,264 357
5.22	東 京 地 八王子支	判タ755・213	261
7.15	静 岡 地 浜 松 支	判時1401・98	76,245 274
9.24	東 京 地	判時1429・80	388
12.17	最 高 裁	民集45・9・1435	278

【平成4年】

| 3. 4 | 東 京 地 | 労判617・75 | 316 |

【平成5年】

3.19	東 京 地	労判636・70	316
4.23	東 京 地	判時1489・134	90,264
4.30	静 岡 地 沼 津 支	判タ824・241	134

判例年次索引

月日	裁判所名	出典等	ページ
9.22	神戸地	判タ826・206	264
10.22	東京地	知財集26・2・729	249

【平成6年】

月日	裁判所名	出典等	ページ
1.14	東京地	判時1509・96	264,357 362
1.31	東京地	判時1509・101	78,264 357
2.28	東京地	判タ876・268	203
7.20	東京高	知財集26・2・717	249

【平成7年】

月日	裁判所名	出典等	ページ
4.25	東京地	判時1561・84	77,78
5.23	大阪地	判時1554・91	77

【平成8年】

月日	裁判所名	出典等	ページ
2.9	旭川地	判時1610・106	480
6.24	最高裁	民集50・7・1451	22,38,41 214
7.31	東京地	労民47・4・342	316
12.25	東京高	高民49・3・109	86,189 241

【平成9年】

月日	裁判所名	出典等	ページ
7.1	最高裁	民集51・6・2299	335
10.1	東京地	判タ979・144	77,316
11.11	最高裁	民集51・10・4055	11,22 50,52 90,212 268,287 320,374

【平成10年】

月日	裁判所名	出典等	ページ
2.13	東京地 八王子支	判タ987・282	357,362
3.19	東京地	判タ997・286	90
4.28	最高裁	民集52・3・853	84,180 351
11.2	東京地	判タ1003・292	90,245 248
11.27	東京地	判タ1037・235	80,83,85 131,375
12.25	東京高	判時1665・64	395

【平成11年】

月日	裁判所名	出典等	ページ
1.28	東京地	判タ1046・273	375
9.13	東京地	平10（ワ）17145	203
10.29	水戸地 龍ケ崎支	判タ1034・270	357

【平成12年】

月日	裁判所名	出典等	ページ
1.21	東京地	労判782・23	317
1.27	東京高	判時1711・131	341
4.28	東京地	判時1743・142	84,203
10.6	東京地	判タ1067・263	424
10.24	大阪地	判タ1081・241	336
11.24	東京地	判タ1077・282	209,359
11.28	東京高	判時1743・137	84,200
11.30	東京地	判時1740・54	395
12.19	東京高	金判1124・36	424
12.20	東京高	金判1133・24	52,90 259

月日	裁判所名	出典等	ページ
【平成13年】			
5.14	東 京 地	判時1754・148	339
6. 8	最 高 裁	民集55・4・727	71,137 168,190 240,264 289,334 357,361 375
9.20	東 京 地	判時1764・112	336
【平成14年】			
3. 5	東 京 高	民集57・6・708	147
3.29	東 京 高	平13（ネ）894	395,420
4.12	最 高 裁	民集56・4・729	393
9.26	最 高 裁	民集56・7・1551	298,340
11.18	東 京 地	判時1812・139	90
12. 9	東 京 地	労判846・63	317
【平成15年】			
6.12	最 高 裁	民集57・6・640	147
7.31	東 京 地	判時1850・84	395
9.26	東 京 地	判タ1156・268	90,203 261
9.26	東 京 地	平15（ワ）14128	249
10.16	東 京 地	判時1874・23	334
12.26	名古屋地	判時1854・63	86,285
【平成16年】			
1.30	東 京 地	判時1854・51	375
3. 4	東 京 地	平13（ワ）4044	249
4. 8	最 高 裁	民集58・4・825	82,130 131,334 360
8. 9	東 京 高	平16（ネ）1627	249
10.25	東 京 地	判タ1185・310	241
【平成17年】			
3.31	東 京 家	平16（家ホ）820	375
6.29	東 京 地	平16（ワ）6864	357,359
8.31	東 京 地	平16（ワ）6859	357
12.27	東 京 地	判時1928・85	422,428
【平成18年】			
4. 4	東 京 地	判時1940・130	85,133 290
6.16	横 浜 地	判時1941・124	77
7.21	最 高 裁	民集60・6・2542	393
10.31	東 京 地	判タ1241・338	134,203 263,286
【平成19年】			
3.20	東 京 地	判時1974・156	77,227 278,367 375
8.28	東 京 地	判時1991・89	479,481
11.28	東 京 地	平16（ワ）10667	338
【平成20年】			
2.28	名古屋高	判時2009・96	285,288
4.11	東 京 地	判タ1276・332	203
【平成21年】			
2.12	東 京 地	判時2068・95	357
3.19	仙 台 地	判時2052・72	223
4.21	東 京 地	判タ1315・266	86,203
10.16	最 高 裁	民集63・8・1799	419
11.10	東 京 地	判タ1320・265	86

判例年次索引　　　　　　　　　　499

月日	裁判所名	出典等	ページ
11.17	東 京 地	判タ1321・267	241
12.22	東 京 地	平20（ワ）30418	90

【平成22年】

月日	裁判所名	出典等	ページ
4.15	東 京 地	判タ1335・273	357
9.15	知 財 高	判タ1340・265	130
11.30	東 京 地	ジュリ1470・107	203

【平成23年】

月日	裁判所名	出典等	ページ
5.11	東 京 高	金判1457・39	82,83 360
9. 7	東 京 地	判時2228・38	90,109 218
9.22	仙 台 高	判タ1367・240	90,125 218,268

【平成24年】

月日	裁判所名	出典等	ページ
2.14	東 京 地	ジュリ1463・123	203
2.14	東 京 地	平22（ワ）7042	203
2.22	東 京 高	判時2228・34	109,218
6.28	東 京 高	平24（ネ）2216	201,203
11. 2	東 京 高	判時2174・55	454
11. 5	水 戸 地 下 妻 支	平23（ワ）206	249
11.14	東 京 地	労判1066・5	85,201 203
11.29	名古屋地 豊 橋 支	平23（ワ）561	358
12. 5	東 京 地	判タ1387・353	90
12.26	東 京 地	ジュリ1495・139	109

【平成25年】

月日	裁判所名	出典等	ページ
2.19	東 京 地	判タ1391・341	382
2.22	東 京 地	平24（ワ）21280	219,274
2.28	東 京 地	判時2186・154	341
3.19	東 京 高	平24（ネ）7779	249
4.19	東 京 地	ジュリ1462・128	203
4.19	東 京 地	平23（ワ）17514	84
5.17	名古屋高	平24（ネ）1289	247,359
8.28	最 高 裁	平24（オ）1012・平24（受）1232	109,218
10.21	東 京 地	平24（ワ）24610	287
10.21	東 京 地	民集70・3・890	225
12. 3	東 京 地	平25（ワ）20390	220
12.25	東 京 地	平24（ワ）30018	224

【平成26年】

月日	裁判所名	出典等	ページ
1.14	東 京 地	判時2217・68	203
2.20	大 阪 高	判時2225・77	201,203
3.26	知 財 高	JCAジャーナル63・1・19	473
3.26	東 京 地	平22（ワ）39627	199,203
4.24	最 高 裁	民集68・4・329	82,130 168,224 279,293 334,351
5.16	知 財 高	判時2224・146	341
6.12	東 京 高	民集70・3・913	82,225
6.26	最 高 裁	平25（受）1706	247
8. 6	横 浜 地	判時2264・62	227
9. 5	東 京 地	判時2259・75	190,294
10.29	東 京 地	平25（ワ）14010	131
11.17	東 京 高	判時2243・28	201,203 221,386

月日	裁判所名	出典等	ページ

【平成27年】

3.27	東 京 地	判タ1421・238	275
4.28	東 京 地	判時2264・59	289,334

【平成28年】

2.15	東 京 地	平26（ワ）19860	295
3.10	最 高 裁	民集70・3・846	219,268 278,287 353,382
5.23	大 阪 地	平27（ワ）10913	341

国際裁判管轄の理論と実務

―新設規定をめぐる裁判例・学説の検討と解釈―

平成29年11月22日　初版発行

編集代表	小　　林　　秀　　之
編集委員	原　　　　強
	薮　口　康　夫
	村　上　正　子
発 行 者	新日本法規出版株式会社
	代表者　服　部　昭　三

発 行 所	**新 日 本 法 規 出 版 株 式 会 社**	
本　　社	(460-8455)	名古屋市中区栄 1 － 23 － 20
総轄本部		電話　代表　052(211)1525
東京本社	(162-8407)	東京都新宿区市谷砂土原町2－6
		電話　代表　03(3269)2220
支　　社		札幌・仙台・東京・関東・名古屋・大阪・広島
		高松・福岡
ホームページ		http://www.sn-hoki.co.jp/

※本書の無断転載・複製は、著作権法上の例外を除き禁じられています。
※落丁・乱丁本はお取替えします。　　　　　ISBN978-4-7882-8338-1
3234　国際裁判管轄　　　　　　　　ⓒ小林秀之 他 2017 Printed in Japan